日本古代宮都の研究

日本古代宮都の研究

岸　俊男著

岩波書店

日本古代宮都の研究　目　次

序章　宮都研究と私

戦後における古代宮都の研究は、各遺跡の発掘調査の進展に伴って、かなりの成果を収めてきた。それは宮室・都城の規模・構造を相互に比較対照することが可能となり、その展開過程を歴史的に明らかにすることができるようになったからであるが、同時に〝木簡〟という思わざる新史料の出現によって、古代史と密着しながら具体的に論じうるようになった点も看過せない。私はこの四月（昭和五十六年四月）からＮＨＫ大学講座で「日本の古代宮都」を講じているが、半年にわたる長期番組でありながら、なおかつその研究成果を十分に紹介しつくすことに大きな困難さを感じている。

ところでそうした学界の現状の中にあって、私自身のささやかな宮都研究を顧みるとき、我ながら不思議な因縁と思わざるをえないことがいくつかある。そもそも私と宮都研究との出会いは昭和の初めに遡る。すなわち、昭和三年（一九二八）の冬、平城宮大極殿址の東北方で、南北に走る大きな石組みの溝が発見され、溝の中からは下駄・櫛などの木製品や硯・銭など当時としては珍しい多くの遺物が出土した。この溝はその後の奈良国立文化財研究所による調査によってその南と北への延長部分が確かめられ、その結果、内裏の東を流れる平城宮の基幹排水路であることが明らかとなり、東大溝とよばれているが、この昭和初年の発掘調査では、はじめて出土遺物のなかに墨書土器の存在することが指摘された。当時まだ小学生であった私は、調査に関係した父が報告書に掲載するために、その墨書土器の実測図を念入りにいかにも楽しそうに画いていたのを記憶している。このようにその調査は墨書土器というものの存在を最初に指摘したのではあったが、最近の知見をもってすれば、この時すでに木簡が顔を出していたかも知れない。

調査報告書をみると、三重県柚井遺跡の墨書土器を参考にしているから、同時に同じ遺跡から出土した墨書のある木札にも注意していたらと、今からすれば悔やまれるが、思えば私が一方で木簡研究に携わるようになったのも、こうした因縁によるのかも知れない。

次は戦後奈良女子大学文学部に勤務していた時のことである。昭和二十八年の晩秋、当時平城宮跡の北部を東西に走る県道の改修工事が日米行政協定に基づいて行なわれていた。たまたまある日研究室の教官・学生らと付近の見学に赴いた私は、道路にそって掘られた側溝に注意して歩いていると、ある処で掘り上げられた土に夥しい土器の破片が混じっているのに気付いた。試みに雨後でまだ水のたまっていた側溝に手を入れると、次々と土器片が出てくる。場所が場所だけにこれは容易なことでないと、帰途早速に法華寺の本堂修理工事事務所に立ち寄って、そのことを話すとともに、県への連絡を依頼した。やがてこのことが一つの契機となって、文化財保護委員会による平城宮跡についての戦後最初の共同調査が実施され、さらには平城宮跡の全域買上げと、本格的な発掘調査へと事態は進展して行ったが、当時私たちはそのようなことになろうとは夢想だにしなかった。しかし私たちが着目した土壙がやはり大極殿址の東北方、さきの東大溝に近く位置したことを考えると、私にはこれも因縁と思えてならない。

第三は藤原宮跡の発掘調査に関してである。周知のように、藤原宮跡は昭和九年の末から日本古文化研究所による発掘調査が開始され、以後戦争によって中止の已むなきに至るまでの約一〇年間に、大極殿院および朝堂院の規模・構造が明らかにされ、はじめて古代宮都研究に遺跡に基づく確実な資料が提供された。発掘開始の当初中学生であった私は、ときどき父のお伴をして発掘現場に赴いた。今から思うと、特別に関心があったわけでもなく、八木西口の駅から鴨公村の現場までの徒歩の往復が少しきつかったことが印象に残っているぐらいであった。ところがそれから約三〇年、昭和四十年末から始まった奈良県教育委員会による緊急調査に私は参加することとなり、それが契機となって藤原宮域の推定、また藤原京の復原を試みることとなり、さらにそれを出発点として現在に至るような私の宮都研究が開始されることにもなった。思えばこれもまた何かの因縁であろう。このとき私は、最初は出土木簡の整理ということで参加したが、発掘調査が進むうち、できるだけ短期間で要領よく宮域を推定し、バイパスを宮域外に避けさせるという緊急調査の目的を果たしたいと考え、調査員一同で図上作戦を展開した結果が、大和の古道に着目した藤原宮・藤原京の復原となって結実したのであった。出土木簡についても、いわゆる郡評論争を解決しえたことは大きな喜びであったが、発掘作業に当たっておられた方々の中に、かつての少年期の私を記憶していただいていた方がおられたのは感慨ひとしおであった。

以上私の拙い宮都研究にまつわるとりとめもない因縁話のようなものを記したが、その蔭にはただ因縁という言葉だけではすまされぬ多くの方々のご厚意があったことを決して忘れているわけではない。いちいち芳名を記すことはできなかったが、改めて感謝の意を表したい。

第一章　緊急調査と藤原京の復原

一　藤原宮とその研究

壬申の乱に勝利を得た天武天皇は再び大倭飛鳥の地に還って浄御原宮を営み、皇室を中心とした律令制古代国家の完成に力を尽したが、それに伴い新しい国家の首都として中国的な都城制をもった壮大な宮都の造営が必要となってきた。かくて天皇は浄御原律令の編纂に着手した天武十年(六八一)過ぎから、しきりに新都の造営を計画し、まず新城(一説大和郡山市新木付近)の地を候補に選び[1]、また「凡そ都城宮室は一処に非ず、必ず両参を造らん、故にまづ難波に都せんとす」と詔して、難波宮の造営を進め、官人には家地の班給まで行なった。さらにその直後の天武十三年二月には広瀬王と大伴連安麻呂らが陰陽師・工匠とともに畿内に派遣され、また三野王らは遠く信濃国にまで赴いて、ともに宮都の適地を探索した。しかしそれら遣使の調査報告もまだ十分に整わなかったと思われるに拘わらず、三月天皇は京師を巡行して宮室の地を定めたと『日本書紀』にみえる。そして以後宮地を求める記事はなぜか迹を絶つが、翌々朱鳥元年(六八六)正月には難波宮が大蔵省から出火して宮室ことごとく焼失し、また浄御原宮でも七月に民部省の庸を納めた舎屋が罹災するという事故があり、さらに九月には天武天皇自身が崩じてしまった。

かくて新都造営の事業は天武在世中は進捗しなかったごとくにみえ、代わって皇后鸕野讃良皇女が女帝として皇位を継ぐことになったが、藤原宮の名が初めて史上に現われるのは、その即位の儀が行なわれた持統四年(六九〇)に入ってからである。すなわちその年十月まず太政大臣高市皇子が公卿百僚を従えて藤原宮地を視察し、さらに十二月には持統天皇みずからも藤原に行幸して宮地を観ている。ついで翌五年には新益京の鎮祭、諸王・諸臣への宅地の班給が行なわれ、六年には藤原宮地の鎮祭、伊勢・大倭・住吉・紀伊の四大神へ新宮造営のための奉幣があり、さらに七年には造京司衣縫王に詔して、宮都建設のために掘り出された尸の処理が命ぜられている。かくして持統八年十二月に至ってようやく藤原宮への正式遷都が行なわれるのであるが、その間持統はしばしば藤原の地への行幸を繰り返し、新都の造営を督している。(2) なお藤原京を新益京とも呼んでいるのは、やはり従来の飛鳥京の一部を拡張して、その北に新たに増営した都という意味からであろう。

かくて藤原京は和銅三年(七一〇)三月における平城京への遷都まで、持統・文武・元明三代一六年間の宮都となるのであるが、それは中国的な都城制を完備した日本最初の首都と考えられ、その点でも極めて注目すべきであるが、同時に藤原京の時代は浄御原令がいよいよ実施に移され、またそれを改正してながく律令制度の規範とされた大宝律令が編纂・施行されたときに当たり、日本の律令制古代国家が確立される歴史的にも重要な時期に相当している。藤原京を論ずる場合には、つねにこの視角を忘れてはならないが、藤原京自体についても、ちょうど大宝律令が施行されたころを転機として宮の改築や京の拡張が行なわれたのではないかという問題がある。それは、『続日本紀』大宝二年(七〇二)三月条には新宮の造営が行なわれたような記事がみえ、(3) またそれまで京とのみ記されていたものが、そのころから左京・右京の別が現われ、あるいは慶雲元年(七〇四)十一月の記事に、始めて藤原宮地を定め、宅の宮中に入る百姓一五〇五烟に布を賜わったことがみえるなどがその論拠とされている。(4)

『日本書紀』や『続日本紀』などの文献史料によると、藤原京の造営に当たっては造京司が置かれ、また造宮官＝造宮職の任ぜられたことも知られるが、藤原宮がどのような構造をもっていたかを的確に知ることは困難である。しかしそれらによって内裏・内殿・大安殿・東安殿・朝堂・大極殿・南門のほか、西殿・西閣・西高殿・西楼・東楼、あるいは春宮などの存在したことが知られ、また海犬養門の名のみえることから、いわゆる宮城十二門が宮城四周に開かれていたらしいことも推定できる。(5)また京城についても、東西市の存在が推測され、条坊の称呼としては林坊の一例が知られている。

このように藤原宮・藤原京はともに従来の飛鳥の宮都とは異なり、飛躍的に整備されたものであったらしいが、当時の律令制古代国家の急速な展開はそれに満足せず、より壮大な首都の建設を望んだ。すでに文武末年に遷都のことが議せられていたが、文武天皇が崩御して新たに元明女帝が即位すると、直ちに平城遷都の詔勅が発せられ、二年後にはそれが実現したのであった。平城遷都とともに左大臣石上朝臣麻呂が暫時藤原宮の留守官となったらしいが、『扶桑略記』などの伝えるところによると、翌和銅四年に藤原宮は大官大寺とともに焼亡してしまったらしい。

さて藤原宮の位置については、『万葉集』巻一の藤原宮の御井の歌に、

やすみしし　わご大王　高照らす　日の皇子　荒栲の　藤井が原に　大御門　始め給ひて　埴安の　堤の上にあり立たし　見し給へば　大和の　青香具山は　日の経の　大御門に　春山と　繁さび立てり　畝火の　この瑞山は　日の緯の　大御門に　瑞山と　山さびいます　耳成の　青菅山は　背面の　大御門に　宜しなべ　神さび立てり　名くはし　吉野の山は　影面の　大御門ゆ　雲居にそ　遠くありける　高知るや　天の御蔭　天知るや　日の御蔭の　水こそば　常にあらめ　御井の清水（巻一―五二）

とあって、東に香久山、北に耳成山、西に畝傍山と、いわゆる大和三山に囲まれ、南は遠く吉野の連山を望みうる地域に存したことは早くから知られていたが、さらにより的確な位置となると、諸説あって容易に決しなかった。(6)まず『扶桑略記』に、藤原宮について「高市郡鷺栖坂地是也」とみえ、『釈日本紀』に引く「氏族略記」にも同じように「藤原宮在高市郡鷺栖坂北地」と記されていて、鷺栖坂の北にありとするこれらの記載が、その位置を考定した最も早い説である。この鷺栖坂は『古事記』垂仁段の曙立王のうけひにみえる鷺巣池、また延喜神名式の高市郡五四座のうちにみえる鷺栖神社と関係するとみられ、ことに現在橿原市四分町の飛鳥川右岸沿いの地に鷺栖神社と称す

る社があって、藤原宮の位置推定に重要な役割を有するのであるが、現在の神社所在地が坂と称するに不適当なところから、これらの記載も直ちに確証とはされなかったのである。[7] ついで江戸時代に入って、『大日本史』は高市郡久米郷にありと記し、また加藤千蔭の『万葉集略解』は十市郡の三山の真中と述べており、別に『元要記』などには藤原氏と関係深い明日香村小原(大原)の地に比定しようとする説さえ存したが、いずれも十分な論拠を有するものではなかった。こうしたなかで、はじめて遺跡を具体的に示し、また実際その正しいことがのちに証明された賀茂真淵の高市郡鴨公村高殿説が提起されている。すなわち真淵はその著『万葉考』のなかで、

宮の所は十市郡にて、香山耳成畝火の三山の真中なり、今も大宮殿と云て、いさゝかの所を畑にすき残して、松立てある是也

と記しているが、ここにいう大宮殿が、現在の鴨公小学校の南に存するいわゆる大宮土壇(大宮堂)で、のちに発掘調査の結果、朝堂院大極殿址たることが知られた遺跡であるから、真淵の卓見としなければならない。その後この高殿説は祖述されてしだいに有力となり、付近に宮址に関係ありそうな「高殿」「京殿」「大君」などの小字名が多く遺存することにも着目され、明治に入っては木村一郎・高橋健自など熱心にこの地の藤原宮址たることを唱導するものもあって、ついに大正四年(一九一五)には奈良県教育会によって大宮土壇上に「持統天皇文武天皇藤原宮址」なる石標が建てられるに至った。

これに対して、かねて古代各帝都に関する詳細な研究を進め、逐次雑誌『歴史地理』誌上に発表していた喜田貞吉は、大正二年一―五月の間に藤原京に関する考証を同誌二一巻一―五号に掲載した。[8] 藤原京に関する最初の本格的な学術論文として注目すべきものであるが、そのなかで喜田は、(1)藤原京は十二条八坊で、左右京に分かれていたが、規模は平城京より狭小であること、(2)京域については、中ッ道[9]と横大路を東と北の京極に応用し、西は神武天皇陵の前を南北に通ずる大道付近に及んでいて、正しく三山の中間に設定されていたことなどの重要な指摘をすでに行なっ

ているが、(3)藤原宮の位置に関しては、現在の鷺巣神社の所在を重視し、それがほぼ畝傍・香久両山の中央を通過する南北線付近、つまり藤原京の朱雀大路付近にあるとして、「氏族略記」などの記載から推して宮域はその北方に求むべきであること、そしてそれを証するかのごとく鴨公村醍醐の西北約二町の長谷田の地に一土壇が存在し、付近からは数個の礎石が発見されたことをも指摘した。この論考は間もなく発刊された喜田の著書『帝都』にも収められ、かくて藤原宮については、さきの高殿大宮土壇説に加えて、新たにこの醍醐長谷田土壇説が提起されることとなった。

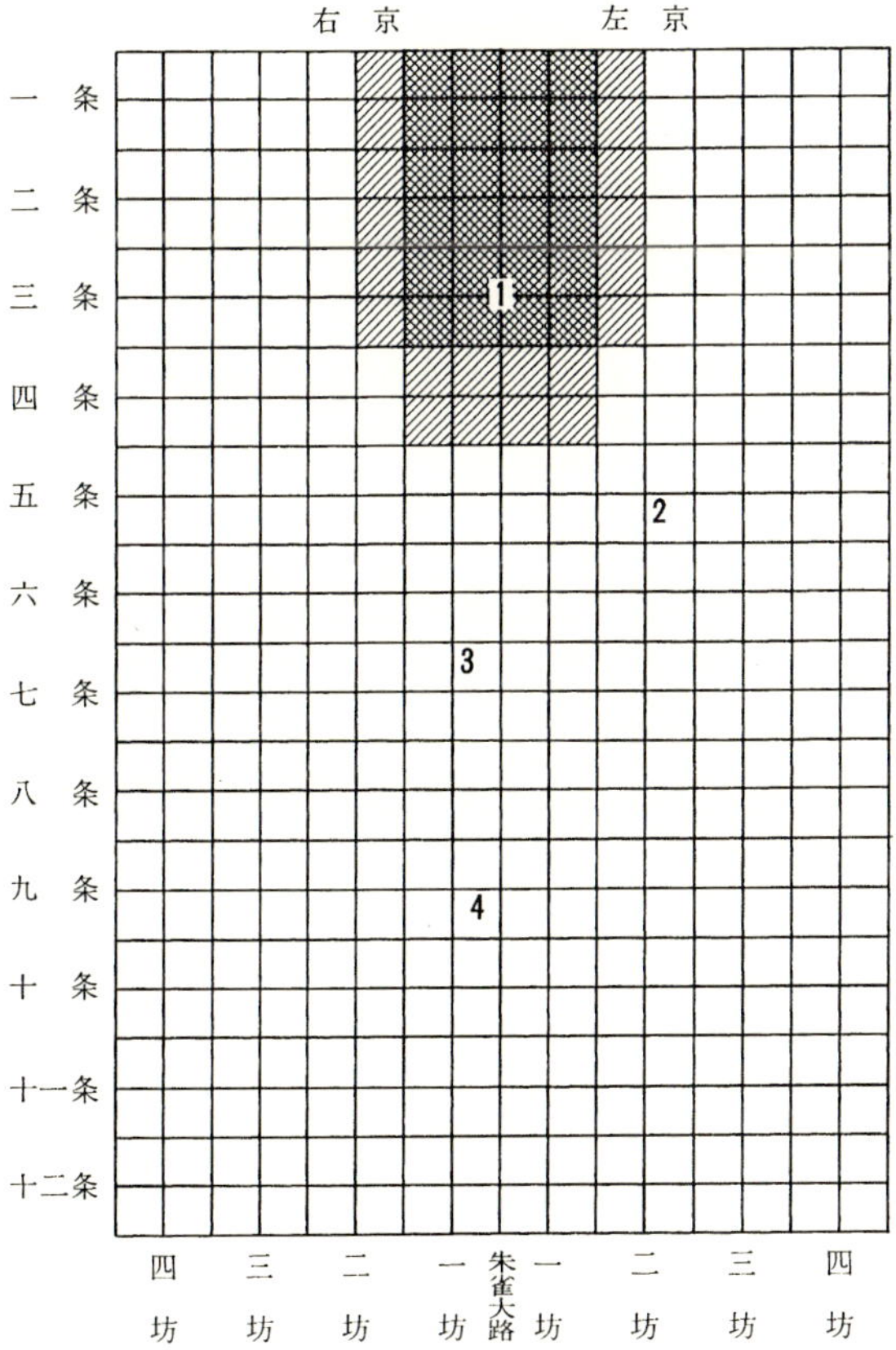

(1) 醍醐小字「長谷田」芝地
(2) 大宮土壇
(3) 鷺巣神社
(4) 本薬師寺東塔址

第一図　喜田貞吉・藤原京条坊推測図
(『藤原京』による)

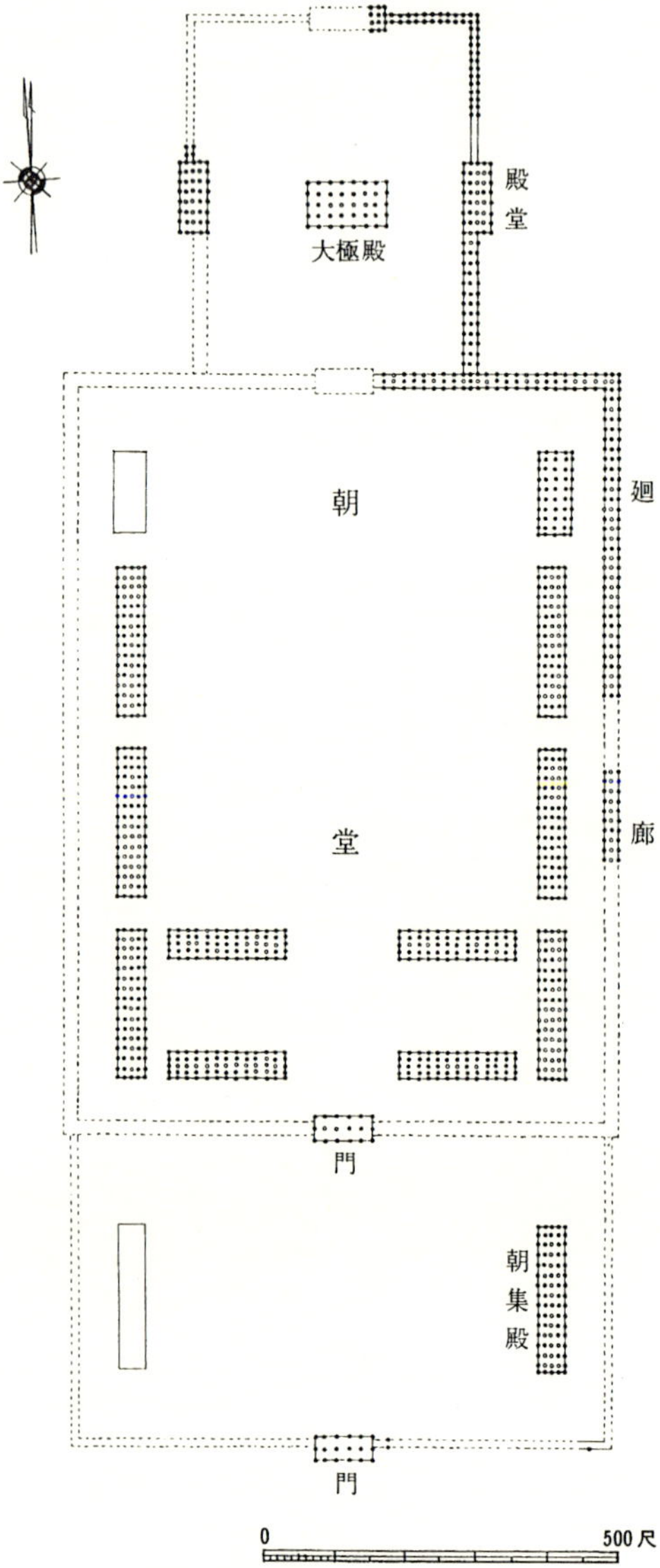

第二図　藤原宮朝堂院図
（『古文化の保存と研究』巻末付録再録）

その後しばらくは藤原宮問題に進展はなく、むしろ喜田説が有力視されていたが、たまたま昭和八年（一九三三）春、鴨公小学校校舎の増築工事が行なわれ、その際礎石や松香石切石、白鳳期古瓦層が検出されるに至り、再び藤原宮址の問題が注目されてきた。ときにかねて大宮土壇付近を調査していた田村吉永は、この地を藤原宮地と考定した上で、藤原京は条里制をそのまま条坊制に適用した東西九町・南北一二町の京域を有する面朝後市的なものとの新説を発表し、奈良県史蹟調査会も一部の発掘調査を試みた。これが契機となって翌昭和九年四月には黒板勝美を所長とする日本古文化研究所が創立され、最初の事業として問題の大宮土壇を中心とする藤原宮址伝説地高殿の発掘調査が行なわれることとなった。調査は同年十二月から足立康を主査とし、岸熊吉らがこれを助けて開始され、間もなく松崎宗雄が現場主任となり、昭和十八年八月まで以後約一〇年間にわたって継続したが、その成果は昭和十一年十一月と同十六年六月に『日本古文化研究所報告』第二・第一一として公刊された[10]。調査の最終段階についての詳細な報告が一部未刊となっているが、この調査によって、大宮土壇を大極殿址とする藤原宮朝堂院の規模と構造がほぼ明らかとなり、一部に問題を残しつつも、多年学界の懸案であった課題をひとまず解決することとなった(第二図)。ついで、その成果を基礎に昭和十八年十一月にはその地が藤原宮址として史蹟に指定されるに至った。

発掘調査は礎石の根固めの栗石群を追求して建築遺構を検出するという方法で進められ、殿堂址・門址計一九棟、およびそれらを囲繞する回廊址が発見されたが、朝堂院については従来、平安宮のそれが古図によって、また平城宮のそれが遺存土壇によって推測されるに過ぎなかったに対し、はじめてその構造・規模が発掘遺構によって実際に確認された上、さらにそれが平安宮・平城宮朝堂院より大きいという新しい事実も見出され、また大極殿と十二堂院の間には平安宮のごとき竜尾壇が存在せず、回廊に門を開いて閉じられていたなどの重要な事実も明らかにされた。

ところで日本古文化研究所による発掘調査が開始されるころ、喜田は『岩波講座日本歴史』のなかの「本邦都城の制」に再びさきの考えをやや進めて平城京から逆推した藤原京の条坊について書いたが、さらに昭和十一年五月に雑誌『夢殿』がその第一五冊に「藤原京研究」の特集号を企画するや、そのなかに喜田は「藤原京再考」「日本都制と藤原京」なる二論文を発表して藤原宮に対する新しい見解を提示した[11]。これは従来伝説地として推定されていたに過ぎぬ高殿の地が、遺構の出土によって急に宮址として有力化したのに対し、長谷田土壇説を主張して来た喜田が、この新しい事実に自説をどう適応させるかを示したものである。この喜田の新説は藤原宮移転説と称すべきもので、藤原宮には持統朝のものと、文武朝に拡張されたものとの前後二つの時期の別があり、発掘中の高殿遺跡は当初に営まれた持統朝藤原宮の一部であろうとした。そして拡張後の藤原京については、前説を踏襲しながら、さらに詳細に考察を進め、京域については「畝傍、香久、耳成の三山と、南方なる剣池の丘陵とによりて限られたる地域内に於て、許され得る限りの広き面積を占めたものであつたに相違ない」とし、その考えのもとに東西四里(大尺六〇〇丈)・南北六里(大尺九〇〇丈)の広袤を有したと考定し、さらに京域の四至についても大和の古道たる上・中・下三道と横大路との関連性に着目して、具体的につぎのように推定した。

所謂下道は今の中街道の西約二町にあり、それを藤原京では右京三坊大路に当て、西京極は其の西二町半、即ち大体に於て今の関急(現近鉄)線路と一致し、東京極はそれより東二十町、即ち今の鴨公村法華寺と香久山村出合の中間より、香久山村下八釣及び木之下を経て、飛鳥村小山に至る道路[12]に当るものであつたと推測せられる。又北京極は恐らく耳成山の南麓を東西に通過したもので、横大路はほゞ藤原京の一条南路に当り、南京極はそれより南二十八町、即ち剣池丘陵の西北脚を掠めて東西に通じた事となる。

さらに宮域についても、長谷田土壇を中心として、「北は北京極より、南は三条大路に及び、東西は左右両京各二坊の中央小路に及ぶ程の地域」(一里半四方)、あるいは「北は北京極より、南は四条大路に至り、東西は左右両京に渉りて各一坊大路を限るもの」(東西一里・南北二里)であったろうと述べている。

この喜田の移転説に対し、足立康もかねて文献史料を検討して藤原京は大宝元年前後に拡張され、はじめて左右両京が設定されたという見解を有していたが、それは高殿からの移転を考えない京域拡張説であったので、足立は直ちに昭和十一年七月の『史蹟名勝天然紀念物』第一一集第七号に「藤原京拡張説」と題して喜田新説に対する反論を発表した。以後同誌上で喜田の移転説と足立の拡張説の間に激しい論争が繰り返されたが[13]、ともにその論旨に大きな展開はなかった。喜田が藤原京京域や宮域に対してかなり突込んだ具体案を提起したのに対して、足立は発掘担当者であったため慎重を期してか、それらの問題についての詳しい自説は発表せず、ただ北京極は耳成山にやや近く、東京極は香久山にかかり、西京極は畝傍山に遠からず、南京極は飛鳥京内にあったと思われると推定し[14]、やはり左右京各四坊十二条説をとっていたことが知られるが、丈尺についてはふれておらず、その論拠も明らかにされなかった。

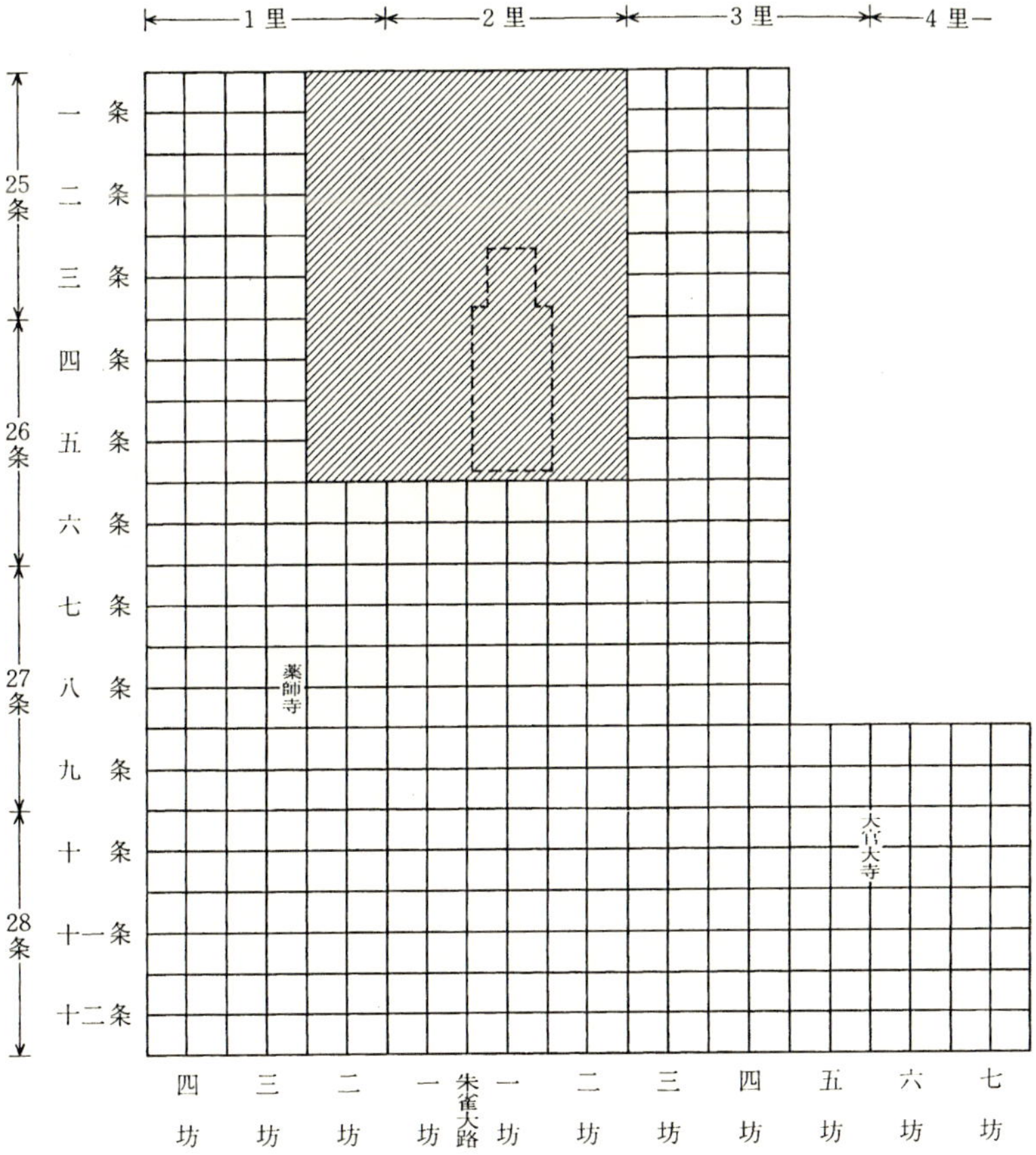

第三図　田村吉永・藤原京条坊推測図
(『飛鳥京藤原京考証』による)

かくするうち発掘調査も進捗し、論争の進展や宮域・京域の解明にも大きな期待が寄せられたのであるが、昭和十四年七月にまず喜田が急逝し、ついで同十六年十二月には発掘調査の主査として活躍してきた足立も死去し、加うるに戦争の勃発によって、ついに藤原宮の調査も昭和十八年度をもっていちおう終了するのやむなきに至り、戦前における藤原宮の研究はひとまず終わったのであった。

ところで田村吉永は、その後も藤原京と条里制の関連性を追究していたが、戦後昭和二十九年に至り、前説を修正して新しい藤原京京域説を提起した(15)。それはやはり藤原京は条里制に基づいたとするものであるが、西京極は下ッ道(国道二四号線)、北京極は高市郡二十五条の北限(小房―醍醐―膳夫道路)、東京極は出合から香久山の西麓をかすめて雷の東側に至る道路、南京極は石川より豊浦を経て山田に通ずる道路とし、東西一六町・南北二四町、条里制の方二町を一坊とする十二条八坊の都城制を考定し、京内北寄り中央の一―五条の各二坊を大内裏とし、さらに香久山の南、左京九―一二条の東の地、各三坊を外京と推定したのであった(第三図)。

戦後における藤原宮研究は以上の田村説の提起がほとんど唯一のもので、その後平城宮の大規模な発掘調査が開始され、また難波宮跡・飛鳥京跡など古代宮都の調査が始められて、着々と貴重な成果が収められた。そしてたとえば難波宮の天武朝以前の朝堂院の東西幅が藤原宮と等しいというような事実も明らかにされたが、藤原宮そのものに関してはほとんど究明の手が加えられることがなかった。しかし、平城宮や難波宮の調査成果によって、朝堂院の北後方に内裏の存することが確実となり、この事実が今回の調査を開始せしめる重要な契機となった。

二 宮域の推定と藤原京の復原

すでに述べたように、藤原宮の宮域については従来全く考察が加えられなかったわけではないが、宮域の究明を目的とする発掘調査は今まで全然行なわれておらず、また文献や遺跡の現状からする推定もなお学界の承認をうるには至っていない。従って宮域についてはほとんど白紙の状態にあるというのが実情であった。宮域がかくのごとくであるから、京域に関しても同様な状態にあった。

ところがたまたま昭和四十一年(一九六六)に至り、朝堂院・大極殿のすぐ北方を斜めに横切って国道一六五号線のバイパスを通過させる計画が決定された。しかし平城宮や難波宮の戦後の発掘調査の成果によって、平安宮とは違って朝堂院の北に内裏の存在するのが宮造営の原則であることがすでに知られてきたので、藤原宮でもその地域には当然内裏の存在することが予測された。そこで奈良県教育委員会はバイパス予定線を変更させる目的をもって、昭和四十一年末から緊急調査を開始した。ほどなく多数の木簡――郡評論争を解決した「評」の表記をもつものが多い――が出土したことが契機となって、その整理・釈読を依頼された私は、発掘調査そのものにも実行委員会委員の一人として参画することになった。

今次緊急調査は単に国道一六五号線バイパスの内裏推定地区通過を回避させることを目的とするのみならず、変更路線を少なくとも宮域外に移す必要があった。従ってそのためには、是非宮域を明らかにしなければならないが、限られた日時と費用のもとで、そのような要請にいかにして応えるかが今次調査の大きな課題であった。そこで、すでに述べられたように(奈良県教育委員会『藤原宮』第I章第2節)、調査は宮域の検出を目的として進められたが、それはただ発掘による探索だけでなく、ある段階からは発掘によってえられた成果をできる限り有効に活用し、それを基礎として図上において藤原京の条坊制を想定し、その想定に従って宮域を割出し、さらに要所を計画的に発掘してその仮説を確かめて行くという方法がとられた。結果としては、その方法が奏功し、端緒をつかんでからは一年ほどの間に、宮域のみならず京域までもほぼ確実に推定しうるという大きな成果を収め、さらに広く飛鳥一帯の遺跡の保存の目安となるべき事実をも把握するに至ったのであるが、ここではその過程にふれながら、推定された藤原京の京域

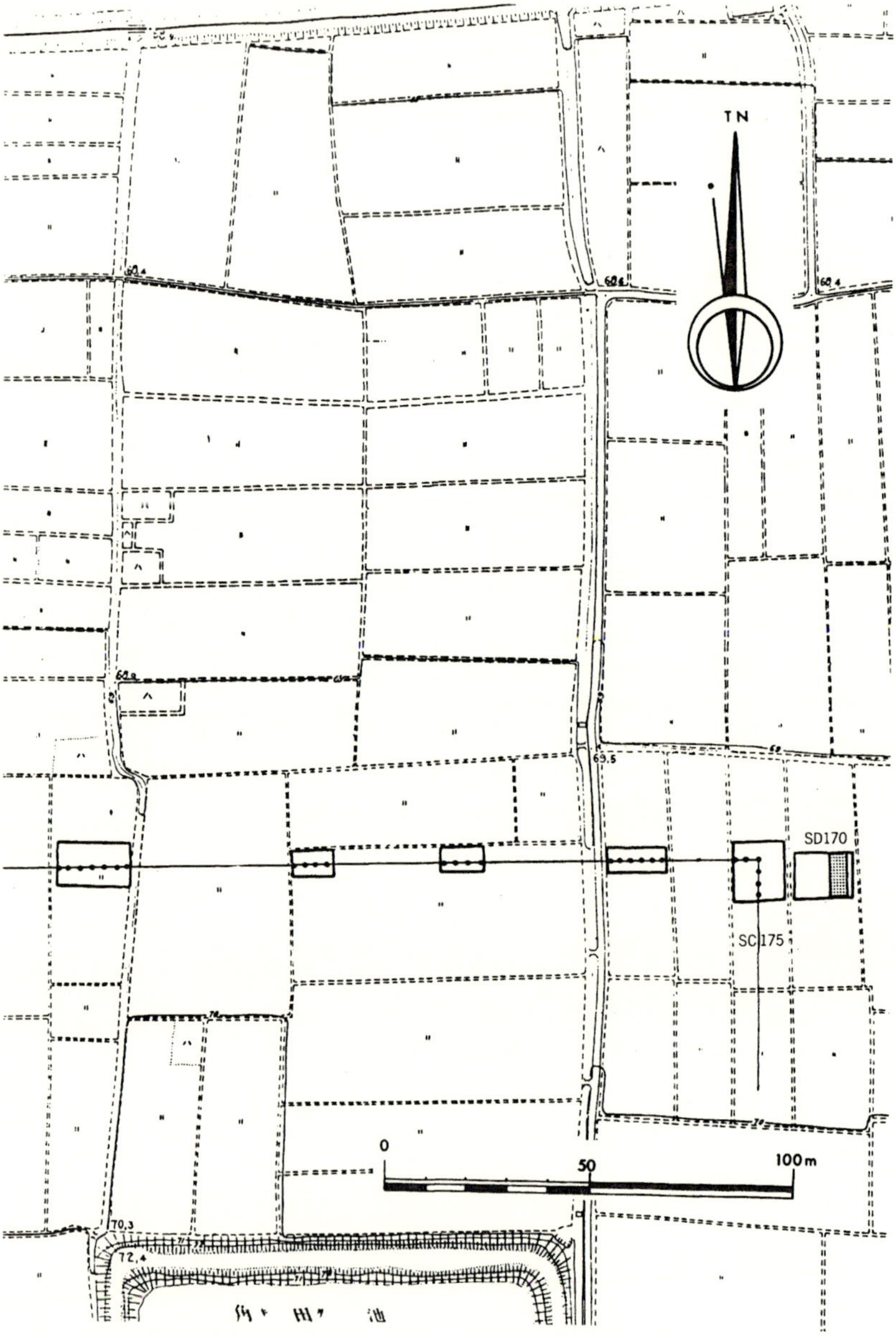

（奈良県教育委員会『藤原宮』所収図をもとに作成）

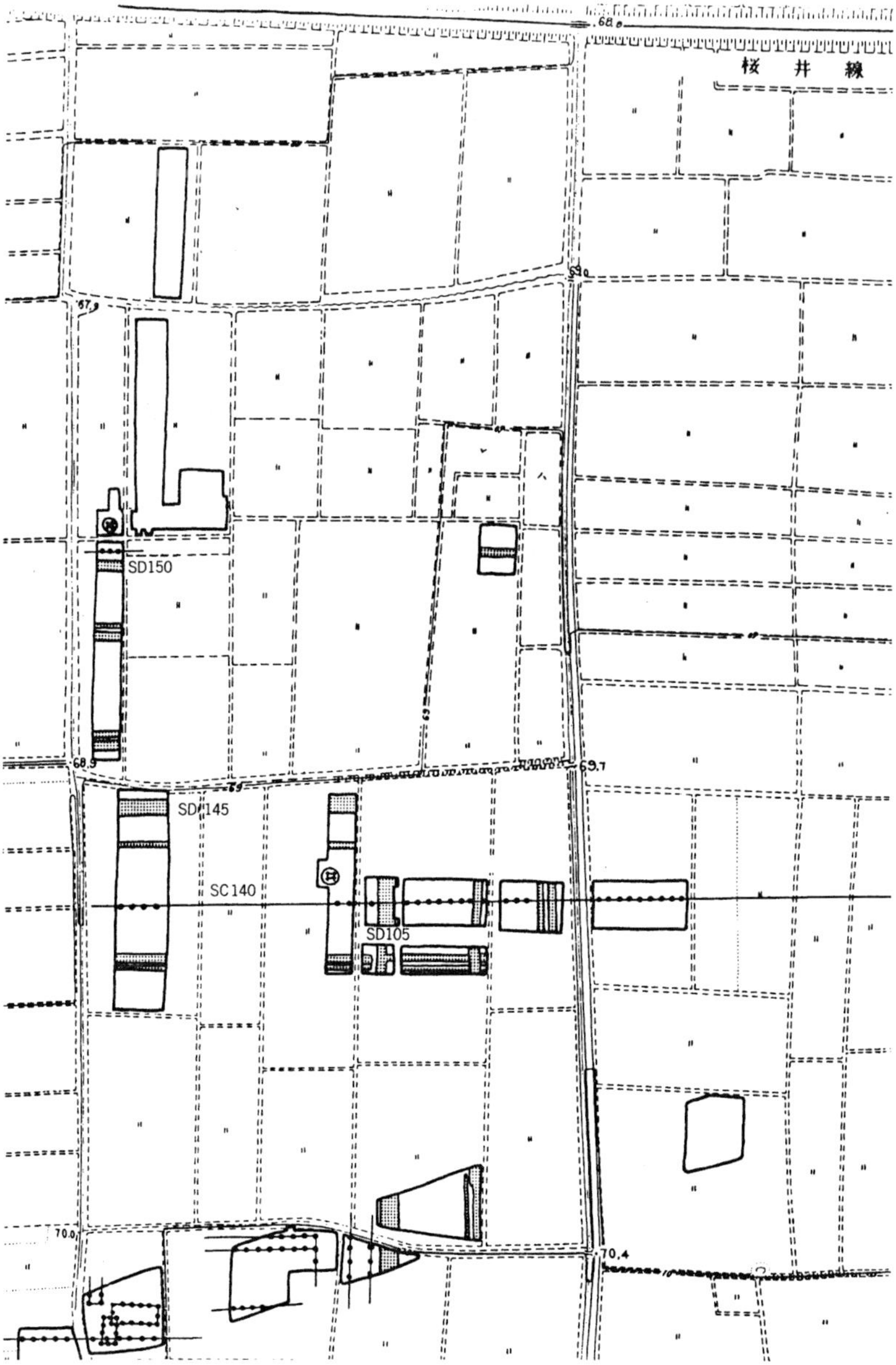

第四図　藤原宮緊急調査遺構配置図

および条坊制、さらに藤原京と平城京、あるいは飛鳥諸遺跡との関係などについて述べることとする。

すでに繰り返し述べられたことであるが(奈良県教育委員会『藤原宮』の各章)、まず宮の北限を追求すべくトレンチが北に向かって設定され、主要遺構として東西に走るSC一四〇の一本柱列と木簡を出土した溝SD一四五が検出された。ついでさらにその北にも東西に走る数条の溝が検出されたが、SD一四五と約六〇メートル隔たるSD一五〇以北には顕著な遺構が存在しないことが明らかとなった。またSC一四〇を東に追って発掘が進められたが、それは当初の予想を裏切り、SD一〇五を越えてさらに東に延びることも知られてきた(第四図)。右の状況が明らかになったのは昭和四十三年二月であったが、その段階で如上のデータを橿原市三〇〇〇分の一地図に入れて検討を加えたところ、つぎの事実が明らかとなった。

(1) まずさきの日本古文化研究所の発掘調査の結果明らかにされた大極殿は、奈良盆地を南北に縦走する古道である下ッ道と中ッ道のちょうど中央に位置し、下ッ道―中ッ道間の距離は四里(一里=令大尺一五〇丈=令小尺一八〇丈)に相当する。

(2) 下ッ道―中ッ道間の実距離は三〇〇〇分の一地図により、横大路上で計測すると二一一八メートルほどになるが、これによると一里≒五三〇メートルとなる。ところが最も北に検出されたSD一五〇と横大路間の距離はほぼこの数値に等しい。つまりSD一五〇は藤原京建設の計画の上で何らかの意味をもつらしいことが明らかとなった。

(3) つぎに一里のこの実数値によって、藤原京を通説に従って一二条と考え、横大路を起点として南に一二条=六里を計ると、南京極に相当すべき条坊計画線は現在の丈六より石川池北を通り、雷丘を過って山田に通ずる道路から、最大の場合約九〇メートル南に引かれることになる。

(4) 宮域は朝堂院を中央に置く二里四方の方形と考えられ、SD一五〇が条坊計画線、SC一四〇が宮の北限を画する施設で、SD一四五はその外濠と推定されるが、宮の南限については条坊計画線は別所池北を通ることとなり、その位置からＳＤ一五〇—ＳＣ一四〇間の距離八〇メートルを北に向かって等しくとると、さきに調査された朝集殿院南門（平安宮では応天門と称する）、南回廊の線にほぼ一致する。

(5) ＳＤ一四五は宮域の外湟に相当するとみられるが、推定宮域の西限に関しても、ＳＤ一四五に相当する位置に現在も小川が北流しており、それにそって「久保」「東中川」「上久保」などの小字名が遺存している。そしてその川はＳＤ一四五の延長線と交差する地点付近、すなわち宮西北隅と推定されるところで西に折れ、西流するような状態になっている。また東限に関しても該当地域に「上堀川」「下堀川」の小字名が遺存している。

(6) 宮域をこのように推定すると、京域を東南から西北に斜めに通って流れる飛鳥川はちょうど宮域西南隅の外をかすめる形となり、宮域内を流れることがない。

(7) 藤原京を十二条八坊として東西四里・南北六里の方格を設定したとき、本薬師寺址の伽藍中軸線はちょうど条坊方格の中心線と一致し、また平城京薬師寺から推定した南門の位置もほぼ条坊の計画線に接する関係になる。

(8) 大官大寺址も推定京域内に入る。未発掘のため伽藍配置など不確定であるから断定はできないが、あるいは伽藍中軸線が条坊方格中心線に一致するかも知れない。同様なことは紀寺廃寺址・日向寺址についてもいえる。

以上列挙したようないくつかの事実から藤原京は横大路を北京極、下ツ道を西京極、中ツ道を東京極とし、東西四里・南北六里の地域に十二条八坊の条坊制に基づいて設定されたと想定されるに至った。ただし南京極大路は一二条の幅を縮小して丈六—雷—山田の古道を利用したものと思う。このような新しく想定された藤原京条坊制は、その基本的な考え方としては前節で述べたように、すでに喜田貞吉の指摘したところであるが、重要な相違点は中ツ道の比定にある。そもそも上・中・下の三道はすでに『日本書紀』の壬申の乱の大和における戦闘記事にみえる古道で、同じく推古紀二十一年条に「難波より京に至るまでに大道を置く」とみえるその大道に比定されている横大路とともに、大和の主要古道である。これら古道についての詳しい考察はここでは省略するが、中ツ道は上ツ道・下ツ道の正に中

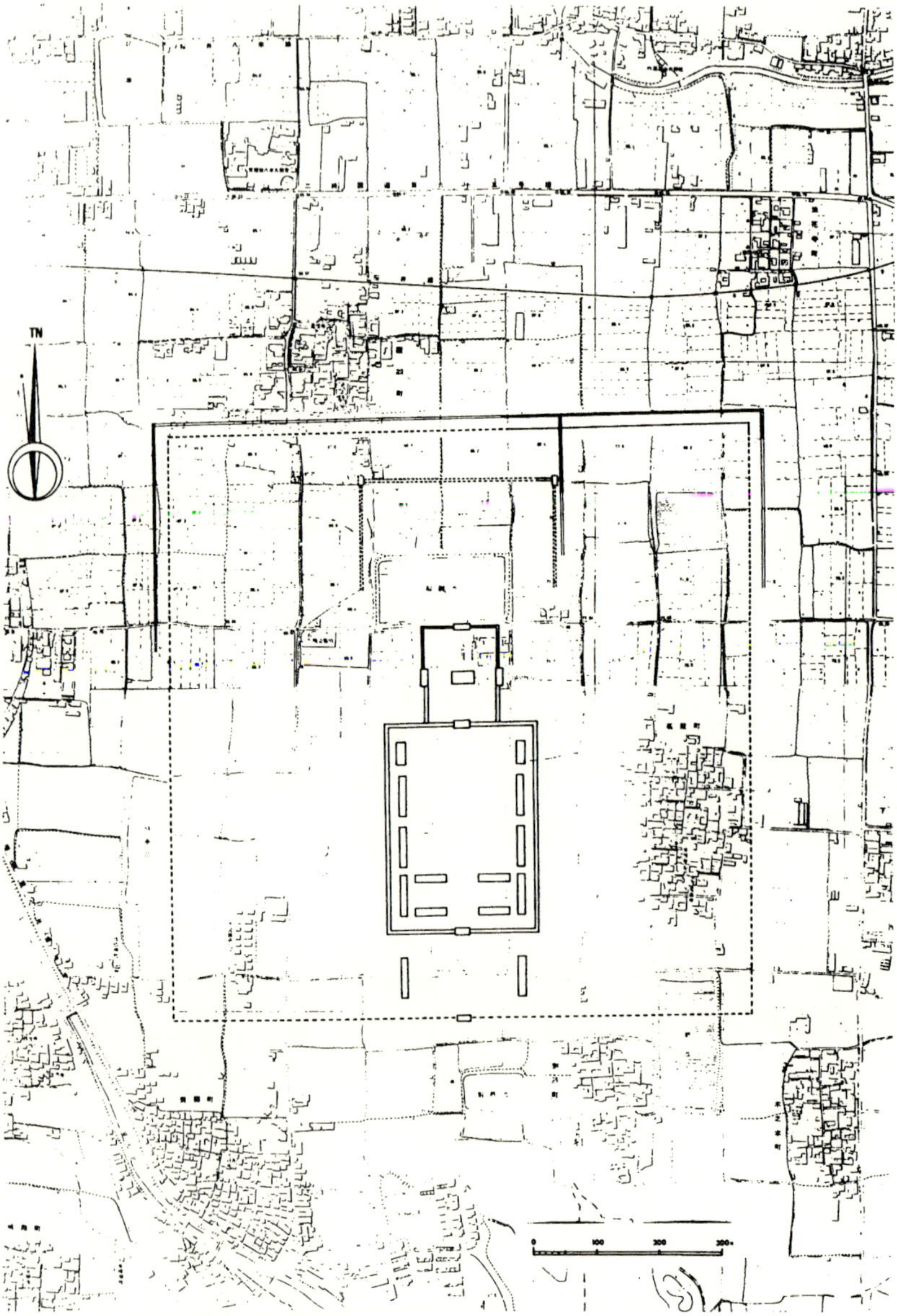

第五図　藤原宮宮域推定図(奈良県教育委員会『藤原宮』より転載)

間に位置し、平城京東京極付近から南下し、天理市西井戸堂・田原本町伊与戸などを連ねて横大路に至る。ただ橿原市太田市以南は現在は道路の痕跡がなく、わずかに橿原市と桜井市の境界として遺っている程度であるが、横大路と交叉する地点に三輪神社と市杵島神社が存在しているのはその徴証とすべきであろう。ところで喜田は中ッ道を藤原京の東京極と推定しながらも、その位置を香久山西麓と考え、現在の橿原市出合・法花寺の中間から木之本をへて明日香村小山に至る道路をそれに比定した。(16) これは横大路付近以南で中ッ道が判然としなくなっていたために、その比定を誤ったものかと考える。しかし実は中ッ道は横大路と交叉してさらに南進し、香久山の頂上近くを通って大官大寺址の東を通り、飛鳥寺西門前に至っていたが、後世条里制に影響されてか消滅したと考えられる。喜田は中ッ道の比定を誤り、かつ長谷田土壇に執着したために、その推定藤原京は全体としてやや西方に寄ったものとなったのであるが、発掘調査の結果大極殿址と確認された大宮土壇を中心とし、中ッ道を以上のごとく定めるならば、喜田の考定した条坊制による藤原京はまさしく正当な位置に落ち着くことになるのである。

さて藤原京の京域および宮域をこのように想定した上で、まずＳＣ一四〇・ＳＤ一四五をさらに東に追って発掘を進めると同時に、それらが南折するとみられる宮東北隅の地点にトレンチを設定したところ、まずＳＤ一四五に相当する四メートル幅の溝ＳＤ一七〇が南北に走っていることが確認され、ついでＳＣ一四〇の南折（ＳＣ一七五）も予想通り検出された。またその後調査を如上の想定に従って進めたところ、推定宮域西端においてもＳＣ一四〇に相当する一本柱列、その西一一メートルにＳＤ一四五に相当する外濠、さらに一本柱列から西約八〇メートルのところに南北走するＳＤ一五〇相当の溝が発見され、宮域の西限に関しても北限とほぼ同様な状態にあることが明らかとなった（第五図）。ただ問題は未発掘に終わった南限であるが、これも前述のごとく条坊計画線と朝集殿院南門との間隔が約八〇メートルで、それは北および西における条坊計画線（ＳＤ一五〇・ＳＤ二六三）と一本柱列（ＳＣ一四〇・ＳＣ二五八）の関係に極めて相似しており、またつぎの諸点からも、従来の見解とは異なって南門を宮域南限の南正門、すなわち平城宮・平安宮の朱雀門に相当するものと認めてよいのでなかろうか。

(1)ＳＣ一四〇と朝集殿院南門の間の距離が、東外郭のＳＣ一七五と最近検出された西外郭のＳＣ二五八間の距離にほぼ等しく、従ってそう解すれば宮域が方形となること。

(2)日本古文化研究所によるこの地域の発掘調査報告書は未刊に終わっているが、朝集殿院を囲む回廊はいちおう図上で単廊として、想定されているものの、その存在については発掘の際も確証がなかったようで、却って十二堂院回廊が礎石を用いた複廊であったに対して、その東南隅、南門の東への延長線上からは掘立柱の柱根一個が出土していること。(17)

(3)朝集殿院南門の位置を宮域南限と考えると、それから大極殿院南回廊までの距離と、さらにそれから北限のＳＣ一四〇までの距離が等しくなる。つまり、大極殿院正門が宮の中心に位置するというプランになる。

(4)藤原宮の四周にも氏族名を付したいわゆる宮城十二門が開いていたと思われる。平安宮では朝集殿院南門を応天門と称するが、応天門の称呼は大伴門の転訛であって、これは他の氏族名を付する一一門がすべて宮城外郭の諸門であることと一致しない。従って当初は宮城南中央の正門を大伴門とよび、朝集殿を囲む回廊も、また従ってその南門もなかったのが、平城宮において朱雀門と大伴門(応天門)の分化が生じたのでないかと考えられること。

(5)平城宮の第一次朝堂院南端の部分はすでに発掘調査を終わったが、第二次朝堂院の応天門の位置に相当するところには門址が発見されなかった。これは平城宮でも最初は朝集殿院南門を欠いていたのでないかと考えられること。

三　平城京の復原

さて藤原京の都城制を以上のように想定した上で、これを平城京と比較すると、両京の関係が極めて整然と理解できる。このことはまた逆に如上の藤原京の想定が合理的であることを証しているといえよう。

(1) まず藤原京の東京極は中ッ道、西京極は下ッ道であるから、これをそのまま真北に移動させ、下ッ道を軸に東西幅を西に二倍に展開したものが平城京となる。すなわち藤原京左右京が平城京では左京となり、別に下ッ道以西に右京が新たに設定されたことになる。

(2) こうして平城京では東西幅はそのまま二倍に拡大されたが、南北長は、条数が一二条から九条に減少したため、実距離は藤原京の一・五倍に止まった。従って面積では平城京は外京部分を除くと、藤原京の三倍となる。

(3) 条数が一二条から九条に減ったのは、要するに藤原京で宮の北となった二条分と、もっとも南の第十二条の一条、計三条を除外したからであろう。すなわち前述のごとく、藤原京では京域最南の第十二条が古道を南京極大路に利用した関係で狭小となっており、かつ京内に含まれる部分も丘陵の一部が突出していて、第十二条は京域としての役割を完全には果たしていない。従って平城京でも結局その一条を除外したのであろう。

(4) また平城京で除外された北二条分の痕跡が、平城京ではいわゆる北辺として一部分遺っていると考えられる。さらに藤原宮の北に当たる部分はおそらく宮の付属地であったとみられる。そして中国の洛陽城や長安城の例をみると、同じ部分が苑池となっており、平城京で北宮とか北松林宮と呼ばれたものは藤原京のこの部分が転化したものとして、やはり平城宮の北に位置したのではなかろうか。藤原宮のこの部分に現在「テンヤク」の坪名が二か所に遺存し、付近のＳＤ一〇五とＳＣ一四〇の交点から典薬寮関係の木簡が多数出土した。

(5) 平城京では宮の周辺に限って条間・坊間の路が大路となっているが、これは二倍に拡大される以前の藤原京の条坊制が一部に遺存したものと認められる。

(6) 薬師寺と大官大寺（大安寺）は藤原京から平城京に移建されたが、両寺の関係位置が藤原京と平城京で極めて相似ている。すなわち薬師寺は藤原京では右京八条三坊（北二条を除けば六条三坊）にあるに対し、平城京でも右京六条二坊に移されている。また大官大寺の位置は藤原京では左京十条四坊(同じく北二条を除けば八条四坊)に当るのに対し、平城京では左京六・七条四坊に位置する。

以上のように新しい藤原京の想定に基づくと、平城京との関係がかなり明快に説明でき、従来平城京は唐都長安城を模したものと一般に説かれてきたが、それは藤原京を原型とし、それと密接な関係を保ちつつ計画されたものであることが明らかとなった。そして藤原京をこのように考定すると、単に平城京との関係ばかりでなく、飛鳥との関係についてもいくつかの重要な示唆がえられることになる。本章とは直接関係のないことであるので、概要を記すに止める。

(1) 藤原京の東京極となっている中ツ道はそのまま南に直進して、さきに奈良国立文化財研究所によって調査究明された飛鳥寺の寺域の西を通る。そしてちょうど現在入鹿の首塚と伝える五輪塔のあるところに幅四・四メートルの道が南北に通じていたことが、これまた先年の橿原考古学研究所の発掘調査によって明らかになっている。中ツ道の延長でないかと考えられる。

(2) さらにその道は発掘中の飛鳥板蓋宮伝承地遺跡の一本柱列に囲まれる遺構の西側を通る。従ってこの遺構の性格は現在なお不明であるが、中ツ道・藤原京との関係がかくのごとくであることは一つの示唆を与えることとなろう。

(3) 中ツ道はさらに南進して橘寺東大門前を通過し、そこから飛鳥川を遡って芋ガ峠を越え、吉野町宮滝の吉野宮に通じたらしい。橘寺はこれも先年の発掘調査の結果、東面の四天王寺式伽藍配置を有することが明らかとなったが、これで東面する理由も判明した。

(4) 丈六から石川池(剣池)の北を通り、雷丘の間を抜け山田をへて阿部に至る道は、古く山田道・磐余道とも呼ばれ、安倍寺付近で上ツ道に接続するが、この古道に沿ってはウラン坊の厩坂寺推定地・トノンダの大野丘北塔または葛木寺推定地、金銅製壺を出土した古宮土壇遺跡をはじめ、奥山久米寺、山田寺あるいは安倍寺の遺跡があり、飛鳥時代から主要道であったことが推定される。とくに中ツ道との交点付近は飛鳥の要衝として、小墾田宮など重要な遺跡の存在する可能性が多いと推定できる。

(5) つぎに天武・持統両天皇を合葬した檜前大内陵が藤原京の南正面、つまり京中央大路のほぼ真南への延長線上に位置する。またその北にある菖蒲池古墳や、同じく南にある中尾山古墳・文武天皇陵などもほぼ同じ線上に位置するという注目すべき事実も明らかとなった。

(6) その他飛鳥寺・川原寺両伽藍の相互関係など、いわゆる狭義の飛鳥の地域における遺跡の計画性についても手がかりがえられたほか、不明とされている飛鳥の諸宮の位置についても従来よりはるかに推定が容易となり、文献史料と現地との結びつきも明確となってきた。

また藤原宮および藤原京の考定が可能となり、それと飛鳥・平城との関係が以上のように解されてくると、飛鳥から藤原をへて平城に至る七―八世紀の宮都の展開が具体的に理解できるようになった。つまり七世紀に入って飛鳥の地に連続的に天皇の宮が営まれるようになった当初は、香久山から南の一帯が飛鳥の中心地であったが、律令制古代国家の建設が進捗するとともに、中国的な都城制を完備した宮都の造営が必要となり、狭小となった香久山の南の飛鳥の地を捨てて、香久・耳成・畝傍三山に囲まれた藤原の地が新しい藤原京の適地として選ばれた。しかしその藤原京も二〇年足らずで、さらに三倍の広さに拡張された新しい平城京を建設することになった。そして平城京はこんどは奈良盆地全体を望みうる地域に立地し、その点でも大きな展開を遂げることになったのであって、その過程は律令制古代国家の発展そのものを象徴するといえよう。

最後に残された問題として藤原京設定の時期について検討を加えておこう。最初にも述べたように、『日本書紀』によれば、藤原宮の造営は持統天皇の即位した持統四年(六九〇)の十月における高市皇子の宮地視察に始まり、同八年十二月に正式遷都を迎えるのであるが、これはあくまで宮の造営に関することで、京の建設計画そのものはそれ以前からすでに定まっていたとも考えられる。条坊制の基準となった四つの古道はいずれも天武朝以前から存在しているが、とくにつぎの諸点が問題となるのである。

(1) まず前述のように薬師寺の伽藍が正しく藤原京の条坊制に則っているとすれば、京の設定は伽藍建立以前でなければならない。

(2) 同様なことは大官大寺についてもいえる。大官大寺の伽藍が正しく条坊制に則っているかどうか、充分な調査が行なわれていないので明らかでないが、もし条坊制に則っているとすれば、やはり伽藍建立の時期は京設定以後と考えざるを得ない。

(3) また前述のように天武・持統合葬陵の位置が藤原京中心線上の南方という関係で選ばれたとすれば、大内陵の建設は持統元年十月に始まっているから、京の設定はやはりそれ以前でなければならない。

薬師寺・大官大寺の建立についてはそれぞれ問題があり、文献・遺跡双方からなお慎重な検討を要するが、薬師寺主要伽藍の建立は持統二年ごろとみられ、大官大寺も天武十四年(六八五)ごろにはひとまず完成していたと考えられる。従って大内陵の造営とも考え併せると、藤原京の計画はどうしても持統四年以前、天武末年にはすでに決定されていたとしなければならない。そこで注目されるのは天武十三年三月に天皇が京師を巡行して宮室の地を定めたという『日本書紀』の記事である。天武はそれまで積極的に新都の適地を探索していたが、これ以後そのような動きは全くみえない。藤原京建設の基本的計画、すなわちその条坊制はこのとき決定されたのでなかろうか。そして宮の具体的な造営に着手できぬうちに天武天皇が崩御したため、ついにしばらく中止されたものとみられる。かくてその殯葬を終えた女帝持統は即位とともに夫の遺志をついで、かねての計画通り、改めて藤原宮の造営に本格的にとりかかったと考えられるのである。

なお藤原京の想定に関連して、条坊制と条里制の関係に関する新しい知見や、大和における条里制の施行などについても重要な示唆がえられたが、これらの問題は直接本章とは関係がないのでふれないこととする。

ともあれ今次の緊急調査は行政的要請に基づく制約の多い調査ではあったが、関係者の理解と協力によって予期以上の成果をあげることができ、とくに宮域および京域をほぼ確実に推定できたことは、学術的に大きな成果であるとともに、今後の飛鳥・藤原地方の保存と開発に重要な資料を提供したこととなる。以上本来は、なお慎重な調査を行なったのち公表すべき事実も多いが、あえて報告書を作製して発掘結果に基づく想定を発表したのは、急速度に進むこの地方の開発に先手をうって保存と開発の調和をはかりたいという意図からである。

(1)　天武五年にも新城に都を造ろうとして実現しなかったことが、『日本書紀』天武五年是年条にみえる。
(2)　『日本書紀』によると、持統六年正月・六月、同七年八月、同八年正月にそれぞれ藤原宮への行幸のことがみえる。
(3)　『帝王編年記』によると、大宝三年東西市が立てられ、また『続日本紀』によると、和銅元年八月はじめて左右京職に史生各六人が置かれている。
(4)　足立康「藤原京拡張説」(『史蹟名勝天然紀念物』一一―七、昭和十一年七月)参照。
(5)　足立康・岸熊吉「文献上より見たる藤原宮の規模」(『藤原宮阯伝説地高殿の調査㈠』(『日本古文化研究所報告』二、昭和十一年十一月所収))参照。
(6)　藤原宮址に関する諸説については、足立康・岸熊吉『藤原宮阯伝説地高殿の調査㈠』(前掲)のなかで詳しく述べられている。また足立康「藤原宮の位置に就いて」(『史蹟名勝天然紀念物』一〇―四、昭和十年四月)参照。
(7)　鷺栖坂は結局、朝堂院址の南に位置する現在の日高丘陵の坂を称したものとすべきであろう。それはまた飛騨坂とも称された(天平勝宝八歳六月十二日「東大寺飛騨庄勅書案」内閣文庫所蔵東大寺文書)。
(8)　喜田貞吉「藤原京考証」(『歴史地理』二一―一・二・五、大正二年一・二・五月)。
(9)　喜田がここで中ツ道を東京極に推定しているが、それは香久山西麓を通じていたという考えに基づく。中ツ道の位置に関する喜田の考えは以後も変らない。
(10)　和田軍一「日本古文化研究所」(黒板博士記念会編『古文化の保存と研究』、昭和二十八年二月所収)。報告書は㈠が昭和

九・十年度調査、㈡が同十一―十四年度調査となっていて、大極殿院・十二堂院の部分までで、以後の朝集殿院の部分の調査報告が未刊となっている。

(11) この二論文はついで発表した「藤原宮移転説に就いて」(『史蹟名勝天然紀念物』一一―八、昭和十一年八月)とともにのち同『藤原京』(昭和十七年八月)に収められた。

(12) さきにも述べたが、喜田はこの道路を中ツ道と考えていた。

(13) 足立康「藤原京の左右両京」(『大和志』二―三、昭和十年三月)、足立康「藤原京拡張説」(前掲)、喜田貞吉「藤原宮移転説に就いて――足立康君にお答へ――」(『史蹟名勝天然紀念物』一一―八)、足立康「再び喜田博士の藤原宮説に就いて」(『史蹟名勝天然紀念物』一一―九)、喜田貞吉「藤原京と藤原宮との事に就いて――余白を借りて足立博士にお答へ――」(『史蹟名勝天然紀念物』一一―一〇)、足立康「三たび喜田博士の藤原宮説に就いて」(『史蹟名勝天然紀念物』一一―一一)、喜田貞吉「藤原宮と藤原京とに就いて」(『史蹟名勝天然紀念物』一一―一二)、それぞれ昭和十一年八月・九月・十月・十一月・十二月。

(14) 足立康「藤原京」(『歴史教育』一四―一一)。

(15) この説は昭和二十九年五月奈良国立博物館の講演で発表され、のち昭和四十年六月に刊行された『飛鳥京藤原京考証』に収められた。

(16) 喜田貞吉『藤原京』(前掲)。

(17) 『藤原宮阯伝説地高殿の調査㈠』(前掲)、『藤原宮阯伝説地高殿の調査㈡』(『日本古文化研究所報告』一一、昭和十六年六月)。

第二章　古道の歴史

一　壬申の乱と古道

時代はややくだるが、『日本書紀』巻二十八の壬申の乱の大和における戦闘記事に注目してみよう。吉野から美濃に向かった大海人皇子らの主力とは別に、大伴連吹負は数十人の手兵を率いて、まず飛鳥古京の留守司坂上直熊毛を大海人皇子方に内応させ、飛鳥寺の西に設けられていた軍営を制圧した。そして功により倭京将軍に任ぜられると、ただちに軍を編制し、大友皇子の近江朝廷を襲撃すべく行動を開始し、飛鳥から稗田を経て乃楽に向かい、乃楽山に陣した。

この途中、稗田に至ったとき、河内から近江軍が来攻するという情報がはいったので、吹負は軍を分かって予想される河内からの進撃路の防衛に向かわしめた。すなわち坂本臣財らは兵三〇〇を率いて竜田に、また佐味君少麻呂は兵数百を率いて大坂に、さらに鴨君蝦夷は同じく兵数百を率いて石手道に、それぞれ派遣された。このうち坂本臣財らはまず高安城を攻略し、ついで大津・丹比両道から進撃した近江軍の将壱伎史韓国と衛我河の西で戦ったが敗れ、懼坂道まで退却した。

いっぽう、吹負は乃楽山で山背から進撃してきた大野君果安の近江軍と交戦したが、大敗を喫し、かろうじて一、二騎とともに宇陀の墨坂まで敗走した。美濃不破宮にある大海人皇子のもとに合しようとしたのであろう。しかしこれよりはやく、東道将軍紀臣阿閉麻呂らは数万の兵を率いて伊勢・伊賀国境の大山を越えて、大和に救援に向かっていた。そして吹負敗戦の報がはいると、ただちに置始連菟に千余騎を付して先行させ、吹負はこの救援部隊と墨坂で相遇した。そこで吹負は反転してふたたび金綱井《かなつなのい》に還り、あらためてその地で陣容の建て直しをはかった。ところがそのとき、河内にあった近江軍が大坂道から来攻したという情報がはいったため、軍を率いて西、当麻の衢に至り、壱伎史韓国と葦池の付近で戦い、これを撃破した。

ついでふたたび飛鳥の本営に還った吹負は、ちょうどそのころ遅れて到着した紀臣阿閉麻呂らの軍を加え、奈良盆地を北方から来襲する近江軍に対抗して、上・中・下の三道に軍兵を分かって駐屯させ、みずからは中ツ道の防衛を担当した。ときに近江軍の将犬養連五十君は中ツ道を進撃して村屋に至り、軍を留めて別将廬井造鯨に精兵二〇〇を率いて吹負の軍営を攻撃させてきた。兵力に劣る吹負ははじめ苦戦をしたが、大井寺の奴らの奮戦や、上ツ道の防衛を担当した三輪君高市麻呂・置始連菟が箸墓の戦いに勝って鯨の後方を断ったため、ようやくこれを撃退して危機を脱することができた。吹負は飛鳥の本営にもどって軍を整えたが、以後、近江軍の大和への来襲はなくなった。

かくて、倭京を完全に掌握した吹負は大坂を越えて難波に赴き、他の別将たちは三道を進んで山前に至り、淀河の南に駐留した。近江をのがれた大友皇子はこの吹負の軍に退路を断たれ、ついに山前に隠れて自経し果てたのである。

ところで以上のような壬申の乱における大和を中心とした戦闘経過をみてみると、当時大和には上ツ道・中ツ道・下ツ道の三道が南北に通じていたこと、また河内には大津道・丹比道があり、さらに河内から大和に通ずるには竜田道・大坂道・石手道があり、そのうち大坂道は当麻・金綱井を連ねて宇陀の墨坂に至り、そこから伊賀・伊勢に通じていたことなどが知られる。いまこれら古道について、少し考えてみよう。

二　上ツ道・中ツ道・下ツ道

まず、奈良盆地を南北に縦貫する三道のうち、下ッ道からはじめよう。さきの壬申の乱の記事によって、下ッ道が稗田を通って乃楽山に至っていることが知られるが、乃楽山は『万葉集』にも平山・奈良山などと歌われている平城宮の北のいわゆる歌姫越（奈良市歌姫町）。稗田は平城京の南、環濠集落で有名な大和郡山市稗田町。したがって下ッ道は、すでに指摘されているように、平城京朱雀大路を南に延長したいわゆる中街道がそれに当たり、稗田から二階堂・田原本・八木の集落を連ねて畝傍山の東を大軽をへて、見瀬丸山古墳の周濠西端をかすめて南進する。大軽は軽市・軽寺のあったところ、見瀬は欽明朝に百済・高句麗の人たちを田部として置いた大身狭屯倉・小身狭屯倉の所在地。下ッ道はこの辺まで約二五キロは直線となっているが、以南はやや屈曲しながら南進し、芦原峠を越えて吉野川に臨む吉野町大淀に至る。

下ッ道（左方遠く山間に通ずる道．橿原市八木町付近，中央は畝傍山）

しかしこの道は途中、見瀬のすこし南、檜前付近から分かれて「藤原宮の役民の作る歌」（『万葉集』巻一—五〇）などにみえる巨勢道となり、西南進して五条市にはいる。ついでこれまた『万葉集』にしばしばみえる大和・紀伊国境の真土山、すなわち待乳峠を越えて、紀ノ川を下り和歌山に至る。「天飛ぶや軽の路より　玉襷畝火を見つつ　麻裳よし紀路に入り立ち　真土山越ゆらむ君は……」（『万葉集』巻四—五四三）と笠朝臣金村が歌ったのはこのルート。紀伊を本拠とする紀氏は、造船・航海にすぐれた古代豪族として、大和朝廷の朝鮮半島への外征に主導的役割を果たす。したがってこのルートは、瀬戸内海を通じて朝鮮に結びつくものでもあった。

これにたいして乃楽山を越えて山背にはいった道は、木津川(泉河)を渡って山脚部を北進し、宇治渡を渡って山科に出で、逢坂を越えて近江にはいる。同じく『万葉集』に、

そらみつ　倭の国　あをによし　奈良山越えて　山代の　管木の原　ちはやぶる　宇治の渡　滝つ屋の　阿後尼《あごね》の原を　千歳に　闕くる事無く　万歳に　あり通はむと　山科の　石田の社の　すめ神に　幣帛取り向けて　われは越え行く　相坂山を　(巻十三―三二三六)

とあるのがこのルート。このルートは、近江から三道に分かれて東国に向かう。すなわち、愛発関を越えて越前に入る北陸道、不破関を越えて美濃に入る東山道、鈴鹿関を越えて伊勢に入る東海道である。

ところで『古事記』垂仁段には、つぎのような物語がある。垂仁天皇はわが子の本牟智和気王が唖であることを心配していたが、夢と占いによって出雲大神の祟りであることがわかったので、本牟智和気王に曙立王と菟上王をそえて大神を拝みに出雲に向かわせる。そのとき、「那良戸よりは跛盲遇はむ。大坂戸よりも亦跛盲遇はむ。唯木戸ぞ是れ掖戸の吉き戸とトひて出で行かしし時」としるされている。すなわち、大和から出雲に向かうについて占いをしたところ、那良戸から行けば跛と盲に遇って不吉であろうし、大坂戸から出ても同じように跛と盲に遇うだろう。ただ木戸は脇の出入口であるが、ここからならばよいというので出発した、というのである。大坂戸はつぎに詳説する大坂道、那良戸と木戸はいま述べた下ツ道・巨勢道の南北両端、北と南からの大和へ出入りする際の要衝に当たり、この道が奈良盆地の南北主要幹線道路としてかなり古くからあったことをしめしている。

さきの笠金村の長歌の反歌(『万葉集』巻四―五四五)には「木の関守」がみえるが、こうした国境の要衝には関が置かれたらしい。橘奈良麻呂は反乱を企てて勘問されたとき、藤原仲麻呂の無道な政治の一つとして奈羅に剗を置いたこ

とをあげている。つぎに述べる竜田越・大坂越に対しても、『日本書紀』は天武八年(六七九)十一月に初めて竜田山と大坂山に関を置いたことを伝えているし、最近藤原宮跡から出土した木簡の一つに「弥努王等解平群大坂二処」とみえるのも、竜田・大坂の二関に関係あるものでなかろうか。また木簡といえば、平城宮跡から出土した関の通行手形である過所木札は、近江国蒲生郡阿伎里の里長が署名して「関々司」に充てたものであるが、過所になお木を用いている点からも和銅八年(七一五)以前とみられ、さらに出土個所が朱雀門のすぐ北、しかも朱雀門造営以前の溝であったというから、あるいは奈羅関・下ッ道に関係するものかもしれない。

さて、この下ッ道の東四里を中ッ道、さらにその東四里を上ッ道が、それぞれ下ッ道と平行して南北に走っている。一里は雑令に規定する三〇〇歩、令大尺の一五〇丈(令小尺では一八〇丈)、約五三一メートル。したがって約二・一キロ間隔で三道は走っている。まず上ッ道は壬申の乱の記事で、箸墓、すなわち倭迹迹日百襲姫命を葬ると伝える前方後円墳のところを通っていることが知られるが、天理市の南、佐保庄―柳本―芝を連ねる上街道の一部がそれに当たる。この道は長谷道といわれるように、平安朝以後初瀬詣でに利用されたため、現在は箸中の南から長谷寺に向かって東方に曲がっているが、はじめはまっすぐに南進して桜井市仁王堂に至り、そこでつぎに述べる横大路と交差し、さらに安倍寺址の東を通って斜めに飛鳥に至っていたらしく、その徴証はいくつか認められる。また北は真北に延長すると天理市豊田町の天理教教祖墓地付近に至るが、以北は東の山脚部が突き出してきていて、そのまま北上していたか疑問である。この上ッ道の東にはさらに山裾を縫うようにいわゆる山辺道の古道が走っていたといわれる。崇神陵を山辺道勾之岡上陵、景行陵を山辺之道上陵というが、『日本書紀』武烈即位前紀の影媛の送葬歌が、布留―高橋―大宅―春日―佐保をへて乃楽山に至っているのは、おそらく山辺道の延長であろうから、上ッ道も天理市以北はその道を利用したものと考えられる。

つぎに、中ッ道は村屋の社を通っていたことが知られるが、村屋は田原本町伊与戸に当たり、村屋神社があり、現

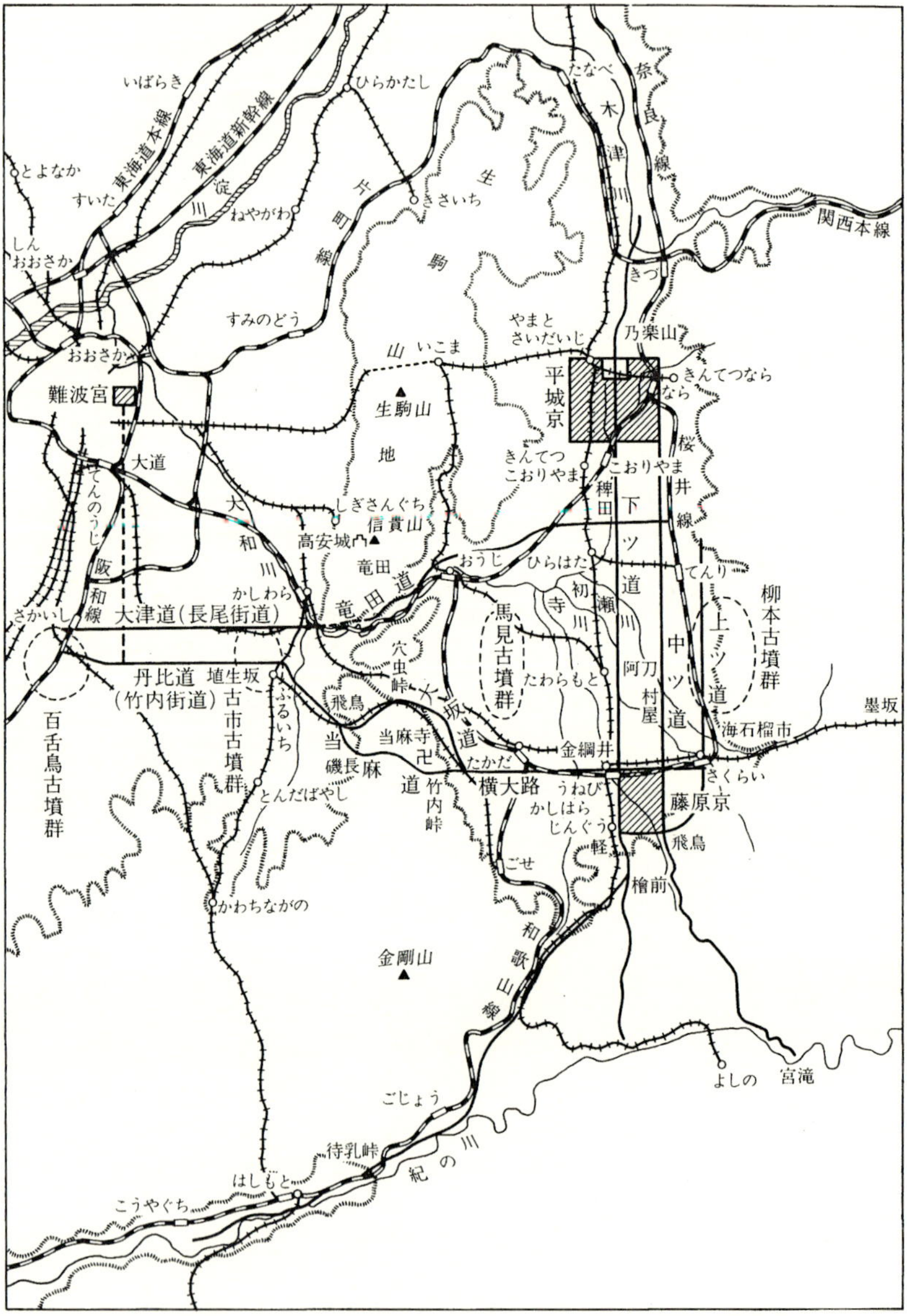
いばらき
東海道本線
東海道新幹線
ひらかたし
とよなか
すいた
淀川
ねやがわ
片町線
きさいち
生駒山
しんおおさか
すみのどう
いこま
やまとさいだいじ
たなべ
木津川
奈良線
関西本線
きづ
乃楽山
平城京
きんてつなら
なら
おおさか
難波宮
生駒山
地
大道
きんてつこおりやま
こおりやま
桜井線
てんのうじ
大和川
しぎさんぐち
信貴山
高安城
稗田
下ツ道
竜田
竜田道
おうじ
ひらはた
てんり
阪和線
かしわら
初瀬川
寺川
柳本古墳群
上ツ道
さかいし
大津道(長尾街道)
馬見古墳群
中ツ道
穴虫峠
大坂道
丹比道(竹内街道)
埴生坂
古市古墳群
ふるいち
飛鳥
たわらもと
阿刀村屋
海石榴市
墨坂
当麻寺
当麻道
磯長
百舌鳥古墳群
とんだばやし
竹内峠
たかだ
横大路
金綱井
うねび
かしはらじんぐう
さくらい
藤原京
飛鳥
軽
檜前
ごせ
かわちながの
金剛山
和歌山線
よしの
宮滝
ごじょう
待乳峠
はしもと
紀の川
こうやぐち

第一図　大和・河内の古道

在も平城京南方の奈良市北之庄町からここまでまっすぐに道が通じ、さらに南、耳成山東北の橿原市東竹田町まで延びている。しかし現在は主要道路としては活用されておらず、東竹田以南は道は消滅している。しかし第三章であらためて述べるが、中ツ道は平城京東京極のほぼ延長線上にあり、東竹田以南も橿原市・桜井市の境界として遺っているように、南に直進し、さらに横大路から南は藤原京の東京極として利用されていたらしい。そして香久山から南は、大官大寺の東、飛鳥寺の西、飛鳥板蓋宮伝承地遺跡の西、橘寺の東と、これらの飛鳥の主要遺跡の間を縫って南進する。そして橘寺東大門付近から南は飛鳥川を源にさかのぼって芋ガ峠を越え、下ツ道と同じように吉野川に臨む吉野町上市に出る。中ツ道をまた吉野道と呼んだゆえんである。

はじめに古道と壬申の乱の関係記事を紹介したとき述べなかったが、乃楽山の戦いで敗れた吹負を追撃してきた近江軍は八口に至り、登って飛鳥古京をみたところ、街ごとに楯が立っているので、伏兵を恐れて退いたという話がある。古京防衛を命ぜられた荒田尾直赤麻呂らが道路の橋板を楯に作って立てたのである。ところでこの八口は、従来位置未詳とされていたが、飛鳥京を一望しうる地点としては、中ツ道との関係からも香久山付近とみるのが妥当ではなかろうか。

三　三道と条里制

奈良盆地には整然たる条里制が施行されている。条里制、あるいはそれ以前の方格地割も大和から始まったものとみられるが、ここでは三道に関連して、条里制の基本問題にかかわるのではないかと考える二、三の事実を指摘しておきたいと思う。

まず、大和の条里制の京南条里が下ツ道を基準とし、それぞれ下ツ道から東と西へ一里、二里と数えていること、また下ツ道の東と西は条里称呼のうえで、添上・添下両郡では一条と一町の食い違いがあり、山辺・平群両郡以南は一条の差異のあることはすでに周知のとおりである。すなわち大和のばあい、下ツ道の東と西では条里制のうえでも若干の相違のあることをまず記憶しておきたい。

つぎに、三道の間隔がそれぞれ四里であることはさきに述べた。一里＝三〇〇歩であるから、一町＝六〇歩とすれば、一里＝五町となる。したがって、たとえば下ツ道―中ツ道間の四里は二〇町となる。これにたいして条里制は六町の方格をもって条・里の基準とし、一里＝六町である。したがって下ツ道―中ツ道間は条里制によれば三里二町となるから、中ツ道は路東条里の四里の七―十二坪と十三―十八坪の間を通るべきことになる。しかるに実際は中ツ道は横大路付近では四里の一―六坪の中央やや東寄りを走っていたとみられ、机上計算とは一町余り、約一四〇メートルほどの差異がある。また上ツ道は現在七里の七―十二坪と十三―十八坪の間を走っているが、これは下ツ道から計測すると、上ツ道までは条里制の三八町分に当たり、八里＝四〇町の机上計算とは二町＝約二一〇メートルの違いがでてくる。このような事実から、つぎの諸点が指摘できよう。

(1) まず中ツ道が現在遺存している条里制地割に関係なく、坪間を走っていることは、中ツ道が現存条里遺構と関係なく、それ以前から存していたことをしめし、ひいて三道設定後に現存する奈良盆地の条里制が施かれたのではないかと考えられる。

(2) つぎに下ツ道―中ツ道―上ツ道間の机上計算の町数と実際の条里遺構の町数とが一致しないのは、条里制が道路幅を除外しているためとみられる。じじつ、京南条里はあきらかに下ツ道の道幅を除いて条里制地割が設定されており、同じように各条・里・坪間の道幅を除外して一町の田積が計測されていったために、前述のような差異がでてきたのではなかろうか。条里制研究の新しい問題として提起しておく。

(3) ところで、中ツ道はやや西に偏しながら北進して平城京にはいることは第三章でも述べるが、その平城京の南、京南条里区との間に下ツ道幅を除外しない特殊な条里地割が南北約四町余にわたって遺っていることが注意されている(秋山日出雄「平城京の特殊条里」橿原考古学研究所編『近畿古文化論攷』、昭和三十六年二月所収)。この地域の地割は、あるいは現在遺存している京南条里の遺構より古いものでないかと考えられるが、しかりとすれば現在遺存する奈良盆地の条里制地割は平城京設定後あらためて施行しなおされたのではないかと考えられてくる。この問題は五町一里の京域条坊制と六町一里の耕地条里制の関係にも及び、またいわゆる条・里・坪の称呼を伴った完備した条里制が全国的に展開するのは天平年間にはいってからではないかという考えとも関連してくる。

(4)いま一つ、これら条里制地割の施行に関連するかともみられるが、大和に国名をもつ集落の多いことが指摘されている(直木孝次郎「国名を持つ大和の地名」『続日本紀研究』五―一一、昭和三十三年十一月)。しかもそれらがとくに下ツ道以東の地域に集中していることも注意されているが、さらに三道の所在とも関係するのではないかと考えられる。とくに中ツ道に沿っては、北から上総・備前・武蔵・伊与戸・大隅と国名集落が多く、他の国名集落も古道との関係の想定されるものが多い。さきに述べた新旧二つの条里制地割の問題とも関連して、この問題をいかに解釈すべきかは今後の課題としておこう。

四　横大路

上・中・下三道についてはしばらく措き、こんどは東西ルートを検討しよう。『古事記』崇神段には、ところどころの神祇を祭祀したため、悪疫がやみ国家安平となったことをしるしているが、そのとき宇陀の墨坂神には赤色の楯矛を、大坂神には墨色の楯矛を祭ったとしている。墨坂・大坂はさきの壬申の乱の戦闘記事にも出てきた大和の東と西の門戸で、その神を祭って疫気の大和への侵入を防ごうとしたのであるが、この大坂―墨坂を結ぶルートが大和の

横大路（中央遠くにみえるのが二上山，右下から耳成山の前を通って向こうへ延びるのが横大路）

東西横貫幹線道路であり、北葛城郡当麻町長尾から橿原市八木町をへて桜井市外山《とび》に至る全長約一三キロはほぼ東西に一直線に通じ、これを横大路と称している。さきの金綱井はこの横大路と下ツ道の交点に近い橿原市小綱《しょうこ》町の地がそれに比定されているが、さらにこの横大路は上ツ道と交差する桜井市仁王堂の八幡神社付近まではまっすぐに東にのびるが、それ以東ではやや北に偏しており、上ツ道と関係して設定されたらしくみえる。

　ところで、この横大路は、現在二上山の南を通る竹内峠越の竹内街道に直接つながって河内にはいっている。しかし河内から大和にはいる主要道であった大坂道はこの竹内越でなく、二上山の北を越える穴虫越であると一般に解され、いまも付近に逢坂の地名を残している。また『古事記』履中段の墨江中王の反逆の物語によると、天皇は難波宮から多遅比野に逃れ、波邇賦《はにう》坂をへて大坂の山口に至るが、そこで一人の女に遇い、女からこの山には武器を持った者が多くいて道を塞いでいるので、当岐麻道を回って越えるようにと教えられたといい、天皇の歌として、

　大坂に遇ふや嬢子を道問へば直には告らず当芸麻道を告る

の一首を載せている。同じ話は『日本書紀』履中即位前紀にもみえるが、そこでは埴生坂から「急いで馳せ、大坂よ

り倭に向ふ。飛鳥山に至りて少女に山口に遇ふ」とある。埴生坂は現在の羽曳野市野々上、竹内街道はここを通って古市にはいり、石川を渡って大和に向かうが、二上山の麓、北の穴虫越と南の竹内越に分岐する付近にいまも飛鳥の地名を遺している。飛鳥山とはおそらくその後方の山をさしたものであろう。

以上のように、大坂道とは穴虫越のことで、竹内越の竹内街道は当麻道と称したようで、さきの壬申の乱の記事にみえる石手道もこのことではないかと考えられている。しかしこうした考えには疑問がないわけではない。第一、横大路への接続は竹内街道のほうが自然であり、また竹内街道は磯長の地を通っている。この地は河内国石川郡、蘇我(石川)氏本貫のところと推定され、付近には蘇我氏と関係深い敏達・用明・推古、あるいは聖徳太子などの陵墓が営まれており、また孝徳の山陵は大坂磯長陵とよばれている。したがって古道としてはむしろこの竹内越の方が古く、あるいはこの方を大坂道と呼んだ時期があったのかも知れないが、のちある事情で北の穴虫越を大坂道とよんで主道とするようになったのではなかろうか。

五　古道設置の年代

それでは、これらの古道はいつごろ設置されたのだろうか。たとえば十四世紀初めの『聖徳太子伝記』には、太子三四歳のとき、大和国に上津路・中津路・下津路の南北三道と、横大道の東西一道を造り、太子はつねに中津路を往還したとしるしているが、これらの伝承はおそらく『日本書紀』の推古二十一年(六一三)十一月条に「又難波より京に至る大道を置く」という記事に発するものであろう。この大道をさきの竹内街道―横大路に比定する説はすでに一般化しているが、つぎの事実も注目してみる必要があろう。

それは同じく『日本書紀』推古十六年八月条にみえる隋使裴世清入京のときのことである。それよりさき遣隋使小野妹子を送って来朝した裴世清は難波津に入り、飾船三〇艘をもって江口に迎えられ、新築された難波の高麗館(の下の客館)に滞在する。それから約一か月半後に入京するが、そのとき飾騎七五匹を遣わして海石榴市の街に迎え、額田部連比羅夫が礼辞を述べたという。ときの都は推古の飛鳥小墾田宮、海石榴市は三輪山の麓にある。そこで不思議なのは、西北の難波から入京する隋使一行をどうして反対の東北方向の海石榴市に迎えたのかということであるが、それはおそらく一行が舟運を利用したからであろう。難波から大和川をさかのぼって大和にはいり、奈良盆地の河川の合流点である額田部(大和郡山市)付近から初瀬川にはいり、海石榴市に上陸し、ここから騎馬でほぼ上ツ道のコースをとって小墾田宮に至ったのでなかろうか。途中からはおそらく曳き船であったと思うが、額田部比羅夫の果たした役割も想定される。このことは『隋書』倭国伝にも「大礼哥多毗を遣はし、二百余騎を従へて郊労す」とあるから、ほぼ事実とみてよかろう。

ついで推古十八年十月には新羅と任那の使いが入京するが、このときも額田部比羅夫が新羅使を迎える荘馬の長となり、任那使を迎える荘馬の長膳臣大伴とともに、使人を阿斗の河辺館に安置したのち、翌日拝朝させている。阿斗の地は河内国渋川郡にもあるが、ここでは大和国式下郡阿刀村、すなわち現在の田原本町阪手付近をそれに比定するのが妥当でなかろうか。とすれば、その地は同じく大和川に合流する寺川(刑坂川)に臨み、河辺館の名称とも合致するが、さらに下ツ道に沿っていることも都合がよい。したがってこのばあいも大和川・寺川をさかのぼり、阿斗に上陸してここから下ツ道を騎馬で飛鳥に向かったと考えられるのでなかろうか。

こうした記事を史実を伝えたものとすると、当時は難波から大和の飛鳥京に至るには、もっぱら舟運を利用し、さきに述べた古道は官道としてなお整備されていなかったためか、利用されなかったと考えられる。さきの、推古紀二十一年の条の「難波より京に至る大道を置く」という記事はその意味でやはり注目すべきものと思うが、『隋書』倭国伝には日本国王のことばとして「今故らに道を清め館を飾り、もつて大使(裴世清)を待つ」とあり、白雉四年(六五三）にも百済・新羅の貢調使の入朝に対して「処々の大道を修治」したとみえる。こうした外国使節の来朝が契機となって、国家の威厳をしめすためにも官道の整備がしだいに行なわれていったらしく、その事情は昔も今も変わるまい。

いままでの説明で、奈良盆地を南北と東西に走る下ツ道と横大路の設定時期はある程度明らかになったかと思うが、上ツ道・中ツ道は飛鳥京を中心として設定されているらしいことから、飛鳥地方に宮都が集中的に営まれるようになった推古朝以後とみるのが正しいと思う。しかしこの問題はあらためて第三章でふれることとしたい。

六　河内の古道

河内から大和にはいる主要道として、大坂道とは別に竜田道のあったことはさきの壬申の乱の戦闘記事からもうかがえるが、都が平城京に移ってからはおもにこの道が利用されたらしく、『万葉集』などにもしばしばみえる。竜田道が当初大和にはいってからどのように通じていたかはなおしばらく課題として検討することとしたいが、ここで河内の古道にちょっとふれておきたい。

壬申の乱のとき、高安城にはいった坂本臣財らは、翌朝西の方を臨み見ると、大津・丹比の両道から近江方の大軍が旗幟を押し立てて進攻してくるのが望まれたという。この両道のうち、丹比道は現在の竹内街道とみられ、仁徳陵の北端から始まり、堺市金岡神社付近からはほぼ真東に進み、埴生坂を越え、羽曳野市古市に至り、そこから竹内峠を越えて大和にはいることは既述のとおりである。また、大津道は新来の帰化族として活躍した王辰爾一族の津氏の氏神大津神社（羽曳野市北宮）の所在から推されるように、その北を反正陵北端から東に直進して藤井寺市国府にはいるいわゆる長尾街道とみられている。現在の長尾街道は、石川を渡って柏原市国分に至り、そこから穴虫峠のすこし

穴虫越と竹内越(河内から二上山を望む．左手前は飛鳥，右が磯長の集落．中央で道が分かれ，左へ行くのが穴虫越，磯長から山間にはいるのが竹内越)

西で、大坂道に合して奈良県北葛城郡当麻町長尾に至る。しかし大津道はあるいは最初はそのまままっすぐ東進して大和川を渡り、竜田道に連絡したのかもしれない。

ともかく、壬申の乱のとき南河内には大津道と丹比道の東西に通ずる二本の道があったが、これにたいして南北道はどうであったろうか。当時は大和川が河内平野を斜めに難波に注いでいたから、それに沿う道の存在も推測されないではないが、ここで注意されるのは、『日本書紀』仁徳十四年条の「是歳大道を京中に作る。南門より直に指して丹比邑に至る」なる記事である。飯田武郷の『日本書紀通釈』は「上古図説」を引いて、上本町から東高津村を通り、四天王寺東門をへて平野に至り狭山街道に達する古道が存していると記しているが、近時発掘調査の進んだ難波宮の内裏・朝堂院中軸線を試みに真南に延長してみると、大阪環状線寺田町駅付近に「大道」の地名を存し、さらに長居公園南ではその延長線が大阪市の東住吉区と住吉区の境界、また大和川の南では松原市と堺市の境界となっており、その境界は長尾街道まで達しているが、さらに南へ延長すると金岡神社の東で竹内街道に達し、前述のように竹内街道はこの辺からほぼ真東に向かっている。

なお詳考を要し、いまは臆説の域を出ていないが、さきに掲げた『古事記』履中段の墨江中王の物語でも、履中は大和にはいるについて、難波から南に当たる多遅比野にのがれており、近道と考えられる大和川沿いの道をたどったようにはしるしていない。推古紀の難波より京に至る大道も、難波から竹内街道までを結ばねばならないから、彼此勘案してこうした南北縦貫道路をいつの時期かに河内平野に想定してもよいのでなかろうか。

七　古道と古墳

こうなると、大和にも河内にも同じように南北と東西にクロスする大道が走っていたことになる。奈良盆地と南河内平野が地形的にもどこか相似しており、大和と河内に同じ地名の多いことも知られている。たとえばさきにもみえた飛鳥は遠飛鳥・近飛鳥とよんで大和と河内のそれを区別することがあるが、他に磯城(志紀)・春日・石川・豊浦・山田など多い。この事実をどう解釈すべきかは問題であるが、これら共通地名の分布が大和でも河内でもともに東部に集中し、そのうえ東の山脈を断ち切って大和では初瀬川が、河内では大和川がいずれも西北流している状態は地形的にもある程度の共通性を有していることが注意されるし、共通地名の所在もあながちその事実と無関係とも思われない。

地形の共通性といえば、大和における大型古墳群としては奈良盆地北部の佐紀古墳群と、東部の柳本古墳群、西部の馬見古墳群の三つをあげるのが一般である。そのうち柳本古墳群は崇神陵・景行陵を中心に手白香皇女衾田陵・倭迹迹日百襲姫箸墓などの大きな前方後円墳や、双方中円墳の櫛山古墳からなっているが、これとちょうど下ツ道を中心として対称的な位置に存在するのが馬見丘陵東斜面のいわゆる馬見古墳群である。前方後円墳として河合大塚山古墳・佐味田宝塚古墳・巣山古墳・新木山古墳・築山古墳、前方後方墳として新山古墳、帆立貝式古墳として乙女山古墳などがあるが、柳本古墳群に比すればやや小型である。

これら各古墳の被葬者が明らかでないことも問題であるが、柳本古墳群と馬見古墳群が奈良盆地において東西相対するかのごとき関係位置にあることは、いちおう留意すべきことと思う。しかもこれと相似の関係が河内の古市古墳群と百舌鳥古墳群においても認められる。周知のように古市古墳群は応神陵を最大とし、ほかに仲哀陵・允恭陵・清寧陵・仁賢陵・安閑陵・日本武尊陵・仲津姫皇后陵など皇陵に比定された前方後円墳が多く、また松原大塚山古墳もかなり大きい。この古市古墳群のちょうど西、やはり南方から突出した台地上に仁徳陵はじめ、履中陵・反正陵、さらにニサンザイ古墳・御廟山古墳などの大きな前方後円墳が集中する百舌鳥古墳群が位置する。

しかも柳本古墳群と馬見古墳群が大和において、古市古墳群と百舌鳥古墳群が河内において、それぞれ東西相対応する関係にあるばかりでなく、この四つの大型古墳群が実はほぼ東西同一線上にある。これら古墳群のほかにさきにも掲げた大和北部の佐紀古墳群(垂仁陵・神功皇后陵・成務陵・日葉酢媛陵・磐之媛陵・市庭古墳・コナベ古墳・ウワナベ古墳)、あるいは摂津北部の三島野古墳群(今城塚・弁天山古墳・岡本山古墳・継体陵・将軍山古墳・紫金山古墳)なども同じように大型の前方後円墳から形成されており、それらは多く天皇あるいは后妃の陵墓に比定されている。しかしそれらの比定がどこまで正しいか、またなかには被葬者の比定されていない巨墳もあり、すべてを四、五世紀の天皇・后妃と結びつけて解決してよいものかどうか、これら古墳群の性格については基本的な問題においてなお疑問が多い。したがって四古墳群が東西に並置するという事実も性急な解釈はできないが、地形のもたらした単なる偶然として看過するまでにいちおう検討する必要があろう。

柳本古墳群のなかの一つ、上ツ道に沿って位置する箸墓の造営説話を『日本書紀』は崇神十年九月条にしるすが、そこで「是の墓は、日は人作り、夜は神作る。故、大坂山の石を運びて造る。則ち山より墓に至るまでに、人民相踵ぎて手逓伝にして運ぶ」と述べている。いま箸墓の付近に立つと、真西に二上山を望み、大坂山を指さすことは容易であって、こうした古代人の発想を自然なものとして理解できるが、そればかりではない。じつはこれら四古墳群と深い関係をもちつつさきに述べた大和・河内の東西古道が走っていることに想到するのである。すなわち丹比道、現在の竹内街道は百舌鳥古墳群の仁徳陵北に発して古市古墳群の応神陵南で古市にはいり、その延長である大和の横大路は馬見・柳本両古墳群の南を通る。つまり河内・大和の東西古道は四古墳群を連ねて走っていたとみられる。

もちろんこれら古道の官道としての整備は、既述のように七世紀初頭をさかのぼることはないと考えられるが、それ以前から大和と河内を結ぶルートとして何らかのかたちで通っていたことは十分に考えられる。そうしたとき、いま詳説する余裕はないが、右の事実は四、五世紀にさかのぼった時期の天皇家や大和朝廷に関するいろいろな課題を考えるうえで、はなはだ示唆的であると思う。

また単に天皇家との関係のみでない。古墳の所在はつねに古代豪族との関係を問題として提起するのであるが、さらにこれら古道も古代豪族のあり方と密接に関係する。大和における古代豪族の分布についてはかつて指摘したように、盆地東北部には和珥氏の同族、春日・大宅・粟田・小野・柿本・櫟井の諸氏が蟠踞し、これに対して西南部から紀伊にかけては建内宿禰を共通の始祖とする平群・葛城・蘇我・波多・巨勢・紀の諸氏が分布する。そしてこれら諸氏がいずれも「臣」を姓とする在地豪族であるに対し、その中間三輪山を中心とした磯城・磐余の地域には天皇家と、「連」を姓とし、朝廷にトモの統帥者として仕える伴造豪族の主力、大伴・物部・中臣らの氏が占地していた。また河内では北の渋川郡を中心に物部氏、南の石川郡を中心に蘇我氏、そして大阪湾沿岸には大伴氏の分布が濃厚である。

これら諸豪族にはそれぞれ時代的に勢力の消長があり、また氏の性格や大和朝廷の構造など考慮すべき種々の要素があって、簡単には論じ尽くせないが、その活動を歴史的に理解するについて、以上のような豪族の分布をこれまで述べてきた古道と関係づけながら考察してみることも一つの方法として必要であろう。

たとえば大和と河内を結ぶ二つのルートのうち北の竜田道を抑えるのは平群氏であり、またのちには物部氏が深く関与したであろうし、南の大坂道を扼するものは最初は葛城氏であったとみられ、ついで蘇我氏がこのルートをとって、河内の石川から大和の曾我、さらに飛鳥の地に進出したものと考えられる。また下ツ道の南への延長である巨勢道・紀路に沿っては波多氏・巨勢氏が分布し、紀氏と、その朝鮮への外征によってもたらされた文物は、いうまでもなくこのルートを通って大和にはいった。さらに和珥氏は下ツ道の北への延長である大和から山城へのルートを掌中にしていたとみられ、その同族の分布が山城の宇治郡・愛宕郡から近江の滋賀郡に濃密なのも十分に理解できる。このように大和から山城・河内・紀伊へ出る主要道がいずれも在地豪族によって制約されていたとすると、天皇家に残された自由なルートは墨坂を越えて伊賀・伊勢から東国に向かうもののみである。東国が皇室の経済的・軍事的基盤とされ、またしばしば事変に際して東国を指向しての行動が繰り返されるのもそのことと関係するとみられる。

以上、きわめて大胆な提言を十分な論証を付さないままに覚え書き的にしるしたが、意を尽くさない点が多い。しかしこうして今日もさりげなく残る一本の古道が、文献史料にも書きしるされなかった古代の歴史をわれわれにいろいろと教えてくれるのである。

第三章　飛鳥から平城へ

一　倭京の諸宮

いわゆる大和の飛鳥の地に集中的に皇宮が営まれるようになったのは、七世紀初頭、推古女帝の飛鳥豊浦宮にはじまる。夫帝敏達の他田幸玉宮、用明の磐余池辺両槻宮、崇峻の倉梯柴垣宮と、それ以前の数代は磯城・磐余の地方が中心であったが、推古はその西南、香久山の南に当たるほぼ四周を丘陵に限られた狭小な飛鳥の一域を宮室の地に選び、まず豊浦宮に即位、ついですぐ近くに小墾田宮を営んだ。それから約一世紀、和銅三年(七一〇)の平城遷都まで、その間記録にみえるもののみで二〇に近い宮都が造営されたが、そのほとんどはこの飛鳥の地を離れることがなかった。

すなわち推古の豊浦宮・小墾田宮についで、舒明は飛鳥岡のかたわらに岡本宮を営み、そこが火災に遭うとしばらく田中宮・厩坂宮にいたのち、百済川のそばに百済大宮を造って遷った。つぎの皇極は、はじめ小墾田宮を権宮としたが、まもなく東は遠江、西は安芸を限る国々から造宮丁を徴発して飛鳥板蓋新宮を造営した。いわゆる大化改新の序曲、蘇我入鹿の暗殺はこの板蓋宮大極殿で行なわれたという。皇極の譲りを受けた孝徳は新政を行なうために都を難波に遷し、難波長柄豊碕宮を造営したが、それも一〇年とは続かず、皇太子中大兄、譲位した皇極、間人皇后らは倭京還都に反対する孝徳ひとりを残してふたたび飛鳥の河辺行宮に還ってしまった。ついで重祚した斉明は板蓋宮に即位し、小墾田にはじめて瓦葺きの宮室を造ろうとしたが、果たさぬうちに板蓋宮が焼失したため、しばらく飛鳥川原宮にはいったのち、ふたたび岡本の地に後飛鳥岡本宮を造って遷った。その斉明は百済救援のため西征の途についたが、筑紫朝倉宮に崩じ、代わった天智は白村江の戦いに完敗したのち、都を近江大津宮に移した。こうしてまた宮都は大和飛鳥の地を離れたが、このときもそうした状況は長くは続かなかった。というのは、天智死後に起こった壬申の乱(六七二年)に勝利をえた天武は、ただちに倭京に還り、しばらく嶋宮・岡本宮に滞留したのち、その年岡本宮の南に飛鳥浄御原宮を営んで遷った。

天武は在世中、畿内や遠く信濃にまで使いを遣わしてしきりに新しい宮都の適地を探索し、また難波を陪都と定めるなどしたが、結局飛鳥の地を遠く離れることを断念したようで、のちにあらためて詳しく述べるが、最後は飛鳥の京域を拡張するという案におちついたようである。そしてそれは死後、夫の遺志を継いだ持統によって藤原京として実現された。藤原京が従来の諸宮と異なって、はじめて持統・文武の二代にわたって存続したのは、それが日本最初の完備した都城制をもつ宮都であったからでもあるが、それもわずか二〇年足らずの間の定着で、元明は即位とともに平城遷都の断をくだし、ここに一世紀に及んだ宮都の飛鳥への集中という現象はようやく終わりをつげることになった。

さて、飛鳥に集中的に宮都の営まれた七世紀は、顧みると日本の律令制古代国家の建設されてゆく非常に重要な時期であった。通説に従えば、聖徳太子の執政、大化改新、そして天智朝・天武朝・文武朝と段階的に進んでいった律令の編纂・整備によって、律令政治はひとまず完成し、天皇を中心とする中央集権的古代国家が確立したのであった。ところでこうした政治は宮都を中心に展開する。その意味で、宮都の規模や構造は時の政治のあり方と密接に関連し、その象徴ともいえる。しかし、さきに掲げた飛鳥の諸宮のうち、現在その故地の確実に知られるものは藤原宮のみで、他は諸説あっても確認されていない。

二　藤原宮

しかし、その藤原宮の所在が確認されたのも、きわめて最近のことである。藤原宮が香久・耳成・畝傍の大和三山に囲まれ、遠く吉野の山々を望む地にあったことは『万葉集』の藤原宮の御井歌（巻一―五二）によって知られ、『扶桑略記』や、『釈日本紀』に引く「氏族略記」には高市郡鷺栖坂の北に当たるとしるされている。また賀茂真淵も『万葉考』で「宮の所は十市郡にて、香山耳成畝火の三山の真中なり、今も大宮殿と云て、いさゝかの所を畑にすき残して、松立てある是也」と早くから高市郡鴨公村高殿（橿原市高殿町）の大宮土壇に着目していた。しかし実際その地に発掘調査の鍬がおろされたのは昭和にはいってからで、昭和九年（一九三四）末、日本古文化研究所は足立康氏を主査として大宮土壇周辺の発掘を開始した。この調査は昭和十八年まで継続され、その結果、大宮土壇を大極殿址とし、その前方に十二堂・東西朝集殿を配置する藤原宮朝堂院の全貌がほぼ明らかにされ、その規模が平城宮や平安宮の朝堂院より大きいという事実も判明したが、調査は戦争のためそれ以上進展せず、内裏や他の宮内諸殿堂の位置、宮域および京域などは依然として謎のまま最近に及んだ。

ところが、たまたまさきに明らかにされた朝堂院の北方、最近の難波宮や平城宮の発掘調査の成果から推せば、内裏地区と推定される部分を、斜めに横切って国道のバイパスが計画されたことが契機となって、昭和四十一年末から三か年にわたって主として宮域を明らかにするための緊急調査が奈良県教育委員会によって実施された。その過程で、多数の木簡が出土し、その年代が藤原宮の存続期間にまさに一致することから、まず遺跡が従来の推定どおり藤原宮に相違ないことが最終的に確認された。こうして藤原宮の所在はようやく確認されたのであるが、同時に今回の調査によって藤原宮の宮域がほぼ確定し、また藤原京の京域および条坊制も推定が可能となり、さらにそれらを基礎に

藤原京の全域(北から南を望む．手前は耳成山．その少し南を東西に走るのが北京極の横大路，右に西京極の下ツ道の一部がみえる)

いくつかの重要な事実が明らかとなった(奈良県教育委員会『藤原宮――国道一六五号線バイパスに伴う宮域調査――』(『奈良県史跡名勝天然記念物調査報告』二五、昭和四十四年三月))。

まず藤原京の京域であるが、それは第一図に示したように、横大路を北京極、中ツ道を東京極、下ツ道を西京極とし、その間に左右京各四坊十二条の条坊制をもって設定された。横大路・中ツ道・下ツ道は、第二章で述べたように、大和の古道としてすでに藤原京の設定以前から通じていた奈良盆地を東西・南北に貫く主要幹線道路であるが、それを京の三方の限界に利用した。中ツ道・下ツ道間は上ツ道・中ツ道間と同じく当時の四里、現在の約二・一キロ、したがってこれを八坊分として、方格の条坊制の計画尺を算出し、これに基づいて横大路を起線として南に一二条(職員令では京職に一二人の坊令を置く)分、すなわち六里を計ると、南京極の想定線は、現在近鉄橿原神宮前駅東口付近から剣池と推定されている石川池の北を通り、雷丘をへて、まっすぐに山田寺址に至る道路より、約一〇〇メートル南に引かれる。この道路は『日本霊異記』の最初の説話に出てくる小子部栖軽が鳴雷を求めて磐余宮から軽の諸越衢《もろこしのちまた》に向けて走った「阿倍山田前之道」で、やはり藤原京設定以前から存した古道と考えられ、この道に沿って北側には厩坂寺・大野丘北塔・小墾田宮などの伝承遺跡や、あるいは奥山久米寺址・山田寺址などが並んでおり、また南側には豊浦寺址があり、飛鳥寺も近く、おそらく飛鳥のメイ

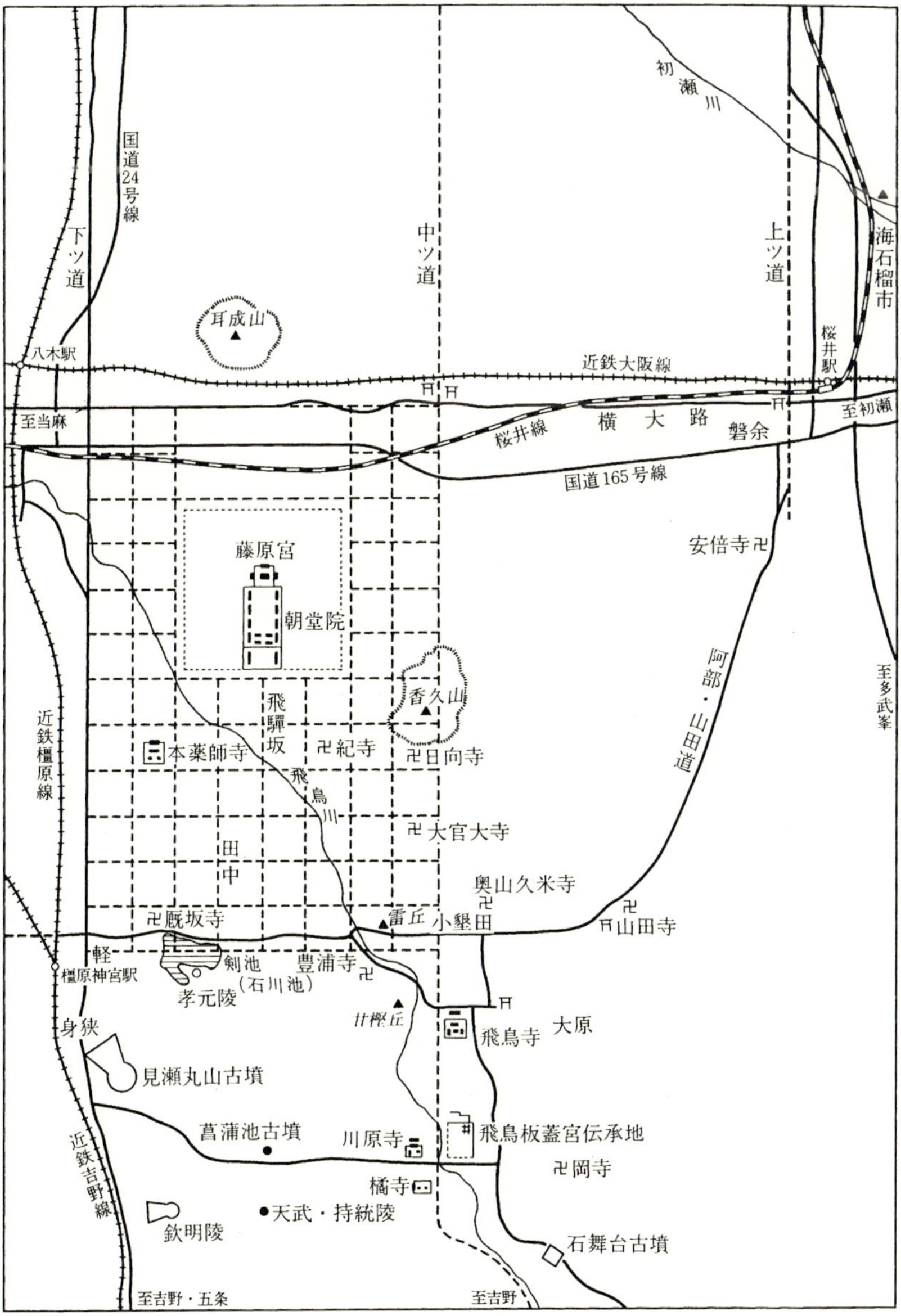

第一図　藤原京域と飛鳥地方要図

ンストリートであったのだろう。したがって、藤原京も南北六里の完数には少し足らないが、この道を南京極路として利用したものと考えられる。藤原京をこのように想定するについては、いくつかの根拠がある。

(1) まずさきに発掘された大極殿が東西両京極の中央、つまり中ツ道と下ツ道から等距離に位置する。今まで横大路以南の中ツ道の比定に誤りがあったり、また藤原京を条里制に基づいて復原しようとしたため、この重要な事実に気づかれなかったが、こうなると、朝堂院はまさに宮の中央に位置することとなり、宮の規模もおのずから定まってくる。

(2) 今回の発掘調査で、宮域を画するとみられる掘立一本柱列が北・東・西で部分的に検出され、その外側約一八メートルに幅約四メートルの外濠が繞っていることも知られ、溝内からは木簡も多数出土した。こうして検出された宮域はさきに想定した条坊制の規格に合致し、さらに宮域の北と西の外側では条坊計画線に一致するらしい溝も検出されている。

(3) 宮域をこのように決めると、飛鳥川は宮の西南隅外をかすめて流れることになり、宮域内にはいることがない。

(4) 現在、橿原市城殿《きどの》町には、金堂址と東西両塔址の明らかな本薬師寺址がある。平城京移建以前の薬師寺の故地であるが、この伽藍の中軸線が想定した条坊制の右京三坊の中央線と一致し、また南門の位置も八条大路に面するらしく考えられる。つまり、薬師寺の伽藍配置が藤原京の条坊制に規制されているらしいことが知られる。

(5) ほかに想定藤原京域内には、香久山の南に大官大寺址がある。平城京大安寺の前身で、現在塔址と講堂址らしい土壇が残っているが、あるいはこの伽藍も条坊制に従って建てられているかもしれないし、ほかにも紀寺や日向寺などそのような寺院址が一、二ある。

三　藤原京と平城京

藤原京を以上のように想定すると、つぎの平城京との関係についても従来知られなかった重要な事実が明らかになってくる(第二図)。

(1) まず平城京の中央を走る朱雀大路が下ッ道の延長に当たることは従来指摘されていたことであるが、同時にそれは藤原京の西京極に相当することになる。また藤原京の東京極となった中ッ道は北に延びて、現在もほぼそのまま道路として残っているが、それは平城京の東京極大路に接続することとなる。もっとも実際は中ッ道が北進するに従い、真北よりやや西に偏していったため、中ッ道が東京極よりやや西で平城京にとりついていたことが「京道」の地名を遺存することから確かめられる。これは平城京設定に当たって、あらためて下ッ道を基準に四里を計測しなおしたからであろう。したがって、とにかく藤原京をそのまま中ッ道と下ッ道に沿わせて北に移し、さらに下ッ道を基準にして西に二倍に拡大したものが平城京であるということになる。つまり、藤原京の左右両京が平城京左京となり、さらに右京が新設されたともいえる。

(2) ところで、東西幅は二倍に延長されたが、南北長は一・五倍にとどまった。これは藤原京が一二条であるに対し、平城京は九条となったからである。藤原京が一二条であったとする史料的根拠はさきに注記した。しかし平城京がなぜ九条であったかという疑問は、今まで発せられもしなかったし、また説明も加えられなかった。ところが、藤原京を復原し平城京と比較対照してみると、九条となった理由が説明できそうである。

まず平城宮の北限は平城京の北京極の線と一致するに対し、藤原京では宮域の北にさらに二条分の余地がある。この部分がどのような性格の地域か問題であるが、おそらく宮のなんらかの付属地であろう。中国でも、北魏洛陽城ではこの部分に華林園があったとされ、唐長安城でも宮城外の該当部分は苑池となっている。平城京ではまずこの部分の二条を除外したとみられる。そして平城京でとくに右京の北京極以北に半条分のいわゆる北辺なるものが存したと認められるのは、藤原京二条の遺制とみられるし、また平城京に北松林・松林宮、あるいは北宮などのあったことが史料にみえるのは、おそらく平城宮の北の部分と考えられ、これは藤原宮で苑池となっていた北二条のやはり痕跡ではなかろうか。ちなみに、今次の発掘調査でこの部分の一部にトレンチが入れられたが、顕著な遺構らしいものは検出されなかった。しかしこの地域に現在「テンヤク(典薬)」なる坪名が二か所も遺存しており、とくにそこから西南二〇メートルほどの地点からは多数の典薬寮関係の木簡が出土した。両者が相関連するものかどうかは今後の課題であるが、宮域北部の性格を考えるには看過できない資料である。

つぎは藤原京の南端、第十二条の問題である。十二条が古道を南京極大路に利用した関係でやや狭小となっていることは前述したが、さらに一部では南の丘陵が京内に張り出しており、また前述のように早くから多くの寺院などが建立されていて、京域としての役割を十分には果たしていなかったらしい。そこで平城京ではこの一条も除外し、北二条と合わせて計三条を減じ、九条という数字が出てきたものと思われる。

かくて平城京は藤原京に対し、南北長一・五倍、東西幅二倍、したがって面積は外京を除くと三倍ということになる。なお平城京では左京の東に四条三坊の外京が設けられ、そこに飛鳥寺や厩坂寺が移建され、元興寺・興福寺となったが、この外京の性格についても一つの示唆がえられるのでないかと思う。

(3) つぎに宮域の面積については、藤原宮・平城宮ともに等しいが、厳密にいえば、藤原宮がやや小さい。これは条坊計画線の内側に宮域を設定した藤原宮と、条坊計画線を道路の中心に置いた平城宮の相違であるが、また藤原宮の朝堂院が宮の中央にあることが明らかとなった以上、平城宮においてもやはり最初は中央に朝堂院・内裏があったとすべきであろう。この平城宮のいわゆる第一次朝堂院・内裏は、なお規模や構造が十分に明らかでなく、その東に設けられた第二次のほうがよく知られているが、このように前後二つの時期の朝堂院・内裏があることは、最近明確にされた平城宮が東方へ一部分張り出していることと無関係ではなかろう。しかしこのような平城宮の形状は、じつは唐洛陽城の宮城・皇城の東に東城が存在する状態ときわめて相似しており、さらに藤原京との関係が以上のごとくで

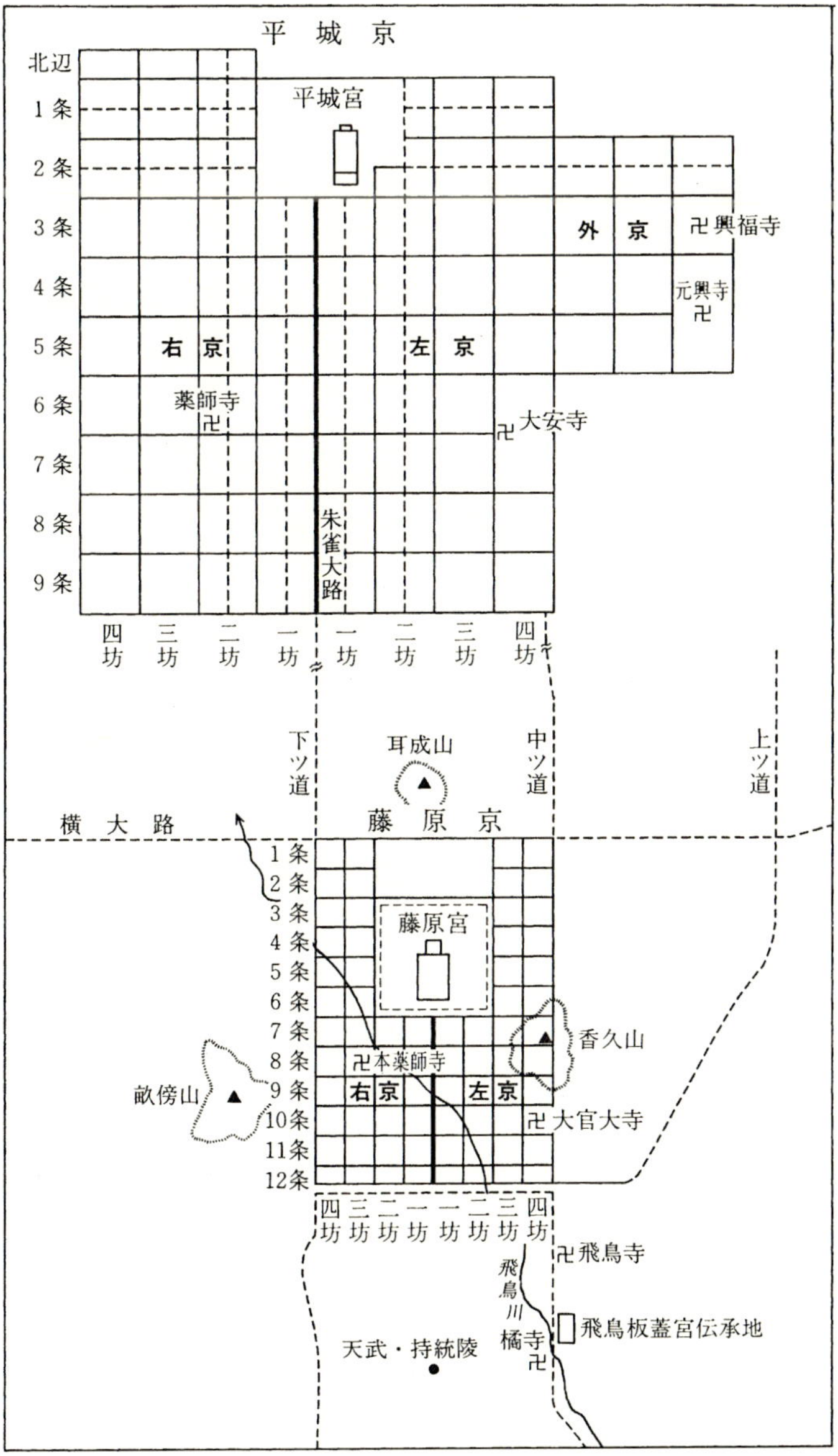

第二図　藤原京・平城京比較対照図

あるとすれば、あるいはもう少し別な推測が可能なようにも思える。

(4) つぎに平城京の一条・一坊の大きさはそれぞれ藤原京の二条・二坊分に相当するが、その遺制とみられるものが、平城京の条間大路・坊間大路といわれるものではなかろうか。平城京では図示したように、宮の周辺に限って各条・坊の中央の道路も条坊大路と同じ幅員になっていたらしい。これはおそらく、二倍される以前の藤原京の道路計画が、こういうかたちで部分的に残存したのであろう。

(5) 平城遷都とともに、藤原京内にあった薬師寺・大官大寺は平城京に移建されたが、両京におけるそれぞれの位置を比較すると、よく似た関係位置にあることが知られる。すなわち、藤原京の薬師寺は右京八条三坊にあるが、これは北二条を除外すると、六条三坊に当たる。これに対し、平城京の薬師寺は六条二坊にある。坊数は異なるが、ともに宮の西限の線に接しているという点を考慮すると、きわめてよく似ていて、藤原京内の位置が平城京内でもほぼ踏襲されたと考えられる。また、大官大寺は藤原京左京十条四坊にあるに対し、平城京に移建された大安寺はやはり左京四坊の六条から七条にわたって占地しており、ともに四坊で南から数えれば三条目という点でほぼ一致していて、これも平城京内の寺地が藤原京内のそれをうけ継いだことが明らかである。

(6) またこれはなお臆説の域を出ないが、こころみにしるしておこう。藤原京西南隅、石川池西北の「ウラン坊」と呼ばれている地は古瓦を出土し、一説厩坂寺址に比定されている。『日本書紀』応神三年十月癸酉条に蝦夷を使役して作ったとみえる厩坂道は、同じく応神十五年八月丁卯条に百済王の貢上した良馬二匹を軽の坂上の厩で飼わせたため、その地を厩坂とよんだとみえるところから、軽の地にあったことが知られる。軽は石川池北を通る古道と下ツ道の交点、現在の橿原市石川町丈六付近をさしたもののごとく、上ツ道と横大路の交点付近に海石榴市があったと同じように、この要衝にも軽市が開かれた。したがってウラン坊遺跡を厩坂寺址に比定する説も傾聴すべきものと考えるが、その地は藤原京右京十二条三坊に当たる。そして、平城京でそれと同じ関係にある右京九条三坊には殖槻寺があった。厩坂寺は山科に建立された藤原氏の氏寺山階寺を天武朝に移建したものであるが、殖槻寺も藤原氏と関係深く、平城遷都直後の和銅年間、しばらくこの寺で維摩会が行なわれたと伝えられている。

したがって殖槻寺は厩坂寺を平城京に移したものと推測すれば、これまた両京における寺院占地の相似する一例とできよう。なお付言するならば、平城京外京における興福寺の造営は和銅末年から霊亀・養老のころにかけてというから、殖槻寺があまりにも平城京の西南隅であるため、あらためて外京に興福寺を造営したとも考えられる。

(7)『扶桑略記』によると、藤原不比等は慶雲三年(七〇六)城東第にあって維摩会を開いたという。ここにいう城東第とは、藤原宮の東にある不比等の私邸のことであろうが、別の史料によるとこの第はのち寺となり、法花寺(一本法光寺)とも、また藤原寺・中臣寺ともよばれたらしい。そして現在も藤原宮の東北、左京二条二―三坊に法花寺(橿原市法花寺町)なる集落がある。その位置は、平城京において不比等の邸をのち寺とした法華寺と平城宮との関係とよく似ている。したがってこれも臆説ではあるが、寺院のみでなく、貴族の邸宅もまた藤原京から平城京に移されたばあい、以前の関係位置を踏襲したのではなかろうか。

以上、新しく想定した藤原京を平城京と対照することによって得られる知見をいくつか述べたが、このように藤原京と平城京が密接な関係にあるとは、誰しも予想しなかった。平城京は関野貞氏の研究以来、もっぱら唐都長安京の模倣として、それとの異同が論ぜられてきた。しかしこうなると平城京の原型は藤原京であり、中国の都城制との比較もまず藤原京を通して行なわなければならなくなる。

しかし顧みればむしろそれは当然のことで、藤原京が中国都城の条坊制を採用した日本最初の首都であり、平城京はその二次的展開をとげたものであるから、まず問題は藤原京にさかのぼらなければならない。つぎに、藤原京の設定時期に関して検討しておこう。

四　藤原京の設定期

『日本書紀』によると、藤原京への遷都は持統八年(六九四)十二月であるが、造営に関する記事は、持統が即位した持統四年の十月に太政大臣高市皇子が貴族官人を従えて藤原宮地を視察したとあるのを初見として、以後、京地の鎮祭、四大神への奉幣などしばしばみえ、持統の宮地への行幸もほとんど毎年行なわれている。こうして藤原宮の造営工事は持統即位を契機として始められたようで、この年には太政大臣・右大臣以下の官人の遷任、浄御原令の施行、庚寅年籍の完成などがあり、天武崩後の空白期を終えて女帝持統の治世がスタートした年である。新宮造営工事が開始されたというのもまことに当然といえよう。

しかし藤原京への遷都は、この時はじめて決定されたのであろうか。すくなくとも従来の通説はそう考えていたが、いま藤原京を新たに想定してみると、いくつかの疑問がでてくる。まず第一に、さきに藤原京薬師寺の伽藍が条坊制に基づいて建立されているらしいと指摘した。とすれば、藤原京の設定は薬師寺伽藍の建立以前と考えざるをえない。では薬師寺の建立はいつであるか。

『日本書紀』は天武九年(六八〇)十一月癸未条に皇后(鸕野皇女、のちの持統天皇)が病気になったため、誓願して薬師寺を興し、僧一〇〇人を得度せしめたところ平癒したとしるしている。これが薬師寺の創建に関する最初の記事であるが、平城京薬師寺に現存する有名な「東塔檫銘」に、「清原宮馭宇天皇(天武天皇)即位八年庚辰の歳建子の月(十一月)、中宮(皇后)不悆をもつて此の伽藍を創む。而るに鋪金未だ遂げざるに竜駕騰仙す」といっているように、このときは具体的な造営に着手されなかったらしい。しかし持統二年正月には、さきに崩じた天武を弔う無遮大会が薬師寺で行なわれており、このとき、すくなくともすでに寺地が決定され、あるいは一部伽藍の造営が始まっていたかもしれない。そしてその前々年の朱鳥元年(六八六)十二月に、同じ無遮大会が大官・飛鳥・川原・小墾田豊浦・坂田の五寺で行なわれたとき、そのなかに薬師寺の名がみえないことからすると、薬師寺建立の着手はその間のことであったともみられる。

いずれにしても、それは藤原宮造営着手の持統四年に先行するらしい。もっとも、薬師寺伽藍造営工事が本格化するのはもう少し遅れたようで、持統六年には繍仏が施入され、さらに持統十一年七月には本尊薬師像の開眼会が行なわれており、ようやく文武二年(六九八)十月にいたって「薬師寺の構作ほぼ了るをもつて、衆僧に詔してその寺に住せしむ」と『続日本紀』に記述されており、造薬師寺司はその後も存続した。したがって、持統初年の段階でどの程度造営が進んだかはなお検討を要する問題であり、出土瓦が藤原宮と類似することともあわせて、藤原京設定時期を考えるうえで一つの問題であることはまちがいない。

第二に、同じ問題は大官大寺にもある。大官大寺は舒明天皇のとき百済川のそばに建てられた百済大寺を高市郡夜部村に移したもので、『日本書紀』天武二年十二月戊戌条に美濃王と紀臣訶多麻呂を造高市大寺司に任じたとみえるのはそのことをしめす。ただちにこのとき伽藍の造営に着手されたかどうか疑問であるが、天武十一年(六八二)八月には一四〇余人が大官大寺で出家したことがみえ、ついで同十四年九月には天皇不予のため大官大寺・川原寺・飛鳥寺で誦経したことがみえ、同十二月にも大官大寺の僧らに絁・綿・布が施されたことがみえるなど、これ以後、関係記事が頻出するので、遅くとも天武末年にはかなり伽藍が整っていたとみなければならない。そこで、やはり藤原京条坊制と伽藍の関係が問題となり、藤原京設定時期が天武末年にさかのぼりうる可能性が出てくる。もっともすでに述べたように、現存する塔址・講堂址から復原した伽藍が条坊制に規制されているかどうかはなお今後の調査を必要とするし、その結果によっては逆の資料を提供することになり、また『大安寺伽藍縁起并流記資財帳』によれば、九重塔や金堂は文武朝に建立されたというから、もしこの縁起が正しいとすれば疑問は解消する。

五　京と山陵

しかしいま一つ新しい問題がある。それは、現在高市郡明日香村野口にあって天武・持統を合葬した檜隈大内陵に比定されている古墳が、ちょうど藤原京中心線の南方延長上に位置するという事実である。この古墳は自然丘陵の東端を利用して上に墳丘を築き、横穴式石室を設けた後期古墳であるが、その内部構造、およびこの古墳を天武・持統合葬陵に比定してほぼ誤りないことは、文暦二年(一二三五)に盗掘されたときの記録である「阿不幾乃山陵記」が現存し、また藤原定家が『明月記』にそのことをしるしていることから確実とされている。その合葬陵が、藤原宮のまさに南正面に位置すべく設定されているという事実は、これまた今まで気づかれなかったことであるが、注目すべきことである。

しかも大内陵の造営については『日本書紀』に明記され、持統元年(六八七)十月皇太子草壁皇子が貴族・官人以下国司・国造および庶民の男女を率いて築き始め、翌二年十一月に殯宮の祭儀を終わった天武の遺骸を葬ったという。また持統は大宝三年(七〇三)十二月に飛鳥岡で火葬してのち合葬したと『続日本紀』にみえる。「阿不幾乃山陵記」によると、古墳の石室は南面し、南北一丈四―五尺(四・二―四・五メートル)、東西一丈(三メートル)、高さ七尺(二・一メートル)、瑪瑙石で造られ、天武の棺は乾漆製、持統の骨蔵器は銀製であった。このように、大内陵が藤原京を意識して造営されたとすると、その設定はどうしても持統元年以前とならざるをえない。

なお大内陵ばかりでなく、ほかにも同じ藤原京中心線の南延長上に近く位置する古墳がある。

一つは大内陵の北にある菖蒲池古墳で、やはり南面する横穴式石室を有した円墳とみられ、なかに家形石棺二つが南北に合葬されている。他は大内陵の南にある中尾山古墳と文武天皇檜隈安古岡上陵である。中尾山古墳は明日香村平田にあり、特異な小石室を有する円墳で、火葬墓とみられる。慶雲四年(七〇七)十一月、飛鳥岡に火葬ののち葬られた文武の檜隈安古山陵に比定されているものは、その南、塚穴と称する地にある小円丘である。ともに大内陵や菖蒲池古墳ほど正確ではないが、やはり中心線に近く位置し、その年代も藤原京の存続期に適合する。中尾山古墳は文武陵に比定する説もあるが、菖蒲池古墳の被葬者の推定とともに今後検討すべき問題である。

こうして天武・持統・文武と藤原京に関係ふかい三天皇の山陵が宮都の南正面に配置されたと想定されることじたい一つの新しい問題であるが、それはさておき、以上のように薬師寺、あるいは大官大寺、そして天武陵の造営が藤原京に規制され、しかもその時期が天武末―持統初年と考えられてくると、通説のごとく藤原京の設定を持統四年とはかんたんに考えられなくなってくる。

藤原京南京極路となった古道(右手前丈六から左上方山田へ延びる道)

そこで注目されるのが、天武朝における宮都探索の動向である。天武天皇は浄御原宮に即位してまもない天武五年(六七六)に、新城(大和郡山市新木町に比定)に造都しようと計画し、区域を選定して耕作まで中止させたが、そのままに終わった。しかし浄御原律令の編纂を開始した前後から、広大な宮都造営の必要を痛感したためであろう、ふたたび熱心に新都の適地を探しはじめた。すなわち、天武十一年にはふたたび新城に都しようとして人を遣わして地形をみさせ、みずからも行幸したが、翌年には

「凡そ都城宮室一処に非ず、必ず両参を造らん、故にまず難波に都せんと欲す」と詔して、難波宮を陪都と定め、官人には家地を班給した。しかしその直後、翌十三年二月には広瀬王・大伴安麻呂らに陰陽師・工匠らを付して畿内に宮都の適地を求めるため派遣し、同時に同じ目的のため三野王らを遠く信濃国にまで遣わした。三野王らは閏四月になって信濃国の図を進めて帰京報告をしたが、それよりさき三月初旬、天武は京師を巡行して宮室の地を定めた、と『日本書紀』にはみえる。しかもこれ以後、宮都探索に関する記事はまったく消え、翌々年天武は崩ずるのである。

彼此勘案するに、この天武十三年三月に飛鳥京を巡幸して天武みずからが決定したという宮室の地こそ藤原宮であり、このとき藤原京のプランもできあがったが、宮の造営に着手する暇なく天武は崩じてしまった。そして持統即位とともに、天武の遺志をついで藤原宮の造営が具体的に進行しはじめた、というのが実情ではなかろうか。こう推測すると、薬師寺や大内陵、あるいは大官大寺が藤原京条坊制に規制されているのではないかという疑問にもこたえることができると思う。

六　藤原京と飛鳥京

藤原京はまた新益京ともよばれた。おそらく飛鳥京の一部を拡大したという意味であろうと解されている。しからば、飛鳥京とはどの範囲をいったものか、遺憾ながら今のところ明確に答えることはできない。

しかし漠然とした都という意味での「京」の用法とは別に、はっきりある地域性をもつとみられる「京」「京師」の用法は、大化改新の詔の第二条に「初めて京師を修む」とあるのを除くと、『日本書紀』では天武初年から顕著になる。京はしばしば畿内と並称されており、畿内制成立の問題とも関連するが、たとえば『日本書紀』天武十四年条(六八五)には京職大夫がみえ、また宮処王ら五王を京・畿内に派遣して庶民の所有する兵器を検校したとある。五王であることは、大倭・河内・山背・摂津の畿内四国と京師の当時における実在を証するものであるかもしれない。また、京内に二四寺が存したという天武九年五月条の記載は、飛鳥京の範囲がかなり広いものであることを示しているが、京域未詳の飛鳥京についても、藤原京が想定されたことによって、その構造を推知するいくつかの手がかりが得られるようになった。

まず、藤原京の東京極となった中ツ道は、横大路以南では現在は道路として消えている。これは藤原京廃都以後この地域に、いつの時期か施行された条里制によるものと考えられるが、精査するとその痕跡はいくつか認められる。そして中ツ道はやはり香久山を縦断して大官大寺の東を通り、雷丘の東で山田道の古道と交差し、さらに南進して飛鳥寺の西に出たものらしい。

飛鳥寺伽藍遺構については、「飛鳥寺建立」(『古代の日本』5近畿、昭和四十五年一月所収の坪井論文)のごとく、先年奈良国立文化財研究所によって調査され、西門の遺構も確認されたが、さらに昭和四十一年(一九六六)にはそのすぐ西方地域が、奈良県立橿原考古学研究所によって継続されている飛鳥京跡発掘調査の一環として調査された。その結果、入鹿の首塚と称されている五輪塔の東端に接して幅四・五メートルの敷石遺構が南北にわたってあることが三五メートルの範囲で確認されたが、中ツ道の延長線はほぼその付近に出るから、あるいはその遺構かもしれない。またその南方では、飛鳥板蓋宮伝承地の発掘が続けられているが、なかに大きな玉石を周囲に敷きつめたりっぱな井戸や、七間×四間の掘立柱高床の建物などを含み、四周を掘立一本柱列で囲まれた東西約一二〇メートル、南北約二二〇メートルの一区画を形成した遺構が検出されている。中ツ道延長線はこの遺構の西に沿って走るが、さらに南ではちょうど橘寺の推定東大門址の前に至る。

橘寺も先年石田茂作氏によって発掘調査が行なわれ、中門・塔・金堂・講堂を一直線上に配置し、中門の左右から出る回廊が塔・金堂をなかに抱いて講堂にとりつくという典型的な四天王寺式伽藍配置であることが明らかにされた。

しかし、その伽藍がめずらしく東面である理由は疑問のままに残されていたが、中ツ道の延長が東大門の前に至るとすれば、伽藍東面の理由は氷解するであろう。

南進してきた中ツ道はここで山につき当たり、ここからは飛鳥川をさかのぼり、曲折しながら芋ガ峠を越えて吉野に至る。中世、中ツ道を吉野道と称しているのはそのためである。飛鳥に都した斉明・天武・持統・文武はしばしば吉野宮に行幸している。この吉野宮は吉野郡吉野町宮滝遺跡に比定され、昭和初期末永雅雄氏の調査によって、飛鳥遺跡と同じような石敷遺構が検出されているが、飛鳥から吉野宮へのたびたびの行幸はもっぱらこの道が利用されたのであろう。

このように、中ツ道は飛鳥の遺跡とも深い関係にあることが明らかになったが、さきにも述べたようにこの道は飛鳥寺の北で、上ツ道の延長である山田道の古道と十字交差する。中ツ道は上ツ道・下ツ道のまさに中間に設定されており、飛鳥京の主要道とみられ、とくにその交点付近が要衝となっていたであろうことは想像にかたくない。付近には飛鳥寺のほかに豊浦寺があり、それが小墾田豊浦寺とよばれていることからすれば、小墾田宮もこの近くであろう。また、豊浦大臣といえば蘇我蝦夷をさすが、その蝦夷の上宮門や入鹿の谷宮門が並び建ったという甘樫丘も現在の比定に大きな誤りはないと思われ、その位置が飛鳥の中心であったことが理解される。さらに、中大兄と鎌足を結びつけた打毬の場として伝えられ、しばしば饗宴の場としても利用された飛鳥寺の西の槻の樹の広場の有する意義も、より具体的に理解できよう。

ともかく、こうした飛鳥京のプランがいつ立案されたか、それを追究できる材料はあるが、ここでは課題として残しておこう。しかし、大化改新の序曲とされる蘇我氏誅滅事件をはじめ、飛鳥の地を舞台に展開したさまざまな歴史に関する『日本書紀』などの叙述は、こうした飛鳥京の分析によって急に具体性を帯び、眼前に髣髴として描き出せるようになってきたと思うし、従来不明とされてきた数多くの飛鳥の諸宮についても、その遺跡を推定できる可能性

飛鳥地方遠望(手前香久山より南方を望む)

が多くなってきたと思う。

七　宮都の展開

藤原京の新しい想定から出発して、平城京・飛鳥京との関係を考究したのであるが、その結果は、古道を基準としてきわめて整然たる計画性をもって七、八世紀の間に宮都が展開していったことが明らかとなった。

まず飛鳥京、その京域はなお問題であるが、推古の豊浦宮から天武の浄御原宮にいたる約九〇年間の諸宮は、香久山の南、丘陵に囲まれた狭義の飛鳥、ほぼ今日の明日香村に含まれる地域に存在した。それらは京域の所々に散在し、居住者としての天皇がいなくなったのちもなお宮として存続しつづけたものが多いと思われ、また『日本書紀』のあちこちの記事にその片鱗がうかがわれるごとく、構造ものちの宮都にくらべれば簡単なものであったらしい。

その飛鳥を南北に縦走するのが中ツ道であったが、新益京と呼ばれた藤原京はその中ツ道を東京極に選び、同じ古道である下ツ道を西京極に、横大路を北京極として四里×六里の広さをもって、大和三山の間に設定された。それは浄御原律令の編纂・施行に伴う律令制古代国家建設の歩みに応じて、はじめて本格的に中国都城の条坊制を採用した画期的な宮都であったが、香久・耳成・畝傍の三山に限られた地域は、香久山の南の狭小な飛鳥の地に比すれば、いちだんと広大であった。しかし古代国家建設のテンポは急速で、この新式宮都にも当時の人たちは二〇年と満足していなかった。かくてふたたび中ツ道を東京極に、また今度は下ツ道を京中央の朱雀大路に利用し、一躍三倍の面積に拡大した平城京を奈良盆地の北端に設定した。「四禽図にかなひ、三山鎮をなし、亀筮並び従ふ」という平城の地は、奈良盆地全体に臨み、平城京はまさに壮大な都城に発展した。顧みれば、宮都は僅々の間に狭小な飛鳥の地から藤原を経て平城へと、南北に通ずる古道中ツ道を基準として、少しずつ北西寄りに段階的に展開していったのである。

飛鳥の宮から藤原宮に遷ったとき、志貴皇子は、

采女の袖吹きかへす明日香風都を遠みいたづらに吹く　（『万葉集』巻一―五一）

と歌ったが、藤原宮から平城宮に遷るとき、元明天皇は輿を長屋原に停め、

飛ぶ鳥の明日香の里をおきていなば君があたりは見えずかもあらむ　（『万葉集』巻一―七八）

と古京をしのんでいる。ちなみに、長屋原は現在の天理市西井戸堂町付近、中ツ道に沿う地点とみられ、ちょうど藤原・平城の中間に位置する。元明は平城遷都に当たって中ツ道を利用し、長屋原に一泊したものと考えられる。

ともあれ、飛鳥から平城へのこのような宮都の展開は、そのまま七世紀から八世紀初頭にかけての日本の律令制古代国家の確立されていく過程を象徴するものといえるが、いま、明日香村甘樫丘の展望台に立って、脚下からしだいに眼を北に転じていくと、その歴史のあとを如実に看取することができるとともに、『万葉集』に載せられたあの「藤原宮の役民の作る歌」（巻一―五〇）が想起されてくる。

第四章　大和の古道

一　壬申の乱と大和古道

『日本書紀』巻二十八の壬申の乱の戦闘記事は、当時の記録に基づいたものとして、いちおう信頼できる。そのなかで倭京将軍となって活躍した大伴連吹負の大和における軍事行動に着目してみよう。時運の近江朝廷に非なるを早くも察知した吹負は、兄馬来田とともに病と称して大和の百済家に還っていたが、大海人皇子の挙兵を聞くや、馬来田は皇子の一行に加わって東国に向かい、吹負は大和に留まって同族および手兵数十人と、まず飛鳥古京の留守司坂上直熊毛を大海人皇子方に内応させ、奇略を用いて飛鳥寺の西の槻の下に設けられた軍営を制圧した。そして功により倭京将軍に任ぜられると、ただちに軍を編制して近江朝廷を襲撃すべく行動を起し、飛鳥から稗田をへて乃楽に向かい、乃楽山に陣した。途中稗田に至ったとき、河内から近江軍が来攻するという情報が入ったので、吹負は軍の一部を分かって予想される河内からの三つの進攻路の防衛に当たらせた。すなわち坂本臣財・長尾直真墨らは軍士三〇〇を率いて竜田に、佐味君少麻呂は兵数百を率いて大坂に、鴨君蝦夷は同じく数百人を率いて石手道に、それぞれ派遣された。

吹負は乃楽山で山背から進撃して来た近江軍の将大野君果安と交戦したが、大敗を喫し、近江軍は一時飛鳥の古京を望む地点まで追撃して来た。吹負は辛うじて一、二騎とともに宇陀の墨坂まで敗走したが、おそらく美濃にある大海人皇子のもとに至ろうとしたのであろう。しかしこれより早く東道将軍紀臣阿閉麻呂らは数万の兵を率いて伊勢・

伊賀国境の大山(加太越)を越えて大和に向かいつつあったが、吹負敗戦の報が伝わると、すぐ置始連菟に千余騎を与えて救援のため倭京に先行させた。吹負はこの救援軍と墨坂で相遇し、反転して金綱井に還り、改めてそこで陣容の建て直しをはかった。そのとき河内にあった近江軍が大坂道から進攻して来たという情報があったため、吹負は軍を率いて西の方当麻の衢に赴き、壱伎史韓国の軍と葦池の側で戦い、今度はこれを撃破した。

再び飛鳥の本営に還った吹負は、ちょうどそのころ遅れて到着した紀臣阿閉麻呂らの本隊を合し、奈良盆地を北方から来襲する近江軍に備えるため、上ツ道・中ツ道・下ツ道の三道にそれぞれ軍兵を分かって駐屯させ、みずからは中ツ道の防衛に当たった。ときに近江軍の将犬養連五十君は中ツ道を進撃して村屋に軍を留めたが、そこから別将廬井造鯨に精兵二〇〇を率いて吹負の陣営を攻撃させて来た。兵力に劣る吹負ははじめ苦戦したが、大井寺の奴徳麻呂らの奮戦や、上ツ道に配置された三輪君高市麻呂・置始連菟が箸墓の戦いに勝って鯨の後方を絶ったため、ようやく危機を脱することができた。吹負は飛鳥の本営にもどって軍を整えたが、以後近江軍の来襲はなくなった。かくて大和を完全に制圧した吹負は大坂を越えて難波に赴き、他の別将たちは三道を進んで山前(京都府乙訓郡大山崎町)に至り、淀川の南に駐留した。美濃から近江に進撃した村国連男依らに攻められて大津宮を逃れた大友皇子は、ついに吹負の軍に退路を絶たれ、山前に隠れて自経し果て、壬申の乱は終結した。

ところで以上のような壬申の乱における大和の戦闘経過を、吹負の行動を中心にみてみると、当時大和には南北に通じる主要道として上・中・下の三道があり、また河内から大和に通じるには竜田道・大坂道・石手道があり、このうち大坂道は東西に通ずる主要道として、当麻から金綱井をへて宇陀の墨坂に至り、そこから伊賀・伊勢に通じていたらしいことが推測できる。ここでは大和の古道としてそれらについて少し詳しく考察を加えてみよう。(1)

二　大坂道

まず東西道であるが、吹負が宇陀の墨坂から金綱井に引き返し、ついで大坂道から進攻してくる近江軍を邀撃すべく当麻の衢に向かったコースは、おそらくいわゆる横大路であろう。横大路とは、大津皇子を葬った二上山の南、竹内峠を越えて河内から大和に通ずる竹内街道が大和の平野部に出たところ、奈良県北葛城郡当麻町長尾の近鉄南大阪線磐城駅付近からほぼ真東に一直線に通ずる大道のことで、大和高田市の市街南部を通り、橿原市八木町をへて桜井市の市街に至る全長約一三キロ。横大路は後述する上ッ道とは桜井市仁王堂付近で直交するが、それから東はやや北に偏して初瀬街道に合し、ほぼ現在の近鉄大阪線ぞいに伊賀名張市に入り、やがて伊勢に至る。壬申の乱の戦闘記事にみえる当麻の衢は二上山の麓、横大路の起点に近く位置する当麻寺の付近とみられ、また金綱井は一般に橿原市小綱町(旧高市郡今井町小綱)に比定されている。小綱の地は横大路と下ッ道の交点に近く、吹負が金綱井において陣容の建て直しをはかった時、高市郡大領高市県主許梅に高市社の事代主神と身狭社の生霊神が神懸りし、神日本磐余彦(神武)天皇の陵に馬と兵器を奉献することを命じたという話とも地理的関係が適合する。(2) さらに宇陀の墨坂は宇陀郡榛原町萩原の西、初瀬から吉隠を過ぎて名張に向かう途中の西峠がそれに当たる。(3) 墨坂については『日本書紀』神武即位前戊午年条に八十梟帥が焃炭を置いたのに因むという地名起源説話が記されているが、崇神九年三月条にも、天皇が夢に現われた神人の教えに従って、赤盾八枚・赤矛八竿をもって墨坂神を祭り、黒盾八枚・黒矛八竿をもって大坂神を祭ったことがみえ、同じことは『古事記』崇神段にもみえ、宇陀の墨坂神に赤色の楯矛を、大坂神に墨色の楯矛を祭ったため、役気が息み国家安平となったと記している。墨坂と大坂は大和の東と西の門戸に当たるから、その神を祭って疫気の大和への侵入を防ごうとしたのである。(4)

こうして当麻・金綱井・墨坂が横大路に沿って存在することからも、壬申の乱当時すでにこのルートが設定されていたことは確実である。横大路なる称呼がいつ始まったかはなお明らかにしていないが、たとえば談山神社所蔵の永正十二年(一五一五)八月付の「膳夫庄差図」や同じ「忌部庄差図」には条里制の区画とは異なるある幅をもった道路として明記されている。(5)

ところでこの横大路はさきにも述べたように、現在は二上山の南を通る竹内峠越の竹内街道に直接つながって河内に入っている。しかしさきの壬申の乱の記事や、記紀の崇神条にみえた大坂は一般にこの竹内峠越ではなく、二上山の北を通る穴虫峠越であると解している。それは現在も穴虫峠越に近く逢坂(奈良県北葛城郡香芝町)の地名を遺していることからも推されるが、『古事記』履中段の墨江中王の反逆の記事も有力な史料とされている。すなわち伊邪本和気命(履中天皇)は倭漢直の祖、阿知直に助けられて、難波宮から多遅比野に逃れ、波邇賦坂をへて大坂の山口に至るが、そこで一人の女に遇い、この山には武器を持った人たちが多くいて道を塞いでいるので、当岐麻道を回って越えるように教えられたと記し、天皇の歌として、

大坂に　遇ふや嬢子を　道問へば　直には告らず　当芸麻道を告る

の一首を載せている。同じ話は『日本書紀』履中即位前紀にもみえるが、そこでは埴生坂から「則急馳之、自二大坂一向レ倭、至二于飛鳥山一遇二少女於山口一」とあり、同じ歌を載せている。埴生坂は現在の羽曳野市野々上。竹内街道はここを通って古市に入り、石川を渡り駒ガ谷を通って大和に向かうが、二上山の麓で北の穴虫峠越と南の竹内峠越に分れる。その分岐点に当たる近鉄南大阪線上太子駅の近くにはいまも「飛鳥」という集落が存し、飛鳥山とはおそらくその付近の山を呼んだものであろう。また竹内街道にそって西北に流れ、古市の東方で石川に合流する川をいまも飛鳥川と称している。(6)

以上の史料による限り、当芸麻道、すなわち当麻道は当麻に近い竹内峠越、つまり竹内街道とみるのがやはり妥当

と考えられるから、そうすればどうしても大坂道は穴虫峠越と考えざるをえなくなる。

大坂を　吾が越え来れば　二上に　黄葉流る　しぐれ降りつつ

の『万葉集』(巻十—二一八五)の一首も、地理的にみてどちらかといえばその考えを支持するようである。なおさきの壬申の乱の記事に、大坂道・竜田道と並んでみえる石手道も直接的な論拠はないが、当麻道と同じく竹内街道をさすと考えられている。

こうして大坂道は穴虫越とみる説が有力であり、またそれが河内から大和への主要道であったらしいが、そのことを証するにはいくつかの史料がある。まず前述のように、壬申の乱に河内の近江軍が大和への進攻に最終的に選んだのは大坂道であり、また大和の門戸として東の墨坂に対するものは西の大坂であったし、記紀の墨江中王の物語でも大坂道が正道であったらしい。それればかりではない。武埴安彦の謀反についての崇神紀の記事でも、妻の吾田媛は大坂より大和の都を襲わんとしたと記しており、また『古事記』垂仁段には皇子本牟智和気王が出雲大神の祟りによって唖となったことが知られたため、大神を拝みに大和から出雲に向かう話があるが、そこには「那良戸よりは跛盲遇はむ。大坂戸よりも亦跛盲遇はむ。唯木戸ぞ是れ掖戸の吉き戸とト《うらな》ひて出で行かしし時」と記されていて、後述する山背に出る那良戸、紀伊に出る木戸とともに、河内に出るルートとしては大坂戸が掲げられている。

しかし河内から大和への主要道たる大坂道を穴虫越と断定するにはなお疑問が多い。まず第一に横大路への接続は竹内街道の方が距離的にも近く自然である。横大路が何を基準として位置を定められたかは明らかでないが、東の墨坂を越えて大和に入った道(初瀬街道)と、西の竹内峠を越えて大和に入った道(竹内街道)とがほぼ東西に相対応するところから、両者を結ぶ道ができることは極めて自然と考えられる。そして直線的な計画的官道の設定という場合、現在の横大路の位置を考えると、東では初瀬街道よりやや南に、西では竹内街道よりやや北に寄せて、いわば横大路の東端・西端の位置を相互に調整して設定したかにみられる。このように横大路は当麻道＝竹内街道との密接な関係が想定されるに対し、穴虫峠越の大坂道は大和に入ってから、当麻をへて三キロほど南下しないと横大路に到達しない。つぎに竹内街道は大和に入る前に河内の磯長(科長)の地を通っており、竹内峠の入口には「大道」(大阪府南河内郡太子町)の地名も存している。この磯長の地は蘇我氏の本貫とみられる石川郡の一部に当たり、[7] そこには蘇我氏と関係深い敏達・用明・推古、あるいは聖徳太子などの陵墓が設けられており、[8] また「大道」の近くに比定されている孝徳天皇の山陵は、『日本書紀』によると大坂磯長陵と呼ばれている。従って古道としてはむしろ竹内峠越の方が古く、孝徳陵の称呼から大坂が磯長の地に結びつけられているとすれば、あるいはこの方を大坂道と呼んだ時期があったのかも知れないが、のちいつか北の穴虫峠越を大坂道とよんで主道とするに至ったのではなかろうか。あるいはそれには蘇我氏勢力の消長が影響しているかもわからないが、なお今後の課題として考究したい。

三　竜田道

以上河内から大和への主要ルートとしての大坂道とそれに接続する大和の古道、横大路について述べたが、河内—大和間の古道として活用されたものに他に竜田道がある。[9] 壬申の乱でも坂本臣財の一隊は竜田道に派遣され、平石野から高安城を攻略、さらに河内に降って衛我河の西で近江軍と戦闘を交え、敗れると懼坂道に退いている。平石野は所在未詳であるが、衛我河は応神陵を恵賀之裳伏岡陵(恵我藻伏崗陵)というごとく、その付近で大和川と合流する石川のこと。懼坂は所在確かではないが、竜田より河内高井田付近に出る途中とみて差支えないのでなかろうか。[10] また、『日本書紀』天武八年(六七九)十一月条には「是月初置二関於竜田山・大坂山一」とみえ、大坂山と並んで竜田山にも関が置かれており、[11] また最近藤原宮跡から出土した木簡の一つに「弥努王等解平群大坂二処」とみえるのも、竜田と大坂の二関に関係あるもののごとくであるが、なお『日本霊異記』(中巻一七話)には平群駅がみえ、これは思託撰の『唐大和上東征伝』にみえる平凉駅と同じといわれる。(12)そして都が奈良盆地南部にある八世紀初め以前は大坂道が主として利用されたが、平城遷都以降における大和—河内の往還にはもっぱらこの竜田道が利用されたようで、『万葉集』などにはしばしばみえる。(13)しかし八世紀以前においても、たとえばこの竜田道に沿った斑鳩の地に、法隆寺・法起寺・法輪寺・中宮寺などの寺院が集中的に建立されているごとく、大和—河内を結ぶ重要なルートであったことは疑いない。

ところでこの竜田道が大和に入ってからどうなっていたかが問題であるが、さきの大坂道に接続した横大路のような古道は明確には認められない。しかし現在大和郡山市横田町の十字路で国道二四号線から分れて西進する国道二五号線の道路は、東すれば天理市櫟本町に達し、そこから岩屋谷を新しい名阪国道に沿ってさらに東に通じて都祁野に達し、やがて伊賀名張に至る。この道は竜田道に接続する道路として少なくとも平城遷都後の八世紀には活用されていたと考えられ、藤原広嗣の乱に東国に向かった聖武天皇の一行が、平城京を出てその日山辺郡竹谿村堀越頓宮に泊り、翌日伊賀国名張郡に至っているのはおそらくこのルートとみられ、(14)現在も岩屋谷の東にやはり「大道」の地名を遺存している。ただこの東西道は下ツ道より東では京南条里区の路東五条・六条の界をなし、西では同じく路西六条と七条の界となっている。従って、この道が奈良盆地に現存する条里遺構に規制されていることから、その設定は遺存条里制施行以後としなければならないであろう。奈良盆地の条里制と古道との関係については別稿を予定しているのでここでは省説に従うが、私は現存条里遺構を平城京設定後に施行し直されたものでないかとみているので、そのような条里制に則ったこの道もそれ以後と考えざるをえなくなってくる。しかしまたこの道の付近がそれぞれほぼ添上郡と山辺郡、添下郡と平群郡の境界となっているので、(15)位置は現在とは多少相違しても、南の横大路に対して奈良盆地中央部の河川の合流する低湿地を避けて、この付近にいま一つの東西道が古くから存在していたと推定することも可能ではなかろうか。(16)

四　下ッ道

以上奈良盆地を東西に走る古道について述べたが、つぎには南北に縦貫する上・中・下の三道について考察を加えよう。最初に下ッ道からはじめる。

さきの壬申の乱の記事によって、下ッ道が稗田を通って乃楽山に至っていることが知られる。乃楽山は『古事記』『日本書紀』や『万葉集』にもしばしばみえ、那楽山・寧楽山・奈良山・楢山・平山などと書かれているが、これは平城宮の北のいわゆる歌姫越(奈良市歌姫町)をさすと考えられている。「ナラ」の語源について『日本書紀』崇神十年九月条には武埴安彦を討つ和珥臣の遠祖、彦国葺の官軍が那羅山に登り、「屯聚みて草木を蹢跙す」によると説いているが、もとより付会であり、大和・山背の国境をなす連丘は平山とも書かれるように、さほど高くない平らかな山丘をなすところから起こった名称であろう。そして同じ崇神紀の記事にみえる和珥坂・和珥武鐰坂・平坂はいずれもこの乃楽山越の坂ではなかろうか。(17)そして稗田は平城京外、羅城門のすぐ南、環濠集落で知られている大和郡山市稗田がそれに当たる。従って早く北浦定政が指摘したように、(18)下ッ道は平城京朱雀大路として利用されたが、さらにその南への延長部分は近世の中街道となって、二階堂・田原本などの集落をへ、八木で横大路と交叉し、さらに畝傍山の東を大軽に至り、見瀬丸山古墳の旧周濠を西に迂回して南進する。見瀬は身狭で、壬申の乱に高市郡大領に神懸りした身狭社の生霊神はここの神、また欽明朝に百済・高句麗の人たちを田部として置いた大身狭屯倉・小身狭屯倉の所在地。下ッ道は歌姫からこの付近まで約二五キロは直線となっているが、以南はやや屈曲しながら南に通じ、芦原峠を越えて吉野川に臨む吉野町大淀に至る。

しかしこの道は見瀬の少し南、檜前付近から分かれて西南に進み、真弓・佐田を通り、御所市古瀬をへて五条市

（旧宇智郡）に出る。これが「藤原宮之役民作歌」（『万葉集』巻一―五〇）などにみえる巨勢道[19]で、道はさらに大和・紀伊国境の待乳峠、すなわちこれもまた『万葉集』にしばしばみえる真土山（亦打山・信土川）を越えて、紀ノ川を下り、その河口、名草郡の紀伊水門、つまり現在の和歌山市に至る。これが巨勢道をも含めてまた紀路[20]とよばれるルートである。たとえば神亀元年（七二四）十月の聖武天皇の紀伊国玉津島頓宮行幸に従った人たちに贈った笠朝臣金村の長歌（『万葉集』巻四―五四三）の中に、「天飛ぶや　軽の路より　玉襷　畝火を見つつ　麻裳よし　紀路に入り立ち　真土山越ゆらむ君は」と詠まれているもので、紀伊を本拠とする造船・航海に長じた紀氏が活躍した時期には、瀬戸内海をへて朝鮮半島に通ずる重要な交通路となっていた[21]。

これに対して乃楽山を越えて山背に入った道は、木津川（泉河）を渡り、山脚部を北進して宇治渡を渡り、山科から逢坂を越えて近江に出る。いわゆる山城路[22]で、同じく『万葉集』に、

そらみつ　倭の国　あをによし　奈良山越えて　山代の　管木の原　ちはやぶる　宇治の渡　滝つ屋の　阿後尼《あごね》の原を　千歳に　闕くる事無く　万歳に　あり通はむと　山科の　石田の社の　すめ神に　幣帛取り向けて　われは越え行く　相坂山を　（巻十三―三二三六）

とあるのがこのルートであるが、このルートは近江で三道に分かれ、愛発関を越えて越前に入る北陸道、不破関を越えて美濃に入る東山道、鈴鹿関を越えて伊勢に入る東海道となる。いわゆる三関はこの三道に置かれた関で、東国への要衝である[23]。

このように下ツ道は北すれば東国、南すれば西海に通ずる大和の重要交通路で、さきに述べたように垂仁記が大坂戸とともに那良戸と木戸を掲げているのは当然であることが知られる。ところで大坂道・竜田道にそれぞれ関が設けられたように、下ツ道の南と北の門戸にも関の置かれたことがあったらしい。まず紀路の関については前掲の笠朝臣金村の長歌の反歌に、

わが背子が　跡ふみ求め　追ひ行かば　木の関守　い留めてむかも　（『万葉集』巻四―五四五）

とあることから推されるが[24]、那羅戸の関については、橘奈良麻呂が反乱を企てて勘問されたとき、藤原仲麻呂の無道な政治の一つとして奈羅に剗を置いたことをあげているのが唯一の史料であろう[25]。しかし近時平城宮跡から出土したつぎの過所木札はその点で注目すべきものと考える。

（表）「関々司前解近江国蒲生郡阿伎里人大初上阿□(伎カ)勝足石許田作人」

（裏）「同伊刀古麻呂 大宅女右二人左京小治町大初上笠阿曾弥安戸人右二 / 送行乎我都　鹿毛牡馬歳七　里長尾治都留伎」

長さ六五・六センチ、幅三・六センチ、文意なお明確に解し難い点があるが、近江国蒲生郡阿伎里の里長が署名し、倭京に向かう途中の関の通過のために与えたもので、『令集解』公式令天子神璽条所収の「古記」によると、過所にははじめ竹・木を用いていたが、和銅八年（七一五）五月一日格によって以後国印を捺すことになり、紙を用うることに改められたらしく、従ってこの過所はそれ以前、また位階表記法によって大宝以後のものと認められるという。しかもこの木札は朱雀門のすぐ北を南北に流れる溝の中から二つに折れて出土したが、その溝は朱雀門造営以前のものであるという[26]。朱雀門はいうまでもなく下ツ道の上に建てられたはずの門であり、その位置は乃楽山に近い。従ってあるいは乃楽山越に設けられた関に関係するものかと臆測されるのであるが、同時に出土した一八点の木簡の判読可能なものに、「捉人□(守カ)人連奉」とみえるものがあることと、「大野□(里カ)五百木部己□米五□」と記された付札のあることはその点で注意される[27]。とくに後者は最近藤原宮跡から出土した木簡の一つに「倭国所布評大□(野カ)里」とあることから[28]、大野里は平城宮設定以前の出土地点そのものをさすのかも知れない。また木簡が出土した同じ溝から「五十戸家」という墨書のある土器も二点ほど出土しているから、平城宮造営以前の遺構として下ツ道との関連を推測するのもあながち無稽のこととはいえないのでなかろうか。

五　中ツ道

つぎに中ツ道は壬申の乱の記事によって村屋社のある村屋を通っていることが知られるが、村屋社は『延喜式』の城下郡一七座の筆頭にあげられている村屋坐弥富都比売神社で、現在田原本町伊与戸に所在する村屋神社がそれに当てられている。また『大乗院寺社雑事記』文明六年(一四七四)六月十三日条の池田庄と井殿庄の境溝相論指図にも「中津道也」と、香台寺池(広大寺池)の西、池田庄と三乃庄(美濃庄)・井殿庄(井戸野)の境界に沿って南北に通ずる道が記入されている。争論をよんだ地点は今も奈良市と大和郡山市の境界となっているが、その少し北、奈良市北之庄町から現在も真南に道が通じており、それを南下すれば村屋神社に到達し、さらに耳成山東北の橿原市東竹田町付近まで延びている。現在は主要道路としては活用されていないが、これが壬申の乱にみえる中ツ道であることは確実である。既述のように村屋の南の戦闘で苦戦をした吹負は大井寺の奴徳麻呂らに援けられるのであるが、その大井寺の位置について延久二年(一〇七〇)九月の「興福寺大和国雑役免坪付帳」城上郡の条に、大仏供庄二〇町のうちとして大井寺の田二反が上二十二条五里十八坪にある。(29) 現在の桜井市大福(大仏供の転訛)の北に当たり、その付近に大井寺の存在した可能性が多く、中ツ道との関係もよく適合する。

中ツ道に比定される現在の道は北では奈良市北之庄町付近からやや北東に曲がり、平城京東京極に沿うように少し北上し、さらに北東に転じて京終町に至り、奈良市街に入っているが、最近ではその一部が国道二四号線となっている。しかし本来の中ツ道は北之庄からそのまま北進し、平城京東京極より一町半ほど西で平城京に入っていたらしく、平城京と京南条里区の間に存する特殊条里の地割にその痕跡が認められ、「京道」なる小字名も遺存している。(30) のちに改めて述べるように下ツ道と中ツ道の間隔は四里(一里＝三〇〇歩)であり、平城京の朱雀大路—東京極間も四里に計画されているから、本来中ツ道と東京極は一致すべきであるが、中ツ道が北進するに従いしだいにやや西に偏しており、平城京は下ツ道を基準に改めて四里を計測し直したためこのような現象が生まれたのであろう。しかしこの事実は却って中ツ道が平城京設定以前からこの地域でも存在していたことを示す結果となっている。平城京設定以前の中ツ道はこれから北で乃楽山を越すまでに下ツ道に合したとみるよりも、そのまま北進して現在の関西線のルートを通って山背に出で、そこで山城路に合したと考えるべきであろう。(補二)

つぎに中ツ道は南ではどうなっていたろうか。東竹田付近、寺川を越えるあたりから中ツ道は道としてはしだいに消滅するが、その痕跡は現在も橿原市と桜井市(旧耳成村と旧大福村)の境界となって残っており、また横大路と交叉する地点には市杵島神社と三輪神社という小社が近接して互いに背中合わせの状態で存在している。[31] これらの事実から中ツ道が横大路まで到達していることは確認できるが、以南は全く道の痕跡が消滅しているため、従来はほとんど論ぜられることがなかった。しかし最近行なわれた藤原宮跡の緊急発掘調査によって藤原宮の宮域がほぼ確実となり、朝堂院・大極殿の中軸線が下ツ道・中ツ道のちょうど中間に位置し、藤原京が中ツ道を東京極路に利用したらしいことも明らかとなった。[32] この新しい知見に伴って横大路以南における中ツ道の所在を検討したところ、以下に掲げるようないくつかの徴証によって、中ツ道がそのまま真すぐに南に通じて橘寺東大門前に至り、そこで丘陵に突き当たってからは飛鳥川に沿って遡り、稲淵・栢森をへて芋ガ峠を越え、吉野町上市に至っていたらしいことが推定できるようになった。

(1) まず中ツ道を真南に延長してみると、その線は先年の発掘調査によって明らかにされた飛鳥寺伽藍西門[33]と、目下発掘調査の継続中である飛鳥板蓋宮伝承地遺跡の西側を通り、これまたさきに調査された橘寺の推定東大門址の前に至る。殊に飛鳥寺西門の西方では、俗に入鹿の首塚と称されている五輪塔の位置に接して、その東に小石を一面に敷きつめた幅約四・四メートルの敷石遺構が南北三五メートル以上にわたって存在することが確認された。[34] 少なくとも北にはさらに延長していることが推定されるので、あるいはこれが中ツ道の遺構ではなかろうか。また板蓋宮伝承地遺跡では四周を掘立一本柱列で囲まれた東西約一二〇メートル、南北約二〇〇メートルの一区画をなす遺構が検出されているが、中ツ道延長線はやはりこの遺構の西側に沿って走る。(35)また橘寺もさきに行なわれた発掘調査によって、東面する四天王寺式伽藍配置を有し、寺地は高麗尺の方六〇〇尺であることが知られたが、(36)珍しく東面する理由については不明とされていた。しかし東大門の前に中ツ道が至ることが明らかになればその説明がつくと考えられる。

(2)　また中ツ道に相当する地域の明日香村地籍図を検討すると、条里制に従う小字界とは別に、部分的に不規則となっている境界がみられ、あるいは中ツ道の通っていた痕跡かとも考えられる個所がある。(37)また飛鳥寺の西北、飛鳥小学校の東には「石神」とよばれる地域があり、ここからは現在飛鳥資料館に置かれている二つの石造品(道祖神・須弥山)がかつて出土したが、その東限が中ツ道推定線に一致する。また小山の東、大官大寺址の東から奥山の集落の西にかけてかなり南北に長く、中ツ道に沿う小字として「中坪」「ナカクボ」があるのも何か関係があるかも知れない。(38)

(3)　中ツ道を横大路以南に延長すると、その推定線は海抜一四八・五メートルの香久山の頂点より少し東の山越えのコースを通ることになる。従ってそのような位置に中ツ道を想定することの困難なことから、従来は香久山西麓を走る八釣—木之本—小山—雷の道路を重視してきた。(39)しかしほぼ推定線に沿って香久山を越える道が当初からやはり存在したのでないかと推定される。というのは現に香久山北麓の出屋敷の集落から南麓の南浦の東に出る間道が現在も存在するからである。幅約二メートル、途中には石地蔵の道標もあり「右かく山道」と記されていて、かなり利用された道であることが知られる。(40)また北の出屋敷の集落は南の南浦の集落の出屋敷であるらしく、この点からも南北を結ぶ道の活用が推測される。

(4)　その点で改めて注目されるのは壬申の乱におけるつぎの事実である。吹負は乃楽山にあるとき、古京防衛のため荒田尾直赤麻呂らを飛鳥に還し、赤麻呂らは道路の橋の板を壊って楯に作り、飛鳥京の辺の衢に立てて守った。敗走する吹負を追って近江軍の大野君果安は南下し、「八口」に至って佡って京を視たところ、街ごとに楯が立っているので、伏兵を恐れて退いたというのである。八口は現在地未詳であるが、「佡る」とあって、飛鳥京を望みうる高所でなければならないし、また前後の情況から推して乃楽山から飛鳥に至る主要道に存在しなければならない。とすると、この香久山を越える中ッ道付近がもっとも可能性が高いように思う。「八口」の地名を現在付近に求めることは困難なようであるが、蘇我氏の同族に箭口朝臣のあることが想起される。(41)

(5) しかしいま一つ問題となるのは「夜部」の地名である。『三代実録』元慶四年(八八〇)十月二十日条によると、大官大寺は天武朝に十市郡百済川の辺から高市郡夜部村に移建されたとあり、大官大寺址は香久山のすぐ南にあるから、付近を夜部村と称したらしい。夜部=ヤヘ=八戸(八口は転写の誤り)とみるのも一説かと思うが、夜部の地名に関してはつぎの『万葉集』所収の一首が注意を要する。

阿倍女郎の屋部坂の歌一首

人見ずは　わが袖もちて　隠さむを　燃えつつかあらむ　着ずて来にけり　(巻三—二六九)

歌意難解で、従来は屋部坂についても諸説あったが、(42) 的確な現地比定は困難とされた。しかし屋部=夜部とすると、屋部坂を香久山越えの中ッ道と想定することもできる。また『日本後紀』大同元年(八〇六)四月庚子条、および『日本霊異記』(下巻三八話)に引かれている童謡の、

大宮に　直に向かへる　野倍(山部)の坂　いたくな践みそ　土にはありとも

のヤベノ坂もさきの屋部坂と同一とみれば、(43) 大宮は飛鳥の宮に考えればよいことになる。

(6) 同じく『万葉集』巻三に、

柿本朝臣人麻呂、香具山の屍を見て、悲慟びて作る歌一首

草枕　旅の宿に　誰が夫か　国忘れたる　家待たまくに　（巻三―四二六）

香久山に行旅の死者があるということは、そこが当時の交通路であったことを示すのではなかろうか。

(7)『類聚三代格』巻十五所収の神護景雲元年（七六七）十二月一日付の太政官符は大和・摂津・山背各二町の田地を大安寺に施入したときのものであるが、その大和国二町の所在について、

大和国二町 一町路東十一橋本田、一町路東十二岡本田、在高市郡高市里専古寺地西辺

と記しているが、この「路東十一」・「路東十二」については高市郡路東条里区の二十八条四里十一坪および十二坪と解している。(44)「路東」の意は一般に大和の条里制においては下ッ道以東の意であるが、この両坪は大官大寺址のすぐ東に当たり、中ッ道はちょうどその西を走っていたことになるので、ここでは中ッ道の東の意かも知れない。

(8)つぎは『東大寺文書』中に存する嘉元元年（一三〇三）ころの東喜殿庄と南喜殿庄の用水争いに関する絵図に「中ッ道」の記載がみえることである。(45)絵図は破損している上に略図であり、現地比定がなかなか困難であるが、「タケチ河」（高市河）に沿って「中ッ道」がまっすぐに走り、それは「山」を過っている。東喜殿庄は明日香村小山の周辺とみられるが、(46)この図の山を香久山、タケチ河を小山の東を通って香久山の西麓を北流する中ノ川とすれば、中ッ道が香久山を縦断していたことを示す図となる。(47)

以上下ッ道に平行して奈良盆地を南北に縦走する中ッ道を追究してその所在を確認したが、さきにも述べたようにこの中ッ道は下ッ道との間隔を四里と定めて設定されたようで、そればかりでなくつぎに述べる上ッ道との間隔も四里と計画されたらしい。いま橿原市三〇〇〇分の一都市計画図によって八木町札ノ辻と三輪神社西方路間の実距離を計測すると二一一八メートルとなる。一里は三〇〇歩、令大尺（高麗尺）五尺＝一歩とすれば一五〇丈、令小尺（唐尺）六尺＝一歩とすれば一八〇丈、従っていまかりに令小尺一尺＝曲尺〇・九七五尺とすれば、四里＝二一一七メートルとなるから、当時の測量技術としては驚くべき正確さをもって設定されていることが知られる。なお中ッ道と上ッ道

の間隔を同じように桜井市三〇〇〇分の一都市計画図によって計測すると二一〇六メートルで[48]、下ツ道—中ツ道間に比しやや短いが、諸種の条件を考慮すれば、この場合もほぼ正確に四里が計測されていることが知られる。

このように三道がほぼ正確に四里間隔となっていることが知られたが、一里＝三〇〇歩、一町＝六〇歩とすれば、一里＝五町であるから、三道の間隔はそれぞれ二〇町となる。これに対して条里制は六町の方格をもって条・里の基準とし、一里＝六町である。従ってたとえば下ツ道・中ツ道間は条里制では三里二町となり、中ツ道は路東条里の四里の七—十二坪と十三—十八坪の間を通るべきことになる。しかし実際現在遺存する条里遺構によれば、中ツ道は横大路付近では四里の一—六坪の中央やや東寄りを走っており、机上計算とは一町余の差違がある。上ツ道についても同様のことがいえるが、この問題については第二章にゆずることとして、ここでは中ツ道は現存条里制の四里一—六坪の間を、条里制の区画に拘束されないで走っていることを指摘するにとどめたい。ただし前述のように中ツ道は北進するに従い少しずつ西に偏って行き、最後は三里と四里の境界に一致してしまっている。

中ツ道に関して記述がやや長くなったが、最後に中ツ道の利用に関する二、三の実例を付け加えておこう。

一つはすでに指摘されている藤原道長らの金峯山詣の道順である。『御堂関白記』寛弘四年(一〇〇七)八月条によると、道長は八月二日平安京羅城門を出発、鴨河尻から船に乗り男山八幡に参詣したのち、その夜は内記堂上という処に泊り、翌三日は大安寺に宿し、ついで四日は井外寺(堂)、五日は軽寺に泊しており、以後壺坂寺・観覚寺(子島寺)・現光寺(比曾寺)・野極をへて金峯山に至るが、このうち井外寺(堂)は中ツ道に沿う天理市井戸堂町に当たるとみられ、平城京左京六条四坊にあった大安寺からそのまま中ツ道を南下して飛鳥の軽寺に至り、そこからは下ツ道をしばらく通り、壺坂峠を越えて吉野に向かったようである[49][補二]。

つぎは『万葉集』巻十三にみえるつぎの問題の一首である。

幣帛を　奈良より出でて　水蓼　穂積に至り　鳥網張る　坂手を過ぎ　石走る　神名火山に　朝宮に　仕へ奉り

て　吉野へと　入り坐す見れば　古思ほゆ　（巻十三―三二三〇）

これは平城京を発ち、穂積・坂手をへて飛鳥の神名火山に至り、さらに吉野宮に入る行程を詠んだものであるが、従来穂積の位置が不明確なために、的確な解釈の下せなかったものである。(50) しかし延久二年の「興福寺大和国雑役免坪付帳」によると、穂積寺田一町六段が九条三里の二坪と八坪にあったことが知られるが、(51) さらに「法勝院領目録」には、「大和国山辺郡穂積郷野ト子庄田地四段　在八条四里卅坪田一段　畠三段」の記載がある。(52) 従って大和国京南条里区の路東八―九条の三―四里付近に穂積郷のあったことが推定されるが、これは現在の天理市前裁町付近に当たり、穂積が中ツ道に沿うところにあったことが知られる。また坂手はやはり田原本町阪手を遺称地とすべきであろうが、『日本書紀』景行五十七年九月条に「造二坂手池一、即竹蒔二其堤上一」とあり、また『新撰姓氏録』左京神別下にみえる竹田川辺連について「仁徳天皇御世、大和国十市郡刑坂川之辺有二竹田神社一、因以為二氏神一、同居住焉、緑竹大美、供二御箸竹一、因レ玆賜二竹田川辺連一」とあるところからすると、刑坂川、すなわち現在の寺川（竹田川）に沿う橿原市東竹田町から阪手にかけての一帯を古く坂手と称したもののようであるから、穂積と同じように坂手も中ツ道に沿う地名と考えてよいであろう。とすれば、神名火山は飛鳥であるからこの一首の奈良―穂積―坂手―神名火山―吉野はそのまま中ツ道のコースを詠んだものとなる。

いま一つこれも著名な『万葉集』の一首に、

和銅三年庚戌春二月、従二藤原宮一遷二于寧楽宮一時、御輿停二長屋原一迥望二古郷一作歌　一書云、太上天皇御製

飛鳥の　明日香の里を　置きて去なば　君があたりは　見えずかもあらむ　（巻一―七八）

というのがある。詞書によって、平城遷都のとき元明天皇が輿を長屋原に停め、古郷飛鳥を望んで歌ったものと伝えられているが、その長屋原については漠然と天理市永原・長柄付近とも、また東井戸堂・西井戸堂を含む一帯とも考えられている。しかしやはり「興福寺大和国雑役免坪付帳」によると、長屋庄の中心は十一―十二条二・三里を占め

ており、[53] これは中ッ道にそう天理市西井戸堂町・合場町付近に当たる。従って元明天皇は中ッ道を輿で新都平城京に向かったようであり、当時は三道のうち中ッ道がもっとも活用されていたらしくみえる。また金峯山詣の道長一行が奈良—飛鳥のほぼ中間に当たる井外堂、すなわち井戸堂で一泊しているところをみると、おそらく元明一行も藤原宮と平城宮の中間地点に当たる同じ長屋原で一泊したのではなかろうか。御輿を「停む」というのはその意に解したい。

六 上ツ道・山辺道

つぎに、上ツ道が箸墓、すなわち桜井市箸中にある倭迹迹日百襲姫命墓のところを通っていることは壬申の乱の記事で知られ、天理市南部の佐保庄から柳本をへて桜井市芝に至る上街道の一部がそれに当たるのであろう。『大乗院寺社雑事記』文明十七年(一四八五)九月二十六日条にみえる「楊本庄差図」には、上ツ道が七里の十二坪と十三坪の間を南北に通じていたことが明記され、[54] これは現存する条里遺構とも一致する。上ツ道は佐保庄から真直ぐに北に延長させると、天理市豊田の天理教教祖墓地付近に達するが、以北は東の山脚が張り出していて、下ツ道・中ッ道のようにそのまま直線的に北進していたか疑問である。武烈即位前紀には大伴連金村に戮された平群臣鮪を逐って乃楽山に赴く影媛の歌が載せられている。

石の上　布留を過ぎて　薦枕　高橋過ぎ　物多に　大宅過ぎ　春日の　春日を過ぎ　妻隠る　小佐保を過ぎ　玉笥には　飯さへ盛り　玉盌《たまもひ》に　水さへ盛り　泣き沾ち行くも　影媛あはれ

この布留—高橋—大宅—春日—佐保のルートがおそらく上ツ道の北部ルートとみられ、多少曲折しながらもほぼ真北に向かっており、あるいは現在の奈良坂越に接続したのかも知れない。しかし上ツ道よりさらに東、三輪山などの山脚部をぬっていわゆる山辺道が早くから通っていたらしいことは、崇神陵の山辺道勾之岡上陵(紀・山辺道上陵)、景行陵の山辺之道上陵(紀・山辺道上陵)の名称から推され、その一部を衾道と呼んだともいうが、[55]上ツ道はおそらく布留の石上神宮付近でこの山辺道の古道に合して前述のルートを北進したのであろう。

上ツ道の名残である上街道は桜井市芝の南で東に偏し、三輪山の山麓を三輪・金屋の集落を連ね、桜井市外山の東方、近鉄大阪線の大和朝倉駅付近で横大路の延長と合する。これは初瀬詣の盛行によるもので、平安朝の日記にもこのルートが描かれている。[56]しかし上ツ道は当初は真直ぐ南に通じていたようで、その痕跡は旧大福村・桜井町の境界として認められ、しかも横大路と交叉する桜井市仁王堂には、その地点のすぐ西に八幡神社があって、前述した中ツ道と横大路の関係と同様である。またすでに指摘したように、横大路はこの上ツ道との交会点を過ぎた小西橋付近から北に偏している。これらの諸点から上ツ道が芝からまっすぐ南下していたことは確実である。

ところで上ツ道が中ツ道の東四里に設定されていることについては前節で述べた。従って下ツ道との間隔は八里＝四〇町であるが、現存条里遺構ではさきに述べたように七里十二坪の東を走っていて、三八町分としかならない。このような差異のでてくることは中ツ道と下ツ道との関係と同様であるが、ここではやはりその事実を指摘するに止めておく。

ところで上ツ道はそのまま さらに横大路以南にも延びて桜井市長門に達し、そこから安倍寺址の東を西南に方向を転じつつ山峡を飛鳥に向かう。この道は今も県道桜井吉野線として利用されているが、すでに指摘されているように、『日本霊異記』の最初の説話(上巻一話)で小子部栖軽が鳴雷を求めて磐余宮から軽の諸越の衢に向けて走った「阿倍山田前之道」はこれであると考えられる。栖軽は磐余宮から馬に乗って阿部・山田の前の道と豊浦寺の前の道を走り、軽の諸越の衢から引き返して豊浦寺と飯岡の間に至ったとき、そこで鳴雷を捉えたという。磐余の地名は記紀などにしばしばみえながら的確にその故地を比定することが困難であるが、やはり通説のごとく香久山の東北、橿原市東池尻・桜井市池之内から同市阿部にかけての一帯を含むとみて誤りあるまい。従ってその磐余から現在も道は安倍寺の東、山田寺の北を通って旧東大谷日女命神社[57]社叢の西からは真すぐに西に向かい、雷丘を過り、豊浦寺の北を通って石川池(剣池)の北堤からさらに西進して丈六の地で下ッ道と直交しているが、その交点付近が軽の諸越の衢である。こうして『日本霊異記』の記述と阿部―山田―雷―丈六の道が一致するところから、上ッ道の延長であるこの道は古道とみられるが、しかもこの東西道に沿ってその北側には飛鳥・白鳳期の古瓦を出土する遺跡が多く並んでいる。

(1) 久米寺址　前述の古道を下ッ道との交点から少し西に延長した北側に位置しており、古道との関係が推測される。久米寺については、『遍照発揮性霊集』に収める天長二年(八二五)九月の空海撰になる「益田池碑銘并序」に来米精舎が益田池の東北にあったと記されているのが、もっとも古い確実な記録で、それ以前に関する所伝は疑わしい。しかし現在巨大な礎石を遺存する塔址は礎石の形式から奈良時代のものとされ、さらに西方に伽藍の遺構が存在するともみられ、付近から出土する古瓦からすれば、寺の創建は藤原宮の時期に遡り、おそらく久米氏の氏寺として建立されたものであろうという[58]。

(2) ウラン坊遺跡　剣池の西北、「ウラン坊」と呼ばれる地点からは白鳳期の古瓦を出土し、またかつて礎石六個が発掘されたという。この遺跡を敏達十三年蘇我馬子が石川宅に造った仏殿、すなわちいわゆる石川精舎の址とする説もあるが、福山敏男氏はこれを厩坂寺址に比定している[59]。厩坂寺は山科に建立された藤原氏の氏寺山階寺を天武朝に移建したもので、のち平城遷都に伴い再び移されて興福寺となった。厩坂の地名については、『日本書紀』応神十五年八月条には百済王の貢上した良馬二匹を軽の坂上の厩で飼わせたことによると記している。また同三年十月条には蝦夷を役して厩坂道を作ったとみえ、同十一年十月条には剣池・軽池・鹿垣池・厩坂池を作るとある。軽の地の比定には異論がないと思われるので、ウラン坊遺跡を厩坂寺址とする福山説は傾聴すべきものと思う。

(3) トンダ遺跡　剣池の東北、橿原市和田町トンダの地には一堆土が遺存していて、礎石残片や飛鳥期の古瓦を出土する。和田廃寺とも称し、この遺跡を『日本書紀』敏達十四年二月壬寅条にみえる蘇我馬子建立の大野丘北塔に当

てようとする説もあるが、福山敏男・田村吉永両氏は聖徳太子造立の七寺の一つ葛木寺に比定している。(60)

(4) 古宮土壇遺跡　豊浦寺址(現在の向原寺)の北、古宮の地には一土壇が遺存し、古瓦の散布がみられ、かつて金銅製四鐶壺を出土した。(61)

(5) 古道が中ツ道と交わる地点の西北、雷丘の東には「トノマエ」「トノツジ」「トノキタ」の字名が遺存し、寺院址かと推測されるが、未詳。しかし位置からみて注目される。

(6) 奥山久米寺址　奥山の集落内にあり、一〇個の礎石を有する塔址が遺存し、石田茂作氏によれば四天王寺式伽藍配置を有し、出土瓦は飛鳥期に遡るという。(62)草創についての記録はなく、俗に久米寺の前身とするが疑わしい。ただ藤原京に対して久米寺とほぼ東西対称の位置に存することが注目される。

(7) 山田寺址　雷丘を過った古道は旧東大谷日女命神社の森の手前で北東に偏し阿部に向かうが、山田寺(浄土寺)の伽藍は古道をそのまま東に延長した線に面して設けられているらしい。しかし山田寺の伽藍については、いちおう四天王寺式に配置された中門・塔・金堂・講堂の位置が推定されているが、まだ発掘調査は行なわれていないので、その関係も今後の精査に俟たねばならない。山田寺は大化改新の右大臣蘇我倉山田石川麻呂の創建になり、のち彼は蘇我日向の譏にあってこの寺で自経した。『上宮聖徳法王帝説』裏書によると、舒明十三年(六四一)に着手、皇極二年(六四三)に金堂を建立、天武二年(六七三)に塔の心柱を建て、同七年に丈六仏像を鋳て、同十四年に開眼したという。(63)

こうして上ツ道に接続する山田―雷丘―剣池―軽を連ねる道の古いことは知られたが、『万葉集』にみえる「百足らず山田の道」(巻十三―三二七六)、「つのさはふ磐余の道」(巻三―四二三)もすでに推定されているように山田―阿部―桜井の道であり、後者が初瀬に向かう送葬歌にみえることからすれば、(64)巻十三の挽歌(三三二四)にみえる「麻裳よし城上の道ゆ　つのさはふ　石村を見つつ　神葬り　葬り奉れば」の城上道は、現在飛鳥寺の北、古道に沿う地点に

「木部」の字名を遺すところから、あるいはいま述べた雷丘―山田の道であるとするのが正しいかも知れない。(65)

七　古道の設置時期

以上奈良盆地を東西・南北に走る古道について考察を加えたが、それらが壬申の乱当時すでに存在していたことは最初に述べた通りである。問題はその時期をいつまで遡らせるかということである。『日本書紀』推古二十一年(六一三)十一月条には「又自二難波一至レ京、置二大道一」とみえるが、その大道を竹内街道および横大路に充てようとする説は早くからある。たとえば『書紀集解』に引く「太子伝備講」には、

按自二欽明帝一至二推古帝一五代都二于橘京一、言二大道一者自二天王寺一至二橘京一之道也、今云二横大道一即是、

とあり、文保二年(一三一八)ころに編纂されたと考えられている醍醐寺蔵の『聖徳太子伝記』(66)には、太子三四歳のときのこととして、

此歳太子愍二人畜行歩之有一レ艱、於二大和ノ国一造二四道一、南北ニ三也、所レ謂上津路・中津路也、(・下津路脱カ)上津路ハ長谷大道也、中津路ハ吉野大道也、下津路ハ西大道也、又東西ニ付二一横大道一也、太子ハ常ニ往二還中津路一玉ケリ、

と記し、横大路だけでなく上・中・下三道とも推古朝の創設としている。中ツ道を吉野大道と称し、太子往還の主要道としていることは注目されるが、『三箇院家抄』(67)でも中津道に「吉野」と注記し、また下津道に「高野海道」、上津道に「長谷・伊勢」と書き加えている。

ところでこのような推定は正しいであろうか。それに関して想起されるのは同じく『日本書紀』推古十六年八月条にみえる隋使裴世清入京の記事である。遣隋使小野臣妹子を送って来朝した裴世清一行は六月十五日難波津に入ったが、飾船三〇艘をもって江口に迎えられ、難波に新築された高麗館の上の客館にしばらく滞在する。そして八月三

日入京するが、そのとき飾騎七五匹をもって海石榴市の街に迎え、額田部連比羅夫が礼辞を告げたという。ところで当時の宮は推古の飛鳥小墾田宮であり、海石榴市は三輪山の麓にある。そこで疑問に思われることは、難波から入京する隋使一行に対してどうして反対方向の海石榴市に迎えたかということである。もしこのとき横大路を利用したとすれば、海石榴市に迂回した理由を説明しなければならないが、そのような必要もなさそうである。そこで考えられることは、一行が難波から舟運を利用したのであろう[68]という想定である。すなわち難波の高麗館の上の客館から飾船に乗って大和川を遡って大和に入り、奈良盆地の河川の合流点である額田部（大和郡山市額田部町）付近から初瀬川を利用して海石榴市に上陸し、そこから迎えの飾騎に乗って前述の阿部・山田のコースをとって小墾田宮に至ったのではなかろうか。舟運は途中からはおそらく曳き船であったと思うが、合流点に額田部氏の氏寺とみられる額田寺（額安寺）があり、同寺に所蔵される奈良末期のいわゆる「額田寺伽藍並条里図」（国立歴史民俗博物館現蔵）には、額田寺の北五町ほどの平群郡九条三里二十六坪に「船墓額田部宿禰先祖」と記されている[69]など、額田部比羅夫の果たした役割と考え併せて興味深い。なおこの隋使の入京に関しては『隋書』倭国伝にも「又遣二大礼哥多毗一、従二二百余騎一郊労既至二彼都一」とあり、ほぼ事実とみてよかろう。

同様なことは『日本書紀』推古十八年十月条に記されている新羅・任那の使人の入京についてもいえる。すなわちこのときも額田部連比羅夫が新羅使を迎える荘馬の長となり、任那使を迎える荘馬の長膳臣大伴とともに、使人を阿斗の河辺館に安置したのち、翌日小墾田宮で拝朝させている。阿斗の地について、これを河内国渋川郡跡部郷（八尾市植松付近）とする説もあるが、この場合は地理的に無理であろう。それに対し『大和志』は大和国式下郡阿刀村、すなわち田原本町阪手付近に比定している。もし然りとすれば、その地は大和川に合流する寺川（前述の刑坂川）に臨み、河辺館の名称にも適合するが、さらに下ッ道に沿っていることも都合がよい。従ってこの場合も大和川・寺川を遡り、阿斗に上陸してそこから騎馬で飛鳥に向かったとみるのが妥当でなかろうか。

こうした『日本書紀』の記事を史実を伝えたものとすると、当時外国使節が難波から大和の飛鳥京に至るにはもっぱら舟運を利用し、さきに述べた古道はなお官道としては整備されていなかったためか用いられなかったらしい。その意味でこれら二つの記事のつぎに来る推古二十一年条の難波から京に至る大道を置くという記載はやはり注意すべきものであると思うが、『隋書』倭国伝には日本国王の言葉として「今故清レ道飾レ館、以待二大使一」とあり、また『日本書紀』白雉四年(六五三)六月条には「百済・新羅、遣レ使貢レ調献レ物、修二治処々大道一」[70]とある。こうした外国使節の入京が契機となって、国家の威厳を示すためにも官道の整備が必要となり、古道がしだいに整えられて行ったものと思われる。

つぎに大和における古道設置の年代に関して留意すべきことは、上・中・下三道が奈良盆地中央より東部に存在し、西にはそのような南北道がないという事実、および三道は正しく四里の間隔を保ち、しかもその称呼が示すように中ツ道が中心であり、従ってその中ツ道が貫通する飛鳥地方を焦点として三道の設置が計画されたらしいという事実である。そして飛鳥の地が政治の中心となってきたのは七世紀初頭、推古朝からである。すなわち敏達の他田幸玉宮、用明の磐余池辺両槻宮、崇峻の倉梯柴垣宮と、それ以前の数代は磯城・磐余の地に皇宮が置かれていたが、推古女帝は飛鳥の豊浦宮に即位、ついですぐ近くに小墾田宮を営んだ。以後舒明の岡本宮・田中宮・厩坂宮、皇極の小墾田宮・板蓋宮・河辺宮、重祚した斉明の板蓋宮・川原宮・後岡本宮、天武の嶋宮・岡本宮・浄御原宮、そして持統・文武の藤原宮というように、その間孝徳の難波長柄豊碕宮、天智の近江大津宮へのわずかの遷都期間を除き、平城遷都まで約一世紀の間は飛鳥の地に集中的に宮都が営まれた。従って三道の設置と整備がこの時期にあることはまず確実と思われ、またこれら諸宮は藤原宮を除きその位置が明確でないが、必ずや三道と深い関係をもって設定されているものと予測される。そして藤原宮は今まで述べてきた古道を京城の四至として利用したのである。

以上の考察によって横大路および上・中・下三道の官道としての整備はまず七世紀初めの推古朝より遡ることはな

いであろうと推定されるが、なかで横大路と下ッ道に関しては、既述の記紀の記載などから推して、奈良盆地を東西と南北に貫通する幹線道路として、古道としてはそれ以前からほぼ相似た位置に通じていたことも考えられる。そこで残された課題はより考察を深化させてそれぞれの古道の官道としての完成時期を明確にすることであるが、それには今後の精密な調査研究に俟たねばならぬ点が多いので、ここでは結論を急ぐことなくいくつかの手がかりとなるべき事項について摘記するに止めたい。

(1) 安倍寺との関係　安倍寺(崇敬寺)は、大化改新時の左大臣阿倍倉梯麻呂の創建と伝えられ、山田寺とほぼ同じ時期のものであることは、出土瓦より証される。寺地は現在の安倍寺(文殊院)の西南に当たり、最近一部の発掘調査が行なわれたが[71]、その位置は上ッ道と横大路の交点に近く、寺地の決定がもしその規制を受けていることが実証されれば、それら古道の設定はまず大化以前となろう。ただ寺地の東には丘陵が張り出していて、伽藍と上ッ道の関連性を追究することはおそらく困難であろう。

(2) 飛鳥寺との関係　中ッ道が飛鳥寺西門の西を通ると推定されるので、寺域および伽藍との関係が問題となる。飛鳥寺の建立経過は『日本書紀』および『元興寺伽藍縁起并流記資財帳』によると、大略つぎのごとくである。崇峻元年百済より仏舎利などが献ぜられ、蘇我馬子は飛鳥真神原の飛鳥衣縫造の祖樹葉の家を壊って寺を造りはじめ、三年十月には山に入って材を取り、五年十月には仏堂と歩廊を起こし、翌推古元年には仏舎利を刹柱の礎中に置いて塔を建て、四年十一月にはひとまず落成した。ついで十三年四月には鞍作鳥に命じて銅・繡丈六仏像各一軀を作りはじめ、翌年四月金堂に安置されたという。従って飛鳥寺は推古初年には少なくとも主要伽藍がほぼ完成していたとみられるが、飛鳥寺については先年発掘調査が行なわれ、塔の三面に仏堂を有する新しい伽藍配置が検出され、主要伽藍の位置・構造もほぼ明らかとなった。その結果を勘案すると、方二町と推定されている寺域——その西にそって中ッ道が走る——に対して、南門・中門・塔・中金堂・講堂を連ねる伽藍中軸線は西に偏しており、しかも西門の桁行総長は三二尺もあって、南門の二五尺、中門の二九尺よりも大きく、西門が特殊な位置を占めていることが知られるので、つぎのような推測が可能であろう。すなわち飛鳥寺の建立は中ッ道と関係なく、それ以前から始められたが、主要伽藍が完成したのち中ッ道が計画され、ために寺域はそれに規制されて東方に延び、西門があたかも正門のごとく規模大となったのではなかろうか。とすれば中ッ道設定の時期は主要伽藍完成と西門建立の間という限られた時点に絞られてくる。[72]

(3) 橘寺との関係　橘寺が東面し、その東門が中ッ道に面して開かれているという事実についてはすでに述べた。この事実からすれば中ッ道の設定は橘寺の創立以前ということになる。橘寺は天平十九年(七四七)勘録の『法隆寺伽藍縁起并流記資財帳』によれば聖徳太子建立の七寺の一つに掲げられているが、福山敏男氏はその創立はおよそ天智朝またはそれより甚だしく遡らないころとしている。[73]

(4) 山田寺との関係　既述のように山田寺伽藍は、軽―雷丘の古道に面しているらしいが、また上ッ道延長線と中ッ道のほぼ中間に位置する。これらの関係も事実の成否が年代推定に影響する。

(5) 見瀬丸山古墳との関係　丸山古墳は全長三一八メートルの巨大な後期の前方後円墳で、二つの家形石棺を合葬した横穴式石室を有し、大和では最大級の古墳である。古く天武・持統合葬陵と伝え、近くは欽明陵との説もあるが、被葬者は詳らかでなくその的確な年代も明らかでない。しかし下ッ道はこの丸山古墳以北は直線であるに対し、そのまま南下すると前方部周濠ほぼ中央に突き当たるため、周濠を西に迂回し、以南は曲線的に南下する。従って下ッ道の直線的整備と丸山古墳築造の前後関係をどうみるかが問題である。[74]

(6) 三道および横大路の相互関係　上・中・下三道の間隔が正しく四里であることは、三道のうちどの道を基準として他を設定したかという問題が残る。下ッ道が大和における最も古い南北幹線道路である可能性が高いとすれば、それを基準として東へ四里・四里を計測したと考えるのが妥当のようでもあり、その場合は中ッ道・上ッ道が下ッ道より新しいことになる。しかしあるいは香久山を目標とした中ツ道を飛鳥のメインストリートと考えて下ツ道との多少の調節を試みながら三道の位置を定めたのかも知れないから、なお慎重に検討を要する。また三道と横大路との関係は、横大路が上ツ道と交わる地点付近まで直線コースをとるという事実のあることから、やはり相互に関係し、同時期、あるいはむしろ上ツ道の方が早いとみるべきかも知れない。

(7)中ツ道と条里制との関係　中ツ道が現存条里制遺構に関係なく坪間を走っていることはさきに述べたが、この事実は少なくとも中ツ道は現存条里制遺構以前の設定とみるのが正しいであろう。そこで現存条里制遺構がいつのものかが問題となるが、これは別稿で改めて検討したい。

八　補　考

以上大和における古道の主要なものについて考察を加えてきたが、従来断片的には指摘されながら、体系的にはあまり考究されなかった問題であるだけに、その結果は今後記紀の叙述の理解や万葉の歌意の解釈を進める上にもなにか資するところがあるかもしれないし、古代史にとっても一つの新しい視角となるのでないかと考える。大和の古道に接続する河内の古道、(補三)古道と条里制の問題、古道と宮都の関係、(補四)古道と古墳・豪族(補五)などについては稿を改めて説くこととし、最後に右の考察の結果に基づいた若干の知見を補考として記しておく。

(1)海石榴市については、『日本書紀』敏達十四年三月条に善信尼らを「海石榴市亭」で鞭打ったことがみえ、亭は古訓でウマヤタチ、駅館の意とされ、同じことを『元興寺縁起』では「都波岐市長屋」と記しているが、長屋は馬屋の誤りであるとされる。海石榴市は武烈即位前紀には「海柘榴市巷」とみえ、『万葉集』の一首(巻十二—二九五一)にも「海石榴市の八十衢」とあり、また前述のように隋使裴世清一行の上陸地でもあったように、交通の要衝、殷賑の巷間であったが、その位置は桜井市金屋を当てるのが定説となっている。そこは山辺の道の起点でもあるが、上ッ道・横大路の交点にも近く、あるいは多少位置の移動があったとみることも可能かと思う。ともあれ坂本太郎氏の指摘のごとく、海石榴市は都に出入する大道の起点的な駅の意をもっていたことは明らかであるし、さらにこの海石榴市に対し、横大路による東への交通の起点となったのが迹見駅である。迹見駅は桜井市外山、すなわち横大路・上ッ道の交点のすぐ東に当たり、『日本書紀』天武八年(六七九)八月己未条に泊瀬から還幸の途上、天皇が群卿の細馬を迹見駅家の道のほとりで馳走させたという記事とよく適合する。(75)

この迹見駅の記事に対応するのが同じく『日本書紀』天武十年十月条の親王以下群卿が軽市において装束した鞍馬を検校した記事で、大山位以下の者は馬に乗って大路を南より北に赴いたという。ここにみえる大路は明らかに下ッ道で、軽市は下ッ道と山田からの古道の交会点、すなわち現在の橿原市大軽町付近にあったとみられ、厩坂の地が近いことは、そこが都からの南への大道の起点であることから、やはりそこに駅家的施設があったのではなかろうか。こうみると、つまり飛鳥京の東北と西南の出入口に、海石榴市と軽市が対称的に置かれ、同時に大道の起点として駅家的役割を果たしていたとみられる。

(2) 蘇我稲目は小墾田の向原に家を有し、また豊浦大臣と呼ばれた蘇我蝦夷は豊浦に宅を有し、その近くに豊浦寺が建てられたもののようである。その豊浦寺はまた小墾田豊浦寺と称され、蝦夷の家は上宮門、その子入鹿の家は谷宮門と呼んで甘樫丘に双べ起てられたという。また推古天皇は豊浦宮に即位し、のち小墾田宮に移ったが、その小治田宮の北に雷丘があるともいう。(76) 豊浦寺の寺地や伽藍配置についてはなお調査を要するが、その比定には大きな誤りはあるまい。とすればその地は中ッ道と山田—雷丘—軽の古道の交会点に近く、つまりその交会点を中心とした小墾田を含む一定範囲が飛鳥の焦点であり、蘇我氏の拠点とするところであったことの意味がよく知られてくる。そして現在甘樫丘に比定されている展望台からの眺望はその地の要衝なることを明示していると思う。

(3)『日本書紀』によると、皇極—持統の間にしばしば飛鳥寺の西の槻の樹が現われ、あるときは中大兄皇子と中臣鎌足の際会した打毬の場であったり、また群臣会盟の処であったり、さらにあるときは覩貨邏人・多禰嶋人・蝦夷などの饗宴の場であり、また壬申の乱には軍営でもあった[77]。この槻の木の広場は飛鳥寺の西であるとともに、飛鳥川の辺とも記され、須弥山像の作られたところでもあるので、おそらく現在の小字「石神」付近であろう。とすればその地はやはり山田—軽の古道との交会点に近い中ツ道に沿う飛鳥の要衝であり、こうして古道を復原すると、その位置の重要性が改めて認識されてくる。

(1) 大和の古道について詳細に考察した論考は少ない。北浦定政に「大和国古道考」があるらしいが未見。

(2) 高市社は『延喜式』高市郡の高市御県坐鴨事代主神社で橿原市高殿町（一説雲梯町）所在、身狭社は同じく高市郡の牟佐坐神社で橿原市見瀬所在。

(3) 現在は萩原より内牧に向かう道の途中に墨坂神社があるが、『大和志料』（大正三年）によれば、「古老ノ相伝ニ本ト西峠字天王ニアリシヲ中古ココニ移祭スト云フ」とある。

(4)『万葉集』には柿本朝臣人麻呂の妻の歌一首として「君が家にわが住坂の家道をも吾は忘れじ命死なずは」（巻四—五〇四）がみえる。

(5) 西岡虎之助『荘園史の研究』（上）（昭和二十八年四月）所収。

(6)『万葉集』にみえる「明日香川黄葉流る葛城の山の木の葉は今し散るらむ」（巻十—二二一〇）の明日香川もやはり河内の飛鳥川であろうとされる。

(7) 黛弘道「ソガおよびソガ氏に関する一考察」（五味智英先生還暦記念論文集刊行会編『五味智英先生還暦記念上代文学論叢』、昭和四十三年十二月所収）。

(8) 敏達陵は(記)川内科長陵、(紀)磯長陵、(式)河内磯長中尾陵。用明陵(改葬)は(記)科長中陵、(紀)河内磯長陵、(式)河内磯長原陵。推古陵(合葬)は(記)科長大陵、(紀)竹田皇子之陵に合葬、(式)磯長山田陵。聖徳太子墓は(紀)磯長陵、(式)磯長墓。

(9) 河内—大和間のルートにはなお「日下の直越道」とよばれるものがあるが（雄略記、『万葉集』九七六・九七七・一四二八など)、本稿ではふれないこととした。

(10) 懼坂は一般には柏原市峠の地に比定している。『万葉集』巻六―一〇二二にも「八十氏人の手向けする恐の坂」がみえるが、これは大和より紀伊へ行く途中と考えられている。なお竜田越のルートについては峠を通る亀瀬越とする説と、高山から雁多尾畑をへて青谷へ出るとする説とがある。

(11) 高山には関田の地名が遺っているという(大井重二郎『万葉大和』、昭和十八年九月)。

(12) 坂本太郎「大和の古駅」(末永先生古稀記念会編『末永先生古稀記念古代学論叢』、昭和四十二年十月所収)。

(13) 『万葉集』には竜田道の利用を示すとみられる歌が多い。八三・四二五・六二六・八七七・九七一・一一八一・一七四七―五二・二一九四・二二一一・二二一四・二二九四・三七二二・三九三一・四三九五など。

(14) 『続日本紀』天平十二年十月壬午条、同癸未条。

(15) 下ツ道の東西における条里の一町の食い違いが路西のこの部分で調整されていることも問題とされている。

(16) 秋山日出雄氏の示教に従えば、この道にそう大和郡山市北西町に「横大路」の字名を遺存している。田村吉永「大和の上中下道及び横大路に就いて」(『大和志』九―五、昭和十七年五月)参照。

(17) 和珥坂(崇神記は丸邇坂)の位置については、ワニ氏の本貫地とも関連して問題とするところであるが、この坂に忌瓮をすえて戦勝を祈ったということは、その地が山背・大和の境界であることを示しており(孝霊記・『播磨国風土記』託賀郡法太里条参照)、また平安京の四角(四堺)祭が和邇堺を会坂堺・大枝堺・山崎堺とともにあげていることも参考となる(『朝野群載』巻十五)。

(18) 北浦定政考定大和国古班田坪割略図(関野貞『平城京及大内裏考』(『東京帝国大学紀要』工科三、明治四十年六月))。

(19) 巨勢道を詠んだものとしては他に、三二五七・三三二〇などがある。また『続日本紀』天平神護元年十月条にみえる称徳天皇の紀伊行幸には、大和国高市郡小治田宮―檀山陵―宇智郡―紀伊国伊都郡―那賀郡鎌垣行宮―玉津嶋のコースがみえる。

(20) 紀路については、奥野健治「万葉集に於ける近畿地方」(『万葉集大成』一一、昭和三十年十一月所収)参照。

(21) 岸俊男「紀氏に関する一考察」(『日本古代政治史研究』、昭和四十一年五月所収)。

(22) 山城路については、奥野健治「万葉集に於ける近畿地方」(前掲)参照。

(23) 三関については、岸俊男「元明太上天皇の崩御」(前掲『日本古代政治史研究』所収)参照。

(24) 紀伊の関の位置については、背山・妹山(妹背山)(和歌山県伊都郡かつらぎ町背山・同西渋田)付近とする説が一般で、これは大化改新詔の紀伊兄山とも一致するが、国境の関としては真土山付近とするのが妥当でなかろうか。
(25) 『続日本紀』天平宝字元年七月庚戌条。
(26) 奈良国立文化財研究所『奈良国立文化財研究所年報』一九六五(昭和四十年十一月)。出土地点は朱雀門北方三五メートル、杭と小枝を用いたせきの上流。同『平城宮発掘調査報告Ⅸ――宮城門・大垣の調査――』(『奈良国立文化財研究所学報』三四、昭和五十三年三月)。
(27) 奈良国立文化財研究所『平城宮木簡』(二)(昭和五十年一月)。
(28) 奈良県教育委員会『藤原宮跡出土木簡概報』(昭和四十三年三月)、大野里は『和名抄』では添上郡にも添下郡にも存在しないから、平城京設定以前の京域内に存した里と認められ、その名称から当時の付近の景観も推測できる。
(29) 『平安遺文』九―三六一九ページ。大井寺については福山敏男「大井寺」(『奈良朝寺院の研究』、昭和二十三年二月所収)参照。『磯城郡誌』は村屋神社の南、「オオイト」「中オオイト」の地に大井寺を比定している。
(30) 秋山日出雄「平城京の特殊条里」(橿原考古学研究所編『近畿古文化論攷』、昭和三十八年二月所収)。
(31) 三輪神社境内には安永五年(一七七六)在銘の石燈籠など、市杵島神社境内には元文五年(一七四〇)在銘の不動明王石像などがある。
(32) 奈良県教育委員会『藤原宮――国道一六五号線バイパスに伴う宮域調査――』(『奈良県史跡名勝天然記念物調査報告』二五、昭和四十四年三月)。
(33) 奈良国立文化財研究所『飛鳥寺発掘調査報告』(『奈良国立文化財研究所学報』五、昭和三十三年三月)。
(34) 奈良県教育委員会『飛鳥宮跡　昭和四十一年度発掘調査概報』(昭和四十二年三月)。
(35) 最も新しい調査報告としては奈良県教育委員会『飛鳥宮跡　昭和四十三年度発掘調査概報』(昭和四十三年三月)参照。
(36) 石田茂作「橘寺・定林寺の発掘」(近畿日本叢書『飛鳥』、昭和三十九年八月所収)。
(37) 飛鳥の石神・ミカド・辻堂と丁通り・戒重田・コネノコ・石田の堺、小山のトノマエ・ヲキタとゴンゼ・ナカクボの堺。
(38) 伊達宗泰氏の指摘による。奈良県教育委員会『藤原宮』(前掲)参照。
(39) 喜田貞吉氏は藤原京を復原するについて早く中ツ道を東京極に想定していたが、中ツ道をこの道路と考えたため、最後まで的確な復原ができなかった。喜田貞吉『帝都』(大正四年八月)参照。

(40) 道標はそれほど古いものではないが、「右かく山道　左たん生石道」、「願主清水浄祐」とある。

(41) 八口朝臣音橿は持統即位前紀に、また箭口朝臣は『新撰姓氏録』左京皇別上にみえ、蘇我氏同族に小治田臣・田中臣など飛鳥の地名をとるものの多いことから、箭口も付近の地名と臆測する。なお舒明即位前紀には八口采女鮪女がみえる。

(42) 高市郡夜部村説のほか、旧磯城郡多村矢部説、高市郡畝傍町四分説などがある。

(43) この童謡は野倍を山部にかけ、孝謙(称徳)朝における山部親王(桓武)即位の徴としているが、早くから庶民の間で歌われていたものであろう。野倍坂を藤原宮の南正面である日高丘陵の坂(飛騨坂)とする説もある。

(44) 田村吉永『飛鳥京藤原京考証』(昭和四十年六月)。

(45) 『東大寺文書』1|26|3、「中」の字は京大影写本および写真によれば一部虫損しているが、文書を実見された秋山日出雄氏によれば、明らかに「中」と読める由である。この絵図が嘉元元年の南喜殿庄と東喜殿庄の用水争いに関するものであることは『東大寺文書』嘉元二年四月「東喜殿庄御燈油聖申状」(1|17|46)により知られる(佐藤小吉『飛鳥誌』、昭和十九年五月、四一三ページ参照)。

(46) 前掲文書にも「奥山之沙汰人」がみえるが、他に「東喜殿庄年貢納帳」(『東大寺文書』1|24|661)には作人として小山のものが多く、他に「木本」「大安寺」あるいは「カコ山」「トイラノ寺」などがみえる。他に『東大寺文書』1|17|40など参照。

(47) この絵図と中ツ道の関係については奈良県教育委員会『藤原宮』(前掲)参照。

(48) 次節で述べる桜井市仁王堂八幡神社の東方、長門に向かう道の起点と三輪神社西の路の間で計測。

(49) 佐藤虎雄「藤原道長の金峰詣」(『大和文化研究』二―二、昭和二十九年四月)。

(50) 穂積は上ツ道に近い天理市新泉に比定したり、また穂積寺の所在から奈良市東九条町に比定されたりしている。穂積寺については、福山敏男『奈良朝寺院の研究』(前掲)参照。

(51) 『平安遺文』九―三五九五ページ。

(52) 『平安遺文』二―四二九ページ。

(53) 『平安遺文』九―三五八八ページ。長屋西庄は十二条二里、長屋中庄は十一条二・三里、十二条三・五里、十三条四里、長屋東庄は十条五里、十一条五里にわたる。

(54) 七里の部分に「此内ニ上津道在之、十二坪と十三坪之間南北行」と記されている。

(55) 大和国山辺郡にある手白香皇女の墓を『延喜式』は衾田墓と称しており、その付近を衾道とするが、異説もある。『万葉集』巻二―二一二・二一五参照。

(56) たとえば『更級日記』には贄野―東大寺―いその神―山のべといふ所の寺―初瀬河―長谷寺のコースが記されており、帰路は奈良坂を越えている。

(57) 東大谷日女命神社は『延喜式』にみえ、『大和志』は山田のこの社に比定しているが、現在は厳島神社・八坂神社となり、東大谷日女神社は畝傍山東麓にある。社名はともかく、その立地からいって古代飛鳥では重要な神社であったことが予想される。

(58) 久米寺については、保井芳太郎『大和上代寺院志』(昭和七年十一月)、福山敏男『奈良朝寺院の研究』(前掲)参照。塔址の心礎は長径一三尺余、柱間は方三間、三五・五尺に及び、現存五重塔では最大の初層平面を有し、七重塔と推定されるという(足立康「久米寺塔婆考」『史蹟名勝天然紀念物』六―一〇、昭和六年十月)。

(59) 保井芳太郎『大和上代寺院志』(前掲)、福山敏男「葛木寺と厩坂寺の位置」(『日本建築史研究』、昭和四十三年六月所収)。なおウラン坊の地は藤原京右京十二条三坊に当たるが、平城京で同じ関係位置に当たる右京九条三坊には殖槻寺があり、殖槻寺は平城遷都直後の和銅年間しばらくそこで維摩会が行なわれるなど藤原氏と関係深い寺であることが注意される。

(60) 保井芳太郎『大和上代寺院志』(前掲)、石田茂作「和田廃寺」(『飛鳥時代寺院址の研究』、昭和十一年十一月所収)、福山敏男「葛木寺と厩坂寺の位置」(前掲)、田村吉永「葛木寺の位置に就いて」(『大和志』四―一一、昭和十二年十一月)。

(61) 石田茂作「豊浦寺」(前掲『飛鳥時代寺院址の研究』所収)。

(62) 石田茂作「奥山久米寺」(前掲『飛鳥時代寺院址の研究』所収)。

(63) 石田茂作「山田寺」(前掲『飛鳥時代寺院址の研究』所収)。

(64) 『万葉集』四二四・四二五および四二八・一四〇七・一四〇八・三三三〇・三三三一など参照。

(65) 木部については、明日香皇女の木瓱の殯宮(巻二―一九六)、高市皇子尊の城上の殯宮(巻二―一九九)および城上宮(巻十三―三三二六)が同じように問題となる。

(66) 『聖徳太子全集』第三巻、太子伝(上)所収。

(67)『三箇院家抄』二、大和国田地帳事。
(68) この点については坂本太郎「大和の古駅」(前掲)でも指摘されている。
(69) 福山敏男「額田寺」(前掲『奈良朝寺院の研究』所収)。
(70) 当時の都は難波長柄豊碕宮であるから、貢調使について大道を修治するということは必要ないように考えられ、前後の文章を別々のものとするのも一案かと考えられるが、ここでは一般的な記事と解しておく。
(71) 安倍寺については保井芳太郎『大和上代寺院志』、石田茂作『飛鳥時代寺院址の研究』、福山敏男『奈良朝寺院の研究』(いずれも前掲)参照。なお安倍寺の発掘調査については『安倍寺跡環境整備事業報告——発掘調査報告書——』(桜井市、昭和四十五年三月)が出ている。
(72) 奈良国立文化財研究所『飛鳥寺発掘調査報告』(前掲)。なお西門については「周囲に堆積した遺物中に伽藍創建時のものと思われる素弁十弁の軒丸瓦が見当らず、それより新しいものばかりなのはどうしたわけであろうか」という記載があり、注意をひく。
(73) 福山敏男「橘寺の創立とその伽藍配置」(前掲『日本建築史研究』所収)。
(74)『日本書紀』推古二十年二月庚午条には堅塩媛を檜隈大陵に改葬し、軽街で誄したことがみえ、注目される。
(75) 坂本太郎「大和の古駅」(前掲)。
(76)『日本霊異記』上巻一話。
(77) 飛鳥寺の西の槻については、『日本書紀』皇極三年正月乙亥、孝徳即位前紀皇極四年六月乙卯、斉明三年七月辛丑、天武元年六月己丑、同六年二月、同九年七月甲戌、持統二年十二月丙申、同九年五月丁卯の各条にみえる。大化五年三月戊辰条にみえる「今来大槻」も同じものか。
(補一) 最近奈良国立文化財研究所によって行なわれた奈良バイパス路線敷地の発掘調査によって、東三坊大路が一条大路と交差する北の部分の側溝から九世紀中ごろから十世紀初めにかけての多数の遺物(土器・漆器・銅銭・木簡・下駄など)が出土し、東三坊大路が平城廃都後も道路として活用されていたことが明らかとなった。おそらくそのまま北上して現在の関西線のルートをとって山背に入っていたとみられる(奈良国立文化財研究所『奈良バイパス路線敷地発掘調査概報』、昭和四十四

年九月、同『平城宮発掘調査報告Ⅵ――平城京左京一条三坊の調査――』（『奈良国立文化財研究所学報』二三、昭和五十年一月））。

（補二）　東三坊大路の側溝から出土した木簡の一つに、

□□（往還）□□告知□□（被盗）斑牡牛一頭　誌左右本□（爪）在　歳六許
応告賜山辺郡長屋井門村　右牛以十一月卅［　　］聞給人益坐必ゝ可告給

とあり、全長八七・六センチに及ぶ。いなくなった牛を探し求める告知状であるが、その中の「山辺郡長屋井門村」はおそらくこれも現在の井戸堂であろう。つぎの長屋原の位置を決める史料であるとともに、平城京設定後は中ッ道が東三坊大路に接続して利用されていたことも推される（（補一）報告書参照）。

（補三）　岸俊男「難波―大和古道略考」（『小葉田淳教授退官記念　国史論集』、昭和四十五年十一月所収、本書第五章）。

（補四）　岸俊男「京域の想定と藤原京条坊制」（奈良県教育委員会『藤原宮』（前掲）所収、本書第一章第2・3節に相当）、同「藤原の宮」（『日本と世界の歴史』四、昭和四十五年一月所収）、同「飛鳥から平城へ」（坪井清足・岸俊男編著『古代の日本』5近畿、昭和四十五年一月所収、本書第三章）参照。

（補五）　岸俊男「古道の歴史」（前掲『古代の日本』5近畿所収、本書第二章）。

本稿は筆者が昭和四十一年度から三か年にわたり奈良県教育委員会によって行なわれた藤原宮跡の緊急発掘調査に実行委員として参加したことが契機となって書かれたものである。執筆に関しては、調査主任伊達宗泰氏はじめ、秋山日出雄氏・和田萃氏らから多くの助言と助力を得た。深く謝意を表したい。

（追記）　なお再校後発表された足利健亮氏の「恭仁京の歴史地理学的研究・第一報」（『史林』五二―三、昭和四十四年五月）は本稿で指摘した関西線ぞいに大和から山背に至るルートの存在を確証したが、同時に氏のいわゆる恭仁京右京の「作り道」は、実は平城京の東京極の北への延長線、つまり中ツ道の延長線に相当する。これで中ツ道が飛鳥京から藤原京・平城京を連ねるばかりでなく、恭仁京の設定にも関係するらしいことが明らかになった。別に考慮している平安京の問題とともに改めて詳しく検討したい。

付論　見瀬丸山古墳と下ツ道

橿原市見瀬町の丸山古墳は周知のごとく墳丘長三〇〇メートル以上に及ぶ大和最大の前方後円墳であり、全長約二六メートルという横穴式石室は日本最大の規模を有する。この古墳を欽明天皇陵に比定する説は森浩一氏によって提唱され、上田宏範氏も強く支持しておられる。

欽明天皇陵について『古事記』はなぜか記載を欠いているが、『日本書紀』は、欽明崩後、河内古市に殯してのち檜隈坂合陵に葬ったと記し、さらに推古二十年(六一二)二月には欽明妃、蘇我稲目の娘堅塩媛を檜隈大陵に改葬し、軽の街(チマタ・道路)において誄したこと、同じく二十八年十月には陵上を砂礫で葺き、域外に山を造って諸氏に大柱を建てさせたが倭漢氏の坂上直の柱がすぐれて高かったことを伝えている。

丸山古墳は天国排開広庭天皇という和風諡号をおくられた天皇と大臣家蘇我氏を出自とする妃の合葬陵にふさわしく規模雄大で、石室内には二石棺があること、その位置が倭漢氏の本拠檜隈地方にあり、坂合陵の称呼もある程度地形と合致し、軽の街で誄したという珍しい記載も理解できることなどが、欽明陵に比定する主たる理由である。なお『今昔物語』の一説話(巻三十一―三五)は軽寺の南に檜前陵のあったことを伝えているが、周りに鬼形の石像が立っていたとする点はむしろ現在欽明陵とされている梅山古墳の状況に近く、なお確証とはならない。

しかしここで丸山古墳について一つの注目すべき問題を提起しておこう。それはこの古墳の中軸線は西北方向を向いているが、その中軸線と周濠外縁、あるいは周庭帯との交点がほぼ下ツ道の延長線と一致すること、換言すれば下ツ道はこの古墳の正面中央を起点とし、そこから北に直進するように計画されたのではなかろうかということである。前方部における周濠の外縁線が現在では明確にできず、完全な復原が困難なので、なお重要な点で問題を残しており、古墳と古道の先後関係については慎重な検討を要するが、次の事実も併せ考える必要があろう。すなわち現在の国道一六九号線は丈六の交点(藤原京の南限・軽の街はこの付近)より約四〇〇メートル南までは下ッ道をそのまま利用して直進するが、その三叉路から南は新しい道となり、古墳前方部の一部を通って南下している。下ッ道(むしろ近世の中街道と称した方がよかろう)も、そこから南は墳丘を避けるためにやや西に寄っているが、古墳以南ではもはや直線コースをとらず屈曲しながら南に向かっている。

下ッ道は大和の中央を南北に縦断する幹線道路で、東西に走る横大路とともに最も早くからあった大和の古道とみられるが、同時に正しく四里ずつの間隔を保つ中ッ道・上ッ道の設定とも関連し、その設定時期の推定にはなお充分な考慮を要するが、ともかく丸山古墳の存在はいずれにしてもその問題を考えるための重要な資料となろう。大古墳と古道の密接な関係は河内の古道丹比道が応神・仁徳両陵の南端を連ねるがごとく設定されていることにもみられるが、もし丸山古墳が欽明天皇・堅塩媛合葬陵であり、かくその正面中央を起点として下ッ道が設定、あるいは整備されたとすれば、この事実はいろいろの点で興味深く、古代史の謎を解く一つの重要な鍵となるであろう。

第五章　難波―大和古道略考

一　丹比道と大津道

すでに第四章でも述べたように『日本書紀』の壬申の乱の記事によると、河内から大和に進攻しようとする近江軍に対して、倭京将軍大伴連吹負は坂本臣財らを竜田に、佐味君少麻呂らを大坂に、鴨君蝦夷らを石手道に、それぞれ兵を分かって派遣し防衛に当たらせた。このうち坂本臣財らは平石野をへて高安城に登り、城にあった近江軍を後退させたが、翌朝西の方を臨み見ると、近江軍の将壱伎史韓国の軍衆が旗幟を押し立てて丹比・大津の両道から攻めてくる。そこで坂本臣財らは高安城を降りて衛我河を渡り、河の西で壱伎史韓国と戦ったが、劣勢のため敗れ、懼坂に退いたという。

ところでここにみえる二つの古道、丹比道と大津道の比定について、まず丹比道を現在の竹内街道とみることには異論はないようである。竹内街道は堺市の市街を起点として東南に向かい、仁徳陵の北で西高野街道と分かれ、堺市金岡町からはほぼ一直線に真東に進み、羽曳野市古市をへてその東で石川を渡り、南河内郡太子町から二上山の南で竹内峠を越えて大和に入り、奈良県北葛城郡当麻町長尾の式内社長尾神社の付近で大和の古道横大路(1)に接続する。丹比道の称呼はその道が河内国丹比郡、すなわち『古事記』履中段の墨江中王の叛乱の物語にみえる多遅比野を通過することから来ていることは明らかであり、そこにみえる波邇賦坂(埴生坂)は羽曳野市野々上に比定されている。竹内街道はいま金岡町以東ほぼ一直線に東進して古市に至ると述べたように、明治十八年(一八八五)測量の仮製二万分の一地図によると、野遠から東、岡—野—樫山—野々上の間は曲折しており、さらに野々上で南下して軽墓をへて古市に至っている。しかし岡の南では旧丹北郡と旧丹南郡の郡界が野遠から真東に通じており、また野中寺の位置などから勘案すると、あるいは当初は金岡から真東に通じ、宮山古墳の南を通って応神陵後円部周濠の南に達し、そこから古市に至っていたのかも知れない。また丹比道を金岡から逆に真西に一直線に延長すると、ちょうど仁徳陵前方部周濠の南東隅に達する。つまり丹比道が仁徳陵・応神陵の二大古墳を基準にして設定されているかにみえることは注意を要する点である。

つぎに大津道であるが、大津道については異論が多い。しかしやはり竹内街道の北約一・九キロを並行して東西に走る長尾街道に当てる説を妥当としたい。長尾街道は竹内街道と同じく堺市の市街を起点とし、真東に通ずる道路で、古市古墳群の允恭陵と仲姫皇后陵の間を通り、藤井寺市道明寺の東で石川を渡り、柏原市国分をへて田尻峠を越え、二上山の北で穴虫峠越えの大坂道と合して大和に入り、やはり長尾神社付近で横大路に接続する。大津道を長尾街道とすれば、「大津」の称呼は羽曳野市北宮に所在する津・船・葛井三氏の氏神、式内社大津神社に関連すると考えられる。(2) 大津道を難波大津に通ずる道、すなわちのちの渋河路に当てる説もあるが、(3) 壬申の乱の前後の記事から推せば、やはり長尾街道が妥当ではなかろうか。

すなわち長尾・竹内の二街道は高安城から眼下に望みうるし、渡河してその西で戦ったという衛我河は恵賀長江陵(恵我長野西陵・仲哀陵)、恵賀裳伏岡陵(恵我裳伏山岡陵・応神陵)、恵賀長枝陵(恵我長野北陵・允恭陵)などから類推されるように、古市古墳群の東、大和川との合流点付近における石川を称したものとみられる。また『日本書紀』は衛我河の戦につづけて、この時河内国守来目臣塩籠が天武方に帰順しようと軍衆を集めていたところ、その謀を近江軍の壱伎史韓国に聞かれ、ついに自死したと記している。これは河内国の国府での出来事とみられるが、允恭陵の東には今も「国府」の地名を遺存しており、河内国の国府は允恭陵の北にあったと推定されている。(4) この点も大津道を長尾街道に比定した方が地理的に適合するように考えられる。

ただ現在の長尾街道は藤井寺市小山までは東に直進するが、そこからやや南に寄って前述のように允恭陵の南を通る。しかし当初の大津道はそのまままっすぐに東進して允恭陵の北、すなわち河内国府の地を過ぎり、船橋付近の大和川・石川合流点でこれを渡り、そのまま竜田道に接続して大和に至っていたのではなかろうか。竜田道とその大和に入ってからの状態は、大坂道の問題とともに第四章に詳説したので、(5) ここでは繰り返さないが、そう解する方が、ともに大和に至る丹比・大津の両道がなぜわずかの距離をおいて並走していたかという疑問にも答え易いと思う。すなわち丹比道は大坂道に、大津道は竜田道にそれぞれ接続して大和に入り、奈良盆地の南と北の東西道となっていた時期があったのではなかろうか。

大津道が竜田道に接続するという考えは、河内国府と大津道の関係だけから導かれたのではない。たとえば『万葉集』巻九には、

見二河内大橋独去娘子一歌一首

級照る　片足羽川の　さ丹塗の　大橋の上ゆ　紅の　赤裳裾引き　山藍もち　摺れる衣着て　ただ独り　い渡らす児は　若草の　夫かあるらむ　橿の実の　独りか寝らむ　問はまくの　欲しき我妹が　家の知らなく　（巻九—一七四二）

の長歌がみえるが、この片足羽川に架かる丹塗の河内大橋の位置についても、片足羽川を大和川とみるか、石川とみるかによって、高井田—国分間、安堂—船橋間、玉手—古市間などの諸説に分かれる。(6) しかしやはり河内大橋は竜田道と大津道とを結ぶものとして安堂—船橋間に架せられたものとみたい。というのは、『続日本後紀』承和八年（八四一）三月癸酉条に、河内国志紀郡の孝子衣縫造金継女が母とともに毎冬雑材を買って架したという恵賀河の借橋の物語がみえるが、現在国府の地に「衣縫」という小字があり、そこには衣縫造の氏寺とも推定されている飛鳥期の寺院

址(法起寺式伽藍配置)があり、(7)また恵賀河に架した橋である点から、やはりそれは河内大橋とほぼ同じ位置にあったものとみられるからである。

なおこの付近には衣縫廃寺以外にも、大和川左岸には土師寺址(藤井寺市道明寺)・船橋廃寺址(藤井寺市船橋)があり、右岸には大県廃寺址(柏原市大県)・高井田廃寺址(柏原市高井田字鳥坂)などの古代寺院址が多く、天平勝宝八歳二月難波に行幸する途中の孝謙天皇が智識寺の南の行宮に泊った翌日に参詣したという智識・山下・大里・三宅・家原・鳥坂の諸寺(8)もこの一帯にあったと推定されるが、また志貴県主神社の所在からも知られるように、この地域はかつての志紀県に相当し、河内国における要地であったから、ここを大津道が通過していたと考えることは当然と思われ、その有する歴史的意義は大きい。

二　難波京―丹比邑の道

ところでこの難波行幸の帰路について、『続日本紀』は渋河路をとったことを明記している。渋河路はさきにも少しふれたが、おそらく河内国渋川郡を通る旧大和川(現在の長瀬川)ぞいの道であったろう。物部守屋討滅に関する『日本書紀』崇峻即位前紀の記事によると、討伐軍は志紀郡から守屋の渋河家に至っており、また衣摺(東大阪市衣摺が遺称地)の地で戦闘が行なわれているから、そのようなルートが早くから存在したことが想定されはするが、難波―大和間の古道としては、この渋河路や、あるいは生駒山を越える日下の直越道のほか、南北にのびる上町台地の東縁を南下して丹比の地に至り、そこから大津道や丹比道を利用するルートが活用されていたようである。

すなわち、たとえば『日本書紀』仁徳十四年条には「是歳作二大道一置二於京中一、自二南門一直指之至二丹比邑一」とあり、さきにふれた『古事記』履中段の墨江中王の反乱の物語では、天皇は難波から多遅比野に逃れ、波邇賦坂(埴生坂)をへて大坂の山口に至っており、竹内街道が羽曳野丘陵の南端を越える野々上の地が波邇賦坂に比定されている(9)。また『日本書紀』大化五年(六四九)三月条にみえる蘇我倉山田石川麻呂反乱の記事によると、蘇我臣日向に譏せられた石川麻呂は二子法師と赤猪を連れて、茅渟道から逃げて倭国の境に向かい、長子興志に迎えられて山田寺に入る。蘇我臣日向と大伴連狛は軍勢を率い石川麻呂らを追って黒山に至るが、ここで石川麻呂らが山田寺で自経したという知らせを受け、丹比坂から難波に引き返したとある。茅渟道がいかなるルートを称したのかはともかく、黒山の地は『和名抄』の丹比郡黒山郷、すなわち現在の南河内郡美原町黒山に比定される。竹内街道より少し南に当たるが、丹比坂をさきの波邇賦坂と同じとみれば、やはり難波から南下して丹比道を大和に向かおうとしたものであろう。

このように記紀などの文献史料によると、難波から南下して大津道や丹比道に接続する古道がかなり早くから存在したことは確実であるが、飯田武郷の『日本書紀通釈』は仁徳十四年紀の難波京中より丹比邑に至る大道について、「上古図説」を引き、

さて此道は、上古図説に、延喜式神名帳河内国丹比神社、今丹南郡に属て、丹治井と称する地あり。これ高津宮より直道なり、上本町より南方、東高津村中を通し、天王寺東門を経て平野に至り、狭山街道に達せり、今なほ其道存れり、とあり

と述べているが、この道は難波から東南の大阪市平野区平野に出て南下するものをいったもので、確かにそのようなルートをたどることができる。しかしこの道は多遅比野や黒山には直接至っているが、難波高津宮南門から丹比邑への直道とは必ずしもいえない。また竹山真次氏は上汐町の通りが四天王寺境内を越えて阿倍野筋に貫通していることを指摘し、これを高津宮南門大道とみているが(10)、この道は真南より一〇度近く西に偏しており、難波宮や四天王寺の遺構がほぼ真南北を指していることが近時の発掘調査の結果確かめられた点からしても、これもまた難波より丹比邑への直道とは考え難い。

ところが難波宮より南下する古道を想定するについて、ここにいくつかの注目すべき事実がある。

(1) まず明治十九年(一八八六)一月に内務省地理局によって完成された五〇〇〇分の一大阪実測図に、最近発掘の結果明らかにされた難波宮の内裏・朝堂院を置き、その中軸線を南に延長してみると、ほぼその線に沿うて東高津村から国分村にかけて一本の道路が南に延びているのが認められる。それは旧市電小橋西之町停留場のやや西から環状線寺田町駅に通ずる道路として現在も残っているようで、石ガ辻町と筆ガ崎町、北山町と細工谷町・松ガ鼻町、真法院町と烏ガ辻町、寺田町と国分町のそれぞれ境界に当たるが[11]、これらの町名はその地図にはほとんどみな小字名として記載されている。ただその道は地図にみえる北半分はしだいにやや東に偏していて正確には難波宮中軸線と一致しないが、南半分、つまり四天王寺の東で天王寺村と国分村の村界となっている部分は中軸線の延長と正しく一致する。この事実は留意すべきことかと考えられるが、なお興味をひくことは、この道路にそって現在の真法院町、地図では字真法院に南接して字「下ノ大道口」が存し、それから東北に長く字「下ノ大道」の小字名がみられることである。これだけの史料では難波宮、または難波京の中央を南下する道が、大和の場合と同じように「下ノ大道」と呼ばれていたとは断定できないが、注意しておきたい。またこの道に沿って国分寺村に字「南門」があり、仁徳十四年紀の記事にみえる「南門」が想起されるが、国分寺南門の意とも解され、むしろここではこの大道に近く摂津国国分寺らしきものの存在したことを重視すべきかも知れない。[12]

(2) つぎに仮製二万分の一地図に従ってこの道を南にたどってみると、桜井鉄道(現在の関西線)を越えた付近からはやや東寄りに進んで北田辺村(現在の東住吉区田辺本町付近)に入るが、それとは別に真南への延長線上にはそれ以南にも断続的に道路が認められる。そして注意すべきことは、さらにその南、堀村から長尾街道までの間約三・五キロはちょうどその延長線が住吉郡と丹北郡の郡界となっていることである。この郡界は現在も引き継がれ、大和川以北では大阪市の住吉区と東住吉区、大和川以南では堺市と松原市の境界となっているが、住吉郡は摂津国に属し、丹北郡は河内国に属したから、遡ればこれが摂津国と河内国の国境であったと考えられる。ただこの境界線は丹北郡条里制の基線より一坪分だけ西に寄っているとみられ、[13] そこに問題を残しているが、ともかく難波宮中軸線の延長上に摂・河の国郡境界線が存するという事実は、決して偶然の一致とはいえないであろう。

(3) ところでその国郡境界線は長尾街道に達すると、そこで東西に分かれ、その部分では長尾街道が河内国八上郡と摂津国住吉郡・河内国丹北郡の境界となっている。しかし試みに問題の境界線を図上で長尾街道を越えてさらに南へ竹内街道まで延長してみると、つぎのような事実が指摘できる。すなわち、その延長線は金田村(現在の堺市金岡町)の東で竹内街道に達するが、前述のように、竹内街道は堺の市街を起点としてここまでは東南の方向に延び、この交点とみられる付近からは東に向かっている。つまり難波宮中軸線の延長と竹内街道の交点が竹内街道の屈折点になっているわけで、これも偶然として看過できない。

(4) また金岡町には、仁和年間の創建で巨勢金岡などを祀ると伝える郷社金岡神社がある。[14] その社伝がどの程度確かなものかわからないが、注目されることは、境内に楠の大樹が数本あり、とくに径二―二・五メートルに及ぶ倒木の切株も遺存し、楠大明神として祀られている事実である。樹齢は明らかでないが、ここは古くから楠の叢林であったらしい。『古事記』仁徳段には、免寸河の西に一本の高樹があって、その影は朝日には淡路島に及び、夕日には高安山を越えたが、それを切って枯野という船を造ったと記されている。河内にあった楠の大樹伝承の一つであろう。[15] 金岡神社の楠をこの高樹に直ちに当てようというのではないが、楠の大樹の社叢は道行く人たちに遠方からの目標として大きな存在意義をもったと思われる。しかもその位置が問題の交点であるという事実はこれまた看過できないことである。

(5) こうして難波宮中央から南進して大津道と交わり、さらに丹比道に達する一本の古道を想定してみると、その道に沿っていくつか『日本書紀』にみえる地名の遺称地の存在することが注意されてくる。たとえば応神十三年紀九月条にみえる日向の髪長媛の安置された桑津邑は旧住吉郡桑津村（現在の東住吉区桑津町）とみられ、仁徳四十三年紀の鷹甘邑は旧住吉郡鷹合村（現在の東住吉区鷹合町）と考えられている。またこの鷹甘邑の話は、依網屯倉の阿弭古が天皇に献った鷹が百舌鳥野の遊猟で多くの雉を捕えたという物語について、鷹甘部を定めた記事のなかに出てくるが、この依網屯倉、そして推古十五年（六〇七）紀にその年河内国に作ったとみえる依網池は、大依網神社のある旧住吉郡庭井村（現在の住吉区庭井町）から新大和川にかけての一帯とみられ、池の一部がいまも残っている。屯倉の地は少し東の丹北郡三宅村（現在の松原市三宅町）に当てる説もあるが、依網池の近くには我孫子村（現在の住吉区我孫子）の地名が遺っている。また鷹甘邑と桑津邑の間、現在の東住吉区田辺本町・田辺東之町・田辺西之町一帯はかつての住吉郡田辺郷とみられ、田辺史一族が居住していたらしい。

以上いくつかの根拠に基づいて難波宮、あるいは難波京の中央から真南に丹比道まで通ずる古道を想定した。もちろんこの古道を仁徳十四年紀にみえる京中南門より丹比邑に至る大道に直ちに当てようというのではない。また『日本書紀』推古二十一年十一月条に「又自二難波一至レ京置二大道一」とみえる難波より飛鳥京に至る大道がこの道と丹比道—横大路であるという確証もない。むしろこの想定古道が発掘調査の結果明らかにされた難波宮の内裏・朝堂院遺構の中軸線に一致するという事実からすれば、その遺構が朱鳥元年（六八六）正月に焼失した天武朝難波宮からいつまで遡りうるかによって、この古道の設定年代の上限が決定できるとみた方がよいかも知れない。その考えは宮ができて道が設けられたという前提に立っているが、記紀にみえる難波高津宮などの実在性と出土遺構との関係についても充分な検討が加えられていない。問題は単にこの古道だけでなく、丹比道・大津道、あるいは大和の古道たる横大路、上・中・下三道の設定時期にも関わることなので、別に慎重に検討することとしたい。

三　大津道と得名津

つぎに大津道と丹比道について若干考察を進めよう。この東西に並走する二道間の間隔は約一・九キロ、大和の上・中・下三道が正しく四里(約二・一キロ)の間隔を保っているのに対し、両道の場合にはそのような計画性はないようである。また条里制に関してみれば、大津道は西では住吉郡条里制の条の起線(北↑・)、東では丹北郡条里制の里の起線(北↑・↓南)となっているに対し、丹比道は丹南郡条里制(・↓南)と八上郡条里制(北↑・↓南)の起線となっているが、両道間の間隔は六町一里の条里制では二里(条)と五町(坪)分となっていて、これまた条里制の六町一里の完数とはなっていない。丹北・丹南・八上三郡はもと丹比郡から分かれたものであり、この地域の条里制についてはなお充分な検討を要するが、以上の事実から推せば、大津・丹比二道はこの地域に現存する画一的条里制施行以前から存在したとみてまず誤りあるまい。

ところでこの二道が東進してそれぞれ竜田越と大坂越に接続して大和に入り、また西はともに堺の市街に至っていることはすでに述べた。すなわち大津道はそのまま真西に進んで反正陵の北を通って堺市花田口町から堺の市街に入り、丹比道は難波宮中軸線との交点に当たる金岡町付近から北西に向かい、仁徳陵の北を通ってそのまま堺の大小路に接続する。大小路は堺の市街の中央を縦断する大道で、中世堺荘はこの道によって南北に分かたれ、北は摂津国住吉郡に、南は和泉国大鳥郡にそれぞれ属し、大小路は摂津・和泉の国境となっていた。(16) また堺に「三国ヶ辻」が存し、仁徳陵北の丘陵部に現在「三国ヶ丘」の町名があるのは、この付近が摂津・河内・和泉三国の国境の交会点になっていた時期があったからであろう。「堺」の地名そのものも以上のような事実に由来することは周知のことであるが、金岡町以西において北西に向かった竹内街道の方向が大小路の方向とほぼ一致するので、試みに長尾街道をそのまま西に延長すると、二道は堺市街の中心、南海電鉄阪堺線大小路駅の少し東の地点で交会する。既述のように、丹比道は仁徳陵と応神陵の南端を連ねる線と一致し、当初から堺の地を起点としていたかはなお検討を要するが、大津道は早く堺の地に至っていたと思われるから、図上における二道の交会点が海抜約二・五メートルの位置に当たることは、それ以西の地域のその後における陸化を考慮するとき興味深い。

さて堺津の史料的初見は十三世紀初頭、建保三（一二一五）—貞永元（一二三二）年間の『経光卿記』紙背文書の摂関家寄人鋳物師某申文であって、すでに当時諸国の廻船が発着し、丹南地方の鋳物師の原料もここを通じて入っていたといわれるが、(17) その港津としての起源は明らかでなく、「堺」の名称が記録に現われる以前は、おそらく住吉津に含まれていたであろうと推定されている程度である。(18) 住吉津（墨江津）は『古事記』によれば仁徳朝に定められたというが、『万葉集』では「住吉」を冠する地名はかなり広範囲に及んでいる。現存地名との関係が推されるものだけでも、たとえば「墨吉の得名津」（巻三—二八三）、「住吉の浅鹿の浦」（巻二—一二一）、「住吉の敷津の浦」（巻十二—三〇七六）、「住吉の出見の浜」（巻七—一二七四）、「住吉の粉浜」（巻六—九九七）、「住吉（墨江）の遠里小野」（巻七—一一五六・巻十六—三七九一）、「墨吉の浅沢小野」（巻七—一三六一）、「安良礼松原住吉の」（巻一—六五）、「住吉の波豆麻」（巻七—一二七三）などあり、住吉津そのものの位置も問題であるが、当面問題の二道にもっとも関係の深いとみられるのは得名津であろう。

高市連黒人歌一首

住吉の　得名津に立ちて　見渡せば　武庫の泊ゆ　出づる船人　（巻三—二八三）

この歌によれば、得名津は武庫泊を直視できる位置にあるが、さきに述べた堺北荘が摂津国住吉郡榎津郷に属することが有力にその関係を物語っている。榎津の故地は現在の遠里小野町の南から浅香山付近であったとみられるから、(19) ほぼ新大和川が北にのびる丘陵を横断している付近に位置したのではなかろうか。そのことは現在の浅香山町がその遺称地とみられる浅鹿浦について、

夕さらば　潮満ち来なむ　住吉の　浅鹿の浦に　玉藻刈りてな　（巻二―一二一）

と歌われていることからも推される。

以上現在の堺港の起源はともかく、少なくとも八世紀には大津道は付近に榎津（得名津）を控えていた。とすれば、そこを起点とする大津道の称呼も単に大津神社との関係を考慮するだけでよいかどうか。[20] また大津・丹比両道にそって百済系の津・船両氏が居地を占めていたことも、『日本書紀』欽明十四年七月甲子条に蘇我稲目が船連の祖、王辰爾を遣わして船賦を数え録さしめ、彼を船長としたとみえる伝承とともに改めて問題とはならないだろうか。さらにこれら二道が百舌鳥古墳群と古市古墳群の二大巨墳群を東西に連ねて走っており、問題は古代の交通路に関して大きく多面的に展開して行くが、ここでは基礎的事実を示してひとまず問題を提起するに止めたい。[21]

（1）　大和の古道については、岸俊男「大和の古道」（橿原考古学研究所編『日本古文化論攷』、昭和四十五年五月所収、本書第四章）参照。
（2）　栗田寛「大津神社」（『神祇志料附考』七、昭和二年六月）、他に大津を和泉国泉北郡大津浦（現在の泉大津市）とみる説、難波の大津とする説、大津を大坂の誤写とみる説などがある。
（3）　直木孝次郎『壬申の乱』（昭和三十六年六月）。
（4）　藤岡謙二郎『都市と交通路の歴史地理学的研究』（昭和四十二年七月）。
（5）　岸俊男「大和の古道」（前掲）。
（6）　奥野健治『万葉摂河泉志考』（昭和十六年六月）。
（7）　石田茂作「衣縫廃寺」（『飛鳥時代寺院址の研究』、昭和十一年十一月所収）。
（8）　『続日本紀』天平勝宝八歳二月己酉条。
（9）　『日本書紀』によると、仁賢天皇は埴生坂本陵に葬られ、来目皇子は河内埴生山岡上に葬られている。
（10）　竹山真次『難波古道の研究』（昭和十年六月）。
（11）　この道について明確に指摘したものは管見の及ぶかぎりないようであるが、ただ沢村仁氏が「国土地理院一万分の一地図に難波宮跡をのせてみると、天王寺区内に、真南北を示す細い街路があって、これがちょうど難波宮の大極殿・内裏の中軸線と合致する。しかも、江戸時代の古図にあてみると、この細道が東生・西成両郡の境界線にもなっていたことがわかる。天王寺区より北では現在の傾いた方位の町割に消されて、この道の延長はなくなっているが、あるいは、これが難波京の朱雀路の痕跡なのではなかろうか」と述べられているのは(『日本の考古学』七、昭和四十二年八月、四一ページ)、具体的なことがわからないが、あるいは同じ道を指摘したものかも知れない。

(12) 摂津国国分寺は別に北区国分町にも比定されている(石井信一「摂津国分寺」、角田文衛編『国分寺の研究』上巻、昭和十三年八月所収)。

(13) 丹比郡の条里については、由井喜太郎「河内国条里の研究」(『ヒストリア』一三、昭和三十年八月)による。

(14) 『大阪府全志』(大正十一年十一月)第四巻によれば、祭神は底筒男命・中筒男命・表筒男命・素盞嗚命・大山咋命・巨勢金岡。また社伝によれば仁和年間の創立で、はじめ住吉大神を祀り、のち一条天皇のとき巨勢金岡を合祀したという。

(15) 同じような伝承は、『日本書紀』景行十八年七月条、『肥前国風土記』佐嘉郡条、『筑後国風土記』逸文三毛郡条などにみえる。

(16) 『堺市史』続編第一巻(昭和四十六年一月)。

(17) 朝尾直弘「堺」(『社会科学大事典』八、昭和四十四年六月)。

(18) 『堺市史』第一巻(前掲)一四三ページ。

(19) 『堺市史』第一巻(前掲)一九一ページ。

(20) たとえば応神紀二十二年四月条や仁徳紀三十年九月条にみえる大津は難波津をさしたものであろうが、皇極紀三年三月条にみえる豊浦大臣の大津宅、神功紀元年二月条の住吉神社起源伝承にみえる大津渟中倉之長峡などの大津は必ずしも難波津とはいえない。とくに蝦夷の大津宅は蘇我倉山田石川麻呂が宅から茅渟道を通って大和に逃げたという事実に関係しないだろうか。

また欽明紀元年九月条にみえる大伴金村の住吉宅について、『摂津志』は住吉郡堺北荘高洲浜にありと推定している。

(21) 堺の地名の初見とされるのは『権中納言定頼卿集』に「九月ばかりさか井と云所にしほゆあみにおはしたりけるにひめぎみの御もとに」と題して「住吉のながゐのうらもわすられて都へとのみ急かるる哉」とあるものであるが、この「ながゐの浦」は現在の長居公園付近とみられ、その地は問題の難波宮より南下する古道上にあるから、十一世紀前半ごろ堺に至るにはなおその古道が用いられていた例証となろう。

また『万葉集』巻四、八代女王の歌(六二六)「君により言の繁きを古郷の明日香の川に潔身しに行く」は「一の尾に云はく、竜田超え三津の浜辺に潔身しに行く」とある。三津浜をいずれとすべきか問題であるが、あるいは竜田道―大津道を利用した例証となるかも知れない。

第六章　飛鳥と方格地割

はじめに

私はさきに奈良県教育委員会が藤原宮宮域検出のために実施した緊急調査に関係して藤原京京域の推定、および条坊制の復原を試みたが、(1)その作業の過程で飛鳥の地域に関しても、藤原京の東京極に利用されたと考えられる中ツ道の延長線が橘寺東大門の前に至ることのほか、飛鳥寺伽藍中軸線と川原寺伽藍中軸線の間隔が、推定復原した藤原京の一坊=一条の距離にほぼ等しいらしいという事実に気付いた。(2)このことは新益京と呼ばれた藤原京といわゆる飛鳥京の地割が関連する可能性のあることを示唆したが、当面は藤原京が問題であったので、それ以上深く追究せず後日を期することとした。しかしその後私の関係した藤原宮の緊急調査も推定どおり宮域の限界を検出していちおう所期の目的を達したのを契機に、一方飛鳥保存の問題とも関連して飛鳥京についての考察を進めておくことが急務と考えられたので、改めて右の事実を手がかりに飛鳥の地域について検討を加えることとした。藤原京の場合と同様、いわゆる飛鳥京にも何らかの計画性が存在したことが明らかになれば、それは遺跡の保存を図るためにいささかでも資するところがあるかも知れないと考えたからであった。その後飛鳥・藤原保存問題は急速に展開し、保存に関する種々な案が提示され、また発掘調査もようやく進捗し、さらに飛鳥京地割の復原に関しても永年飛鳥遺跡の調査を担当して来られた網干善教氏の新説が紙上に発表された。(3)

このような情勢のなかで、以下私が考察を進めて来た試案の概要を説明しようとするのであるが、私案はあくまで一つの試案であって、しかも私なりになお検討を加えたい問題も多く、またみずから疑問としている点も少なくない。従って本来ならばそれらを解明した上で慎重に公表すべきではあるが、こと飛鳥の保存という緊急を要する課題にも関係するため、この際敢えて不充分なままでも発表し、できるだけ多く関係の方々の批判示教を受け、正しい飛鳥保存のための捨石とすることが必要であると考えた次第である。そのため本章では私案の基礎となった事実をなるべく詳細に記述するとともに、今後の考察に資するため関係史料も能うかぎり掲出し、さらに検討を要する問題や疑問とする点も併せて指摘しておきたいと思う。

一　一町＝一〇六メートルの地割

はじめに飛鳥寺・川原寺両寺伽藍中軸線の間隔が藤原京条坊制の一坊＝一条の距離にほぼ等しいらしい事実に気付いたと述べたが、まずこの点から確かめてみる。藤原京の東西幅は橿原市三〇〇〇分の一地図(昭和三十二年七月測図、昭和四十二年九月修正、富士測量株式会社調製)によって、橿原市八木町札の辻十字路中心点(西京極下ッ道と北京極横大路の交点)と桜井市西之宮三輪神社T字路中心点(東京極中ッ道と北京極横大路の交点)の間で図上で計測すると二一一八メートルとなる。(4)これを藤原京は左・右京各四坊、計八坊と考えて一坊距離を算出すると、

(藤原京東京極—西京極)2118 m÷8 = 264.75 m(1坊距離)

となって、二六四・七五メートルとなる。つぎに問題の飛鳥寺伽藍中軸線と川原寺伽藍中軸線間の間隔(5)を奈良国立文化財研究所一〇〇〇分の一地図(昭和三十年八月航空写真撮影、昭和三十一年一月測図、アジア航空測量株式会社調製)によって計測すると、二六四メートルなる数値がえられ、まさに一坊＝一条の距離と一致し、はじめの推定の正しいことが確認された。

この数値は今後の考察の基本的数値として重要な意味をもつので、なお藤原京内で測定しうる他のデータにより、同じように奈良国立文化財研究所一〇〇〇分の一地図を用いて一坊＝一条の距離を計測算出してみた。

○藤原宮大極殿中心——西京極下ツ道中心

さきに日本古文化研究所の発掘調査によって明らかにされた藤原宮大極殿中心を報告書収載の実測図(6)、および現在宮内庁書陵部に蔵されている三〇〇分の一藤原宮阯実測平面図によって求め、それとその真西の地点における下ツ道中心との間の距離を図上で計測すると、一〇六三メートルとなる。これは四坊分に相当するから、

（藤原宮大極殿中心—西京極）1063 m÷4 ＝ 265.75 m（１坊距離）

となり、二六五・七五メートルなる数値をうる。これはさきの数値より一メートルほど長いが、実測図によると藤原宮大極殿はその東西にある殿堂との間隔がそれぞれ異なり、やや東に偏しているので、あるいはその影響かも知れない。すなわち大極殿中心線と東殿堂址中心線との間隔が一八六・一尺であるに対し、西殿堂址中心線との間隔は一九六・八尺と、一〇・七尺(三・二四メートル)長い(7)。いま東西両殿堂のちょうど中間を中軸線に想定すれば、一〇・七尺の半分、一・六二メートルが修正値となるから、さきの数値は二六四メートルに近づく。

○藤原宮十二堂院南門中心——西京極下ツ道中心

同じようにさきに発掘調査された十二堂院南門、すなわち朝堂院正門(8)とその真西における下ツ道中心間の距離を計測すると、一〇五八メートルとなる。これも四坊分に当たるから、

（藤原宮十二堂院南門中心—西京極）1058 m÷4 ＝ 264.5 m（１坊距離）

となり、二六四・五メートルなる数値がえられる。

○薬師寺伽藍中軸線——西京極下ツ道中心

藤原京薬師寺、すなわち本薬師寺は現在も東塔・西塔の心礎が遺存しているので、その中間点と下ツ道中心間の距

離を同じように図上で計測すると、三九六メートルとなる。薬師寺は右京八条三坊に位置し、伽藍中軸線は正しく三坊の中心線と一致すると考えられるので、一坊分の距離は、

(薬師寺伽藍中軸線—西京極) 396 m $\div 1\frac{1}{2}$ = 264 m (1坊距離)

となって、二六四メートルという数値が算出される。

以上三例からえられた一坊分の距離はいずれも二六四メートル強となり、さきに藤原京北京極における中ツ道・下ツ道間の距離から算出した一坊の数値とまさに一致する。従ってこの数値を藤原京条坊制における一条=一坊距離の基本数値と見做してまず誤りあるまい。

ところで藤原京は東西四里・南北六里と推定したが、その場合の里は大宝令雑令に「凡度レ地、五尺為レ歩、三百歩為レ里」とみえる令大尺=高麗尺の五尺を一歩とする三〇〇歩=一里である。同時に三六〇歩一段制における一町の地積はやはり令大尺=高麗尺の五尺を一歩とする六〇歩平方で、その六〇歩をまた長さの一町とも称する。従って大宝令における一里=三〇〇歩は五町に相当し、藤原京条坊制はその一里を二坊=二条とするから、一坊=一条は半里、すなわち二・五町となる。そこでさきの一条=一坊間距離二六四メートル強より一町の数値を算出すると、一〇五・六メートル強、すなわちほぼ一〇六メートルとなる。

さて前述のように、飛鳥寺・川原寺両伽藍中軸線間の間隔が二六四メートルであるということは、その間がちょうど二町半に相当することを示しているが、この一町=一〇六メートルという数値に着目して飛鳥地域の主要遺跡に関して図上計測を行なうと、他にもいくつか注目すべき事実が認められる。まず中ツ道(藤原京東京極)の南への延長線、それは橘寺の推定東大門址前に至るが、この線と飛鳥寺中軸線間の間隔がほぼ一町に当たる。またさきに発掘調査された川原寺南大門とその真南に検出された橘寺北門の心々間の距離は曲尺一六四・五五尺とされるが、(9)これは五四・三メートルとなり、半町=五三メートルに近い。さらにこの川原寺南大門築地の線を真東に延長し、(10)それと飛鳥寺北方

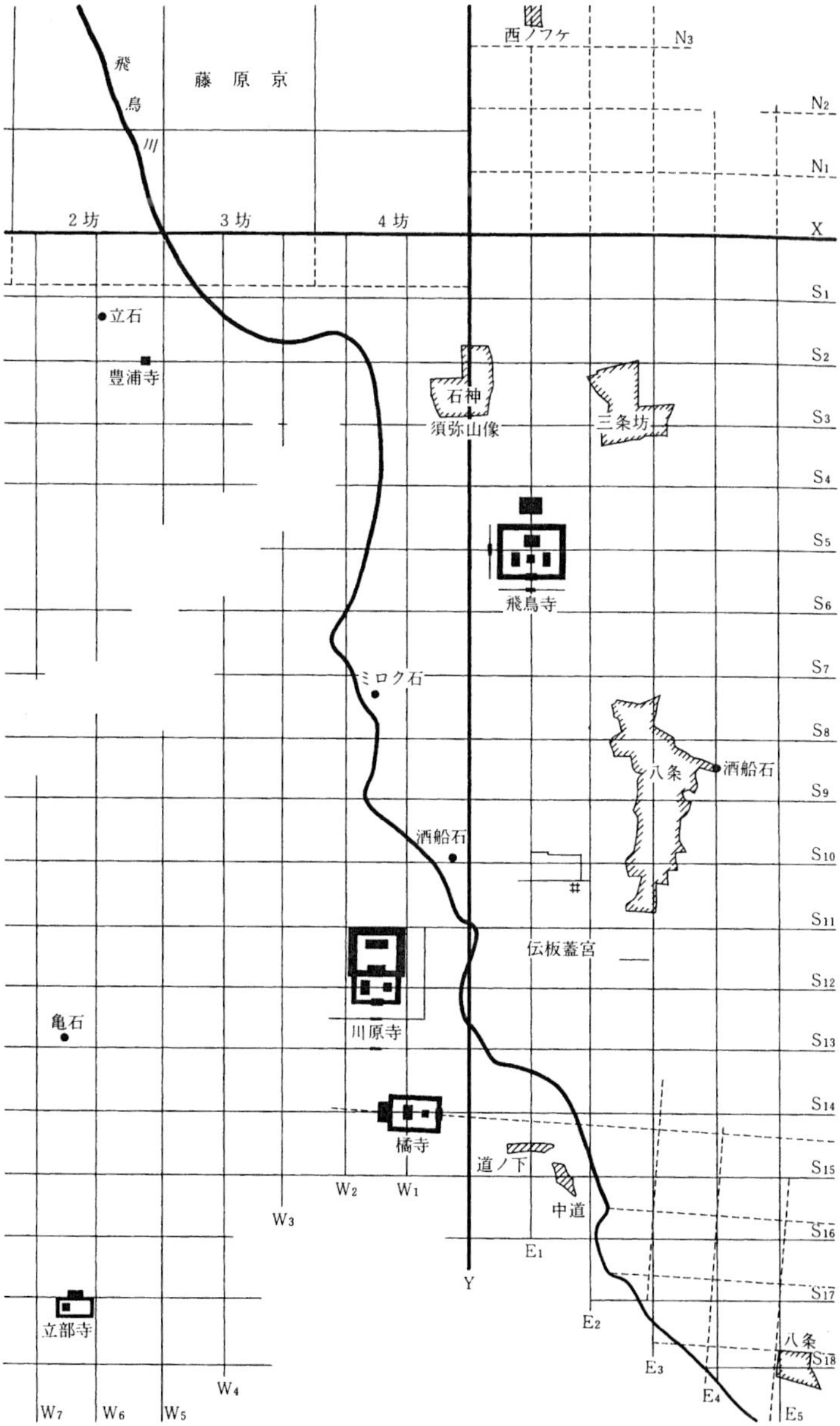

第一図　飛鳥における方格地割概要図

を通る山田―雷丘道路との間の距離を測ると、一三二一メートルとなるが、これを一町＝一〇六メートルで除すると、一二・四六町となり、その間が一二町半なることが知られ、従って橘寺北限との間は一三町となる。同じようにその山田―雷丘道路とやはりさきに発掘調査された飛鳥寺西門中軸線間の距離を測ると、五三一メートルとなるが、これは五町に相当する。

これらの事実から飛鳥の地域には一町＝一〇六メートルを基準尺度とする方格地割の存在するらしいことが充分に想定されるので、一〇六メートルの方格を作製し、これを一〇〇〇分の一地図上にあててみると、第一図に示したような数々の注目すべき事実の存在することが明らかとなった。以下説明を加えることとするが、便宜上図中南北線についてはは中ツ道延長線をYとし、それから東へ一町ごとに、E_1・E_2……、西へW_1・W_2……と称することとし、同じように東西線は山田―雷丘道路、この延長線は山田寺南大門前に至るとみられるが、その線をXとして、それから南へ一町ごとにS_1・S_2……とよぶこととした。

(1) Yは中ツ道＝藤原京東京極の南への延長線であるが、具体的には横大路における橿原市と桜井市の境界点、三輪神社と市杵島神社の間のT字路中心と橘寺推定東大門址を結ぶ線である。橘寺はさきの発掘調査によって中門・塔・金堂・講堂の遺構の一部が検出され、東面する四天王寺式伽藍配置であることが明らかとなったが、(11)東大門の位置はまだ確認されていない。しかし中門の東、崖の下は字「東門」と称し、飛鳥川に架せられた旧道の橋の西からは南にYにそうような道が通じており、また東に向かっては約一〇〇メートルの細長い田地三筆が残っており、字「長通り」と称している。橘寺東大門前の道路の痕跡かともみられ、ほぼS_{14}にそう位置にあるが、この点に関してはのちに改めて述べる。

またこのYは飛鳥寺の西北で、現在東京国立博物館の庭に置かれている須弥山像・道祖神像とよぶ二基の石造品を出土した字「石神」地番二八七の地を通る。これらの石造品は斉明紀にしばしばみえる飛鳥寺の西、甘樫丘の東の川辺にある須弥山像に比定されている[12]。出土地点についてその後発掘調査が行なわれたが、詳しい報告がなされていないので詳細は判らない[13]。しかしYと密接な関係を有すると推定される。

さらにYは飛鳥寺寺域の西で、俗に入鹿の首塚と伝えている五輪塔の少し西方を通ることになるが、五輪塔の位置では幅四・四メートルの敷石遺構が南北約三五メートルにわたって存在することが発掘調査の結果明らかになっている。Yに規制された遺構かも知れないが、北へはあまり続かないらしいことが最近明らかとなった[14]。

(2) E_1はさきに述べたように飛鳥寺伽藍中軸線、すなわち南門・中門・塔・中金堂・講堂の中心を連ねる線と一致するが、さらにその南、飛鳥板蓋宮伝承地遺跡西遺構として発掘調査の続けられている地域に、現在約三八〇メートルにわたりほぼまっすぐ南北方向に存在する畦畔とも一致する。しかしこの畦畔の線は今までの発掘結果では地下遺構の存在状態とは直接関係がないようで、後次的なものである。

(3) E_2はその西遺構の東限を画す施設とみられる南北約二〇〇メートルにわたって長く続く掘立一本柱列の線とほぼ一致する[15]。そしてこの遺構は現在の畦畔と道路にもそっているが、その道路はさらに明日香村役場の東を飛鳥川岸近くまで南下しており、従ってE_2の線は南北約五〇〇メートルにわたり現在も確認できる。

(4) 板蓋宮伝承地遺跡東遺構の東限はまだ確認されていない。東方に南北に通ずる溝数本が検出されているが、それらを越えてさらに東流する大溝のあることから、遺構はさらに東に及んでいるらしい[16]。しかしすぐ東は丘陵になるという地形を考慮すれば、E_3の線がほぼ東限に当たることになるのでなかろうか。県道ぞいの畦畔もE_3に近いが、E_3はさらに岡の集落内を高市小学校に向かい南下する道路の少し西を通ることになる。ただしその道路は現在の明日香村観光会館(旧村役場)より南は新道であるが、その地域の地籍図を検すると、そこから南の部分にE_3に適合するような地割のあったことが認められる。

(5) E_4の線上には史蹟にも指定されている酒船石がちょうど位置する。酒船石の用途は不明であり、その東方からはかつて付属の石樋かとみられる加工石一六個が発見されており、またのちに改めてふれるが、西南西飛鳥川ぞいの字「出水」通称ケチンダと称する地からは酒船石類似の二個の石造品が発掘されている。[17] あるいは偶然かも知れないが、さきの須弥山像・道祖神像など飛鳥に多い巨大石造品の位置には注意を要する。

また島之庄の集落においては、唯称寺から高市小学校西側に通ずる道路がほぼE_4の線に一致する。

(6) 川原寺伽藍中軸線、すなわち二町半に相当するから、南大門・中門・中金堂の中心を連ねる線は真北をさし、既述のようにE_1との間隔が二六四メートル、すなわち二町半に相当するから、中軸線はW_1とW_2の中央を通ることになる。また川原寺の北方、飛鳥川の右岸にそう地点に弥勒石と称されている石柱状の石造品が存する。その位置が当初のままであるかどうか疑問であるが、ちょうど川原寺伽藍中軸線の北への延長上、すなわちW_1とW_2の中間線上に当たる。

(7) 同じように巨大な石造品として著名な亀石は、橘寺寺域の北限をS_{13}にそって走る古道の傍に位置するが、同時にそれはW_6とW_7のちょうど中間に位置することになっている。すなわち改めて亀石と川原寺南大門心々間の距離を図上で計測すると五二七メートルとなるが、これはさきの一坊=二・五町=二六四メートル強のまさに二倍、すなわち五町分となる。従って飛鳥寺中軸線E_1からは一里半の位置に当たる。

またさきに発掘調査された明日香村立部にある定林寺(立部寺)の塔心礎はやはり亀石を通るW_6とW_7の中間線上、つまり亀石の真南にほぼ正しく位置するようである。定林寺は聖徳太子創建の七寺の一つと伝えられ、素弁十一葉蓮花文鐙瓦を出土する飛鳥時代寺院の一つとされ、石田茂作氏によると、塔は高さ約一〇〇尺の五重塔であったろうという。塔址のほか、講堂址・回廊址と推される遺構が検出され、金堂址は不明であるが、いちおう法隆寺式伽藍配置と推定されているが、[18] 特殊な地形でもあり、塔址以外はなお充分な検討を要する。

(8) つぎに東西線では飛鳥寺の北方、山田から雷丘に通ずる道路をXとした。この道は上ツ道の延長で、『日本霊異記』の最初の説話に出てくる小子部栖軽が鳴雷を求めて磐余宮から軽の諸越の衢に向けて走った「阿倍山田前之道」

に当たるとみられ、[19]『日本書紀』の壬申の乱の倭京における戦闘記事に出てくる「飛鳥寺北路」もこの道のことかと思われる。[20]現在の道路は雷丘に比定する丘陵(北は城山、南は上ノ山)を中断し、飛鳥川を渡ってからはやや曲折しながら丈六に至り、下ッ道と交叉している。この道路がそのまま古道であるかどうかはなお慎重に検討を要するが、[21]山田寺の南大門推定地点と、丈六における下ッ道との交会点はほぼ正しく東西の関係位置を保っているので、この二点を結ぶ線に一致する飛鳥寺北方における現在の道路の位置を基準とした。

(9) まずS_2は飛鳥川左岸で、現在豊浦寺塔心礎として地上に露出している礎石のある地点を通る。この周辺はかつて部分的発掘調査が試みられ、幅一・四メートルの石敷をめぐらした一辺一四メートルの塔基壇状遺構が検出された。現在の心礎の位置はやや動いているが、中軸線はほぼ真北をさし、同時に検出された北方の二つの遺構が真北に対し約二〇度西に偏しているのとは異なる。[22]出土瓦も北遺構よりはやや新しいとされ、『聖徳太子伝暦』に舒明六年(六三四)正月に豊浦寺の塔心柱を建てたとみえる記事に適合するともいわれ、またこの塔に付属する豊浦寺伽藍は『豊浦寺縁起』に「宝欄之東仏門之処」とあり、『平氏伝雑勘文』に「豊浦寺東仏門東飛鳥河」とあることから、東面していたであろうと考えられていることは、[23]後述の橘寺の場合と併せ考えて興味深い。

(10) S_5は既述のように飛鳥寺西門の中心線と一致する。西門の遺構はさきの発掘調査によって明らかにされたが、その規模は桁行中央間一四尺、両脇間一二尺、梁行九尺二間で、桁行中央間一四尺、両脇間一〇尺、梁行八尺三間の中門や、桁行中央間一三尺、両脇間八尺、梁行七・五尺二間の南門よりも大きく、[24]飛鳥寺にとって重要な門であった。なお西門と主要伽藍区域の関係は、その中心線、すなわちS_5が南と北の回廊の中間を通るというのでもなく、塔と中金堂心々間の中央を通るというのでもない。このような飛鳥寺西門のあり方は注意を要すると思う。なおS_5はXより一里＝五町に当たる。

(11) 東西方向の畦畔では飛鳥寺西門址から南に向かう道路の西側、飛鳥川右岸との間にS_9とS_{10}に一致するもののあるのが注目される。ことにS_{10}はそこから南が地形的に一段高くなっている境界に当たり、飛鳥川河岸まで崖のようになって突出しており、北の畦畔との間がちょうど一町＝一〇六メートルであるというのは、単なる偶然とは思えない。またさきに述べた酒船石と類似の石造品を出土した字「出水」通称ケチンダの地点はこのS_{10}にそう畦畔に北接するらしいから、付近の地形は変わっていないのでないかと思われる。なおS_{10}はXからちょうど二里＝一町に当たる。

⑿ 板蓋宮伝承地出土遺構で、これら東西線に一致するものは少なく、さきにE_2に一致すると指摘した掘立一本柱列も、北で西折する場合はこの方格地割とは無関係のごとくである。ただ飛鳥から岡に入る県道の天理教前バス停留所付近から西に通ずる道路の南で、約三〇メートルにわたって検出された幅約一メートル、深さ約〇・七メートルの石敷大溝がS_{11}とS_{12}のほぼ中間に当たることは注意しておく必要があろう(25)。

⒀ つぎに川原寺塔心礎はほぼS_{12}の線上に位置する。なお塔心礎と南大門中心を通る築地の線との間の距離は一七四・一七尺と測定されているから(26)、五二・八メートル、すなわち半町に相当する。

⒁ 従ってはじめに述べたように南大門にとりつく川原寺寺域南限の築地の線はS_{12}とS_{13}の中間に当たり、Xとの間が一三二一メートルで、一二町半に相当する。

⒂ 橘寺北門とそれにとりつく築地はさきに発掘調査され、川原寺建立以後、少なくとも奈良時代に遡ることが知られたが、川原寺南大門との心々間距離が五四・三メートル、約半町に当たることはすでに述べた。旧築地の北側の犬走りはほぼ現在の崖端まで続き、一段低く落ちたところに幅約三〇尺の古道の痕跡とみられる東西に細長い水田があり、それは西に延びて現在亀石の南側を通る道に接続する。この線がだいたいS_{13}に一致し、その道は亀石付近より西は南よりに方向を変えている。

⒃ 既述のように橘寺は東面の四天王寺式伽藍配置を有するが、塔心礎は川原寺南限の線から一六〇メートル、すなわち一町半南に位置する。従って伽藍中軸線はほぼS_{14}に当たり、寺域はS_{13}・Y・S_{15}・W_2で囲まれた高麗尺六〇〇尺四

方であったと推定されている。(27) しかし、正確な実測図が公表されていないので確実なことは判らないが、伽藍中軸線は真西をささず、少し北に振れているようで、必ずしもS_{14}に完全には一致しないとみられ、この点注意を要する。なお橘寺南限と推定されるS_{15}までXより三里＝一五町に当たる。

(17) 橘寺の推定東大門址の前に字「長通り」という東西に細長い地割の存することはさきに述べたが、その半町南、S_{14}とS_{15}の中間線にそってやはり東西に細長い地割が存し、それは飛鳥川河畔に至って南に折れている。その間に字「道ノ下」、字「中道」なる小字名があるのは、中ッ道延長線Yがちょうど橘寺東大門前に至るので、あるいはかつての中ッ道に関係するものかも知れない。

(18) 島之庄の集落から石舞台付近にかけて飛鳥川右岸の地域には現在も方格地割が存し、図上でも明瞭に認められる。すなわち東西線では明日香村観光会館の少し南から東に向かって通ずる道、高市小学校前から石舞台に向かう道路、石舞台古墳東南隅に至る畦畔、南北線ではさきにも指摘した高市小学校の西側を通る道路、同じく東の道・畦畔。これらによって区画される地域であるが、とくに高市小学校の東には南北方向のいわゆる長地型耕地が多くみられ、字「長通り」、字「細通り」などの地名が遺存するほか、付近には「水落」「池田」「鳴海」のほか「甲殿」「下殿」の小字名もあり、地下には板蓋宮伝承地遺跡にみられると同じような石敷遺構のあることがつとに知られている。しかしこれらの方格地割は真東西をささず、西でやや北に偏していて、その方向はさきの橘寺中軸線の方位とほぼ一致するようであり、南北線もそれに応じて真北よりやや東に振れている。いまこれら東西線はその偏差を修正すると、それぞれS_{15}とS_{16}、S_{16}とS_{17}、S_{17}とS_{18}の中間線にほぼ一致するが、この地域の方格地割が以北の部分と大体において諧調しながらも、橘寺伽藍中軸線に合わせるがごとく方位をやや異にしていること、また山田—雷丘道路Xを起線とした一町ごとの区分とは半町のずれがあること、さらにその一町も実距離において一〇六メートルよりは少し長い一一〇メートル前後を示すのでないかとみられることなどは留意すべき点であろう。

(19) なお豊浦の甘樫坐神社境内にある立石は、「額田寺伽藍並条理図」にみえる石柱と同じように、牓示的意味をもつもののようにみられる。しかし当初の位置から動いていないか疑問で、方格地割との関係もほぼW_6に近いが、なお検討を要する。また同様な巨大な立石が岡寺北方、ほぼS_{11}の東への延長方向の山腹に存し、遠望できるが、この地域の一〇〇〇分の一地図が未調製であるため正確な位置がつかめず、地割との関係の有無は今後の課題である。この立石は今までほとんど問題にされていないが、加工したものとみられ、注意を要する飛鳥の石造遺物である。

二　飛鳥地域に認められる方格の計画地割

以上のように一町＝一〇六メートルの方格を作製し、東西は山田寺南大門—雷丘の推定古道（X）、南北は中ッ道延長線（Y）を基軸として飛鳥の地域に置いてみたところ、その方格に適合する遺跡・遺構が多く見出されてきた。もっとも一町＝一〇六メートル、さらに半町＝五三メートルというように方眼を細かくして行けば行くほど、その方眼網に適合するものが多くなってくるのは当然で、偶然という場合が多くなってくる。しかしこの場合、以上の結果について、これをすべて単なる偶然として看過してしまうのは正しくないであろう。以上いくつか指摘した事実のなかにはあるいは偶然とすべきものがあるかも知れない。しかしとくに飛鳥寺・川原寺、あるいは橘寺・豊浦寺などの主要寺院の伽藍中軸線が相互に関係しあいながら、正しく方格に一致しているという事実は見逃すことができず、飛鳥における方格地割の実在と、それに基づく総合計画の存在が想定されてくるが、つぎの新しい事実はいっそうそのような考えを強める。

それはこれら方格地割と「条」の称呼との一致である。すなわち明日香村地籍図によって村内の小字名から「条」に関係するものを拾うと、

(1) 大字飛鳥の「三条坊」、飛鳥坐神社の少し北方の地域。[28]（地番三六二―三六九、三七九、三八一）

(2) 大字岡の「八条」、酒船石のある丘陵の下、県道ぞいの地域。（地番三七一―三八五、三八七、三八八、三九三―四〇一、四〇七―四〇九、一二六二）

(3) 大字島之庄の「八条」「八丁」、石舞台古墳のすぐ西南地域。（地番七一―七三）

の三つがある。[29]大和の条里制称呼に従えば、右に掲げた地域は京南条里区の路東二十九・三十・三十一条にわたる部分に相当する。従って「三条坊」「八条」などはそのような条里制とは直接結びつかない称呼とみられる。

それではなぜそうした称呼が遺存しているかが問題となるが、試みにXを起線とし、それからさきの方格に従って南へ一町ごとに一条・二条・三条……とかぞえて行くと、飛鳥の「三条坊」はちょうど三条に相当し、岡の「八条」は南北にかなり長い地域にわたるが、その北部が八条に含まれる。また島之庄の「八条」は「十」の略されたものとみると、これまたちょうど十八条に適合する。一例程度であれば偶然とみられるが、村内に遺存する「条」を付した小字名のすべてが適合するということは、やはりこの地域の方格地割を山田寺南大門―雷丘の推定古道を基準に南へ一町ごとに一条・二条……と呼ぶことが、ともかくある時期に行なわれていたことを示しているとみるのが妥当と考えられ、またひいてさきに想定した方格地割が何らかのかたちで存在したらしいことを傍証しているといえよう。

それではこのような飛鳥の地域にみられる方格地割をどのように解すべきであろうか。なお二、三の点から検討を加えてみよう。まず藤原京域の条坊制との関係である。一町方格の実長を一〇六メートルと定めたのは藤原京条坊制についての測値から導き出された結果であるから、方格の基準尺度に関しては飛鳥の方格と藤原京条坊制は共通する。また藤原京東京極、すなわち中ツ道延長線を橘寺東大門まで導き、それをYとして東西に一町ごとに区画した結果がさきのようになるのであるから、南北線に関しては完全に一致する。しかし東西線に関しては、藤原京条坊制の北京極を横大路、すなわち現在の八木―石原田の道路として、それから一二条＝三〇町＝一〇六メートル×三〇＝三一八〇メートルを図上で計測すると、それはX、すなわち山田寺南大門―雷丘推定古道より九四メートルほど南に当たる。藤原京南京極にはほぼXの延長線に一致する丈六―和田―雷丘の道路を比定したが、ここではXが北京極＝横大路から計って一町＝一〇六メートルの完数距離、実際は二九町の線に一致するかどうかが問題である。結果は右に示したように三〇町の線はXより南約九四メートルとなるから、Xを二九町の線とするには一〇六メートル－九四メートル＝一二メートルの差があることになる。この事実は飛鳥の方格地割と藤原京条坊制は東西線においては一致せず、約一〇メートルの食い違いがあることを示し、両地域の方格地割は相互に連続しないということになる。つまり明らかにした飛鳥の方格地割がそのまま藤原京の京域内にまで拡がっているとはいえそうにないのである。

この問題は実は横大路と山田寺南大門―雷丘―和田―丈六の古道が相互に関連して計画されたかどうかという問題でもあるが、藤原京の東西線、すなわち条の大路の位置に関しては現在のところ確実に測定できるデータが乏しいため、(30)なお問題を今後に残しており、一〇メートル程度の食い違いなれば、基準尺度のとり方のわずかな違いでも起るから、あるいは修正されて一致するということになるかも知れない。それには薬師寺や紀寺廃寺の南大門の位置が発掘調査によって明らかにされることが必要であるとともに、飛鳥の方格地割の存在がXより北において検出できるかどうかにもかかっているといえよう。既述のように「条」の称呼はXを起線として南に及んでおり、現在までのところ飛鳥の方格地割に適合するような遺跡・遺構はX以北では認められない。四天王寺式伽藍配置を有するとされる山田寺も未発掘のため確実なことはいえず、伽藍中軸線も定かでないが、一見したところわずかにそれるようであるし、奥山久米寺の塔址とされるものも方格地割とは無関係である。もっとも奥山久米寺の伽藍遺構には問題があるようであり、(31)またその西には「トノマエ」「トノツヂ」「トノキタ」「堂ノ西」などの小字名が集中する一域があり、そのうち「トノツヂ」からはかつて須恵器の骨壺を出土したが、(32)その一域の北と東の畦畔はN_2とYにほぼ一致する。また大官大寺は塔址・講堂址の遺存状況からすれば、その南大門の位置は薬師寺・紀寺とは違って藤原京十条の大路からは存在した可能性がなお残されている。そのことを解明するには現在未確定な大官大寺伽藍中軸線を明らかにし、それが飛鳥方格地割のW₁に一致するか、藤原京条坊制の左京四坊の中心線に一致するか、あるいはそのいずれでもないかを知ることも一つの方法であろう。何となればW₁はYから一町＝一〇六メートルであるに対し、左京四坊中心線はYから一坊＝二町半の二分の一、すなわち一三二・五メートルに当たり、その間〇・二五町の相違があるはずであるからである。また田村吉永氏が斉明紀にみえる「狂心の渠」に比定した大官大寺址東方に南北に長く続く一段低い地割字「西ノフケ」がちょうど飛鳥寺伽藍中軸線、すなわちE₁にそっていることも考慮すべきかも知れない(33)。

ところで飛鳥の方格地割と藤原京条坊制との関係について基本的な問題を提起しておかねばならない。それはさきに藤原京条坊制を復原した結果、最初にも少しふれたようにまず薬師寺伽藍が右京八条三坊の中心線に則って建立されていること、天武・持統を合葬した檜隈大内陵が藤原京朱雀大路、つまり京中軸線の真南への延長上にあること、さらに左京十条四坊にある大官大寺の伽藍中軸線も条坊制に則っているかも知れないことを指摘した。そして薬師寺では持統二年(六八八)正月に天武を弔う無遮大会が行なわれているので、建立着手は少なくともそれ以前であること、天武陵は崩後すぐの持統元年十月に造営に着手されていること、大官大寺は天武紀二年(六七三)十二月戊戌条に美濃王と紀臣訶多麻呂を造高市大寺司に任じたことがみえるが、それを造営着手の時期とみるかどうか疑問で、ともかく天武十一年八月には大官大寺で百四十余人が出家したことがみえ、同十四年九月にも天皇不予のため大官大寺・川原寺・飛鳥寺で誦経したとあるから、遅くとも天武末年には伽藍がかなり整っていたと考えられること、これらの点を考慮すると、藤原京条坊制の設定はどうしても天武末年以前に遡ると考えざるを得ず、藤原京は持統四年から造営に着手したとする通説と矛盾してくる。そこでこの矛盾を解決するために、天武紀十三年三月辛卯条に天皇が京師を巡行して宮室の地を定めたとある記事に着目し、実はこの時すでに天武によって藤原宮への遷都が決定し、京の造営計画もできあがったのであるが、間もなく天武が崩じたため、宮の具体的造営は持統即位の年をまって始められた。しかし寺院や山陵はあらかじめ計画された条坊制に則ってそれ以前天武在世中から建設が進められたという新説を提起したのであった[34]。

しかしこの私説には一つの前提があって、もし藤原京造営以前からその条坊制の基礎となるような地割がその地域に存在していたとすれば、問題はまた別であって、そのような地割の存在をいちおう考慮の外に置いての立論であった。しかし藤原京が正しく四里の間隔を保つ中ツ道と下ツ道をその東と西の京極としている以上、その二道にはさまれた地域にあらかじめ一定の方格地割が存在していたと想定することも、むしろあるいは自然な考え方かも知れないのである。ところで薬師寺・大官大寺、あるいは天武陵に関してはともかくさきのように解釈して矛盾を解消することができたが、ここにもう一つ問題のあることにその後想到した。それは左京八条二坊に位置した紀寺に関してである。薬師寺・大官大寺以外にこの紀寺や、大官大寺の北、香久山の南麓にあった日向寺がやはり条坊制に規制されているかも知れないことは指摘しておいたが、遺構・所伝ともに不明確な日向寺はさておき、紀寺についてはその可能性がかなりあるようである。最終的には発掘調査の結果をまたなければならないが、もし紀寺伽藍が条坊中心線に則って建立されていたとすると、そこで新しい問題がでてくるのである。それは『続日本紀』天平宝字八年（七六四）七月丁未条の記事によると、庚午年籍作製時、すなわち天智九年（六七〇）ごろ紀寺には奴婢がおり、その前後に同寺で工人が作事に従事していたらしいことが知られるので、紀寺の創建は天智朝とみられるということに関してである[35]。つまり現在の遺跡が創建時のままのものであるとすると[36]、それが坊の中央に位置するのであるから、すでに天智朝に藤原京条坊制と同じ二町半の方格地割がそこに存在していたということになり、もしそれが事実として成立すれば、さきの大官大寺・薬師寺の創建年次についても再考の余地ができ、当然藤原京の設定も、天武陵の位置選定に適当な解釈が成立すれば、私説は消滅してやはり通説どおりということになる。しかしこのことは一方では地割に関して極めて重要な問題を提起することになり、さきにいちおう一町方格として想定した飛鳥の地割とは異なる地割であるから、両者の関連性についても改めて深く考える必要が生じてこよう。

しかしこの問題も結局大官大寺の場合と同様、肝心の伽藍中軸線が未確定なため仮説の域を出でず、将来の発掘調査の結果をまって判断するより以外にない。従ってこのような重要問題はもちろん、飛鳥に想定した方格地割がXより以北、香久山南麓地域にまで及んでいたのかどうか、またさらにそれが新益京と称した藤原京の条坊制にそのまま連続したのかどうかというようなことも、現在のところは未詳とするより他はない。そこでこれらの問題はひとまずおき、つぎには右の方格地割と現存条里制遺構との関係を検討することにする。

藤原京域には現在も条里制遺構が明瞭に認められる。そして藤原京条坊制は計画に当たって道路幅員をとくに考慮に入れなかったようであるが、現存条里制遺構は下ツ道と横大路に関しては道路と思われる部分を除外して条里方格を施行している。すなわちまず下ツ道にそう路東一里の最も西の坪列(一―六坪)の東西幅は現在の道路中央から測って約一三五―一四〇メートルあり、普通条里制の一坪＝一町＝一〇九メートルより約三〇メートルほど長い。その一町より長い幅が下ツ道の道路敷と想定されるが、路西条里区のやはり下ツ道にそう最も東の坪列(一―六坪)の東西幅も一一五―一二〇メートルと少し長く、結局藤原京西京極付近の下ツ道はある時期に約四〇メートルほどの道路幅をもつものとして設定されたとみられる。同様なことは横大路に関してもいえる。藤原京北京極と考えた現在の道路は大和国京南条里区の路東二十四条の北端から二坪目と三坪目の界線に相当するが、その北端から三坪目の坪列(三・十・十五・二十二・二十七・三十四坪)は南北幅が一三〇―一四〇メートルとやはり普通の一町より約二〇―三〇メートル長く、これに対して二坪目の坪列(二・十一・十四・二十三・二十六・三十五坪)も一一五―一二〇メートルとやや長い。従って横大路の場合は下ツ道よりやや狭い三〇メートルほどが道路敷として計画されていたかとみられるが、下ツ道・横大路の確実な道路幅についてはなお検討を要する。[37]またこのような下ツ道・横大路の道路敷と条里制の関係については別に重要な問題が存するが、それはさておき、ともかく藤原京域の現存条里遺構は基準となる下ツ道と横大路に関して、現在の道路幅以外にかなりの道路敷と思われるものを除いた上で条里方格を設定しているので、まずこのことから現存条里遺構は藤原京条坊方格とは諧調しなくなっている。

かくしてかつての藤原京域から、さらに香久山北方ではその東部にまで連続して遺存する条里畦畔は、藤原京廃都後、いつの時期かに藤原京条坊制を廃して施行し直されたものであることは明らかである。[38] この条里遺構は藤原京域からさらに南、飛鳥寺付近まではほぼ規則正しく現存畦畔によってその施行が確かめられるが、飛鳥寺以南の地域では不明瞭となり、むしろさきに述べたような飛鳥の方格地割に適合するような畦畔がいくつか認められるのである。ところで藤原京南限以南、飛鳥の方格地割の認められた南端石舞台付近までは、京南条里区の路東二十九・三十・三十一条に相当し、史料にも散見する。たとえば延久二年(一〇七〇)「興福寺大和国雑役免坪付帳」によれば、高市郡大原庄田四町四段一八〇歩は東二十九条四・五里と同じく三十条四・五里にあり、坪付も示されていて、[39] 現在の明日香村小原との比定もほぼ適合するが、条里遺構としての方形地割は現地には認め難いようである。また寛弘三年(一〇〇六)十一月二十日付の「弘福寺牒」には、川原寺寺辺の所領として高市郡東二十八条一里と同じく三十条三・四里の坪付が掲げられており、[40] また亀石北方には字「五坪」なる小字名も遺存しているので、これらに基づいて右の川原寺寺辺の条里復原も試みられている。[41] その結果は、亀石を東三十条三里の西南隅とし、橘寺北築地にそう古道を三十条と三十一条の界線とすれば、坪付にみえる田地の分布は現在の川原寺周辺の地形とも合致し、また永久四年(一一一六)十月十一日付の「僧彦印解」[42] にみえる「六坪……字亀石垣内」「七坪……小迎田都良垣内」「十九坪……字門田」「廿坪……字大西」などの地名が現在の小字名とほぼ一致する。しかしその復原も認めているように、それはせいぜい三十条三里の一里に止まるもので、それを周辺に拡大して北方の条里畦畔とうまく連絡させることは困難であり、またそれは川原寺伽藍中軸線とも直接には関係が生じない。さらにこの復原に従って橘寺北限の線、つまりS_{13}を条の界線とすれば、さきに指摘した島之庄付近の方格地割とは半町の食い違いができるので、やはりそれを寺辺条里の延長とすることは不可能と考えられる。

かくして史料の上では藤原京南限以南の地域にも京南条里区の存在が認められるが[43]、それを現存畦畔に求めるには困難が多く、従って問題の飛鳥の方格地割は京南条里区画とは無関係であることが明らかになったことと思う。これは藤原京域の条里遺構が平城遷都以後のものである以上当然のことではあるが、それが当面問題とする飛鳥の地域では明瞭に認められず、却って飛鳥の方格地割に適合する畦畔が部分的に存在するということは注目に値しよう。なおここで一言ことわっておくが、本章で飛鳥の地域に認められる方格地割という場合、必ずしも条里制坪割のごとく現地に実際に方格の土地区画が認められることを意味しない。それは図上における基本的な計画プランであることをも含んでのことである。

三　「飛鳥」地域の考定

さて以上の考察によって、山田寺南門―雷丘推定古道Xから南、現在の明日香村飛鳥・豊浦・岡・川原・橘などの地域にかけて存在したと想定される一〇六メートルを一町とする方格の計画地割が、藤原京条坊制と密接に関連しつつもなお現在の研究段階では完全に連続するか否か確かめがたいこと、条の称呼も右の推定古道Xを起線として南にのみ及んでいること、方格地割の方位は橘寺より南の地域でやや偏していること、また方格地割は現存する畦畔と一致するものもあるが、それらは大和の統一的条里遺構とは一致しないことなどが明らかとなった。このことは問題の方格地割が新益京と称された藤原京以前のいわゆる飛鳥京のものである可能性を強く示している。そこで本節ではいわゆる飛鳥京について検討し、その面から問題の方格地割を論じてみよう。

現今「飛鳥京」という称呼が一般的に用いられているが、歴史的名辞としてはそのような呼び方は存在しない。たとえば『日本書紀』を検しても、藤原京以前にすでに京の概念が成立していたことは明らかであるが、それは単に「京」「京師」と記されるか、あるいは「倭京」「倭都」の称呼が用いられている。京・京師の用例についてはのちに改めて述べるが、倭京・倭都の称呼は、白雉四年(六五三)是歳条に、中大兄皇子が「欲三冀遷二于倭京一」と奏請したが天皇が許さなかったとみえ、同じく白雉五年正月と十二月の条には「鼠向二倭都一而遷」「鼠向二倭都一遷都之兆也」とあり、また天智六年(六六七)八月条には近江に遷都した皇太子中大兄が「幸二倭京一」とある。さらに天武即位前紀の壬申の乱関係記事にも、「自二近江京一至二于倭京一処々置レ候」をはじめとして「詣二于倭京一而御二嶋宮一」に至るまで、しばしば倭京の語がみえ、そこで活躍をした大伴連吹負は東道将軍紀臣阿閉麻呂に対して「倭京将軍」と呼ばれているが、また同じ倭京を近江京に対して「古京是本営処也」などと古京と称している場合もある。このように京が成立しながら、それを飛鳥京とよばず、広く倭京と称していたのはなぜだろうか。また「飛鳥」とはいったいどの地域を当時はいったものだろうか。これらの疑問に答えるために、まず「飛鳥」の用例を検討してみよう(第二図)。

さて『日本書紀』にみえる「飛鳥」を整理するとつぎのようになる。

(1) 近飛鳥八釣宮　顕宗紀元年正月条に「乃召二公卿百寮於近飛鳥八釣宮一、即天皇位」とあり、顕宗記の「近飛鳥宮」に当たる。なお允恭記には「男浅津間若子宿禰命坐二遠飛鳥宮一治二天下一也」とあり、履中記の説明では河内の飛鳥を近飛鳥とし、倭のそれを遠飛鳥としているので、近飛鳥八釣宮の所在は河内とする説が有力であるが、明日香村には八釣の大字名を存し、『万葉集』には矢釣山(巻三―二六二、柿本人麻呂の新田部皇子に献る歌)・八釣川(巻十二―二八六〇)があって問題が残されている。

(2) 飛鳥板蓋宮　皇極紀二年(六四三)四月条に「移二幸飛鳥板蓋新宮一」とあり、また斉明紀元年(六五五)正月条に「即二天皇位於飛鳥板蓋宮一」とある。

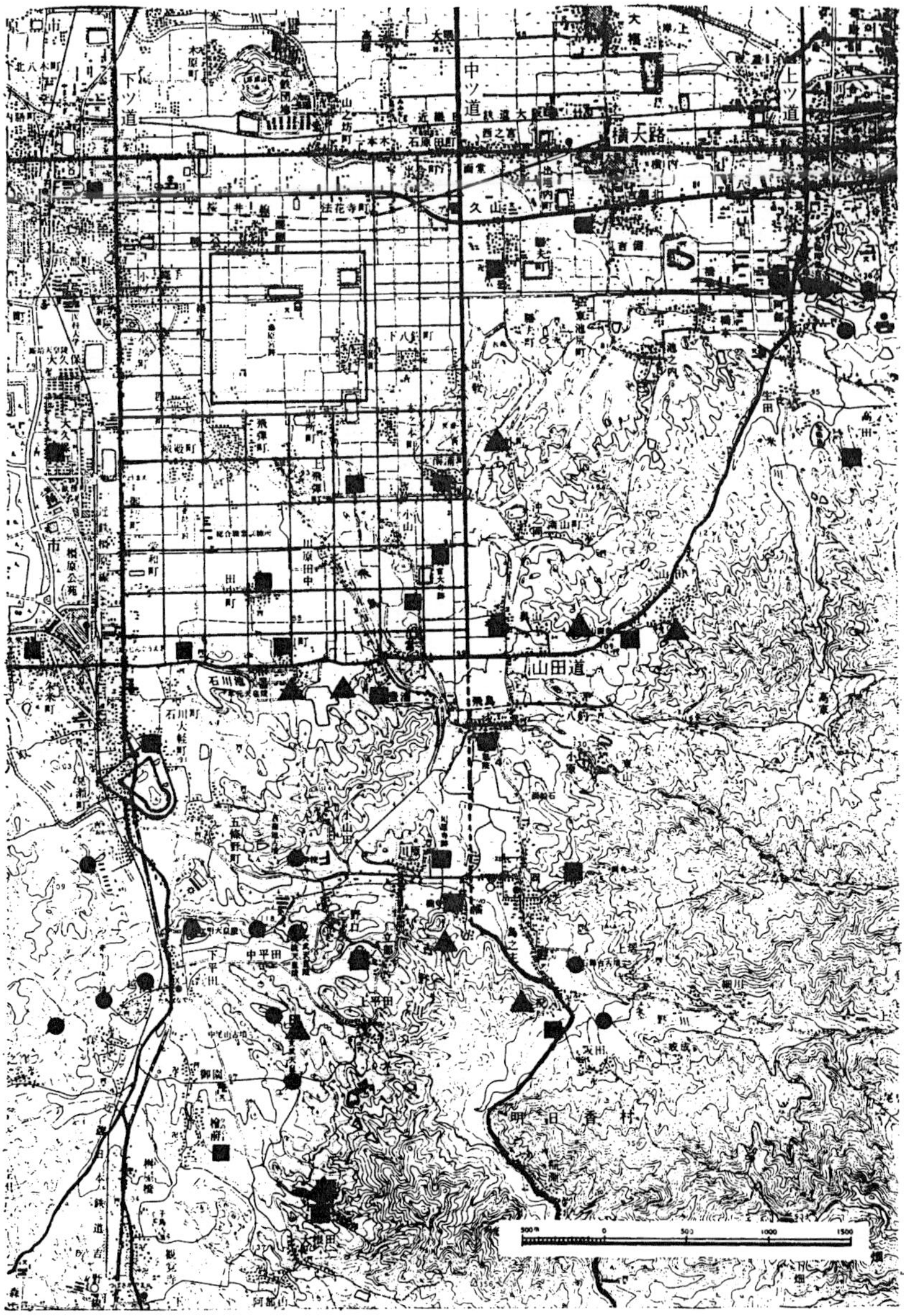

■寺院址　●古墳　▲ヒブリ山

第二図　倭京参考図

(3) 飛鳥河辺行宮　孝徳紀白雉四年是歳条に「皇太子乃奉㆓皇祖母尊間人皇后㆒并率㆓皇弟等㆒、往居㆓于倭飛鳥河辺行宮㆒」とある。

(4) 飛鳥川原宮　斉明紀元年是冬条に「災㆓飛鳥板蓋宮㆒、故遷㆓居飛鳥川原宮㆒」とある。

(5) 後飛鳥岡本宮　斉明紀二年是歳条に「於㆓飛鳥岡本㆒更定㆓宮地㆒、……天皇乃遷、号曰㆓後飛鳥岡本宮㆒」とある。なお舒明紀二年(六三〇)十月条には「遷㆓於飛鳥岡傍㆒、是謂㆓岡本宮㆒」とあり、岡本宮は後飛鳥岡本宮の前身とみられるが、書紀は岡本宮に関してはつねに「飛鳥」を冠していない。このことはのちに改めて述べる。

(6) 飛鳥浄御原宮　天武紀元年(六七二)是歳条に「営㆓宮室於岡本宮南㆒、即冬遷以居焉、是謂㆓飛鳥浄御原宮㆒」とあるほか、天智紀七年二月条には鸕野皇女につき「及㆑有㆓天下㆒居㆓于飛鳥浄御原宮㆒、後移㆓宮于藤原㆒」と記し、また天武紀朱鳥元年(六八六)七月条には「改㆑元曰㆓朱鳥元年㆒、仍名㆑宮曰㆓飛鳥浄御原宮㆒」とある。

(7) 飛鳥寺　飛鳥寺、あるいは飛鳥寺西槻などはしばしばみえるが、その飛鳥寺、すなわち法興寺の創建については、崇峻紀即位前七月条に「於㆓飛鳥地㆒起㆓法興寺㆒」とみえ、また崇峻紀元年(五八八)是歳条に「壊㆓飛鳥衣縫造祖樹葉之家㆒始作㆓法興寺㆒、此地名㆓飛鳥真神原㆒、亦名飛鳥苫田」とある。

(8) 飛鳥四社　天武紀朱鳥元年七月条に「奉㆘幣於居㆓紀伊国㆒国懸神・飛鳥四社・住吉大神㆖」とみえるが、飛鳥四社は『延喜式』の高市郡名神大社飛鳥坐神社四座に当たるとみられ、天長六年(八二九)三月神託によって現在地の高市郡賀美郷鳥形山に遷される以前の同郷甘南備山にあった飛鳥社である[44]。甘南備山については諸説あるが、いずれも確証がない。

(9) 飛鳥河　推古紀三十四年(六二六)五月条に嶋大臣と称された蘇我馬子について「家㆓於飛鳥河之傍㆒、乃庭中開㆓小池㆒、仍興㆓小嶋於池中㆒、故時人曰㆓嶋大臣㆒」とあるほか、斉明紀七年十一月条には「以㆓天皇喪㆒殯㆓于飛鳥川原㆒」とある。

(10)飛鳥岡　(5)に記したごとく前後の岡本宮はいずれも飛鳥岡の傍に造られた。飛鳥岡は岡寺付近から北、香久山にかけての丘陵を指したものとみられるが、つぎの(14)に記すように持統・文武はそこで火葬に付された。

(11)飛鳥真神原・飛鳥苫田　(7)によってともに飛鳥寺付近の地名であったことが知られる。

(12)飛鳥衣縫部・飛鳥衣縫造　雄略紀十四年三月条には身狭村主青らに率いられて来朝した呉国の漢織・呉織および衣縫の兄媛・弟媛は檜隈野に安置された。そのうち漢織・呉織の衣縫は飛鳥衣縫部・伊勢衣縫部の先であるとあるが、(7)によって飛鳥衣縫部の管掌者たる飛鳥衣縫造は飛鳥寺の地に住んでいたことが知られる。

(13)飛鳥皇女　天智天皇と阿倍倉梯麻呂の女橘娘の間に生まれた。新田部皇女と姉妹、文武四年（七〇〇）四月浄広肆で薨じた。紀中にみえる「飛鳥」を含む人名はこれだけ、橘―飛鳥の関係が注目される。

以上が『日本書紀』の用例であるが、[45]なお『続日本紀』のつぎの用例を付け加えておこう。

(14)飛鳥岡　大宝三年（七〇三）十二月癸酉条に持統太上天皇を「是日火㆓葬於飛鳥岡㆒」とあり、また慶雲四年（七〇七）十一月丙午条に同じく文武天皇を「即日火㆓葬於飛鳥岡㆒」とある。

以上『日本書紀』における用例を検してまず注意されることは、いわゆる飛鳥の地域に存した諸宮のうち「飛鳥」を冠しているものと、いないものがあるという事実である。いま改めて書紀に現われる宮号を整理するとつぎのようになる。

第一表に掲げた諸宮のうち現在その遺構の確実に知られているものは藤原宮だけであるが、他のものについても現存地名や文献上の断片的な史料によってそれぞれの宮のおおよその位置は推定することができる。そのような推定の上に立つとき、「飛鳥」を冠する宮が板蓋宮・河辺宮・川原宮・後岡本宮・浄御原宮――岡本宮については後に改めて述べる――[46]だけで、耳成宮・百済宮・厩坂宮・田中宮・両槻宮はともかく、今日の飛鳥の地域概念からすれば明らかに飛鳥に含まれて然るべきであると思われる豊浦宮・小墾田宮・嶋宮が「飛鳥」を冠して呼称されず、また新益京

第一表

天皇紀	「飛鳥」を冠する宮	「飛鳥」を冠しない宮
推古紀		豊浦宮(前壬子・十二)・耳梨行宮(九・五居)・小墾田宮(十一・十遷)
舒明紀		岡本宮(飛鳥岡傍)(二・十遷、八・六災)・厩坂宮(十二・四居)・百済宮(十二・十遷、十三・十)・〔浄御原宮(二・正註)〕
皇極紀	飛鳥板蓋新宮(皇極二・四幸)	小墾田宮(元・十二遷)・板蓋宮(四・正註)
孝徳紀	飛鳥河辺行宮(白雉四是歳居)	
斉明紀	飛鳥板蓋宮(元・正、元・冬災)・飛鳥川原宮(元・冬遷)・後飛鳥岡本宮(飛鳥岡本)(二遷)	小墾田宮(元・十)・両槻宮(田身嶺丘)(二)・岡本宮(二災)
天智紀	〔飛鳥浄御原宮(七・二)〕	〔藤原宮(七・二)〕
天武紀	飛鳥浄御原宮(岡本宮南)(元・冬遷、二・二、朱鳥元・七)	嶋宮(前辛未・十御、元・九御、元・九、五・正御、十・九)・岡本宮(元・九移)
持統紀		嶋宮(四・三)・藤原宮(四・十、六・五、六・六、七・八、八・正、八・十二遷)

と称された藤原宮も飛鳥藤原宮とは呼ばれていない。ところで浄御原宮は『万葉集』巻二の柿本人麻呂の高市皇子尊に対する挽歌のなかに「かけまくも　ゆゆしきかも　言はまくも　あやに畏き　明日香の　真神の原に　ひさかたの　天つ御門を　かしこくも　定めたまひて」(巻二―一九九)とあるが、その真神原は前述のようにまた飛鳥寺の建立されたところであるから、[47]その位置は飛鳥寺付近と推定できる。[48]そして同時に浄御原宮は岡本宮の南にあったというから、逆に岡本宮は浄御原宮の北に当たり、またそれは飛鳥岡の傍でもあったという。後述のように岡本宮は高市岡本宮とも称され、また舒明天皇を高市天皇とよんでおり、[49]現在の大官大寺址付近が高市郡高市里で、その近くの路東十二坪が岡本田とよばれていたことは神護景雲元年(七六七)十二月一日付の太政官符[50]に明らかであるから、岡本宮、およびそのあとを襲ったものとすれば後岡本宮の位置もほぼ推定することができる。また板蓋宮は蘇我馬子、すなわち島大臣の家に接して起っていたといい、[51]その島大臣の家につい

ては推古紀三十四年五月丁未条に「家二於飛鳥河之傍一乃庭中開二小池一、仍興二小嶋於池中一、故時人曰二嶋大臣一」とあることや、岡宮御宇天皇と諡された草壁皇子尊[52]の「橘の嶋宮」(『万葉集』巻二―一七九)、天武紀十年九月辛丑条の「周芳国貢二赤亀一、乃放二嶋宮池一」などから、やはり板蓋宮の位置は現在の明日香村島之庄の北に当たることが推される。その板蓋宮はまた飛鳥川原板葺宮とも称されていて、[53]川原宮との密接な関係が想起されるが、川原宮の位置はやはり川原寺(弘福寺)の称呼からそれとのつながりが想定され、[54]さきの川原寺発掘調査でも寺創建以前の遺構が検出されている。[55]また河辺行宮は川原宮と必ずしも同じものと考えなくともよいが、いずれにしてもやはり近い位置にあったとすべきであろう。

こうして「飛鳥」を冠した諸宮の位置を考定すると、それは香久山南麓、大官大寺址付近から南、島之庄から橘寺付近より北の主として飛鳥川右岸の地域にすべて含められるということになる。そして飛鳥川左岸に当たる豊浦宮や小墾田宮、橘寺以南の「橘の嶋宮」はその地域には接するが、「飛鳥」を冠せられなかったし、また京域の一部が明らかにその地域に亘るとみられる新益京の藤原宮も飛鳥藤原宮とは呼ばれなかった。ちなみに「小墾田」の地は、安閑紀元年十月甲子条に妃紗手媛に小墾田屯倉を賜わったとみえ、欽明紀十三年十月条には蘇我稲目が小墾田家に百済渡来の釈迦金銅仏像を安置した伝えがあるほか、天武紀十二年正月丙午条には小墾田舞がみえ、孝元記の建内宿禰後裔氏族の系譜には蘇我臣の同族として小治田臣がみえる。また持統紀即位前十二月乙酉条では大官・飛鳥・川原・坂田の四寺とともに小墾田豊浦寺が掲げられており、『万葉集』巻八の一首(一四六八)の題詞には「小治田広瀬王」とある。これらから小墾田はむしろ飛鳥より早く一つの地域呼称として成立し、飛鳥川左岸の現在の明日香村豊浦より西の一帯をよんだものと考えられる。さらに島宮の所在地が橘寺と同じく「橘」と当時よばれて「飛鳥」と区別されていたらしいことは「橘の嶋宮」という表現法によって知られ、[57]「島」そのものも地名としてかなり早くから普及していた。[56]また藤原の地も名代藤原部を有した允恭妃衣通姫の藤原宮、[58]あるいは推古紀にみえる藤原池のごとく、早く「飛

第二表

年月日	位	官	氏姓名	系譜記事
大宝 元・正・十五	正広参	大納言	大伴宿禰御行	難波朝右大臣大紫長徳之子也
慶雲 二・七・十九	正三位	大納言	紀朝臣麻呂	近江朝御史大夫贈正三位大人之子也
和銅 元・閏八・八	従三位	摂津大夫	高向朝臣麻呂	難波朝廷刑部尚書大花上国忍之子也
〃 六・十二・六	従三位	右大弁	石川朝臣宮麻呂	近江朝大臣大紫連子之第五男也
〃 七・四・十五	従三位	中納言兼中務卿	小野朝臣毛野	小治田朝大徳冠妹子之孫、小錦中毛人之子也
〃 七・五・一	正三位	大納言兼大将軍	大伴宿禰安麻呂	難波朝右大臣大紫長徳之第六子也
養老 元・正・十八	従三位	中納言	巨勢朝臣麻呂	小治田朝小徳大海之孫、飛鳥朝京職直大参志丹之子也
〃 元・三・三	正二位	左大臣	石上朝臣麻呂	泊瀬朝倉朝廷大連物部目之後、難波朝衛部大華上宇麻乃子也
〃 四・正・二十七	正三位	大納言	阿倍朝臣宿奈麻呂	後岡本朝筑紫大宰帥大錦上比羅夫之子也
〃 四・八・三	正二位	右大臣	藤原朝臣不比等	近江朝内大臣大織冠鎌足之第二子也
神亀 元・六・六	正三位	中納言	巨勢朝臣邑治	難波朝左大臣大繡徳多之孫、中納言小錦中黒麻呂之子也
天平 元・八・九	従三位	左大弁	石川朝臣石足	淡海朝大臣大紫連子之孫、少納言小花下安麻呂之子也
〃 三・七・二十五	従二位	大納言	大伴宿禰旅人	難波朝右大臣大紫長徳之孫、大納言贈従二位安麻呂之第一子也
〃 十四・十一・二	従三位	参議	大野朝臣東人	飛鳥朝廷糺職大夫直広肆果安之子也
勝宝 五・三・三十	従二位	大納言兼神祇伯造宮卿	巨勢朝臣奈氐麻呂	小治田朝小徳大海之孫、淡海朝中納言大紫比登之子也
宝字 四・正・二十一	従三位	散位	多治比真人広足	父志麻藤原朝正二位左大臣、広足平城朝歴任内外至中納言……
〃 四・六・七			天平応真仁正皇太后	近江朝大織冠内大臣鎌足之孫、平城朝贈正一位太政大臣不比等之女也
〃 四・六・癸卯	従三位	武部卿	藤原朝臣弟麻呂	平城朝贈正一位太政大臣武智麻呂之第四子也
〃 五・三・十	正四位下	参議	安倍朝臣嶋麻呂	藤原朝右大臣従二位御主人之孫、奈良朝中納言従三位広庭之子也
〃 五・四・九	従三位	散位	巨勢朝臣関麻呂	難破長柄豊崎朝大臣大繡徳太古曾孫、従五位上小邑治之子也、其伯父中納言正三位邑治養之為子……
〃 六・七・十九	従三位	散位	紀朝臣飯麻呂	淡海朝大納言贈正三位大人之孫、平城朝式部大輔正五位下古麻呂之長子也
〃 六・九・三十	正三位	御史大夫兼文部卿神祇伯	石川朝臣年足	後岡本朝大臣大紫蘇我臣牟羅志曾孫、平城朝左大弁従三位石足之長子也

〃 七・十・十七	従三位	参議 礼部卿	藤原朝臣弟貞	平城朝左大臣正二位長尾王子也
〃 八・六・九	従三位	授刀督 兼伊賀近江按察使	藤原朝臣御楯	平城朝贈正一位太政大臣房前之第六子也
〃 八・九・十八	正一位	大師	藤原朝臣仲麻呂	近江朝内大臣藤原朝臣鎌足曾孫、平城朝贈太政大臣武智麻呂之第二子也
神護元・十一・二十七	従一位	右大臣	藤原朝臣豊成	平城朝正一位贈太政大臣武智麻呂之長子也
〃 二・三・十二	正三位	大納言	藤原朝臣真楯	平城朝贈正一位太政大臣房前之第三子也
〃 二・六・二十八	従三位	刑部卿	百済王敬福	高市岡本宮馭宇天皇御世義慈王遣其子豊璋王及禅広王入侍、洎于後岡本朝廷義慈王兵敗降唐……豊璋駕船遁于高麗、禅広因不帰国、藤原朝廷賜号曰百済王、卒贈正広参、子百済王昌成幼年随父帰朝、先父而卒、飛鳥浄御原御世贈小紫、子郎虞奈良朝廷従四位下摂津亮、敬福者即其第三子也
景雲 二・六・二十八	従四位下	内蔵頭 兼大外記遠江守	高丘宿禰比良麻呂	其祖沙門詠、近江朝歳次癸亥自百済帰化、……
宝亀 二・二・二十二	正一位	左大臣	藤原朝臣永手	奈良朝贈太政大臣房前之第二子也
〃 五・十・三	従四位下	散位	国中連公麻呂	其祖父徳率国骨富近江朝庭歳次癸亥属本蕃喪乱帰化
〃 五・十二・二十三	正三位		円方女王	平城朝左大臣従一位長屋王之女也
〃 六・七・一	従三位	参議 大宰帥	藤原朝臣蔵下麻呂	平城朝参議正三位式部卿大宰帥馬養之第九子也
〃 七・六・十三	従三位	参議 大蔵卿兼摂津大夫	藤原朝臣楓麻呂	平城朝贈太政大臣房前之第七子也
〃 八・八・十九	従三位	大和守	大伴宿禰古慈斐	飛鳥朝常道頭贈大錦中小吹負之孫、平城朝越前按察使従四位下祖父麻呂之子也
〃 八・九・十八	従二位	内大臣	藤原朝臣良継	平城朝参議正三位式部卿大宰帥馬養之第二子也
〃 十・七・九	従三位	参議 中衛大将兼式部卿	藤原朝臣百川	平城朝参議正三位式部卿兼大宰帥宇合之第八子也
延暦 元・二・三	従三位	参議 中宮大夫兼衛門督	大伴宿禰伯麻呂	祖馬来田贈内大紫、父道足平城朝参議正四位下
〃 七・七・二十八	正二位	前右大臣	大中臣朝臣清麻呂	曾祖国子小治田朝小徳冠、父意美麻呂中納言正四位上

鳥」と異なる地域呼称として成立していたのであろう。

以上は主として『日本書紀』を素材に「飛鳥」の地域を考定したのであるが、つぎには『続日本紀』にしばしばみえる薨卒伝の系譜記事の「――朝」「――朝庭」「――御世」に着目し、そのなかにみえる「飛鳥朝」について検討してみよう。第二表はそのような記載の集成であるが、そこには飛鳥朝のほかに泊瀬朝倉朝・小治田朝・高市岡本宮御世・難波朝・後岡本朝・近江(淡海)朝・藤原朝・平城朝の区別がみえる。そして飛鳥朝が書紀の記載との対照から飛鳥浄御原朝廷を指すことに間違いはあるまい(59)。これら薨卒伝の系譜記事が複雑な『続日本紀』の編纂過程で続紀に採り入れられた時期はそれほど早くないが、そこで飛鳥朝が浄御原朝廷をさし、小治田朝・藤原朝と区別されていることはさきの宮号についての考察の結果と一致する。しかし高市岡本宮御世や後岡本朝との関係はどうなるか、それにはなお飛鳥朝という表現について今しばらく他の史料について考察する必要がある。

そこで他の文献史料について検すると、まず天平二十一年(七四九)三月二十三日の年記を有する「行基大僧正舎利瓶記」に、

……近江大津之朝戊辰之歳誕二於大鳥郡一、至二於飛鳥之朝壬午之年一出家帰道……

とみえる「飛鳥之朝壬午之年」は天武十一年(六八二)に当たるから、その飛鳥朝はやはり浄御原宮であろう。また『法隆寺伽藍縁起并流記資財帳』には左のように三例「飛鳥宮御宇天皇」がみえる。

経台壱足

右癸巳年十月廿六日飛鳥宮御宇　天皇為仁王会納賜者

(蓋)壱具 紫者

右癸巳十月廿六日仁王会納賜飛鳥宮御宇　天皇者

黄帳壱帳 長九尺六寸 広二幅半　緑帳壱帳 長九尺八寸 広一幅　長八尺三寸 広二幅

　右癸巳年十月廿六日仁王会納賜飛鳥宮御宇　天皇者

同じような記載は『大安寺伽藍縁起并流記資財帳』にもみえる。

　繡大灌頂一具

　右飛鳥宮御宇　天皇以癸巳年十月廿六日為仁王会納賜者

これらの史料にみえる癸巳年は持統紀七年十月己卯条に「始講二仁王経於百国一四日而畢」とあるのと照合して、持統七年をさすとすべきであろうから、飛鳥宮御宇天皇は持統天皇に相当する。しかしここで飛鳥宮の表現が用いられているのは、飛鳥藤原宮の意ではなく、持統七年が藤原宮遷都の前年に当たることから、なお飛鳥浄御原宮の意で用いたと解すべきであろう[60]。従ってこの飛鳥宮はさきの飛鳥朝の用法と異ならないが、次の場合は明らかに異なる。

その一は天智七年歳次戊辰作造とみられる河内松岳山古墳出土の「船首王後墓誌」に、

　惟船氏故王後首者……生二於乎娑陁宮治天下天皇之世一、奉レ仕二於等由羅宮治天下天皇之朝一、至二於阿須迦宮治天下天皇之朝一、天皇照見知二其才異一、仕有二功勲一、勅賜二官位大仁一品為二第三一、殞二亡於阿須迦天皇之末一歳次辛丑十二月三日庚寅、故戊辰年十二月殯二葬於松岳山上一、……

とある「阿須迦宮治天下天皇」および「阿須迦天皇」[61]である。これは歳次辛丑を舒明天皇末年の舒明十三年(六四一)に当て、従って阿須迦天皇を舒明、阿須迦宮をその岡本宮と解する以外にないと考えられる。その二は『上宮聖徳法王帝説』に、

　飛鳥天皇御世癸卯年十月十四日蘇我豊浦毛人大臣児入鹿臣□林太郎坐二於伊加留加宮一山代大兄及其昆弟等合十五王子等悉滅之也

とみえる「飛鳥天皇」である。家永三郎氏はこの部分を仏家の年代記のごときものとみ、その成立年代は天智以後平安初期以前としているが[62]、この飛鳥天皇は癸卯年を皇極二年(六四三)に当て、皇極天皇とするのが正しい。従って飛

鳥天皇の称呼の由来はやはり二年四月に遷居した飛鳥板蓋宮にあるとすべきであろう。以上飛鳥朝が必ずしも飛鳥浄御原宮のみを指さず、舒明の岡本宮、あるいは皇極の板蓋宮を意味する場合のあったことを指摘したが、それは岡本宮や板蓋宮が「飛鳥」を冠して呼ばれていたことの証左であり、この点でもさきの書紀宮号についての考察と矛盾するものでない。

他にも宮号に「飛鳥」を冠してみえる史料は多い。たとえば、

飛鳥岡基宮(『大安寺伽藍縁起并流記資財帳』)

飛鳥川原板葺宮(『日本霊異記』)

明日香川原宮(『万葉集』標目)

飛鳥浄御原宮(「小野毛人墓誌」・『続日本紀』天平十五年五月条・『法隆寺伽藍縁起并流記資財帳』・『大安寺伽藍縁起并流記資財帳』・『出雲国風土記』・『豊後国風土記』)・明日香清御原宮(『万葉集』標目)・明日香能清御原乃宮(『万葉集』巻二―一六二)・飛鳥浄御原大宮(「那須国造碑」・『常陸国風土記』)・飛鳥之浄之宮(『万葉集』巻二―一六七)・飛鳥浄御原朝庭(『続日本紀』延暦十年正月条)・飛鳥浄原大朝庭(「釆女氏塋域碑」)・飛鳥浄御原御世(『続日本紀』天平神護二年六月条)・飛鳥浄御原天皇(「美努岡萬墓誌」)・飛鳥浄見原天皇(『常陸国風土記』)

などであるが、いずれも岡本宮・板蓋宮・川原宮・浄御原宮とさきに掲げた「飛鳥」を冠した諸宮の範囲を出ていない。これに対して小治田宮・藤原宮もしばしばみえるが、「飛鳥」を冠した用例は皆無であり、推古をさす小治田宮治天下天皇がさきの「船首王後墓誌」では等由羅宮治天下天皇、『元興寺伽藍縁起并流記資財帳』では楷井等由羅宮治天下等与弥気賀斯岐夜比売命となっているのが注目される。

以上宮号に「飛鳥」を冠した諸宮の検討を通じて、飛鳥の地域が岡本宮・板蓋宮・川原宮・後岡本宮・浄御原宮を含む香久山以南、橘寺以北の主として飛鳥川右岸の一帯であったらしいことを明らかにしたのであるが、なお『万葉

集』のなかに歌われた「明日香」についての考察が残されている。この問題については、

(1) 従二明日香宮一遷二居藤原宮一之後、志貴皇子御作歌　（巻一—五一）

(2) 和銅三年庚戌春二月、従二藤原宮一遷二于寧楽宮一時、御輿停二長屋原一迥望二古郷一作歌　一書云、太上天皇御製　（巻一—七八）

(3) 長屋王故郷歌一首　（巻三—二六八）

(4) 登二神岳一山部宿禰赤人作歌一首　（巻三—三二四）

(5) 八代女王献二天皇一歌一首　（巻四—六二六）

(6) 大伴坂上郎女詠二元興寺之里一歌一首　（巻六—九九二）

などの歌が関係するが、[63] 別稿でやや詳しく述べたのでここでは要説に止める。[64] (1)の明日香宮はやはり浄御原宮をさし、新しい藤原宮に遷ったことを「京都を遠み」と詠じ、「明日香」と明確に区別している。(3)の故郷「古家の里の明日香」は左注の「右、今案、従二明日香一遷二藤原宮一之後、作二此歌一歟」を採れば(1)に同じい。(4)の「明日香の旧き京師」は神岳(神名備山)の比定に確説がないが、[65] 歌われた状景はさきの考察による飛鳥と矛盾しないようである。(5)の「古郷の明日香の河」もまた平城京時代の作であるが、ここでは飛鳥川が詠じられているので解釈の幅がある。[66] (6)の「古郷の飛鳥」は元興寺すなわち飛鳥寺の所在地をいったもので、的確に飛鳥を指摘している。このように以上の五首の「明日香」はさきの考察結果と矛盾しないが、ただ問題は(2)の古郷「飛鳥の明日香の里」である。この一首を題詞に従って藤原宮より平城遷都の際の作とすれば、藤原の地が明日香に含まれるほとんど唯一の史料となる。しかしこの歌の題詞については異説もあり、歌意についての新しい解釈も可能なので、あまり拘泥する必要がないと考えられる。

四　倭京の検討

さて私は飛鳥の地域に認められる方格地割といわゆる飛鳥京との関係を論ずるために当時の「飛鳥(明日香)」の範囲を考究した結果、それは藤原はもちろん小治田・豊浦や橘・島を含まない香久山南麓の大官大寺址付近から南、橘寺から島之庄・岡の集落以北の一帯であろうと推定したのであるが、それではこの推論からどのようなことが導かれるであろうか。

まず最初は本章で主題とした方格地割との関係である。さきに一町＝一〇六メートルを単位とする方格地割が現在のところ雷丘―山田寺南門推定古道以北には確実に認められず、条の称呼もその道を起線として南にのみ及んでいること、また橘寺伽藍中軸線、および島之庄付近の現存方格地割の方向が真西よりやや北に偏しており、さらに半町のずれのあることを指摘した。後者の点に関しては推定した「飛鳥」の範囲の南限とほぼ一致することが注目されるが、前者については問題が残る。すなわち舒明朝の岡本宮を含むと推定される「飛鳥」の北半部分に問題の方格地割が拡大しないらしいのはどうしてかということである。その地域における方格地割の存否が最終的に明らかでない現在、この問題はそのまま疑問として残しておいた方が正しいのでないかと考えるが、ただつぎの事実については注意して指摘しておきたい。それは前述の「船首王後墓誌」の示すごとく、岡本宮が浄御原宮造営以前の段階では阿須迦宮と呼ばれていたのに対し、天武朝以後はもっぱら浄御原宮が飛鳥の代表であるかのごとく「飛鳥」を冠してよばれていること、それに対して岡本宮はさきにも述べたように『続日本紀』所載の百済王敬福の薨伝などでは高市岡本宮とよばれており、(67)また『日本書紀』の分注には舒明を高市天皇とよんだことがみえ、(68)さらに『続日本紀』天平宝字五年(七六一)正月癸巳条には小治田岡本宮という称呼がみえ、時の経過とともに岡本宮所在地付近が飛鳥よりもむしろ高市、あるいは場合によっては小治田の一部と意識されるようになって来たのではないかという事実である。高市が大官大寺付近の地名であったことは天武紀二年(六七三)十二月条に造高市大寺司がみえ、注して「今大官大寺是」とあることからも明らかである。(69) そしてそのような変化が起こったのはその地域が藤原京の京域に含まれるようになったためかも知れないが、『日本書紀』において岡本宮が多くの場合「飛鳥」を冠せられないで現われるのも、あるいはそのためかとも考えられる。こうしたことが問題の方格地割が、いまのところ山田寺南門―雷丘古道より南にしか確認されないこと、また条の称呼が同じように南へ一条―十八条と及んでいることに関係するのかどうか、いずれも今後の課題としておきたい。

しかし右の課題は実は方格地割と倭京との関係の問題でもある。さきに飛鳥京なる称呼がなぜ存在しないのだろうかという疑問を提起したが、その理由は、「飛鳥」の地域検討の結果明らかになったと思う。つまり倭京の範囲は「飛鳥」だけでなく、さらに広く少なくとも小治田や豊浦、あるいは「橘の島」などを含んだものであったから、飛鳥京という表現ではその実体を示すのに不充分であったためではなかろうか。それでは倭京の範囲はどのようなものであったろうか。この問題に対していま明確な解答を用意できていないが、単に方格地割に関してだけでなく、保存計画の立案にも関係するので、その課題を解く手がかりとなるのでないかと考える事実を以下少しく指摘しておこう。

まず倭京が一定の範囲を有する行政区画をもって存在したかどうかの問題。『日本書紀』には早くから京・京師・京都などの語がみえるが、それは単なる皇宮の所在地を表現したもので、如上の意味で問題となる京師がはじめてみえるのはやはり大化改新詔の第二条の「初修二京師一」であり、その副文には坊令と坊長に関する戸令条文相似の規定が記されている。しかし改新詔を肯定する立場に立つ説も、そのとき難波の地に京師の制が施かれたとは考えず、単にそのような方針を示したまでのものと理解してあまり注意を払っていない。(70) ただ最近沢村仁氏が難波に関する仁徳紀と孝徳紀の記事を対照的に整理し、難波京の造営が大化・白雉年間からはじめられ天武朝に至って完成したという新説を提起されたのは注目に値する。(71) 私も現在発掘中の難波宮中軸線から真南にのび、大津道・丹比道と直交する古道の存在したことを指摘し、(72) また藤原京の復原研究から難波京の存在を示唆しておいた。(73) 難波京の成立時期およびその構造は単に藤原京ばかりでなく、当面する倭京の問題にも深い関係を有するので、私なりに検討を加えているが、その詳細は改めて述べることとしたい。ところで『日本書紀』はその後わずかに斉明五年(六五九)七月条に京内諸寺において盂蘭盆経を講じたことを記す以外、壬申の乱関係記事に倭京・古京の語がみえる以外、京の存在を示すような記事を掲げていない。しかしその間近江大津宮における京域の存在が想定されており、また『日本書紀』も天武紀に入ると俄然行政区域を示すような京の関係記事が多くなる。左に抄出して掲げることとしよう。

天武　五・九・乙亥　王卿遣京及畿内、挍人別兵
〃　六・五・　旱之、於京及畿内雩之
〃　九・五・乙亥　勅、絁綿絲布以施于京内廿四寺各有差
〃　九・十・乙巳　恤京内諸寺貧乏僧尼及百姓而賑給之
〃　十・閏七・壬子　皇后誓願之大斎、以説経於京内諸寺
〃　十二・七・癸卯　天皇巡行于京師
〃　十三・三・辛卯　天皇巡行於京師而定宮室之地
〃　十四・三・辛酉　京職大夫直大参巨勢朝臣辛檀努卒
〃　十四・九・甲寅　遣宮処王広瀬王難波王竹田王弥努王於京及畿内、各令挍人夫之兵
持統　前・十二・壬辰　賜京師孤独高年布帛、各有差
〃　元・正・庚辰　賜京師年自八十以上及篤癃貧不能自存者絁綿、各有差
〃　元・八・丁酉　京城耆老男女皆臨慟哭於橋西

〃　元・九・庚午　設国忌斎於京師諸寺
〃　三・七・丙寅　詔左右京職及諸国司、築習射所
〃　四・三・丙申　賜京与畿内人年八十以上者嶋宮稲人廿束
〃　四・四・癸丑　賜京与畿内耆老耆女五千卅一人稲人廿束
〃　四・九・乙酉　詔曰、朕将巡行紀伊之故、勿収今年京師田租口賦
〃　五・六・　京師及郡国四十、雨水
〃　五・六・戊子　詔曰……京及畿内諸寺梵衆亦当五日誦経……
〃　五・十・甲子　遣使者鎮祭新益京
〃　六・正・戊寅　天皇観新益京路
〃　六・閏五・丁酉　詔令京師及四畿内講説金光明経
〃　七・正・癸卯　賜京師及畿内有位年八十以上人衾一領絁二匹綿二屯布四端
〃　七・正・丙午　賜京師男女年八十以上及困乏窮者布、各有差
〃　七・二・己巳　詔造京司衣縫王等収所掘尸
〃　九・六・己卯　遣大夫謁者詣京師及四畿内諸社請雨
〃　十一・六・辛未　詔読経於京畿諸寺
〃　十一・六・辛巳　遣五位以上掃灑京寺

右にみられるように「京」「京師」の語はしばしば「畿内」と併記して現われるが、畿内も『日本書紀』では大化二年(六四六)正月の改新詔第二条に京師と並んでみえ、ついで同年三月の例の薄葬令にみえて以後はしばらく現われず、やはり天武紀に入って頻出する。このことから畿内制の成立を天武初年とする説もあるが[(74)]、京・畿内の語のこの

ような現われ方は天武・持統両紀とそれ以前の紀の間に書紀素材としての差異があったことも考慮しなければならないから、なお慎重な検討を要するが、ともかく遅くとも天武初年に京が一つの行政区域として設定されていたことは否定できないように思う。それは賑給の対象者を京内を限って指定していること、京職の存置が確認できること、(75)また京内寺院の数を二四と計出していることなどの点からであるが、藤原京を新益京と称したのもそれ以前にすでに京域をもった京師が存在したからであるとも解される。

以下少なくとも天武朝以後倭京が一定の地域性をもって存在していたらしいことを想定したのであるが、右の史料に関してもなお問題は多い。たとえば倭京から藤原京への移行の問題、すなわち天武末年からすでに藤原京が計画されていたかどうかはともかく、倭京と藤原京がその京域を異にしていたとすれば、いつから具体的にどのように変わったかが明らかにせられなければならない。藤原京については大宝令の施行を画期として左京・右京の区別が生じたことはまず動かないが、『続日本紀』慶雲元年(七〇四)十一月壬寅条の「始定二藤原宮地一、宅入二宮中一百姓一千五百五烟賜レ布有レ差」なる記事はどうしても京域のことをいったとみられるから、これもその問題を考える一つの史料であろう。またいま新益京の語から藤原京以前京域をもった京師の存在したことが推されると述べたが、その語から同時に藤原京あるいは藤原宮は従来の京外に新たに造られたものと理解されてくる。しかしこれとても「天皇巡二行於京師一而定二宮室之地一」とある宮室を藤原宮のことと解すれば、それはすでに京師のなかに含まれていたとも考えられないことはないのである。

また右史料以外でも、『日本書紀』の壬申の乱の倭における戦闘記事によると、古京周辺の衢に竪てられた橋板造りの楯を八口に㕣ってみたとあるが、これをそのままに受けとれば、倭京は八口の南に展開していたことになる。私はこの八口を中ツ道にそう地点と考え、いちおう香久山付近と推測したのであるが、(76)そうなれば倭京はさきに明らかにした「飛鳥」の地域が中心となる。その比定が正しいか否かはともかく、地理的にみて倭京を望見しうるような地

第三表

	寺名	所在地
1	飛鳥寺(法興寺・元興寺)	明日香村飛鳥
2	立部寺(定林寺)	〃　立部
3	豊浦寺(建興寺)	〃　豊浦
4	奥山久米寺	〃　奥山
5	和田廃寺(葛木寺・大野丘北塔?)	橿原市　和田
6	田中廃寺	〃　田中
7	山田寺(浄土寺)	桜井市　山田
8	安倍寺(崇敬寺)	〃　阿部
9	吉備寺	〃　吉備
10	大窪寺	橿原市大久保
11	軽寺(法輪寺)	〃　大軽
12	日向寺	〃　南浦
13	坂田寺(金剛寺)	〃　坂田
14	橘寺(菩提寺)	明日香村　橘
15	川原寺(弘福寺)	〃　川原
16	紀寺	〃　小山
17	膳夫寺	橿原市　膳夫
18	ウラン坊廃寺(厩坂寺?)	〃　石川
19	高田廃寺	桜井市　高田
20	大官大寺(大安寺)	明日香村小山
21	檜前寺	〃　檜前
22	八木廃寺	橿原市　八木
23	雷廃寺	明日香村　雷
24	岡寺(龍蓋寺)	〃　岡

点を当時の古道のあり方から考えて香久山以北に求めることは困難のように考えられるが、それに対して天武紀九年五月乙亥条には「京内廿四寺」とあり、この数字を信ずる限り倭京の範囲が右以上にかなり広かった可能性が多いのである。

このように文献史料の上からは藤原京以前の京の範囲・構造を推定することがなかなか困難であるので、つぎには現在の遺跡から若干考察を加えておこう。まず最初はさきの「京内廿四寺」を具体的に明らかにするために、保井芳太郎・石田茂作・福山敏男ら諸氏の研究に従いながら、(77)飛鳥およびその周辺に存在した天武朝以前の創建と推定される寺院址を選んでみると第三表のようになる。

この表によって、試みに京を香久山以南の地域と想定するならば、その地域内に含まれる寺院はわずか十数寺に過ぎず、二四という数を満たすためには京の範囲をかなり拡げる必要が生じてくる。この表に掲出された寺院址は大窪寺・八木廃寺・高田廃寺を除けば、北は横大路以南、西は下ッ道以東、東は上ッ道以西の範囲内に含まれ、南限に当たるのは檜前寺・坂田寺である。従って京内二四寺という数を重視すれば、上表に多少の出入りはあっても、京域をほぼそのような範囲にまで拡大しなければならないであろう。飛鳥を中心に設定された上・中・下三道の古道を重視する限り右の範囲は当時一つの意味をもった地域であったとは考えられるが、これを直ちに倭京の京域とすることはできない。

つぎに墳墓との関係をみてみよう。それは養老喪葬令に「凡皇都及道路側近、並不レ得二葬埋一」とあるからである。この条文は大宝令にも存したが、もともと唐令に倣ったものであろう(78)。従って皇都内に墳墓を営まないことが日本で

第四表

所在地		古墳名	墳形	石室	石棺
明日香村	坂田	都塚古墳	円墳?	横穴式石室	刳抜式家形石棺
〃	島之庄	石舞台古墳	方墳	横穴式石室	
〃	島之庄	石舞台古墳陪塚	不明	横穴式石室	刳抜式家形石棺
橿原市	五条野	菖蒲池古墳	円墳	横穴式石室	刳抜式家形石棺2
明日香村	野口	天武・持統合葬陵	円墳	横穴式石室	乾漆棺・銀製骨蔵器
〃	平田	鬼の厠・俎	不明	横口式石室	
〃	平田	中尾山古墳	円墳	特殊石室	
〃	越	岩屋山古墳	方墳	横穴式石室	
〃	越	牽牛子塚古墳	円墳?	横口式石室	乾漆棺
〃	真弓	鑵子塚古墳	円墳	横穴式石室	
橿原市	見瀬	丸山古墳	前方後円墳	横穴式石室	刳抜式家形石棺2
〃	見瀬	沼山古墳	円墳	横穴式石室	
桜井市	阿部	文殊院西古墳	円墳?	横穴式石室	
〃	阿部	文殊院東古墳	円墳	横穴式石室	
〃	阿部	艸墓古墳	方墳	横穴式石室	刳抜式家形石棺
〃	阿部	谷首古墳	方墳	横穴式石室	

はいつまで遡りうるかを一方で考慮しておかねばならないが、持統紀七年(六九三)二月己巳条には藤原京造営に当たって墳墓を壊したため掘出された尸を造京司衣縫王らに命じて収容させたことがみえ、同様なことは平城京造営の際にも令されている(79)。これら在来の墳墓で発掘されたものまでをすべて京外に移して改葬したかはともかく、藤原京では持統は天武の檜隈大内陵に、文武は檜隈安古山陵にといずれも推定藤原京南郊に葬られており、また平城京においては元明は添上郡椎山陵、元正・聖武・光明はいずれも添上郡佐保山陵、称徳は添下郡佐貴郷高野山陵と京外北郊に

葬られ、光仁も添上郡広岡山陵に葬られている。[80]このような状態は平安京においても変わらず、さらに庶民の京周辺の葬地については最近森浩一氏によって明らかにされた。[81]このように少なくとも藤原京以後は京城内に墳墓の営造を禁ずる喪葬令の規定が守られたらしいから、藤原京以前の倭京についても、逆に当代とみられる墳墓の存在しない地域を考慮することが、京域想定の一法と考えられる。

こうした観点からまず飛鳥周辺における七世紀代とみられる主要な古墳の分布をみてみよう。

第四表は現在所在の確認できる古墳ばかりであり、このほかすでに消滅してしまったものがあるかも知れないし、また将来該当する古墳が新たに発見されないとも限らない。[82]さらにこれら古墳についても的確な年代決定が困難であるから、京の成立時期、またその京域内に墳墓の営造を禁止しはじめた時点を考慮した上で、京域推定の資料とすることはなかなか難しい。しかし第四表を概観して注意すべきことは、香久山周辺からさきに想定した「飛鳥」東方の丘陵地帯が空白になっており、現在比定されている甘樫丘から西につづく丘陵地帯にも、菖蒲池古墳を最北として、下ツ道以東には該当古墳が存在しない。なお菖蒲池古墳、天武・持統合葬大内陵、中尾山古墳、文武檜隈安古山陵に比定されているものが藤原京中軸線の南への延長上にほぼ並んで位置することはすでに指摘したが、[83]天武・持統陵、鬼俎・鬼厠、および欽明陵に比定されている梅山古墳がほぼ正しく東西一直線上にあり、藤原京南限古道より約三里に当たることも留意する必要があろう。

同様のことを文献史料の上から併せて検討しておこう。そのため飛鳥周辺に墳墓の営まれた事例を検出すると、次表のようになる。

第五表によると、的確な地名比定の困難なものもあるが、推古朝では「飛鳥」に近い桃原や大野丘が葬地として選ばれていたのが、皇極朝以後になると今来(今城)・真弓(檀)・越智(小市)、あるいは檜前と少し離れる傾向が認められる。そしてやはりさきの古墳分布の場合と同様に「飛鳥」周辺に葬例が認められない。

第五表

年次	被葬者	陵墓	出典	備考
推古二十	堅塩媛（欽明妃）	檜隈大陵	書紀	このとき欽明の檜隈坂合陵に改葬
〃三十四	蘇我馬子	桃原墓	書紀	桃原は河内石川郡とする説もあるが雄略七年紀に真神原とともにみえるから、付近に求むべきであろう。一説蘇我馬子墓に比定
〃三十六	推古天皇	大野岡上	古事記	書紀は竹田皇子陵に合葬、大野丘は敏達十四年紀にみえ、元興寺縁起はこれを止由良佐岐（豊浦前）というから、現在のいわゆる甘樫丘から西方の丘陵であろう
皇極　元	舒明天皇	滑谷岡	書紀	明日香村冬野という。二年九月押坂陵に改葬
〃　元	蘇我蝦夷・入鹿	今来双墓	〃	今来はつぎの今城谷とともに大淀町今木に比定されているが、大化五年紀には今来大槻みゆ
〃　二	吉備嶋姫王（皇極母）	檀弓岡	〃	明日香村の真弓に比定、ただし天武陵南方にも「真弓田」「真弓細田」の地名あり
斉明　四	建王（中大兄皇子の子）	今城谷上	〃	今来双墓参照
天智　六	皇極天皇・間人皇女 大田皇女	小市岡上陵	〃	皇極・間人は合葬、大安寺資財帳に袁智天皇みゆ、天武八年紀には越智陵とある、高取町越智付近に比定
持統　元	天武天皇	大内陵	〃	
〃　三	草壁皇子	真弓（檀）山陵	続紀	欽明七年紀に大内丘みゆ（檜隈邑人川原民直宮）、明日香村野口
		真弓岡	万葉集	二—一六七
〃　五	河島皇子	越智野	万葉集	二—一九五左注
大宝　三	持統天皇	大内陵	続紀	飛鳥岡に火葬、天武陵に合葬
慶雲　四	文武天皇	檜隈安古山陵	〃	飛鳥岡に火葬、比定に諸説あり
和銅　元	但馬皇女	吉隠猪養岡墓	万葉集	二—二〇三

以上のような遺跡・史料の両面からえられた結果を綜合すると、上ツ道—下ツ道間東西八里、横大路以南九里（橘寺南限まで）ほどの間は、墳墓の上でもある時期には一つの空白地帯であったようで、ある程度さきの寺院址による考察結果とも一致するようではあるが、これから倭京の範囲を決定できるかというと、現在の段階では参考資料に過ぎないであろう。

最後に飛鳥周辺にとくに多くみられる「ヒブリ山（火振山）」の地名について参考までに記しておく。(84)

大和においては第六表以外に三—四例、飛鳥の西方から葛城山麓にかけて認められるが(85)、とくに問題の飛鳥周辺に集中しているのは注意される。これらの「ヒブリ山」呼称地についてはまだ踏査を終わっていないが、これ以外にも島之庄南方で西からのびた丘陵の尾根を「フグリ山」と俗称している。これもあるいは「ヒブリ山」の転訛かも知れず、その尾根には巨石が集められている場所があり、何かの施設であったかも知れない。もちろんこれら「ヒブリ山」が時代を遡ってただちに倭京の防衛施設としての烽や戍に結びつくとするのは危険な臆測であるが、『元興寺伽藍縁起并流記資財帳』のなかに、豊浦寺の創建に関し、「所謂刹柱立処者宝欄之東仏門之処、所謂二軀丈六作処者物見岡之北方乎」と記し、豊浦寺南方に「物見岡」のあったことを示しているのはさきの豊浦の火振山をいったものかも知れない。『日本書紀』の壬申の乱関係記事によると、小墾田に兵庫があるが、これら「火振山」の位置がさきの「飛鳥」をとり囲むようにみえ、また「飛鳥」に通ずる要路を看視するようにも考えられる。いわゆる飛鳥に宮都のあった時期は対内的にも、対外的にも軍事的に緊張した場面が多かったから、倭京の防衛が固められたのは事実であろう。

第六表

所在地	名称	備考
桜井市(旧香久山村)戒外	火振り山	香久山東方、興善寺背後の山
〃(旧阿部村)山田	火振山	山田寺東方の山
明日香村(旧飛鳥村)奥山	火振り山	奥山久米寺東方の山
〃(旧飛鳥村)豊浦	火振り山 火振山ノ西	和田池東方の小丘
橿原市(旧畝傍町)和田	火フリ山	和田池西方の小丘
明日香村(旧高市村)橘	火振山	橘寺南方、八幡神社所在の山
〃(旧阪合村)平田	ヒフリヤマ	中尾山古墳東方
〃(旧阪合村)栗原	ヒフリヤマ	栗原寺北方の山
〃(旧阪合村)阿部山	ヒフリヤマ	阿部山東南の山
橿原市(旧越智岡村)薩摩	ヒフリヤマ	

おわりに

以上飛鳥の地域において想定される一町＝一〇六メートルの方格地割の詳細について報告し、ついでその地割と藤原京条坊制との関係を論じ、さらにその性格を追究するために、当時の「飛鳥」の地域を考定し、さらに倭京についても検討した。その結果、現在の段階ではなお不確定な事実があるため、早急にある結論を導き出すことは困難であるが、少なくとも藤原京以前における方格地割の存在という新しい事実を確認できたし、またその地割を考えるための種々の問題をある程度整理できたと思う。その意味で本章は飛鳥と方格地割に関する中間報告に過ぎないが、最初にも述べたように飛鳥の保存が問題となっている時期でもあるので、あえて未熟なかたちで公表することとした次第である。なおこの方格地割と条里制についても所見を述べることを予定していたが、紙幅と時間の都合もあってこれは続稿とすることとした。諸賢の適切な助言と批判を希望してひとまず擱筆する。

（1） 岸俊男「京域の想定と藤原京条坊制」(奈良県教育委員会『藤原宮――国道一六五号線バイパスに伴う宮域調査――』『奈良県史跡名勝天然記念物調査報告』二五、昭和四十四年三月、本書第一章第二・三節に相当)、同「飛鳥から平城へ」(坪井清足・岸俊男編著『古代の日本』5近畿、昭和四十五年一月所収、本書第三章)。
（2） 岸俊男「京域の想定と藤原京条坊制」(前掲)において示唆しておいた(本書第一章五一ページ)。
（3） 網干善教「飛鳥京地割の復元(要約)」(昭和四十五年四月三十日付『朝日新聞』)。
（4） 以下にも掲げる計測値はいずれも一〇〇〇乃至三〇〇〇分の一縮尺地図上において三角スケールを用いて測った復原計測値で、厳密な実測値ではないから、若干の誤差をもつことを考慮されたい。
（5） 飛鳥寺も川原寺も伽藍中軸線は真北をさしている(奈良国立文化財研究所『飛鳥寺発掘調査報告』『奈良国立文化財研究所学報』五、昭和三十三年四月)、同『川原寺発掘調査報告』(『奈良国立文化財研究所学報』九、昭和三十五年三月))。
（6） 足立康・岸熊吉『藤原宮阯伝説地高殿の調査』㈠(『日本古文化研究所報告』二、昭和十一年十一月)。
（7） 『藤原宮阯伝説地高殿の調査』㈠(前掲)図版第六三参照。
（8） 最近の奈良国立文化財研究所の発掘調査によって、やはりさきに推定したとおり藤原宮においては平安宮や平城宮第二次朝堂院のごとき朝集殿院南門が存在せず、いわゆる応天門と朱雀門が一致することがほぼ確認された。
（9） 『川原寺発掘調査報告』(前掲)PLAN2発掘全域実測図。

(10)　その線は現在明日香村役場の前を通る県道見瀬—多武峯線にそうが、この道路は昭和初めに設けられたもので古道ではない。
(11)　石田茂作「橘寺・定林寺の発掘」(近畿日本叢書『飛鳥』、昭和三十九年八月所収)。
(12)　『日本書紀』斉明三年七月辛丑条、同五年三月甲午条。
(13)　石田茂作「飛鳥須弥山遺蹟の発掘調査」(『考古学雑誌』二六—七、昭和十一年七月)、矢島恭介「飛鳥の須弥山と石彫人物について」(『国華』六九三、昭和二十四年十二月)、東京国立博物館存置のものは明治三十四年に発見されたものであるが、その後昭和十一年に出土地点の発掘調査が行なわれた。その結果、出土地点の東に接して幅三—三・五メートルの石敷溝が南北約二〇〇尺にわたって走っているのが検出され、それは南方において西に曲り、さらに北に曲り、また西から北に曲って、出土地点をとり囲むような状態になっていたという。溝底には河原砂が堆積し、井戸の痕かと思われるものもあったので、須弥山像は噴水塔のごときものでないかと推測されている。
(14)　奈良県教育委員会『飛鳥京跡　昭和四一年度発掘調査概報』(昭和四十二年三月)、同『飛鳥京跡　昭和四四年度発掘調査概報』(昭和四十五年三月)。
(15)　奈良県教育委員会『飛鳥京跡　昭和四二年度発掘調査概報』(昭和四十二年三月)、同『飛鳥京跡　昭和四三年度発掘調査概報』(昭和四十三年三月)、同『飛鳥京跡　昭和四四年度発掘調査概報』(前掲)参照。
(16)　奈良県教育委員会『飛鳥京跡　昭和四三年度発掘調査概報』(前掲)。
(17)　佐藤小吉『飛鳥誌』(昭和十九年五月)五八一ページ。
(18)　石田茂作「橘寺・定林寺の発掘」(前掲)。
(19)　岸俊男「大和の古道」(橿原考古学研究所編『日本古文化論攷』、昭和四十五年五月所収、本書第四章)。
(20)　『日本書紀』巻二十八、天武元年六月己丑条。
(21)　最近奈良国立文化財研究所が行なった小治田宮推定地の発掘調査でXを縦断するトレンチが入れられたが、その部分には遺構がなく、現在の道路にそって東西溝が検出された。
(22)　網干善教「豊浦寺跡」(『奈良県文化財調査報告』二、昭和三十三年十二月所収)。
(23)　福山敏男「豊浦寺の創立」(『日本建築史研究』、昭和四十三年六月所収)。

(24) 『飛鳥寺発掘調査報告』(前掲)。
(25) 奈良県教育委員会『飛鳥京跡　昭和四三年度発掘調査概報』(前掲)。
(26) 『川原寺発掘調査報告』(前掲)PLAN2発掘全域実測図。
(27) 石田茂作「橘寺・定林寺の発掘」(前掲)第2図・第3図参照。
(28) 大字東山(地番一・二)にも「字三条坊」があるが、これは大字飛鳥の「三条坊」内の飛地である。
(29) なお他に細川の多武峯への道ぞいに四条田(地番一一二・一一三)があるが、直接関係ないと考えたので除外した。
(30) 薬師寺・紀寺の南大門は八条大路に面していたと推定されるが、その遺構は未発掘である。ただし薬師寺の場合は平城京薬師寺と同じとすれば推定できる。また藤原宮の北限・南限も明らかになったが、それらは条坊方格の中に位置し、条坊線に直接一致しないため正確なデータにはできない。ただしこの場合も北限・南限の中間が、四条の線に当たり、それは大極殿院南門位置に相当するから、参考資料となる。
(31) 最近塔址とされる土壇の西北に接して現位置のままと推定される礎石が一個発見された。石田茂作「奥山久米寺」(『飛鳥時代寺院址の研究』、昭和十一年十一月所収)。
(32) 石田茂作「奥山久米寺」(前掲)参照。奈良朝ごろと推定されている。
(33) 田村吉永『飛鳥京藤原京考証』(昭和四十二年六月)。
(34) 岸俊男「飛鳥から平城へ」(前掲)。
(35) 福山敏男「紀寺」(『奈良朝寺院の研究』、昭和二十三年二月所収)。
(36) 紀寺の遺跡については保井芳太郎『大和上代寺院志』(昭和七年十一月)参照。
(37) 田村吉永氏は横大路の道幅を一〇丈、下ッ道の道幅を一五丈としており(「条里制の問題」『日本歴史』四一、昭和二十六年十月)、秋山日出雄氏は大和郡山市付近における下ッ道道幅を約三五メートル、換算値約一〇丈としている(「条里制地割の施行起源」橿原考古学研究所編『日本古文化論攷』、昭和四十五年五月所収)。
(38) 最近の藤原宮緊急発掘調査によると、現在の表土下六〇—八〇センチで遺構に達するが、掘立柱穴の深さから推定すると、藤原宮当時の地表はかなり削平して整地され、その部分が耕土となったらしく、遺構面上層には規則正しく東西・南北方向に走る瓦器を含む溝状遺構が存する(前掲『藤原宮』参照)。なお藤原宮遺構上層の状態に注意して発掘をつづければ、耕地化の時期、条里制施行期をある程度推定することができるかも知れない。

(39)『平安遺文』九―三六四九ページ。

(40)『平安遺文』二―五九七ページ。

(41)『川原寺発掘調査報告』(前掲)五〇―五三ページ。

(42)『平安遺文』五―一六六九ページ。

(43)藤原京南限以南で小字名に条里制関係のものとして遺存するのは、

豊浦「二ノ坪」　豊浦寺塔心礎の東、以北の条里制坪付では十四坪に相当する地域で、それとは適合しない。あるいは二坪を二条の意とすれば、むしろ飛鳥の方格地割にあう。

上居「五ノ坪」　祝戸より多武峯に通ずる道、冬野川ぞいの地点。

細川「五ノ坪」　その約三〇〇メートル東方、同じく冬野川ぞいの地点、ともにその由来は未詳。

また「西大寺田園目録」に「高市郡卅一条二坪内御廟東辺二反字青木」とあり、この御廟を「阿不幾乃山陵記」から天武・持統合葬陵とすれば、二坪は川原寺周辺条里の坪付とはあわない。むしろ里数記載がないので二里□坪と脱字があるとみた方がよいであろう。

(44)『日本紀略』天長六年三月己丑条、なお『延喜式』にはいま一座飛鳥山口坐神社がみえる。

(45)なお履中即位前紀にみえる飛鳥山、雄略九年七月紀にみえる飛鳥戸郡はいずれも河内の飛鳥であることが明らかなので省略した。

(46)百済宮については広陵町百済とする説を通説とするが、飛鳥に近い地域に求める説も提起されている(和田萃「殯の基礎的考察」(『史林』五二―五、昭和四十四年九月)。

(47)真神原については『万葉集』に「大口の真神原」(一六三六・三二六八)がみえる。

(48)天武紀四年十一月条には「有レ人登二宮東岳一妖言」とあり、なお『万葉集』巻二の「天皇崩之時、太后御作歌一首」(一五九)も注目されている。

(49)『日本書紀』皇極二年九月壬午条、或本云。

(50)『類聚三代格』巻十五。

(51)『日本書紀』皇極四年六月己酉条。
(52)『続日本紀』天平宝字二年八月戊申条。
(53)『日本霊異記』上巻九話に「飛鳥川原板葺宮御宇天皇之代癸卯年春三月頃」とあり、癸卯年は皇極二年に当たる。
(54)『扶桑略記』斉明元年十月条には「天皇遷幸飛鳥川原宮、造川原寺」とある。
(55)『川原寺発掘調査報告』(前掲)参照。
(56)皇極紀三年六月条・同四年六月条には「島の藪原」がみえ、同二年九月条には皇極の母吉備姫主も吉備嶋皇祖母命とよんでいる。
(57)『日本書紀』允恭七年十二月壬戌条・同八年二月条・同十一年三月丙午条。
(58)『日本書紀』推古十五年冬条、同十九年五月五日条。なお『万葉集』巻一、「藤原宮之役民作歌」(五〇)、同「藤原宮御井歌」(五二)では「荒妙乃藤原」「鹿妙乃藤井我原」とみえる。
(59)飛鳥朝京職直大参志丹は天武紀十四年三月辛酉条に「京職大夫直大参巨勢朝臣辛檀努卒」とみえ、飛鳥朝紀職大夫直広肆果安は天武紀元年七月癸巳条に「近江将大野君果安」とみえ、飛鳥朝常道頭贈大錦中小吹負は天武紀十二年八月庚申条に「大伴連男吹負卒、以壬申年之功贈大錦中位」とある。
(60)「威奈真人大村墓誌」にも持統天皇を「後清原聖朝初」と記す例がみえる。
(61)『日本書紀』によると舒明は実際は十三年十月丁酉(九日)に崩じているが、代って皇極が即位したのは翌壬寅年正月辛未(十五日)である。なお墓誌中乎娑陁宮治天下天皇は敏達、等由羅宮治天下天皇は推古をさし、大仁は墓誌の記すごとく推古十一年—大化三年施行の冠位の第三等に当たる。
(62)家永三郎『上宮聖徳法王帝説の研究』総論篇(昭和二十八年一月)六五—六八ページ。
(63)なお乞食者詠二首のうちの「為蟹述痛作」(巻十六—三八八六)の「今日今日と飛鳥に至り」があるが、この歌の成立年代や同時にみえる地名置勿・都久怒についても明らかでないので保留する。この他『万葉集』にみえるのはいずれも飛鳥川を詠じたものである(巻二—一九四・一九六・一九七・一九八、巻三—三二五・三五六、巻七—一一二六・一三六六・一三七九・一三八〇、巻八—一五五七、巻十—一八七八、巻十一—二七〇一・二七〇二・二七一三、巻十二—二八五九、巻十三—三二二七・三二六六・三二六七、巻十四—三五四四・三五四五、巻十九—四二五八)。

(64)　岸俊男「古代史と万葉のことば――〝明日香〟を一例として」(『国文学』一六―三、昭和四十六年二月、のち『宮都と木簡――よみがえる古代史――』、昭和五十二年十月所収)。

(65)　『万葉集』巻十三―三二六六には神名火山が明日香川を帯にしているとあり、同じく三二六八では真神原に近いことが知られるから、その大体の位置は推定でき、現在比定されている雷丘や甘樫丘よりも北に考えることはできないであろう。

(66)　同じように「明日香河川戸を清み後れ居て恋ふれば京いや遠そきぬ」(巻十九―四二五八)には「右一首、左中弁中臣朝臣清麿伝誦古京時歌也」の左注がある。京は藤原京とみられるが、やはり明日香河に関して歌われている。

(67)　『万葉集』巻一の標目にも「高市岡本宮御宇天皇代」がみえる。

(68)　この奈良朝の小治田宮には淳仁が天平宝字四年八月から翌五年正月まで滞在しており、一時新京とよんだらしく、また天平神護元年(七六五)には称徳が紀伊行幸の途次立寄っている。その位置は判らないが、『皇年代記』は甘樫宮と記しているから、飛鳥岡本宮とは別かも知れない。

(69)　『東大寺文書』中に存する嘉元元年(一三〇三)ころの東喜殿庄と南喜殿庄の水争いに関する絵図はこの付近を示したものとみられるが、そこを北流する川は「タケチ河(高市川)」とよばれている(岸俊男「大和の古道」(前掲)参照)。

(70)　関晃「改新の詔の研究(上)」(『東北大学文学部研究年報』一五、昭和四十年三月)。

(71)　沢村仁「難波京について」(難波宮址顕彰会・大阪市立大学難波宮址研究会『難波宮址の研究――研究予察報告第六――』、昭和四十五年)。

(72)　岸俊男「難波―大和古道略考」(小葉田淳教授退官記念事業会編『小葉田淳教授退官記念国史論集』、昭和四十五年十一月所収、本書第五章)。

(73)　岸俊男「藤原の宮」(『日本と世界の歴史』四、昭和四十五年一月)。

(74)　長山泰孝「畿内制の成立」(坪井清足・岸俊男編著『古代の日本』5近畿、昭和四十五年一月所収)。

(75)　京職大夫直大参巨勢朝臣辛檀努は『続日本紀』養老元年正月条に「飛鳥朝京職直大参志丹」とみえる。

(76)　岸俊男「大和の古道」(前掲)。

(77)　保井芳太郎『大和上代寺院志』、石田茂作『飛鳥時代寺院址の研究』、福山敏男『日本建築史研究』、同『奈良朝寺院の研究』(いずれも前掲)。

(78)『令集解』喪葬令当該条には「古記云、皇都謂京裏也」「古記云、大路、謂諸国大路皆是」「古記云、近辺、謂歩数従二別式一也」とあり、ほぼ養老令と同文が存したらしい。また唐令について直接確かめることはできないが、隋開皇令に「在二京師一葬者去レ城七里外」とあったことから、唐令にも該当する規定があったろうと指摘されている(仁井田陞『唐令拾遺』、昭和八年三月、八四一ページ)。

(79)『続日本紀』和銅二年十月癸巳条。

(80)いずれも『続日本紀』による。このほか聖武の皇太子某王は那富山に(『続日本紀』)、志貴親王は高円山に葬られ(『万葉集』)、藤原不比等は佐保山椎山岡で火葬にされたこと(『公卿補任』)などが知られる。

(81)森浩一「古墳時代後期以降の埋葬地と葬地」(『古代学研究』五七、昭和四十五年五月)。

(82)これら地域の厳密な古墳の分布調査はまだ行なわれていないが、『奈良県高市郡古墳誌』(大正十二年)によれば、なお精査を要するものが多い。

(83)岸俊男「大和の古道」(前掲)。

(84)「ヒブリ山」の地名についてはすでに伊達宗泰氏の指摘がある(前掲『藤原宮』)。なお氏によれば、祈雨の民俗行事に関係するとの説もある由である。

(85)『大和地名大辞典』(昭和二十七・三十四年)によると、他に旧新庄町南藤に「火降山」、旧忍海村平岡にヒブリ山、旧葛村戸毛に「向火振山」、また旧新沢村観音寺と旧掖上村原谷に「火振塚」がある。なお「ヒブリ山」などの小字名と地籍図の対照については和田萃氏の助力をえた。

本稿の要点は昭和四十五年六月二十七日付朝日新聞紙上に報道されたが、その後橿原考古学研究所例会で発表した。その際種々の助言を与えられた同研究所員、ならびに一〇〇〇分の一地図を活用させていただいた奈良国立文化財研究所、および地籍図閲覧などの便を供与された明日香村役場・同教育委員会に厚く謝意を表する。

第七章　方格地割の展開

一　度地法と代制

すでに第一章で詳説したように、藤原宮および藤原京の復原を試みた結果、藤原京は大和の古道と密接な関係にあることが明らかとなった。すなわち、大和にはすでに壬申の乱当時、南北の縦貫道として上・中・下の三道、また東西の横貫道としては、河内の丹比道に連なる大坂道の延長であるいわゆる横大路が存在したが、藤原京はそれら諸道のうち、横大路を北京極、中ツ道を東京極、下ツ道を西京極、そして上ツ道の延長である山田道を南京極にそれぞれ利用し、その範囲内に十二条八坊の条坊制を施いて設定され、藤原宮はその中央北寄りに位置したと想定されるのである。そしてその際、併せて上ツ道と中ツ道、中ツ道と下ツ道がそれぞれ等間隔で平行して走っていること、その間隔は中ツ道―下ツ道間の三〇〇〇分の一地図上での計測値で二一一八メートルとなるが、それは雑令に「凡度㆑地、五尺為㆑歩、三百歩為㆑里」とある令大尺＝高麗尺の五尺を一歩とする三〇〇歩＝一里の算定に従えば、ちょうど四里に相当することをも明らかにした。

ところで、高麗尺の五尺を一歩とする三〇〇歩＝一里の度地法を定めた雑令の規定は大宝令に存したが、(1) それ以前に同じ高麗尺の六尺を一歩とする度地法のあったことは、慶雲三年(七〇六)九月二十日格にみえる左の記載によって知られる。(2)

(1) 准㆑令、田租一段租稲二束二把 以㆓方五尺㆒為㆑歩、歩之内得㆓米一升㆒、一町租稲廿二束、

令前租法、熟田百代租稲三束 以㆓方六尺㆒為㆑歩、歩之内得㆓米一升㆒ 、一町租稲一十五束、

ここに方五尺、または方六尺をもって一歩となすという「歩」は、さきの雑令の「歩」が距離の単位であるに対して面積を示すものであるが、一歩の地積とは、つまり一辺が長さ一歩の方形のことであるから、方六尺一歩の地積の測り方がある以上、高麗尺五尺を一歩とする度地法とともに、高麗尺六尺を一歩とする度地法の存在したことは明らかであり、高麗尺五尺＝一歩が町段歩制に対応するのに対し、それは町段歩制より古い田積の表示法である代制に伴うものであることも右の記載から明白である。従って、上・中・下三道の設定時期については、さきに第四章でやや詳しく考察を加えたが、いまのところ壬申の乱以前、飛鳥地方が政治の中枢となって以後という程度で、的確な時点はなお今後の慎重な検討をまたねばならないが、いずれにしても大宝令以前であるから、やはり高麗尺六尺＝一歩制との関係を考慮してみる必要がある。

いま、高麗尺五尺＝一歩、三〇〇歩＝一里の度地法によると、三道相互の間隔四里＝一二〇〇歩は高麗尺で六〇〇〇尺ということになる。そこでこれを高麗尺六尺＝一歩の度地法によって歩数に直すと、ちょうど一千歩という完数を得ることになる。三道の間隔を表現する場合、「四里」であるといえば、どうして「四」という数値が選ばれたかを改めて説明しなければならないが、一千歩という完数であればいちおうその必要はないであろう。しかもなお、つぎのような史料があって、如上の解釈の妥当なことが知られるのである。

その一つは『日本書紀』にみえる以下の二つの記事である。

(2) 持統三年(六八九)八月丙申　禁㆔断漁㆓猟於摂津国武庫海一千歩内、紀伊国阿提郡那者野二万頃、伊賀国伊賀郡身野二万頃㆒、置㆓守護人㆒、准㆓河内国大鳥郡高脚海㆒、

(3) 持統五年十月庚戌　畿内及諸国、置㆓長生地各一千歩㆒、

(2)の「一千歩」は「二万頃(代)」という地積とともに記されており、(3)の「一千歩」も(2)と同じような殺生禁断の

地に関するものであるので、やはり地積を示すように一見みえる。しかしこの「一千歩」が地積を表わすものであれば、方六尺＝一歩の代制とみて、二五〇歩＝一段で換算すると、わずか四段にしかならない。これでは放生地としてはどうしても狭小であるから、(2)(3)の「一千歩」はともに距離を示すものと解すべきであろう。すなわち(2)は武庫海の海浜一千歩にわたる範囲の沖、または武庫海の岸から一千歩以内の海という意味であり、(3)の「一千歩」も(2)の武庫海や高脚海のような禁漁区のみを指したものとするか、禁猟区を含めて一千歩平方の地積、つまり後に詳述するように、四百町の区域を意味するものと考えるべきであろう。(3) (2)(3)の史料を以上のように解すると、距離としての「一千歩」という完数が当時慣用されていた例を見出すことができることとなり、古道の間隔もそうした慣例に従ったものであると考えられるのである。

つぎにはまた別に「千」という数値が当時一般的に用いられやすかったという事実を、正倉院文書の大宝二年(七〇二)戸籍にみえる数詞を用いた人名の検討によって示そう(4)(第一表)。

第一表のうち「三」や「万」の場合に多くみられるように、その数に意味をもたせるのでなく、単に「ミ」または「マ」の音を表わす仮名として用いられているものもあるが、たとえば一国—八国—百国—五百国、三嶋—八嶋—百嶋—五百嶋—千嶋、十足—百足—五百足—千足、八依—五百依—千依のように、数詞の下につく語を共通とするものの事例から、当時の人々の数に対する意識に一定の傾向のあったことがうかがわれる。しかもそのうちとくに百・五百・千という数詞がしばしば用いられていることが注意される。(5) こうした傾向は『古事記』や『日本書紀』のとくに神話に関する用語例の中にも認められるが、「千」についての若干の例を左に示しておこう。

『記』＝千引石・千入之靫・千位置戸・豊葦原之千秋長五百秋之水穂国・栲縄之千尋縄・一千鉤・高千穂

『紀』＝千人所引磐石・千箭之靫・千座置戸・葦原千五百秋之瑞穂国・千尋栲縄・高千穂・細才千足国

こうした当時の人々の数に対する意識からも、「千」という数が極めて自然に用いられてくることが了解され、こ

第一表

数詞	人名 美濃	人名 筑前	人名 豊前
一	一国		
三	三野麻呂・三田須・三田次・三嶋・三田(2)・三川・三成・三椋・三山 三吉売・三野売・三委売・三坂売・三部売・三嶋売・三吉売・三名足売		三成売
八	八嶋(2)・八知波・八国・八依　八嶋売		
十	十足		
五十	五十枝		
八十	八十麻呂 八十真売・八十嶋売		
百	百国・百足(6)・百枝(3)・百嶋(5) 百売(2)・百嶋売・百枝売	百足 百枝売	百手売(3) 百江(2)
五百	五百虫・五百嶋(2)・五百国(3)・五百椋・五百代(2)・五百麻呂・五百依(2)・五百足(3)・五百捄 五百嶋売(4)・五百椋売(2)・五百足売・五百利売・五百倉売・五百寸売	五百麻呂・五百智 五百目売	五百江売
千	千代(2)・千足(3)・千嶋(2)・千麻呂・千縄 千真売・千売・千椋売・千嶋売・千依売	千嶋 千依売(2)・千嶋売	千依・千鳥
八千	八千・八千真売		
万	万得・古万 壱万売・万売・小万売・真万売・知万売	古万	

(アラビア数字は回数)

れに対して「四」という数字が意識的に用いられる確率は極めて少ないといえよう。

以上の説明によって、三道相互の間隔が高麗尺五尺＝一歩の「四里」としてでなく、高麗尺六尺＝一歩の「一千歩」として設定されたことはほぼ確実であると思うが、ここで高麗尺六尺＝一歩の度地法に対応する代制から、同じく高麗尺五尺＝一歩の町段歩制への移行時期について少し検討しておこう。「代」が「町・段・歩」に先行する古い日本の田積単位であることは、人々の等しく認めるところであるが、その移行過程については早くから諸説があって必ずしも一定でない。そうした研究史をここで詳論することは省くが、[6]たとえば、虎尾俊哉氏は大宝二年の西海道戸籍の各戸ごとに記された口分田の受田額の数値を検討した結果、とくにそれが大宝令と異なって六歳以上という年齢制限を設けず、戸籍に登載されているすべての者に授田していることから、そこに示された班田方式は浄御原令のそれと考えざるをえないとし、しかもその受田額が町・段・歩で表示され、三六〇歩＝一段、一〇段＝一町で算出されていること、『日本書紀』によると浄御原令の施行を境として田積の表示が「代」から「町」に変化していることなどから推して、浄御原令以後、代制から町段歩制に変わったと述べ、[7]現在もなおその説を主張しつづけておられる。[8]これに対して、吉田孝氏はさきに掲げた慶雲三年九月二十日格が田租賦課の単位を、「令」制では「一段・一町」と記すのに対し、「令前」制では「百代・一町」と記していること、格文にいう「令」は現行法である大宝令を指し、従って「令前」は大宝令以前の意であること、そして虎尾氏が指摘したように浄御原令施行を境として田積表示が「代」から「町」に変化しており、しかも現存史料によるかぎり「町」以下の単位は不明で、「代」であった可能性を残していることなどから、浄御原令の田積法は町代制で、代→(浄御原令)町代→(大宝令)町段歩と変化したと述べられた。[9]また宮原武夫氏もほぼ同様な論拠から浄御原令施行時代の田積法は町代制であったとしておられる。[10]

このような諸説が行なわれているに対し、最近、各地の遺跡から出土する木簡はほとんど代制によるもので、町代制や町段歩制に基づくものは稀である。まず藤原宮跡から出土したつぎの二点が注目される。[11]

(4)（表）「百代主艾　百代□」
（裏）「辛酉年三月十日□」

(5)（表）「鴨□□伝申四百代得次三百代中」
（裏）「百代得次五百代中二百代得□百代」

(4)(5)の木簡はともに藤原宮内裏の東北方、宮外に流れ出る南北の大溝が、宮の北限を画する一本柱列と交わる付近から、多数の典薬寮関係の木簡とともに出土したもので、文意の明らかでない点があるが、(4)も(5)も「代」を地積の単位としている。(4)の辛酉年は元号を用いず干支で年次を表わしているので、斉明七年(六六一)と推定されるが、そうすると藤原宮存続期間をかなり遡るので、果してその年紀がこの木簡の作製された時点を示すものかどうかは明らかでない。なお地積がいずれも「百代」であることはのちに改めて問題とするが注意を要する。(5)は年次不明であり、一括出土した木簡の下限は「太宝三年」の年次を記すものがあるなど、明らかに大宝令施行以後にまで及んでいるが、ともかく代制によっており、しかも「五百代」とあって「一町」となく、記されている地積がやはりいずれも百代の倍数であることが注意される。

つぎに出雲国庁跡から出土した木簡のうちにも代制によるものがある。[12]

(6)□□二百代

政庁・官衙地区を画する北大溝から出土したが、この溝に合流する同じ西大溝からは「大原評　□部□□」と評制による木簡が出土している。なおこの木簡も地積が百代の倍数で示されている。

また浜松市伊場遺跡の大溝から出土した木簡のうちにも一点「東代」を記したものがある。[13]

(7)「□□　□百七十六束代又江田

大溝西縁に近く、奈良時代の泥炭層と推定されている地層の下位から出土したもので、ほぼ同じところから「己丑年八月」の年紀を有する木簡が出土しているが、伴出土器からして、この木簡も己丑年、すなわち持統三年のころに遡りうるかどうかはわからないという。

以上、(4)(5)(6)(7)の四史料とも的確な年次は明らかでないが、(1)(7)はともかく、(5)(6)については浄御原令施行期間中である可能性が多い。従ってこのような直接史料による限り、浄御原令下においてはなお代制が行なわれていた公算が大であり、町代制の存在も(5)からすれば疑わしい。なお天平七年(七三五)の「弘福寺領讃岐国山田郡田図」では、たとえば、

(8) 右田数十一町四百十二束代　直米六十三石四斗
　田租稲百七十七束三把六分　不咸
畠数一千四百十三束代之中
　三百卌束代田墾得　直米三石四斗
六百九十束代見畠　直米□(三)石五斗
三百六十三束代三宅之内直不取
廿□(束)代悪不□(沽)
　上下田都合廿町十束代　直米百五石

とあって、依然(7)と同じような「束代」の表示が用いられている。そして、とくに田図には「一町」の記載があり、また総計部分に右のように田について「田数　十一町四百十二束代」とあることが、町—代制の一つの論拠となっている。[14] しかし畠については「畠数　一千四百十三束代」となお代制に従っている。また同じ天平七年の班田に関係すると推定されている高槻市上田部遺跡出土の木簡の中には、

(9) □十六尻今遺定五百廿三尻」

とあるものがある。[15] 同遺跡からは「段」の地積を示す木簡も出土しているが、ここにみえる「代」は「代」と同じで、とくに「五百廿三代」と一町＝五百代を超えてなお「代」のみが用いられ、町―代の記載法をとっていないことが注目される。

以上、これまでに出土した数点の木簡から推察する限りにおいては、浄御原令制下においてもなお代制であって、町―代制の存在は認められない。そして「代」あるいは「束代」による地積の表示は、大宝令施行後も一部地域では慣行として遺存しているということになる。従って、天平七年「弘福寺領讃岐国山田郡田図」の示す事実も代制の根強い遺制を示すもので、田についての町―束代の表記から、直ちに浄御原令における町―代制の存在を推論することは難しいように思われる。そこで以下少しく日本における方格地割の展開をまず文献史料の面から検討してみよう。

二　代制地積の展開

さて、第二表は『日本書紀』および『続日本紀』(天平末年以前)にみえる代(頃)・町段などによって表示された地積に関する史料を摘記したものである。いまこの表を概観してまず注意されることは、持統紀を中心に「四町」の賜田記事が多いことである。すなわち、15 17 19 20で、16の藤原京班給宅地の最高額四町はいちおう別としても、さらに9の皇極紀の一例、および11の改新詔における田調としての絹・絁が四町分を一疋としていることもその例に加えうるかも知れない。こうした「四町」の地積を示す記事は以後、34の壬申の乱の功臣に対する功田に三例、37の養老律令撰定の功田に三例みられはするが、むしろ、23 24 31 34 40 44 45のごとく「十町」賜田の例が多くなっている。[16] さきに戸籍の人名を検討した結果からみても、「四」という数詞は当時としてはあまり人々の意識に上らない極めて特異なものであったといえるが、問題はどうしてそうした特異な数値が多く用いられているかということである。こうした点に着目すると、21 23 26の「四十町」も「十町」の四倍というより、「四町」の一〇倍として同様に注目する必要があろう。また、3の「十四町」はあるいは「四十町」の誤りかも知れないし、7 22 25 27にみえる「二十町」も「四十町」の半数で、「四町」の五倍であるが、これは同時に「十町」の二倍でもあるので、どちらの例証ともなりうる。

このように大宝令施行以前には四町またはその倍数の地積が顕著にみえ、また施行後もしばらくは同様の事例が遺存している。[17] さらにこうした傾向は第二表で頃(代)によって表わされている地積についても認められる。すなわち一町＝五百代であるから、四町は二千代に相当するが、そうすれば14の「二万頃」は二千代の一〇倍で、やはり「四十町」となるし、6の「一万頃」は二千代の五倍で、「二十町」となり、1の「四万余頃」も二千代の二〇倍で、八十余町ということになる。なお『日本書紀』『続日本紀』以外にもつぎのような代に関する史料がある。

(10)『新撰姓氏録』左京皇別下

軽我孫　治田連同氏、彦坐命之後也、四世孫白髪王、初彦坐分来賜二阿比古姓一、成務天皇御代、賜二軽地卅千代一、是負二軽我孫姓一之由也、

(11)『播磨国風土記』餝磨郡安相里条

品太天皇従二但馬一巡行之時、縁レ道不レ撤二御冠一、故号二陰山前一、仍国造豊忍別命被レ剝レ名、爾時但馬国造阿胡尼命申給、依レ此赦レ罪、即奉二塩代田廿千代一有レ名、塩代田佃、但馬国朝来人、到来居二於此処一、

(12)『法隆寺伽藍縁起并流記資財帳』

是以遠岐須売呂岐乃御地乎布施之奉良久波御世御世爾母不朽滅可有物止奈毛播磨国佐西地五十万代布施奉、(中略)

播磨国揖保郡弐佰壱拾玖町壱段捌拾弐歩　右播磨田、小治大宮御宇　天皇戊午年四月十五日請上宮聖徳法王乎令講法華勝鬘等経而、布施奉地五十万代、即納賜者之中、十万九千五百六十一束二把代成町二百十九町一段八十二歩、

第二表

	年月日	記事	出典
1	仁徳十四	大溝を感玖に掘り、石河の水を引き、上鈴鹿・下鈴鹿・上豊浦・下豊浦の郊原を潤し、これを墾りて四万余頃の田を得。	『書紀』
2	清寧前	難波来目邑の大井戸田十町を大連大伴室屋に送る。	〃
3	顕宗　三・四・庚申	神の乞いにより、田十四町を献ず。	〃
4	安閑　一・十二・壬午	三嶋県主飯粒、上御野・下御野・上桑原・下桑原・竹村の地すべて四十町を献ず。	〃
5	安閑　一・十二・壬午	大河内直味張狭井田六町を大連大伴金村に賂う。	〃
6	崇峻前・七	四天王寺を造る。……田一万頃を迹見首赤檮に賜う。	〃
7	推古十四・五・戊午	鞍作鳥、近江国坂田郡の水田二十町を給わり、天皇のためにこの田をもって金剛寺を造る。	〃
8	推古十四	皇太子法華経を岡本宮に講ず。天皇喜び、播磨国水田百町を皇太子に施し、斑鳩寺に納む。	〃
9	皇極　三・三	倭国菟田郡の人押坂直、菟田山に登り、紫の菌の雪中よりぬけて生ずるを看る。高さ六寸余、四町許りに満つ。	〃
10	大化　一・九・甲申	詔、……或は数万頃を兼併し、或は容針の少地もなし。	〃
11	大化　二・一・甲子	改新の詔に曰く、……凡そ田は長さ三十歩、広さ十二歩を段とし、十段を町とせよ。段の租稲二束二把、町の租稲二十二束。……凡そ絹絁糸綿は並びに郷土の所出に随え。田一町に絹一丈、四町にて疋をなす。絁二丈、二町にて疋をなす。布四丈、一町にて端をなす。	〃
12	白雉　三・一・己未	正月より是月までに班田おわる。……凡そ田は長さ三十歩を段とし、十段を町とす。段の租稲一束半、町の租稲十五束。	〃
13	天武十三・十・壬辰	大地震、……土左国田苑五十余万頃没して海となる。	〃
14	持統　三・八・丙申	紀伊国阿提郡那耆野二万頃、伊賀国伊賀郡身野二万頃の漁猟を禁断す。	〃
15	持統　四・十・乙丑	軍丁筑紫国上陽咩郡の人大伴部博麻に絁五匹・綿十屯・布三十端・稲一千束・水田四町を賜う。水田は曾孫に至る。	〃
16	持統　五・十二・乙巳	詔、右大臣に宅地四町、直広弐以上に二町、大参以下に一町、勤位以下無位に至るまではその戸口に随い、上戸に一町、中戸に半町、下戸に四分の一町を賜う。	〃
17	持統　六・十二・甲戌	音博士続守言・薩弘恪にそれぞれ水田四町を賜う。	〃
18	持統　七・一・丙午	船瀬沙門法鏡に水田三町を賜う。	〃
19	持統　八・三・己亥	近江国益須郡都賀山に醴泉わく。……益須寺に水田四町・布六十端を施入す。	〃
20	持統　十・四・戊戌	伊予国風速郡物部薬・肥後国皮石郡壬生諸石にそれぞれ絁四匹・糸十絇・布二十端・鍬二十口・稲一千束・	〃

21	持統　十・五・己酉	水田四町を賜う。 尾張宿禰大隅に水田四十町を賜う。	『書紀』
22	大宝　一・三・壬寅	右大臣阿倍朝臣御主人に絁五百疋・糸四百絇・布五千段・鍬一万口・鉄五万斤と、備前・備中・但馬・安芸国の田二十町を賜う。	『続紀』
23	大宝　一・八・丁未	大倭国忍海郡人三田首五瀬に封五十戸・田十町・絁綿布鍬を賜う。……贈右大臣大伴宿禰御行の子に封百戸・田四十町を賜う。	〃
24	大宝　三・二・丁未	律令を定むるにより、下毛野朝臣古麻呂・伊吉連博徳に田十町・封五十戸、調忌寸老人の男に田十町・封百戸、伊余部連馬養の男に田六町・封百戸を賜う。	〃
25	大宝　三・三・戊辰	下毛野朝臣古麻呂に功田二十町を賜う。	〃
26	大宝　三・九・癸丑	僧法蓮に豊前国野四十町を施す。	〃
27	慶雲　一・十一・丙申	粟田朝臣真人に大倭国田二十町・穀一千斛を賜う。	〃
28	慶雲　二・四・庚申	刑部親王に越前国野百町を賜う。	〃
29	慶雲　三・三・丁巳	詔、……王公諸臣多く山沢を占め耕種を事とせず、……地を賜わることただ一～二畝なるも、峯をこえ谷に跨りて境界をなす。	〃
30	慶雲　三・九・丙辰	使を七道に遣わしてはじめて田租の法を定む、町ごとに十五束。	〃
31	和銅　二・九・己卯	伊勢守大宅朝臣金弓・尾張守佐伯宿禰大麻呂・近江守多治比真人水守・美濃守笠朝臣麻呂に当国の田各十町・穀二百斛・衣一襲を賜う。	〃
32	和銅　七・二′・戊午	美濃守笠朝臣麻呂に封七十戸・田六町……匠伊福部君荒当に田二町を賜う。	〃
33	霊亀　一・十・乙卯	詔、……百姓をして麦禾を兼ね種えること、男夫一人に二段ならしむ。	〃
34	霊亀　二・四・癸丑	壬申年の功臣村国連小依の息男志我麻呂に功田十町、星川臣麻呂の息男黒麻呂に四町、坂上直熊毛の息男宗大に六町、置始連宇佐伎の息男虫麻呂に五町、文直成覚の息男古麻呂に四町、文忌寸知徳の息男塩麻呂に四町、丸部臣君手の息男大石に八町、文忌寸禰麻呂の息男馬養に八町、黄文連大伴の息男粳麻呂に八町、尾張宿禰大隅の息男稲置に四十町を賜う。〔天平宝字元年十二月壬子条、参照〕	〃
35	養老　三・九・丁丑	詔、天下の民戸に陸田一町以上二十町以下を給う。地子を輸すこと段ごとに粟三升。	〃
36	養老　五・六・乙酉	太政官奏、……按察使は正五位の官に准じ、禄・公廨田六町・仕丁五人、記事は正七位の官に准じ、禄・公廨田二町・仕丁二人を賜わらん。	〃
37	養老　六・二・戊戌	律令を撰するをもって、矢集宿禰虫麻呂に田五町、陽胡史真身に四町、大倭忌寸小東人に四町、塩屋連吉麻呂に五町、百済人成に四町を賜う。	〃
38	養老　六・四′・乙丑	太政官奏、……所司に委ねて人夫を差発し、膏腴の地良田百万町を開墾せん。	〃

	年月日	記事	出典
39	神亀 一・四・壬辰	陸奥国大掾従六位上佐伯宿禰児屋麻呂に……絁一十疋・布廿端・田四町を賻る。	『続紀』
40	神亀 二・'一・丁未	征夷将軍藤原朝臣宇合ら十四人に勲位を叙し、田二町を賜う。	〃
41	天平 一・二・壬午	告人漆部造君足・中臣宮処連東人に外従五位下を授け、食封三十戸・田十町を賜う。	〃
42	天平 四・八・壬辰	勅、……博士は生徒の多少により三等とし、上等には田一町五段、中等には一町、下等には五段を給う。	〃
43	天平 六・九・辛未	難波京に宅地を班給す。三位以上は一町以下、五位以上は半町以下、六位以下は四分の一町以下。	〃
44	天平 七・五・戊寅	勅、……諸国の力婦は以後、仕丁の例に准じてその房の徭を免じ、田二町を給す。	〃
45	天平 八・二・丁巳	入唐学問僧玄昉法師に封百戸・田十町・扶翼童子八人を施す。	〃
46	天平十三・三・乙巳	詔、……国ごとの僧寺には封五十戸・水田十町、尼寺には水田十町を施す。	〃
47	天平十五・五・乙丑	詔、墾田は三世一身を論ずることなく、悉く永年取るなかれ、ただし一品・一位は五百町、二品・二位は四百町、三品・四品・三位は三百町、四位は二百町、五位は百町、六位以下八位以上は五十町、初位以下庶人は十町、郡司の大領・少領は三十町、主政・主帳は十町を限りとす。	〃
48	天平十六・一・戊午	太政官奏、……鎮西府将軍に公廨田十町、副将軍に八町、判官に六町、主典に四町を賜う。	〃
49	天平十六・五・庚戌	肥後国に雷雨地震、八代・天草・葦北三郡の官舎・田二百九十余町・民家四百七十余区・人千五百二十余口漂没す。	〃
50	天平十七・四・乙未	伊賀国真木山の火災三～四日消えず、数百余町に延焼す。	〃
51	天平十九・十一・己卯	詔、……諸国分寺に前入のほか、僧寺に水田九十町、尼寺に四十町を加う。	〃

（年月日欄の「'」は閏月を示す）

(13)『上宮聖徳法王帝説』

（推古）天皇布㆓施聖王物播磨国揖保郡佐勢地五十万代㆒、聖王即以㆓此地㆒為㆓法隆寺地㆒也、今在㆓播磨㆒田三百余町者

(14)「釆女氏塋域碑」（己丑（持統三）年十二月二十五日）

飛鳥浄原大朝庭大弁官直大弐釆女竹良卿所請造墓所、形浦山地四千代、他人莫上毀木犯穢傍地也、

これらのうち(12)(13)の「五十万代」＝一千町はともかくとして、(14)の「四千代」は二千代の二倍で八町、(11)の「廿千代」は同じく二千代の一〇倍で四十町、(10)の「卅千代」は一五倍で六十町となり、そこにも「四町＝二千代」単位の

地積の存在がうかがわれる。

それではこうした「四町＝二千代」単位の地積が史料上に濃厚に分布するのはなぜであろうか。さきに三道の間隔について考察したように、「四」という数値が当時の意識として特異なものであれば、その問題を解くには「四町」よりも「二千代」に注目しなければならないが、そうした地積はどうして生まれてきたのであろうか。それにはさきに述べた古道相互の間隔が高麗尺六尺＝一歩の一千歩という完数で設計されているという事実を、ここで改めて想起する必要があろう。結論をさきにいえば、二千代の地積は一千歩を一〇等分した一〇〇歩を一辺とする方格の地積であるということである。つまり一代＝五歩であるから、二千代＝一〇〇〇〇歩となるが、これは長さの一〇〇歩×一〇〇歩＝一〇〇〇〇歩なのであって、高麗尺六尺＝一歩制に対応する代制にあっては、一〇〇歩＝高麗尺六〇〇尺平方の方格地割がまず基本的ではなかったかと推考されるのである。

ところで、こうした一〇〇歩平方の方格地割は、飛鳥寺・橘寺・川原寺など飛鳥・白鳳時代の寺院の寺域としても認められる。まず飛鳥寺の寺域は伽藍が西に寄っているが、すでに検出された南門・西門の位置やその他の遺構から推して方二町、つまり一〇〇歩平方と推定されており(18)、同じく四天王寺(19)式伽藍配置を有する橘寺は高麗尺六〇〇尺平方(20)、すなわち一〇〇歩平方の寺域と考えられており、川原寺もほぼ同様な例とみられる(21)。こうした問題は基準となった高麗尺一尺の実長をいくらとみるかによって、なお精密な現地に即しての測定を必要とするが(22)、ほぼ高麗尺六尺＝一歩による方一〇〇歩の地割の存在を認めてよいように考えられる(23)。

以上、「四町」の地積表示から二千代単位の地割、つまり高麗尺六尺＝一歩による一〇〇歩平方の地割の存在を推定したが、つぎにその半分の「千代」について若干の考察を加えておこう。というのは、さきに掲げた(11)『播磨国風土記』に「廿千代」とみえ、また(10)『新撰姓氏録』の場合も「卅千代」とあって、ともに「千代」の二〇倍・三〇倍という表現をとっているからである。もっとも同じ『新撰姓氏録』には、他にも「其力足レ制ニ(四)十千軍衆一、故賜レ靫号二四十千健彦一」などとあるから、(24)必ずしも「千代」に特別の意味を考えなくともよいかも知れないが、なお「千代」に関する地名史料としてほかにつぎのようなものがあるからである。

(15) 天平十九年『大安寺伽藍縁起并流記資財帳』

大倭国五処 一在十市郡千代郷 一在高市郡古寺所 一在山辺郡波多蘇麻 一在式下郡村屋 一在添上郡瓦屋所

(16) 寛弘七年八月廿二日付「東大寺牒」(25)

山辺郡 布留庄 菅田庄 千代庄

十市郡 千代庄

(17) 寛平三年四月十九日付「大神郷長解写」(26)

合参段佰弐拾歩 在城上郡廿二条一千代里廿一廿二両坪西一

(18)『延喜式』(神祇神名上)

城下郡十七座 大三座 小十四座 ……千代神社

(19)『播磨国風土記』揖保郡条

大法山 今名勝部岡 ……今所三以号二勝部一者、小治田河原天皇之世、遣二大倭千代勝部等一、令レ墾レ田、即居二此山辺一、故号二勝部岡一

以上、大和には十市・城上・城下・山辺の四郡に「千代」の地名が存するが、十市郡の(15)千代郷と(16)千代庄は同一地であり、(17)の城上郡の千代里も、条里制からすれば十市郡の郡界に近接しているから、同じ一域かも知れない。また(18)の城下郡の千代神社に関しては、現在、磯城郡田原本町の大字に「千代」があり、その小字名にも「千代」が存する。さらに付近に「秦ノ庄」の地名があり、秦氏関係の伝承が多いことからすれば、(19)の「大倭千代」は勝部から推して、城下郡の千代をさすと考えられる。なおそこにみえる小治田河原天皇は他にみえない称呼で、推古か斉明か

明らかでないが、『播磨国風土記』の伝承にみえることからすれば、「千代」の地名はかなり古くからあったと推測できる。

つぎに、さきに現存する大宝二年(七〇二)戸籍から数詞を伴う人名を抽出したが、そのなかに「五百代」とともに「千代」という人名が二例みえる。いま改めてそれらを左に掲出しよう。

⑳(六人部)宮麻呂子千代 年三 緑児 (御野国味蜂間郡春部里戸籍、『大日本古文書』一―一七ページ)

㉑(国造族)黒麻呂子千代 年十五 小子 (御野国味蜂間郡春部里戸籍、『大日本古文書』一―一九ページ)
　次五百代 年十四 小子

㉒次(秦人)稲麻呂 年十一 小子 (御野国味蜂間郡半布里戸籍、『大日本古文書』一―八三ページ)
　次五百代 年二 緑児

こうした「数詞十代」という形式の人名は他にも散見されるので、いま管見に入ったものを抽出してみる。

㉓美濃国安八郡人国造千代妻如是女一産三男(『続日本紀』和銅元年三月庚申条)

㉔物部千代年肆拾壱歳正丁(天平五年山背国愛宕郡計帳、『大日本古文書』一―五一七ページ)

㉕部領使正六位下上道臣千代(天平十年周防国正税帳、『大日本古文書』二―一三九ページ)

㉖坤宮官廝丁巨麻郡栗原郷漢人部千代 年卅二 左手於疵
　右同郷漢人部町代之替(天平宝字五年十二月二十三日「甲斐国司解」、『大日本古文書』四―五二四ページ)

㉗舎人物部五百代(天平神護二年九月十七日「奉写御執経所請経文」、『大日本古文書』十六―四三九ページ)

㉘大宰大監大伴宿禰百代(『万葉集』巻三―三九二、巻四―五六六、巻五―八二三)

㉙戸主日下部首五十代口日下部首得自女 年五十五(天平十一年出雲国大税賑給歴名帳、『大日本古文書』二―二一四ページ)

以上、千代のほかに五百代・百代・五十代などがあるが、こうした人名につく「代」が果たしていま、問題としている地積の「代《しろ》」に結びつきうるかどうかを検討しなければならない。まず訓みであるが、(28)の大伴宿禰百代は『万葉集』ではすべて「百代」と書かれているが、『続日本紀』では六か所とも「百世」とあるから、「代《よ》」と訓む場合のあったことが知られる。[27] これは「千代」を含みながらあえて右に掲げなかった県犬養橘宿禰三千代（『続日本紀』養老元年正月戊申条他）・気太十千代（『続日本紀』天平十七年正月乙丑条他、正倉院献納物紙箋）・六人部四千代（『続日本紀』神護景雲二年閏六月庚戌条）の例にもみられる。[28] しかしすべてを「代《よ》」と訓んだのでなく、「代《しろ》」と訓む場合のあったことは、同じように「代」のつく名代・石代・山代・矢代・物代・木代などの人名から推されるから、前掲の千代・五百代はやはり「代《しろ》」と訓んだのでなかろうか。そのことは同じ美濃戸籍の中に「伊毛売児秦人知志呂売年一緑女」（半布里戸籍、『大日本古文書』一―六七）という記載があり、別に「児知代売年廿少女」（同一―八四）ともみえることから知られる。しかし、たとえそうとしても、「―代」という人名は「―嶋」や「―足」の例と同じように、数詞を付したからといって必ずしも千代や五百代がそのまま地積に結びつくとは限らず、それらと関係なく名付けられたとも考えられる。とくに(21)の場合などは黒麻呂の弟に一国・百国がおり、また千代・五百代の妹に五百嶋売・百嶋売がいるので、その感が強い。そうとすれば、ここでそうした人名を問題にすることはあまり意味がないのであるが、たとえば(22)に示したように、五百代の兄として「稲麻呂年十一小子」がみえ、(21)の同じ戸に黒麻呂の従父弟として「稲束年二緑児」がいることは、当時の命名法の一般的傾向から推して、千代や五百代と命名する背後には、それを田積とみる考えが存したものと考えられる。また(26)の漢人部千代と漢人部町代の関係も意外に両者の間柄は近いのかも知れない。

従って、もし千代や五百代、あるいは百代・五十代という人名が必ずしも地積と無関係でないとすると、つぎのようなことも推察できよう。すなわち、(20)(21)(22)はいずれも大宝二年戸籍にみえる人名であるが、すべて幼少の者に限られ、その年齢から換算すると、最年長の一五歳の国造族千代は持統二年（六八八）生まれとなる。また(24)の物部千代も、天平五年（七三三）から換算すると、持統七年生まれとなり、(23)の国造千代や(25)の上道臣千代も大宝以前、浄御原令制下の生まれである公算が大きい。こうしたことから千代や五百代という人名が多く浄御原令下に分布するという事実は、一つには浄御原令ではまだ代制が行なわれていたことを示しているが、また同時に古くは舒明朝にまで遡る人名が現存戸籍から知られるにかかわらず、千代・五百代のごとき人名があまり時代を遡って存在しないことは、さきに述べた一〇〇歩方格の二千代という地積の分割、すなわち千代・五百代というのちの「町」につながる地積の成立がそれほど古くないことを示しているとは考えられないだろうか。

さてつぎには「千代」の半分である「五百代」であるが、人名の千代・五百代に地積との関係が認められるとすれば、右に千代について述べたことはまた五百代についても適合する。しかし五百代の地積を端的に示す文献史料としては、つぎの『万葉集』巻八にある天平九年秋九月作の一首が、

(30) 然不《しかと》㆑有《あらぬ》　五百代《いほしろ》小田《をだ》乎《を》　苅乱《かりみだり》　田盧爾居者《たぶせにをれば》　京師所㆑念《みやこしおもほゆ》　（巻八―一五九二）

と、小田としての五百代地割の存在を示している程度で、他にはあまり見受けられない。五百代は町段歩制の一町に相当するが、田令をみても、在外諸司職分田が中・下国の目を一町として漸次増加する以外、郡司職分田や駅田の最低はいずれも二町＝千代であり[29]、官田も「毎㆓一町㆒配㆓牛一頭㆒」としており、意外に一町が基準となっていない。

こうしたことが浄御原令下における町―代制の存在を否定する有力な論拠となりうるかどうかはわからない。しかしさきにも少し述べたように、現在まで藤原宮などから出土した木簡のうち浄御原令施行期間に属するとみられるものは、地積の表示に「代」を用いていて、「町・段・歩」でなく、さらに、その一つには「五百代」と記されていて「一町」とは記されていない。これらのことから、浄御原令時には町段歩制でも、また町―代制でもなく、やはり代制であった可能性が多い。また天平七年「弘福寺領讃岐国山田郡田図」の畠数記載が田数の「町―束代」に対して、なお「束代」のみで集計されていることや、同年とみられる上田部遺跡出土の木簡の一つが「五百廿三尻」と、五百代を超えてなお「町」の単位を用いていないことは、代制の根強い遺制を示すものとして指摘したが、(12)の『法隆寺

伽藍縁起并流記資財帳』の「十万九千五百六十一束二把代」という記載が、「弘福寺領讃岐国山田郡田図」のように町―束代では記されず、そこではじめて「成町二百十九町一段八十二歩」と町段歩制に換算されていることなども、町―代制の存在を疑わしめる。

なるほど『日本書紀』では浄御原令施行の持統四年以後、頃(代)から町への際立った変化がみられはするが、それ以前には頃・町が混在しており、また周知のように「評」→「郡」の変化がありながら、『書紀』はすべて編修時に郡字に統一しているらしい事例もあって、右の事実も町―代制存在の決め手とはならないであろう。また、吉田・宮原両氏は、慶雲三年格が「熟田百代租稲三束、……一町租稲一十五束」と記していることを、浄御原令における町―代制存在の有力な論拠にしておられるが、[30] これは虎尾氏も反論しているように、令と令前の租法を町という同一面積で比較するために用いたものであるとも解釈できる。[31] なお「町」の字を含んだ人名は現存大宝二年戸籍にはなく、一般にも少なくて、わずかに牟々礼君大町(周防国佐波郡人、天平十年周防国正税帳)・吉弥侯部大町(出羽国人、『続日本紀』宝亀四年正月辛卯条)と、前掲の(26)漢人部町代(甲斐国巨麻郡栗原郷、天平宝字五年十二月二十三日甲斐国司解)が管見に入ったに過ぎない。

ところで「町」をもって地積を測ることは中国でもなくはないが、[32] 一般には頃・畝・歩が用いられており、日本でどうして「町」が用いられるに至ったかは明らかになっていない。『日本書紀』は「代」を「頃」に、「段」を「畝」にあてているようであるが、[33]「町」はそのまま用い、推古十四年条の「播磨国水田百町」などは明らかに『法隆寺伽藍縁起并流記資財帳』の「播磨国佐西地五十万代」を町数に換算して記している。持統紀にみえる多くの「町」記載も、もし町―代制が存在しないとすると、「代」を換算したものとなる。この点「町」は代制や町段歩制との関係においてもやや他と異なる位置を占めていることは確かである。また「町」の原義は畦畔で、田区を意味するが、[34]『播磨国風土記』の「讃容町田」[35]や『新撰姓氏録』の「如二田町一」「町形廻毛」[36]などの用例は「町」の語の用いられるに至った過程を暗示するようでもあるが、そうしたことについてはのちに改めてふれることとしよう。

さて、最後に「五百代」を五等分した「百代」の地積を文献的に考察しよう。まず前掲の慶雲三年九月二十日格が、令制の「一段」に対してそれと地積の異なる「百代」をわざわざ令前租法の単位として掲げていることに端的に示されているように、「百代」は代制における基本的な地積であった。そのことは先に掲げた木簡のうち、年代の大宝令以前に遡るとみられる(4)(5)(6)の三つが、いずれもその代制地積を記すに、百代を単位とし、その倍数の表記をとっていることによっても傍証されるが、さらにまたそれは当時百代という地割が現実に基本的地割として存在していたことをも明示している。そこで想起されるのが大宝令の班田収授規定において男の口分田を二段としたことである。この二段が百代に基づくものであることは早くから指摘されており、虎尾氏も、

> この二段という田積は、周知の如く、古い田積法たる代制で示せば丁度一〇〇代にあたる数値である。二段という数値には、例えば唐の均田法に於いて丁男・中男の給田額が丁度一頃であるような落着きは少ないが、一〇〇代という数値ならばそういう基本単位としての落着きが感ぜられる。恐らく、はじめに男子一人一〇〇代という規定があり、それが町・段・歩制の採用と共に二段と換算されたと考えてよいと思う。しかし、それ以上のことは分らない。

と述べておられるが、[37] 私はさきの木簡の示す事実から現実に百代の地割が存在し、班田収授法はその百代を基本単位としたと考えたい。こうした百代＝二段の基本地割の存在を推定させる史料としては、他に霊亀元年(七一五)十月に陸田の利を説いて麦・粟を兼ね種えることを命じたとき、やはり男夫一人について二段としたことをあげうるが、[38] 田令の在外諸司職分田の規定が給田額に町以下の端数があるとき、二段・四段・六段と二段の倍数としていることも同様な事情によるものではなかろうか。なお前掲の「大伴宿禰百代」は「百世《よ》」と訓むらしいが、それ以外に人名に「百代」はみえない。また町段歩制の一段＝五十代に関しても、わずかに天平十一年出雲国大税賑給歴名帳にみえる

「日下部首五十代」の一例がみえるのみである。

三　条里制地割の二類型

以上、二千代―千代―五百代―百代―五十代という代制における地積の展開を主として文献史料から跡づけてみたが、いまそれを図解して示すと五七四ページの図のごとくになる(第二十三章第三図)。すなわち、上・中・下三道の間隔にみえるような高麗尺六尺＝一歩の度地法による距離一千歩を一〇等分した長さ一〇〇歩を一辺とする方格が面積では二千代となる。これを一辺で二等分し、長さ一〇〇歩×五〇歩という矩形を作るとき、千代の地積がえられるが、さらに他の一辺をも二等分して、長さ五〇歩×五〇歩という方形を作るとき、五百代の地積がえられる。つまり二千代を「田」字形に四等分したことになるが、これが同時に町段歩制における一町に相当し、それに対応する高麗尺五尺＝一歩の度地法によると、六〇歩平方の地割ということになる。つぎにこの五百代＝一町の地割の一辺を五等分し、長さ一〇歩×五〇歩という地割を作るとき、代制における最小の基本地割である百代がえられる。高麗尺六尺＝一歩の度地法では五〇〇歩であるが、高麗尺五尺＝一歩の度地法では一二歩×六〇歩＝七二〇歩ということになる。

代制の地割は基本的にはこの百代までであると考えられるが、これから町段歩制の一段の地積を作り出すには、百代の地割を二等分すればよい。しかしそれには二つの方法がある。一つは横に二等分する方法で、長辺の五〇歩を二分し、一〇歩×二五歩＝二五〇歩とするもので、これは高麗尺五尺＝一歩の度地法では一二歩×三〇歩＝三六〇歩となり、ここに町段歩制の一段＝三六〇歩が導き出される。他の方法は縦に二等分する方法で、短辺の一〇歩を二分し、五歩×五〇歩＝二五〇歩とするが、同じく高麗尺五尺＝一歩の度地法では六歩×六〇歩＝三六〇歩となる。これも一段＝三六〇歩である。周知のように条里制の一坪＝一町の基本的地割としては半折型と長地型の二つの形式があるが、半折型は前者の方法によって、長地型は後者の方法によって成立する。条里制地割の研究においては半折型・長地型いずれを先行地割とするかが長らく論ぜられてきた。早く半折先行説を唱えたのは米倉二郎氏であり、[39]これに対して長地先行説を文献史料を駆使して論証しようと試みたのは竹内理三氏であった。[40]しかし、私はやはり代制地割における百代を基本とみ、それから町段歩制の一段への移行を考えた方が、条里制地割における二つの型の発生を極めて自然に導き出しうると思う。この点については弥永貞三氏もすでに指摘されるところで、氏は「むしろ大化の時点では半折を縦に二倍した一〇〇代の地が一般的な区画となっていたと考えた方が自然で、長地はこれを縦に割り、半折はこれを横に割ったものにすぎないのである」と述べておられる。

ただ、ここで問題となるのは大宝令田令が「凡田長卅歩、広十二歩為ㇾ段、十段為ㇾ町」と規定しているのをはじめ、『日本書紀』は大化改新詔においても同じ条文を掲げ、また白雉三年(六五二)正月条でも「凡田長卅歩為ㇾ段、十段為ㇾ町」と記しているが、これらがいずれも三〇歩×一二歩の半折型地割を町段歩制の一段としていることである。弥永氏は改新詔や白雉三年条の記載は書紀編者の述作と考える必要はなく、そのころすでに代制と併行して二五〇歩＝一段の町段歩制が存していたとみ、ただこれらの記事の原史料は「長廿五歩、広十歩」とあったのが潤色されていると推定している。[41]しかし前述のように、浄御原令施行期間までなお一般的に「代」による地積表示が行なわれ、また現実に百代単位の地割が存在していたらしいことからも、私は改新詔や白雉三年条の町段による租稲規定を当時のものとするのは無理で、やはりのちの造作とみるべきであろうと考えている。従って、問題は代制から町段歩制への移行に際して、どうして令が長地型でなく、半折型を規定として選んだかということに換言される。同じく弥永氏は半折型が高麗尺六尺＝一歩の度地法によると二五歩×一〇歩で、その背後に十進法が横たわっているといわれるが、長地型にすれば五〇歩×五歩でやはり十進法であり、むしろこの方が広さ五歩の一〇倍を長さ五〇歩とする点、より十進法に近いともいえる。私は百代の地割を横に五つ並べた五百代＝一町の代制地割を一段ごとに分割するには、図解でも知られるように、長地型であると、百代の各筆ごとに縦に一本ずつ計五本の畦畔を入れなければならないが、半折型の場合は、横に一本の畦畔を設けるのみで容易に可能と考えられたからではないかと思う。また同時に新たに先行的な計画地割と推定した方一〇〇歩＝二千代を千代二つ、あるいは五百代四つに分割した場合と同じ発想がその基底にあったからとも考えられる。しかし既に存在する代制の百代単位の地割は縦長の土地を横に並べたという点で、基本的には長地型に近いわけであり、それから町段歩制の段に移行するには、図上計画とは異なって灌漑用水の問題もあり、実際にはそのまま長地型地割の方向で土地区割が進行することが多かったために、現実の地割としては長地型が多く遺存するという結果になったのではなかろうか。

　なお、浄御原令施行期間においては、まだ代制が行なわれていたということになれば、慶雲三年格の「准令」および「令前」の「令」は、やはり大宝令を指すということになるが、これは青木和夫氏が『続日本紀』にもみえる慶雲三年の他の格における「准令」の用例などから推論した解釈とも一致する。[42] しかしここで浄御原令における班田収授法が問題となる。すなわち大宝令では口分田は男に二段で、女は三分の一を減じ、家人奴婢は良人の三分の一を給すると規定されている。このうち男二段という口分田の基本田積が代制の百代に由来することはさきに述べたが、男女の比が三対二、良賤の比が三対一であるという規定は、高麗尺六尺＝一歩とする百代＝五〇〇歩を整除しえないために、代制とは諧調しないのである。こうしたことを一つの理由として、宮原氏は浄御原令施行期間における班田（アガチダ）を否定されたのであるが、[43] 氏が班田に先行したと考えておられるタマヒダの一つである位田についても「女減二三分之一一」の規定があり、浄御原令の位田額をすべて三の倍数と考えない限り、同じことはタマヒダについてもいえそうなので、問題は依然として残る。また西海道戸籍に記された各戸の受田積が浄御原令によって計算されているとみておられる虎尾氏は、そこに大宝令と同じ男女良賤の配分比が認められるので、『日本書紀』持統六年（六九二）三月甲午条の「詔、令(賜)二天下百姓困乏窮者稲一、男三束、女二束」を掲げ、この詔で男女に賜う稲の量の比が三対二となっていることの背景に、当時これに関係の深いなにかについて、男女の比率が三対二となっていたと推定して差支えあるまい。そのなにかの一つを口分田の班給額と見ることは的をはずれていないと思うのである。

と述べて、浄御原令における三対二対一の比率による班田の存在を強調しておられる。(44) 虎尾氏はあくまで浄御原令が三六〇歩＝一段の町段歩制であったと考えておられるので、氏自身においては矛盾はないが、代制の存在を主張する限りはやはり問題が残る。

そこで宮本救氏のように、

班田の男・女・奴・婢の比率が田中卓氏の指摘されるように、正確には筑前戸籍の10/10・7/10・3/10・2/10に対して、豊前・豊後戸籍の9/9・6/9・3/9・2/9といった二系列が存在する点、前者は代制に、後者は段歩（一段＝三六〇歩）制に対応するものとみなしてよいのではなかろうか。浄御原令には一段三六〇歩の町段歩制の規定があり、実際にはなお旧来の(町)代制が行なわれ、両者併存したと推定することも可能である。

という見解も生まれてくる。(45) 確かに現在までに達成されたさまざまな研究成果をなるべく矛盾なく総合しようとした点で一つの有力な解釈と思うが、(46) 浄御原令の班田収授法と大宝令の町段歩制との関係については、結論を急ぐことなく、ここではなお課題として残しておこう。

さて、私はこれまで主として代制の方格地割の展開を論じてきたが、それは高麗尺六尺＝一歩の度地法による古道間隔一千歩を起点に、まず一〇〇歩平方＝二千代の地割を想定し、それを二分した千代、さらに二分した五百代、そしてさらにその五百代を五等分した地割として百代の地積に及んだのであるが、こうした考え方はそもそも代制とは高麗尺六尺平方の地、すなわち一歩の方格を、横に五つ並べた五歩の矩形を一代とすることから始まるという従来の通説的観点からすると逆である。しかしかつて私は疑問として提起しておいたように、(47) 一代はどうしても方格の地割とはならない。従って従来も基本単位としては五代の方格を考え、それによって町段歩制との関連が考えられることが多かったのである。しかしながら一代とは、「束代」といわれるように、本来稲一束を収穫しうる田積をさすものであるが、それは必ずしも方格地割とは結びつかないし、稲の収穫がそうした地積とつねに定量的な関係を保つとは考えられない。むしろ一定の地積をもった地割ができて、それを「一代」と規定したのであろう。従ってその基本単位は一代ではなく、むしろ方一〇〇歩の方格地割が展開されて百代という地割が成立する過程においてであったと考えてもよいのでなかろうか。私のこうした考えは、実は弥永氏がすでに指摘されるところと同じであって、氏が、

五代方格の地がさきにあって、一段ないし一町の形態が定まったのではなく、一〇〇代の土地がさきにあってその百分の一を一代にあて、一町の土地割がさきにあって、その百分の一を五代に相当させるという順序をとったと考えるべきではないだろうか。少なくとも、土地割施工の順序としては町ないし町以上の区画が段以下の区画に先行したと考えた方がよいと思う。(48)

と述べられているのはその意味であると思う。

しからばそうした大きな区画としての一〇〇歩方格の地割がいつでき、またそれが細分されて百代の基本地積を実地に生み出したのはいつかということが問題となってこようが、これにははじめにもふれた三古道の設定時期をいつとみるかという問題も関係するし、また二千代の地積を二分、あるいは四分した千代・五百代が、さきに詳しく検討したように、戸籍記載の人名ともし結びつくものであれば、その点からも時代を推定する鍵がえられるように思うし、さらに、「町」という日本特有の田積単位が使われるに至ったのも、あるいは現実に二千代を「田」字形に四分して五百代＝一町の地割を形成したことと関係しているのかも知れない。従って、今後は現地に即して古い地割を追求するとともに、そうした文献史料面からもなお考察を進めることが必要であろう。

なお最後に大きな問題として、いわゆる六町＝一里の条里制の成立に関する問題が残されている。既述のように、

大宝令雑令の規定は、高麗尺五尺＝一歩による三〇〇歩を一里としているが、これは町段歩制の六〇歩＝一町によっても、また代制の五〇歩＝一町によっても、ともに五町＝一里であって、条里制が六町をもって一条一里としているのとは異なるから、どうして六町＝一里とする区画法が起こったかを説明しなければならない。しかしこの問題は、単にそれだけでなく条里制と条坊制、あるいは唐尺の採用というような問題にも深く関係してきて、なお詳細な考察を必要とするので、別稿にゆずることとしてひとまず筆を擱くこととしたい。

（1）『令集解』田令田長条所収古記に「又雑令云、度地以五尺為歩」とある。
（2）『令集解』田令田長条所収古記では日付が九月十日とあるが、『類聚三代格』巻十五、損田并租地子事に収められた勅は九月二十日付とする（『弘仁格抄』『政事要略』も同じ）。また『続日本紀』は慶雲三年九月丙辰（十五日）条に「遣使七道始定田租法、町十五束、及点役丁」とある。
（3）虎尾俊哉氏もこの二つの「一千歩」をともに距離を示す「歩」であろうとしている（『班田収授法の研究』、昭和三十六年三月、九一ページ）。
（4）こうした数を用いた人名は、現存籍帳類によると、時代と地域によって多少差があるが、参考までに他の例を示しておく（アラビア数字は回数）。

養老五年下総国戸籍——三村・三田次、百・百足（3）・百売、五百麻呂（2）・五百足・五百依
神亀三年山背国出雲郷計帳——参歳売・三木売・三栖売、百嶋・百城、千依・千倉
天平五年山背国愛宕郡計帳——なし
天平五年右京計帳——三嶋・三田麻呂、千嶋・千足
天平七年隼人計帳——千嶋
天平十一年出雲国大税賑給歴名帳——三山、八嶋女、五十代、百枝、五百足・五百嶋・五百依女、千足・千主・千床

（5）川副武胤氏は『古事記』にみえる数詞を伴う用語を分類してつぎのような統計を出しておられる（『古事記の研究』、昭和四十二年十二月、二八八ページ）。

数詞	例数
一	40
二	38
三	28
四	9
五	5
六	0
七	6
八	48
九	1
十	9
十一	1
十二	2
二十一	1
五十	1
五十九	1
七十七	1
八十	12
八十一	1
百	10
百八十	1
五百	9
千	13
千五百	3
八千	1
万	2
八百万	1

（6） たとえば最近の宮本救「律令制的土地制度」（竹内理三編『土地制度 I』（『体系日本史叢書』6）、昭和四十八年六月）参照。

（7） 虎尾俊哉『班田収授法の研究』（前掲）五四ページ以下。

（8） 虎尾俊哉「三たび浄御原令の班田法について」（坂本太郎博士古稀記念会編『続日本古代史論集』上、昭和四十七年七月所収）。

（9） 吉田孝「町代制と条里制」（『山梨大学歴史学論集』一二、昭和四十四年三月）。

（10） 宮原武夫「日本古代における二つの班田収授制」（『歴史学研究』三五六、昭和四十五年一月）。

（11） 奈良県教育委員会『藤原宮――国道一六五号線バイパスに伴う宮域調査――』（『奈良県史跡名勝天然記念物調査報告』二五、昭和四十四年三月）。

（12） 松江市教育委員会『出雲国庁跡発掘調査概報』（昭和四十六年三月）。概報では「二石代」と読んでいるが、写真によれば「二百代」であろう。

（13） 浜松市遺跡調査会『伊場遺跡出土文字集成（概報）』二（昭和四十八年十一月）。

（14） 『大日本古文書』七―四四ページ。

（15） 狩野久「木簡・上田部遺跡」（『考古学ジャーナル』六四、昭和四十七年一月）。

（16） なお『常陸国風土記』行方郡条に「発耕田一十町余」、『出雲国風土記』大原郡条に「田一十町許平原也」と、「十町」の用例があるが、現存風土記の数少ない田積記載のうちの例として注目される。

（17） 田令位田の田数は従五位―正一位の間は8・12・20・24・34・40・54・60・74・80町、四品―一品は40・50・60・80町と段階的に与えられることになっているが、四町の倍数の多いことが注意される。こうした田数が大宝令またそれ以前に遡りうるか否か明らかでないが、他の職分田などの田数の問題とともに検討を要する。

（18） 奈良国立文化財研究所『飛鳥寺発掘調査報告』（『奈良国立文化財研究所学報』五、昭和三十三年四月）。

(19) 長谷川輝雄「四天王寺建築論」(『建築雑誌』四七七、大正十四年十二月)などは四天王寺の寺域も方二町とする。
(20) 石田茂作「橘寺・定林寺の発掘」(近畿日本叢書『飛鳥』、昭和三十九年八月所収)。橘寺は東門・北門が検出されているが、西門の位置については字名に「門ノ前」とあるところと、「西ノ門」とあるところの二か所が想定される。後者は方六〇〇尺より少し西寄りになり、寺域の拡張があったとすれば、「門ノ前」の位置が当初の西門とみて適合する。
(21) 奈良国立文化財研究所『川原寺発掘調査報告』(『奈良国立文化財研究所学報』九、昭和三十五年三月)。
(22) 岸俊男「飛鳥と方格地割」(『史林』五三—四、昭和四十五年七月、本書第六章)。
(23) 国庁や国分寺の区域が一般に方二町であることはその影響ともみられる。
(24) 『新撰姓氏録』河内国神別、襷多治比宿禰条。なお和泉国神別の安幕首条には「同神七世孫十千尼大連之後也」とみえる。
(25) 『東大寺要録』巻六。
(26) 『平安遺文』一—二一四ページ。
(27) 「百世」の例には他に猪名部百世(『続日本紀』神護景雲元年二月甲申条)・大春日朝臣五百世(同神護景雲元年正月庚午条)などがあるが、後者は「五百背」にもつくっているので、「よ」でなく「せ」と訓んだことが知られる。
(28) 三千代・十千代は女性であるが、四千代は未詳。
(29) いずれも養老令の田数であるが、郡司職分田は大領六町・少領四町・主政主帳二町、また駅田は大路四町・中路三町・小路二町となっている。
(30) 吉田孝「町代制と条里制」、宮原武夫「日本古代における二つの班田収授制」(いずれも前掲)。
(31) 虎尾俊哉「三たび浄御原令の班田法について」(前掲)。
(32) 亀田隆之「日本古代に於ける田租田積の研究」(『古代学』四—二、昭和三十年七月)。
(33) 『日本書紀』大化元年八月庚子条には「校田畝謂検覈墾田、頃畝及民戸口年紀」とあり、『続日本紀』慶雲三年三月丙辰条には「加以被賜地、実止有一二畝」とある。
(34) 『令集解』田令田長条所収釈云「蒼頡篇、町田区也」。
(35) 『播磨国風土記』讃容郡条。『日本古典文学大系』の頭注は農作の豊饒を占うに用いる鹿の肩骨に刻む町形からきているとしている。

(36)『新撰姓氏録』大和国神別額田部河田連条には「此馬額如二田町一」とあり、同じく右京神別額田部湯坐連条には「献二御馬一匹一、額有二町形廻毛一」とある。

(37)虎尾俊哉『班田収授法の研究』(前掲)一一四ページ。

(38)『続日本紀』霊亀元年十月乙卯(七日)条、『類聚三代格』(巻八)は和銅六年十月七日の詔とする。

(39)米倉二郎「農村計画としての条里制」(『地理論叢』一、昭和七年十一月)。

(40)竹内理三「中世荘園における上代的遺制」(『史学雑誌』五八―一、昭和二十四年六月、のち同『律令制と貴族政権』I、昭和三十二年八月所収)。

(41)弥永貞三「半折考」(『日本社会経済史研究』古代中世編、昭和四十二年十月)。

(42)青木和夫「律令財政」(『岩波講座日本歴史』古代三、昭和三十七年八月)。

(43)宮原武夫「日本古代における二つの班田収授制」(前掲)。

(44)虎尾俊哉「三たび浄御原令の班田法について」(前掲)。

(45)宮本救「律令制的土地制度」(前掲)。

(46)この解釈に従えば、「令前租法」の「令前」の意を「大宝令以前」というように、浄御原令の存在を無視して固定的に考える必要はなくなり、代制は唐の律令を受容した律令制の外にある先行の土地制度ということになるし、持統四年紀を界に町の表記が頻出することの理由も説明できなくはない。

(47)岸俊男「書評・日本古代史論集 下巻」(『史学雑誌』七二―一〇、昭和三十八年十月)。

(48)弥永貞三「半折考」(前掲)。

第八章　遺存地割・地名による平城京の復原調査

一　目　的

平城京条坊の復原図としては、早く嘉永五年(一八五二)に北浦定政の考定した「平城大内裏坪割図」があり、また明治四十年(一九〇七)には関野貞が、旧陸地測量部二万分の一地図を拡大した一万分の一図に復原条坊を記入した「平城京及附近班田古今対比図」がある。ともに『平城京及大内裏考』(『東京帝国大学紀要』工科第三冊、明治四十年六月)に付図として収められており、それらには文献史料にみえる古い地名や、小字名も記入されている。いずれも主として遺存する条坊大路の痕跡をもとに、条坊制に従って平城京全体を推定復原したものである。そのうち北浦定政のものはなお簡略で、外京も含まれていないが、関野貞の復原図はかなり精密で、今日に至るまで平城京復原図の基本と認められ、広く利用されている。

しかしこの関野の復原図も、なお縮尺の大きな地形図のない時期の作業であったため、小路に至るまでの細部を実地の地割と対照して現地に即した復原を行なうなどのことは行なわれておらず、図上における計測推定復原にとどまっている部分が多い。しかるに、最近に至って平城京域の開発は急速に進み、耕地の宅地化が無秩序に行なわれるのに対して、京の条坊の保存は若干の大路の復原を除いて全く顧みられず、また京内遺跡の調査も主要寺院以外はあまり行なわれていない。従ってこのままの状況が進めば、平城京は国費による買上げの実現した平城宮以外、街区については何らの調査も行なわれぬまま、ほとんど消滅してしまう恐れが大きくなってきた。そこでこのような平城京の危機に際して、一方では近時精密な地図や航空写真が作成されてきているのを利用して、京内およびその周辺に遺存している古い地割を明治初年の地籍図と対照しながら、綿密に図上にたどることによって、現地にもっとも密着した平城京の具体的復原図を作成し、併せて改めて字界と字名を調査し、これによって現時点において能う限り詳細正確な平城京を図上に復原記録して消え行く平城京に対処するとともに、ぜひ条坊の保存復原や京内遺跡の調査保存に役立たせたいと考えた。このような意図から、さきに奈良市によって設けられた平城京保存調査会の「平城京復原保存計画に関する調査」の一つとしてこの作業を分担することとし、昭和四十四・四十五年度に作業を行ない、その概要は四十七年に刊行された『平城京の復原保存計画に関する調査研究』のなかで報告したが、今次の朱雀大路発掘調査の予備調査としても、さらに調査考察を補充深化させるとともに、復原図の整備を期した次第である。

二　方法と経過

方法としては、まず最初に奈良国立文化財研究所が昭和三十七年(一九六二)十二月に撮影した航空写真から図化した一〇〇〇分の一地図、またなお当時図化されていなかった部分については二〇〇〇分の一に拡大された同じ航空写真と大和郡山市作成の一〇〇〇分の一都市計画図、この三種を基礎図とし、それに奈良市役所(一部は大和郡山市)保管の旧大字地籍図(明治二十二年(一八八九)作成のものを基本とする)を用いて、一筆ごとの地割を改めて確認しながら記入し、その際地籍図と現在の地割が変化しているものは地籍図に従って旧に復し、併せて小字名・小字界をも記入することとした。この作業を左京・右京・外京・北辺の京域内はもちろん、周辺の京北・京東・京南の各条里区についても必要な範囲で実施し、その結果に基づいて平城京条坊地割を復原したものを、まず八〇〇〇分の一縮尺の「遺存地割による平城京復原図(未定稿)その1・2・3」(青写真図)としてまとめあげた(その1は昭和四十五年二月作成、その2・3は四十五年十月作成)。

また別に復原と遺跡の究明に資するため平城京域に関する史料を文献・文書から広く蒐集してカードに要項を記入する作業を併行して進めることとした。こうした調査はすでに大井重二郎の『平城京と条坊制度の研究』でも試みられているが、改めて史料を博捜し、それによって大路・小路の判別・河川流路の変化とその時期などを検討し、以上の結果を「平城京関係史料分布図(未定稿)」(未刊)として集約した。

つづいて昭和四十七年には平城京保存調査会の中間報告を記した奈良市企画部企画課編『平城京の復原保存計画に関する調査研究』の付図として、以上の調査による条坊地割の復原結果を奈良市役所によって新たに作成された二五〇〇分の一奈良国際文化観光都市計画図に改めて記入し、これを一万分の一に縮小したものを「遺存地割による平城京の復原」と題して収めた。

今回の調査は以上のような平城京保存調査会による作業を継承して、さらに復原図を補充整備するとともに、その成果の上に立って朱雀大路調査に関しても考察を加え、さらに広く平城京の条坊制や京内遺跡についても保存的見地から検討を加えることとした。そこでこれまでの作業段階では未完であった奈良国立文化財研究所による平城京域の一〇〇〇分の一地形図が、その後ほぼ京域全体にわたって完成したので、今回はそれを全面的に基本図として採用することとし、これに既往の調査に基づく条坊街路の遺存地割、および小字界・小字名などを改めて記入することとし、そのため奈良市役所・大和郡山市保管の地籍図についてさらに全面的に検証を加え、また史料の追加蒐集をも併せ行なった。そして本報告書の付図(奈良国立文化財研究所『平城京朱雀大路発掘調査報告』昭和四十九年三月所収、「遺存地割・地名による平城京復原図」参照、以下同じ)としては、条坊街路の遺存地割を基本図に記入したものを八〇〇〇分の一に縮小して収めることとし、これに小字名および蒐集した文献史料にみえる地名のうちから平城京の復原的考察に資するかとみられるものを抽出して付記し、また朱雀大路と二条大路の断面図を作成して加えた。そしてこうした作業の結果を検討しながら、平城京の復原と遺跡についての考察を進めた次第である。

三　成果と考察

以上のような遺存地割・地名による平城京の復原調査によってえられた成果のうち、その主要な事項について以下概要を記し、併せて若干の考察を付記することにするが、この調査研究はまだ基礎資料がようやくほぼ整った段階であり、以下の記述も中間報告の域を出ない。しかし今後の調査・保存にも関係するところが大きいと考えるので、この機会に概要を報告することとする。

(1) まず遺存地割を地籍図に即しながら一筆ごとに精密な地図上に記入し、それに基づいて条坊街区を復原するという作業によって、平城京の全域がはじめて実際の土地に即して具体的に復原できたことは有意義な成果と考えられ、それから学術研究上種々の問題が導き出されることはもちろん、それとともに朱雀大路をはじめとする平城京条坊制の復原・保存に関しても貴重な基礎資料がえられたと思われる。ところで現存する地割が条坊区画の痕跡を示す場合の多いことは、復原図をみても明らかであるが、ことに大路・小路の道路敷に面するとみられる畦畔の場合は、それが築地の遺構と一致することが多い。このことは平城宮周辺や、羅城門・西隆寺などの発掘調査でもすでに確認されたことであるが、今回の朱雀大路の調査でも、築地そのものは検出されなかったが、同様の関係は実証されたといえよう。

(2) このようにして京域全体について条坊街区の設定状況を詳しく検討することができたが、その結果は付図に明示されているように、丘陵部の多い右京にも予想外に整然たる条坊街区の存在することが明らかになった。とくに三条・四条は西京極まで、また二条・五条もその近くまで街区の痕跡が遺存地割に認められる。このような遺存地割から推定される平城京条坊の設定状況はまた別に文献史料にみえる京内条坊坪の表記の分布結果とも一致するから、平城京において実際どの程度の範囲に街区が設定されたかは、これによってほぼ知りえたといえよう。

(3) このように遺存地割によって京全域を復原した場合、条坊街区の全く認められないのは右京西辺のごく一部であることが明らかとなったが、条坊街区の認められる部分についても、条坊の大路・小路の道路敷が地割として明瞭に遺っている場合と、単に条坊坪の区画が一本の畦畔としてしか認められない場合とがあり、しかも両者はある程度地域的に分かれて存在しているようにみえる。

こうした地域的な差異がどうして生じたかは、河川の氾濫など後次的な要素をも考慮しながら慎重に検討を加えなければならないが、ことに朱雀大路の両側一坊分、すなわち左京・右京の各一坊は宮の南から南京極に至るまで、大路・小路の道路敷が非常にはっきりと遺っていて、条坊制の街区をほぼ完全に復原することができる点は注意を要する。平城宮の正面に当たるこの部分が他と異なってとくにこのような状況にあることを、平城京建設時における何らかの特別措置と考うべきかどうかは今後の平城京研究の課題の一つであろう。

(4) 道路敷と推定される地割によって大路・小路の幅員、というよりも両側溝を含めた築地心々間の距離を地図上で概測して知ることができるが、これは遺存地割による、しかも地図上の概測であるので、場合によっては一メートル前後ほどの偏差は認めなければならないだろうし、正確には発掘調査の結果をまたねばならないが、その概要はうかがいえよう。

a 朱雀大路　　朱雀門から羅城門まで道路敷の地割が遺っているので、それによってほぼ完全に復原できるが、ただ右京の七条一坊三坪から九条一坊一坪にかけてだけは、大路西側の線が前後と途切れ、その間だけやや西に張り出した畦畔の線が認められる。その部分以外、地割の明瞭に残る部分では、幅は等しく約九〇メートルで、『延喜式』の垣心々間二八丈≒八四メートルより広い。

b 東一坊坊間大路・西一坊坊間大路　坊間に大路の通じているのは、やはり平安京と同じく東西一坊のみで、その道路敷はともに宮南から南京極まで明瞭に遺存している。その幅は約三六メートルで、『延喜式』の一〇丈＝三〇メートルより広い。

c 東一坊大路・西一坊大路　東一坊大路は八条の半ばまでほぼ道路敷が遺存しているが、西一坊大路は現在県道奈良大和郡山斑鳩線として利用されているに拘わらず、道路敷の地割は部分的にしか残っていない。しかしともにその幅は一坊坊間大路よりやや広く、約四二メートルと概測でき、『延喜式』の一二丈＝三六メートルよりこれもやはり少し広いようである。

d 西二坊大路・西三坊大路　二条あるいは三条に部分的にしか道路敷の地割が遺っていないが、ともに二七―二八メートルで、一般の条の大路と同じ幅員であったらしく、『延喜式』も条大路と同じく八丈＝二四メートルとしている。

e 西京極大路　西京極の線は付図に示すように僅かしか認められず、大路の痕跡もない。

f 東二坊―東六坊大路　いかなる事情によるのか、いずれもほとんど道路敷地割が残っていないので、確定的なことはいえないが、東三坊大路に関しては不退寺西方に幅約二二メートルの道路敷地割が存する。この部分は発掘調査が行なわれ、東一坊大路東側溝とその東の築地が地割通りに検出されたが、道幅一九メートル分を明らかにしたにとどまり、西側溝には発掘が及ばなかった。しかし西二坊・三坊大路と同じ幅をもつ可能性はあろう。東四坊大路は六条以南は京極大路となるが、幅約二〇メートルほどの道路敷かとみられる地割を断続的に認めうるに過ぎない。

g 東京極大路　現在の道路は拡幅されているので、その西縁と東大寺転害門築地線との間の距離は正確にはわからないが、約四〇メートル前後であったと推測できる。『延喜式』は東京極大路は一〇丈＝三〇メートルとする。

h　一条北大路　西大寺の北に幅約二〇メートルの道路敷とみられる地割が遺存するが、『延喜式』は北京極路を一〇丈＝三〇メートルとする。ただし宮の北築地線にそって幅約五六メートルの遺存地割が部分的に認められるが、この幅はつぎに述べる宮の南面の二条大路の遺存地割幅と一致するので、いちおう道路敷として検討する必要があろう。

i　一条南大路　西隆寺の南方、および法華寺東方の遺存地割によると、他の条大路と等しく約二八メートルと計測される。『延喜式』は北京極路と等しく一〇丈＝三〇メートル。

j　二条条間大路　一条条間大路の存在は遺存地割からは確認できず、文献史料でも大路とも小路ともみえる。これに対して二条条間大路は西京極近くまで道路敷地割が遺存し、また法華寺の南辺などでも認められる。幅は約二四メートルで、『延喜式』の一〇丈＝三〇メートルよりこれも狭い。ただし東院南面では約三四メートルとなっているが、これは発掘調査の結果、宮の周囲に幅約一〇メートルの壖地が存するため、地割として遺る築地心々間の距離が広くなっているのであろう。

k　二条大路　宮の南面では幅約五六メートルの地割が認められるが、発掘調査の結果によって壖地・側溝などを除いた路面幅は約三五メートルであることが知られた。しかしそれ以外の部分には他の条大路と等しい幅約二八メートルの地割が存し、興福寺々域の北限でもその関係が指摘できそうである。なお『延喜式』では宮城南大路を一七丈＝五一メートルとする。

l　三条―八条大路　いずれも朱雀大路の東西に遺存する道路敷地割の示すところでは幅約二八メートルで、『延喜式』は八丈＝二四メートル。なお外京の南京極に当たる部分の五条大路においても如上の事実が遺存地割によって確認できる。

m　南京極大路　左京の部分に断続的に道路敷地割が遺存するが、それは幅約二二メートルで、他の条大路より狭

	平城京	平安京	
朱雀大路	約九〇m	二八丈	約八四m
一坊坊間大路	約三六	一〇丈	約三〇
一坊大路	約四二	一二丈	約三六
他の坊大路	約二八	八丈	約二四
京極大路	約四〇	一〇丈	約三〇
一条北大路	約二〇		
一条条間大路	？	一〇丈	約三〇
一条南大路	約二八		
二条条間大路	約二四	一〇丈	約三〇
宮城南二条大路	約五六	一七丈	約五一
三条—八条大路	約二八	八丈	約二四
南京極大路	約二二	一二丈	約三六

い。しかし他の条大路とは構造が異なる点を考慮する必要があろう。『延喜式』は南京極大路一二丈≒三六メートル。

n 小 路　一〇メートル前後の幅の地割を示す場合が多い。市庁舎建設予定地(左京三条二坊)発掘調査では路面幅約五メートル、築地心々間約九メートルの小路遺構が検出された。『延喜式』は幅四丈≒一二メートル。

(5) 以上のごとく、築地と築地の間の道路敷を示すと推定される遺存地割によって各条坊の大路を復原し、これを『延喜式』に規定されている平安京の条坊大路と比較すると、上記のようになる。各大路間における幅員の相違状況など両京一致する点が多いが、幅員の数値は概ね平城京の方が広い。なおこれらの概測値の間にある関係があるようにもみられるが、それらを通して平城京街区がいかなる尺度によって設定されたかを検討するのは今後の課題であろう。

(6) つぎに条坊大路の位置・幅員が推定できると、それに従って京域、および各条坊の広さを地図によって概測することができる。まず朱雀大路において各条の間隔を計測すると、第一図㈠のごとくで、宮北限の築地心より南京極大路南辺までは四七七八メートル、これに宮城北大路かと推定される地割の幅を加え、また羅城門築地心までを計測すると四八五八メートルとなる。この数値は一条が平均約五三一メートルとなることを示しているが、各条の間隔についてみると、実際は一条、または半条の長さにかなり長短があり、ことに七条、とくにその南半条分は長く、八条が逆に短くなっていることが注意される。

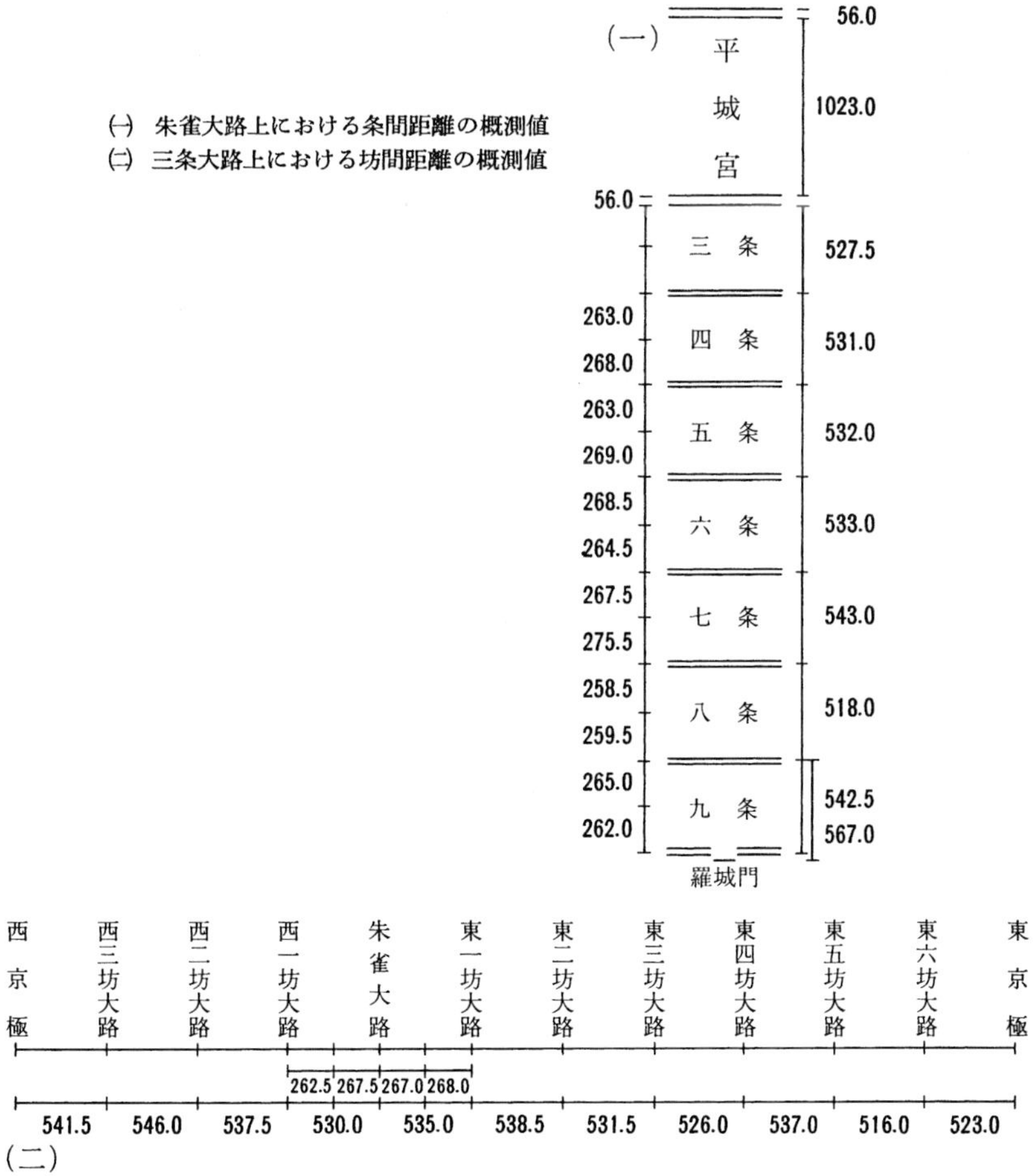

第一図 条・坊間距離の概測値

(7) 同じように京の東西幅を二条大路で計測すると、朱雀門中心より東京極大路東縁(東大寺転害門築地心延長線)までが三七三九メートル同じく東四坊大路中心までが二一二八メートル、また朱雀門中心より西京極線までは二一五七メートルで、左京・右京の四坊分を比較すると、右京が長く、一坊の平均距離は左京が五三二・〇メートル、右京が五三九・二メートルとなる。第一図(二)は同じように各坊間隔を三条大路上で図上計測した数値であるが、右京の三坊・四坊がとくに広く、反対に左京四坊が狭くなっていて、右京が左京より幅広くなる原因となっていることが知られる。平城京の条坊計画やその寸法については種々論ぜられ、外京の東西方向の寸法が短いのでないかという問題も提起されていて、この計測値もいちおうその傾向を示しているが、それらの問題も改めてこうした復原結果の上に立って慎重に検討する必要があろう。

(8) また京域の条坊街区は正しい方格に従って計画されたと思われるが、詳細に検討すれば部分的に若干の歪みがあるようで、たとえば左京の東南隅付近は方格に合致せず、朱雀大路中心と東京極間の距離が、さきに述べた朱雀門中心と東四坊大路中心間の距離より若干長くなっているようである。

(9) つぎに外京は一条が存在せず、二条から五条まであったというのが関野貞の復原以後定説となっているが、付図に示したごとく、一部に条坊区画の痕跡らしい地割が認められる。しかし、文献史料ではやはり外京一条の存在を示す史料は発見されないので、このことから直ちに外京一条の存在を主張するのは尚早かも知れないが、東京極大路についてみると、それが一条南大路、すなわち東大寺転害門よりもさらに北に延びていたことが、天平勝宝八歳(七五六)の「東大寺山堺四至図」によって知られるほか、現状でも地割に認められる。またその起点と考えられる奈良坂町の三叉路の地点は、ちょうど平城宮北限の東への延長線上に位置する。この事実は単に東京極大路だけの問題ではなく、外京も本来は一条から始まっていたのではないかという推測を強くさせる。

なお外京五坊の五条京極大路の南にも、一町(坪)分ほど条坊制地割の延長らしいものが存在し、それが京東条里と接触している状況が知られる。

⑽　これに対して右京北辺坊の北端には大路の痕跡を示す地割がなく、すぐ京北条里に移行している。

⑾　遺存地割・地名を検討することによって、平城京当時、京の内外を流れていた河川の旧流路を復原することも可能である。

a　平城京の東市は天平勝宝八歳「相模国朝集使解」や知恩院蔵「平城京市指図」などによって、左京八条三坊の五・六・十一・十二の四坪に位置することが知られており、東堀河はその西辺、すなわち同じ八条三坊の三―四坪の東寄りをやや斜めに流れていた。しかし現存地割による限り、その位置には東堀河の痕跡を認め難い。東堀河に相当する佐保川は現在は五条大路付近から斜めに西南に流れ、朱雀大路と七条大路の交点からまっすぐ羅城門に向かって南流しているが、この流路は中世末以後のものらしく、それ以前の流路については、遺存地割・小字名・文献史料などによって、現在の流路の少し南を同じような方向に流れていた時期のあったことが推定できる。つぎに文献史料によって知られる佐保川の動向を参考として記しておく。

・左京三条三坊十二坪は字「石ヶ町」であるが、天文二年(一五三三)の文書には字「石カ町」の水田について「添上郡三条佐保川西従大道北」と記し、四至の東は岸とあるから、ここを佐保川が流れていた時期もある(東大寺文書)。

・右京六条二坊十五坪の東は仁和三年(八八七)には大路であったが、正暦五年(九九四)には河(佐保川)が流れ、嘉暦三年(一三二八)にも東は河とみえる(唐招提寺文書・東大寺文書)。

・左京七条二坊十二坪の西を建久六年(一一九五)に佐保川が流れていた(東京大学所蔵文書)。

・左京九条一坊十六坪の田地について、永仁六年(一二九八)の記録に「字辰市河西ニアリ」とある(「西大寺田園目録」)。

・左京九条一坊十坪の東は保元元年(一一五六)九月の文書によると、小路であるが、寿永二年(一一八三)二月の文書には川と変わり、以後建久二年・建長六年(一二五四)の文書にも東は河と記されている(久原文庫所蔵文書・東大寺文書)。

b 西堀河の流路はほぼ現在の秋篠川に当たり、西二坊大路の一坪西を南流する。秋篠川がいまのように八坊大路にそって東折し、朱雀大路上で佐保川に合流するのは、慶長元年(一五九六)の郡山城外廻り惣堀普請によるもので、平城京当時はそのまま南流していたらしい。郡山城外濠はその旧流路を一部に利用したもので、さらにその南には「古川」の小字名が残っている。なお秋篠川は氾濫して宮の西南隅を流れたことがあり、そのことは地割の乱れと「谷田」という小字名から知られるが、発掘調査でも確認された。この流れに関係するものであろうか、その南右京三条一坊十二坪が字「鴨池」・字「鴨池田」とよばれていたことが、建久元年の文書(東大寺文書)などによって知られる。

c 東四坊大路が八条・九条において東京極路となっている部分の東側に接しては「牛池」・「古池」とよばれる南北に細長い池、「西谷」・「池側」・「瓦田」・「河原田」などの小字名や河川の流路であったとみられる地割が遺存している。これらの点から能登川と合流した岩井川は現在は七条大路を西流して朱雀大路上で佐保川と合しているが、平城京当時は京外を南流していたのであろう。そして地蔵院川に合流するか、あるいはさらに南下して広大寺池からの流れと合して西流していたとみられる。地蔵院川の南には河川の旧流路であることをはっきりと示す地割と「古川」の字名が遺っている。なおこうした流路が自然のものでなく平城京設定に伴う改造であったことは、東から西にのびる字「西山」「城殿山」の微高地を断ち切って流れていたらしいことからも知られよう。

さらに菩提川も大森町付近の古い地割や、南北に長い字「谷」や長池の存在から推して、これも同じように平城京造営時に東四坊大路の一坪ほど東を南下して岩井川に合するように掘開されたのではなかろうか。

こうした京造営に伴う河川流路のつけ替えは平安京の鴨川や長岡京の桂川でも行なわれたらしいが、その先例が平城京にあったことがこれらの事実によって明らかになったといえよう。

d　京の東南隅に当たる位置に現在五徳池とよばれる池があり、その北に接する字「池ノ内」を含めてかなり大きな池であったらしい。この池の位置はちょうど長安城芙蓉苑の曲江池の所在地に当たっていて、平城京当時から存したか否かが問題であるが、この池は『日本霊異記』にみえる越田池ではなかろうか。すなわち「西大寺田園目録」に「添上郡南一条三十二三坪内二段字コシタシリ 字北道代」とみえるのは、いわゆる京南辺条里のうちで、その坪付と現存する小字名から推して、五徳池に接する西南の地と推定され、また字「北道代」は付近に「京道」という小字名の存することから、中ツ道に関係すると考えられる。従って字「コシタシリ」(越田尻)の地名から、この池を越田池としてよいのでなかろうか。なお弘仁元年(八一〇)平城上皇が川口道をとって東国に向わんとして添上郡越田村から引き還したというのも、中ツ道を南下せんとしたのであろう。また『日本霊異記』によると、越田池の南、蓼原里には薬師如来像を安置した蓼原堂があったというが、いま五徳池の南には「堂ノ前」「瓦山」の小字名が遺っている。

e　やはり京内を流れる菰川ははじめ田村川とよばれ、西堀河とほぼ対称の位置を南流するので、はじめ東堀河として堀開された可能性のある川であるが、文献史料では建暦二年(一二一二)に左京四条二坊六坪を流れていたのが初見である(筒井寛聖氏蔵東大寺文書)。現在は六条大路の北で佐保川に合流しているが、以南も八条の半ば辺りまで南流の地割らしきものが認められる。

(12)　その他遺存地割の状況からみて注意を要するとみられる地点を若干指摘しておく。

a　まず朱雀大路上では、七条条間路との交点において、東西から菰川と秋篠川の分流が流れてきて、南に対して凸字状の地割を形成している。(6)に述べたように、条間間隔の乱れているのはここから南である。

b　同じように羅城門の前面にも南京極路南縁より大きく張り出した地割が認められる。またその東西、左京と右京の九条一坊五坪の西南隅および東南隅付近から、京外郭線に向かって斜めの畦畔が東西対称的に延びている。

c　朱雀大路を中心に対称の位置にある左京・右京の各六条一坊六坪、および五坪の地割が、同じようにやや特殊で、あるいは東西対称的な何らかの遺跡があるのかも知れない。なお平安京では京職が三条一坊三坪、鴻臚館が七条一坊三坪にそれぞれ左右京対称的に位置する。

d　左京九条三坊十二坪の南、南京極の線に南に突出した畦畔があり、そこから京南条里の起線、あるいは地蔵院川まで、幅約二八メートルの縦長の地割がつづく。小字名は北から「上ツク田」「中ツク田」「下ツク田」および「渡戸」であるが、「中ツク田」の東西には「古川」「樋詰」があり、この地名が旧河道である可能性を示している。しかしこの地割はやや細まりながら、八条三坊十坪、すなわち東市の中まで断続的につづいており、fで述べる中ツ道との間隔が約一里（＝五町）であるので、河道か否かの確認が必要である。

e　左京南京極と京南条里の起線との間には京南辺条里とよんでいる特殊条里区があるが、その南北長は条里制の四坪（四町）余である。この最南列の坪は縦長で、一町に余る部分が横長の地割を形成している部分もあるが、その一つに「道代」の小字名があり、またその少し東には「大道ノ上」の小字名がある。この部分にそうした東西の大道が通じていたかどうかは、この特殊条里区と京南条里の起線の問題とともにさらに課題として検討を要する。

f　五徳池の西南に幅約二二メートルの縦長の地割をもつ字「京道」があり、その南は「ハサマ」「橋本」「浮世橋」とつづく。これは中ツ道の遺存地割とみられ、その幅員は今回検出された下ツ道の幅に近い。

g　平城京の東へ張り出した東院地区の北部には、法華寺と内裏を結ぶ幅約三〇メートルの東西に延びる道路敷らしい地割があり、またその北一坪をへだてても東西の道路痕跡らしいものが認められ、これらは左京一条二坊の条坊区画にほぼ合致する。またこれらに直交する南北の小路らしい地割があるが、それは少し西にずれるようである。いずれもこの地域の性格を考える上で検討を要する。

h　秋篠川から西市推定地を横断して西にのびる幅約四〇メートル前後の地割があるが、これも注目される。

⒀　つぎに小字名、あるいは文献史料にみえる地名から推定される遺跡について、若干の点を指摘しておく。

a　左京四条二坊九・十・十五・十六坪は字「田村川」であるが、長徳四年(九九八)「諸国諸庄田地注文定」(『東大寺要録』)では同十二坪と五条二坊九坪が「田村地」で、その一域に藤原仲麻呂の田村第、および田村宮のあったことが推定される。また延喜二年(九〇二)太政官符を勘案すれば、五条二坊九坪は園地、四条二坊十二・十一坪が田村宮・田村第であったらしい。なおつぎの⒁のe参照。

b　左京三条四坊十一・十四坪は字「牛屋」で、付近に「宮前」「石町」「金池」などの地名がある。右大臣藤原是公は牛屋大臣とよばれていたので(『公卿補任』)、その私第址かともみられるが、是公が右大臣となったのは延暦元年(七八二)で、その翌年には田村第に住んでいたことが明らかなので、なお検討を要する。

c　右京二条二坊の約七坪が字「大臣」で、永仁六年「西大寺田園目録」にもその十一・十四坪が字「大臣院」と記されていて、某大臣の私第があったらしい。『公卿補任』によると左大臣橘諸兄は西院大臣と号したらしく、同じ「田園目録」によって秋篠川を「サイ河」(西院川・道祖川か)とよんだことが知られるので、あるいは橘諸兄の邸が付近にあったのかも知れない。

d　右京三条一坊十三坪・同三条二坊四坪は字「斉音寺」という。そのうち四坪からは古瓦が出土するというが、斉音寺は藤原清河の家を寺とした済恩院の後身であろう。とすれば付近に藤原清河の邸があったことになるが、一説は唐招提寺の北をその遺跡とするので、再考を要する。なお大字名として遺る「興福院」は内大臣藤原良継の家を捨てて寺としたものの後とみられ、そのことは『公卿補任』が良継を弘福院大臣とよんだと記していることから推定される。興福院の遺跡は左京四条二坊十坪付近にあるらしい。なおつぎの⒁のe参照。

e 法華寺の東、一条南大路の南と北に「堂ノ前」「堂ノ後」の字名が遺っているが、『延暦僧録』や『続日本紀』に石上宅嗣が住宅を捨てて阿閦寺を建て、その東南隅に漢籍を蔵めた芸亭院を造ったとみえるその遺跡を、この付近に推定する説がある。

f 『行基年譜』によると菅原寺の西の岡に長岡院があったという。「西大寺田園目録」によると、菅原寺の西、右京三条四坊九坪は字「法陀寺」という。なお『公卿補任』に左大臣藤原永手は長岡大臣と号したとみえる。

g 建長三年「西大寺検注目録」によると、右京一条北辺四坊三坪は字「本願ノ池シリ」というが、そこには称徳天皇山荘跡と伝えられる庭園遺跡があり、その西方に字「スケノ池」のあることが「西大寺田園目録」により知られるので、藤原武智麻呂が詩宴を開いた習宜別業もその付近かも知れない。

h 「西大寺田園目録」によると、左京九条三坊四坪は字「辰市ノ南八島」、左京九条四坊二坪は字「ホツミ堂」というが、それぞれ『日本霊異記』にみえる服部堂と穂積寺の所在地と推定されている。

i 左京五条六坊五・十一・十二坪にかけて字「榎葉井」が存し、その西に一坪ずれて「五ノ坪」がある。永承六年(一〇五一)文書によると、左京五条六坊五坪は東大寺佐伯院領であり(股野家蔵東大寺文書)、また文治二年(一一八六)文書では、その坪は字「佐伯院」とある(大橋文書)。この地については天平勝宝九歳(七五七)の左京職勘文(随心院文書)に絵図があって、一般に五条六坊十一―十三坪と五条七坊四坪が佐伯院領で、五条六坊十四坪が井戸のある大安寺薗で、同五坪に葛木寺があったとみている。しかしその井戸を「榎葉井」とし、また五坪が字「佐伯院」であったとすると、一坪西にずらせて五条六坊五・六・十二・十三坪を佐伯院領、十一坪を大安寺薗、四坪を葛木寺とした方が矛盾がない。絵図にある南北道は少道で、東六坊大路とは記されていないし、葛木寺を四坪とみれば、その真南に字「葛木」が存することになる。

j 右京西南隅の字「植槻筋」は殖槻寺の遺称地とみられるが、寺址はその北の字「北田中」付近と推定されている。

⒁ その他の小字名に関して注意される点を列記しておく。

a 平城宮の北方字「門外」の北、下ッ道延長線付近に「衛門戸」、左京三条三坊五・六坪に「衛門殿」の小字名が遺っている。

b 左京三条二坊九坪に「大蔵」、左京四条四坊十・十五坪に「下蔵町」「上蔵町」の小字名が遺っている。

c 唐招提寺と薬師寺の間に「大納言」、その東南、右京六条一坊に「大保」(右大臣か)の小字名がある。

d 左京三条一坊の字「ニブ」はその位置が平城宮壬生門の南に当たることから、「ミブ」の転訛ではなかろうか。

e 田村宮推定地の左京四条二坊十三坪の西辺は「朱雀田」とよばれ、宮南門との関係が想定されるが(京都大学所蔵東大寺文書)、右京四条二坊十四坪にも字「朱雀タイ」の地名が存した(「西大寺田園目録」)。付近に済恩院や弘福院があったと伝えられるので注目される。

f 右京二条四坊十三坪は「西大寺田園目録」によると字「法世寺」であり、一帯は字「法専寺」という。付近から複弁八葉蓮花文軒丸瓦を出土する。

g 疋田に字「京内」があるが、その地は京域外に属する。

⒂ 朱雀大路に関しては『薬師寺黒草紙』に左京六条一坊一坪の地の西は「朱雀」とみえるのみで、朱雀大路の称呼はあまり伝わらず、他は下ツ道として史料にみえる。すなわち永仁六年文書に右京六条一坊四坪南大路辻合の地の東は「下野道」とあり(東大寺文書)、同年の「西大寺田園目録」に左京七条一坊三坪の地について「下津道ノヒラヲサ西」とあり、さらに右京八条一坊三坪の地について「下津道之流」とある。なお左京五条一坊十二坪の地についての「東ノハシ下津道ノ東カケツイチ」という記載はそのままでは実情に即しない。

⒃ なお坪内の地割についても、詳細に検討すれば、宅地割の資料がえられるであろう。基本的に十字に四分した地

割が比較的多い。また宅地の畠地化、さらに田地化の時期についても文献史料によってある程度把握できる。
(17) 大字界・小字界は複雑になるので付図に表記できなかったが、これまた条坊区画を踏襲している場合が多く、条坊復原の資料として重要である。

四　課題

以上は遺存地割・地名による平城京の復原調査の過程において着目された事項のうち主要なものを略記し、付図に対する若干の説明をも兼ねたものであるが、忽々の間における考察であり、資料の蒐集検討も不十分であるため、なお遺漏が多く、あくまで中間報告の域を出ていない。しかし繰り返し述べたように、この作業によって平城京の全体像がかなり細部まで実地に即して具体的に明らかになったので、今後はこの結果を平城京の保存調査にできるだけ有効に活用して行くことが要望される。とくにこの調査は昭和三十七年(一九六二)撮影の航空写真を図化した地図を基本とし、付図もその地図上に平城京の遺存地割を記入したため、それはあくまで昭和三十七年現在の状況を示したものであることを留意されたい。いま同じ結果を昭和四十四年十二月撮影の航空写真を図化して作成された奈良国際文化観光都市計画図に転写してみると、その間における変貌、つまり開発に伴う急速な平城京の破壊に驚かざるを得ない。ましてそれからすでに五年をへている現在では、開発はいっそう進み破壊も著しいとみられる。このような現状に対しては、まず今後は平城京を無秩序な開発に委ねることなく、こうした条坊制の具体的な復原結果を、外京つまり旧奈良市街を含めて、最大限に都市計画の街路計画に盛り込むことが必要であり、そうしたことの基礎資料を得るためにも、街区の状態を典型的に把えることを目的とした発掘調査を、せめて条坊の一坪分を単位に早急に行なうことが望まれる。幸い京内の調査は今回の朱雀大路はじめ市庁舎建設予定地などの発掘調査によってようやくその緒についた感があるが、今後そうした調査の積み重ねによって条坊街区の保存、京内遺跡の調査が進み、今回の調査を含めて、平城京保存調査会以来私たちの続けてきた作業がいっそう実りあるものとなることを望んでやまない。

（付記）今回の調査には狩野久はじめ、今泉隆雄・和田萃・鎌田元一・栄原永遠男が参加し、また平城京保存調査会の作業では上記のほか、鬼頭清明・横田拓実・千田稔・高橋誠一らの協力をえた。

第九章　平城京へ・平城京から

一　平城京へ

平城京への遷都については、和銅元年(七〇八)二月戊寅(十五日)に「方今平城之地、四禽叶レ図、三山作レ鎮、亀筮並従、宜レ建ニ都邑ニ」という有名な文章を含む遷都の詔が発せられ、それから二年後の和銅三年三月辛酉(十日)に始めて都を平城に遷し、石上朝臣麻呂を藤原京の留守とした、と『続日本紀』に記されている。小稿では一つにはこの平城京への遷都に関して、従来の諸説を補う意味で若干の点を指摘しておこうと思う。

まずどうしてこの時点で平城遷都が実行されたかという問題に関してである。遷都の詔が発せられた和銅元年二月は、元明天皇の即位からすでに七か月が経過しているが、先帝文武を檜隈安古山陵に葬って、喪葬の儀をすべて終わったのが前年の十一月下旬であったことからすれば、やはりそれは元明天皇の即位を契機としていちおう考えられる。しかし問題はそれほど簡単ではなく、いくつか検討を要する点がある。まず早く指摘されているように、遷都のことは和銅元年二月に始めて発議して決定されたのではない。すでに文武在世中の慶雲四年(七〇七)正月(新訂増補国史大系本は二月と意改)、つまり一年あまり前に文武天皇が王臣五位以上に詔して遷都のことを議っているのである。ここにいう王臣五位以上とは、すぐそのあとで授位された人数について、「親王已下五位已上男女一百十人」と記されている数に近いものであったか(1)、あるいはそのうちの京官のみに限られたものであったかは明らかでない。しかし、ともかくこのことが、遷都の詔の中で元明天皇が、みずからの大任を思うとき、「遷都之事必未レ遑也」、すなわちまだ遷都のことなどゆっくり考える暇がないとしながらも、「王公大臣」らみなが新しい宮都の建設をしきりに勧めるので、その「衆議難レ忍、詞情深切」の故をもって平城遷都に踏み切ったとし、「京師者、百官之府、四海所レ帰、唯朕一人、豈独逸予、苟利ニ於物一、其可レ遠乎」と述べていることに関係するのであろう。従ってこの詔をそのまま字義通りに受けとるならば、元明は即位直後で、むしろ遷都に消極的であったのを、「王公大臣」らの「衆議」に従って遷都したということになり、元明女帝自身としては、即位を契機に遷都しようという積極的な考えはなかったようである。

このように平城遷都が衆議に従って決せられ、それが慶雲四年に遡るとすれば、その時点ですでに「平城京」への遷都が可か否かというように、遷都先を具体的に示して議題とされたかどうかが問題となる。これについては、天平十六年(七四四)閏正月に詔して百官を朝堂に喚び集め、恭仁・難波二京のうちどちらを都と定むべきかをそれぞれに問うたところ、恭仁京をよしとする者が五位以上二四人、六位以下一五七人、難波京をよしとした者が五位以上二三人、六位以下一三〇人であったと『続日本紀』に記されていることが参考となろう。すなわちこの場合は遷都について具体的に候補地をあげて下問しているのである。このあと市人についても同じように定京のことを問うているが、その場合も、恭仁か難波か平城かという問い方をしているらしいし、さらに翌十七年五月の平城遷都の場合も、太政官は諸司の官人や四大寺の衆僧にどこを都とすべきかと問い、平城という答をえている。従って遷都のことを議する場合には、漠然と遷都すべきか否かを問うのでなく、具体的な候補地について意見を徴したようであるから、慶雲四年正月の場合も、すでにこの時点で「平城京」への遷都が具体的に議題とされていたとみた方がよいのではなかろうか。従ってそのとき衆議が平城遷都に一決したとまではいえないかも知れないが、すでに平城京がつぎの有力な遷都候補地となっていたことは確実であろう。さきに藤原宮址から出土した典薬寮関係の木簡の一つに「奈良」「奈」「那」「平」と習書したものがあることは興味深い。この一群の木簡の中には「太宝三年」と記したものがあり、それ以後一括投棄されたらしいことだけは確実であるが、その下限は明確にし難いので、(2) あるいは平城遷都の詔が出されてのちのものかもわからない。しかし藤原京時代の終りには、次の都を「奈良」とすることがすでに一般にもかなり予想されてきていたのではなかろうか。そう考えるには、平城京が何ものにもとらわれず全く新しく設計された都城でなく、藤原京なり、大和の古道にある程度制約されて設定されたものであるという事実が関係するかと思われるが、それについてはまた後にふれることとしよう。

このように平城遷都の計画は元明天皇即位以前、文武天皇在世中にすでに固まっていた公算が大きいのであるが、それでは平城遷都は元明即位と全然無関係かというと、そうとも断ぜられない。それは慶雲四年正月という時点では、すでに文武天皇が元明天皇への譲位の意志を表明していたからである。このことは『続日本紀』巻四の元明即位前紀に、「慶雲三年十一月、豊祖父天皇不予、始有二禅位之志一、天皇謙譲、固辞不レ受」とあり、また慶雲四年七月壬子条の即位の宣命にも、「去年十一月爾威加母我王朕子天皇乃詔豆羅久、朕御身労坐故暇間得而御病欲治、此乃天豆日嗣之位者大命爾坐世大坐坐而治可賜止譲賜」と述べられていることから知られる。ただ『続日本紀』当該年月条には文武不予のことも、阿閇皇女への譲位のことも記されておらず、「是年、天下諸国疫疾、百姓多死、始作二土牛一大儺」と、その年に疫病の流行したことを述べるだけである。しかしこの文武譲位と元明辞退の一件は、決して元明即位の前提として謙譲固辞の美徳を形式的観念的に述べようとしたものではなく、やはり事実として受けとめるべきであろう。しかも慶雲三年十一月以後は、元明即位が既定の事実として時日の問題と考えられていたのではなかろうか。そのことは即位の宣命にもつづけて、「遍多久日重而譲賜倍婆、労美威美今年六月十五日爾詔命者受賜止白」と述べられていることと、また六月十五日は文武崩御の当日であるが、その九日後に早くも阿閇皇女が藤原宮の東楼に御し、八省の卿および五衛府の督率らを召して、遺詔によって万機を摂る旨を宣し、ついで七月十七日に即位したという経過からも推される。なおつぎの元正天皇の場合は、元明の譲位に対して「朕欽承二禅命一、不三敢推譲二」と直ちに受諾している。当時即位には必ずしも形式的な辞退を必要としなかった一例である。

また私はつぎの史実に注目する必要があると考える。それは慶雲四年四月庚辰(十三日)に日並知皇子命、すなわち草壁皇子の薨日を国忌としたことである。いうまでもなく草壁皇子は天武天皇の嫡子、その妃が阿閇皇女、つまり元明天皇であり、文武天皇の父に当たる。草壁皇子は天武天皇の皇太子となったが、天武の崩じた直後の持統称制三年(六八九)四月乙未(十三日)に即位をまたず薨じた。ところで国忌のことは、養老儀制令に「国忌日、謂二先皇崩日一依二別式一合二廃務一者」とあるが、この規定が大宝令に存したか否かは、『令集解』がこの部分についての古記の注釈を掲げていないので、これだけでは明らかでない。しかし職員令治部省条の卿の職掌の一つとして掲げる国忌については、『令集解』が「謂二先皇崩日一也、釈及古記並无レ別也」と記しているから、大宝令に国忌のことが定められていたことは確認できる。しかも『続日本紀』大宝二年(七〇二)十二月甲午(二日)条によると、九月九日と十二月三日は先帝、すなわち天武と天智の忌日に当たるので、諸司は当日廃務すべきであると勅している。このことをさきの儀制令の規定と対比するとき、国忌当日廃務のことがすでに大宝令に遡ることが知られると同時に、この大宝二年十二月三日がその最初の実施を示すものと考えられ、大宝令施行の期日を具体的に知る一史料としても興味深い。

さて問題をもとに戻して、どうして慶雲四年四月十三日という時点に至って、草壁皇子の薨日が国忌に入れられたかということである。当日はちょうど忌日に当たり、草壁皇子は文武天皇の父である。従ってそのための追尊という意味がないではない。しかし文武即位からすでに一〇年が経過していて、そういう機会は今までに何回かあったはずである。だからどうしてこの時点においてという疑問が出るのは当然であろう。私はこの時点で草壁の薨日を国忌のうちに加え、草壁を天智・天武と同列に先の天皇とみなしたことは、最後の追尊の機会をとらえたということとともに、阿閇皇女の即位に備えたものであり、それは前年十一月に始まる譲位問題に関わる措置ではなかったかと思う。文武天皇は慶雲四年正月(新訂増補国史大系本は二月と意改)には大極殿に出御して成選の人たちに授位しているから、一時病気は回復したのであろう。しかし依然として疫疾の猖獗する状況のなかで、健康に自信を失い、いちど表明した譲位の決心を翻すことはなかった。しかし阿閇皇女にも即位を固辞する事情があった。もちろんこうした皇統の難局に際して、中継ぎ的な意味で女帝が即位する慣例はあった。推古・皇極・斉明・持統の場合がそれである。しかしすでに論じたように、(3)そうした女帝はすべて先帝の皇后であるという点で共通していた。すなわち推古は敏達の、皇極(斉明)は舒明の、持統は天武のいずれも皇后であった。しかしいま阿閇皇女は文武の実母であり、皇太子草壁の妃ではあったが、先帝の皇后ではない。皇女がはじめ即位を固辞した理由の一つにはそうしたことがあったのではなかろうか。そこでその障害を取り除くための措置が、ちょうどめぐり来った草壁の薨日を国忌の例に入れ、それによって天智・天武と同じように草壁を先皇と認めることであったのであろう。こうすればその正妃の阿閇皇女は皇后と同列と見做され、先帝皇后即位の慣例に従って、その女帝としての即位を順当に導くことができるからである。草壁皇子が正式に天皇と称され、岡宮御宇天皇という尊号を追贈されるのは天平宝字二年(七五八)八月に至ってであるが、それよりさき『続日本紀』天平勝宝七歳(七五五)十月丙午条には、山科(天智)・大内東西(天武・持統)・安古(文武)・奈保山東西(元明・元正)の各天皇の山陵に遣使された記事がみえる。その場合草壁皇子の真弓山陵も「山陵」と称して同じように遣使の例に入っているところをみると、国忌のみでなく、墳墓についてもかなり早くから天皇陵と同等に取り扱われることになっていたのではなかろうか。ちなみに『令集解』喪葬令先皇陵条に引く古記は、「陵、謂二墓一種一、以二貴賤一為二別名一耳、帝皇葬因レ陵如レ陵、故云レ陵」と述べ、「三后及太子斂之処、若為称、又令レ守以不」という問いに対しては「除二即位天皇一以外、皆悉称レ墓、又令レ守名為二墓守一」と述べて、少なくとも大宝令から陵と墓が峻別されていたことを明らかにしている。

このように元明天皇の即位は、慶雲三年十一月から既定の事実として、時日の問題と考えられていた可能性が多いが、実際は文武崩御というおそらくそこまでは予期しなかったであろう事態が発生して、その実現が翌年七月となったのである。こうした先帝譲位から新帝即位までの期間の問題については、元明の場合以外に、即位の前兆となる瑞亀の献上を一つの目安として、いつごろから即位が準備されたかをある程度推定することができる。瑞亀の献上は即位を導く祥瑞として作為的に行なわれたからである(4)。参考までに記しておこう。

(1)元明から元正への場合、和銅八年八月二十八日に左京人大初位下高田首久比麻呂によって霊亀が献上され、同年九月二日に元正が即位、同時に「霊亀」と改元され、久比麻呂には従六位上と絁二十疋・綿四十屯・布八十端・稲二千束が授けられた。その間わずか数日で、この場合は極めて迅速に事が運ばれた感が深い。

(2)元正から聖武への場合、養老七年(七二三)九月七日、または十月十一日に左京人无位紀朝臣家が白亀を献じ、十月二十三日に家にやはり従六位上と絁二十疋・綿四十屯・布八十端・稲二千束が授けられたが、聖武の即位は翌年二月四日に行なわれ、同時に「神亀」と改元された。この間約四か月でやや長い。

(3)光明立后の場合、神亀六年(七二九)六月二十日河内国古市郡人无位賀茂子虫によって背に「天王貴平知百年」という文のある亀が献上され、八月五日に「天平」と改元、その日賀茂子虫に同じように従六位上と、絁二十疋・綿四十屯・布八十端・大税二千束が授けられたが、立后は同月二十四日でその間約二か月であった。

(4)称徳から光仁への場合、神護景雲四年(七七〇)八月四日に称徳が崩じ、即日白壁王が立太子。そして八月五日に肥後国葦北郡人日奉部広主売が、また同月十七日には同国益城郡人山稲主が、ともに白亀を献上し、十月一日に即位。即日「宝亀」と改元され、同月九日に稲主と広主女に爵十六級と、絁十疋・綿二十屯・布四十端・正税一千束を賜わった。賜物の額は従前の例と同じであるが、二人で折半となっている。このように譲位でなく、崩御の場合も約二か月は要している。

こうしてみると元明の場合は、文武の崩御から即位まで約一か月であるから、光仁即位の場合よりも早く、またかねてから即位が待望されていたとみられる聖武の場合がかえって四か月も要しているのに比して、文武崩御から元明即位までは迅速に事が運ばれたようで、(5) この点からも元明即位は文武崩御前から十分準備されていたといえよう。そしてその期間に遷都のことが議せられたのであるから、元明は即位直後の遷都に消極的であったとしても、平城遷都と元明即位は無関係であったとは決して簡単にいえないのである。

しかしそのように平城遷都の議が文武の譲位表明後、元明即位を予期した中で行なわれたとしても、そのことから直ちに平城遷都が新しい元明天皇の宮都建設という目的で行なわれたとか、あるいはさらに進んで当時八歳であった首皇子の即位を予期して、そのための準備であったとか結論することもまたなお論拠は十分でなく、臆測の域を出ない。ただ首皇子に関しては、その母藤原宮子の父に当たる藤原不比等の存在をこの場合無視することができない。それについては草壁皇子の薨日を国忌とした翌々日、大納言藤原不比等に詔があり、不比等が文武朝まで代々の朝廷に重臣として仕えてきた功績を讃えるとともに、その父鎌足をも回想して、功封として五千戸を与えようとされたが、不比等は辞退して二千戸を賜わるに止まったということが注目される。この事実はさきの国忌の件が文武の実父に対する処置であったに対して、夫人宮子の父、つまり義父に対するものである点、互いに関連があるともみられるが、同時にそれはこの時期における不比等の実権のほどを示しているといえよう。不比等は元明即位後、和銅改元当日の叙位で従二位から正二位に昇り、三月の大異動では大納言から右大臣に昇任した。さらに十一月に行なわれた大嘗会の御宴では、その妻県犬養三千代が天武から文武の宮廷まで歴仕した忠誠を賞されて、橘を浮かべた杯とともに橘宿禰の氏姓を賜わった。これらの事実をみるとき、元明即位実現の背後に不比等と三千代の動きのあることは否定できない。と同時にそれは平城遷都計画についてもいえることで、そのことは早く喜田貞吉氏の指摘された通りであろう。(6) その点で平城遷都の主唱者を藤原不比等とする従来の通説を私も改めて確認するのであるが、だからといって、それを不比等個人、あるいは藤原氏一族の利害のみにあまり局限して考える説には賛成できない。

それは平城京の建設事業が藤原京と比較して極めて大規模であり、またさきにも少しふれたように、平城京と藤原京のプランが相互に非常に密接であるからである。すでに明らかにしたように、(7) 平城京は藤原京を中ッ道と下ッ道にそわせてそのまま北に移し、下ッ道を基軸として西に二倍に拡大したもので、南北は条数を一二条から九条に減じたため、一・五倍に止まったので、主体部の面積は三倍となったが、これに外京・北辺が加わって平城京は完成したのである。こうした整然たる計画性のなかに、平城造都が不比等個人や藤原氏一族の恣意を超えた律令制国家の発展とかかわり深い事業であることを強く感じるのであるが、それについてつぎの事実を新たに指摘しておこう。それは和銅元年三月に成立した新しい議政官の構成と同年九月に任命された造平城京司官人との関係である。いま対照を容易にするため、左に表として示そう。

太政官		造平城京司・造宮省
知太政官事穂積親王	‖	藤原京留守官
左大臣石上朝臣麻呂	↓	造宮卿大伴宿禰手拍
右大臣藤原朝臣不比等	↓	造平城京司次官小野朝臣広人
大納言大伴宿禰安麻呂	↓	造平城京司次官小野朝臣馬養
中納言小野朝臣毛野	‖	造平城京司長官
〃　阿倍朝臣宿奈麻呂	↓	造平城京司次官中臣朝臣人足
〃　中臣朝臣意美麻呂	‖	造平城京司長官
民部卿多治比真人池守		

すなわち中納言の阿倍宿奈麻呂自身が造平城京司長官を兼ね、他の二人の中納言小野毛野と中臣意美麻呂の一族からは、いずれも造平城京司次官として小野広人・小野馬養と中臣人足の三人が選ばれている。とくに小野氏は平城付近の地に早くから勢力をもっていた和珥氏の一族であるためか、同時に二人が次官となっている。そしていま一人の

長官には民部卿の多治比池守がなっているが、これは民部卿の職掌が造営に深く関係するからであろう(8)。また大納言大伴安麻呂に関しては、すでにそれより早く元年三月に造宮卿として大伴手拍が任ぜられていて、彼は和銅六年九月に亡くなるまでその任にあった。そして右大臣不比等は中臣氏の分族であるから、議政官六人のうち平城京造営担当の主要官職と関係のないのは、穂積親王を除くと、諸臣では左大臣石上麻呂一人となる。しかし彼はすでに老齢でもあり、また平城遷都の場合は藤原京の留守となって、平城遷都に消極的な存在であったことを暗示しているのである。こうして平城京造営にたずさわった造平城京司・造宮省の主要ポストにあった人たちが、そのときの台閣と直接・間接に密接な間柄にあったということは、平城遷都に対してときの政府が一致して取り組もうとしていたことを示しているとみるべきであり、その実質的な最高責任者が藤原不比等であったということになるのではなかろうか。

以上やや迂遠な説明に終わったが、要約すれば、平城遷都は文武が譲位の意志を表明し、元明即位が準備されるなかで議せられたことであるから、元明天皇の即位と全く関係がないとはいえないが、その主導的役割を果したのはやはり当時政界の実力者となりつつあった藤原不比等であり、しかも彼だけでなくそのとき台閣を構成していた人たちやその一族が協力して事に当たり、またそうした態勢のもとでなければ容易に実現できない大事業であったことが、平城京の造営期間(9)、あるいは最近の平城京の復原の結果(10)からもいえるということになるのではなかろうか。

二　平城京から

平城京から長岡京への遷都は、延暦三年(七八四)五月丙戌(十六日)に中納言藤原小黒麻呂・藤原種継らが遷都のため山背国乙訓郡長岡村に遣わされて地を相し、同じ年の十一月戊申(十一日)に早くも桓武天皇が長岡宮に移幸して実現した。この長岡遷都について喜田貞吉氏が「歴史上最も解すべからざる現象の一つである」と述べられて以来(11)、長岡京は謎の多い都とされている。私もその謎のすべてを解くことはできないが、小稿では謎の解明のための一つの視角を新たに提示してみたいと思う。

長岡京遷都の主たる建議者を暗殺された藤原種継とみるのは喜田貞吉氏以来の定説であるが、これに対して和気清麻呂の役割を無視できないと指摘されたのは佐伯有清氏である。(12) その論拠を私なりに整理して示すとつぎのようになる。

(1) 延暦三年十二月造宮に功労のあった者に爵を賜わったが、そのとき正三位を授けられた藤原種継や他の人たちとともに、和気清麻呂が従四位上を授けられている。

(2) 清麻呂は延暦二年三月に摂津大夫に任ぜられ、遷都当時もその任にあったが、とくにその点からいくつかの事実が注意される。

(a) まず延暦三年五月、種継らがはじめて長岡の地の視察に赴く三日前に、摂津職が、五月七日に蝦蟇二万匹ばかりが三町ほどに列なって四天王寺の境内に入り、やがて散去したと言上した。このことは、『水鏡』も「遷都アルベキ相ナリト申合シ程ニ」と述べているように、遷都の前兆と解していたとみられること。

(b) つぎに同じ五月二十四日に、摂津職の史生武生連佐比乎が白鷰一羽を献上し、爵二級と正税五百束を賜わったが、これは遷都の慶瑞とみられていたこと。

(c) また住吉神が六月に勲三等に叙せられ、ついで十二月には正三位から従二位に昇叙されているが、同じ日長岡宮造営関係者に労効に従って叙爵が行なわれているので住吉神も遷都に関係したのでなかろうかということ。

(3) 以上の諸点から、長岡遷都を建議した種継は、摂津大夫の清麻呂と結んで、種々遷都を有利に、かつ円滑に運ばせる計画をめぐらしたと考えられるが、清麻呂は道鏡事件において藤原氏、とくに百川と結びつき、ひいて彼の政策の後継者となった甥の種継との関係も生じたというのである。

私は長岡遷都における摂津大夫和気清麻呂の役割に着目する必要があるとする点は同感であるが、それを単なる種継・清麻呂の個人的結びつきに解消してしまうのはいかがであろうか。私は清麻呂という人物よりも、摂津大夫として管した難波の地に意味があるとみる。すなわち長岡遷都と難波京の関係を重視したいのである。端的にいえば長岡遷都は平城京からの遷都であるとともに、難波京からの遷移でもあったのでなかろうか。それにはまず長岡遷都の前兆が難波で起こったとされていることに留意すべきである。こうした遷都の前兆の例は、難波遷都に関して、『日本書紀』大化元年(六四五)十二月癸卯条に、「老人等相謂之曰、自㆑春至㆑夏、鼠向㆓難波㆒、遷都之兆也」とみえ、倭京河辺行宮への遷居については、白雉五年(六五四)正月戊申条に「夜、鼠向㆓倭都㆒而遷」、同じく十二月己酉条に、「老者語之曰、鼠向㆓倭都㆒、遷㆑都之兆」とある。また近江遷都に関しては、天智五年(六六六)是冬条に「京都之鼠向㆓近江㆒移」とあり、いずれも鼠の移動であるが、前兆はつねに遷さるべき旧都の所在地で起こっているとみるべきであろう。[13]だから長岡遷都がもし平城京からの遷都であれば、そうした前兆は平城京で起こったとすべきであろう。しかるに難波京で前兆が認められたというのは長岡遷都において難波京が特別な意味をもっていたことを示しているといえよう。従って白燕の貢上も住吉神の叙位叙勲もすべてそうした方向で理解すべきであろう。

そしてこの問題に関しては、最近における長岡宮および難波宮の発掘調査の結果として、難波宮の建物が解体され、長岡宮に移築された可能性が多いと考えられている事実に注目しなければならない。その論拠はつぎの諸点にある。まず聖武朝難波宮で使用されている同じ形式の重圏文軒丸瓦と重弧文軒平瓦が長岡宮のおもに朝堂院付近から多く出土していること。つぎに難波宮の大極殿・朝堂院の規模が長岡宮のそれとよく似ていること。また造営に新しい用材を用いるとすると、その乾燥期間が少なくとも二年ほどは必要であるのに、長岡宮の場合は着工から遷都までが半年にも満たないこと。そして造長岡宮使の筆頭となった種継はかつて聖武朝の難波宮造営に知造難波宮事であった藤原宇合の孫に当たるので、難波宮との関係が深いこと。さらに淀川の水運が長岡京への建築資材の運搬に便利なこと。

これらの理由から、長岡京造営に際してはまず難波宮の建物の移建が実行されたと解されている。[14] 私は難波宮主要建物の長岡宮への移建が事実として認められるならば、それは単に長岡宮造営に必要な建物の移建というに止まらず、そのことの中には難波宮の廃止、あるいは難波京の遷移という意味が込められていたと考えるのである。事実長岡遷都後の延暦十二年三月に摂津職は廃されて摂津国となるが、そのときの太政官符には「難波大宮既停」と述べられているから、移建の始まった時点で難波宮は実質的には廃されたと考えるべきであろう。[15] しかしそれによってそれまで難波宮の果たして来た機能が全く停止されたのではなく、それは長岡京に受け継がれたとみられ、[16] それが藤原京・平城京・恭仁京などよりも遥かに水運に便利な、淀川に臨む位置に長岡京が設定された理由であろうし、[17] 延暦四年正月に摂津国の神下・梓江・鯵生野を掘開して、淀川を三国川(神崎川)に通ずるようにしたのもそのためであろう。

このように長岡遷都には難波京の遷移とみられる要素が多いが、平城京からの遷都であったことも事実であり、実際に平城宮の建物もまた移築された。すなわち延暦十年九月には平城宮諸門を壊って長岡宮に移したと『続紀』にみえるほか、とくに内裏付近からは平城宮と同じ形式の瓦が多く出土するという。従って長岡京は難波京の遷されたものでもあり、また平城京の遷されたものでもあったわけで、いわば平城京と難波京を統合したような都であったということになる。ところでこのように解すると、従来長岡京の謎とされていたことがいくらか解けるようにも思う。すなわち桓武天皇は即位すると、光仁朝につづいて緊縮政策を実施し、延暦元年四月には財政倹約のため、「宮室堪ㇾ居」という理由で造宮省を、勅旨省や造法花寺司・鋳銭司とともに廃止しておきながら、どうしてその直後に長岡遷都を実行したのだろうかという疑問があるが、これに対しては、長岡京は天武朝以後長らく副都として存在した難波京を廃し、平城京と統合しようという意図をもって建設されたので、諸政簡易化というさきの詔の趣旨にそったものであると答えることができよう。そうしたために朝堂院の規模も小さく、一二堂が八堂に減ぜられているのであろう。従って和気清麻呂が長岡遷都に関係してくるのは、摂津大夫として難波京を管する摂津職の長官という位置にあったからであって、種継との個人的な結びつきから長岡遷都を援助したというのではなかろう。またすでに明らかにしたように、飛鳥から藤原京、さらに平城京への展開は、大和の古道を基軸に整然と行なわれており、恭仁京もまたそうした古道と無関係ではないとされている。[18]しかも図上測定によると、平安京の東京極は平城京の西京極の線にほぼ一致する。もしこの事実が偶然の一致でないとすると、倭京から平安京に至る首都が南から北へ相関連しながら整然と配置されたということになるが、その場合この系列からはみ出すのは長岡京だけである。また十二堂院の制も藤原・平城・平安と確認されていながら、その系列に入るべき長岡宮は八堂しかない。古代における宮都の展開において、こうした新しい謎を長岡京は有しているのであるが、上述のように長岡京が平城京の単純な遷都でなく、難波京をも統合したものであるとするならば、そうした特異性も理解できないではない。しかしその故に問題や抵抗も多く、それが造長岡宮使種継の暗殺となって現われ、また完成の渋滞した理由であろうが、そうした長岡京のもつ複雑性を整理し払拭して、正統な首都として改めて建設されたのが平安京であったということにはならないだろうか。一つの試論として提示する。

(1) 『続日本紀』慶雲四年正月(新訂増補国史大系本は二月と意改)甲午条。なお大宝元年三月甲午条によると、このとき位号を改め爵を進めたものを、諸王一四人、諸臣一〇五人としているが、この数字はその少し後の同年五月己亥条に「始改二勤位已下之号一、内外有位六位已下者進二階一級一」とあるのと対比すると、五位以上の諸王臣の総数をさすものと解してよいであろう。そのほかこうした官人の数を示す史料として『続日本紀』にみえるものには、文武三年六月に日向王の喪儀に会した「直冠(四位)已下一百五十九人」、天平三年八月に上表した「主典已上三百九十六人」、天平十六年閏正月に定京についての下問に答えた五位以上四七人、六位以下二八七人などがある。

(2) 奈良県教育委員会『藤原宮——国道一六五号線バイパスに伴う宮域調査——』(『奈良県史跡名勝天然記念物調査報告』二五、昭和四十四年三月)図版六一。なお典薬寮関係の木簡の年代の下限について、報告書ではいちおう大宝末年ごろとしたが、確証はない。

(3) 岸俊男「光明立后の史的意義」(『日本古代政治史研究』、昭和四十一年五月所収)。
(4) 岸俊男「県犬養橘宿禰三千代をめぐる臆説」(末永先生古稀記念会編『末永先生古稀記念古代学論叢』、昭和四十二年十月所収、のち『宮都と木簡――よみがえる古代史――』、昭和五十二年十月所収)。
(5) このように元明即位がかねてから予期され、また迅速に行なわれたにもかかわらず、即位に際してなお不安のあったことについては、岸俊男「元明太上天皇の崩御」(前掲『日本古代政治史研究』所収)を参照されたい。
(6) 喜田貞吉『帝都』(昭和十四年八月)一四六ページ。
(7) 岸俊男「飛鳥から平城へ」(坪井清足・岸俊男編著『古代の日本』5近畿、昭和四十五年一月所収、本書第三章)。
(8) 恭仁京造営の場合にも、民部卿藤原仲麻呂が木工頭智努王(間もなく造宮卿となる)・散位高丘河内(間もなく造宮輔となる)・主税頭文黒麻呂とともに宅地の班給や左右京の設定に従事している。

平城京		藤原京	
和銅元	(2) 遷都の詔 (9) 菅原に行幸、平城を巡幸して地形を観る (9) 造平城京司を任ず (10) 伊勢大神宮に奉幣して造営を報告 (11) 菅原の九〇余家を移す (12) 平城宮地を鎮祭	持統四	(10) 高市皇子藤原宮地をみる (12) 藤原に行幸、宮地をみる
和銅二	(8) 平城宮に行幸 (9) 天皇新京の百姓を巡撫し、造宮関係者を慰労す (10) 造平城京司に墳墓の処置を命ず (10) 百姓遷都に動揺するため、この年の租調を免ず (12) 平城宮に行幸	持統五	(10) 新益京を鎮祭す (12) 宅地の班給
和銅三	(3) 平城遷都	持統六	(1) 天皇新益京の路をみる (5) 藤原宮地を鎮祭す

	(6) 天皇藤原宮地をみる
持統七	(2) 造京司に発掘した尸の処置を命ず
	(8) 藤原宮地に行幸
持統八	(1) 藤原宮に行幸
	(12) 藤原遷都

(9) 平城京の造営過程を藤原京と比較してみるとつぎのようである。

右によると、工事着手から遷都までの期間は、藤原京が平城京より約三年も多く要している。もっとも平城京も和銅四年正月にはなお宮垣が完成しておらず、翌年十月ごろまで役民が使役されていたようであるが、それはともかく、いちおうの遷都までは平城京がはるかに早い。しかもこれら平城京の造営に関する記事をみると、九月から十二月の間に集中していることが注意される。これは当時四―九月が要月で、以外は閑月として、雇民の使役はその間と定められていたから、平城京の造営も、遷都の詔がとくに「亦待㆓秋収後㆒令㆑造㆓路橋㆒、子来之義勿㆑致㆓労擾㆒」と述べている趣旨に従って、その期間に集中的に行なわれたことを示しているのではなかろうか。とすれば、正味の工事期間は一年にも満たない短期間であったことになり、それほど造営記事が集中性を示さない藤原京の場合に比較して、平城京の場合はよほど多くの役民の使役と、徹底した体制のもとで工事が進められたらしいことを推察させるのである。

(10) 岸俊男「遺存地割・地名による平城京の復原調査」(奈良国立文化財研究所『平城京朱雀大路発掘調査報告』、昭和四十九年三月所収、本書第八章)。

(11) 喜田貞吉『帝都』(前掲)二一一ページ。

(12) 佐伯有清「長岡・平安遷都とその建議者達」(『日本古代の政治と社会』、昭和四十五年五月所収)。

(13) この蝦蟇の「大行進」を村尾次郎氏は前兆でなく、示恠であるとしておられる(『桓武天皇』、昭和三十八年十月、九八ページ)。しかし難波市から出て四天王寺に入り、散り去ったというのは、難波京からの退散を意味すると解される。

(14) 福山敏男・中山修一・高橋徹・浪貝毅『長岡京発掘』(昭和四十三年七月)、小林清「用材乾燥問題からみた長岡宮の造宮」(『史林』五三―四、昭和四十五年七月)、同『長岡京の新研究(六)』(昭和五十年八月)など。

(15) 『続日本紀』延暦八年十一月壬午条には、「停㆔止摂津職勘㆓過公私之使㆒」とみえる。

(16) 難波京には外国の使節のための客館があったが、長岡京にも「コウロ」(鴻臚)の地名があり、平安京にも鴻臚館は存した。これに対して平城京では史料上でもその存在を確認できない。

(17) 『続日本紀』延暦六年十月丁亥条にみえる詔には、「朕以㆓水陸之便㆒遷㆓都茲邑㆒」とある。

(18) 足利健亮「恭仁京の京極および和泉・近江の古道に関する若干の覚え書き」(大阪府立大学『社会科学論集』一、昭和四十五年三月)。

第十章　記紀・万葉集のミヤコ

一　「ミヤコ」の用字

私たちがたとえば「平城京」といった場合、それは周囲に羅城こそないが、条坊制によって区画された左京・右京の京城全域を意味する。これに対してその中央北寄りに位置する内裏・朝堂・曹司、あるいは衛府などのある築地で囲まれた一域は「平城宮」と呼んで、「平城京」と明確に区別している。このように「宮」と「京」は都城制のもとでははっきりと区別されているが、[1] もともと和訓では必ずしもそのような厳密な区別があったわけではなかろう。すなわち「宮」は「ミヤ」と訓むが、それは接頭語「ミ」＋「ヤ」(屋)の意で、それに場所を意味する「コ」がついて「ミヤコ」となる。だから和訓の「ミヤコ」は都城制の有無とは関係がないが、その「ミヤコ」に「京」のほか「京師」「都」「京都」などさまざまな漢字が充てられている。

「宮」は「宮室」という熟語と同じく、本来「へや」すなわち「室」の意であるのに対し、「京」の原義は「大阜」、つまり「大きい丘」を意味し、転じて「大きい」の意にも用いられる。また「師」はこの場合は「衆い」の意であるから、大きく人の多い天子の居所として、「京」「京師」とよばれたらしい。さらに「都」の原義は「天子の常居のある聚落」であるとともに、『周礼』などでは畿内にある王の子弟や公卿・大夫の領地、また方一里の「井」を基本とし、それをいくつか集めた行政区画の称呼としても用いられた。従って条坊制の都城を意味するには「京」よりも「都」が本来は適切なのかも知れない。

ところで日本ではこうした原義をもつ漢字を用いて「ミヤコ」の意を表わそうとしたのであるが、都城制の成立を探るうえで、『古事記』『日本書紀』および『万葉集』における「ミヤコ」の用字を少し検討してみよう。

二　『古事記』における「ミヤコ」

まず『古事記』であるが、『古事記』には「ミヤコ」という用語はなく、すべて「ミヤ」=「宮」で、ただ「自二大宮一上幸行、入二坐奴理能美之家一」(仁徳記)と、「如二魚鱗一所レ造之宮室、其綿津見神之宮者也」(神代記)の二例に「大宮」と「宮室」という用字があるだけである。従って「京」とか「京師」という用字は全然なく、また「都」も「ミヤコ」の意では用いられていない。すなわち「都不レ得二一魚一」(神代記)、「都不レ知二執レ檝而立レ船」(応神記)、「都勿二修理一」(仁徳記)の三例にみえる「都」は「スベテ・カツテ」の意で、あとに否定を伴う副詞として用いられ、他の「都」はすべて表音文字、つまり真仮名(万葉仮名)の「つ」として使われている。『古事記』の記載は推古朝までであるから、「ミヤコ」=「京」「京師」「都」などの用語・用字が現われないのは当然とも思えるが、次に述べる『日本書紀』とは対照的で、やはり『古事記』の本文の筆録化の過程ではまだ「ミヤコ」の概念が未熟で、「都」=「ミヤコ」の意識も稀薄であったといえるのでなかろうか。

以上は『古事記』の本文に関してのことであるが、序文に「都邑」の語がみえるのは注意を要する。それは天武天皇が壬申の乱に勝利して倭京に還り、浄御原宮で即位したことを「乃放レ牛息レ馬、愷悌帰二於華夏一、巻レ旌戢レ戈、儛詠停二於都邑一、歳次二大梁一、月踵二侠鐘一、清原大宮昇即二天位一」と記しているところで、そこに「華夏」と同意で「都邑」の語が用いられている。右の文章のうちにみえる「愷悌」「巻レ旌戢レ戈」については、『日本書紀』の巻七に「是以巻レ甲戢レ戈、愷悌還之」(景行四十年是歳条)とよく似た文章があるので、『古事記』序と『日本書紀』のこの部分の筆録者との関係が注目されているが、[2]「都邑」の語はかの有名な平城遷都の詔にも「方今平城之地、四禽叶レ図、三山作レ鎮、亀筮並従、宜レ建二都邑一」(『続日本紀』和銅元年二月戊寅条)とあり、それは平城京のような都城の意を含んでいるとみるべきであろう。とすれば、その語が『古事記』序で天武朝の浄御原宮に関してとくに用いられているのは、『古事記』の本文に「ミヤコ」の用例がないだけに、『古事記』序をそのまま認めれば、天武朝の都城制を想定する上では、つぎに述べる『万葉集』の壬申の乱平定以後の歌の「京師」「皇都」の用字とともに留意すべきことのように考える。[3]

三　『日本書紀』における「ミヤコ」

つぎは『日本書紀』である。『日本書紀』は『古事記』と違って、都城制による宮都の存否にかかわりなく、「ミヤコ」、すなわち皇宮の所在地の意味で「京」「京師」「京都」「京城」「都」「皇都」「帝京」などの語を用いている。たとえば「天皇将二向京一、以巡二狩筑紫国一」(景行十八年三月紀)をはじめとして、「向レ京」「入レ京」「詣レ京」「至レ京」「還レ京」や「於レ京」「于レ京」などの例が多いが、それらは『日本書紀』の巻別編纂とはかかわりなく、全巻を通じてほぼ一様にみえる。その中で「天皇遂幸二筑紫一、到二豊前国長峡県一、興二行宮一而居、故号二其処一曰レ京也」(景行十二年九月紀)は豊前国京都郡の地名説話であろうが、そこでは「宮」と「京」の区別がない。同じことは「命二有司一、設二壇於泊瀬朝倉一、即二天皇位一、遂定レ宮焉」(雄略即位前紀)、「命二有司一、設二壇場於磐余甕栗一、陟二天皇位一、遂定レ宮焉」(清寧元年正月紀)と「命二有司一、設二壇場於泊瀬列城一、陟二天皇位一、遂定レ都焉」(武烈即位前紀)とを対比してもいえる。この三例は巻十四―十六(雄略―武烈紀)を『日本書紀』編纂における同一グループとみなす根拠とされているが、[4]そこで「定レ宮」が「定レ都」と書き改められているのは、少なくともこのグループの筆録者には「宮」と「都」の区別が定かでなかったことを示している。同じようなことは、たとえば「都二葛城一、是謂二高丘宮一」(綏靖元年正月紀)、「遷二都於片塩一、是謂㆓浮孔宮㆒」(安寧二年紀)とか、「遷㆓都于大倭国勾金橋㆒、因為㆓宮号㆒」(安閑元年正月紀)、「遷㆓都倭国磯城郡磯城嶋㆒、仍号為㆓磯城嶋金刺宮㆒」(欽明元年七月紀)というような記載における「都」「遷㆑都」と「宮」の関係からもいえよう。ことにこの場合、太田善麿氏のいう『日本書紀』編纂分担区分に従えば、前二者は(伊)、後二者は(呂)グループに属するから、[5] この問題に関する限り、そうした分担区分とはいちおう無関係ということになろう。

なお右の(伊)グループには「天皇……即留㆓于来田見邑㆒、権興㆓宮室㆒而居之」(景行十二年十月紀)、「興㆓宮室于穴門㆒而居之、是謂㆓穴門豊浦宮㆒」(仲哀二年九月紀)、「太子……既而興㆓宮室於菟道㆒而居之」(仁徳即位前紀)、「更還㆓山背㆒、興㆓宮室於筒城岡南㆒而居之」(仁徳三十年九月紀)、「天皇則更興㆓造宮室於河内茅渟㆒、而衣通郎姫令㆑居」(允恭八年二月紀)という共通した文章形式があり、さらに(伊)と親近関係にあるとされる(イ)グループにも「皇太子初興㆓宮室于斑鳩㆒」(推古九年二月紀)とみえる。これらにみえる「宮室」の用例は、仲哀紀の穴門豊浦宮を除けば、他は『古事記』にいういわゆる治天下の宮でない場合に限られており、穴門豊浦宮も別に橿日宮があるので、このグループの筆録者は「都」の「宮」とそうでない「宮室」とをいちおう意識的に区別して用いていたように思われる。

以上が『日本書紀』全巻を通じての「京」「都」などの用法であるが、そうしたなかでもすでに指摘したように、孝徳紀・天智紀・天武紀(巻二十八)に「倭京」「倭都」「古京」および「近江京」が頻出することは注目され、また大化改新詔の「初修㆓京師㆒」以前には「検㆓録所㆑献調物㆒、令㆑送㆓京師㆒」(敏達元年五月紀)、「馬子宿禰大臣還㆓于京師㆒、復㆓命屯倉之事㆒」(敏達四年二月紀)の二例しかみえない「京師」が、天武・持統紀に頻出することは、「京及畿内」「京与㆓畿内㆒」などの用例が天武五年九月紀以後急に多くみえることとともにやはり宮都研究の上では重要な意味をもつと思う。[6]

四　『万葉集』における「ミヤコ」

未詳	恭仁	難波	平城	藤原	飛鳥	近江	ミヤコ(度数)
	3—475 4—768 6—1060 8—1631	3—312	6—1049 9—1788 10—2151 12—3136 19—4142 19—4258 3—330 3—331 3—440 3—460 6—1047 6—1048		1—45	1—32 1—33	京(20)
	6—1056 6—1059	6—929	8—1604 8—1639 12—3183 15—3617 15—3699 17—4027 19—4154 19—4245 19—4266 1—79 3—328 3—329 3—439 5—886 6—1044 6—1045 6—1047 8—1592		3—324 19—4260		京師(23)
		3—312 6—928	4—767 6—1046			3—305	都(5)
				1—51			京都(1)
					19—4261		皇都(1)
13—3252	6—1037			13—3324	13—3252		王都(3)

最後に『万葉集』であるが、題詞・左注はしばらくおいて、歌の中で「ミヤコ」と訓んだとみられている「京」「京師」「都」「皇都」「京都」「王都」の用字を整理して、その歌の巻—番号を上に表示しよう。

『万葉集』各巻の成立年代や、それぞれの歌の用字の定着時期はいつか、という難しい問題をすべて捨象して考えると、『万葉集』全巻を通じては「京師」と「京」の用字が圧倒的に多く、『日本書紀』にかなりみられた「都」の用字はそれに比して極めて少ないことが目立つ。とくに『日本書紀』で天武・持統紀から頻出してきた「京師」が「ミヤコ」を意味する漢字として一般化していることは都城制による京の発展の結果として注意しておいてよかろう。

それとともにいま一つ重要な事実があ

る。それは万葉歌には他にも真仮名の表音文字を用いて「美也古」「美也故」「美夜古」「美夜故」「弥夜古」などと表記したものは多いが、他につぎの二例に「宮子」の用字がある。

あきの野のみ草苅り葺きやどれりし兎道乃宮子のかりいほし念ほゆ（巻一—七）

やすみしし吾大王の聞し食す天の下に国はしもさはに有れども……この川の絶ゆる事なくこの山のいや高しらす水そそく滝之宮子は見れど飽かぬかも（巻一—三六）

前者は額田王の歌とも、また戊申の年（大化四年に比定）の近江比良宮行幸に際しての御製とも伝え、さらに斉明五年近江平浦行幸のことが注されているが、いずれにしても「兎道乃宮子」はその途中の宇治行宮をさす。また後者は吉野宮行幸のときの柿本人麻呂の作歌で、「滝之宮子」は吉野宮をいう。「宮子」は「ミヤコ」を表わすための万葉仮名で、たんに訓仮名の「宮」と音仮名の「子」を組み合わせたものかとも思うが、「宮」にはやはりその文字の意味が考えられて用いられているとみられよう。とすれば、こうした二つの離宮に対してことさらに「宮子」の字を用い、「京」「京師」などを用いていないことは、前ページの表にも示されているように、近江京を「楽浪乃故京」（巻一—三二）、「楽浪乃……荒有京」（巻一—三三）、「楽浪乃旧都」（巻三—三〇五）とし、また飛鳥について「明日香能旧京師」（巻三—三二四）とか、壬申年の乱平定以後の歌二首では「皇は神にしませば赤駒のはらばふ田為を京師となしつ」「大王は神にしませば水鳥のすだくみぬまを皇都となしつ」（巻十九—四二六〇・四二六一）と記し、いずれも「ミヤコ」に「京」「都」「京師」「皇都」の字を充てていることと対比するとき、近江大津宮や飛鳥浄御原宮における都城制の存否を考究する上では示唆的であると思う。ただ既述のように、『日本書紀』にも治天下の宮以外は「宮室」の語を用いてそれと区別する意識があるから、『万葉集』でも同じように「ミヤコ」と訓みながら、離宮としての「宮」と首都としての「京」「京師」「都」を識別しているとも考えられるので、この事例から直ちに近江や飛鳥における都城制の存在を立証することは難しいかも知れないが、ともかく顕著な用字の相違として留意すべきことと思う。

以上ははじめにも断わったように、歌の用字だけに関しての考察であるが、題詞・左注ではまたやや趣きを異にする。気付いたことの若干を簡単に記しておこう。まず「従二明日香宮一遷二居藤原宮一之後志貴皇子御作歌」(巻一―五一題詞)、「従二明日香一遷二藤原宮一之後作二此歌一歟」(巻三―二六八左注)、「藤原宮之役民作歌」(巻一―五〇題詞)、「藤原宮御井歌」(巻一―五二題詞)などのようにいずれも「明日香宮」「藤原宮」とあって飛鳥京・藤原京という表現はない。ただ「或本従二藤原京一遷二于寧楽宮一時歌」(巻一―七八左注)という一例があるが、この「京」の用字には疑問が残る。[7] これに対して近江京については「高市連黒人近江旧都歌」(巻三―三〇五題詞)、「過二近江荒都一時柿本朝臣人麻呂作歌」(巻一―二九題詞)、「高市古人感二傷近江旧堵一作歌」(巻一―三二題詞)というように「都」=「堵」(堵は城門の台)の用字が目立つ。また難波については「式部卿藤原宇合卿被レ使レ改二造難波堵一之時作歌」(巻三―三一二題詞)の一例をのぞき、「大行天皇幸二于難波宮一時歌」(巻一―七一題詞)のほか七例にはすべて「難波宮」とあって、難波京とはない。これは恭仁の場合に、題詞・左注にはすべて「久邇京」「久邇京都」「久邇新京」などとあって、歌の中でも「クニノ宮」という用例がないことと極めて対照的である。これは難波京が副都でありながら、恭仁京に比して都城制の京と意識されることが少なかったことを示すようでもあるが、万葉歌自体の中では「京」「京師」「都」を用いて「ミヤコ」とよんでいるのであるから、軽々に断定はできない。

むすび

以上『古事記』『日本書紀』『万葉集』における「ミヤコ」と訓んだ「京」「京師」「都」などの用字をひととおり検討したが、概していえば、『古事記』には「京」「京師」の用字も、「ミヤコ」と訓んだ「都」の用法もなく、また「ミヤコ」という用語さえない。これに対して『日本書紀』では、「京」「都」「京師」などが「宮」との厳密な区別なしにしばしば皇居の所在地を示すために用いられているが、孝徳紀から「倭京」「倭都」ということばが現われ、天武・持統紀からは行政区画を示す「京」「京師」がみえはじめる。これは都城制に基づく京の発展の影響を受けたためとみられるが、さらに『万葉集』では「ミヤコ」の表意文字としては「京」「京師」が圧倒的に多く、近江や飛鳥の「ミヤコ」をもそうした用字で表現している。しかし、そのなかで離宮としての宇治や吉野の宮にとくに「宮子」の字を用いて区別していることが注目される。概要を把握するための索引を用いての考察(8)で、事例の挙証に遺漏も多いかと思うが、『古事記』『日本書紀』『万葉集』の用字の分析に基づく宮都研究の一試考としてあえて余白を借りた次第である。

(1) この宮と京を総称する意味で、私は「宮都」という用語を用いているが、それは『日本書紀』天武十二年十二月庚午条の詔に「凡都城宮室非㆓一処㆒、必造㆓両参㆒」とある都城・宮室を参照したものである。「都宮」ということばも使われているが、『万葉集』巻一―五〇に「都宮は高知らさむと」とある「都宮」は「ミアラカ」と訓んで（巻二―一六七の「御在香を高知りまして」参照）、御在所を意味している。

(2) 太田善麿『古代日本文学思潮論Ⅲ――日本書紀の考察――』（昭和三十七年十一月）一一七ページ。

(3) 岸俊男「万葉歌の歴史的背景」（『文学』三九―九、昭和四十六年九月、のち『宮都と木簡――よみがえる古代史――』所収）。

(4) 藤井信男「日本書紀各巻成立の一考察」（『大倉山論集』一、昭和二十七年六月）。

(5) 太田善麿『古代日本文学思潮論Ⅲ』（前掲）六二ページ以下。

(6) 岸俊男「飛鳥と方格地割」（『史林』五三―四、昭和四十五年七月、本書第六章）。

(7) 類聚古集・伝冷泉為頼筆本・温故堂本には「京」とあるが、西本願寺本では「宮京」とあって、「宮」であった可能性も残っている。

(8) 『古事記』は高木市之助・富山民蔵編『古事記大成』索引篇（昭和三十三年五月）、『日本書紀』は中村啓信編『日本書紀総索引』漢字語彙篇（昭和三十九、四十、四十一、四十二年三月）、『万葉集』は正宗敦夫編『万葉集総索引』単語篇（昭和六年一月）を用いた。

第十一章　朝堂の初歩的考察

はじめに

――『日本書紀』の小墾田宮――

『日本書紀』推古十六年(六〇八)八月壬子条には隋使裴世清が、また同じく十八年十月丁酉条には新羅と任那の使が、それぞれ小墾田宮に至って使の旨を奏した次第が記されている。この二つの記事はともに外国使節の入朝を記したものであるので、彼此対照しながら『日本書紀』の伝える小墾田宮の構造を考えることができる。まず新羅・任那の使の場合は、

(1) 客等拝二朝庭一、於レ是、命二秦造河勝・土部連菟一、為二新羅導者一、以二間人連塩蓋・阿閉臣大籠一、為二任那導者一、共引以自二南門一入、立二于庭中一、時大伴咋連・蘇我豊浦蝦夷臣・坂本糠手臣・阿倍鳥子臣、共自レ位起之、進伏二于庭一、於レ是、両国客等各再拝、以奏二使旨一、乃四大夫起進、啓二於大臣一、時大臣自レ位起、立二庁前一而聴焉、既而賜二禄諸客一、各有レ差、

とある。すなわち、使がそれぞれ二人の導者に導かれて南門から入って朝庭に立つと、大伴連咋ら四大夫が座位から立って朝庭に伏す。使は再拝して使の旨を奏する。終わると、四大夫は立ち上がって進み、大臣蘇我馬子に使の旨を啓す。そのとき大臣は庁の座位から立って、庁前でそれを聴く、という次第である。つぎに隋使の場合は、

(2) 召二唐客於朝庭一、令レ奏二使旨一、時阿倍鳥臣・物部依網連抱、二人為二客之導者一也、於レ是、大唐之国信物置二於庭

中㆒、時使主裴世清、親持㆑書、両度再拝、言㆓上使旨㆒而立之、……時阿倍臣出進、以受㆓其書㆒而進行、大伴囓連迎出承㆑書、置㆓於大門前机上㆒而奏之、事畢而退焉、是時、皇子諸王諸臣、悉以㆓金髻華㆒着㆑頭、亦衣服皆用㆓錦紫繡織及五色綾羅㆒

とある。すなわち、隋使はやはり二人の導者に導かれて朝庭に至り、信物を庭中に置き、二度再拝して国書を読んで使の旨を言上する。終わると、導者で(1)の四大夫の一人の阿倍臣鳥がその国書を受けて進み行き、これを同じく(1)でも大夫としてみえた大伴連囓が迎えて受け取り、大門の前の机の上に置いて天皇に奏するというのである。(1)の場合は、大夫が啓す使の旨を大臣が庁前に降り立って聴いたのに対し、(2)の場合は、国書を大夫が大門の前の机上に置いて天皇に奏したという点が異なる。また(1)では、『日本書紀』が馬子に対して「啓」という表現を用い[1]、(2)の「奏」と意識的に区別しているようで、天皇に奏するのでなく、大臣蘇我馬子に啓すという形式をとっている。これらのことは、そのころ隋と新羅・任那の使節とでは処遇上の相違があったのを、『日本書紀』が正しく伝えているのかも知れないが、ともかく(1)のみであれば、馬子が天皇に代わる地位にあったという解釈も成立するかと思うが、(2)と対照し、また「大臣自㆑位起、立㆓庁前㆒而聴焉」という態度を、のちに詳しく考察する朝堂の礼儀から推考すると、そういった解釈は困難なように考えられる。ひいて大臣の座位した庁そのものも、大臣がそこから降り立って庁前で大夫の啓を聴いたというのであるから、それを朝庭の正面にある正殿的なものとみるよりは、やはり朝庭の東西に対置された建物の一つとみるべきで、他の庁には大夫や皇子・諸王・諸臣が着座していたのであろう。

したがって、ともに推古天皇の小墾田宮の行事と伝えるこの二つの記事を通じて、その構造はいちおうつぎのように推定できよう。すなわち、まず南門を入ると朝庭があり、その左右には庁＝朝堂(まつりごとどの)が並び、大臣・大夫、および皇子や諸王・諸臣が座位する。これがいわゆる朝堂院で、その北中央には大門が開かれて、奥は天皇のいます大殿のある内裏に通じていたということになろう。もっとも『日本書紀』は推古朝の小墾田宮として描いてはいるが、それは『日本書紀』の編者が小墾田宮と異なる後のある宮の知識に基づいて、遡及的に推測して書いたものかも知れない。だから、右の二つの記事を一つに重ね合わせ、それから小墾田宮を復原して考えることには慎重な配慮が必要である。しかし、この二つの記事は、ともに二人ずつの導者を任じているという以外に、入京までの叙述にも共通する点が多い。すなわち、隋使の場合には額田部連比羅夫が飾騎七五匹を率いて海石榴市まで迎えに行っているが、新羅・任那の使者の場合も、額田部連比羅夫と膳臣大伴がそれぞれ荘馬の長となって阿斗河辺館に迎えに赴いている。しかも前者については、『隋書』倭国伝が「又遣二大礼哥多毗一、従二二百余騎一郊労、既至二彼都一」と記していて、哥多毗が額田部比羅夫をさすという。(2) これらの点を勘案すると、二つの記事には相互に関連性があり、またその信憑度もかなり高いといえよう。

ところで小墾田宮の構造に関する『日本書紀』の記事としては、なおほかに推古十二年九月条に、

(3) 改二朝礼一、因以詔之曰、凡出二入宮門一、以二両手一押レ地、両脚跪之、越レ梱則立行、

とある。これはのちに詳しく述べるように、朝参のため宮門を出入する官人の礼法を改定したもので、両手を地につけ両脚は跪く、いわゆる跪伏礼あるいは匍匐礼を行なうことを命じているが、ここにみえる宮門は(1)の南門に相当すると考えられる。また舒明即位前紀にも、山背大兄王が小墾田宮に赴いたときの記述がある。

(4) 吾聞二天皇臥レ病、而馳上之侍二門下一、時中臣連弥気、自二禁省一出之曰、天皇命以喚レ之、則参進向二于閤門一、亦栗隈采女黒女、迎二於庭中一、引二入大殿一、於レ是、近習者栗下女王為レ首、女孺鮪女等八人、并数十人、侍二於天皇之側一、

すなわち、山背大兄王は推古天皇の病篤しと聞いて小墾田宮に馳せ参じ、はじめ門に至ったが、禁省から出てきた中臣連弥気が天皇がお喚びであるというので、さらに閤門に参進すると、栗隈采女黒女が庭中に迎え、近習者や女孺の侍る天皇の大殿に導き入れられたというのである。中臣連弥気は鎌足の父で、ときに大夫の地位にあったとみられ、

采女が閤門まで王を迎え、女孺が大殿に侍っていたこと、さらに『日本書紀』天武十一年(六八二)十一月乙巳条には、

⑸詔曰、……凡糺ニ弾犯レ法者一、或禁省之中、或朝庭之中、其於ニ過失発処一、即随見随聞、無ニ匿弊一而糺弾、……

とあって、禁省が朝庭に対する語であったこと[3]、これらの点を勘案すると、はじめ山背大兄王が馳せ上って門下に侍したという門は、⑴の南門、⑶の宮門に当たり、つぎに参進した閤門が⑵の大門に相当し、その奥の禁省(禁中・省中の併称)に天皇の大殿があったと解される。

以上の⑴⑵⑶⑷の四史料を整理すると、⑴朝庭(庁)—南門、⑵大門—朝庭、⑶朝庭—宮門、⑷禁省(大殿)—閤門—門の関係が知られる。これをすべて小墾田宮についてのものとして重ねあわせると、禁省(大殿)—閤門・大門—朝庭(庁)—宮門・南門という関係が成立し、小墾田宮の構造は天皇の坐す大殿のある一域の南に、大臣・大夫らの座位する朝堂のある朝庭を備えたものであることが推定できる。しかし、すでに指摘したように、こうした構造を小墾田宮が実際に備えていたかどうかについては、やはり慎重な検討を要する。そこでその検討をも意図しながら、本稿では従来あまり考察の進んでいない朝堂について、少しく初歩的な考察を加えてみようと思う。

一 朝礼

まず朝礼の問題から始めよう。⑶の宮門の出入に際しては「以ニ両手一押レ地、両脚跪之」という礼や、⑴において四大夫が「進伏ニ于庭一」したという礼は、『魏志』倭人伝に、

⑹下戸与ニ大人一相ニ逢道路一、逡巡入レ草、伝レ辞説レ事、或蹲或跪、両手拠レ地、為ニ之恭敬一、

とあるのを想起させ[4]、そうした礼が日本古来の拝礼の仕方であったと考えられるが、つぎに述べる匍匐礼、または跪伏礼というのがそれに当たろう。『日本書紀』以下の文献史料には、そうした礼、とくに朝堂・朝庭における礼の変

遷を示す記事が散見されるので、以下煩をいとわず年次を追って列挙してみよう。

(7) 宣三朝庭之礼儀与二行路之相避一、復禁二断誣妄妖偽一、（『日本書紀』天智九年正月戊子条）

(8) 詔二礼儀言語之状一、（同天武十一年八月癸未条）

(9) 勅、自レ今以後、跪礼匍匐礼、並止之、更用二難波朝庭之立礼一、（同天武十一年九月壬辰条）

(10) 詔曰、来年九月、必閲之、因以教二百寮之進止威儀一、（同天武十三年閏四月丙戌条）

(11) 詔曰、凡朝堂座上、見二親王一者如レ常、大臣与レ王起二立堂前一、二王以上下座而跪、（同持統四年七月甲申条）

(12) 詔曰、朝堂座上、見二大臣一動坐而跪、（同持統四年七月己丑条）

(13) 定二朝儀之礼一、語具二別式一、（『続日本紀』文武二年八月癸丑条）

(14) 有レ勅、断三親王乗レ馬入二宮門一、（同大宝二年七月己巳条）

(15) 凡在二庁座上一、見二親王及太政大臣一下座、左右大臣当時長官即動座、以外不レ動、（儀制令、傍線は大宝令）

(16) 始停二百官跪伏之礼一、（『続日本紀』慶雲元年正月辛亥条）

(17) 詔曰、凡為レ政之道、以レ礼為レ先、无レ礼言乱、言乱失レ旨、往年有レ詔、停二跪伏之礼一、今聞、内外庁前、皆不二厳粛一、進退无レ礼、陳答失レ度、斯則所在官司不レ恪二其次一、自忘二礼節一之所レ致也、宜下自今以後厳加二糺弾一、革二其弊俗一、使上靡二淳風一、（同慶雲四年十二月辛卯条）

(18) 和銅六年十一月十六日官宣偁、親王太政大臣出三入朝堂一者、式部告二知下座之事一、其左右大臣動座、五位以上降立二床下一、余跪二座下一、就レ座及出レ門訖、但復レ座、（『三代実録』元慶八年五月二十九日戊子条所収）

(19) 八十一例云、（朝堂座上）左右大臣見二親王及太政大臣一、並動座、唯親王及太政大臣不二相動一、左右大臣亦不二相動一也、（『令集解』儀制令在庁座条古記所収）[5]

(20) 太政官処分、舎人親王参二入朝庁一之時、諸司莫二為レ之下座一、（『続日本紀』天平元年四月癸亥条）

(21) 弾例云、……三位於二宮中一遇二親王一者、跪坐、但大臣不レ得二跪坐一者、(『政事要略』巻六十九糺弾雑事)(6)

(22) 制、朝堂公朝、見二親王及太政大臣一者、左大臣動座、自余共立二床子前一、但六位以下磬折而立、(『日本紀略』弘仁九年三月戊申条)

(23) 制、諸司於二朝堂一見二親王大臣一、以二磬折一代二跪伏一、以二起立一代二動座一、太政官少弁已上初就レ位者、外記左右史已下皆起、若大弁一人先就レ位者、見二後来大弁已下一不レ起、中弁已下先就レ位者、見二後来大弁一即起、省台長官初就レ位者、輔弼已下及所管寮司長官已下皆起、刑部大判事効レ之、輔弼初就レ位者、省台寮司主典已下皆起、判事属効レ之、若長官先在レ座者不レ起、寮司長官就レ位者、主典已下不レ起、但於二本司庁一起也、(『日本紀略』弘仁十年六月庚戌条)

(24) 太政官処分云、朝堂諸司礼、見二親王大臣一、如レ旧以二伏跪一代二磬折一、以二動座一代二起立一者、(『政事要略』巻六十九糺弾雑事、承和五年三月十六日式部省の問に対する大判事讃岐朝臣永直の答所収)

(25) 親王及太政大臣参入、磬折而起、若見二左右大臣一、左右大臣見二親王及太政大臣一並起レ座、就レ座及出レ門訖、乃就レ座、其少弁已上初就レ座者、外記左右史已下皆起、若大弁一人先就レ座者、見二後来大弁已下一不レ起、中弁已下先就レ座者、見二後来大弁一即起、省台卿尹初就レ座者、輔弼已下及所管寮司長官已下皆起、刑部大判事准レ此、輔弼初就レ位、省台寮司主典已下皆起、判事属准レ此、若長官先在レ座者不レ起、其寮司長官初就レ座者、主典已下不レ起、但於二曹司庁一起也、(『貞観儀式』巻九朝堂儀)

(26) 凡在二朝堂座一見二親王及太政大臣一者、皆磬折而立、若見二左右大臣一、及左右大臣見二親王及太政大臣一者、並起レ座、即就レ座及出レ門訖、乃以レ次就レ座、其少弁以上初就レ座者、外記左右史以下皆起、若大弁一人先就レ座者、見二後来大弁以下一不レ起、中弁以下先就レ座者、見二後来大弁一即起、省台卿尹初就レ座者、輔弼以下及所管寮司長官以下皆起、刑部大判事准レ此、輔弼初就レ座者、省台寮司主典以下並起、判事属准レ此、若長官先在レ座者不レ起、寮司長官就レ座者、主典以下不レ起、但於二曹司庁一即起也、(『延喜式』式部上)

㉗凡親王太政大臣左右大臣入ニ朝堂一者、諸司皆起レ座親王太政大臣、者、磬折而立、坐定乃以レ次復レ座、退出亦同、（『延喜式』弾正台）

以上は主として朝堂の座、すなわち朝座にある官人が、高官の朝堂への出入に際していかなる拝礼をなすべきかを規定した史料であるが、そうした朝座については、雑令に、

㉘凡庁上及曹司座者、五位以上並給ニ牀席一、其制従ニ別式一（傍線は大宝令）[7]

とあるものがそれに当たろう。[8] またこの条の庁は曹司に対するものとして、(1)と同じく朝堂を意味することが知られるが、朝座および朝堂・曹司の問題については後章で詳しく述べることとして、礼の問題に注目するとつぎのような変遷をたどったことが知られる。すなわち、(3)が匍匐礼または跪伏礼であったに対し、(9)には「難波朝庭之立礼」とみえるので、孝徳朝の難波宮においてはいちど中国的な立礼に改めようとしたらしい。[補二] 後に掲げる(34)の史料では大化三年（六四七）小郡宮で礼法を定めたことがみえるので、この事実もそのことと関係するかも知れないが、ともかくこの史料は難波宮の構造を評価する上でも注意しておく必要があろう。つぎに(7)の「朝庭之礼儀」は相並んで宣せられた「行路之相避」が儀制令の在路相遇条や遇本国司条、あるいは行路条に近いものであったと推定されるので、やはり同じ儀制令の条文である(15)と相似の内容をもつ朝座の礼法を含むものであったろう。同じように(8)の「礼儀言語之状」や、(10)の「進止威儀」も、(9)の跪礼・匍匐礼の停止にふれている(17)の詔のなかに「進退无レ礼、陳答失レ度」とあることからみれば、そうした朝礼にもふれたものであったろうし、同じことは(13)の「朝儀之礼」についてもいえよう。礼に関する研究は律令に比して遅れているが、[9]『藤氏家伝』の鎌足伝に「先レ此、帝令下大臣撰ニ述礼儀一刊中定律令上」とあり、また『懐風藻』の序に淡海先帝の事業として「定ニ五礼一、興ニ百度一」とあるのは、ともに天智朝において近江令とともに礼儀の整えられたことを述べているのであろう。(7)はそれに照応する記事かとみられるが、(8)(9)(10)はそれが天武朝において浄御原律令の編纂と平行してしきりに進められたことを示している。

そうしたなかで朝座の礼法は(9)に示すように、跪礼・匍匐礼を停止して、立礼を採用することを勧めたが、なかな

か困難であったらしく、⒃のように文武朝にも再び跪伏礼の停止を命じている。いまその前後における礼の変化を、朝座にある官人が親王・太政大臣あるいは左右大臣の朝堂への出入に際して行なう拝礼についてのみみると、⑾では少なくとも朝堂の前に起立する必要があったが、⑿ではまず大臣の場合に限って動坐して跪拝すればよいことに緩和された。それが⒂の大宝令では、親王・太政大臣の場合は下座、左右大臣の場合は動座と規定されたらしい。ここにいう下座について『令集解』当該条に引く古記は、「下座、謂五位以上自レ牀下立、六位以下自レ座避跪、庁外之人立レ地也」と注釈しているが、それは⒅の和銅六年(七一三)十一月の官宣の下座と同一である。なおこの下座に対する動座は、下座よりも簡略な拝礼であったらしいが、具体的にどのような動作を伴ったものか的確には明らかでない。そして㉒の弘仁九年(八一八)三月の制では、五位以上には変化がないが、六位以下は「自レ座避跪」が「磬折而立」と変わっており、㉓の弘仁十年六月の制では、さらに左右大臣の場合の動座が起立に改められたのではなかろうか。これに対してまた旧に復する意見のあったらしいことは㉔で知られるが、そのような曲折ののちに㉕の『貞観儀式』や、㉖㉗の『延喜式』では、朝座にあって親王・太政大臣の参入をみた場合は、左右大臣は起座、以下の官人は起立磬折の拝礼を行なうことに定められている。[10] 磬折とはもちろん磬の形のように体をかがめて行なう拝礼である。このように持統朝から平安初期に及ぶ間に、親王・太政大臣に対する朝座の拝礼は、堂前起立から下座・動座・起座としだいに簡略化され、またたびたびの停止令にもかかわらず長く存続した跪礼・匍匐礼・跪伏礼もついには磬折の立礼に統一されて行った。したがってそうした過程をたどってみると、⑴において大臣蘇我馬子が庁前に立ち、四大夫が朝庭に跪伏礼を行ない、⑶の宮門の出入に匍匐礼が用いられたというのは、こうした朝庭の礼法の変遷からいえば、推古朝そのものとは断定できなくとも、極めて古い礼法であったといえよう。

なお堂前起立に関しては、やはり『延喜式』(式部上)に、

㉙凡於二朝廷一宣命者、群官降レ座立二堂前庭一〔謂二成選授位幷任郡司及臨時宣詔之類一、事見二儀式一〕

という規定があるが、『貞観儀式』によると、成選授位や叙任郡領の儀は当時は太政官曹司で行なわれていたようであるから、[11]右の堂前は太政官曹司の東西堂の前の意のようである。しかし、この儀は『続日本紀』神亀五年(七二八)三月丁未条に、

(30) 制、選叙之日、宣命以前、諸宰相等出立二庁前一、宣竟就レ座、自今以後永為二恒例一

とあるのに淵源するとみられ、この場合の庁はまだ朝堂院のそれをさすのであろう。いずれにしても、天皇の宣命を堂前に起立して聴くということは、(1)の場合に大臣が庁前に立って新羅・任那の使の旨を大夫から聴いたということと対比して注意すべきことであり、それはすでに述べたように大臣蘇我馬子の朝座のあった庁の位置を推定する上でも参考となろう。

二　朝政

ところで『隋書』倭国伝には、

(31) 倭王以レ天為レ兄、以レ日為レ弟、天未レ明時、出聴レ政跏趺坐、日出便停二理務一、云レ委二我弟一、高祖曰、此大無二義理一、於レ是、訓令レ改レ之、

とあり、天を兄とし、日を弟とする倭王が結跏趺坐して日の出以前から政を聴き、日が出るとともに、弟の太陽に政を委ねるといって、政務を終わったと伝えている。隋の高祖はこの倭王の未明の聴政を義理なしとして改めさせたというが、朝庭・朝堂の「朝」の字の原義は、臣下が朝に君にまみえること、つまり朝見を意味し、[12]朝とは日の出時をさすのであるから、早朝の聴政は中国でも古くから行なわれていたことである。しかし倭国伝の伝える倭王の聴政は、そうした中国の伝統的慣習とも異なる日の神の崇拝と未明の祭事という古代日本の風俗をうかがわせるようであるが、

推古朝ごろからはそれがやはり中国的な朝政に改められて行ったのではなかろうか。

憲法十七条にはその第八条に、

(32) 八曰、群卿百寮、早朝晏退、公事靡レ盬、終日難レ尽、是以、遅朝不レ逮二于急一、早退必事不レ尽、……

とある。この「早朝晏退」を具体的に示したのが、『日本書紀』舒明八年(六三六)七月己丑条の、

(33) 大派王謂二豊浦大臣一曰、群卿及百寮、朝参已懈、自今以後、卯始朝之、巳後退之、因以レ鍾為レ節、然大臣不レ従、

であって、大派王が大臣蘇我蝦夷に対し、群卿百寮はこのごろ朝参を怠っているので、以後は鍾を合図に卯時(午前六時前後)に参朝し、巳時(午前十時前後)に退出することを命じたが、蝦夷は従わなかったというのである。また大化三年(六四七)是歳条には、

(34) 天皇処二小郡宮一、而定二礼法一、其制曰、凡有位者、要於二寅時一、南門之外左右羅列、候二日初出一、就レ庭再拝、乃侍二于庁一、若晩参者、不レ得二入侍一、臨レ到二午時一、聴レ鍾而罷、其撃レ鍾吏者、垂二赤巾於前一、其鍾台者、起二於中庭一、

とあり、有位者は寅時(午前四時前後)に南門前に集まり、日の出の開門とともに、朝庭にて再拝ののち、午時(正午前後)まで庁にあって政を執るというのであって、南門に集まる時刻は(33)より早い。はじめに掲げた推古十二年(六〇四)に改正されたという(3)の朝礼は、このような朝参に南門(宮門)を出入するときの礼を定めたものであろうが、この(34)の史料が難波小郡宮における朝政の実態をそのまま伝えたものとすると、当時は官人は毎日午前四時前後までに出勤し、日の出時から正午前後まで朝堂にあって政を執っていたとみられる。この朝政の時刻については宮衛令に、

(35) 凡開二閤門一者、第一開門鼓撃訖、即開二諸門一、第二開門鼓撃訖、即開二大門一、退朝鼓撃訖、即閉二大門一、昼漏尽、閤門鼓撃訖、即閉二諸門一、理門不レ在二閉限一、京城門者、暁鼓声動則開、夜鼓声絶則閉、……(傍線は大宝令)

とあって、『令集解』当該条の古記は、第一開門鼓を「寅一点二行下レ槌、毎行十二槌」、第二開門鼓を「卯四点又二行下槌」と注し、また大門については、

第一表　『延喜式』にみえる朝政の時刻表(補二)

季節	開諸門鼓	日出	開大門鼓	退朝鼓	日入	閉門鼓
大雪13日～冬至15日	卯4刻6分 6：48	辰1刻2分 7：09	辰2刻7分 7：51	午1刻6分 11：18	申4刻6分 16：48	酉1刻2分 17：06
小寒1日～〃12日 大雪1日～〃12日	卯4刻5分 6：45	辰1刻1分 7：06	辰2刻6分 7：48	午1刻5分 11：15	申4刻7分 16：51	酉1刻3分 17：09
小寒13日～大寒7日 小雪6日～〃15日	卯4刻4分 6：42	卯4刻終 7：00	辰2刻5分 7：45	午1刻4分 11：12	酉1刻1分 17：03	酉1刻6分 17：18
大寒8日～〃15日 立冬13日～小雪5日	卯4刻2分 6：36	卯4刻7分 6：51	辰2刻2分 7：36	午1刻2分 11：06	酉1刻2分 17：06	酉1刻8分 17：24
立春1日～〃8日 立冬5日～〃12日	卯3刻9分 6：27	卯4刻5分 6：45	辰2刻 7：30	午1刻1分 11：03	酉1刻5分 17：15	酉2刻1分 17：33
立春9日～雨水1日 霜降12日～立冬4日	卯3刻6分 6：18	卯4刻2分 6：36	辰1刻7分 7：21	巳4刻8分 10：54	酉1刻7分 17：21	酉2刻3分 17：39
雨水2日～〃9日 霜降4日～〃11日	卯3刻4分 6：12	卯4刻 6：30	辰1刻5分 7：15	巳4刻6分 10：48	酉2刻1分 17：33	酉2刻6分 17：48
雨水10日～驚蟄2日 寒露11日～霜降3日	卯3刻1分 6：03	卯3刻7分 6：21	辰1刻2分 7：06	巳4刻4分 10：42	酉2刻2分 17：36	酉2刻8分 17：54
驚蟄3日～〃10日 寒露3日～〃10日	卯2刻9分 5：57	卯3刻5分 6：15	辰1刻1分 7：03	巳4刻2分 10：36	酉2刻5分 17：45	酉3刻1分 18：03
驚蟄11日～春分2日 秋分10日～寒露2日	卯2刻6分 5：48	卯3刻2分 6：06	卯4刻7分 6：51	巳4刻 10：30	酉2刻7分 17：51	酉3刻3分 18：09
春分3日～〃9日 秋分3日～〃9日	卯2刻4分 5：42	卯3刻 6：00	卯4刻5分 6：45	巳3刻8分 10：24	酉3刻 18：00	酉3刻6分 18：18
春分10日～清明2日 白露11日～秋分2日	卯2刻1分 5：33	卯2刻7分 5：51	卯4刻2分 6：36	巳3刻6分 10：18	酉3刻2分 18：06	酉3刻8分 18：24
清明3日～〃10日 白露3日～〃10日	卯1刻9分 5：27	卯2刻5分 5：45	卯4刻 6：30	巳3刻4分 10：12	酉3刻5分 18：15	酉4刻1分 18：33
清明11日～穀雨3日 処暑10日～白露2日	卯1刻6分 5：18	卯2刻2分 5：36	卯3刻7分 6：21	巳3刻2分 10：06	酉3刻7分 18：21	酉4刻3分 18：39
穀雨4日～〃11日 処暑2日～〃9日	卯1刻4分 5：12	卯2刻1分 5：33	卯3刻5分 6：15	巳3刻 10：00	酉4刻 18：30	酉4刻6分 18：48
穀雨12日～立夏4日 立秋9日～処暑1日	卯1刻1分 5：03	卯1刻7分 5：21	卯3刻2分 6：06	巳2刻8分 9：54	酉4刻2分 18：36	酉4刻8分 18：54
立夏5日～〃12日 立秋1日～〃8日	寅4刻9分 4：57	卯1刻5分 5：15	卯3刻 6：00	巳2刻6分 9：48	酉4刻5分 18：45	戌1刻1分 19：03
立夏13日～小満5日 大暑8日～〃15日	寅4刻6分 4：48	卯1刻2分 5：06	卯2刻7分 5：51	巳2刻4分 9：42	酉4刻7分 18：51	戌1刻3分 19：09
小満6日～〃15日 小暑13日～大暑7日	寅4刻4分 4：42	卯1刻1分 5：03	卯2刻5分 5：45	巳2刻2分 9：36	酉4刻終 19：00	戌1刻5分 19：15
芒種1日～〃12日 小暑1日～〃12日	寅4刻2分 4：36	寅4刻7分 4：51	卯2刻2分 5：36	巳2刻 9：30	戌1刻1分 19：03	戌1刻7分 19：21
芒種13日〃夏至15日	寅4刻 4：30	寅4刻6分 4：48	卯2刻 5：30	巳1刻8分 9：24	戌1刻2分 19：06	戌1刻9分 19：27

朝　政

㊱古記云、大門、謂大極殿及朝堂当門也、自余称二諸門一者、此間宮門相当難レ知、随レ時所レ用耳、

と述べている。従って古記の成立した天平十年(七三八)ごろの平城宮にあっては、朱雀門以下のいわゆる宮城十二門や京城の羅城門などは寅一点(午前三時)に開かれ、朝堂や内裏の門は卯四点(午前六時半)に開かれたことになるから、㉞の難波小郡宮の場合よりは朝参の時刻はやや遅くなっている。[13] しかし公式令には、

㊲凡京官、皆開門前上、閇門後下、外官、日出上、午後下、務繁者、量レ事而還、

とあって、外官、すなわち諸国国庁などではやはり日の出の時刻が出勤時間の基準となっていたことが知られる。なお㉟の、大門の閉じられる退朝時刻について古記は注釈を加えていないが、『古事記』清寧段には、

㊳明旦之時、意祁命袁祁命二柱議云、凡朝廷人等者、旦参二赴於朝廷一、昼集二於(平群臣)志毘門一、亦今者志毘必寝、亦其門無レ人、

とあり、㉞や、㊲の外官の場合から推しても、やはり正午ごろであったとみられる。[14] したがって十時前後の退朝という㉝の舒明朝の場合は、孝徳朝以後に比して異例であり、それだけにその記事は信憑性が高いものといえるのではなかろうか。

さらに『延喜式』(陰陽寮)は諸門・大門の開閉および退朝の鼓を撃つ時刻を、第一表のように季節による日出・日入の時間の変化に応じて詳細に規定しているが、大門はだいたい日の出後約四五分に開かれ、退朝は九時半—十一時二十分ごろとなっており、執務時間は三時間半から四時間ぐらいで、やはり冬期は短い。

三　朝参と告朔

以上、朝座における朝礼と朝政の時刻について論じてきたが、実はそれらを手懸りに律令制、およびそれ以前にお

ける朝堂の執政の実態を探ろうと考えたからである。その結果、まずとくに初期の宮室、すなわち『日本書紀』の記載をそのまま信ずるならば、(1)によって推古朝、(33)によって舒明朝、(34)によって孝徳朝においては、すべての有位の官人が原則として毎日朝参し、早朝ほぼ日の出時から正午ごろまで朝堂にあって執政したことを明らかにしえたと思うが、そうしたことは(38)や、さらに『日本書紀』雄略二十三年八月丙子条に、

(39)遺㆔詔於大伴室屋大連与㆓東漢掬直㆒曰、……臣連伴造毎日朝参、国司郡司随㆑時朝集、何不㆘罄㆓竭心府㆒誡勅慇懃㆖、
……

とあり、臣・連・伴造は毎日朝参と記されていることによっても確かめられる。

ところで逆に律令制下においてはどうであろうか。『日本書紀』持統四年(六九〇)七月壬午条には、

(40)詔、令㆘公卿百寮、凡有位者、自今以後、於㆓家内㆒着㆓朝服㆒、而参㆗上未㆑開㆑門以前㆖、蓋昔者到㆓宮門㆒而着㆓朝服㆒乎、

とある。これは浄御原令の施行に伴い、家から朝服を着て朝参するように改めたもので、同年四月に朝服を改定し、この七月朔日に公卿百寮人らが始めて新しい朝服を着たこと、また右にすぐつづく先に述べた(11)(12)の朝座の礼の改正とも関連するのであろう。なお朝服について衣服令は、大祀・大嘗・元日に着る礼服に対して、「朝庭公事則服之」と規定しているが、すでに天武十四年(六八五)七月に明位以下進位以上の朝服の色を定めたことがみえる。なお(40)の記事には、「昔」という語を用いて、以前は宮門に到着してから朝服に着替えたのであろうと推測されているが、そうすると、そのための施設が必要であったろうし、そうでなくとも早暁に開門を待つには、何らかの殿舎が設けられたことが考えられる。また唐の大明宮においては建福門外の東西に百官待漏院とよばれる二棟の建物があった。[15] 私は藤原宮などにおいて、朝堂院の南門外に、東西に相対して各一棟ずつ存する朝集堂、[16] あるいは朝集殿とよばれる建物が本来その役目を果たしていたのではなかろうかと考えている。とくに平城宮や平安宮では朝集殿が回廊で囲まれ、いわゆる朝集殿院を構成しているに対し、藤原宮ではそうした回廊なしに朝堂院南門外の東西に対置されて存在した

らしい事実が、かかる推定を導くのである。(17)

そもそも朝参については、さきに示した(33)『日本書紀』舒明八年（六三六）七月己丑条および(34)大化三年（六四七）是歳条についで、同じく天武四年四月辛巳条に、

(41)勅、小錦上当摩公広麻呂小錦下久努臣麻呂二人、勿レ使ニ朝参一、

とあるほか、天武十二年十二月庚午条には、

(42)詔曰、諸文武官人及畿内有位人等、四孟月必朝参、若有ニ死病一不レ得レ集者、当司具記、申ニ送法官一、

とある。とくに(42)が文武官人および畿内の有位者の朝参を四孟月、すなわち一・四・七・十の各月に限定していることは、これまで朝参とは有位の官人が原則として毎朝朝堂へ出勤することと理解してきたことと相違するかにみえる。そしてこの問題は儀制令のいわゆる告朔の規定とも関係してくる。

(43)凡文武官初位以上、毎ニ朔日一朝、各注ニ当司前月公文一、五位以上送ニ著（進置）朝庭案上一、即大納言進奏、若逢レ雨失レ容、及泥潦並停、弁官取ニ公文一、惣納ニ中務省一、

この条文については、傍線のある語句が大宝令にあったことが『令集解』儀制令当該条所収の古記によって確認できるので、ほぼこの養老令条文と同じものが大宝令にもあったことが知られる。しかし告朔の儀の始源がさらに天武朝に遡ることは、つぎの『日本書紀』の記事によって明らかである。

(44)雨、不ニ告朔一（天武五年九月丙寅朔条）

(45)以ニ新嘗事一、不ニ告朔一（天武五年十一月乙丑朔条）

(46)不ニ告朔一（天武六年五月壬戌朔条）

(47)雨、不ニ告朔一（天武六年十一月己未朔条）

(48)雪、不ニ告朔一（天武六年十二月己丑朔条）

このように雨雪などのため告朔を停止した記事が天武五・六年にのみ集中しているのは、『日本書紀』編纂時における資料のあり方によるのであって、告朔が少なくとも天武朝以後原則として毎月朔日ごとに行なわれていたらしいことは、右によって十分にうかがえる。なお、

(49) 天皇御㆓大安殿㆒、受㆓祥瑞㆒、如㆓告朔儀㆒、（『続日本紀』大宝元年正月戊寅条）

とあるのは、上瑞以下は毎年正月元日に奏聞するという儀制令祥瑞条の規定の実施を示すものであるが、それは告朔の儀も正月朔日のみに限られていたという意味ではなく、ただ儀式の同一性を指摘したまでであろう。[18]

ところで(43)によると、告朔の儀において、各官司は前月の行事の公文、すなわち前の月に出された符・解・牒の類に、施行あるいは不施行を注記し[19]、それを各官司の五位以上が朝庭の机案の上に置き、ついで大納言が進奏するという。[補三] それについて『令集解』儀制令当該条所収の古記は、

(50) 古記云、大納言進奏、謂令㆘㆓内舎人㆒齎㆓公文机㆒参入進置㆖即奏、故云㆓進奏㆒也、

と述べていて、内舎人が朝庭にある公文の置かれた机をもって内裏に参入し、大納言がそれを天皇に奏したと解される。[20] このことは、(2)において、隋使のもたらした国書を大夫が受けて大門の前の机上に置き、しかるのち天皇に奏したという次第を想起させる。国書と告朔文の進奏とは異なるかも知れないが、そうした手続きは意外に古いものを伝えているので、(2)の記事を理解するのに参考となろう。

なお『続日本紀』大宝二年（七〇二）九月戊寅条の、

(51) 制、諸司告朔文者、主典以上送㆓弁官㆒、弁官惣納㆓中務省㆒、

という記事は、(43)の大宝令条文の施行と関係するが、告朔の公文には前月の行事を記すのみでなく、官人の上日をも記したといわれており[21]、事実『正倉院文書』に遺る天平宝字六年（七六二）三月一日付の「造東大寺司告朔解」などはそのことを示している[22]。この問題についても同じく『続日本紀』にみえるつぎの二つの記事が関係しよう。

(52)太政官処分、王臣五位已上上日、本司月終移二式部一、然後式部抄録、申二送太政官一(大宝元年五月癸酉条)
(53)兵部省始録二五衛府五位以上朝参及上日一、申二送太政官一(慶雲四年五月己亥条)

すなわち、文官・武官の上日は月末に式部省と兵部省から太政官に申送されることとなっているが、それが告朔文に付加されるに至った時期については、なお考究を要する。

また(43)の儀制令の条文は、復原された唐の開元令の条文が、

(54)諸在京文武官職事九品以上、朔望日朝、其文武五品以上、及監察御史員外郎、太常博士、毎日参、文武官五品以上、仍毎月五日十一日二十一日二十五日参、三品以上、九日十九日二十九日又参、当上日不在此例、長上折衝果毅、若文武散官五品以上直諸司、及長上者、各准職事参、其弘文館崇文館及国子監学生、毎季参、若雨霑服失容、及泥潦並停、

とあることから明らかなように[23]、その影響を強くうけているが、彼此対応させて勘案すると、彼には公文進奏のことは記されてなく、在京文武職事官九品以上の一日・十五日の朝参を規定しながらも、官品によってさらに別に朝参すべき日が定められていたらしい。

このように(42)の四孟月朝参や(43)の告朔は、(33)(34)(40)の朝参と矛盾するがごとくであるが、告朔は公文の進奏を伴う特別の朝参であり、また実際的にも律令制の整備に伴う官司の充実によって官人数が増加し、そのすべてが毎日朝参して朝堂の朝座につくことは不可能となってくるし、(42)のごとき畿内有位者の場合はもちろんである。(39)でも臣・連・伴造は毎日朝参としながらも、国司・郡司は随時朝集としている。したがって(43)の儀制令条文について古記が、「毎二朔日一朝、謂二朝参一也」といい、また後に掲出する(60)公式令文武職事条について『令集解』に収める一説が「或云、……朝参者元日之類也」と注釈していることよりも、かえって(43)に関する『令集解』所収の他の注釈の中に、

(55)(『令義解』)謂、朝者朝会也、言尋常之日、唯就二庁座一、至二於朔日一、特於レ庭会也、

(56)或云、問、毎二朔日一朝、未知、除二朔日一外无二朝参日一哉、答、師云、有二常朝参一、但為レ示二朔日儀式一別立レ参顕耳、

とあるのが注意される。すなわち毎月朔日に朝庭に会集する朝参、つまり朔参は「朔日儀式」として儀式化され、それに対して尋常の日には朝庭に会せず、すぐに庁座に就いたのである。右の(55)(56)は平安初期の注釈ではあるが、朝参即朝政という初期のあり方が、唐令の影響をうけながら、その一部が儀式化して行く過程を明示していると思う。そしてそう解すると、宮衛令に、

(57)凡元日朔日、若有二聚集一、及蕃客宴会辞見、皆立二儀仗一（傍線は大宝令）

とある朔日朝参が、元正朝賀の儀とともに「儀仗」を立てる儀式と解されていたことの意味がはっきりするし、『弘仁式』や『延喜式』ではその儀式化した告朔がつぎのようにさらに四孟月に限られてくることも理解できよう。(24)

(58)孟月告朔　前一日省置二龍尾道以南版位一、告朔大夫預習二儀式一、其日質明、省令下二省掌一置中漆案於中庭上、事見二儀式一（『弘仁式』式部・『延喜式』式部下）乗輿不レ御之日、省掌直立二弁官庁前一、立二曹司庁一亦同、（『延喜式』式部下）

(59)凡天皇孟月臨レ軒視レ朔、大臣預点二殿上侍従四人奏事者二人一、所司各供二其事一、其日弁一人執二公文函一、太政官告朔文者、弁官勘造入記、即大臣自二署姓一、付二弁官一令レ進、率二諸司一、五位以上執レ函者、若無二五位一者、臨時催定、就レ版各置二案上一、事見二儀式一若不二臨軒一者、弁官告二知式部一、其函令レ進二弁官一、即納二中務一令二進奏一、（『延喜式』太政官）

なお朝参については、さらに公式令に、

(60)凡文武職事散官、朝参行立、各依二位次一為レ序、位同者、五位以上即用二授位先後一、六位以下以レ歯、親王立レ前、
諸王諸臣各依二位次一、不レ雑分列、

とある。この条文を含む『令集解』巻三十五は他の部分と異なり、義云（『令義解』）と或云の二つの注釈を区別して収めるだけなので、古記によって大宝令条文を復原することができない。しかし『日本書紀』持統四年六月庚午条に

「尽召二有位者一、唱三知位次与二年歯一」とあることから、こうした規定は大宝令に存し、さらに浄御原令にも遡ると推定されている。(25) ここにいう朝参行立は、朝庭に会集した官人のそこでの列立の序列を定めたもので、これも唐令に倣ったものであるが、(26)『令義解』は「夾二馳道一、而分二立東西一也」「自二親王行一降二一等一、諸王立レ西、諸臣列レ東」と注釈を加えている。

四　朝座

さて以上の考察によって、朝堂における執政はともかく当初は有位者すべてが、毎日早朝から朝参して行なわれるものであったことが明らかとなった。そうした慣行は唐から新たに儀礼や律令が移入されてその影響のもとに儀式化し、また律令官司制の充実にともなって簡略化されては行ったが、なお原則的には維持されていたといえよう。それには『延喜式』の以下の条文が参考となる。

(61) 凡百官庶政皆於二朝堂一行之、但三月十月旬日著之、正月二月十一月十二月並在二曹司一行之、（太政官）(27)

(62) 凡諸司皆先上二朝座一、後就二曹司一、不レ得下経二過他処一以闕中所職上、若無レ故空レ座、及五位以上頻不レ参経二三日以上一者、並省推科附レ考、其節会雨泥日、及正月二月十一月十二月並停二朝座一、但三月十月旬日著レ之、（式部上）

(63) 凡諸司五位已上朝堂無レ座者、皆毎二朔日一就レ省受レ点、散五位已上亦准レ此、其停二朝座一月、有レ座無レ座皆就二曹司一受レ点、但太政官不レ在二此限一、勘解由使亦同、毎旬一遣二史生一検二其直不一、若不レ在者随除二当日一、（式部上）

(64) 凡諸司官人開門以後就二朝座一者、即加二糺弾一、但参議以上左右大弁八省卿弾正尹不レ在二弾限一、（弾正台）(28)

(65) 凡諸司官人等未二閇門一間下去、宜レ厳二糺之一、（弾正台）

(66) 凡京官五位已上先参二朝堂一、後赴二曹司一、或三日頻不レ参、而式部不レ勘者、台喚二式部一勘之、（弾正台）

(67) 凡諸司或空ニ朝座一、台即弾レ之、（弾正台）

(68) 凡諸司五位以上、其率ニ僚下一、旦就ニ朝座一、後然行ニ曹司政一、怠ニ慢政事一有レ闕、厳加ニ禁制一、（弾正台）

すなわち右の諸条によると、諸司の五位以上の官人は、寒気のきびしい十一月から二月までを除き――ただし三月・十月は旬日――、節日と雨泥の日以外は、毎日朝参してまず朝堂院の朝座につき、その後に曹司に赴いて執務することとなっていたらしい。このことは十世紀に入った平安宮においても、依然として朝堂院が本来の朝政の場であったことを明示しているといえよう。

そして『延喜式』によると、その朝堂の朝座についてつぎのように規定している。

(69) 凡朝堂座者、昌福堂太政大臣左右大臣、含章堂大納言中納言参議、承光堂中務図書陰陽、明礼堂治部雅楽玄蕃諸陵、延休堂親王、含嘉堂弾正、顕章堂刑部判事、延禄堂大蔵宮内正親已上八堂以レ北為レ上、暉章堂少納言以レ東為レ上、左右弁官以レ中為レ上、康楽堂民部主計以レ西為レ上主税以レ東為レ上、修式堂式部以レ東為レ上兵部以レ西為レ上、永寧堂大学以レ東為レ上、其長官次官前行、判官主典中行、史生後行、（式部上）

ここにみえる昌福堂・含章堂・承光堂などはいずれも朝堂院十二堂の各堂をさす。第一図はその十二堂の朝座を図示したものであるが、このように十二堂に中国風の名称がつけられたのは、おそらく弘仁九年(八一八)四月に殿閣と諸門の号を改めて題額を掲げたときであろう(29)。武徳殿・紫宸殿・待賢門・清涼殿・仁寿殿・建礼門・宜陽殿などの名称が史上にみえるのもそれ以後であり(30)、朝堂院そのものを八省院と改名したのもあるいはそのときからかも知れない。『日本紀略』弘仁十四年四月辛亥条に、淳和天皇即位のことを記し、

(70) 此日雩レ雨庭湿、群臣百官皆悉陣ニ列八省殿上一、行ニ拝礼事一、有ニ授位一、

とあるのが初見である(31)。この「八省殿上」は「八省の曹司の殿上」の意でなく、「八省院の十二堂の殿上」の意であろうが、このように朝堂院を八省院とよぶようになったのは、(69)に示されたごとく、朝堂院の十二堂に太政官と八

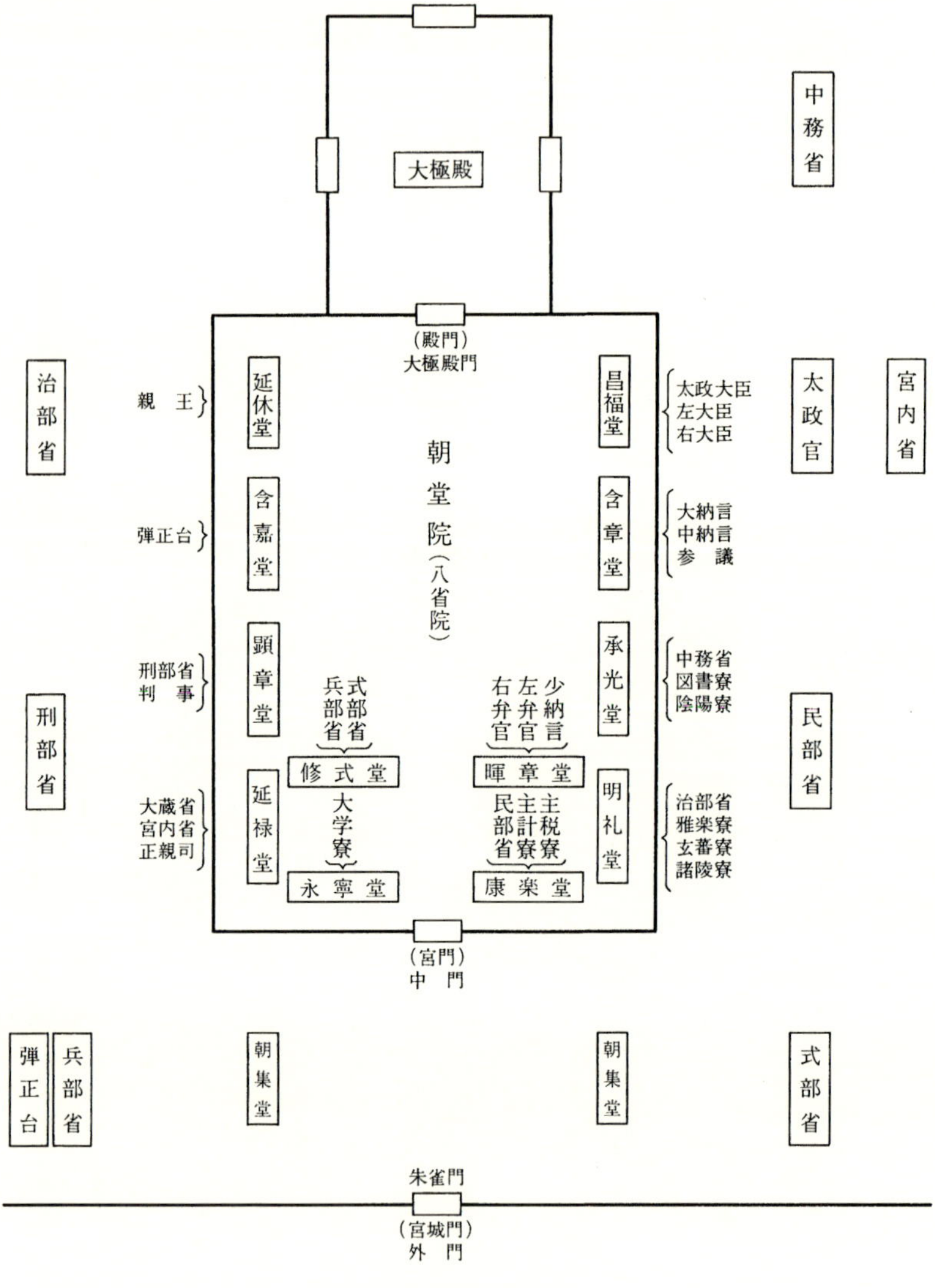
大極殿
中務省
(殿門)
大極殿門
治部省
親　王
延休堂
朝堂院(八省院)
昌福堂
太政大臣
左大臣
右大臣
太政官
宮内省
弾正台
含嘉堂
含章堂
大納言
中納言
参　議
刑部省
判　事
顕章堂
兵部省
式部省
右弁官
左弁官
少納言
承光堂
中務省
図書寮
陰陽寮
民部省
刑部省
修式堂
暉章堂
大蔵省
宮内省
正親司
延禄堂
大学寮
民部省
主計寮
主税寮
明礼堂
治部省
雅楽寮
玄蕃寮
諸陵寮
永寧堂
康楽堂
(宮門)
中　門
弾正台
兵部省
朝集堂
朝集堂
式部省
朱雀門
(宮城門)
外　門

第一図　朝堂院概念図

省・弾正台の主要官人、および親王が着座したからであろうが、その淵源はこの朝堂そのものがいわゆる八省の庁として、本来ここが朝政の場であったからであろう。十二堂はそれ以前は、たとえば『日本後紀』大同三年（八〇八）十月庚午条のように、

(71) 群鳥集二朝堂院東一殿一、啄二剝座茵一

とよばれていたが、この東一殿は昌福堂に当たろう（補四）。また『令集解』儀制令文武官条に引く或説が、

(72) 又或云、朝参儀式、五位以上列二東西殿前一、弁官者列二弁官殿前一、六位以下列二式部弁官殿後一也、

と記しているように、東殿・西殿のほか、やはり官人の朝座に従って弁官殿・式部殿などと称しており、弁官殿は暉章堂、式部殿は修式堂に当たるのであろう。これを『延喜式』にみえる、

(73) 凡進二告朔函一時者、弁官式部兵部弾正五位已上者、立二本司庁前一、他司五位已上者、立二東西庁前一、諸六位已下立二弁官式部庁後一、（弾正台）

と対比するとき、それぞれの朝座のある朝堂が「本司庁」、すなわち本来の政庁であったことを改めて確認できるように思う(32)。

なお(69)によると、八省の被管で朝堂に朝座を有するのは、図書寮・陰陽寮（以上中務省）、雅楽寮・玄蕃寮・諸陵寮（以上治部省）、正親司（宮内省）、主計寮・主税寮（以上民部省）、大学寮（式部省）のみであり、また同じ『延喜式』には、

(74) 凡在京文官、皆就二朝座一、陰陽主計主税寮毎旬著、但神祇官及監物中宮大舎人縫殿内蔵内匠隼人囚獄織部大膳木工大炊主殿典薬掃部内膳造酒釆女主水左右京職東西市司春宮坊并管司修理職勘解由使及諸武官、皆無二朝座一、（式部上）

とあって、在京文官はすべて朝座に就くとしながらも、神祇官はじめ多くの八省被管官司は朝堂に朝座をもたない。これを『延喜式』段階の官制で整理すれば、朝堂に被管官司のすべての朝座があるのは式部・治部・民部の三省、反

対にまったくないのが兵部・刑部・大蔵の三省で、中務・宮内二省は多くの被管官司がありながら、図書・陰陽二寮と正親司だけが朝座をもっている。朝堂が本来朝政の場であれば、どのような過程をへてこのような結果となったか考究すべきであるが、ここではこうした朝座の配置について気付かれる若干の点を指摘しておきたい。

まず第一に朝堂の朝座の配置をみると、東方には中務・治部・民部の三省があり、これに西方ではあるが、東西棟の修式堂・永寧堂の式部省を加えると、左弁官に属する四省となる。これに対して残りの右弁官に属する四省、兵部・刑部・大蔵・宮内の各省は西方に配されている。従って朝座の配置は左弁官・右弁官の分属を原則としているらしいことが知られる。つぎに弁官局が弁官殿とよばれ、太政官の昌福堂・含章堂から独立して特殊な位置を占めているが、律令制の政治機構が整備されて行く過程において、国政を合議する太政官と国務を分掌する六官(のちの中務・宮内両省を除く六省の前身)を統轄する大弁官(左右弁官局の前身)は当初は併立していたとも解されており、太政官―大弁官―六官という統属関係の成立をめぐっては議論のあるところなので、(33) この点から弁官殿の位置は注目される。また十二堂のうち東西の第一堂、すなわち昌福堂と延休堂は他とその規模構造をやや異にする。(34) その一つに親王の朝座があることは、親王が太政大臣や知太政官事に任ぜられ、あるいは朝政を聴くなど政治上とくに権限をふるった時期があるだけに注目されるが、(35) 昌福堂についてもそこで行なわれた大臣執政のあり方は初期の朝政を考える上で興味深い。すなわち、『延喜式』には、

(75)凡朝堂座者、昌福堂北端太政大臣、次左右大臣大納言中納言参議、並西面北上、少納言及左右弁並一列、北向東上、但勅使座当二大臣座一北面、含章堂大納言以下参議以上、並一列西面、大納言以下必先就二含章堂座一、若大臣不参者、大中納言当レ堂聴レ政、大臣就二昌福堂座一訖、乃大納言先進就二昌福堂座一、于レ時大臣喚二召使一二声、称唯就レ版而立、大臣命曰召二大夫等一、召使称唯退、就二含章堂版一、北向召レ之、中納言以下共称唯、進就二昌福堂座一、訖左右弁官了レ政、五位以上於二堂前一降立、六位以下於二堂西一降立、少納言左右弁先進就二前版一而揖、外記左右史後走就二後版一、並北

向以レ東為レ上、立定大臣命曰召之、五位以上倶称唯、次六位以下倶称唯、五位以上随レ色昇レ階就レ座、訖乃六位以下倶引就二庇案下一、北向而立、弁一人申云、司司能申世留政申給止申、史依レ次読申、毎二一事畢一大臣処分、随レ事称唯、訖六位以下先以レ次退、至二於堂後一而立、次五位已上亦退、皆於二階及版下一揖至二於堂前一、立定五位以上依レ次揖昇就レ座、六位以下倶昇就レ座、訖左史一人申曰、申世留政、弁宣曰任レ申、麻宇世留麻麻尓、史倶称唯、右亦如レ之、参議以上随レ次而退、畢少納言弁依レ次退出、諸官乃退、（式部上）

とあるが、ほぼ同じことが『貞観儀式』巻九に朝堂儀として記されており、『三代実録』元慶八年（八八四）五月二十九日戊子条に引く「貞観式」にも、

(76) 又式云、朝座者、昌福堂北端太政大臣、次左右大臣、史依レ次読申、毎二一事畢一、大臣処分、

とある。それはすでに儀式化しているとしても、はじめに掲げた推古朝に関する(1)(2)の史料を検討する上でも興味深い。

五　曹　司

ところで、(61)(62)(66)(68)などの『延喜式』の諸規定において、十一月から二月までもっぱら朝堂に代わる朝政の場となり、また常日も諸司の五位以上の官人が朝座に就いたのちに赴いたという曹司について少しく考察を加えておこう。

すでに述べたように、(28)の雑令の規定には庁（朝堂）に対するものとして曹司があるが、『旧紅葉山文庫本令義解裏書』にみえるこの条文の注釈には、「古記云、曹司座、謂庁事之座、止宿席者不レ合」とあるため、すでに大宝令施行時の藤原宮において、朝堂とは別に曹司の存在したことが推定できる。また(17)の慶雲四年（七〇七）十二月の詔にみえる「内外庁前」も朝堂と曹司を併称したものとみられる。さらに曹司の語は『続日本紀』を検すると、神祇官曹司

（天平二・六、天平勝宝八・十一、延暦九・六）・太政官曹司（宝亀元・七、延暦八・九）・弁官曹司（天平宝字元・七、宝亀三・十二）・兵部（武部）曹司（天平七・二、天平宝字五・正）・明法曹司（天平宝字二・九）・内竪曹司（宝亀七・九）などとみえるが、[36]それは朝堂院の庁（朝堂）以外に、その外に別に設けられた政庁をさすのである。

なおさきにふれたように、『旧紅葉山文庫本令義解裏書』の古記が、曹司座とは庁事の座のことで止宿の座ではないといい、同じく朱云が「未レ知、曹司者官人休息曹司歟」という問いに対して、「曹司座者司之庁座耳」と答えており、また『延喜式』にも、

(77)凡諸司官人或率二婦女及馬一宿二於曹司一、忽有二疾病一、不二速出却一、以穢二宮中一、随レ事重科、（雑）

とあることなどから推せば、曹司は一方ではそうした官人の止宿休息の場所としての機能を有したかも知れず、あるいはそれが朝堂より曹司の分化する契機の一つであったのかも知れない。（補五）

さて各曹司の位置は、平安宮の場合は陽明文庫本『宮城図』をはじめとして多く伝存する古図によって知りうる（二九九ページ、第十二章第二図）。それによれば律令制の主要官司である二官・八省・一台のうち、まず朝堂院の東に接して北から中務省（陰陽寮）・太政官・民部省（主税寮・主計寮）・式部省が並び、朝堂院の西にある豊楽院の南には兵部省・弾正台、その西に治部省（玄蕃寮・諸陵寮）・刑部省（判事）が位置する。こうして朝堂院の周囲にそれを取り囲むように太政官・弾正台と六省が配置され、残る宮内省は太政官の東、神祇官はさらにその南東で、宮の南東隅に近く、また大蔵省は大蔵の建ち並ぶ宮北部の拡張区域の一角にある。こうした古図にみえる平安宮の曹司の配置がどれだけ当初の形態を伝えているかはわからない。現存最古のものとされる陽明文庫本『宮城図』も十二世紀前半、康和―保元のころの作成と考えられているが、こうした絵図の作成は十世紀前半以前にも遡るらしい。[37]また平城宮については、宮の南東隅、南面大垣の内側に沿った雨落溝から主として官人の考課選叙に関する式部省関係の多数の木簡が出土し、[38]大極殿外廓南東部分の小土壙からは陰陽寮関係の木簡が出土したことから、[39]この二か所は平安宮における式

部省・中務省(陰陽寮)と朝堂院との関係位置とほぼ照応するので、あるいは平城宮でも平安宮に近い状態で曹司が配置されていたのかも知れない。

そこでつぎには平安宮古図の曹司の配置が当初の形態をほぼ伝えているという前提に立って、若干の考察を加えておこう。まず朝堂院を中央にして式部省と兵部省が朱雀門を入った左右に対置されているのは、やはりそれぞれが文官と武官の名帳・考課・選叙・位記を掌っているように、文武の関係で対置されたものであろう。またさきに朝堂院の朝座が東方は左弁官所属の官司、西方は右弁官所属の官司という原則に基づいて配置されていると述べたが、曹司の場合も、特殊な位置にある宮内省・大蔵省を除くと、東方に中務省・民部省・式部省、西方に兵部省・刑部省があってほぼその関係が保たれており、例外は治部省だけということになる。この事実は各官司の朝座のある朝堂とそれと機能的に密接な関係にある曹司が位置的にも強く結ばれていることを示しているといえよう。つぎに朝堂院周辺の六省と離れて存在する宮内省と大蔵省であるが、宮内省(宮内官)は内廷諸官司を統率する官司として早くから置かれていたが、それは唐の六部に対応する式部省(法官＝吏部)・治部省(理官＝礼部)・兵部省(兵政官＝兵部)・民部省(民官＝民部・戸部)・刑部省(刑官＝刑部)の五省が外廷官司として国家行政機関であるのとは異なり、それらと同じ系列の官司として律令制の八省のなかに加えられたのは、他より遅れて浄御原令からとされている。(40) 宮内省は平城宮では宮の北半部でもっと内裏地域に近く存在した可能性もあり、(41) こうした特異性から平安宮でも朝堂院周辺からやや離れて位置することになったのでなかろうか。同じように大蔵省も唐の六官には的確に系譜を求めがたい官司で、むしろ大化前代から早く大蔵とよばれる外廷官司として存在したため、大蔵倉庫群の位置とも関連して宮の北部に位置したのであろう。(42) これで宮内省・大蔵省の配置の特殊性については説明できたかと思うが、いま一つは、中務省が朝堂の朝座とは反対に、太政官の北にあるという問題である。しかし、これも中務省は唐の中書省を範とした詔勅を起草する官司で、浄御原令で宮内省とともにはじめて八省の一つとして成立したことを考えると理解できなくはない。

中書省は唐の長安京などでも皇城内でなく、門下省とともに宮城内に位置する。中務省も本来「なかのつかさ」として内廷的官司であったとみられるから、[43] 太政官より内裏に近い位置にあったのである。そうした観点から改めて平安宮古図にみえる他の律令制官司の曹司をみると、中務省の被管として図書寮・縫殿寮・内蔵寮・内匠寮、宮内省の被管として大膳職・大炊寮・主殿寮・典薬寮・掃部寮・正親司・内膳司・造酒司・主水司・采女司（大同三年正月、中務省縫殿寮に併合）のそれぞれの曹司があるが、いずれも主として宮の北半部にある。これは宮内・中務両省の被管官司が浄御原令以前は未分化の状態にあって、内廷的色彩が濃かったという点から考えれば、[44] 中務省の場合と同じようにそうした配置をとることの事由が知られると思う。

むすび

従来朝堂院といえば、天皇の高御座のある大極殿を正殿とするもっぱら朝儀の場で、そこで行なわれる朝儀は即位および大嘗会の饗宴、元正朝賀および饗宴、外国使節や隼人の謁見・賜宴、正月の節宴、あるいは授位・読経・宣詔などを主としたと考えられる傾向が強かった。[45] こうした考え方に対して本稿では、朝堂院が本来朝政の場であったことを改めて明らかにすることを目的とし、そうした観点から分析を加えることを試みた。その結果、推古朝の小墾田宮にも遡る初期の宮室からすでに朝堂が存在し、そこでの朝参・朝政は平安宮にまで存続したことをいちおうたどることができたと思う。それとともに、その構造が律令制政治機構の整備と密接な関係を有するらしいことについても若干の試論を述べた。平安朝の朝政については本稿でふれた朝堂政のほか、旬政・官政・結政など、なお分析すべき問題を残しており、それから遡った平城宮以前の朝政についてもとくに朝儀との関係において考察の未熟な点が多い。しかしあえて本稿を草したのは、近時における各宮址の発掘調査で宮の構造がしだいに明らかとなり、それに伴って朝堂の果たしていた機能を正しく解明しておくことが必要と考えたからである。ただ本稿では『日本書紀』の小墾田宮から平安宮に至る朝堂の展開をいちおう直線的に説明したが、残された問題は律令制政治機構の整備に結びつくと推定した十二堂院の成立時期をめぐって、初期朝堂からの展開をさらに具体的に考究することである。そのためには発掘調査によって明らかになりつつあるいわゆる前期難波宮の位置づけ、さらに現在の段階ではまだ文献史料を通してよりしか推測できない飛鳥浄御原宮の構造の分析が当然焦点となってこよう。またいま私が朝堂の展開をいちおう直線的に説明したといったが、その意味は中国の都城制の影響に関する視点を本稿では捨象したということである。しかしこれは日本の都城宮室に関する問題を考えるに当たっては欠くことのできぬ視点であって、朝堂院についてもそうした点からの考察がぜひ必要である。しかし紙数の関係からもそれらはすべて別稿にゆずることとした。(46) なお大極殿や大極殿門などのほか論ずべき多くの問題を残しているが、とりあえず朝政の場として存在する朝堂の意義に注意を喚起するに止めた次第である。

(1)　公式令啓式条では、皇太子および三后に対して「啓」の語を用いている。

(2)　岸俊男「大和の古道」(橿原考古学研究所編『日本古文化論攷』、昭和四十五年五月所収、本書第四章)参照。

(3)　なお禁省と同じく禁中の語も用いられている。推古元年四月己卯条「皇后懐妊開胎之日、巡行禁中、監察諸司、至于馬官」、顕宗即位前紀「与大臣大連、定策禁中」。

(4)　これに対して大人は「見二大人所レ敬、但搏レ手以当二跪拝一」とある。

(5)　(19)の「八十一例」の成立年代について、虎尾俊哉氏は養老三年十月から神亀五年八月、あるいは天平十一年五月の間とするが、とくに養老四年養老令制定直後でないかとしている(「『例』の研究」坂本太郎博士還暦記念会編『日本古代史論集』下巻、昭和三十七年九月所収)。

(6)　(21)の弾例は「弾例曰、凡相二遇親王一者、三位下レ馬而立、四位已下跪坐、但大臣斂レ馬側立」という一条とともに『政事要略』に引用されているが、延喜弾正式にはなく、『政事要略』は「為レ見二古礼一載之、依二式文一可レ行」と記しているから、この弾例は延暦十一年閏十一月に制定された新弾例ではなく、いわゆる旧弾例であろう。その成立年代は平城京時代、とくに神亀五―天平十一年ごろか、その少し前といちおう推定されているが、判然としない。虎尾俊哉「『例』の研究」(前掲)参照。

(7)『令集解』は雑令の部分を欠くが、『旧紅葉山文庫本令義解裏書』の逸文には「朱云、……答、庁上者八省之庁上耳、曹司座者、司之庁座耳」とある。「八省之庁」は八省院の意で、朝堂院をさすのであろう。

(8)『延喜式』には「凡庁座者、親王及中納言已上倚子、五位已上漆塗床子、自余白木床子」(掃部寮・弾正台)とあり、また「凡諸司座者、随二官人員一三年一充、五位以上黄帛端茵、六位以下主典以上紺布端茵、史生不レ褁レ端茵、其朝堂有レ座者、朝堂并曹司座並充、無二朝座一者、唯充二曹司一」(掃部寮)とある。

(9)岩橋小弥太「儀式考」(『上代史籍の研究』二、昭和三十三年七月所収)、坂本太郎「儀式と唐礼」(『日本古代史の基礎的研究』下、昭和三十九年十月所収)、滝川政次郎「江都集礼と日本の儀式」(岩井博士古稀記念事業会編『岩井博士古稀記念典籍論集』、昭和三十八年六月所収)。

(10)なお『延喜式』には「凡親王任二省卿台尹一就二曹司庁一者、五位已上並立二床前一、六位已下磬折而立、就レ座訖乃以レ次就レ座、其雑公文令二録疏取一レ署」(式部上)の一条がある。

(11)『貞観儀式』巻九、四月十五日授成選位記儀・太政官曹司庁叙任郡領儀。

(12)『正字通』「朝、古者朝而聴レ政、百官咸見、故朝見曰レ朝、夕見曰レ夕」(諸橋轍次『大漢和辞典』参照)。

(13)『令集解』宮衛令開閇門条に引く唐令には、「唐令云、宮殿門夜漏尽、撃二漏鼓一訖開、夜漏上水一刻撃二漏鼓一訖閇、五更三籌順天門撃レ鼓、諸衛即遞撃二小鼓一、使声徹二皇城京城諸門一」「又云、城門皆撃レ鼓、七百槌訖、諸城門開、開後一刻順天門開、昼漏尽順天門撃レ鼓、諸衛依レ前撃、諸城門皆撃レ鼓、至二四百槌訖一閇」とあり、また平岡武夫「唐の長安城のこと」(『東洋史研究』一一―四(昭和二十七年二月))によると、唐の官吏は五更五点に大明宮の建福門を入ることになっていたという(『雍録』巻八)。更は日入後二刻半から翌日の日出前二刻半までを五更に分かったものであり、点(籌)は一更をさらに五等分したものであるから、日出・日入の時刻に従って変わるが、ほぼ日の出一時間ほど前が出勤時間となっていたことが知られる。

(14)なお関市令によると、「凡市恒以二午時一集、日入前撃二鼓三度一散」とあり、市は午の時から開かれた。

(15)『唐両京城坊攷』巻一、「元和元年初置二百官待漏院一、各拠二班品一為レ次、在二建福門外一、候二禁門一啓二入朝一」(平岡武夫『唐

代の長安と洛陽』、昭和三十一年五月参照)。

(16) 朝集院の称は『日本後紀』弘仁二年正月乙卯条に、朝集堂の称は同じく弘仁六年正月壬辰条に初出。

(17) 奈良県教育委員会『藤原宮――国道一六五号線バイパスに伴う宮域調査――』(『奈良県史跡名勝天然記念物調査報告』二五、昭和四十四年三月)一二一ページ。

(18) 『令集解』儀制令祥瑞条に引く釈説と古記は、「治部例云、養老四年正月一日弁官口宣、依㆑改㆓常例㆒、太政官申㆓符瑞㆒者、大瑞已下皆悉省加㆓勘当㆒、申㆓送弁官㆒、但上瑞已下更造㆓奏文㆒、十二月終進㆓太政官㆒」と記している。

(19) 『令集解』儀制令文武官条所収穴云。

(20) 『延喜式』には、「凡天皇御㆓大極殿㆒視㆓告朔㆒者、諸大夫進置㆓函於案上㆒、奏者奏畢復㆓本列㆒、訖侍従令㆔舎人喚㆓内記㆒、出㆓蒼竜楼掖門㆒、預候㆓竜尾道階下㆒内記二人称唯、昇㆓東西階㆒就㆓版位㆒立、侍従宣曰進文収之、称唯進㆓案下㆒搢㆑笏舁㆑案退降㆓東階㆒、公文惣送㆓中務省㆒」(内記)、「凡応㆑舁㆓告朔文案㆒者、其日平旦簡㆓差諸司官人六位七位容儀合㆑礼者㆒令㆑候」(式部上)。

(21) 『公事根源』正月視告朔条。

(22) 『大日本古文書』五―一二五ページ。

(23) 仁井田陞『唐令拾遺』(昭和八年三月)四七三ページ。なお『大唐開元礼』巻三には「凡京文武官、一品以下九品以上、朔望日朝、五品以上及供奉官員外郎監察御史、毎日参、昭文崇文国子生及諸県令毎季参、若雨霑服失容、及泥潦並停」とある。

(24) 朝参を欠く者に対して『延喜式』では「凡散位五位以上、闕㆓四月七月朔参㆒者、勿㆑預㆓新嘗会㆒」(式部上)、「凡元正之日、若有㆑不㆑朝者、五位以上莫㆑預㆓三節㆒、七十以上者不㆑在㆓此限㆒六位以下奪㆓春夏禄㆒、六位以下若有㆑申㆑故者、不㆑在㆓此例㆒但宮内主殿典薬内膳造酒采女主水等省寮司、莫㆑責㆓不参㆒、侍医東宮学士亦同」(式部上)などあるが、告朔はやがて二孟旬(孟夏旬・孟冬旬)の旬政に変わる。

(25) 黛弘道「律令官人の序列」(前掲『日本古代史論集』下巻所収)。

(26) 仁井田陞『唐令拾遺』(前掲)五九一ページ。「諸文武官、朝参行立、二王後、位在諸王侯上、余各依職事、官品為序、職事同者以歯……」。

(27) この条文は『弘仁式』にも存した。

(28) 『日本後紀』延暦二十三年十二月丙午条に、「勅、自今以後、左右大弁八省卿弾正尹、准㆓参議已上㆒、雖㆓開門以後㆒、聴㆑就㆓朝堂㆒」とあり、これをうけて『延喜式』にも「凡参議以上及左右大弁八省卿弾正尹者、開門之後、猶聴㆑就㆑座」(式部上)とある。

(29)『日本紀略』弘仁九年四月庚辰条。なお『続日本後紀』承和九年十月丁丑条の菅原清公の薨伝に「(弘仁)九年有二詔書一、天下儀式男女衣服、皆依二唐法一、五位已上位記、改従二漢様一、諸宮殿院堂門閣、皆著二新額一」とある(福山敏男『大極殿の研究』、昭和三十年三月参照)。

(30)『日本紀略』によると、それらの諸堂の新しい称呼が初めてみえるのはつぎのごとくである。
弘仁九・五・五—武徳殿、弘仁十二・十一・二十七—紫宸殿、弘仁十四・四・二十—待賢門、弘仁十四・十・七—延政所、弘仁十四・十二・二十三—清涼殿、天長元・十・二十六—仁寿殿、天長二・一・十七—建礼門、天長四・一・二—宜陽殿、天長五・閏三・十二—涼書殿、天長七・七・二十一—玄暉門、天長七・八・二十九—栖鳳楼、天長七・十・八—承明門、天長七・十・十—建春門、天長七・十一・十一—神嘉殿。

(31) 八省院の初見は『類聚国史』巻三の天長三年九月乙亥条の「天皇御二八省院一、奉二幣帛於伊勢太神宮一」であるが、これも『日本紀略』では「八省院」でなく、「八省」となっている。

(32)『延喜式』には「凡諸司在二朝堂一申レ政者、聴レ度二馳道一」(式部上)、「凡弁官政未レ了前、諸司不レ得二無レ故輙退一」(式部上)、「凡弁官申レ政時尅、自二三月一至二七月一辰三尅(午前八時)、自二九月一至二正月一巳二尅(午前九時半)、二八両月巳一尅(午前九時)」(太政官)など朝堂における執政に関する条文がみえる。なお後者は『類聚符宣抄』巻六に収める貞観六年正月二十九日右大臣宣によって定められた。

(33) 八木充『律令国家成立過程の研究』(昭和四十三年一月)二二三ページ、井上光貞「太政官成立過程における唐制と固有法との交渉」(仁井田陞博士追悼論文集巻一『前近代アジアの法と社会』、昭和四十二年十月所収)、野村忠夫「大弁官の成立と展開」(『日本歴史』二九〇、昭和四十七年七月)、早川庄八「律令太政官制の成立」(坂本太郎博士古稀記念会編『続日本古代史論集』上巻、昭和四十七年七月所収)。

(34) 前期難波宮では桁行は不明であるが、梁行は三間で、他が二間であるのと異なり、藤原宮では梁間は他と同様四間ながら柱間が大きく、反対に桁行は九間で、他が一五間または一二間であるのに比して小さい。

(35)『日本書紀』における親王の初出は天武四年二月己丑条。大友皇子・高市皇子は太政大臣、刑部皇子・穂積皇子・舎人皇子は知太政官事、また大津皇子は天武十二年二月より朝政を聴いた。

(36) 曹司という表現のほかに、中務南院(天平勝宝五・一)、太政官(乾政官)院(天平宝字元・七、同二・十一、宝亀二・十一、同七・四、天応元・十一)、太政官坊(天平宝字元・七)、太政官内裏之庁(宝亀八・四)などがあるが、大蔵省(天平十・七、宝亀三・六、同七・九)、図書寮(天平宝字八・十)、大学(神護景雲元・二)などは、曹司とも院ともいわない。

(37) 奈良国立文化財研究所『平城宮発掘調査報告』Ⅲ(昭和三十七年三月)三六ページ。

(38) 奈良国立文化財研究所『奈良国立文化財研究所年報』一九六七(昭和四十二年十二月)。

(39) 奈良国立文化財研究所『奈良国立文化財研究所年報』一九六九(昭和四十四年十二月)。

(40) 青木和夫「浄御原令と古代官僚制」(『古代学』三―二、昭和二十九年六月)。

(41) 内裏東北の大溝からはかつて「宮内省」「省」「内掃」「膳」など宮内省関係とみられる墨書土器が出土している(岸熊吉「平城宮遺溝及遺物の調査報告」『奈良県史蹟名勝天然紀念物調査報告』一二、昭和九年八月所収)。

(42) 井上光貞「太政官成立過程における唐制と固有法との交渉」(前掲)。

(43) 『令集解』職員令中務省条所収の跡云に「中務省奈賀乃司」とある。

(44) 青木和夫「浄御原令と古代官僚制」(前掲)。

(45) たとえば奈良国立文化財研究所『平城宮発掘調査報告』Ⅱ(昭和三十七年三月)一〇五ページ。

(46) これらの問題については岸俊男「都城と律令国家」(『岩波講座日本歴史』古代二、昭和五十年十月所収、本書第十二章)を参照されたい。

(補一) 『新儀式』四天皇加元服事によると、紫宸殿御帳の内南に設けられる御座について「案、晋礼設二大床一、唐礼鋪二莚席一、貞観元慶之例依二唐礼一設二平鋪一、今案土敷上加二御茵一」と記しているが、これが、椅子使用の有無により晋の立礼と唐の坐礼の相違を示すとすれば、「難波朝庭之立礼」の淵源についても示唆的である。大石良材「朝堂の建築」(『古代学』一一―一、昭和三十七年十二月)参照。

(補二) この表は芒種十三日―夏至十五日を界にしてその前後ですべての時刻が対称的になっているとみて、新訂増補国史大系本『延喜式』の数字を多少修正したところがある。たとえば開大門鼓について小寒十三日―大寒七日は辰二刻六分となっており、大寒八日―十五日と立春一日―八日はともに辰二刻五分となっている。あるいはことさらにそうなっているのかも知れないので注記しておく。なお現行時刻への換算については橋本万平『日本の時刻制度』(昭和四十一年九月)を参考とした。

(補三) 告朔の起源はもちろん中国にあり、『論語』八佾篇の「告朔餼羊」に対する朱子の注は、天子は毎年十二月に翌年十二か月の暦を諸侯に頒ち、諸侯はこれを受けて祖廟に蔵し、毎月朔日に特牛を供えて廟に告げ、その月の暦を請うて国内に行なうとあるが、古代中国では天子は正月八日南郊において一年十二か月の政を総受し、宮に還ったのち祖廟におさめておき、毎月一政をとり出して明堂において頒つ。また諸侯は正月に天子に朝して十二か月の政をうけ、やはり祖廟におさめおいて月に一政を取り出してそれを施行するとも説明されている(大石良材「朝堂の建築」(前掲))。要するに中国では告朔の礼は天子・諸侯の政令の布告を意味し、それが日本の儀制令の場合は、政令の施行とは関係しつつも、未来でなく過去、つまり前月の公文の奏覧に変化している。この点は大化二年正月甲子朔日に布告されたとするいわゆる大化改新の詔の理解にも関連する。

(補四) 『延喜式』の「凡弾㆓大納言以下㆒者、就㆓第二堂座㆒弾之、太政官庁不㆑得」の第二堂は弾正台官人の朝座があった含嘉堂をさす。

(補五) 『令集解』公式令京官上下条には「問、義云、雖㆓是閇門後㆒而務繁者事了還㆑家者、未㆑知、務繁者、雖㆓閇門之後㆒、猶就㆓朝座㆒哉、将還㆓本司㆒坐㆓曹司㆒哉、私案㆓義解㆒還㆑家者、則知、退朝鼓撃之後、乃還㆓本曹㆒、无㆑務者還㆑家、務繁者、在㆓本司㆒耳歟」とあり、政務繁忙の場合には、退朝鼓ののち朝堂の朝座を離れてそれぞれの曹司に還り、そこで執務したようで、この史料からも朝堂と曹司の関係、曹司の機能の一端がうかがえる。

第十二章　都城と律令国家

はじめに

古代の宮室・都城の研究は最近著しい進展をみせている。それは飛鳥をはじめ難波・藤原・平城・長岡・平安などの宮および京における発掘調査が、さまざまな困難な条件に制約されながらも、関係者の非常な尽力によって貴重な成果を少しずつ積みあげてきていることによる。しかもそれを戦前の研究に比較すると、最近は個々の宮都の構造が発掘調査によって具体的に明らかになるにつれて、その共通性よりもむしろ相違点がとくに着目され、これを歴史的展開の過程としてとらえ、日本古代史の問題として解明しようという研究段階に進んできていることが注目される(1)。ことに日本の場合は、たとえばすでに江田船山古墳出土の大刀銘に「治天下獲□□□鹵大王世」とあるほか、「――宮治天下天皇」というような表現が多く用いられ、また「帝紀」に依拠した『古事記』は必ず各天皇について治天下を記載しているなど、宮都は古代天皇の象徴であったし、また各時代の政治の中枢としても歴史的に極めて重要な意義をもっていたのである。したがって宮室・都城の調査研究は、単に遺構を検出して構造を復原することに止まらず、それを通して当時の政治組織や政治形態にまで肉迫し、さらに中国・朝鮮文化受容のあり方を具体的に究明しようという意図をもつべきであり、そうした方法によって文献史料に乏しい日本古代史の実証的解明は漸進するものと思う。

私は昭和四一年(一九六六)末から行なわれた藤原宮の緊急調査に参加し、その過程で従来明らかでなかった宮域を推定し、京域についても新しい想定を試みた(2)。調査はその後も継続されているが、宮域はほぼ推定通りであることが確認されたし、京域についても私案の大綱を否定するような事実は、現在までのところみられない。したがって本稿ではこの藤原宮および藤原京の推定復原によって知られた新事実を基礎に、それから提起される都城と律令国家に関するいくつかの問題を論じてみたいと思う。

一　宮都と古道

まず藤原京の推定復原によって明らかとなったのは、その四至がいずれも大和の古道によって限られているという事実であり、そこから改めて古道を歴史的観点から見直すとともに、宮都との関係の考察を深めることが、問題として提起された。すなわち、藤原京は東京極が中ッ道、西京極が下ッ道、北京極が横大路、南京極は上ッ道の延長である山田道となっていて、この四古道に囲まれた東西約二・一キロ、南北約三・一キロの地域に十二条八坊の条坊制が施行され、宮はその中央北寄りに四条×四坊の一域を占めて位置した。京極に利用された古道のうち、上・中・下の三道と横大路は『日本書紀』巻二十八の壬申の乱の大和における戦闘記事にみえ、また山田道は『日本霊異記』巻頭の鳴雷を捉えた小子部栖軽の説話で知られている。(3)

ところで上・中・下三道は大和における南北縦貫道路として並走するが、そのうち下ッ道がのちに中街道とよばれたように奈良盆地のほぼ中央を通る。この道は北は乃楽山(平山・奈良山など)を越えると山背道に連なり、綴喜・宇治・山科から相坂山をへて近江に至り、北陸(愛発関)・東山(不破関)・東海(鈴鹿関)の三道に分かれる。また山背道の途中から山陰道に向かうこともできるが、泉津から木津川・淀川の舟運を利用すれば難波に至る。南は軽をへて檜隈から南西に向かい、巨勢・宇智を通って紀和国境の真土山を越えると、紀ノ川ぞいの木道となり、紀水門に達する。その間乃楽山から軽の見瀬丸山古墳までの間が直線道路で、北端は平城京朱雀大路に利用された。そうした関係から最近の平城宮・平城京の発掘調査でもその遺構が検出され、下ッ道は両側に側溝をもつ溝心々間約二三メートルの道路であったこと、方位は真北より西に約一七分偏していたことが知られ、(4)また朱雀門付近の側溝からは近江国蒲生郡阿伎里から藤原京に赴く者が所持したらしい過所木簡も出土している。中ッ道は下ッ道の東約二・一キロのところを並行して走っており、北は平城京の南東隅、東京極の西約一七〇メートルのところに「京道」の小字名を残して京内に消えているが、遺存地割から推せば道幅は下ッ道と等しかったようである。この道は元興寺僧道登が宇治橋を造営するため往来したという奈良山渓(『日本霊異記』上巻一二話)、すなわち現在の関西線ルートを通って山背に出たらしく、平城京当時このルートに接続していたとみられる東三坊大路の発掘調査では、いなくなった牛馬を探求する告知札数点や多数の皇朝銭が出土し、平安朝にも主要な交通路として頻繁に利用されていたことが確認された。(5)また中ッ道、あるいは平城京東京極(東四坊大路)の延長と思われるものが、山背に入ったところに「作り道」の字名とともに道路痕跡を示す地割として遺っている。(6)中ッ道の南は横大路までは現在も道路として利用されているが、以南は藤原京廃都後に施行された条里制に消されている。しかしその延長線は香久山頂上付近を通って、飛鳥寺西門と川原寺東門・橘寺東大門の間を「ミハ山」に達する。この「ミハ山」は『万葉集』にも頻出する飛鳥の神奈備山と推定しているが、(7)そこからは飛鳥川を遡って芋ガ峠を越え、吉野宮推定地宮滝に至る。つぎに上ッ道は中ッ道の東を下・中二道間と同じ間隔を保ってやはり並行して走る。北半は地形の制約からか直線道路の痕跡を認め難いが、『日本書紀』武烈即位前紀にみえる平群臣鮪を追って乃楽山に赴く影媛を歌った歌の石上―高橋―大宅―春日―佐保のコースがそれに当たろう。南半は直線道路となって箸墓を過ぎるが、横大路に交わってのち安倍寺の東から南西に向かい、ついで山田寺の西から真西に雷丘を通って軽に至る。これがいわゆる山田道で、最近の発掘調査でその遺構らしきものが一部検出されているが、確認には至っていない。(8)

以上の南北縦貫道に対し、これと直交する東西道の一つが横大路で、東は墨坂を越えて伊賀・伊勢に通じ、西は大津皇子を葬る二上山の南(竹内峠)、あるいは北(穴虫峠)に比定される大坂を越えて河内に入る。その付近では大坂道(南の場合はのちの竹内街道)とよばれ、敏達・用明・推古の各天皇や聖徳太子の陵墓のある磯長や河内飛鳥をへて石川を渡り、古市で丹比道に接続する。丹比道はやはり河内における東西道で、埴生坂をへて多遅比野を通るが、この道は応神陵・仁徳陵の最南端を東西に結ぶ線とほぼ一致する。この丹比道の北を約三・六キロの間隔を保って堺の中心(『万葉集』巻三―二八三・二一―一二一の得名津・浅鹿浦に近い)を起点に東に平行して走る長尾街道とよぶ道路があり、これをやはり壬申の乱の戦闘記事にみえる大津道に比定している。大和川・石川合流点付近で丹塗の河内大橋を渡り(『万葉集』巻九―一七四二)、竜田道に接続する。竜田道は河内から大和に入るもう一つの主要ルートで、聖徳太子の王宮や法隆寺・法輪寺・法起寺のある斑鳩に達するが、さらに添下郡と平群郡、添上郡と山辺郡の郡界をなす東西の直線道路に連なり、丸邇(和爾)から都祁をへて伊賀に至っていたらしい。なお河内でもこの丹比・大津二道に直交する南北の縦貫道路が難波宮中軸線の南への延長として想定される。道路としてはほとんど残っていないが、その線の一部は摂津・河内の国境に当たり、丹比道との交点には楠の大樹の社叢をもつ神社があり、この道にそっては仁徳紀や応神紀にみえる桑津邑・鷹甘邑・依網屯倉などの遺称地が並んでいる。(9)

ところで『古事記』崇神段には墨坂神と大坂神に楯矛を祭って疫病の大和への侵入を防いだ話があり、同じく垂仁段には本牟智和気王が出雲大神を拝みに行くため那良戸・大坂戸でなく、掖戸の木戸から出雲に出かけたと記している。これから推せば、古代大和ではやはり下ッ道と横大路がそれぞれ南北と東西の幹線道路であったことが知られ、ひいて河内では大坂道と結ぶ丹比道の重要性が指摘できる。したがってそれらは前記諸道のうちでももっとも早くから存在したと考えられるが、それが相当の道幅をもつ直線の官道として整備されたのはいつごろであろうか。

たとえば『日本書紀』仁徳十四年条に「是歳大道を作りて京中に置く。南門より直に指して丹比邑に至る」とあるのは、さきの難波宮から南下する想定道路を思わせるが、もちろんその道路を仁徳朝まで遡らせることはできない。

また同じく推古二十一年(六一三)十一月条には「また難波より京に至るまで大道を置く」とある。これは難波宮から丹比道―大坂道―横大路とつづく古道が官道として整備された時期を推古朝とみる有力な史料であるが、それには、その少し前に難波から小治田宮に至った隋使裴世清と新羅・任那の使節の一行がともに陸行せず、大和川の舟運を利用して海石榴市と阿斗河辺館に上陸したことを示す記事(推古十六年八月癸卯条、同十八年十月丙申条)が傍証となる。『隋書』倭国伝には日本国王の言葉として「今故さらに道を清め館を飾り、以って大使を待つ」とあり、『日本書紀』白雉四年(六五三)六月条にも百済・新羅の貢調使の来日に際して「処々の大道を修治」したと読める記事がある。いずれも官道の整備には、国家の威厳を示すという意味で、こうした外国使節の入京が重要な契機となったことを示している。

以上のごとき文献史料とは別に、たとえば平城宮内で検出された下ッ道側溝が六世紀代の方墳を壊って設けられているという事実や、直線道路の南の起点が、日本最長の横穴式石室を有する後期前方後円墳で、欽明陵や宣化陵に比定されている見瀬丸山古墳[10]の前方部周濠のほぼ中央にあるという事実などは、下ッ道の年代を推定する上で注目しなければならない。しかし当面飛鳥の宮都を論ずるに当たっては、官道の設定が宮都に深く関わるという意味で、やはり上・中・下三道の設定年代に注目する必要があろう。

というのは、前述のように下ッ道は奈良盆地のほぼ中央を走り、他の二道はその東にあるから、三道は奈良盆地全体からみれば東に偏している。しかもその中央道である中ッ道は何らかのかたちで飛鳥の中心部を通っていたらしく、たとえば飛鳥寺の西門、川原寺の東門はいずれも中門・南門より規模が大きいし、橘寺はそのころの寺院としては珍しく東面する。飛鳥浄御原宮の西門でしばしば大射が行なわれているのも、あるいはそのことに関係があるのかも知れないが、川原寺や橘寺は天智朝ごろの建立とみられており、飛鳥寺西門は創建よりやや遅れるかも知れないので、飛鳥を中心とする三道の設定時期はいちおうそれら諸門の建立以前とも考えられる。

的確な設定年代は今後の調査結果にまたねばならないが、ともかく三道が大和全体でなく、飛鳥を基準に設定されていることは、いわゆる飛鳥の地に宮室が造営しはじめられた七世紀以後の設定であることを明示している。すなわち推古天皇は豊浦宮に即位して推古十一年近くに小墾田宮を営んで遷るが、それ以後舒明朝の飛鳥岡本宮・田中宮・厩坂宮・百済宮(飛鳥以外とする異説がある)、皇極朝の小墾田宮・飛鳥板蓋宮、孝徳朝の飛鳥河辺行宮、斉明朝の飛鳥板蓋宮・飛鳥川原宮・後飛鳥岡本宮、そして天武朝の岡本宮・嶋宮・飛鳥浄御原宮と、いずれもがいわゆる広義の飛鳥の地に存在する。ここに広義の飛鳥というのは以上連記した諸宮のうちには「飛鳥」を冠するものと、冠しないものがあり、本来の飛鳥という地名は「飛鳥」を冠するいくつかの宮室を含む範囲で、ほぼ香久山の南からさきの「ミハ山」にわたる一帯を指したものと考えるからである。[11] また時期的にみても、はじめ天智朝までは「阿須迦宮」といえば舒明天皇の岡本宮をさしたが、浄御原宮以後は「飛鳥朝」といえば天武朝を示すというように変わっている。それはともかく、その間孝徳朝に難波へ、天智朝に近江に一時遷都したが、その期間はわずか一五年に満たないし、その間も旧宮の板蓋宮・後岡本宮は廃されることなく、倭京還都とともに直ちに再使用されているし、また倭京には留守司も置かれていた。このように推古朝以後藤原京遷都に至るまでの一世紀間はいわゆる飛鳥の地につぎつぎと宮室が営まれ、そこが政治の中枢であった。上・中・下三道はそうした情勢の中で、いずれかの飛鳥の宮を基準として計画設定されたと考えられ、横大路とはまた違った意味で、極めて政治的色彩の強いものであったといえよう。

二　倭京と京師

ところで、こうした推古朝以後の諸宮を含む広義の飛鳥の地は、当時倭京、または倭都とよばれたらしい。[12]『日本書紀』にはそうした用例が散見するが(白雉四年是歳条、同五年正月・十二月条、天智六年八月条など)、とくに壬申の乱に大和で活躍した大伴吹負は倭京将軍とよばれている。また藤原京を新益京と記すのはそれまでの京を拡張したという意味と解されている。倭京とは何か、具体的にはどの範囲をさすのか、またそれは都城制とどう結びつくのか。これらの問題が古道とも関連してつぎに提起されてくる。

倭京・倭都のほかに、『日本書紀』では京・京師・京都などの語が早くからみえるが、それは文章上皇宮の所在地を一般的に表現しようとしたもので、行政区画なり、都城の成立という意味で問題となるのは、やはり大化改新詔であろう。周知のようにその第二条には「初めて京師を修む」とあり、いわゆる凡条には坊令・坊長に関する戸令条文とおぼしきものが引用されている。大化改新詔の信憑性をめぐっては諸論があるが、この京師の問題は従来あまり深く論ぜられていない。具体的な難波京の問題はのちに論ずるとして、ともかく改新詔発布当時の難波においてはとてもそうしたものは存在しないと暗に考えていたからかも知れない。『日本書紀』にも以後京師の存在を示唆する的確な記事はしばらくない。ところが天武朝に入ると、天武五年(六七六)九月乙亥条に王卿を京・畿内に遣わして人々の兵器を検校したとみえるのをはじめとして俄然行政区画としての京師の存在を推定させる記事が頻出する。しかも「京および畿内」というように畿内と併記されることが多いこと、[13]また賑給の対象者を京と限って指定していること、さらに京職という官職の存在が確認できること(天武十四年三月辛酉条、『続日本紀』養老元年正月己未条)などから、少なくとも天武五年以後には行政単位としての京師が浄御原宮を含む地域に成立していたことは疑いなかろう。その京師をさきの倭京に直ちに結びつけるには問題があろうし、また同じ天武紀でも京師の語が五年九月条以後に頻出して、それ以前にないことは単に史料の偶然性に帰すべきものでもないようなので、これらの点は注意を要する。

こうした天武期の京師がどのような範囲・構造をもっていたかは確かでない。「京内廿四寺」という表現(『日本書紀』天武九年五月乙亥条)に基づいて、そのころ以前の創建と推定される寺院址を飛鳥周辺に求めてその範囲を推定する方法、大宝令喪葬令皇都条の「凡そ皇都および大路近辺は、並びに葬り埋むことをえず」という規定を天武朝にまで遡及適用して、当該時代の墳墓の存在しない地域を文献・遺跡の両面から考定して京師を想定する方法などが考えられるが、いずれも的確に京域を示すことはできない。しかし二四寺や墳墓のない地域はかなり広範囲に及ぶので、その際上・下二道や横大路が京域の限界として利用された可能性がないとはいえない。

ところで前章でふれたように、三道は等間隔で、下ツ道—中ツ道間は三〇〇〇分の一地図上の概測で二一一八メートルである。この数値は大宝令雑令の高麗尺五尺を一歩、三〇〇歩を一里とする度地法に従えば四里＝一二〇〇歩＝六〇〇〇尺となり、したがってそれを八等分した藤原京の一坊は半里＝一五〇歩＝七五〇尺となる。しかし高麗尺五尺＝一歩の度地法は大宝令施行以後の、あるいは一般に令の規定による町段歩制にみあうもので、それ以前の古い日本の田積表示である代制に対応するのは高麗尺六尺＝一歩の度地法である。したがってこれによれば三道の間隔は一〇〇〇歩という完数になるので、さきの四里という表現は当初は避けるべきであろう。「一千歩」という数値は『日本書紀』持統三年(六八九)八月丙申条や同五年十月庚戌条にも用例があり、また日本の場合には「千」という数が「百」・「五百」とともに好んで用いられたようなので、おそらく三道は一〇〇〇歩という完数を選んで設定されたものと思う。またこの一〇〇〇歩からは一〇等分して一〇〇歩×一〇〇歩＝二千代、あるいは一〇〇歩×五〇歩＝千代という基本的な地積を容易に導き出しうるし、それを四等分または二等分すれば、五〇歩×五〇歩＝高麗尺三〇〇尺平方＝五百代＝一町という地積をうる。そしてこれを五等分した百代が町段歩制の二段に相等し、これが班田収授における男子の基本受田積となったことは周知のことであろう。(14)

こうした一町単位の方格地割が飛鳥地域の寺院・宮室などの造営計画にも採用されているようであるが、(15)それよりもここで注意すべきは藤原京域の条坊制地割である。それは一坊＝高麗尺七五〇尺平方で、一町＝高麗尺三〇〇尺平方の地割とはすぐには結びつかないが、興味深いことに近時の藤原宮域の発掘調査で、一坊を幅約六メートルの小路でさらに四等分していることと、しかもそれが宮内から検出され、その設定年代は七世紀後半で、藤原宮造営以前であることが明らかにされた。(16) この新しい事実からどのようなことが導き出されるであろうか。

一つは平城京の一坊＝一六坪の起源が解明できたことであろう。次節で詳説するように、基本的には平城京は藤原京を二倍に拡大したものである。したがって平城京の一坊は藤原京の四坊に相当するが、その藤原京の一坊がさらに小路で四分されていることが明らかとなったのであるから、平城京一坊はその藤原京四分の一坊＝一坪を一六集めたもの、すなわち一坊＝一六坪となるのである。また藤原京の一坪は高麗尺三七五尺平方(唐尺では四五〇尺平方)となるが、これは一町＝高麗尺三〇〇尺平方(唐尺では三六〇尺平方)に近づき、条坊制地割と一町単位の条里制地割の結びつきが、条坊制において道路幅を適当に定めて除外すれば成立するがごとくであり、右大臣四町・直広弐以上二町・直大参以下一町、勤位以下は戸口数に従って上戸一町・中戸半町・下戸四分の一町という藤原京の宅地班給基準(『日本書紀』持統五年十二月乙巳条)も具体化される。しかし平城京における一坪は唐尺四〇〇尺平方とされているので、簡単にはそう考えられない。高麗尺から唐尺への転換問題を含めて、発掘調査に期待しながらなお慎重な検討を要する。

つぎに私は藤原京を推定復原した場合、藤原京は持統天皇の即位とともに造営が始まり、持統八年遷都したという通説に対して新しい見解を提起した。(17) それは、『日本書紀』天武十三年三月辛卯条に「天皇京師を巡行して宮室の地を定む」とあるのが、事実上このとき藤原宮の建造計画を決定したことを示し、間もなく天皇が崩御したため計画は一時停止されたが、持統即位とともに造営が開始されたというものであった。その理由は、崩御後すぐに築造を開始した天武天皇の檜隈大内陵がちょうど藤原京中軸線の南延長上に位置していて、すでに藤原京を意識して造られているらしいこと、遅くとも持統二年以前には造営に着手していたとみられる薬師寺、また同じように天武末年にはかなり伽藍が整っていたらしい大官大寺がともに藤原京条坊制に伽藍中軸線を合わせて建立されているらしいことなどであった。この問題に関しては、その後天武陵の南に高松塚壁画古墳が発見され、また最近に至っては中尾山古墳が天智・天武陵などと同じく八角形の壇状墳丘を有することが知られて、文武陵とみる説が有力になった。したがって藤原京中軸線の重要性がよりいっそう増してきたため、天武陵と藤原京との関係もさらに重視されるようになった。また大官大寺については推定講堂址および回廊・中門などが発掘調査され、その造営は藤原宮と併行する持統朝をあまり遡らない時期とみられるようになってきた。[18] さらに藤原京左京八条二坊に位置する紀寺は天智末年ごろの創建と推定されているが、これも発掘調査された。創建時期についての確証はないが、瓦当文様からすれば川原寺にやや遅れるかと思う。ところで調査の結果、この二寺の伽藍中軸線はさきに推定復原した藤原京条坊制に対して予想より少し東に偏することが明らかとなった。しかし藤原京全体の方位が真北よりやや西偏することを新たに考慮すれば、若干の修正を加えることによってやはり条坊制に規定されて建立されたとみるのが妥当かと思う。したがって二寺の創建年代に関してはなお微妙な問題を残してはいるが、藤原京建設の基本計画が持統朝以前、天武年間にすでに成立していたのでないかという私説は依然として論拠を失っていない。しかもそれと関連するかのごとく藤原宮内から藤原宮造営以前の条坊制地割が検出されたのである。そこでこの新しい事実と藤原宮天武朝計画説について検討を加えるため、さらに新しい問題を臆説として提起してみよう。

『万葉集』には「壬申の乱平定以後の歌二首」がある。「皇は神にしませば赤駒のはらばふ田為を京師となしつ」(巻十九—四二六〇)は大伴御行の作で、作者未詳の方は「赤駒のはらばふ田為を」が「水鳥の多集く水沼を」に変わっているだけである。従来この歌にみえる京師(皇都)は漠然と浄御原宮をさすと解されてきたが、宮のあった真神原は飛鳥寺の周辺で、飛鳥の中心であった地域が当時なお「赤駒のはらばふ田為」や「水鳥の多集く水沼」であったとは考え難い。そうするとこれは宮よりも京の造営を意味することになるが、[19] そこで浮かび上ってくるのが『日本書紀』天武五年是年条の「新城に都せんとす。限の内の田園は公私を問わず、皆耕さずして悉く荒る。然れども遂に都せず」という記事であり、同じく天武十一年三月甲午条には三野王と宮内官大夫らを新城に遣わして地形をみさせ、造都しようとしたことがみえ、半月後には天皇も新城に行幸している。この「新城」を従来は大和郡山市新木に比定する説が有力であったが、確たる根拠はなく、むしろ藤原京・平城京などの造都が古道と密接な関係のもとに設定されたことを考えると、成立は困難なように思う。それよりも『日本書紀』持統三年九月己丑条の石上朝臣麻呂らを筑紫に遣わして位記を給い、「且つ新城を監」させたことが注目される。この「新城」を水城あるいは大野城・椽城とするには、すでに築城から約二五年を経過していてその名にふさわしくないと思われ、むしろ新設の大宰府都城と解すべきではなかろうか。(20) また『続日本紀』神護景雲三年(七六九)十月乙未条の宣命には「挂けまくも畏き新城の大宮に天の下治め給いし中つ天皇」という語がみえ、元正天皇をさすらしいが、その場合の「新城」は平城京を意味する。したがってこれらの用例からすれば、「新城」は地名でなく、新しい都城の意である。ひいて天武紀の「新城」も地名新木に比定する必要はない。

そこで想定されるのが、前述した行政区画としての京師・京が畿内とともに天武五年紀から頻出するという事実である。それと天武紀の新城造都記事、および『万葉集』の二首をあわせて考えると、つぎのような一つの仮説が提起される。すなわち、推古朝以後つぎつぎと宮室が営まれて政治の中枢となった飛鳥を中心とする一域は倭京とよばれていたが、近江令制定以後、律令国家体制の整備が進むなかで、壬申の乱後の倭京還都を期して京・畿内の制が成立した。これに伴い条坊制による都城、すなわち新城の建設も倭京においてかなり具体的に計画され、やがて天武十三年には新しい宮室の地を藤原の地とすることが定められた。そして藤原宮の実際の造営は天武天皇の崩御に妨げられて、持統即位をまって始められたが、その間薬師寺・紀寺、あるいは大官大寺の建立は、すでに定められた都城計画に従って進捗した、というのである。こうした仮説のなかで藤原宮内から検出された条坊制地割遺構がどのような位置を占めるか、天武朝当初の京師から藤原京への移行をどう考えればよいのか、藤原京をさす新益京という称呼は具体的にはどういう意味なのか、『続日本紀』などによると、藤原京に左京・右京の区別ができたのは大宝令以後らしいが、慶雲元年(七〇四)末に至ってはじめて京域を定めたごとき記事がみえるのはどういうことなのか(『続日本紀』

慶雲元年十一月壬寅条）など疑問は多く、仮説の慎重な検討とともにいずれも今後の課題である。

三　藤原京と平城京・難波京

藤原京の推定復原に伴って平城京との構造上の密接な関連性が明らかとなったが、そこからまた新しい問題が提起されてきた。つぎにはそれについて述べよう。すなわち、藤原京京域と古道との関係が明らかになると、平城京はその藤原京を中ッ道と下ッ道にそわせて北に移し、下ッ道を基軸に西に折り返して東西幅を二倍に延長してできたことが知られた。その際南北は藤原京の北二条と南一条を省いて一二条から九条としたため、南北長は一・五倍にとどまったので、平城京主体部の面積は藤原京の三倍となったが、一坊は藤原京一坊を四つ集めたものとなっている。しかも新京の薬師寺や大安寺（大官大寺）は藤原京における関係位置をほぼ踏襲していること、平城京条坊制の一部に遺っている条間・坊間の大路は藤原京条坊制の大路の遺制と考えられることや、北辺の性格も知られた。このようにして平城京の原型が藤原京にあることがはじめて明らかとなった。その後藤原宮内で検出された小路の存在は、平城京で一坊が一六坪に分かれていることとの起源を明証したことはすでに述べた。

さて以上のように藤原京と平城京の都城計画上の緊密な関係が明らかになると、和銅元年（七〇八）に発布された「方今平城の地は、四禽図に叶い、三山鎮を作し、亀筮並び従う。宜しく都邑を建つべし」という遷都の詔の文章から、これまで漠然と想定していた占地や計画の任意性は消失して、藤原京からすでに平城京遷都が早く予知されていたように思われてくる。こうしたことは平城遷都の政治情勢を考える上でも新しい視角をもたらすが(21)、何よりも律令国家の展開過程が都城の計画性のある拡大化によって端的に示されていることに注意すべきであろう。それとともに重要な問題は今まで一般には平城京は唐の長安京とのみ比較されてその類似点が強調され、もっぱらそれを模倣したものといわれてきたことについて再考を要するようになったことであろう。もっとも私たちが最近行なった平城京の遺存地割・地名による復原研究によっても、長安京の影響を思わせるような新しい事実が知られてきている。[22]たとえば平城京南東隅にも長安京芙蓉苑の曲江池を想わせるような大池があり、また平城宮の正面に当たる左右京の各一坊が朱雀門から羅城門までとくに明瞭に街区の地割を遺存しているのは、長安京の同じ部分の特異性に共通するようでもある。しかし平城京の原型が藤原京であることが明らかになれば、中国の都城との比較はまず藤原京と行なわなければならないからである。ところがその藤原京は東西四里・南北六里の縦長の矩形で、横長矩形の長安京とは著しく異なる。また長安京や平城京では宮城が北京極に接しているが、藤原京では宮の北に二条分の余地がある。さらにこれは平城京との比較の場合にも指摘されていたが、条坊制街区を構成する基本単位が長安京では京全体の形と同じように横長の矩形であるのに対し、藤原京は方形である。また長安京では宮城・皇城前面の各坊は東西の横街を通ずるのみで、南北に道路を開いていないのに対して、藤原京ではおそらく平城京と同じように十字に路を設けているのであろう。このように藤原京は一見しても明らかなように長安京との相違点が多く、むしろ全体の形からいえば、藤原京は漢・魏の洛陽城に近い。漢・魏の洛陽城は晋をへて北魏洛陽城の内城として受け継がれたが、それは九六城といわれたように、東西六里・南北九里で、東西四里・南北六里の藤原京と同じくその比率は三対二となっている。しかも宮城（洛陽宮）は中央北寄りにあるが、やはり内城の北壁との間に藤原京と同じように若干の余地を残している。[23]ただ宮城南門から内城南門には大路が通じ、その左右に官署が並んでいたというから、藤原京の官衙の位置はまだ判明していないが、平城京の場合から推せば異なる。隋の大興城、つまりのちの唐の長安城は、この洛陽城の内城を宮城・皇城として北中央におき、内城の外に拡張された外城の部分を京城街区として改めて計画的に設定されたと考えられている。[24]したがって外形は相似ていても、その構造を分析してみると、両者を簡単に結びつけることはできない。

このように藤原京と中国都城との比較は複雑な問題を含んでおり、なお慎重な検討を要するのであるが、ここでしばらく藤原京と関係深い難波京および近江京にふれておこう。難波長柄豊碕宮に難波京とよぶべき条坊制都城が付属していたことを証する確実な文献史料の初見は『日本書紀』天武八年(六七九)十一月条に「初めて関を竜田山・大坂山に置く。仍つて難波に羅城を築く」とある記事であろう。伊勢王らが諸国を巡行して国界を定めようとしたのは少しのちであるが(『日本書紀』天武十二年十二月丙寅条)、河内から大和に入る二つの主要ルートの竜田道・大坂道の国界とみられる要衝に関を置いたことは、京域を界する羅城を築いたことと同じ意図に出ている。とすれば、少なくともこの時点では難波京が存在していたと想定できる。つづいて天武十二年十二月、天武天皇は「凡そ都城宮室は一処に非ず、必ず両参を造らん。故に先ず難波に都せんと欲す」と詔し、中国的な複都思想に基づいて難波を副都と定め、官人に家地を請うよう勧めたが、のちの遷都と宅地班給の不可分な関係を示す諸例を引くまでもなく(25)、すでに難波京の存在は明らかである。以上の二史料から遡った場合、大化改新詔の京師規定は論外として、『日本書紀』天武六年十月癸卯条の丹比公麻呂を摂津職大夫に任じた記事が問題となる。このような任官記事は天武紀では遣使の場合を除き極めて稀であるので、俄かに信用することはできないが、前章でもみたように、もし京・畿内の成立が天武五年ごろとすれば、それとの同時性が注目され、また倭京よりさきに難波京に都城の成立を想定できないという論理に従えば、難波京における条坊制都城の建設も天武初年と考えざるをえない。しかしその論理は必ずしも絶対的ではない。

では遺跡の上からはどうか。藤原京の復原を試みたとき、難波京についても検討したところ、その一坊と同じ大きさの方格地割が四天王寺東方に明瞭に遺存していることが明治十九年(一八八六)作成の五〇〇〇分の一大阪実測図で確認されたので、それを手懸りに条坊制の復原を試みたところ、発掘調査で明らかとなった難波宮を北中央に置き、東は猫間川、西は東横堀川を限るちょうど上町台地上に、藤原京と同じく東西八坊で、南北の条数はやや多い縦長の都城を想定することの可能なことが明らかになった。しかもその南限かと思われるところには「南門」の小字名があり、朱雀大路に当たる中央道が前述のようにまっすぐ南下していることも知られた。この想定はなお精査を要したので、難波にも藤原京とほぼ同じ都城が存在する可能性を示唆するに止めたが、(26)ほぼ同じころ沢村仁・藤岡謙二郎両氏によっても復原案が提示された。(27)沢村案は東西横堀川の間、船場・島の内地区にも条坊制街区の遺制を認めて十六条八坊を想定し、藤岡案は前述の私考の範囲に近い十二条八坊の最初の京域が聖武朝に平城京と同じ規模に拡大されたとする。沢村案も西四坊部分を聖武朝難波京の外京ともみているので、南限をどことするかに多少の異同はあるが、当初の難波京が藤原京に相似のものであったという想定を捨ててはいない。もしこの復原に誤りなく、それが前述の天武朝設定の難波京であるとすれば、藤原京との関係において、またその原型を中国都城に探るためにも非常に興味深い問題となる。

同じような意味で近江京が関心の的となろう。いうまでもなく天武朝に先行する天智朝で、難波長柄豊碕宮の孝徳朝の後であるからであるが、「近江京」という京域の存在を思わせるような語は『日本書紀』の壬申の乱関係記事に「倭京」に対してみえるだけで、他に文献史料上は確証がない。また最近の発掘調査でも条坊制が施行されていたという確実な痕跡はまだ検出されていないし、大津宮そのものの位置も未確定である。いくつかの復原案があるが、私は十分な検討を加えていないので、近江京についてはしばらく課題としておきたい。

四　朝集堂と朝参

以上藤原京の復原から導き出された都城に関する諸問題を論じてきたが、さらに考察を深めるためには宮室の解明にまで立ち入らねばならない。さきの藤原宮の緊急調査ではその宮域がほぼ確認されたが、その結果明らかとなった新しい事実がいくつかある。まず第一に藤原宮では内裏・朝堂院が宮の中央に位置することが確認された。平安宮では朝堂院は中央にあるが、内裏はその北東にあり、長岡宮でも朝堂院の東方に内裏が推定されている。平城宮では中央にも内裏・朝堂院とよく似た遺構が存在し、これを推定第一次とよんでいるが、実質的にはその東の推定第二次が内裏・朝堂院である。こうしたなかで藤原宮では内裏・朝堂院が中央に位置すると確認されたことは、それが原型で、以後の諸宮の内裏・朝堂院のあり方はその変型であることを明らかにしたし、ひいてその後における難波宮の宮域の推定にも手懸りとなった。第二には戦前の日本古文化研究所の発掘調査によって、藤原宮では大極殿の南、十二堂院との間には門（大極殿門）のあったことが知られていたが、宮域を明らかにすると、その位置が宮を南北に二分する線上にあること、さらにいえば藤原宮のまさに中心であることが明白となった。第三には十二堂院の南に東西対置されている朝集堂は、平城宮・平安宮では回廊で囲まれて南に門を開く院を構成しているが、藤原宮では宮の南限が明らかになると、そうした院の存在を考える余裕はなく、十二堂院南門の外はそのまま朱雀門に通じていたと推定され、それが朝堂院の原型と認められるに至った。こうした新事実に基づいて宮室・都城に関する若干の考察を進めてみよう。

まず朝集堂に関して述べよう。朝集堂または朝集院という名称の初見は弘仁年間の平安宮においてであるが（『日本後紀』弘仁二年正月乙卯条、同六年正月壬辰条）、唐招提寺講堂が平城宮朝集殿の施入されたものであることはよく知られている（『護国寺本諸寺縁起集』所収「招提寺建立縁起」）。ところで朝集堂とはいかなる機能を果たす建物であったろうか。それには朝庭・朝堂とそこで行なわれた朝政・朝参について知る必要があろう。さきにもふれたが、『日本書紀』推古十八年（六一〇）十月丁酉条には、新羅と任那の使が難波から入京して、推古天皇の小墾田宮で使の旨を奏上した次第がかなり詳しく記されている。すなわち、新羅・任那の使者がそれぞれ二人ずつの導者に導かれて南門から入って朝庭に立つと、大伴連咋ら四人の大夫は座位から立って朝庭に伏す。使者が使の旨を奏し終わると、四大夫はたちあがって進み、大臣蘇我馬子に使の旨を伝える。そのとき大臣は座位から降りて庁前でそれを聴くというのである。この記事から知られることは、南門を入ると朝庭があり、そこには大夫や大臣の朝座のある庁があるということである。

庁とは「まつりごとどの」、すなわち朝堂のことで、この場合、蘇我馬子のいた庁の位置が問題となろうが、大臣馬子が朝座から降りて庁前で新羅・任那の使の旨を聴いたという事実は、たとえば選叙の儀式において宣命があるとき、宰相以下すべて庁前に立ってこれを聴いたとあることと比較して（『続日本紀』神亀五年三月丁未条）、その庁を朝庭の中央に位置する正殿的なものとみるよりは、やはり朝庭の東西に並立する建物の一つで、四大夫らは別の庁に座位を占めていたとみるべきであろう。また『日本書紀』推古十六年八月壬子条には隋使裴世清一行が入京して同じく小墾田宮で国書を奏呈した次第が伝えられている。それによると、隋使はやはり二人の導者に導かれて朝庭に至り、信物を朝庭に置いて使の旨を言上するが、国書は裴世清の手からいちど導者の阿倍臣鳥をへて大夫の大伴連囓が受け取り、これを大門の前の机の上に置いて天皇に奏したとある。この大門は記述の順序から推して朝庭の北に開く門と考えられ、朝庭の南に開くさきの宮門とは異なる。そう考えるについては、儀制令文武官条に規定する告朔の儀において、各官司の前月の公文を五位以上の者が朝庭の案上に置き、それを大納言が進奏したとあることが参考となろう。

以上二つの史料から推定される小墾田宮の構造は、南門を入ると朝庭があり、そこには大臣・大夫らの座位する庁＝朝堂がある。そしてさらに朝庭の北には大門が開いていて、その奥におそらく天皇の坐す大殿があったのであろう。しかし以上は『日本書紀』による復原であるから、『日本書紀』の編者は小墾田宮と異なる後世のある宮を脳裡に置いてこれらの記事を書いたかも知れない。しかしこの二つの記事は難波から入京するまでの経過にも共通性があり、ともに額田部連比羅夫が加わって飾騎を引き連れて宮の近郊に迎えに赴いている点は『隋書』倭国伝の記事とも一致する。また大夫が新羅・任那の使者を迎えて朝庭に伏したという記載は、『魏志』倭人伝に「辞を伝え事を説くに、或いは蹲り或いは跪き、両手は地に拠る。これを恭敬となす」とある日本古来の礼法とも一致する。これらの点を考慮すれば、以上の史料がすべて根拠のないものとも思われないので、小墾田宮と断定することは慎むとしても、推古朝以後いわゆる飛鳥の地につぎつぎと営まれた各天皇の宮はほぼそうした構造をもっていたと解して差支えないと思う。

このように宮室はつとに朝堂・朝庭を備えていたと推定されるが、そこでは朝参、そして朝政が行なわれていた。朝参に関するまず確実な史料は『日本書紀』推古十二年九月条に、朝礼を改め、宮門の出入には両手を地につけ両脚は跪く、いわゆる跪伏礼を行なうことを命じたとあるものであろう。ここにいう宮門とはおそらくさきの朝庭南門と同じとみられ、これは朝参のため出入する官人の礼法を定めたものである。つぎは同じく舒明八年(六三六)七月己丑条に、大派王が大臣蘇我蝦夷に対し、群卿百寮はこのごろ朝参を怠っているので、以後は鍾を合図に卯時(午前五—七時)に参朝し、巳時(午前九—十一時)に退出することとしようといったが、蝦夷は従わなかったとあるもので、ここでは朝参と明記されている。さらに大化三年(六四七)是歳条にみえる天皇が小郡宮にあって定めた礼法も朝参に関するものである。それによると、有位者は毎日寅時(午前三—五時)に南門外に参集して左右に羅列し、日の出とともに門が開くと朝庭に入って再拝し、のち午時(午前十一—午後一時)まで庁=朝堂で執務する。そのための時刻を報らせる鍾台を中庭に置き、赤巾を前に垂れた官人がその鍾を撃つという。

これらの史料の年紀をそのまま認めるとすれば、小墾田宮や田中宮、あるいは難波の宮において早朝の朝参と朝政が行なわれていたことになる。そうしたことは中国では早くから行なわれており、朝堂・朝庭の「朝」の原義もそこにあり、また「朝」に「まみえる」「あつまる」の意のあることも理解できよう。『隋書』倭国伝には、倭王は天を兄、日を弟として、夜明け前から結跏趺坐して政を聴き、日が出ると、弟に政を委ねたといって政務を停めたのを、隋の高祖は義理なしといって改めさせたとあるから、こうした日の出以後の中国的な朝政は日本においてはあるいは推古朝に始まるのかも知れない。そして律令制の成立とともに制度的にも確立されて行ったようで、宮衛令開閉門条では第一開門鼓を撃ち終わって諸門、第二開門鼓を撃ち終わって大門をそれぞれ開き、また退朝鼓を撃ち終わって大門を閉じ、さらに昼漏が尽きて閉門鼓を撃ち終わると諸門を閉じると規定している。この条文は大宝令に存したが、それを注釈した『令集解』当該条所収の「古記」は、ここにいう大門とは大極殿および朝堂の当門を指し、以外を諸門というと記すとともに、第一開門鼓の時刻を寅一点(午前三時)、第二開門鼓を卯四点(午前六時三十分)としている。したがって「古記」が編纂された天平初年の平城宮では、朝堂院南門は午前六時半に開かれて朝参・朝政が始められたらしい。また退朝時刻について「古記」は注釈を加えていないが、公式令京官上下条に外官は「日出でて上り、午の後に下る」とあり、関市令市恒条に市は午の時から開くとあるのを参照すると、やはり正午ごろまでであったろう。なお『延喜式』(陰陽寮)でも諸門・大門の開閉および退朝の鼓を撃つ時刻を日出・日入の季節による変化に応じて詳細に規定しているが、大門は日の出後約四五分に開かれ、退朝は午前九時半―十一時二十分ごろの間で、少し早くなっている。

以上の諸史料からうかがわれるように、早朝の朝参はさきに推定した推古・舒明・孝徳の各朝以後、平安宮初期に至るまで継続していたらしい。そしてその飛鳥浄御原宮における実施を確証するのが、『日本書紀』持統四年(六九〇)七月壬午条の公卿百寮に対する詔である。それは有位者は自今以後それぞれの家で朝服を着て開門前に参上するよう命じ、あわせて「蓋し昔は宮門に到りて朝服を着たるか」と記している。これは浄御原令の施行に伴い、その年四月に新しい朝服に改め、七月に至って公卿百寮がそれを着したことと関係するらしい。同時に以前は宮門に来てから朝服に着換えたらしいと述べていることは、さきの小郡宮での朝参の礼が日の出以前に南門外の左右に羅列して開門を待つとしていることと併考するとき、当然そうしたことのための施設の存在が推定される。それがすなわち朝集堂の起源であろう。唐の長安京大明宮でも建福門の東西に百官待漏院とよぶ二棟の建物があったが、同じ機能を果たすものであろう。朝集堂は本来こうした建物であったから、藤原宮のごとく院を構成せず、朱雀門を入って朝堂院南門に至る間の左右に対置されるのが原型で、平城宮や平安宮の場合は後次的変化である。しかもそれが朱雀門＝宮城門外になく、朝堂院南門＝宮門外に配置されていることは、宮室から都城への展開を考える上で留意すべきであろう。

五　朝堂と朝座

ところでこれまでの史料では有位の官人は原則として毎日朝参すると解される。しかし律令制が整備されるにしたがい、官人の数は増加する。たとえば藤原宮当時の大宝元年(七〇一)に五位以上の王臣は一一九名という(『続日本紀』大宝元年三月甲午条)。こうした趨勢のなかで朝参はおのずから制限され、また朝堂での執務者も限られてこよう。また唐の礼制の影響も現われる。それを証するかのように、『日本書紀』天武十二年(六八三)十二月庚午条の詔によると、文武官人と畿内の有位人は必ず四孟月、すなわち一・四・七・十の各月に朝参するようにといっており、また大宝令儀制令文武官条は「凡そ文武官初位以上は朔日ごとに朝せよ」と定めているが、そこには在京文武官職事九品以上の朔望日朝参を定めた唐令の影響が明らかに認められる。そしてこの朔日朝参がいわゆる告朔(視告朔)で、『日本書紀』には天武五年九月・十一月、同六年五月・十一月・十二月の各朔日条に雨雪などのため告朔を行なわなかった記載がみえるので、浄御原令下ですでに告朔の行なわれていたことを知る。こうした朝参について『令集解』儀制令文武官条所収の注釈は「尋常の日はただ庁座に就き、朔日に至りて特に庭に会するなり」(義解)とか、朔日を除く以外に朝参の日はないのかという質問に対して、師説として「常の朝参」がある、儀制令文武官条はただ朔日の儀式を示そうとしてとくに掲げたものであると答え(「或云」)などしている。

以上によって朝参の一部が儀式化して行ったことを知るが、たとえば宮衛令元日条に、朔日の聚集には元日や蕃客の宴会辞見の場合と同じく儀仗を立てるとあり、また公式令文武職事条に官人の朝参における朝庭での行立の序列を規定しているなどもすべてそうした儀式化した朝参に関わるものであろう。

しかしそうしたこととは別に「常の朝参」あるいは「尋常の日」の朝参があり、官人の一部は朝堂での執務を依然として続けたものとみられる。たとえば『延喜式』にはそのことを窺わせる条文が多いが、太政官式に「凡そ百官の庶政は皆朝堂において行なえ。但し三月・十月は旬日これに着き、正月・二月・十一月・十二月は並びに曹司にありて行なえ」とあるのや、弾正台式に「凡そ京官の五位已上はまず朝堂に参り、のち曹司に赴け。或は三日頻りに参らず、しかも式部勘えざれば、台式部を喚び勘えよ」とあるなどは端的にそのことを示している。すなわち、朝堂での執政は三月から十月までの寒くない季節に限られ、曹司での執務が多くなってはいるが、なお初期の朝堂執務の形態が遺存していることを知るのである。

　ところで曹司とは何か。雑令庁上及曹司座者条には「凡そ庁上および曹司の座は、五位以上には並びに牀席を給え」とあり、曹司は庁(朝堂)に対する語であることが知られ、『旧紅葉山文庫本令義解裏書』によって「曹司座」についての「古記」の注釈が確認できるので、大宝令、すなわち藤原宮当時すでに存在したことが推定できる。『続日本紀』を検すると、神祇官曹司・太政官曹司・弁官曹司・兵部(武部)曹司・明法曹司・内竪曹司などがみえ、要するに朝堂院の朝堂とは別にその外に設けられた政庁であって、本来朝庭の朝堂で行なわれていた政務が、律令体制の整備による政治機構の拡充と官人の増加に伴って、朝堂外にも政庁をもつようになったものであろう。曹司に対する「古記」その他の注釈が官人の休息止宿の場所でないことを主張しているのは、曹司出現の契機を意味するようでもあるが、前掲の『延喜式』の諸条は朝堂と曹司の密接な関係を端的に示している。

　さてこれまでの叙述でも朝堂が当初から朝政実務の場として存在したことは明らかである。従来朝堂といえば天皇が大極殿に出御して行なう即位・朝賀、また外国使節謁見などの朝儀および饗宴の場としてのみ理解される傾向が強かった[28]が、常日は朝政の場として活用されていたことを改めて認識すべきであろう。したがってこうした観点からすれば新しい宮室の造営を考えるに際しては、朝堂は内裏とともに不可欠の要素として建造に遅滞を許さぬものであったことを留意しなければならない[29]。

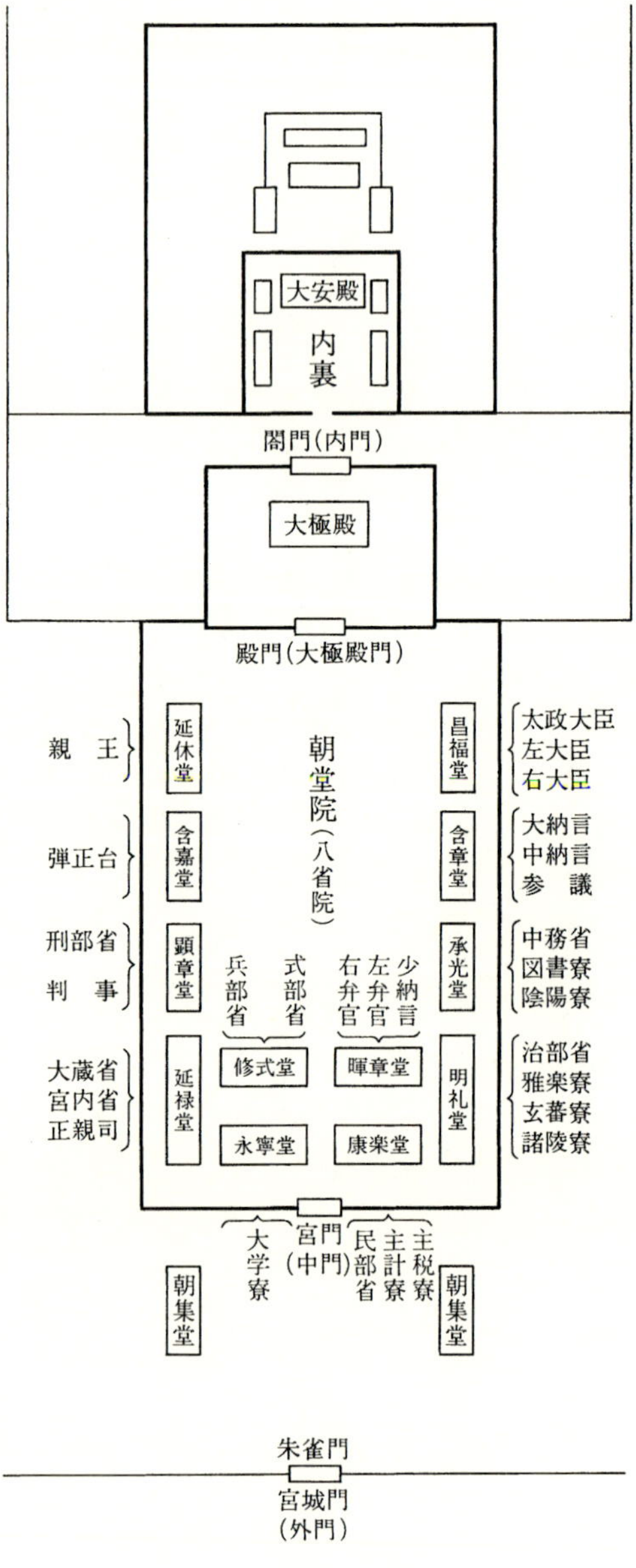

第一図　内裏・朝堂院概念図

なおしばらくその朝堂についての分析を進めよう。朝堂に官人の朝座のあることはさきの雑令の規定どおりであるが、『延喜式』(式部上)はその朝座にだれが就くかを詳細に規定している。第一図はその配置を試みに平城宮の朝堂院に記入したものであるが、それによると、朝堂院の十二堂には太政官と八省および若干の被管寮司、それに弾正台、以上の各官司の長官以下史生以上と、さらに親王が着座したことになる。これを『延喜式』(式部上)は「在京文官は皆朝座に就け」としているが、陰陽寮・主計寮・主税寮は旬日であり、神祇官以下朝座のない官司も多く、武官は除かれている。しかしこのように朝堂には八省の官人を中心に着座するからであろうか、『日本紀略』弘仁十四年(八二三)四月辛亥条を初見として、平安宮朝堂院を八省院とよぶことがみえる。また昌福堂以下の十二堂もはじめは東一殿とか弁官殿・式部殿などとよんでいたが（『令集解』儀制令文武官条）、おそらく弘仁九年四月に殿閣・諸門の号を改めたときからこうした中国風の称号としたのであろう。朝堂院を八省院と改めたのも同時とみられる。

ところで平安宮十二堂院の朝堂における八省官人の朝座の配置をみると、東方には中務省・治部省・民部省の朝座があり、これに西方の東西棟の修式堂・永寧堂の式部省を加えると、東方はいずれも左弁官所属の四省となる。反対に西方の朝堂には残された刑部・大蔵・宮内・兵部の四省の官人が着座するが、この四省は右弁官に属する。このように八省官人の朝座は原則として左弁官・右弁官の別に従って配置されているようである。つぎにはそうしたなかで弁官殿が太政官に属する東の二堂から離れて存在することが注意される。左右弁官の分化は浄御原令の施行からとみられ、その前身である大弁官は天武朝において太政官と六官（のちの八省のうちから中務省・宮内省を除いたもの）を結ぶ機能はもっていたが、なお太政官に統属されることはなかったと考えられている。(30)平安宮における朝堂の朝座の配置が伝統的なものであるとすれば、朝座の配置はこうした問題とも結びついて、十二堂の成立時期を考える上でも興味深い。同じような意味で、太政大臣・左右大臣の着座する東一堂と、親王の着座する西一堂の規模が他と異なる事実も注目される。すなわちこれら二堂は、前期難波宮では梁行が三間で、他の堂の梁行二間より長く、藤原宮では梁行は他と同じく四間ながら柱間が広く、反対に桁行は九間で、他の南北棟の堂は一五間と長い。こうした当初特異性をもった二堂に大臣と親王の朝座が置かれているが、『貞観儀式』にみえる朝堂儀はこの東一堂で行なわれてきた大臣執政の伝統を伝えているようであり、また親王殿とも呼ぶべき建物がそれと対置して存在することは親王が政治上重視された時期との関連性を想起させる。ちなみに親王の称は『日本書紀』天武四年二月己丑条を初見とする。

しかし平安宮朝堂院十二堂における朝座の配置を遡らせ、それを律令国家成立期の官制と結びつけ、さらにその成立期をも推定しようとするにはなお多くの検討を要する問題を残していて、あくまで仮説の域を出ない。第一には発掘調査に基づく朝堂院遺構の実年代の問題がある。朝庭の東西に対置された庁を有するという朝堂院の初期的な構造を『日本書紀』の小墾田宮から想定したが、そうした構造は近時の発掘調査の結果、大宰府政庁・多賀城内城や近江・出雲の国衙政庁においても相似の形態をとることが知られてきており、ことに大宰府政庁跡や出雲国庁跡では「評」制の木簡も出土している。(31) しかしこれらの遺跡における東西朝堂の数は一般に東西一棟ずつで、大宰府でも二棟ずつに過ぎないが、宮跡では数が多くなる。一二堂を有する朝堂の存在は藤原宮・平城宮・後期難波宮・平安宮では確認されているが、長岡宮では八堂しかなく、前期難波宮では東西棟の四朝堂の存否がまだ確認されていない。長岡宮の特例は解釈できなくはないので、やはり問題の鍵は前期難波宮朝堂院が握っているようである。

つぎには一二堂という多数の朝堂を有し、とくに中には東西棟のものもあるというような構造の朝堂院は日本独自のものであるかという問題である。『大唐六典』によると、長安京大明宮の含元殿の東西には翔鸞・棲鳳の両閣があり、「閣下即ち朝堂、肺石・登聞鼓承天の制の如し」とある(工部員外郎条注)。肺石とは『周礼』にみえ、赤い石を朝庭に置き、庶民が天子に告げることがあればその上に坐らせたというもの。登聞鼓は鼓を朝庭に懸け、臣下が天子を諫めようとするときはそれを撃って知らせたという。『日本書紀』大化元年(六四五)八月庚子条・同二年二月戊申条にみえる鍾匱の制や、『続日本紀』天平神護二年(七六六)五月戊午条にみえる吉備真備の奏言によって中壬生門の西にたてたという二柱の制に通ずるものであろうが、その肺石・登聞鼓が太極宮承天門の場合と同じように大明宮含元殿東西の両閣の下の朝堂のところにもあるという意味である。含元殿址はさきに発掘調査が行なわれたが、朝堂の遺構はまだ検出されておらず、両楼から南に延びる回廊の前、あるいは回廊の中にあったろうかとも推察されている。(32)

太極宮の朝堂について『大唐六典』は明記しないが、『大唐開元礼』には承天門外にある東西朝堂のことがしばしばみえ、『資治通鑑』の宋の胡三省の注にも、「閣本太極宮図」によると東西朝堂は承天門外の左右にあり、承天門は外朝で、東朝堂の前には肺石、西朝堂の前には登聞鼓が存したとある(唐紀太宗貞観二年十月条)。そのほか清の徐松の『唐両京城坊攷』や、程大昌『雍録』の「唐西内太極宮図」、薫曾臣『長安県志』の「唐皇城図」などにも承天門外左右に記載されている。(33) またその用途の事例としては、元正・冬至の朝賀において群官客使の位次が設けられる(『大唐開元礼』皇帝元正冬至受群臣朝賀儀)、皇帝が諸儀礼のため鑾駕出宮するに際し五品以上の関係者はそこに会して服を着する(『大唐開元礼』皇帝冬至祀圜丘儀など)などのほか、肺石・登聞鼓に関して寃抑・直諫を聴く場としても用いられたらしい(『資治通鑑』唐紀高祖武徳二年四月戊申条・代宗大暦十四年六月己亥条)。しかしこれら管見に入った朝堂に関する史料による限り、太極宮承天門外の朝堂、また大明宮両閣下の朝堂は、規模はもとより比すべくもないであろうが、日本の朝堂院のごとく多数の殿堂を備えたもののようにはみられない。ただ唐の洛陽城においても、承天門に相当する応天門の門外にやはり東西朝堂が対置されていたが、それを横街の南と記しており(『唐両京城坊攷』巻五)、なおその構造には疑問もあるので、さらに慎重に検討を加えたい。しかしもし十二堂院の構造が日本独自のものとすれば、さきの仮説は一つの試案として成立しよう。

六　大極殿門と宮城・皇城

朝堂の朝座の分析からまたしても中国都城との比較に及んだが、藤原宮大極殿門がまさに宮の中央に位置するという問題も、結局はその問題に発展する。まず大極殿門の性格を明らかにするために、門の説明から始めよう。(34)『令集解』宮衛令宮閤門条・理門条・開閉門条などに収められている「古記」によると、大宝令ではまず内門・中門・外門の別があり、内門は兵衛府兵衛がことに当たり、中門は衛門府と衛士府が防守し、外門は衛門府門部が主当門司であった。ただ中門は「八十一例」が門司の覆奏について「中門は衛門府専奏し、衛士府相随従するのみ」としているから(『令集解』宮衛令奉勅夜開門条古記所引)、衛門府が中心となったのであろう。職員令にみえる職掌をみても、衛門府は諸門の禁衛・出入や門籍・門牓を掌ったのに対し、衛士府は宮掖、すなわち脇門の禁衛を役目としたとある。また内・中・外の三門に夜火を燃やすのは衛門府衛士であり、これに対して衛士府衛士は中門のほか御垣周辺や大蔵・内蔵・民部の外司および喪儀寮・馬寮などを巡回防守することとなっていた(『令集解』宮衛令理門条・開閉門条古記)。

このように大宝令、すなわち藤原宮当時にあっては内門・中門・外門の区別があったが、養老令では内門を閤門、中門を宮門、外門を宮城門と改めている。このうち外門＝宮城門は「最外四面十二大門なり」と「古記」が注しているように(『令集解』宮衛令宮閤門条)、いわゆる八町四方の宮域の四方に三つずつ開く門で、『日本書紀』に飛鳥板蓋宮における蘇我入鹿暗殺事件、つまり乙巳の変に際して中大兄皇子が衛門府に命じて閉じさせたとある十二通門はこれに当たる(皇極四年六月戊申条)。藤原宮・平城宮では南中央の朱雀門以外は海犬養門・建部門・的門・壬生門などとすべて氏族の名を付けてよばれていた。このような門号の由来については諸説があるが、(35) ここではそれが宮城門、つまり都城制の成立以後に設けられた門であることについて注意を喚起するに止めたい。なお弘仁九年(八一八)四月以後、安嘉門・待賢門・郁芳門・美福門などとすべて中国風の称号に改められた。つぎに中門＝宮門は朝堂院南門をさし、平安宮では会昌門という。小郡宮で定めた朝参の礼法の用例からすれば、単に南門といってこの門をさす場合もあった。また内門＝閤門は内裏に開く門で、平城宮から出土した西宮諸門を守衛する兵衛の食料支給に用いた木簡にみえる南門・角門・東一門・東二門・東三門・北門・北炬門は兵衛にかかわる故に内裏外郭に開く内門と考えられている。(36)

ところで前掲の「八十一例」には内門・中門・外門とは別に問題の大極殿閤門を掲げ、兵衛が開閉すると記しており、『続日本紀』にも大極殿閤門(天平元年六月癸未条・延暦二年正月癸巳条)・大極殿南門(天平二十年正月甲辰条)とみえ、天皇はそこに出御して隼人の風俗歌舞や正月十七日の大射をみ、また五位以上に賜宴している。兵衛が開閉し、また閤門とよばれていることは、この門が内門に準じた重要な門と認識されていたことを明示している。長岡宮・平安宮では大明宮の構造を採用したためか、なくなって竜尾道となっているが、前期難波宮・藤原宮・平城宮などではいずれも相当な規模をもっており(前期難波宮は七間×二間)、これに対して肝心の内門＝閤門に当たる内裏南門は極めて簡単なものであったことが平城宮・後期難波宮の発掘調査で明らかになっている。また平城宮の推定第二次内裏・朝堂院では、大極殿門から東西に延びる回廊は築地大垣に接続して北折し、その中に内裏内郭・内裏外郭と大極殿院を含み込んでいることが注目される。こうした構造は前期難波宮や藤原宮ではまだ明らかになっていないが、これも大極殿門が本来閤門であるべき事情を物語っていると思う。

ここで再び唐の長安京との比較が必要となってくる。(37) 周知のように、長安京は平城京・長岡京・平安京などと同じく、宮城(太極宮)は京城の北中央に位置するが、日本の都城と異なる点は、その前に尚書省や六部・九寺などの官衙と衛府、および大廟・大社の配置されている皇城があり、宮城・皇城は城壁で截然と区別されていることである。大きさは南北の長さが宮城は約一・五キロであるに対し、皇城は約一・八キロと、皇城がやや長いが、ともに二坊分に割りつけられていて、その点からいえば、宮城・皇城は一域を南北に二分しているともいえる。そしてその宮城の正門が承天門、皇城の正門が朱雀門である。したがって宮域を正しく南北に二分する線上に位置する藤原宮の大極殿門はいわば長安京宮城の承天門に当たる。大宝令の内門・大極殿門・中門・外門という用語は養老律令では閤門・殿門・宮門・宮城門と改められているが、その称呼は明らかに唐令によったものである。そして『大唐六典』によると、長安京の場合、朱雀門は京城門、承天門は宮城門、その次の嘉徳門は宮門、さらに奥の太極門は殿門とされ、また通内門は上閤門と同じとされているから(城門郎条注)、両者をそのまま比定すれば、宮城門である承天門は大極殿門とは一致しない。しかしそうした視角は宮の構造を分析する上で全く無意味とも思えないので、少しく臆説を記しておこう。

第一にはすでに朝堂の問題でふれたが、承天門外の左右には朝堂があり、それは外朝であるという。これはやはり『大唐六典』にみえることで、元正・冬至のごとき大陳設燕会、赦過宥罪・除旧布新、また万国の朝貢や四夷の賓客を受ける場合、これらに際して皇帝は承天門に出御して政を聴くが、これは「蓋し古の外朝なり」と注されている。また太極殿は「朔望に坐して朝を視る」ところで、古の中朝であり、両儀殿は「常日朝を聴き事を視る」ところで、古の内朝に当たるとしている(工部郎中員外郎条注)。内朝・中朝・外朝とは中国古来の三朝三門の制をいったものであるが[38]、承天門が外朝の正殿のごとき役割を果たしているのは、さきに述べた大極殿門の機能とも共通する。『続日本紀』を検すると、単に閤門としか記されていないが、天皇がそこに出御して渤海使への授位賜宴や大隅・薩摩隼人の饗宴を行なった事例が数例みえる(天平宝字四年正月己巳条・同七年正月庚戌条・延暦二年正月乙巳条など)。平城宮の内裏南門は極めて簡単なものであるから、この閤門はやはり大極殿閤門、すなわち大極殿門とみるべきであろう。このように大極殿門は門にして門にあらざる機能を有する点、承天門に通ずるといえよう。そしてこの観点に従えば、大極殿門の北に位置する大極殿院は本来内裏とともに宮城に属すべきものとなり、大極殿門の東西から延びて北折する大垣の有する意義が明らかとなろう。またしたがって十二堂院は承天門外の外朝に相当することとなるが、それを彼の東西朝堂の展開と解すべきか否かについては前章に述べたごとくである。

つぎには太政官および八省などの曹司の配置からこの問題を考えてみよう。宮内における曹司の配置を知る資料としては現存する平安宮の古図がほとんど唯一で、それも十二世紀前半ごろの作成と考定されている陽明文庫本『宮城図』を最古とし[39]、そこに画かれた配置をいつごろまで遡らせうるかは慎重に検討を要する。しかし試みにその平安宮古図を検すると、第二図のように大極殿を含む朝堂院(八省院)は内裏から完全に分離し、しかも内裏は朝堂院の北でなく北東に位置するように変わっている。そして朝堂院は問題の宮域二分線(平安宮では待賢門と藻壁門を結ぶ線)より南、つまり長安京でいえば皇城地区に位置し、その周辺に太政官をはじめとする主要曹司が配されている。すなわち朝堂院の東には、北から中務省(陰陽寮)・太政官・民部省(主計寮・主税寮)・式部省が並び、これに対して西は豊楽院があるのでやや変則となっているが、豊楽院の南に兵部省・弾正台、その西に刑部省(判事)、さらにその北に治部省(玄蕃寮・諸陵寮)が位置している。これで二官八省一台のうち一官六省一台が朝堂院周辺にあることになるが、残る宮内省は太政官の東、神祇官はさらにその南東、また大蔵省のみは遠く離れて北部の大蔵の建ちならぶ平安宮拡

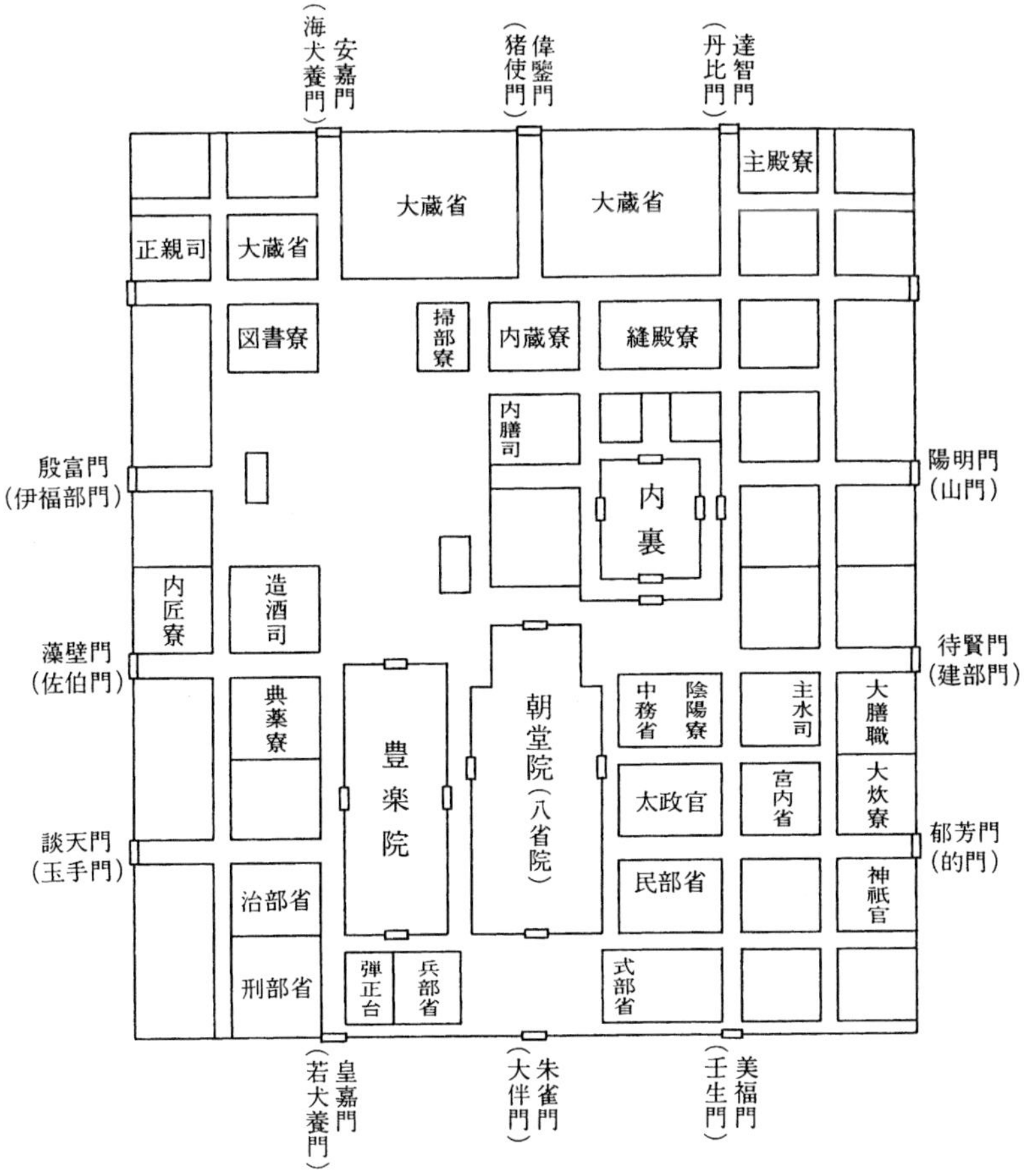

第二図　平安宮における二官・八省・一台と中務省・宮内省被管官司の曹司配置図(陽明文庫本による)

張部の一角にある。そして平城宮でも朝堂院との関係がこの平安宮の式部省と陰陽寮に相当する地域から、それぞれの省寮関係の木簡が出土している。[40] 曹司の設置は藤原宮に遡るが、こうした配置にはある程度曹司創設期の原型が保たれているかも知れない。その前提が成立した場合、歴史的観点から注目される事実をつぎに若干指摘しておこう。

まず朝堂院の東方にある太政官・中務省・民部省・式部省、西方にある弾正台・刑部省・兵部省はさきに考察した朝座の関係からいえば、それぞれ東朝堂グループ（左弁官所属）と西朝堂グループ（右弁官所属）に対応していて、異なるのは治部省だけである。この事実は朝堂と曹司が宮の構造上も機能的に密接な関係にあったことを示し、朝堂から曹司が分化し、朝政が移行する過程を推測させる。つぎは朝堂院のほか二官・八省（ただし大蔵省をのぞく）・一台の主要曹司がすべて宮域二分線の南に集中していることで、そこにはやはり承天門・大極殿門について推定したような中国都城における宮城・皇城の意識が潜在しているのでなかろうか。そうした観点から改めてさらに古図をみるとき、反対に内裏のある北半部には中務省被管の図書寮・内蔵寮・縫殿寮・内匠寮、宮内省被管の主殿寮・正親司・内膳司・造酒司など中務・宮内両省関係の曹司が多い。典薬寮・大膳職・大炊寮・主水司など南半にあるものも二分線に接するという意味で、本来は北半に位置したものかも知れない。しかも中務・宮内両省は本来いわゆる内廷的官司で、従来の六官に加わって新たに八省を構成するようになったのは浄御原令からと考えられている。[41] そして日本の律令国家官司制の八省を唐の三省・六部制と対比するとき、唐の尚書省に属した六部のうち、吏部が法官（式部省）、礼部が理官（治部省）、兵部が兵政官（兵部省）、民部（戸部）が民官（民部省）、刑部が刑官（刑部省）にそれぞれ比定できるが、残された三省のうち、中務省は唐三省のうちの天子の秘書局として詔勅の起草を掌る中書省を継承したものとみられており、その中書省は詔勅の審査覆奏を行なう門下省とともに長安京では宮城内の太極殿東西に位置する。また宮内省は宮内官とよばれて、すでに近江令から内廷諸司を統属する機関として存在した。唐制では殿中省に相当するが、あくまで六官（前掲の法・理・兵政・民・刑の五官と大蔵）とは別系列であった。さらに大蔵省は大蔵といって六官の

一つであるが、その成立は大化前代にも遡るとみられ、唐の六部にも的確に比定すべきもののない特殊な官司である。(42)

以上のような律令国家官司制の成立過程を頭に置いて、再び平安宮における曹司の位置に注目すると、宮内省が太政官の東、大蔵省が宮の北部にあって、ともに朝堂院周辺の他の六省から離れて存在するという事実も歴史的に理解しやすく、宮内省は平城宮では宮域北半部に位置した可能性もある。(43)さらに中務省が太政官の北にあって、朝堂院における朝座の関係位置とは逆になっているという事実も、中務省は太政官とは異なり本来内廷的官司、つまり宮城域に位置すべき官司であったとみれば疑問は解ける。

むすび

以上藤原宮および藤原京の推定復原から知られた新しいいくつかの事実から出発して、律令国家と都城・宮室の関係を考究してきた。論じ残した問題や説明の不十分なところがあり、まだ十分に提起した問題が整理されておらず、前提の多い仮説の域を出ない所論となっている。また中国都城との比較も都城では長安京の影響を否定しながら、宮室ではそれとの比定に力点をおいているなど疑問とされようが、これは中国都城の歴史的展開を考究することである程度説明できよう。しかし考察の赴くところおのずから問題の焦点は天武朝の飛鳥浄御原宮、およびいわゆる前期難波宮に絞られてきたように思う。浄御原宮は現在のところまだその遺跡が確認されておらず、わずかに『日本書紀』の記載によってその構造を推測分析するより他ない。しかも天武紀には史料上のまず確実な初見である大極殿をはじめ、大安殿・内安殿・外安殿・旧宮安殿などの某安殿とよばれる一群の殿堂、また大殿・向小殿・御窟殿(御窟院)・後宮、および西庁・南門・西門(西門庭)・東庭などの称呼も頻出する。これらから浄御原宮がいかなる構造をもち、またその前後の都城・宮室にどのように結びつくか。極めて困難な課題ではあるが、時が近江令から浄御原令に展開する律令国家形成上重要な天武朝に関わるものだけに、興味深い。しかもその構造は小墾田宮など初期の飛鳥の宮室の発展という考えばかりで説明しきれるものではない。当然中国の都城の影響を一方で具体的に考慮しなければならない。また前期難波宮では藤原宮以降の内裏・朝堂院の原型ともみられるような遺構が検出されつつある。しかしそれも細部では他宮と異なる特異性をもっている。この遺構を朱鳥元年(六八六)正月焼失以前のものとみる点では諸説一致しているが、それを孝徳朝にまで遡らせるにはまだ異論もある。しかしもしその遺構が難波長柄豊碕宮のものであるとすれば、律令国家の成立過程を考える上でも影響するところが大きい(44)。その可能性の検討を含めて浄御原宮の構造との関係を論ずることは重要な課題である。そのためにもう少し所論を整理し、問題の所在を明らかにしておきたいと思ったが、すでに紙数が尽きたのですべて別稿にゆずることとする。またこうした都城・宮室造営の大匠であった者が、たとえば百済宮の書直県、難波宮の荒田井直比羅夫、平城京の坂上忌寸忍熊とすべて倭漢氏の同族であることも、問題の考究には極めて重要な意味をもっているが、具体的にどうであったのか、これも遺憾ながら他日を期したい(45)。

(1) 岸俊男「古代宮都概観」(『仏教芸術』五一、昭和三十八年五月、のち『日本古代政治史研究』昭和四十一年五月所収、四四八―四六六ページ)はそうした研究方向を示唆したものである。
(2) 奈良県教育委員会『藤原宮――国道一六五号線バイパスに伴う宮域調査――』(『奈良県史跡名勝天然記念物調査報告』二五、昭和四十四年三月)一一九―一二六ページ、岸俊男「飛鳥から平城へ」(坪井清足・岸俊男編著『古代の日本』5近畿、昭和四十五年一月所収、本書第三章)。
(3) 岸俊男「大和の古道」(橿原考古学研究所編『日本古文化論攷』、昭和四十五年五月所収、本書第四章)。
(4) 奈良国立文化財研究所『平城京朱雀大路発掘調査報告』(昭和四十九年三月)二一―二三ページ。
(5) 奈良国立文化財研究所『平城宮発掘調査報告』Ⅵ(昭和五十年一月)二九、九七、一三一、一三八ページ。
(6) 足利健亮「恭仁京の歴史地理学的研究・第一報」(『史林』五二―三、昭和四十四年五月)、同「恭仁京の京極および和泉・

近江の古道に関する若干の覚え書き」(大阪府立大学『社会科学論集』一、昭和四十五年三月)。
(7)　岸俊男「万葉歌の歴史的背景」(『文学』三九—九、昭和四十六年九月、のち同『宮都と木簡——よみがえる古代史——』、昭和五十二年十月所収)。
(8)　奈良国立文化財研究所『飛鳥・藤原宮発掘調査概報』5(昭和五十年三月)四四ページ。
(9)　岸俊男「難波—大和古道略考」(小葉田淳先生退官記念事業会編『小葉田淳教授退官記念国史論集』、昭和四十五年十一月所収、本書第五章)。
(10)　和田萃「見瀬丸山古墳の被葬者」(横田健一編『日本書紀研究』第七冊、昭和四十八年六月所収)。
(11)　岸俊男「飛鳥と方格地割」(『史林』五三—四、昭和四十五年七月、本書第六章)。
(12)　倭京に関する問題については、岸俊男「飛鳥と方格地割」(前掲)参照のこと。
(13)　長山泰孝「畿内制の成立」(坪井清足・岸俊男編著『古代の日本』5近畿、昭和四十五年一月所収)は畿内制の成立を天武朝に入ってからとみている。
(14)　岸俊男「方格地割の展開」(横田健一編『日本書紀研究』第八冊、昭和五十年一月所収、本書第七章)。
(15)　私はさきに「飛鳥と方格地割」(前掲)でこの問題に試案を提示したが、その場合方格地割の方位は真北として考えを進めた。しかしその後の精密な調査によって、最近は方位が少し西偏することが確実になってきたので、その点から全面的に改めて検討を加える必要がある。また島之庄地域に遺存するやや方向を異にする方格地割も、発掘調査によって新しい造成であることが明らかとなった。
(16)　奈良国立文化財研究所『奈良国立文化財研究所年報』一九七三(昭和四十九年三月)三八—四〇ページ、同『飛鳥・藤原宮発掘調査概報』5(前掲)一三—一八ページ。
(17)　岸俊男「飛鳥から平城へ」(前掲)。
(18)　奈良国立文化財研究所『飛鳥・藤原宮発掘調査概報』5(前掲)二一—三〇ページ。
(19)　岸俊男「万葉歌の歴史的背景」(前掲)。
(20)　八木充『律令国家成立過程の研究』(昭和四十三年一月、一二二ページ)は津田左右吉の説によりつつ、『日本書紀』持統五年正月丙戌条の筑紫大宰府典の記事を大宰府の確実な初見史料として、持統初年浄御原令の施行によるとみており、また最近の大宰府政庁の発掘調査では「久須評」とある付札や、「竺志前贊」に関する藤原宮出土木簡とよく似た用字のみえる木簡が出土していることが参考となろう。福岡県教育委員会『大宰府史跡――昭和四五年発掘調査の概要――』(昭和四十六年三月)二六―二九ページ、倉住靖彦「大宰府政庁跡出土木簡について」(『日本歴史』三二二、昭和四十九年五月)など参照。

(21) 岸俊男「平城京へ・平城京から」(井川定慶博士喜寿記念会編『日本文化と浄土教論攷』、昭和四十九年十一月所収、本書第九章)。

(22) 岸俊男「遺存地割・地名による平城京の復原調査」(奈良国立文化財研究所『平城京朱雀大路発掘調査報告』(前掲)所収、本書第八章)。

(23) 中国科学院考古研究所洛陽工作隊「漢魏洛陽城初歩勘査」(『考古』一九七三―四)、水野清一「洛都永寧寺解」(『考古学論叢』一〇、のち『中国の仏教美術』、昭和四十三年三月所収)。

(24) 森鹿三「北魏洛陽城の規模について」(『東洋学研究』歴史地理篇、昭和四十五年十一月所収)。

(25) 藤原京は『日本書紀』持統五年十二月乙巳条、聖武朝難波京は『続日本紀』天平六年九月辛未条、恭仁京は同じく天平十三年九月己未条にみえる。

(26) 岸俊男「藤原宮――律令国家成立の象徴――」(『日本と世界の歴史』第四巻、昭和四十五年一月所収)。

(27) 沢村仁「難波京について」(難波宮址顕彰会・大阪市立大学難波宮址研究会『難波宮址の研究――研究予察報告 第六――』、昭和四十五年所収)、藤岡謙二郎「古代の難波京域を中心とした若干の歴史地理学的考察」(織田武雄先生退官記念事業会編『織田武雄先生退官記念人文地理学論叢』、昭和四十六年六月所収)。

(28) たとえば、奈良国立文化財研究所『平城宮発掘調査報告』Ⅱ(昭和三十七年三月)一〇五ページ。

(29) 阿部義平「平城宮の内裏・中宮・西宮」(奈良国立文化財研究所『研究論集』Ⅱ、昭和四十九年三月)は平城宮の二つのいわゆる推定第一次・第二次内裏朝堂院の問題を解こうとした新しい見解であるが、こうした問題の分析にも朝堂院の機能を再評価する必要があろう。

(30) 八木充『律令国家成立過程の研究』(前掲)二二三―二四一ページ、野村忠夫「大弁官の成立と展開」(『日本歴史』二九〇、昭和四十七年七月)、早川庄八「律令太政官制の成立」(坂本太郎博士古稀記念会編『続日本古代史論集』上巻、昭和四十七年七月所収)。

(31) これら遺跡の調査結果は、各年度の福岡県教育委員会・九州歴史資料館『大宰府史跡』、宮城県教育委員会・宮城県多賀城跡調査研究所『多賀城跡　宮城県多賀城跡調査研究所年報』や、松江市教育委員会『出雲国庁跡発掘調査概報』(昭和四十六年三月)などに詳しい。
(32) 傅喜年「唐長安大明宮含元殿原状的探討」(『文物』一九七三―七)。
(33) 平岡武夫『唐代の長安と洛陽』地図(昭和三十一年五月)。
(34) 八木充『律令国家成立過程の研究』(前掲)二四四ページ以下。とくに大極殿門については直木孝次郎「大極殿の門」(末永先生古稀記念会編『末永先生古稀記念古代学論叢』、昭和四十二年十月)参照。
(35) 井上薫「宮城十二門の門号と乙巳の変」(『日本古代の政治と宗教』、昭和三十六年七月所収)、山田英雄「宮城十二門号について」(『続日本紀研究』一―一〇、昭和二十九年十月)、佐伯有清「宮城十二門号と古代天皇近侍氏族」(『新撰姓氏録の研究』研究篇、昭和三十八年四月)。
(36) 奈良国立文化財研究所『平城宮木簡』一(解説)、昭和四十四年十一月、二七―三九ページ。
(37) 長安京の概要については、佐藤武敏『長安』(昭和四十六年十一月)が詳しい。
(38) 大石良材「朝堂の建築」(『古代学』一一―一、昭和三十七年十二月)。
(39) 奈良国立文化財研究所『平城宮発掘調査報告』Ⅲ(昭和三十七年三月)三〇―三八ページ。
(40) 奈良国立文化財研究所『奈良国立文化財研究所年報』一九六七(昭和四十二年十二月)、一九七〇(昭和四十五年十一月)。
(41) 青木和夫「浄御原令と古代官僚制」(『古代学』三―二、昭和二十九年六月)。
(42) 井上光貞「太政官成立過程における唐制と固有法との交渉」(仁井田陞博士追悼論文集　巻一『前近代アジアの法と社会』、昭和四十二年十月)。
(43) 岸熊吉「平城宮遺溝及遺物の調査報告」(『奈良県史蹟名勝天然紀念物調査報告』一二、昭和九年八月)によると、内裏北東の大溝中から「宮内省」「内掃」「膳」「省」の墨書土器が出土している。
(44) 中尾芳治「前期難波宮をめぐる諸問題」(『考古学雑誌』五八―一、昭和四十七年七月)。
(45) この問題は新羅・百済・高句麗などの都城・王宮についての研究を必要とする。高句麗の平壌城・長安城は付近に方格地割を有するといい、新羅の慶州も明らかに方格地割を遺存している。百済の漢山城(広州)・公山城(熊津・公州)・扶蘇山城

（泗沘・扶余）はいずれも山城である。私は最近機会をえてそのうちの新羅・百済の都城をやや精しく踏査したが、日本の都城との関連において検討すべき事実も多い。しかしなお詳考を要するので、他日を期したい。

第十三章　日本の宮都と中国の都城

一　宮都研究の歩み

日本の古代の宮都、すなわち宮室・都城に関する研究は最近著しく進んできた。[1] しかしそれにはかなり長い研究史がある。有職故実に精しい京都の公家裏松光世(固禅)が寛政九年(一七九七)に完成した『大内裏図考証』、大和古市に住む藤堂藩士北浦定政が測地の術を用いて嘉永五年(一八五二)に考定した「平城大内裏坪割図」などは、平安・平城の宮室・都城についての貴重な先駆的業績である。ついで明治四十年(一九〇七)には建築学者関野貞が『平城京及大内裏考』(『東京帝国大学紀要』工科三)を著わしてはじめて精密な平城京の復原を試みたが、これに対してかねて同じく平城京の研究を進めていた文献史家喜田貞吉は論争を挑み、また他の宮址にも考察を及ぼして、『歴史地理』誌上を賑わせたが、[2] 大正四年(一九一五)には『帝都』と題してそれらの論考が発刊された。以上の諸研究はまだ遺跡の発掘調査を伴うものでなかったが、大正末年から昭和に入ると、平城・大津・紫香楽などの宮址では部分的に遺構の検出が試みられた。[3] そして昭和九年(一九三四)末から足立康を主査として日本古文化研究所によって始められた藤原宮の発掘調査は、朝堂院の規模・構造をはじめて明らかにするという大きな成果をあげ、[4] つづいて実施された柴田實による近江崇福寺・南滋賀廃寺の発掘調査、[5] 浅野清による法隆寺東院の発掘調査も、[6] それぞれ大津京・斑鳩宮に関連深いものとして注目された。

こうして礎石瓦葺の建物だけでなく、掘立柱建造物の検出へと宮址の発掘調査は進展したが、それは太平洋戦争によって一時の空白期を迎えることを余儀なくされた。しかし戦後は昭和二十九年に始まる難波宮と平城宮の発掘調査を嚆矢として、以後今日まで飛鳥・難波・藤原・平城・恭仁・長岡・平安などの各宮室・都城に関する遺跡の発掘調査が着々と続けられている。(7) それらはほとんど開発事業に迫られての苦しい条件下の緊急調査で、独自の研究目的にそった純粋の学術調査ではない。けれども関係者の尽力によって各宮跡とも輝かしい成果があげられており、ことに相互の比較研究がある程度可能になったことは、日本の古代宮都研究を著しく進捗させることになった。

本稿では、そうした学界の現状の中で、主要な研究課題となっている日本の宮都と中国の都城との対比の問題を、私の関心に基づいて整理を加えながら、若干の新しい私見を交じえて述べてみようと思う。

二　平城京・藤原京と長安城

昭和四十一年(一九六六)末から始められた藤原宮の緊急調査に参加した私は、宮域の北限が検出されたのを手懸りとしてその四至を推定し、さらに新しく京域の想定をも試みた。(8) それは藤原京の東西南北の京極は大和の古道である中ツ道・下ツ道、上ツ道の延長である山田道、および横大路をそれぞれ利用し、その範囲内に十二条八坊の条坊制に基づいて設定されているというものであった。しかも藤原京をそのように想定すると、従来気づかれていなかった平城京造営計画との密接な関係が明らかとなった(第一図)。つまり平城京は藤原京を中ツ道と下ツ道にそわせてそのまま北に移し、下ツ道を基軸に西に折り返して二倍に拡大したものであるというもので、東西はこのように二倍したのに対し、南北は条数を二条減じて九条としたため一・五倍に止まり、したがって面積では平城京は藤原京の三倍となり、これにいわゆる外京と北辺が付加されて成立した。

ところでこのように平城京の造営計画が明確となり、その原型が藤原京にあったことが知られると、ここで新しい問題が提起されてきた。それは一般に平城京といえば、すぐ唐の長安京の直模とみる従来の通説が、再検討を要することになったことである。平城京と中国の都城との比較をはじめて試みたのはやはり関野貞で、『平城京及大内裏考』では第三編をその考察に充てているが、[9]唐の東京洛陽と西京長安について、「此両京の制度を見るに、西京は東京に比して規画頗整備し、大に我平城京の制度に近き所あれば、我平城京は恐くは当時の首都たりし此西京の規模を参酌せし者ならん」と述べ、もっぱら長安京との異同を論じている。その結果として、「概言するに、我平城宮の宮城及朝堂内裏の制度は、大体に於て隋唐の者を参酌したれども、決して彼を踏襲せず、利便の宜しきに随て之を企画し、別に新生面を開きて、朝堂の経営の如き、其整備却て遥かに彼を凌駕するに至れり」と結んでいるように、彼は決し

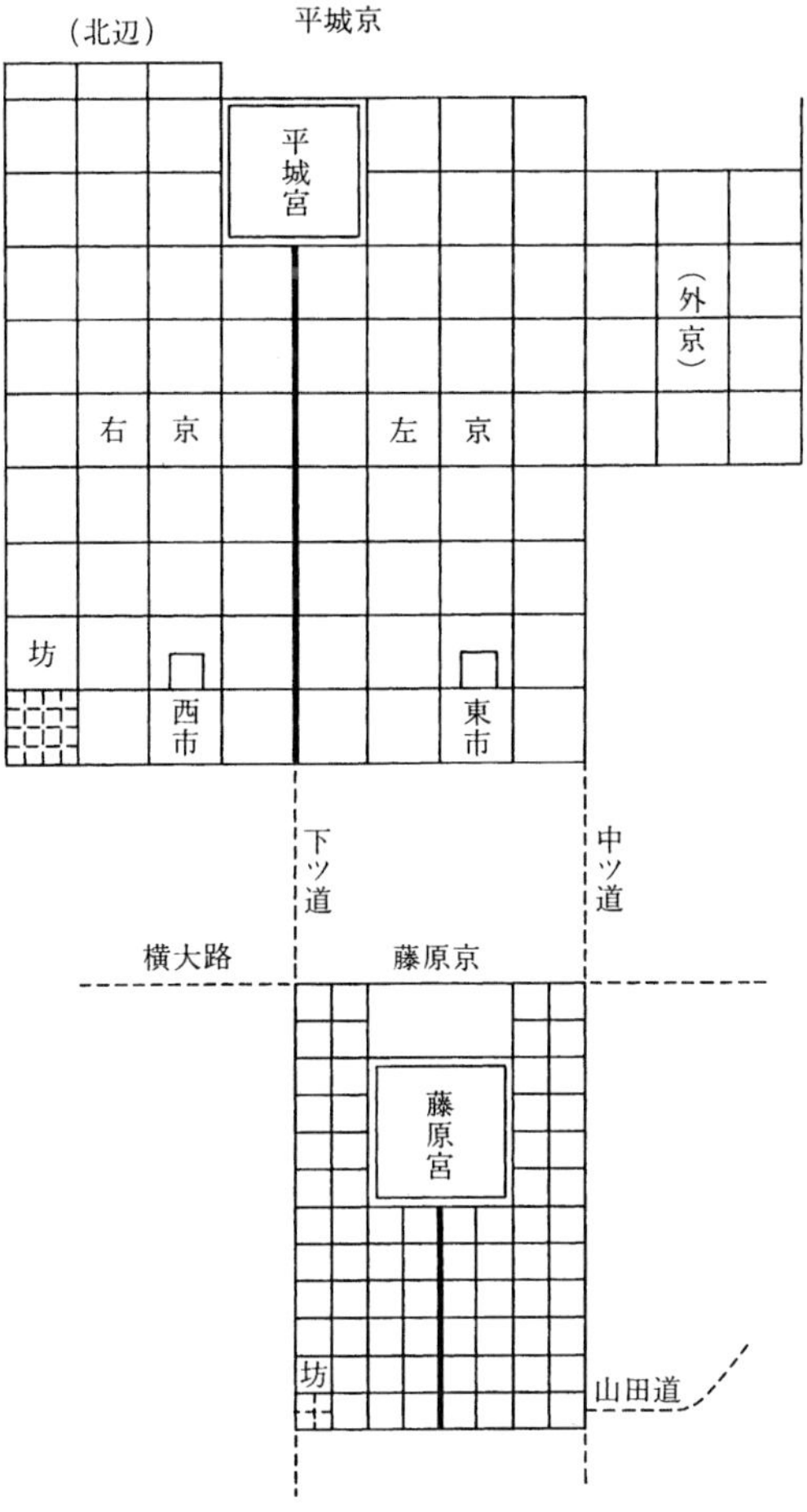

第一図　平城京・藤原京関係図

て平城京を長安京の直模とは見なしていないのである。しかし長安京との比較というこの論考の一面のみが強く受け取られたためであろうか、その後は平城京、さらには長岡京・平安京、あるいは日本の都城全体を、もっぱら隋・唐の長安京の模倣とみる考えがいつしか通説となっていったようである(10)。

しかし今や平城京の原型であることが明らかになった藤原京は、長安京とはいくつかの基本的な点で相違しており、中国の都城との比較研究は改めて再検討を要請されることになった。藤原京を平城京の原型とした場合、それが長安京と異なる主要な点は何か、その指摘に移る前に、関野貞が平城京と長安京を比較して、つぎの諸項を相違点として掲げていることにまず着目しよう(五四九ページ、第二十二章第二図参照)。

(1)長安京の敷地は東西に長い長方形であるのに対し、平城京は南北に長い長方形であること。
(2)長安京の外郭には堅固な城壁を設けているが、平城京の羅城は京の内外を画する簡単な築墻にすぎないこと。
(3)長安京の宮城・皇城が京の中央北部に南面して存在することは平城京と同じであるが、長安京は宮城と皇城を截然と区別しているのに対し、平城京では宮城・皇城を合わせて宮城とも皇城とも称していること。
(4)縦横に通ずる大路によって構成される条坊制の街区、すなわち坊は、長安京の場合大小異同のある長方形であるのに対し、平城京はつねに同一の正方形であること。
(5)長安京では、皇城以南の各坊は東西の小路で二区に分たれ、それ以外の各坊は東西・南北の十字に通ずる小路で四区に分たれている。これに対し、平城京の各坊は縦横三条の小路で一六区に分たれていること。
(6)長安京は朱雀門街によって万年県・長安県に分ち、各坊に固有の名称を付しているのに対し、平城京も朱雀大路によって左京・右京に分ってはいるが、坊の称呼は何条何坊何坪という方式を用いていること。

そこでつぎには以上の諸項について、平城京でなく、新たに想定された藤原京の場合はどうなるかを逐一検討してみよう。

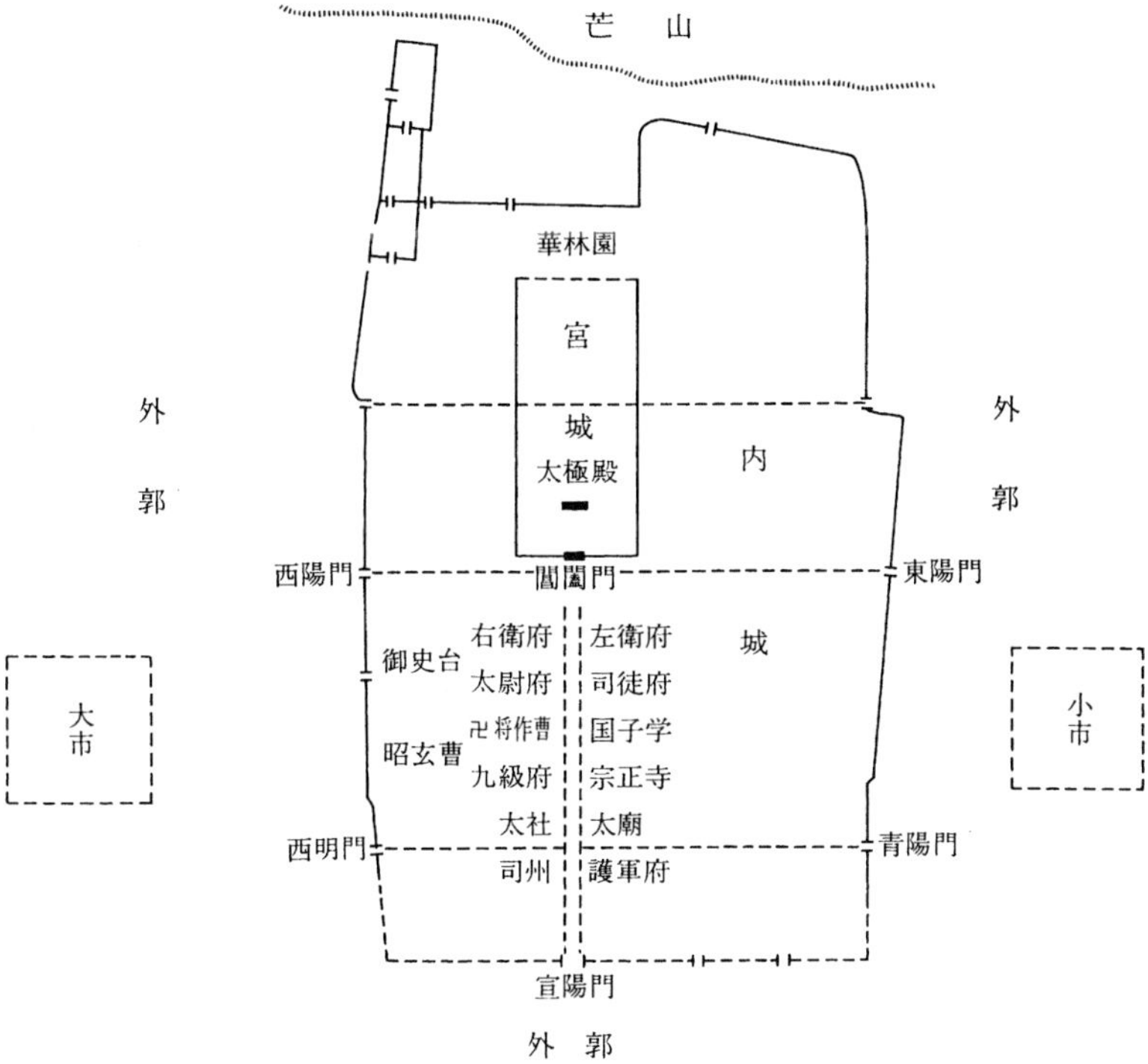

第二図　北魏洛陽城（内城）説明図（『考古』1973-4 参考）

(1) 長安城は東西一八里一二〇歩（実測値九七二一メートル）、南北一五里一七五歩（実測値八六五一・七メートル）で、やや東西に長い横長の矩形をなしているのに対し、藤原京は東西四里（図上計測値二一一八メートル）、南北六里（図上計測値三〇八六メートル）で、明らかに南北に長い縦長の矩形で、長安京とは異なる。そしてこの形は、東西約六里・南北約九里で、そのため俗に「九六城」とよばれた北魏の洛陽城（内城）に極めて近似している[11]。ちなみに北魏の洛陽城は孝文帝の太和十七年（四九三）造営に着手し、その翌々年平城（山西省大同市）から遷都したものであるが、その規模は漢・魏・晋のそれを踏襲したものである（第二図）。

(2) 羅城については、『日本書紀』天武八年（六七九）十一月条に難波に羅城を築いたことがみえるが、藤原京では文献史料でも、また遺構の上でも確認できない。平城京では羅城門の存在は文献・遺構ともに確認でき、羅城門の左右に築地が連なっていたことが発掘調査の結果知られ[12]、西方の約一坊分に相当する部分のみ羅城の遺構かと思われるものが認められるが、確認されるには至っていない。平安京でも羅城は『延喜式』の記載から羅城門の左右、南京極大路に面する部分にのみ存したと推定されている[13]。このように本来日本の都城の外郭四周には長安城のごとき羅城が存在せず、あっても南面のみ、あるいはその一部であることはかねてから指摘され、彼我都城の重要な相違点とされている。しかし、北魏洛陽城は宣武帝の景明二年(五〇一)に従来のものを内城としてその四面に京域を拡大し、北魏の楊衒之の『洛陽伽藍記』に記載するごとく、東西二〇里、南北一五里の横長の京師を構成することになったが[14]、その外郭は南北と西は地形を利用し、東にだけ羅城を築いたのでないかと推定されている。この点からすれば、藤原京をはじめとする日本の都城が羅城を四周に設けていないのは、必ずしも絶対的な相違点とはいえないであろう。また長安城そのものも、羅城の建設は永徽三年(六五二)で、開皇三年(五八三)の遷都からすでに七〇年を経過しており、外郭に羅城のない都城を中国でも想定しうるのである。

(3) 藤原京は宮の中央に正しく内裏・朝堂院を置く点、平城京とはやや異なるが、長安城のごとく宮城・皇城を区別しないことは平城京と同じである。しかも藤原京の場合、平城京とも、また長安城とも異なる重要な点は、宮の北に二条分の余地があって、平城京・長安城のように宮城・皇城が直接北京極に接していないことである。そしてこの点もまた北魏洛陽城の構造に似ている。すなわち洛陽城(内城)でも宮城の北はすぐ城壁に接せず、その間に華林園という園池があったと推定されている[15]。藤原京の場合、その地域がどうなっていたか未調査であるが、そこには「テンヤク」という小字名が条里制の二坪にわたって存在し、そのすぐ近くの宮の北限からはさきに典薬寮関係の木簡が多数出土したし、その中にはまた「薗司」「薗官」という文字のみえる木簡も含まれているので[16]、あるいは薬園を含む園池が洛陽城と同じようにあったかもしれない。

(4) 長安城の各坊の大きさは、東西の列(日本の条)を北から1―13、南北の列(日本の坊)を西からA―Jとすると、左の表のように推定されている。[17] これは街路幅を除外したものであるが、朱雀門街の東西の第一列(E・F)が方形に近いのみで、他の坊はすべて京の全形と同じように、東西に横長の矩形をなしている。これに対して平城京も藤原京も、街路幅によって多少の相違はあるが、すべての坊は方形を基準として割付けられている。そしてその大きさは街路心々間で藤原京が一五〇歩平方、平城京がその二倍の一里＝三〇〇歩平方となっている。

万年県 長安県	ＡＢＣ ＪＩＨ	Ｄ Ｇ	Ｅ Ｆ
1 2	東西　南北 650×400 (歩)		
3 4	東西　南北 650×550 (歩)		
5 ≀ 13	東西　南北 650×325 (歩)	東西　南北 450×325 (歩)	東西　南北 350×325 (歩)

このように坊の形で長安城と藤原京・平城京は基本的に異なっているのであるが、同じ中国の都城でもさきの北魏洛陽城は、『洛陽伽藍記』によると方三〇〇歩を一里とするとあり、『魏書』広陽王嘉伝には坊は周一二〇〇歩とあって、坊(里)は三〇〇歩＝一里の方形であったらしく、[18] この点でも藤原京は長安城より北魏洛陽城に近い。

(5) 長安城の坊は、一般には十字街で四区に分たれているが、宮城・皇城以南の各坊だけは東西の小路のみで、二区に分たれている。この点平城京の各坊が一六区に分かれているのと著しく異なるようであるが、最近の藤原宮の発掘調査によって、藤原京の各坊も十字の小路で四分されていたらしいことが明らかとなり、平城京の一六坪はその藤原京の一坊＝四坪を二倍に拡大した結果であることが判明した[19](第一図)。藤原京の宮の正面の各坊が長安城のごとくであったかどうかは未詳であるが、平城京の場合から推せば、やはり各坊とも十字街が通じていたとみるべきであろう。

この問題に関しても『洛陽伽藍記』には「里に四門を開き、里正二人・吏四人・門士八人を置く」とあって、北魏洛陽城の各里(坊)も十字街を通じていたことが知られるので、[20] 平城京や長安城よりも藤原京がよりそれに近いといえよう。

(6) 坊の名称の問題は、藤原京で何条何坊何坪とよんだ史料は今のところなく、かえって林坊・小治町という固有名称の二例が知られている。[21] したがって、この点は長安城と同じであるが、北魏洛陽城でも里(坊)は通商里・達貨里・調音里・楽律里などと固有名でよばれていた。

以上の各項の検討を通じて長安城と藤原京を比較すると、その相違は長安城と平城京のそれよりも著しいことが明らかとなった。そしてすでに述べたように平城京の原型が藤原京であるとすると、日本の都城はますます長安城から離れていくことになる。しかし一方では日本の都城制が中国のそれを継受したものであることもまた紛れもない事実である。それではこの問題をどのように解けばよいのであろうか。それは従来のように隋・唐の長安城との比較だけでは不十分で、すでに前項の検討でも漢・魏・晋から北魏につづいた洛陽城との比較を試みたように、中国の都城についてはは隋・唐の長安城から遡って考察を加えることが必要になってきたといえよう。そこでまず中国における都城の展開について概観することとしよう。

三　中国都城の二形式

『周礼』の冬官考工記匠人条には、

匠人営レ國、方九里、旁三門、國中九経九緯、経涂九軌、左祖右社、面朝後市、市朝一夫、

とあるが、これはいわば中国の都城の理想型をいったもので、「國」の字は、「戈」、すなわち武器をもって一定の土地「口」を守り、その周囲には城壁の囲い「囗」があること、つまり都城を示すものである。そしてその都城は九里四方の方形で、四周にはそれぞれ三門ずつ門が開かれている。また城内にはその門に向かってそれぞれ三条ずつ、計

九条の道路が縦横に通じており、その道幅は車のわだち(軌)の九倍であるという。さらに中央に位置する宮室の左、すなわち東には祖先の霊を祀る祖廟、右に当たる西には土地の神を祀る社稷があり、前方、つまり南には政治をとる朝庭・朝堂を、後方の北には市場を置き、その市と朝はともに一夫、つまり一〇〇歩平方の面積を占めるというのである。[22]『周礼』の成立年代には種々の説があるが、前漢にはほぼその原型ができていたようで、後漢の鄭玄の注と唐の賈公彦の疏によっても、意味するところはほぼ右のごとくであろう。

ところでこうした城郭で囲まれた一域の中央付近に高台を築いて王宮を置くといった形式の都城はすでに戦国時代の魯の王城(山東省曲阜県)や趙の王城(河北省邯鄲市)などの遺跡において認められるという。[23]つづく漢の長安城は『三輔黄図』の記載や発掘調査された一部の遺跡によって推定されているが、秦の故宮興楽宮を修治した長楽宮、つづいて造営された未央宮が東西に位置し、それを内に置いて版築の土墻がめぐっている。その形は方形に近いが、南墻と西墻が一部凸出し、北墻は渭水の流れに従って屈曲し、やや不整形になっている。これを南斗・北斗をかたどったとみ、天文に基づく築造とする説もあるが、実際は渭水の地形や、長楽宮・未央宮がさきに造営されて、城墻はのちにこれを取り囲むように築かれたという事情によるとみられている。いずれにしても城墻の四面には一面三門ずつ計一二門が開かれ、二つの宮は南辺寄りに位置したらしい。[24]

これに対して漢の洛陽城は、魏・晋をへて北魏の洛陽城に継承されているが、その構造は『洛陽伽藍記』の記述や遺跡の調査によってかなり明らかになっている。すでに部分的にふれてきたが、改めて説明を加えると、北魏の洛陽城は孝文帝が太和十九年(四九五)に平城から遷都した都で、はじめの規模は漢・魏・晋のそれをそのまま踏襲したもので、「九六城」とよばれたように、ほぼ南北九里・東西六里の縦長の矩形であったが、その後六年、宣武帝の景明二年(五〇一)に五万五千人の人夫を徴発して都城を拡張し、東西二〇里・南北一五里の横長の矩形とし、さきの「九六城」を内城、拡張部分を外郭とした。そして外郭内には一辺三〇〇歩の方形の坊(里)を二二〇(または三二〇)設定し、坊には四方に各一門を開いて小路を十字に通した。そして内城の中央北寄りに位置する宮城もやはり縦長であるが、これは後漢の時代に北宮と南宮に分かれていたものをそのまま継承したもので、北魏の酈道元の『水経注』穀水条によると、魏の明帝はその南宮、後漢の崇徳殿の故処に、上は太極に則って太極殿を起こしたというが、その太極殿は北魏にも引き継がれたらしい。そして『洛陽伽藍記』によると、宮城正門の閶闔門から内城の南墻に開く宣陽門に向かってはまっすぐに御道(『水経注』によると銅駝街という)が通じ、その東側には北から左衛府・司徒府・国子学・宗正寺・太廟・護軍府、また西側には北から右衛府・太尉府・将作曹、九級府・太社などの官署が並んでいた。つまり左右の衛府をはじめ、三公のうち太尉・司徒の府庁、皇族の系譜を司る宗正寺、また宮室の造営を担当する将作曹などいずれも重要な官署が宮城の南にあったことになる。そのほか御史台が右衛府の西、僧尼を統轄する昭玄曹が将作曹の西にあったほか、句盾署・典農署・籍田署・司農寺や太倉署・導官署などは宮城の東に、武庫署・太僕寺などは同じく西にあったが、太廟・太社が東西対置されて「左祖右社」の原則が守られていることとともに、主要な官署が宮城の南にあるのは「面朝」の原則に基づいたものとして注目される。市についてはのちに述べるが、「後市」に代わって宮城の北には前述のように華林園があったらしい(第二図)。

このような北魏洛陽城の内城の構造は藤原京、また広く日本の都城との比較において興味深いものがあるが、それは改めてのちに説くこととして、いましばらく中国の都城の展開をみよう。ところで北魏洛陽城は内城を拡張して外郭を設定するとき、北に芒山、南に洛水があるという地形的制約のため、南北は一五里に止めた。とくに北は芒山に近いため、約一里を拡大したにすぎず、南へは五里ほど拡張した。これに対して東西は地形的制約がないために、東と西にそれぞれ七里ずつ拡大して計二〇里とした。その結果新しい洛陽城は拡張前とは逆に横長の矩形となり、また宮城や官署のある内城はしたがって中央北寄りの位置を占めることになった。かくして開皇二年(五八二)漢の長安城の故地を棄てて、新しくその東南竜首原に築かれた隋の大興城、すなわちそれを継承した唐の長安城は、この拡張された北魏洛陽城を祖型として、改めて計画的に造営されたものと考えられている。唐の長安城の宮城・皇城を合わせた部分は東西約五里、南北約六里と、「九六城」といわれた北魏洛陽城内城に比較すると、やや縮小されてはいるが、やはり南北に長い縦長の矩形のかたちを遺している。また唐の長安城の東西は一八里一一五歩、南北は一五里一七五歩で、これも北魏洛陽城外郭の東西二〇里、南北一五里に近い。そして重要な点は、宮城・皇城の一郭が長安城ではその中央、北壁に接して設けられたことで、ここに前述の『周礼』考工記の理想型とは異なる中国の伝統にない新しい都城の形式が生まれたのである。そしてこの宮城を都城の中央北に置くという唐長安城型と同じと考えられるのが、日本の平城京・長岡京・平安京である。宮城を都城の中央に置く『周礼』考工記とは異なって、それを北中央に設ける隋・唐の長安城の形式の生まれる由来を、以上のように北魏洛陽城の拡張と結びつけて理解するのは森鹿三の説であるが、(25) 他に那波利貞・駒井和愛らの説もある。

那波利貞の論考は、中国の首都建設計画に『周礼』考工記にみえるような前朝後市・左祖右社・中央宮闕・左右民廛の伝統的形式のほかに、唐の長安城のように宮闕を中央北詰めに置いて後市の慣例に背き、また宮闕の前面にも民廛を許すという反伝統的形式の都城のあることを詳しく論じた先駆的業績である。またそのような反伝統的形式は唐の長安城以前に北魏の洛陽城や東魏の鄴都南城(河北省磁県)にすでに存在することをも指摘しているが、そうした新しい形式は中国の伝統を批判的に摂取し、「実際生活に即せしめむとする北朝胡族系識者の卓絶した識見」に基づいて生まれたものとし、唐の長安城の前身である隋の大興城の造営に主として当たった左僕射高熲・太子左庶子宇文愷・将作大匠劉竜・工部尚書賀楼子幹・大府少卿尚竜義の五人のうち、高熲・宇文愷・賀楼子幹の三人までが胡族出身か、胡族に関係深いという事実を明らかにし、とくにその中で宇文愷の果たした役割を重視している。そしてそのような都城形式は宇文愷らの創見ではなく、北朝系の北魏洛陽城や東魏鄴都南城にすでに認められたものであるが、隋の大興城新営に際しても、真面目で実行性に富む胡族出身者はいたずらに伝統を墨守せず、果敢に新形式の都城を計画したというのである。[26]

これに対して駒井和愛も中国の都城には『周礼』考工記のように王城を中央に置くことを原則としたものと、唐の長安城のごとく王城が北辺中央に営まれているものとの二形式があるとし、前者にはさきにもふれた戦国時代の魯の王城曲阜や趙の王城邯鄲をはじめとし、宮室は南辺に位置しているが、漢代の長安城や洛陽城もその形式に含まれるとし、これに那波説の西晋の洛陽城を加えている。そして後者ではやはり北魏の洛陽城と東魏の鄴城が唐の長安城に先行して存在することを認め、さらに渤海の上京竜泉府[27](黒竜江省寧安県東京城)や東京竜原府[28](吉林省琿春県半拉城)、遼の中京大定府(内蒙古自治区寧城県大名城)・上京臨潢府(内蒙古自治区林東鎮付近)・東京遼陽府(遼寧省遼陽市)、金の上京会寧府(黒竜江省阿城県白城)などもこの形式によったものであり、さらに元の上都(内蒙古自治区ドロン付近)も同形式とみている。このように唐の長安城形式はその後も周辺に波及しており、既述のごとく日本の平城京・平安京などもこの例に入る。しかし北宋の東京開封府(河南省開封市)になると、当時の学者による古典としての『周礼』考工記の「面朝後市」の解釈に基づいて、前者の伝統的形式が復活するに至り、それはまた元の大都、すなわち明・清の北京城(北京市)に踏襲されたとする。

そして宮室を都城の北辺中央に営む形式がどうして生まれたかについては、那波説を認めつつも、北魏が洛陽に遷都する以前の平城やワリンゴルの盛楽の都城の状況が明らかでなく、また洛陽城も漢・魏・晋のそれを踏襲したものなので、新しい宮室を築くのには場所的な制約があったろうとして、別の考えを提起している。すなわち、魏の洛陽城南宮においてすでに宮室の中心的宮殿を太極にのっとって太極殿とよんだことに着目し、その「太極」とはまた「太一」とも称し、『易経』繋辞伝に「易に太極あり、是れ両儀を生ず」とあるように、形而上学的には陰陽の根本、万物の根源を意味する。そしてそれは同時にまた天文占星的思想では天の中心である紫微宮にあるとみられていた。その太極を地上に実現しようとしたのが太極殿であるが、このように天文に拠って都城を営み、天極に象って宮室を築くことは早く秦・漢の時代にもみえるが、その場合の太極・太一は天の中宮にあるというだけであった。しかし晋代ごろからであろうか、やがて太極・太一が北極・北辰を意味することとなり、太極が北極星のうちにあると考えられてくると、それを地上に現出しようとした太極殿のある宮城も、都城の北辺中央に位置せしめて営もうということになってきたというのが、駒井説の大要である。(29)

四　日本・中国都城の市

以上日本の宮都と中国の都城を比較考究するに必要な限りにおいて、中国における都城の展開を概観したが、確かに平城京は宮を北中央、北京極に接して置くという点で唐の長安城型に属する。しかし、それに時代的にも先行し、また建設計画の上でも密接な関係にあることから、どうしてもその日本における原型とみなさざるをえない藤原京は、宮の北に二条分を余していて、北京極には直接しない。したがって、それは『周礼』考工記型の中国の伝統的都城に近く、唐の長安城とは直接結びつかないことは明らかといえよう。以上第二節の考察と併せて、日本の都城・宮室の祖型が、通説のごとく唐の長安城に限られるのではなく、藤原京などはむしろそれと形式を異にする北魏以前の洛陽城(内城)に相似点を多くもつことを述べてきたが、同じことを主題を改めて市について述べよう。

市が朝とともに都城構成の主要な一要素をなすことは、『周礼』考工記の「面朝後市」「市朝一夫」によって知られるが、その思想はそのまま日本にも継受され、市は日本の都でも重要な役割を果たしている。たとえば、天平十二年(七四〇)末恭仁京に遷都すると、翌年八月には宅地の班給に先んじて平城京の東西二市を新しい恭仁京に移しており、ついで紫香楽宮を営むと、ここにも市が設けられたらしい。またつづいて難波京に遷都しようとしたときには、わざわざ藤原仲麻呂らを恭仁京の市に遣わして、官人に対して行なったと同じように、市人に恭仁を選ぶか、難波か平城かを下問している。そして天平十七年五月平城還都に決すると、天皇より早く、恭仁京の市人は暁夜先を争って続々と平城京に移り還ったという(30)。また称徳天皇が西京由義宮に行幸したとき、竜華寺に市廛を建てて河内の市人を居らせたり、あるいはかりに会賀市司を任じたりしているのも、暫時といえども宮都が市と不可分な関係にあったことを示している(31)。

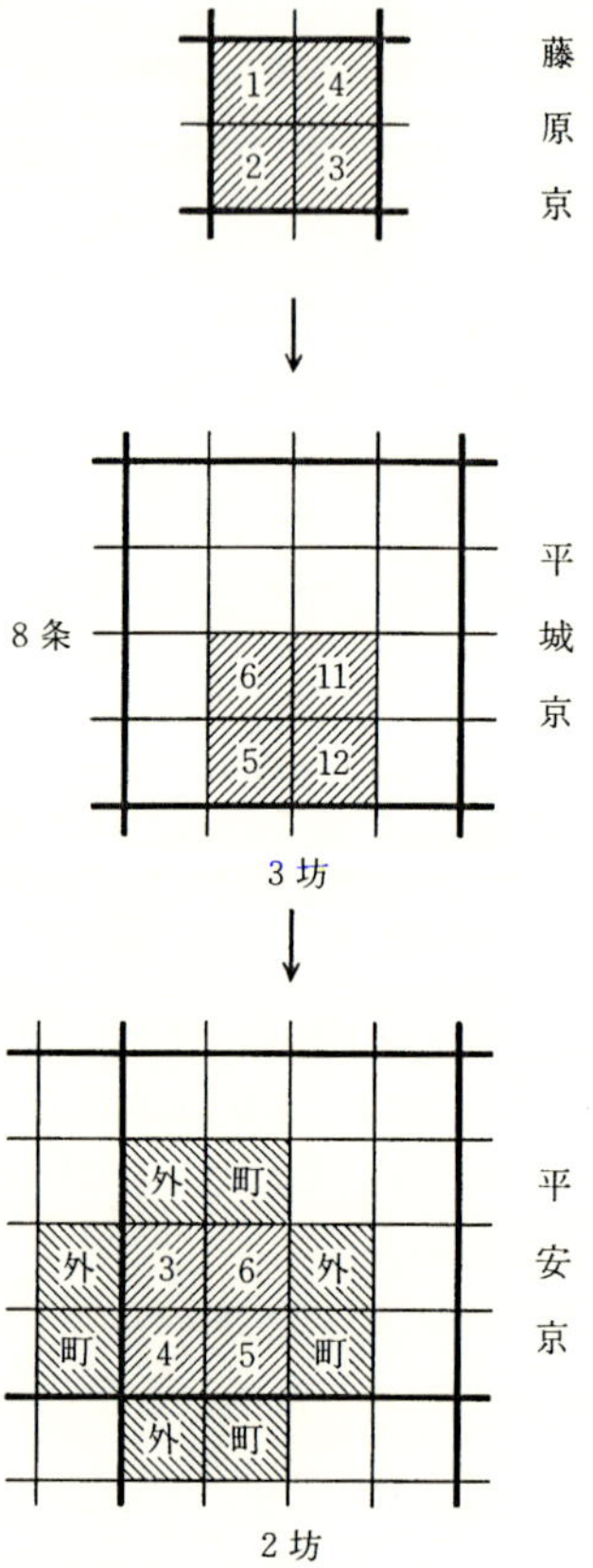

第三図　市(東市)の変遷

ところで都城内の市でその位置と構造の明らかに知られるのはまず平安京の場合である(第三図)。平安京の東市は左京七条二坊の三・四・五・六坪の四町を占め、西市は朱雀大路に対してこれと対称的に、同じく右京七条二坊の三・四・五・六坪に位置する。そしてこの四町のうち一町が市屋で、三町を内町と称し、さらに四周に二坪＝二町ずつの外町が付属している。したがってすべてで市は一二坪にわたり、井字形をなしているが、本体は市屋・内町の方形の四町であろう(32)。これに対して平城京の東西市はこれまでの研究では、東市は左京八条三坊、西市は右京八条二坊のそれぞれ五・六・七・十・十一・十二坪の六町を占めると考えられてきた(33)。しかし最近その基礎史料である京都知恩院所蔵の写経生試字の紙背にみえる「平城京市指図」を原本について詳細に検討した結果、六個の坪にそれぞれ記入された「市」の字のうち、南の二坪の二字の「市」は墨抹したものであることが明らかとなった(34)。その結果、従来六町を占めるとみていたのは誤りで、東西市は五・六・十一・十二坪の四町で、平城京でも平安京と同じように四町であったことがはじめて明らかになった。こうなると、平城京東西市から平安京への展開が無理なく理解できるし、『日本霊異記』の説話(中巻一九話)のなかに、平城京の東市で経を売る賤人が市の東門から入って西門に出て行ったとあるのも納得できる。何となれば、東門と西門があることは、市が四町であるとき、はじめて東西の小路と直通でき、六町であるとすれば、東面・西面は二門ずつとしなければならないだろうからである。

つぎは問題の藤原京の市である。『日本書紀』持統三年(六八九)十一月丙戌条には三兵に習熟した高田首石成という者を褒めて中市で物を賜うたとみえる。この中市を建設中の藤原京と関係づけるか、またそれ以前の倭京の中で位置づけるか問題は残るが、[35]『帝王編年記』は大宝三年(七〇三)に藤原京の東西市を立てたと伝える。[36]それについて最近の藤原宮の発掘調査で、宮の北面中央の門に近い土壙から、大宝三年十月の年紀を記した大贄の付札などとともに、「□於市□〔沽カ〕遣糸九十斤　蝮王　猪使門」「□月三日大属従八位上津史岡万呂」という墨書が表裏にある木簡が出土したことは興味深い。[37]これは藤原宮一二門のうち北面東門を蝮王門(平安宮の丹比門・達智門)、北面中門を猪使門(平安宮の猪使門・偉鑒門)とよんだことを確証した。またこの木簡はある省が糸を市で売るため猪使門か蝮王門を通過する証として用いたものらしいが、そうとすればこの時点で、宮の北、または北東に市があった可能性があり、しかもその市をただ「市」と称して、東市・西市とか、他の称呼を付していないことも注意を要する。このように藤原京の東西市にはなお疑問があるが、もしそれが平城京・平安京と同じように、京内にあったとすれば、それは藤原京条坊制の一坊を占めたのではなかろうか。そのように推定する根拠は、平城京の東西市が四町で、それは藤原京の一坊に当たり、平城京の市も宮域と同じように藤原京の市の地積をそのまま移したと考えるからであり、『続日本紀』慶雲二年(七〇五)六月丙子条に、祈雨のため市廛を出すことをやめ、市の南門を閉じたとある南門も坊の小路に適合する。

ところで唐の長安城にも東市・西市が朱雀門街を中心にほぼ対称の位置にあった。隋の大興城の都会市・利人市にあたるが、宋の宋敏求の『長安志』によると、それぞれ南北二坊分の地を占め、方六〇〇歩、四面は幅一〇〇歩の街路に囲まれ、それぞれ二門を開き[38]、したがって内部には井字形に計四本の街路が通じ、九区に分割されていたという。東市・西市それぞれに行なわれた発掘調査の結果は、文献の数字と実測数値の間に多少の違いがあり、市全体の形もともに正確には方形でなく、南北がやや長いが、ほぼ『長安志』の記載どおりであったらしい[39]。ここで注意されることは、市の全形が方形であることは、日本の藤原京(推定)・平城京・平安京の場合と同じであるが、四周に各二門があって井字形に街路が通じている点は、四周各一門、十字形街路の日本の場合と明らかに異なる。藤原京などが唐の長安城を祖型としないとみる重要な一つの論拠である。

それればかりではない。この唐の長安城の東西二市はやはり北魏の洛陽城の外郭にあった小市と大市を継承したものと考えられている。『洛陽伽藍記』によると、大市・小市のほか、宣陽門の南四里、洛水の永橋とよぶ浮橋のところにも四通市があったが、大市は西陽門外の西四里、御道の南にあり、小市は青陽門外の東三里、御道の北にあったというから、内城を中心にほぼ東西対称の関係にあったらしく、その宮城に対する位置も長安城とよく似ている。しかも大市は周囲八里と記されていて、方二里、つまり一里＝三〇〇歩とすれば、方六〇〇歩で、これまた長安城と等しい。そこでこの大市・小市がどのように区画されていたかが知りたいのであるが、清の徐松編の『河南志』によると、隋の洛陽城の大同市は周囲四里で四門を開くといい、また唐の韋述の『両京新記』(集本)には同じく隋の洛陽城の豊都市(南市)は四面に各三門を開いたとあって、これらの市はいずれも内部を十字形に区分する原則に従ったものである[40]。これから推せばそれに先行する北魏洛陽城の大市・小市も十字形に区画されていた可能性が大きいのであって、長安城の井字形とは異なり、ここにまた藤原京との共通性が指摘できるのである。

五　三朝と大極殿

以上平城京の原型である藤原京の源流を中国の都城に求めて、唐の長安城との相違点を鮮明にし、かえってそれ以前の北魏の洛陽城などとの類似性を指摘した。すなわち、⑴藤原京が東西四里・南北六里の縦長の矩形であることは、横長の唐の長安城より「九六城」とよばれた縦長の北魏の洛陽城(内城)に似ていること、⑵藤原京に羅城の痕跡がなく、他の平城京・平安京も一部であることは、洛陽城(外郭)の状況に近く、また長安城でも羅城の建設はかなりのちのことであること、⑶藤原京は宮が北京極に接せず、宮北に二条分の余地があり、そこに薬園など園池のあった可能性があることは、宮城が北壁に接する長安城より、宮城の北に華林園があったらしい北魏の洛陽城(内城)に似ていること、⑷藤原京の一坊は一辺1/4里の方形であるが、これは長安城の坊が一部をのぞき横長の矩形であるのと異なり、一辺一里の方形を一坊とする洛陽城に近い、⑸長安城の宮城・皇城以南の各坊は横街のみで二区に区分されているが、藤原京は平城京・平安京から推してやはり他の部分と同じように十字街が通じ、四区に区分されていたらしく、こうした坊の状態はやはり洛陽城の里(坊)と同じであること、⑹長安城の東西市には井字形に東西・南北二本ずつの街路が通じていたが、藤原京はやはり平城京・平安京の東西市から推して、十字形に一本ずつの街路があったと考えられ、隋の洛陽城の市から推して北魏の洛陽城の大市・小市も同じではなかったかと推測されること。

このような比較を通して、藤原京の祖型は唐の長安城でないこと、したがって、平城京や平安京を安易に直接長安城に結びつける通説は再考の要があることはまず確実になったと思う。しかし藤原京と北魏の洛陽城との間にいくつかの類似点が認められるからといって、直ちにそれを祖型とすることはできない。というのはすでに述べたように、北魏洛陽城といっても内城と外郭があり、右の指摘にはその点でなお混乱があるからである。藤原京の全形が似ているのは北魏洛陽城の内城、つまり漢・魏・晋の洛陽城であり、藤原宮が京内で占める位置がそれと似ているというのも内城内における宮城の位置についてのことである。これに対して坊の形や構造、市の位置や構造、あるいは羅城のことは拡張された外郭についていったものである。したがって、もし藤原京が隋・唐の長安城以前の北魏の洛陽城を祖型としたのならば、その内城と外郭を折衷して採用したことになる。これは全く考えられないことではないが、やや無理な想定であろうから、もう少し今までの考察を整理するとともに、やや別の視角から検討する必要があろう。そのために宮・京の構造のやや細部について彼我の比較を試みてみよう。

すでに述べたように、『周礼』考工記にいう中国の都城の原型は方形で、四周の城壁には各三門を開き、内部に宮室があり、正殿を路寝というが、その宮室の前に朝、左に宗廟、右に社稷がある。「朝」について、考工記に補注を加えた清の戴震の『考工記図』はつぎのように説明している。国の政事が執り行なわれる朝においては、君臣ともにみな庭に立つ。その朝庭には門はあるが、屋はなかったので、雨が降ると衣服がぬれ容儀を失するため、政務を取り止める。そして朝には天子・諸侯について三朝三門、あるいは五門の制がある。天子の場合は『周礼』は皐門・雉門・庫門・応門・路門の五門というが、戴震はそれを三門に整理し、その三門とは外門の庫門、中門の応門、内門の路門(虎門・畢門)をいい、諸侯の三門とは外門の庫門、中門の雉門、内門の路門をさすとする。また三朝とは外朝・内朝・燕朝をいい、外朝は中門の外庭で訴訟裁判や非常臨時の政を行なうところ、内朝(治朝・正朝)は内門の外庭で君臣が常日に見えるところ、また燕朝は路寝の庭で宴会・射礼や宗人の嘉事を行なうところと説明している。

こうした中国の都城構造の理想型が、たとえば唐の長安城ではどうなっているであろうか[41]。まず東西約一八里・南北約一五里の京城は四周を城壁で囲まれ、ことに東西南の三面が各三門を開くことは考工記の「旁三門」を継承し、また南北に通ずる大街が東西城壁にそう二道を除けば九道であることも「九経」を示しているのであろう。その意味でこの京城全体が考工記にいう「國」、すなわち都城であることはいうまでもないが、それとともにその中央北寄りに位置する東西約五里・南北約六里の宮城・皇城の構造にも注意する必要がある。というのは、すでに述べたように、この宮城・皇城部分が外郭に拡大する以前の北魏洛陽城の内城に相当し、それは漢・魏・晋の洛陽城そのものを継承するゆえに、この一域が同時に一つの都城でもあるとみられるからである。そのような視角からすれば、長安城皇城は南面に朱雀門以下三門を開き、東西は各二門であるが、坊数と東西街路の関係からすれば、当然北の宮城部分に各一門を想定してしかるべきであろうから、やはり「旁三門」の原則を踏襲しているといえよう。そして『大唐六典』郎中員外郎条によると、皇城の中にはやはり左に宗廟、右に社稷があるほか、「六省九寺一台四監十八衛」の百僚の廨署と東宮所属の官衙があったが、それらは中央を南北に通ずる承天門街以下、東西五街・南北七街によって構成される街区に分散配置されていたという(42)。この状況はさきにやや詳しく説明を加えた北魏洛陽城の内城において、宮室正門の閶闔門から内城南墻中央の宣陽門に向かって通ずる銅駝街の東西に、太廟・太社のほか主要な官署が並置されていたという状態を想起させる。つまり唐の長安城の皇城では邸宅や寺院・市場は外郭の京城部分にすべて移されてしまったが、なお北魏洛陽城の宮室以南の官衙地区の状況を伝えているといえよう。

それではつぎに宮室の部分はどうか。唐の長安城では皇城の最北部分に東西の横街があり、それを隔てて城壁があって、その北が宮城になっている。東に東宮、西に掖庭宮・太倉があるが、宮城の南中央門を承天門(広陽門・昭陽門・順天門)といい、その奥の太極門を入ると太極殿があり、さらにその背後朱明門をへて両儀門を入ると、正殿としての両儀殿がある。そして同じく『大唐六典』郎中員外郎条によると、元日・冬至のごとき大陳設宴会、赦過宥罪、除旧布新、あるいは万国の朝貢や四夷の賓客を受ける場合には、天子は承天門に御して政を聴いたので、承天門をかの三朝の制の外朝とみている。また同じように太極殿は中朝に当たり、天子は朔・望ここに座して政をみる。つぎに両儀殿は内朝で、天子は常日ここで政務を執るとしている。さきの『考工記図』の三朝の機能とやや異なるところはあるが、やはり三朝の制を構造上継承したものとみるべきであろう。ところが『大唐六典』は明記しないが、『大唐開元礼』などによると、承天門外の左右には東朝堂と西朝堂が対置され、直諫・冤抑を聴く肺石と登聞鼓がそれぞれの前に置かれていた[43]。この東西朝堂も遡れば『周礼』考工記に、

　内有二九室一、九嬪居レ之、外有二九室一、九卿朝焉、

とある外の九室に当たろう。鄭玄は「九室とは今の朝堂の諸曹の如く事を治むる処なり」と注し、『考工記図』の戴震は「外の九室は蓋し朝門の外、九卿その政事を省る処なり」と補注を加えているが、ここにいう朝門は応門のことで、さきに述べたように応門の外が外朝に当たるから、承天門すなわち応門とみるべきであろう[44]。こうした朝堂の理解は日本の朝堂、すなわちいわゆる十二堂院の成立を考える上でも重要な意味をもつと思うが[45]、それはさておき、北魏洛陽城との対比に関してはさらにつぎの事実を指摘しておこう。すなわち、さきにもふれたように、魏の明帝は青竜三年(二三五)洛陽城南宮の漢の崇徳殿のあとに太極にのっとって太極殿を建て、その北には昭陽殿を造った[46]。太極殿の称呼は少なくともこの時まで遡るが、北魏の洛陽城でも太極殿はそのまま継承されたらしい。また宮室の正門である閶闔門外の左右に巨大な闕を建て、その前に登聞鼓を置いて諫言を聞くようにしてあったということは[47]、長安城の承天門外の状況と符合する。

　以上の説明によって、ともかく唐の長安城の宮城・皇城の一郭は、それ自体として一つの都城と認めうることがほぼ明らかになったと思うが、なお隋・唐の長安城や漢・魏・晋・北魏の洛陽城以外の中国の都城について、右の点に留意しながら少しく考察を付加しておこう。まず『文選』巻六に収められている晋の左思の「魏都賦」とその注は魏代の鄴都の状況をかなり詳しく記している[48]。それによると、魏の鄴都北城の宮室はその中央北寄りにあったらしいが、宮室内には天子が群侯にまみえ賓客を饗応する文昌殿があり、その西には銅爵園と三台(銅雀台・金虎台・冰井台)、そしてその東には中朝としての聴政殿があった。聴政殿の背後は後宮であるが、前方には南に向かって北から聴政門・升賢門(東に崇礼門・西に順徳門)・宣明門・顕陽門・司馬門の諸門が開かれ、聴政門と顕陽門の間の東の地域に

は納言闥・尚書台・内霊署・御史台閣・符節台閣・謁者台閣や丞相諸曹などの官署があったが、さらに司馬門から南走する街路の東には奉常寺・大農寺、西には相国府・御史大夫府・少府卿寺が相対して並んでいた。これは北魏洛陽城との相似において、その先例として注目される。ついでそれを継承した後趙の石虎の鄴城は、『水経注』『晋書』『資治通鑑』などの記載から推すと、咸康二年(三三六)文昌殿のあとに太武殿が建てられたが、それには前殿があり、また東堂・西堂が前に対置され、さらに太武殿の東西には東閤・西閤があり、正面には閶闔門が開いていたらしい。こうした構造はさらに東魏の鄴都南城と比較するとき興味深い。

東魏の鄴都南城は北城の南に接して造営され、孝静帝の興和元年(五三九)に完成したが、東西六里・南北八里六〇歩で、東西七里・南北五里の北城に対し縦長で、(49) 北魏洛陽城の「九六城」に近い。その内部構造は清の顧炎武の『歴代宅京記』に引く晋の陸翽の「鄴中記」によってかなり詳しく知られるが、中にある南宮は東西四六〇歩・南北九〇〇歩で、南から止車門・(端門)・閶闔門(50)を入ると太極殿がある。太極殿にはやはり前殿と東堂・西堂があったが、(51) また太極殿の後方朱華門を入ると、正殿に当たる昭陽殿(顕陽殿)があり、その東西に東閤・西閤、さらに背後には永巷・後宮があったというし、端門外の街東には南向きの大司馬府、街西には北向きの御史台、宮室の南には尚書省および卿寺百司、令僕以下二十八曹など多くの官衙が配置されていた。また太廟は南城南正門の朱明門に通ずる大街の東にあった。こうした内部構造も全く北魏洛陽城の内城に近似しているが、ここで太極殿に関して一つ指摘しておきたい事実がある。

太極殿の名称が三世紀前半の魏の洛陽城にまで少なくとも遡りうること、またその称呼の意義についてはすでに述べたが、ここでは後趙の鄴都北城の太武殿、および東魏の鄴都南城の太極殿がいずれもその前に東堂・西堂を伴うという事実に注目したい。そして『歴代宅京記』によると、『晋書』『梁書』『陳書』の記載によって、東晋の都建康(江蘇省南京市)においても太極殿とその東西堂のあったこと、またそれは梁・陳の建康にも継承されたらしいことが知られるし、[52]『資治通鑑』の宋の胡三省の注は、晋の建康の太極殿東西堂について、東堂は群臣に見える処、西堂は即安の地と記している。さらに『水経注』漯水条には、北魏は洛陽に遷都する以前の都平城において、太和十六年(四九二)太華・安昌の諸殿を壊って太極殿・東西堂および朝堂を造ったとある。以上の考察によって、隋・唐の長安城の太極殿(大興殿)[53]にはすでにその東堂・西堂がないが、少なくとも四世紀前半以後の南北朝において、東晋や梁・陳の南朝、後趙・北魏・東魏の北朝は、ともにその宮室の太極殿、あるいは名称を異にしても、それに相当する殿堂には、東堂・西堂が付属していたらしいことが知られるし、北魏平城の場合から推して、その東西堂は朝堂とは異なるものであったことが明らかである。ところで、私がこのような太極殿東西堂あるいは前殿に注目するのは、つぎのような日本の宮室の構造を念頭においているからである。

日本における大極殿の名称の文献上のまず確実な初見は、天武十年(六八一)二月の飛鳥浄御原宮においてであって、[54]以後藤原宮・平城宮とつづく。しかし近時の難波宮の発掘調査の結果、朱鳥元年(六八六)正月の焼亡以前、天武朝からあるいは孝徳朝にまで遡るかもしれないいわゆる前期難波宮の内裏・朝堂院の遺構が検出され、その中で藤原宮・平城宮・聖武朝難波宮・長岡宮・平安宮との対比において、明らかに大極殿に相当すると認められる九間×五間の建物の存在することも確実となった。この前期難波宮は朝堂院の東西幅や大極殿院の東西幅、あるいは朝堂院の東西第一堂の梁行が第二堂以下より広い点など、細部においてもかなり藤原宮と類似する点が多いのであるが、[55]その大極殿相当建物が背後の内裏正殿かとみられているやはり九間×五間の建物と軒廊で接続されていることと、[56]大極殿相当建物の前面に東西相対して二間×一六間の細長い南北棟の建物が存することは、他の宮と異なる重要な相違点である。とくに後者の東堂・西堂は大極殿相当建物を大極殿とみた場合、藤原宮以後においては存在しないものなので、これまでもその性格が疑問とされてきた。しかし私は如上の考察の結果、これを隋・唐の長安城より以前、南北朝の都城においてみられた太極殿の前の東堂・西堂を継承したものとみてはどうかと考えるのである。藤原宮の場合も、厳密にはまだ発掘調査によってこのような東西堂の存否が確かめられていないから、あるいは存在するかもしれないが、たとえなくとも、それが前期難波宮に存在することは、藤原京を含めて日本の初期の都城・宮室が唐の長安城よりもむしろそれ以前の中国の都城を多くの点で継承しているという私の提説の一つの支証となるのではなかろうか。

六　日本・中国の宮室・都城の対比

ところで以上分析してきたような中国の都城・宮室の構造に対して、藤原京をはじめとする日本の宮都の構造は最終的にはどのように対応するとみるべきであろうか。私はさきに日本における朝堂の分析を試み、そのなかで従来大極殿といえば朝堂院の正殿のように理解されてきたが、それは後次的な発展段階である平安宮のことで、本来の朝堂とはいわゆる十二堂院をさし、大極殿・内裏を含む大極殿門以北の一郭が宮室に相当することを明らかにし、その大極殿門を唐の長安城の承天門に比定した。そして十二堂院の正門を中門、または宮門というが、その外に東西に対置されている朝集殿は本来朝堂に朝参する官人の開門前の待機の場であり、平城宮以後はこの東西朝集殿がやはり南に門を開いて一院を構成するが、藤原宮以前は門はなく、宮門(中門)の外は朱雀門以下のいわゆる宮城十二門が区画をなしていたこと、さらに十二堂院、つまり本来の朝堂院の周辺には太政官以下の主要な官司の曹司、つまり政庁が存在したが、その配置には、律令制の政治機構が整備されていった歴史的過程を読みとれると同時に、もともとは朝堂院の十二堂こそが政務の場所であったことを提説した(57)。いまその所説と、さらにこれまでの考察の上に立って日本の宮都の構造を模式図的に示したのが第四図である。これは藤原京の京城・宮城と、同じく藤原宮の朝堂院、それに平城宮の大極殿院・内裏、難波宮の大極殿東西堂、および平安宮の曹司を参考として複合させたもので、もとより日本の宮都の構造を理解しやすくするための概念図にすぎない。しかしこれに基づいて中国の都城との対比を試みると、

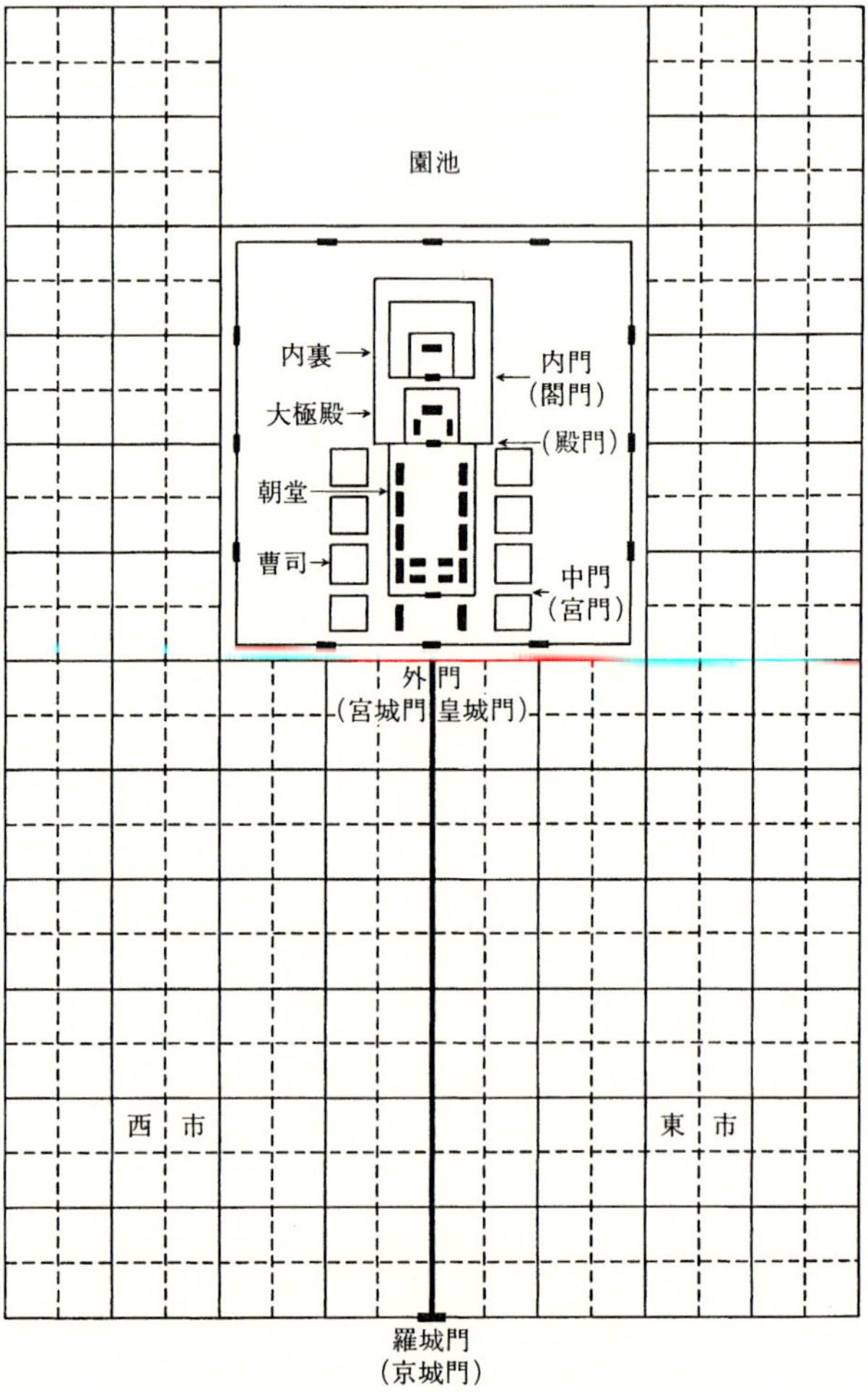

第四図 日本の宮室・都城模式図

結局試案としてつぎのように解することができるのではなかろうか。

(1) まず日本の都城においても、やはり宮城十二門を開く宮の区画を『周礼』考工記にいう「旁三門」の本来の都城とみるべきであろう。そしてその中に大極殿院と内裏を含む宮室の一郭があり、その前の朝堂院が同じく「九卿朝」の朝堂である。あるいは東西に並立する多くの朝堂は、それを政務の場所とみれば、北魏洛陽城の内城や、鄴都の北城・南城において宮室の南、都城の南正門に通ずる大街の両側に配置された官衙に当たるといえるかもしれない。たとえこの比定を控えるとしても、朝堂院外の東西に並ぶ曹司がこれに相当することに異論はなかろう。

(2) こう解すれば、大宝令以前において朱雀門以下の宮城十二門を外門、朝堂院に入る門を中門、内裏に開く門を内門といい、大極殿門を内門と同等と認めて、以上内・中・外三門を宮都を三重に区画する門とし、京城門である羅城門を問題にしていないことも理解できる。

(3) また三朝の制は内裏内郭が内朝で、その正殿(大安殿・紫宸殿)が路寝、大極殿が中朝、大極殿門外が外朝に当たろう。

(4) 隋・唐の長安城は確かに城壁で宮城と皇城を截然と区別しているが、日本の宮ではその区別はなく、それは正門である朱雀門を宮城門とも、また時に皇城門とも称していることから知られる。(58) しかし皇城が京城の中で独立するのは、中国でもおそらく隋・唐の長安城以後であろうから、日本の宮が長安城のごとく南北に障壁を設けて截然と宮城・皇城、つまり内裏・大極殿を含む宮室と官衙地区を区分していないことは、隋・唐の長安城以前の古い中国の都城の原型を伝えているともみられよう。

(5) ところで宮を本来の都城とみれば、条坊街区をもつ京城はどうなるか。それは北魏洛陽城のごとき内城の外郭、すなわち外城を継承したものとなろう。市や邸宅が宮内(内城)にないのは、長安城のように進んだ段階であるが、羅城が四周に完備しないのはそのためかもしれない。

(6) しかし、はじめに藤原京の全形が縦長の矩形で、「九六城」といわれた北魏洛陽城の内城に近似することに着目した点はどうなるか。もともと藤原京の形態は四至を大和の古道に限られるという制約をもつものであるから、これは偶然の近似として問題にしないのも一つの解釈かもしれない。しかし藤原京では、宮に北の二条分の余地を加えれば、その形は京を1/2に縮小した相似形となるのであるから、「九六城」の形を伝えるのはむしろこのほうかもしれない。そういえば北魏洛陽城も宮室の北に華林園があり、「九六城」と形の似た東魏の鄴都南城もその宮室は後園を隔てて北城の南壁に接していたらしい。これに対して藤原宮でもその背後の余地部分に園池のあった可能性があることはすでに述べた。

(7) 前期難波宮において、大極殿相当建物の前面に東西に対置された建物遺構はやはり大極殿の東堂・西堂で、朝堂と考えるべきでないことも知られたと思うし、軒廊をもって接続された背後の建物の性格ももう少し考えてみる必要があろう。

以上なお説明の不十分なところがあろうし、とくに藤原京とそれに先行するとみられる難波宮・難波京との関係についてはなお考究すべき問題が残されているが、いちおう日本の宮都と中国の都城との対比を右のように解してはと考えている。

ところでその結果導き出された新しい重要な事実は、難波・藤原などの日本の初期の宮都が、通説とは異なって、けっして隋・唐の長安城の直模ではなく、それよりも古く南北朝に遡る中国の都城を祖型として継承しているのではないかということである。これは日本の律令国家の成立を何かにつけて唐制の継受とみようとする一般的見解からすれば、確かに奇異な事実であろう。ではなぜそうなのだろうか。日本の宮都造営の中心的工匠として文献上知られる人々が、百済宮の書直県、難波宮の荒田井直比羅夫、平城京の坂上忌寸押熊と、すべて朝鮮半島から渡来した倭漢氏の同族であることがそうしからしめたのか、あるいは大宝令の学令に大学寮の教科書として鄭玄注の『周礼』が中経の一つに指定されているように、すでに早く考工記の中国の都城構成の原理が知識として受容理解されたことに基づくのか、なお種々の角度から慎重に検討を要する。それでここではただ正倉院に現存する大宝二年(七〇二)の美濃国と筑前・豊前・豊後など西海道諸国の戸籍の記載様式が、いずれも唐代のものとは異なり、とくに後者のいわゆる西海道型、これは養老五年(七二一)の下総国戸籍などその後の日本の戸籍記載様式として踏襲されるが、その戸口集計の一戸ごとに課・不課に分って表示する書き方が、大英博物館所蔵の敦煌発見の西魏の大統十三年(五四七)の計帳様文書の記載様式と極めて近似するという事実のあることを指摘するに止めておこう。(59)

なお本稿では、平城京の原型としての藤原京が唐の長安城よりも古い中国の都城制に基づいていることをとくに指摘したが、それは平城京以後の日本の都城がまったく唐の長安城の影響を受けなかったということを意味しない。いくつかの点でそれを指摘できるが、それはまた別の機会に詳説したい。

(1) 宮都の用語については岸俊男「記紀・万葉集のミヤコ」(『日本歴史』三三二、昭和五十一年一月、本書第十章)参照。

(2) 喜田貞吉「平城京の四至を論ず」(『歴史地理』八―二〜一一、明治三十九年二月・三月・四月・五月・七月・八月・九月・十一月)、同「『平城京及大内裏考』評論」(『歴史地理』一一―一〜一三―五、明治四十一年八月・九月・十月・十一月・十二月、明治四十二年二月・三月・四月・五月)、同「長岡遷都考」(『歴史地理』一二―一・四、明治四十一年四・七月)など。

(3) 上田三平『平城宮阯調査報告』(『史蹟精査報告』二、大正一五年七月)、肥後和男『大津京阯の研究』上・下(『滋賀県史蹟調査報告』二・三、昭和四年七月、六年二月)、同『紫香楽宮阯の研究』(『滋賀県史蹟調査報告』四、昭和六年十月)、岸熊吉「平城宮遺溝及遺物の調査報告」(『奈良県史蹟名勝天然紀念物調査報告』一一、昭和九年八月)。

(4) 足立康・岸熊吉『藤原宮阯伝説地高殿の調査』(一)・(二)(『日本古文化研究所報告』二・一一、昭和十一年十一月、十六年六月)。

(5) 柴田實『大津京阯』上・下(『滋賀県史蹟調査報告』九・一〇、昭和十五年十一月・十六年三月)。

(6) 浅野清『法隆寺東院に於ける発掘調査報告書』(昭和二十三年三月)。

(7) 現在までに刊行された発掘調査報告書の主要なものは、奈良県教育委員会『飛鳥京跡』一(『奈良県史跡名勝天然記念物調査報告』二六、昭和四十六年三月)、同『藤原宮――国道一六五号線バイパスに伴う宮域調査――』(『奈良県史跡名勝天然記念物調査報告』二五、昭和四十四年三月)、難波宮址顕彰会・大阪市立大学難波宮址研究会『難波宮址の研究――研究予察報告一〜六――』、昭和三十一年五月・三十三年三月・三十五年三月・三十六年八月・三十九年八月・四十年一月・四十五年)、文化財保護委員会『平城宮跡――朝堂院跡北方地域の調査』(『埋蔵文化財発掘調査報告』五、昭和三十二年七月)、奈良国立文化財研究所『平城宮跡・伝飛鳥板蓋宮跡発掘調査報告』(『奈良国立文化財研究所学報』一〇、昭和三十六年三月)、同『平城宮発掘調査報告』Ⅱ—Ⅳ・Ⅵ(『奈良国立文化財研究所学報』一五—一七・二三、昭和三十七年三月、五十年一月)、同『平城京左京三条二坊』(『奈良国立文化財研究所学報』二五、昭和五十年十月)、同『平城京朱雀大路発掘調査報告』昭和四十九年三月、京都府教育委員会『埋蔵文化財発掘調査概報』など。

(8) 詳細は奈良県教育委員会『藤原宮』(前掲)、および岸俊男「飛鳥から平城へ」(坪井清足・岸俊男編著『古代の日本』5近畿、昭和四十五年一月所収、本書第三章)を参照されたい。

(9) 『平城京及大内裏考』(『東京帝国大学紀要』工科三、明治四十年六月)は第一編京城、第二編宮城、第三編唐の京城との比較、の三編から構成されている。

(10) こうした通説に対して唐の洛陽城、あるいは秦・漢から北魏にかけての洛陽城の影響を指摘したものに村田治郎「中国文化と平城京」(『大和文化研究』七—九、昭和三十七年九月)がある。

(11) 北魏洛陽城の大きさは、『続漢書』郡国志劉昭注所引の晋の皇甫謐の『帝王世紀』によると、東西六里一一歩、南北九里一〇〇歩とあり(森鹿三「北魏洛陽城の規模について」『東洋学研究』歴史地理編、昭和四十五年十一月所収)、実測値は西垣残長約四二九〇メートル、北垣全長約三七〇〇メートル、東垣残長約三八九五メートル、南垣は東西垣間の距離で二四六〇メートルと報ぜられている(中国科学院考古研究所洛陽工作隊「漢魏洛陽城初歩勘査」『考古』一九七三—四)。

(12) 大和郡山市教育委員会『平城京羅城門跡発掘調査報告』(昭和四十七年三月)。

(13) 川勝政太郎「平安京の外郭垣」(『史迹と美術』一六三、昭和十九年七月)。なお羅城については滝川政次郎「羅城・羅城門を中心とした我が国都城制の研究」(『京制並に都城制の研究』、昭和四十二年六月所収)が詳しい。

(14) 森鹿三「北魏洛陽城の規模について」(前掲)。

(15) 『洛陽伽藍記』巻一によると、華林園の中には天淵池という大池や、氷室・百果園・都堂・流觴池などがあった。

(16) 奈良県教育委員会『藤原宮』(前掲)九四—八ページ。

(17) 平岡武夫『長安と洛陽』地図解説(昭和三十一年二月)による。

(18) 坊(里)の数は『洛陽伽藍記』は二二〇里とし、『魏書』世宗本紀は三二三坊、同じく広陽王嘉伝は三二〇坊とする。東西二〇里×南北一五里は三〇〇里(坊)となるが、『洛陽伽藍記』のは廟社・宮室・府曹を除いた数字であろう(森鹿三「北魏洛陽城の規模について」(前掲)参照)。

(19) 奈良国立文化財研究所『奈良国立文化財研究所年報』一九七三・一九七四(昭和四十九年三月・五十年三月)、同『飛鳥・藤原宮発掘調査概報』5(昭和五十年三月)、および岸俊男「都城と律令国家」(『岩波講座日本歴史』古代二、昭和五十年十月所収、本書第十二章)。

(20) 『洛陽伽藍記』には「里開四門、門置里正二人・吏四人・門士八人」とあるが、この「門」は衍字とみる(宮崎市定「漢代の里制と唐代の坊制」(『東洋史研究』二一―三、昭和三十七年十二月)。

(21) 『続日本紀』文武三年正月壬午条および平城宮出土過所木簡(一九二六号)(『平城宮木簡』二、昭和五十年一月)。そのほか平城京について松井坊(『日本後紀』延暦二十四年二月庚戌条)、長岡京について島町(『日本霊異記』下巻三八話)がある。平安京の坊名は各坊ごとではなく、左右京各条の四坊ごとに長安・洛陽の坊名をとって呼ばれている。

(22) 『欽定礼記義疏』付録の礼器図朝市廛里条にも「古人立二国都一、亦由二井田之法一、画為二九区一、中間一区為二王宮一、前一区為レ朝、而左宗廟右社稷在焉、後一区為レ市、而商賈万物聚焉、左右各三区皆民所レ居、為二民廛一、君立レ朝而後立レ市、固以寓二先レ義後レ利之権一、君主中而市廛皆居レ外、又以見二居レ重馭レ軽之勢一也」(那波利貞「支那首都計画史上より考察したる唐の長安城」、桑原博士還暦記念会編『桑原博士還暦記念東洋史論叢』、昭和五年十二月所収)。

(23) 駒井和愛「中国の都城」(『日本古代と大陸文化』、昭和二十三年六月所収)。

(24) 佐藤武敏『長安』(昭和四十六年十一月)二七―一〇二ページ。

(25) 森鹿三「北魏洛陽城の規模について」(前掲)。

(26) 那波利貞「支那首都計画史上より考察したる唐の長安城」(前掲)。

(27) 原田淑人・駒井和愛『東京城』(『東方考古学叢刊』甲五(昭和十四年三月)、駒井和愛『中国考古学論叢』(昭和四十九年一月)。

(28) 鳥山喜一・藤田亮策『間島省古蹟調査報告』(康徳九年(一九四二)九月)、斎藤優『半拉城』(一九四二年十一月)。

(29) 駒井和愛「中国の都城」(前掲)。

(30) 『続日本紀』天平十三年八月丙午条、同十七年四月戊子条、同十六年閏正月戊辰条、同十七年五月丁卯条。

(31) 『続日本紀』神護景雲三年十月乙卯条、宝亀元年三月癸酉条。そのほか長岡遷都に際しては、東西市人に物を賜い(『続日本紀』延暦五年五月辛卯条)、平安遷都に際しては天皇の行幸に先んじて東西市を新京に移し、鄽舎を建てて市人も遷している(『日本紀略』延暦十三年七月辛未・丁丑条)。

(32) 裏松固禅『大内裏図考証』(一―上、市町)参照。

(33) たとえば福山敏男「平城京東西市の位置に就いて」(『日本建築史の研究』、昭和十八年十月所収)。

(34) 詳細は今泉隆雄「所謂『平城京市指図』について」(『史林』五九―二、昭和五十一年三月)にゆずる。

(35) 倭京に関するとみられる市には、別に上ッ道と横大路の交点付近に海石榴市(『日本書紀』推古十六年八月癸卯条)、下ッ道と山田道の交点付近に軽市(『日本書紀』天武十年十月条)がある。

(36) 養老令では左京職の職掌に「市廛」があり、また東市司が所属しており、右京職もこれに准ずる。しかし『令集解』は当該部分について古記の注釈を載せないので、厳密にいえば大宝令における東西市の存否は確認できない。ただ『続日本紀』によれば、和銅五年十二月には東西市に史生二員を置いたことがみえるので、ときの現行令である大宝令にも、養老令と同じく東西市司の規定があったものとみてほぼ間違いあるまい。

(37) 奈良国立文化財研究所『藤原宮木簡』一(『奈良国立文化財研究所史料』一二、昭和五十三年一月)。

(38) 『長安志』は「四面各開一門」とするが、宋の呂大防の「長安城図」および題記によれば、清の徐松の『唐両京城坊攷』などが示すように、四面にはそれぞれ二門が開かれていたと正すべきである。

(39) 佐藤武敏『長安』(前掲)一七〇―一八〇ページ。「唐代長安城考古記略」(『考古』一九六三―一一)、「唐長安城西市遺址発掘」(『考古』一九六一―五)。

(40) 佐藤武敏『長安』(前掲)一七九ページ。大同市は大業六(六一〇・推古十八)年に移されたもの。

(41) 東面は北から通化・春明・延興の三門、西面は同じく北から開遠・金光・延平の三門、南面は東から啓夏・明徳・安化の三門で、明徳門が平城京・平安京の羅城門に相当する。また北面は以北にある施設との関係で多くの門を開くが、南面三門に対応する興安・玄武・芳林の三門をとれば、やはり「旁三門」となる。

(42) 徐松『唐両京城坊攷』巻一。

(43) 詳細は岸俊男「都城と律令国家」(前掲)を参照されたい。

(44) 中国における朝堂の歴史的展開については大石良材「朝堂の建築」(『古代学』一一―一、昭和三十七年十二月)に負うところが多い。

(45) 岸俊男「朝堂の初歩的考察」(橿原考古学研究所編『橿原考古学研究所論集　創立三十五周年記念』、昭和五十年十二月所収、本書第十一章)、同「都城と律令国家」(前掲)参照。

(46) 『魏志』巻三、明帝本紀、および巻二十五、高堂隆伝(『歴代宅京記』巻七参照)。

(47) 『水経注』穀水条。

(48) 以下鄴都については村田治郎「鄴都略考」(『建築学研究』八九、昭和十三年九月)によるところが多い。

(49) 南城の大きさは『武英殿聚珍版全書』所収の「鄴中記」付録、北城は『水経注』濁漳水条による(那波利貞「支那首都計画史上より考察したる唐の長安城」(前掲)参照)。

(50) 「鄴中記」には「止車門内次至二端門一、端門之内次至二閶闔門一」とあるが、『歴代宅京記』は端門を掲げず、閶闔門について「南直止車門、北直太極殿、蓋宮室之外正門也」と記し、「鄴中記」にも「門外御路直南及東西両傍、有二大槐柳一、十歩一株」とあり、門上には清都観があり、天子が臨御して講武・観兵・大赦などを行なったという。

(51) 太極殿前殿は『北斉書』巻四、文宣帝本紀武定八年(五五〇)五月条に、東堂は同じく『北斉書』巻二、武定五年六月・同八年正月条にみえる(村田治郎「鄴都略考」(前掲)参照)。

(52) 『歴代宅京記』巻十三建康。『晋書』巻七、成帝本紀咸和四年(三二九)正月条に「太極東堂」、『梁書』巻四十五、王僧弁伝に「太極殿及東西堂」、『陳書』巻二、高祖本紀永定二年(五五八)十二月条に「太極殿東堂」などとみえる。

(53) 唐の長安城の太極殿の名称は、武徳元年(六一八)に隋の大興殿の名称を改めたものである。

(54) 『日本書紀』では、それ以前皇極四年六月戊申条の大極殿が初見であるが、当時の飛鳥板蓋宮における存在は疑わしいとされている。浄御原宮の大極殿についても大安殿との異同が論じられているが、本稿ではその問題にはふれない。

(55) 中尾芳治「前期難波宮をめぐる諸問題」(『考古学雑誌』五八―一、昭和四十七年七月)。

(56) この一六間×二間の南北棟の建物は、その後北五間分を除いて南一一間分に縮小した上、約一メートル南にずらせて改築されている(前掲『難波宮址の研究――研究予察報告　第六――』)。

(57) 岸俊男「都城と律令国家」、同「朝堂の初歩的考察」(いずれも前掲)。

(58) 『続日本紀』和銅三年正月壬子条には「皇城門外朱雀路」とみえる。

(59) 中国科学院歴史研究所資料室『敦煌資料』第一輯(一九六三年三月)、曾我部静雄『律令を中心とした日中関係史の研究』(昭和四十三年一月)三五四ページ、土肥義和「唐令よりみたる現存唐代戸籍の基礎的研究」(『東洋学報』五二—一・二、昭和四十四年六月・九月)。

第十四章　難波宮の系譜

一　中国都城の二形式

中国の都城の構造について『周礼』の考工記匠人条には、

匠人営國、方九里、旁三門、國中九経九緯、経涂九軌、左祖右社、面朝後市、市朝一夫、

とある。工匠が國、すなわち都城を造営する場合には、九里四方の方形で、その一辺に三つずつの門を開く。ここにいう國の字は「口」と「或」の合字で、「口」そのものもクニの四方の境界を意味するが、「或」の字もさらに分解すれば、「戈」と「口」と「一」の合字で、四方の境界を戈、つまり武器をもって守り、それに土地を表わす「一」を加えてクニの意を示したものであるという。(1) つまり「國」の字そのものが中に王宮を有する城壁で囲まれた方形の都城を意味するのである。そしてその國、すなわち都城の中には縦横に九本の道が通じている。九本の道とは東西・南北相対する門を結ぶ大道で、それぞれが車道を中央とし、左右が人道の三道となっているので、九経九緯になるという。そして経涂、すなわち縦の道は車のわだち(軌)の九倍の幅がある。わだちの幅を八尺(漢尺)とみると、道幅は七二尺(約一六・五メートル)となる。つぎに中央に位置する宮室の左、つまり東方には祖先の霊を祀る祖廟(太廟)を置き、同じく右、西方には土地の神(社)と穀物の神(稷)を祭る社稷壇を設ける。それが左祖右社で、また宮室の前、南には政治を執る朝庭・朝堂があり、後方、つまり北には市場を置く。すなわち面朝後市で、その朝と市の広さはそれぞれ一夫、すなわち一〇〇歩平方とする。市朝一夫とはそういう意味であるという。

以上のような考工記の記述は、いわば中国の都城の理想型を理念的に述べたもので、すべての都城がそのとおりに設計されたものではない。また『周礼』の成立年代についても諸説があるが、戦国時代の魯の王城曲阜や趙の王城邯鄲などは版築の土壁を繞らした方形の内部、ほぼその中央に宮室の遺跡と認められる土壇を遺していて、『周礼』型の都城がすでに築造されていたという。また漢代の長安・洛陽両城も同じ原則に従ったものと考えられており、漢・魏の都城を継承した西晋の洛陽城もまたしたがって『周礼』型であった。(2)

このような宮室を原則として都城の中央に置く形式に対して、隋の大興城、およびそれをそのまま継承した唐の長安城は、宮城が都城の中央北に寄せて造られていて、宮城の北限は都城の北の城壁と一致している。また宮城の南には官衙地区の皇城が設けられている。日本の平城京や平安京は実はこの隋・唐の長安城型——正しくは隋大興城＝唐長安城型——に属するが、中国でも隋・唐の長安城以前に北魏の洛陽城や東魏の鄴都南城(河北省磁県)がすでにこの形式であったことを指摘し、さきの『周礼』考工記匠人条に詳しい考察を加えながら、中国の主要な都城が以上の二つの形式のいずれに属するかをはじめて詳細に論じたのは那波利貞氏であった。(3)

「支那首都計画史上より考察したる唐の長安城」という題名が示すように、その中心的課題は、どうして伝統的な『周礼』型の都城に対して、隋・唐の長安城のように宮城・皇城を都城の中央北寄りに置く新しい形式が生まれたかという疑問を解くことであったが、那波氏はこの疑問に対してつぎのような見解を提示された。それは、隋の大興城の建設に主として当たったのは左僕射の高熲はじめ、宇文愷・劉竜・賀楼子幹・尚竜義らであるが、そのうち高熲・宇文愷・賀楼子幹の三人は北方胡族系の出身であり、大興城以前にすでに同じ形式の都城を洛陽城・鄴都南城において採用した北魏・東魏もやはり胡族系の北朝に属する。こうした点から、長安城型の新しい形式の都城は、中国の伝統を批判的に摂取し、実際生活に即応させようとした北朝胡族系識者の卓絶した識見によって生まれたもので、隋の大興城造営の場合も、いたずらに伝統を墨守せず、真面目で実行性に富む宇文愷ら胡族出身者の果敢な企画によって実現したものであろうというのである。

これに対して別の説がある。唐の長安城の宮城を太極宮といい、その中心となる殿堂は太極殿というが、太極殿の称呼については『水経注』穀水条（巻十六）に「魏明帝上法二太極於洛陽南宮一、起二太極殿于漢崇徳殿之故処一」とあり、すでに魏の明帝のとき、洛陽城南宮の漢の崇徳殿のあとに太極に則って太極殿を建てたとみえ、同じく㶟水条（巻十三）には「魏天興二年遷二都於此一、太和十六年破二太華安昌諸殿一、造二太極殿東西堂及朝堂一」と、北魏の都平城にも太極殿のあったことが記されている。ところで太極とは太一ともいい、天地万物の根元を意味し、宇宙の本体であることから、天を支配する神で、占星思想にいう紫微宮の中心に常居する星とも考えられた。このように太極は万物の根元、天空の中心と意識され、それを地上に実現しようとしたのが帝王の正殿としての太極殿であった。ところがその太極は、はじめはそうでなかったが、しだいに北辰＝北極星と結びついて考えられるようになり、したがって太極殿を中心とする宮室そのものも、都城の中央北詰に位置するようになってきた、というのが長安城型の由来を説明する駒井和愛氏の見解であった（4）。

いま一つの主要な説は森鹿三氏の考えである。隋・唐の長安城は竜首原に北魏の洛陽城を祖型としてまったく新しく設定されたものであるが、その北魏の洛陽城は漢・魏・晋の洛陽城を内城とし、その内城の外に拡張して外郭を造営した。その際地形的制約のため、従来の伝統的な都城とは違って宮城を北中央に寄せた型ができ、それをモデルとしたので、隋・唐の長安城のような新しい形式が出現したというのである。すなわち、漢・魏・晋から継承された当初の北魏洛陽城は「九六城」と俗称されたように、東西約六里、南北約九里の縦長の都城であったが、遷都後間もなくそれを内城とし、拡張して外郭を作ったとき、北は芒山が迫っているため内城北壁より北へ一里程度、南は洛水が流れているためこれも内城南壁より南へ約五里ほどしか拡張できなかった。これに対して東西はそうした地形的制約がなかったので、東西壁よりそれぞれ七里ずつ東と西に拡張した。こうしてできあがった洛陽城外郭は南北約一五里、東西約二〇里で、内城とは反対に横長で、宮城が中央北寄りにある新形式の都城となった。隋の大興城、ひいてそれを継承した唐の長安城はこの外郭城を祖型としたというのである。(5)

北魏洛陽城の宮城正門たる閶闔門から内城南壁に開く宣陽門に向かっては、銅駝街とよぶ御道がまっすぐに通じていて、その東には北から左衛府・司徒府・国子学・宗正寺・太廟・護軍府、また西には同じく右衛府・太尉府・将作曹・九級府・太社などと主要な官署と宗廟・社稷が並んでいる。隋・唐の長安城の皇城はこれらを承天門街を中心に整理配置して、その専用地区としたもので、宮城と合わせて東西約五里、南北約六里の縦長の形が「九六城」といわれた北魏洛陽城の内城に近いのはそのためであろう。

二　平城京と長安城

以上中国の都城には、『周礼』考工記に記すような正統的な形式と、隋・唐の長安城にみるような伝統的でない形式の二つの形式のあることを述べたが、後者の形式は長安城以前の東魏の鄴城(南城)にもみられるというし、また長安城以後では渤海の上京竜泉府(黒竜江省東京城)や東京竜原府(吉林省半拉城)などと周辺にも波及して行ったが、(6)日本の平城京や平安京、また長岡京は宮を京の中央北に置くという点で、まさに長安城型であった。また隋・唐の洛陽城は、北魏の洛陽城とは別にその西方に新しく設定され、東都あるいは神都とよばれたが、それは宮城・皇城が都城の西北隅を占め、洛水によって北の洛陽県、南の河南県と南北に二分されていて、長安城とは趣きを異にする。しかしこれも最初は長安城と同じ設計であったが、西部がしばしば洛水の洪水にみまわれたため、やむをえず西半部を除いて、その分だけを東方に拡張したのであって、本来は長安城と同じ形式であったと考えられている。(7)

ところで日本の平安京がこれら隋・唐の長安・洛陽両城を意識して作られたものであることは、平安京の坊名のほとんどが教業坊・豊財坊などと洛陽・長安の坊名をそのまま踏襲し、[8]『拾芥抄』『帝王編年記』などには左京を洛陽城、右京を長安城と号したとみえることからも明らかである。[9]もっとも平安京の場合は、たとえば弘仁九年(八一八)四月に殿閣・諸門の名称をすべて中国風な称号に改めて題額を掲げ、[10]このときから内裏の紫宸殿・清涼殿・仁寿殿・建礼門をはじめ、朝堂院の昌福堂・含章堂など、また宮城十二門の待賢門・藻壁門など、多く中国風の称号が現われるので、平安京になって改めてそうした長安・洛陽両城に対する意識が強く喚び起こされたのかも知れない。

では平城京はどうであったろうか。平城京が唐の長安城を模したものであるという説は、いつからかいわば通説のごとくになっているが、その通説の当否についてはのちに述べることとして、平城京はその規模からいえば、面積は長安城の$\frac{1}{4}$—$\frac{1}{5}$、人口も二〇万に対して一〇〇万とほぼ同じ比率を示している。もっとも長安城は太極殿を中心とする宮城＝太極宮に対して、その東北の高地に貞観八年(六三四・舒明六)避暑のための離宮として大明宮が営まれるが、太極宮の地が低湿であることから、中風を病む高宗がそこを常居としてからは、以後も大明宮が専用され、日本の遣唐使も大明宮(蓬萊宮)含元殿で皇帝に謁している。したがって日本の宮室の構造を考える場合には、大明宮の影響をとくに考慮する必要があり、平安京の紫宸殿・綾綺殿・承香殿・竜尾道などの名称はその例である。いま平安宮の殿堂・諸門の名称で太極宮・大明宮・洛陽宮に同名のみえるものを抽出するとつぎのようである。

太極宮	大明宮	洛陽宮
淑景殿・長楽門・永安門・日華門・月華門・宜秋門	紫宸殿・綾綺殿・承香殿	仁寿殿・貞観殿・翔鳳楼・棲鳳楼・長楽門
太極殿・長楽門	日華門・月華門・竜尾道・延政門	応天門・会昌門・長楽門・宣政門
武徳殿・朱雀門	宣政門・昭慶門・含耀門	

ここに長安城の太極宮・大明宮とともに、やはり洛陽城洛陽宮の影響が強く認められることは注意しておかねばな

らない。なお長安城内にはその東部にいま一つ玄宗の造営した興慶宮があり、太極宮・大明宮・興慶宮の三つをそれぞれ西内・東内・南内とよんだ。

ところで平城京でも、宮の東に張り出して作られた東院を東内と称しているのは長安城を意識したと考えられるが、[11]平城京においてとくに長安城と相似する点で、新しく想起された事実をつぎに掲げてみよう。

(1) 私たちはさきに明治初年の地籍図を利用して遺存地割による平城京の具体的復原を試みた。[12]その結果知られた一つの顕著な事実は、朱雀大路をはさむ東西の一坊、つまり平城宮の南正面、朱雀門から羅城門に至る間の地域において、条坊制の街区の痕跡がとくに明瞭に現在も残っているということである。大路はもとより小路までもその道路敷がはっきりと地割として遺存しているのである。なぜそうなのか。この問題に対して想起されるのは、長安城の宮城・皇城から南、都城の南壁に至る間の各坊だけは、坊の形も他とやや違い、しかも各坊は東西に門を開いて横に小路を通ずるのみで、他の坊がすべて坊の四周に各一門を開いて十字路を通じているのと異なり、いわば特別区を構成していることである。

ところで平城京の場合は藤原京の一坊(=四町)を四倍して一六町(坪)を一坊としており、縦横三本ずつの小路を通じている。この点はすべての坊に原則として共通であったらしく、長安城のように宮城・皇城前面だけは横街だけというような区別はない。また、『令集解』宮衛令分街条に引く「古記」には、「古記云、夜鼓声絶、謂坊門皆鼓可レ有、未レ行耳、一云、漢法用毎レ舗有レ鼓也」とあって、平城京にも坊門があったらしい。しかし長安城のように各坊の四面に坊門を開くということはおそらくなく、平安京の事例から類推すれば、やはり朱雀大路に面する各坊の西、および東の中央、すなわち条間小路にだけ坊門があったのでなかろうか。

周知のように戸令置坊長条には「凡京毎レ坊置二長一人一、四坊置二令一人一、掌下検二挍戸口一、督二察姧非一、催中駈賦徭上」とあって、四坊ごとに坊令を置いたが、それが左右京の各条ごとの四坊であったことは、平安京の坊名が各条四坊ごとに前述のような固有名をつけられていること、また坊令をのちに条令とも称したことなどによって知られる。[13]このような事実も坊門を各条間小路の朱雀大路に面する一門に限定して考える一つの根拠であるが、平安京の坊門に関しては他にもそう推定する史料がある。まず『掌中歴』は左京坊門として教業・永昌・宣風・淳風・安衆・崇仁・陶化、右京坊門として豊財・永寧・宣義・光徳・毓財・延嘉・開運を掲げているが、これは左右京の三条―九条の各条間小路だけを限ってそれぞれ何条坊門小路とよんでいることとも照応する。[14]平安京坊門についての初出史料は『類聚国史』(巻一七一)延暦十六年(七九七)八月丁卯条の「地震暴風、左右京坊門及百姓屋舎倒仆者多」であろうが、『類聚三代格』巻十六に収めるつぎの貞観四年(八六二)三月八日付太政官符は、坊門と朱雀大路の関係をよく示している。[15]

応下毎二坊門一置二兵士十二人一令レ守二朱雀道一并夜行兵衛巡中検兵士直否上事

右得二左京職解一偁、朱雀者両京之通道也、左右帯レ垣、人居相隔、東西分レ坊、門衛无レ置、因レ茲昼為二馬牛之闌闠一、夜為二盗賊之淵府一、望請、毎二坊門一置二兵士十二人一、上下分番互加二掌護一、即便令三夜行之兵衛毎夜巡二検兵士之直否一、然則柳樹之条自无二摧折一、行道之人方免二侵奪一者、右大臣宣、依レ請、右京職准レ此、

すなわち坊門ごとに兵士一二人を置いて朱雀大路の治安警護に当たらせ、夜廻りの兵衛にその兵士たちの勤務状況を巡検させようというのであるから、坊門が朱雀大路に面するものであったことは明らかであり、さらに『三代実録』貞観十六年八月二十四日庚辰条の「朱雀大路豊財坊門倒覆、抱関兵士并妻子四人圧死」という記事[16]は、右のことをよく傍証している。豊財坊門といえば右京三条の坊門で、朱雀門にもっとも近い坊門であるが、『延喜式』(左右衛門府)の大儀(元日・即位・受蕃国使表)の次第を記したなかに「又尉率二志以下一隊二於朱雀門外一、隊幡二旒小幡卌八旒、志一人率二門部五人一居二門下一、開門畢還二本陣一、自二朱雀門外一至二于第一坊門傍路一、衛士隊レ之」とあり、この第一坊門とは右の豊財坊門と、これに対する左京教業坊門をいうのである。以上によって平安京、ひいてはまた平城京においては、坊門は長安城の場合のごとく各坊の四面、あるいは東西二面にそれぞれ開くというのでなく、三条―九条の各条間小

路が朱雀大路に通ずる場所にのみ設けられたらしいことをほぼ確かめえたと思う。

ところで『衛禁律』越垣及城条には、

凡越㆓兵庫垣及筑紫城㆒徒一年　陸奥越後出羽等柵亦同、曹司垣杖一百　大宰府垣亦同、国垣杖九十、郡垣杖七十、坊市垣笞五十　皆謂、有㆓門禁㆒者、若従㆓溝瀆内㆒入出者、与㆓越罪㆒同、越而未㆑過減㆓一等㆒、余条未㆑過准㆑此、(下略)

とあって、これは唐律の、

諸越㆓州鎮戍城及武庫垣㆒徒一年、県城杖九十　皆謂、有㆓門禁㆒者、越㆓官府廨垣及坊市垣籬㆒者杖七十、侵壊者亦如㆑之　従㆓溝瀆内㆒出入者与㆓越罪㆒同、越而未㆑過減㆓一等㆒、余条未㆑過準㆑此、

を継承したものであることは明らかであるが[17]、筑紫城や陸奥・越後・出羽などの柵、あるいは大宰府垣というように、具体的に述べていることは、日本の都城の坊にも兵庫・曹司・国衙・郡衙・東西市と同じように、原則として各坊の四周に坊垣がめぐらされていたことを示している。そして右の『衛禁律』条文にもみえるように、律は城・柵(柵籬)・垣(垣墻)の区別をしているが、平安京では坊城とよぶものがあり、その修理を担当したらしい修理左右坊城使なるものが存し、右の停廃・復置に関する記録がかなりみられる。その坊城とはいちおう坊垣を意味するが、それは京中のすべての坊の四周の坊垣を指すのではなかったらしい。なぜならば、まず『延喜式』(弾正台)には、

凡三位以上聴㆑建㆓門屋於大路㆒、四位参議准㆑此、其聴㆑建之人、雖㆓身薨卒㆒、子孫居住之間亦聴、自余除㆑非㆓門屋㆒不㆑在㆓制限㆒、其坊城垣不㆑聴㆑開、

とあり[18]、三位以上と四位の参議、およびその死後も子孫は大路に面して門屋を建てることを許しているが、その例外事項として坊城の垣にだけは門屋を開くことを禁じている。もしすべての坊の坊垣がすなわち坊城垣であるとすれば、各坊の四周はすべて大路で囲まれているから、実質上大路に門屋を開くことが不可能となる。それではこの条文の意義がなくなるから、坊城とは特定の地域の坊の坊垣であると考えられる。

そう推測すると、平安京には坊城小路と名づけられる南北に通ずる小路があるが、その名称は朱雀大路と左京一坊坊間大路(壬生大路)との間の小路と、同じく朱雀大路と右京一坊坊間大路(皇嘉門大路)との間の小路に限られていることが注目される。また『平安遺文』[19]に載せる嘉保二年(一〇九五)正月十日付「大江公仲処分状案」には「一、坊城地壱町　在左京四条一坊二町」とある。この二史料から、坊城の地とはおそらく朱雀大路の両側の左右京各一坊の朱雀大路に沿う半分をさし、それをとりまく築垣を坊城垣、または坊城といったのであろう。それは都城の中心街である朱雀大路に面する地区だけは、政府の手で特別に坊垣を整備し、景観を保っておく必要があったからであろう。そしてそれはまたおのずから坊内の街区の整備にも及んだと考えられる。以上は平安京の場合であるが、平城京でも事情は同じであったろう。しかも平城京は平安京の前段階の都城であるから、その坊城の地は左右京一坊の全域、つまり坊の半分でなく、一坊全部であったと解するならば、前述のように平城宮前面の街区だけが、とくに顕著に現在も地割を遺しているという疑問は解けるのではなかろうか。隋・唐以前の都城に特別区設定のことがないならば、同時にこの事実をもって平城京が唐の長安城を模した一つの事例とすることができよう。

(2) つぎに長安城の東南隅には黄渠の水を引いた曲江池と芙蓉苑があり、その部分が外郭城から南に突出していることが明らかにされているが[20]、平城京でもその東南隅の同じような関係位置に現在五徳池と称するかなり大きな池が存在する。しかも遺存地割の調査によると、かつては五徳池の北に接する字池ノ内の部分をも含んでいたらしい。また平城京当時は能登川と合流した岩井川は京内に入らず、東京極外を南流するように流路を変えられていたようであるから、この池はその川の水を取り入れて造られたものらしい。また池のすぐ西、字京道のところを中ツ道が通って京内に入っていたが、この池はおそらく『日本霊異記』(下巻一一話)の説話にみえる諾楽京の越田池であったのだろう[21]。曲江池のように景勝遊覧の地として[22]『万葉集』など当時の記録にみえることはないが、曲江池を模して平城京造営当時から設定されたものである可能性がある。

(3) さらに『続日本紀』神護景雲元年(七六七)二月丁亥条には「幸二大学一釈奠」とある。ここで天皇が大学寮に赴くことに「幸」の字を用いていることが注目される。『続日本紀』の記事を整理すると、原則として宮内での移動には「御」の字が使われているからである。宮との位置関係から問題となる「幸」の用例として、他に皇后宮・松林・大蔵省・東院があるが、[23]後の三者については「御」も並用している。松林・松林宮・北松林は平城宮の北にあったらしく、松林倉稟ともみえるから、[24]大蔵省とその倉庫もその地域に設けられたのであろう。平安京で宮を北に半条分拡大し、そこに大蔵や大蔵庁が位置せしめられているのは、平城宮のこの配置を継承したものと考えられる。とすれば、松林や大蔵省はときに宮内とも、また宮外とも意識されたため、「御」「幸」の両字が混用されているのであろう。同じことは東院についてもいえるわけで、方形の宮域から東に張り出した東院はいちおう宮外ともみなしうるからである。しかし皇后宮、つまり東院のさらに東で、のちに法華寺となる皇后宮の場合は明らかに宮外として「幸」と記されたのであろう。

『続日本紀』による以上のような「幸」の用例の検討からすれば、大学寮も宮外にあった可能性が多いのであるが、それを例証するがごとく、平安京では平安宮朱雀門のすぐ東南、美福門前の左京三条一坊七・八町に大学寮が置かれていた。もしこの平安京の大学寮の位置が平城京のそれをほぼ踏襲したものとすれば、平城京の大学寮は宮外となり、「幸」の用例にも適合する。しかも唐の長安城の場合、大学寮に相当する国子監はやはり他の官署とは異なって皇城外の務本坊にあり、[25]その位置は美福門(壬生門)に相当する安上門のすぐ前であるから、以上のように考えてくると、隋・唐の長安城以前における同じ施設の位置についてなお検討すべき問題を残してはいるが、[26]いちおう平城京の大学寮の位置は長安城の国子監を模したということになる。

三　藤原京の原型

以上のように平城京には唐の長安城を模したと考えられる点が確かにいくつか指摘できる。にもかかわらず、平城京を長安城の直模とみる従来の通説は再考を要する段階に立ち至っている。平城京と長安城との比較をはじめて試みた関野貞氏は『平城京及大内裏考』においてすでに両者の相違点をいくつか指摘している。しかし最近になって藤原宮の宮域がほぼ確定し、それに従って藤原京の条坊制に基づく京域も推定できるようになり、それに伴って今まで予想されなかった古道を基軸とする藤原京と平城京の緊密な設定計画も知られてきた。その結果、平城京の基本的な祖型は決して唐の長安城にあるのでなく、まず原型として藤原京を考えるべきことが必要となり、唐の長安城と藤原京との比較が課題となってきた。その詳しい検討の経過は別稿にゆずることとして、結論のみを要説するとつぎのようである(27)。

(1) 藤原京は東西四里・南北六里の縦長の矩形であるが、唐の長安城は東西約一八里・南北約一五里の横長の矩形で、全体の形が異なる。むしろ藤原京は東西六里・南北九里で俗に「九六城」とよばれた北魏洛陽城の内城や、同じく東西六里・南北八里余の東魏の鄴都南城の形に近い。

(2) 藤原京の十二条八坊の坊城制の基本となった一坊は一辺1/2里の方形であるが、これは唐の長安城が、朱雀門街に沿う坊を除いて、すべて都城の外形と同じ横長の矩形であるのと異なる。この場合も、北魏洛陽城の一坊(里)は一辺一里三〇〇歩の方形であって、藤原京はむしろそれに近い。

(3) つぎに最近の発掘調査によってもしだいに明らかになってきたように、藤原京の各坊には幅約六メートルの小路が十字に通じ、一坊は四区に区分されており、その状況は宮の南の部分でも変わらないらしい。これに対して長安城では、さきにも述べたように、宮城・皇城前面の坊だけはすべて横に小路を通じるだけで、二区に区分している。これは他の部分の坊が十字路を通じているのと異なり、長安城の特色のようにみえる。しかし『洛陽伽藍記』によると、北魏洛陽城の各坊は四周に各一門を開いていて、十字街を通じていたらしく、そうした特別の坊があったような記載はない。この点でも藤原京は唐の長安城より北魏の洛陽城に似ている。

(4)平城京は宮を京の中央、北京極に接して設ける点で、『周礼』型とは異なる非伝統的な唐の長安城型に属することはさきに詳しく述べた。これに対して藤原京は宮と北京極の間に二条分の余地があり、宮は京の北限に直接していない。したがって唐の長安城とは明らかに異なり、むしろ中国の伝統的な『周礼』型に近いといえよう。

藤原宮の北の二条分の地域がどのように用いられていたか、まだ調査は行なわれていない。しかし先年行なわれた藤原宮の緊急調査において、内裏の東を北流する溝が宮の北限の一本柱列を横切る地点で、溝の東岸に接して多数の典薬寮関係の木簡が一括投棄された状態で出土した。「本草集注上巻」という書名のみえるものや、漏盧湯の薬方を記した木札、あるいは但馬内親王家などからの薬物を請求する使が持参したとみられる木簡、さらに麻黄・麦門冬・大黄・薯蕷などの薬草の付札などであるが、ちょうどその出土地点の東北わずかのところ、つまり問題の宮北の部分に含まれるところに、現在も二か所の坪に「テンヤク」の小字名が遺存している。これらの事実はその付近に典薬寮関係の施設の存在を推測させるのであるが、同一地点から出土した他の木簡には「薗司」「薗官」の字もみえる。[28] ところがさらに最近になって宮北面中央の猪使門の発掘調査が行なわれた際、門外の土壙から出土した数点の木簡の中に「九月廿六日薗職進大豆卅□」と記されたもののあることが注目される。[29] 職員令に規定する宮内省被管の園池司の職掌は、苑池と蔬菜・樹菓の種殖にある。この木簡は薗職(園池司)が収穫した大豆を宮内に進上するとき、猪使門の出入に用いたものとみられる。とすれば、やはり宮の北には大豆などを栽培する園地が存在したともみられ、さきの典薬寮関係の施設を薬園とみれば、問題の地域をいわゆる園池と推定することも可能のようである。こう考えると、長安城も太極宮の北、宮城外の部分には西内苑なる苑池があるが、北魏洛陽城内城では宮の北、宮城内に華林園という園池があり、東魏の鄴都南城でも宮の北には後園があったという。[30] こうした点を考慮すると、藤原京の構造は唐の長安城よりも、むしろそれ以前の都城と共通点があるのである。[31]

(5) つぎに市の問題がある。最近京都市知恩院所蔵の「写経所紙筆授受日記」に収められている写経生試字の紙背にあるいわゆる「平城京市指図」を検討したところ、従来平城京の東西市は六坪(町)を占めるとみていたのは誤りで、二坪の「市」の字はほんとうは墨抹されていて、結局市は四坪であったことが明らかとなった。[32] その結果、藤原京から平城京をへて平安京に至る東西市の展開は、藤原京の一坊＝四町の占地がそのまま平城京・平安京に踏襲され、平安京ではさらに四周に二町ずつの外町が付加されたと推定できるようになった。したがって藤原京の一坊を占める市はやはり十字に小路を通じたとみられるが、これに対して長安城の東西市は、位置は中央の朱雀街に対して東西対称であり、また外形も方六〇〇歩＝二里の方形ではあるが、一般の坊とは違い、とくに四周に二門ずつを開き、小路を井字形に通じている。このように藤原京は市の構造においても長安城と異なる。しかも、同じ中国でも隋の大同市などは、方一里の四面に一門ずつを開いて十字路を設ける藤原京と同じ形式であったらしい。

以上のような考察の結果、藤原京と唐の長安城とはいくつかの重要な点でかなり大きな相違があり、藤原京の原型を唐の長安城に求めることは、平城京よりもさらにいっそう困難になってきた。しかしそれは藤原京が日本独自の形式の都城であることを意味しない。もちろんやはりその源流は中国に求むべきであって、すでにいくつかの点で指摘してきたように、それは北魏の洛陽城や東魏の鄴城のような隋・唐の長安城以前の古い伝統的な中国の都城の影響を強く受けているらしいのである。

四　難波京の問題

それでは藤原京がそうした中国的都城の影響を受けた最初の日本の都城であろうか。藤原京の造営時期は持統四年(六九〇)十月の太政大臣高市皇子の宮地視察にはじまり、同八年十二月遷都というのが通説であった。しかし私は藤原京を推定復原した結果、持統元年十月に築造を開始した天武天皇を葬る檜隈大内陵が藤原京中軸線上の真南にあること、遅くとも同二年正月には主要伽藍が完成していたとみられる薬師寺が藤原京条坊制に則って占地造営されているらしいこと、などを理由に、藤原京建設計画の大綱は、天武在世中の十三年(六八四)三月に天皇が京師を巡行して宮地を定めたとき、すでに決定していたと推考した。最近奈良国立文化財研究所によって行なわれた本薬師寺西南隅の発掘調査の結果、藤原京八条大路と右京三坊大路が確認され、そうした藤原京条坊地割の施工に伴って埋められたとみられる薬師寺の西築地の雨落溝らしきものも検出された。そして右京三坊大路中心と薬師寺伽藍中軸線との間の距離が一二七・八メートルで、この数値は藤原京条坊一坊の平均値二六五メートルの$\frac{1}{2}$より五メートルほど短いので、薬師寺伽藍中軸線は右京三坊の中心に一致しない可能性が多いと報告されている。[33] このことは薬師寺伽藍の建立が藤原京条坊計画と無関係であったと考えられやすいが、条坊計画の大綱の設定と実際の施行の間には時間的差異もあり、この程度の誤差は実施に当たって当然生じるものとも解されるから、大局的にみていまのところ私説を修正する必要は認められない。このような藤原京に対して、まず難波京はどうであろうか。

私が藤原京の建設計画が固まったと推定したほぼ同じころ、すなわち天武十二年十二月に天皇は、「凡都城宮室非㆓一処㆒、必造㆓両参㆒、故先欲㆑都㆓難波㆒、是以百寮者、各往之請㆓家地㆒」と詔し、中国的な複都思想によって難波を副都とすることを宣言し、官人には難波に赴いて家地を請うよう命じている。したがってのちの都城の場合にもしばしばみられる遷都と宅地班給の間の緊密な関係から推せば、少なくともこの時点に難波京の存在を想定しうる。しかし『日本書紀』はそれより前、天武八年十一月に竜田山と大坂山に関を置くとともに、難波にも羅城を築いたとし、さらに同六年十月には丹比公麻呂を摂津職大夫に任じたとしている。後者の摂津職については、後述のように、必ずしも直ちに難波京の存在を前提としないが、これらの記事を信ずるならば、難波京の造営は副都の宣言よりもさらに以前、天武初年にも遡ることになる。これは一方でほぼ同じころ行政区画としての京・畿内が成立したと推定されることとも符節を合するのである。しかし京の実態はどうであろうか。

私は昭和四十一年(一九六六)末からはじめられた藤原宮の緊急発掘調査において、宮の北限を画する一本柱列がはじめて検出された段階で、宮域の推定と京域の想定を試みたが、そのころ内務省地理局が明治十九年(一八八六)一月に作成した五〇〇〇分の一大阪実測図を検討したところ、[34]四天王寺の東、検出された難波宮の中軸線——この中軸線を南へ延長すると摂津・河内の国境と一致し、大津道・丹比道と直交する[35]——に沿うところに、復原した藤原京条坊制の一坊とちょうど同じ一辺約二六五メートルの方形の地割が南北に並んで存在することに注意をひかれた。そしてさらに検討を進めると、つぎのようないくつかの事実が知られてきた。

(1) 難波宮中軸線上に沿うように南北に通ずる道路が存在するが、とくにその南半の道路の方位は宮の中軸線にまさに一致する。そしてその道路に沿って、さきの二六五メートル間隔にほぼ一致する東西の道路・畦畔が何本か認められる。

(2) 難波宮中軸線から試みに藤原京と同じ四坊分＝一・〇六キロを東西にとってみると、東はやや蛇行しながらもほぼまっすぐ北流して平野川にそそぐ猫間川の線となり、西の線は東横堀川がすぐその西側を南に流れているということになる。同時にそれは地形的にみれば、上町台地の東縁と西縁に一致する。

(3) また西の線は天神橋の位置と一致し、北は天神橋筋となって北上し、南もやや方向は偏するが、一本道が四天王寺の北西付近まで通じている。

(4) 検出された難波宮を中心におき、藤原宮と同じ二里四方の方形を難波宮の宮域として想定してみると、その西限は谷町筋にほぼ一致するが、それを境として西は街区、東は大阪城および軍隊・学校用地となっていて空地が多い。

(5) 四天王寺の寺域を四坊分とみたとき、ちょうどその南限に当たる線に、西は茶臼山古墳から東は御勝山古墳の南付近まで、藤原京の東西幅にほぼ等しい間にわたって東西の直線道路が認められ、四天王寺の南には字「往大道」(横大道か)の小字名も遺存している。

(6) さきに述べた一坊の方格地割のうちの一つはさらに(5)の道路の南に接して存在するが、その東には字「南門」がある。[36] しかしそれ以南には条坊制に関係するような地割は認められないようであり、南東に向かういわゆる奈良街道はその付近で中軸線の南北の道路と交わる。

以上のようないくつかの図上の所見に基づいて私はいちおう難波京をつぎのように想定した。まず難波宮は検出された内裏・朝堂院を中央におき、藤原宮とほぼ同じ大きさである。京は難波宮を上町台地の中央北寄りに置き、東西幅は藤原京と同じく四里八坊で、東は猫間川が、西は東横堀川が流れる。したがって一坊の大きさも藤原京と同じであるが、南北長については宮の北、平野川までの若干の余地に藤原京と同じ園池のごときものを想定するか否か、また南京極を四天王寺寺域の南限とみるか、さらに一条南にとるかなどなお問題があり、条数は藤原京の一二条より多くなるかも知れない。しかしいずれにしても難波京の構造は藤原京と密接な関係を有するらしい。

こうした私の考えとほぼ時を同じくして沢村仁・藤岡謙二郎両氏も難波京の復原案を公表された。[37] 両氏の間に若干の違いはあるが、前期難波宮に属する難波京は私の考えていたものと基本的に大差はなかった。ただ両氏とも聖武朝難波宮の時期に京域が大きく約二倍に拡大されたとし、それぞれ図示された。とくに沢村氏はその場合の右京は前期に遡る可能性もあると述べられている。京域についてはその後も若干の異説が提示されているらしいが、[38] 難波京についてはこうした拡張説とともになお検討すべき問題がないわけではない。たとえば『続日本紀』延暦三年(七八四)五月癸未条には長岡京遷都の予兆として二万匹の蝦蟇の行列のことを記し、

摂津職言、今月七日卯時、蝦蟇二万許、長可㆓四分㆒、其色黒斑、従㆓難波市南道㆒、南行池列可㆓三町㆒、随㆑道南行、入㆓四天王寺内㆒、至㆓於午時㆒、皆悉散去、

と述べている。難波市の南道を三町ほど南へ行くと池があり、さらに南行すると四天王寺の境内に入るという文意であろうが、この池を四天王寺の東北方に近く位置した毘沙門池とすれば、難波京の市はその北三町にあったことになる。宮の北限を北京極とみて、藤原京のような条坊の数え方をすると、右京十条二坊あたりであろうが、朱雀大路に対する関係位置はともに二坊にあって平城京・平安京の西市に近い。しかし平城京が八条、平安京が七条と、比較的東西市が南京極に近いことを考慮に入れれば、さきの推定南京極はやや南に寄り過ぎるようでもある。ただ長岡京ではかなり宮に近い五条付近に市の存在が推定されているから[39]、絶対的な論拠とはなりえない。

また聖武天皇は即位後間もない神亀三年(七二六)十月藤原朝臣宇合を知造難波宮事に任じて新しい難波宮の造営に着手したが、それは天平初年まで継続し、天平六年(七三四)九月には官人に難波京の宅地を班給している。また同十六年二月には難波宮を皇都と定め、京戸の任意往来をすすめており、平城京・恭仁京に対して難波京と称している。そしてその統治は摂津職に属したのであるが、京内統治の実態については必ずしも明らかでない[40]。すなわち京職では各坊に坊長一人、四坊に坊令一人を置いたが、摂津職にはそのような人員は配置されておらず、したがって左右京各四坊であった確証もない。それのみか難波京では左京・右京の称呼があった史料はなく、たとえば『続日本紀』の難波宮行幸の記事を検しても、神亀二年十月の場合は「詔、近㆑宮三郡司授㆑位賜㆑禄各有㆑差」とあり、天平六年三月の場合は「免㆘供㆓奉難波宮㆒東西二郡今年田租調、自余十郡調㆖」とある。東西二郡とは東生郡・西生郡(生←成←城)[41]をさし、三郡とはそれに百済郡が加わるのであろうが、そこには京は現われてこない。また『万葉集』も「昔者《むかし》社《こそ》　難《なに》

波居《はゐ》中跡《なかと》　所言《いはれ》奚米《けめ》　今者《いまは》京引《みやこひき》　都備仁《みやこびに》鶏里《けり》」(巻三—三一二)、「荒野等丹《あらのらに》　里者《さとは》雖有《あれども》　大王之《おほきみの》　敷座時者《しきますときは》　京師《みやこ》跡《と》成宿《なりぬ》」(巻六—九二九)などと、歌中では「京」「都」「京師」の字を用いているが、題詞では前掲の巻三—三一二番の「式部卿藤原宇合卿被レ使レ改二造難波堵一之時作歌」の「堵」の一例をのぞき、他の八例は「大行天皇幸二于難波宮一時歌」(巻一—七一)というように、すべて難波宮とあって難波京とはない。[42]ただ職員令において津国を兼帯すると記されている摂津職の職掌を、左京職・大宰府・大国のそれと比較すると、大夫・亮・進・属の四等官の官名が同一であるように、左京職の職掌に類似する面は多い。すなわち大宰府・大国にみられる鼓吹・烽候・城牧・公私馬牛の職掌がなく、両者にない廛市・度量(軽重)・道橋が左京職と共通して存する。[43]また『令集解』公式令天子神璽条や、同じく京官条に引く法家の諸説の中には「政所在レ京之故也」とか「為下政所在二京内一故上也」と注釈するものがあって、摂津職政所が京内に存したと解している。[44]これらは難波京の存在を示す史料ではあるが、依然として京内統治の実態については明らかにしていない。京内はおそらく東生・西生二郡に分属したのであろうが、[45]その二郡の名称の起源とともに、それが欽明紀・敏達紀・推古紀・舒明紀などからすでにみえる難波の大郡・小郡といかにかかわるのか、[46]また唐の長安城が京兆府(雍州)に属する万年・長安二県に、同じく洛陽城が河南府(洛州)に属する河南・洛陽二県に分属し、それぞれの県がさらに多くの郷に分かれていたことと関係があるのかどうかも問題である。難波京の規模や統治の実態はこれらの課題の解明をまって慎重に決すべきであろう。

五　難波宮の構造

前章では聖武朝難波宮の造営に伴って京域が拡大されたか否かはともかく、当初の難波京が藤原京型に近い縦長であったらしいことを述べ、またそうした京の設定時期についてはいちおう天武初年と推定しうるとしたが、その成立

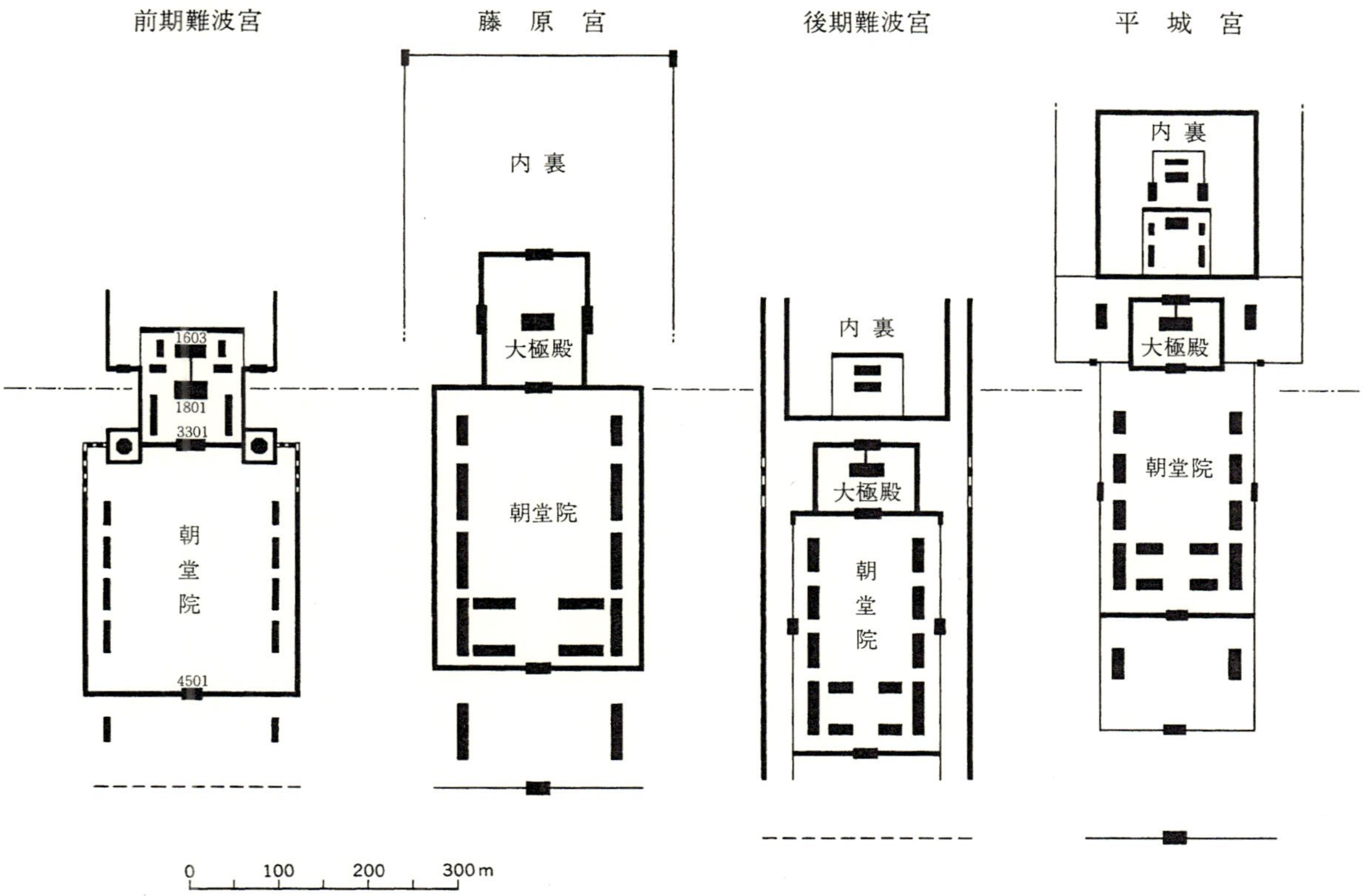

第一図　宮域と内裏・朝堂院関係図

時期についてもなお慎重に検討すべきであろう。その一つに関連していよいよ難波宮そのものの問題に移ろう（第一図参照）。これまでの難波宮の発掘調査の成果によると、検出された内裏・朝堂院の遺構は、中軸線は一致するが南北にずれる少なくとも二時期のものがあって、その一つが天武朝朱鳥元年（六八六）正月焼亡以前のいわゆる前期難波宮、他が聖武朝造替後の後期難波宮とよばれている。ところで第一図に示したように藤原宮においては、大極殿の前に大極殿院と朝堂院を画する大極殿門があるが、その位置は宮の南北二等分線上、さらにいえば宮の中軸線上にもあるので、ちょうど藤原宮のまさに中心に当たる。これに対して前期難波宮の場合は、さきの想定条坊方格に従えば、大極殿門に相当すると考えられる七間×三間の建物（ＳＢ三三〇一）は想定宮域の南北二等分線よりやや南にあり、むしろ九間×五間の大極殿相当建物（ＳＢ一八〇一）が宮の中心位置に近い。二つの建物は六一・三八メートル離れているが、前期難波宮の朝堂院の南北の長さ二八一・六九メートルは藤原宮の朝堂院の南北の長さ約三一五メートルより三三メートルほど短いため、藤原宮とほぼ同じ宮域――藤原宮の南門と北門の心々間距離は九〇七・七メートル――を前期難波宮において想定すれば、朝堂院の前に朝集堂を設けても無理な配置とはならないだろう。(47)

これに対して後期難波宮の場合は、大極殿後殿の位置が前期難波宮の大極殿門とほぼ重なる。後期難波宮の朝堂院の規模はまだ不明であるが、大極殿院の規模の共通性から推して平城宮のそれとほぼ同様と想定し、朝堂院の前にやはり朝集堂を設けるとすれば、前期難波宮と同じ宮域ではとても収まらず、平城宮宮域の南北築地心々間距離の一〇二〇メートル程度にまでどうしても拡張する必要があろう。こう考えてくると、難波宮は単に内裏・朝堂院の規模・構造に前期・後期の相違があるばかりでなく、そのそれぞれに応じて宮域も規模を異にし、前期は藤原宮に、後期は平城宮に近かったということになる。そして藤原宮の殿堂配置が極めて整然と計画的であることを評価すれば、大極殿相当建物を宮の中心に置く前期難波宮は藤原宮より遡ることをその点でも実証しているといえようが、この二つの異なる宮域と宮の建物配置の相違が、さきに想定した難波京の条坊制といかに関わってくるかは、難波宮・難波京の造営時期を考える上で重要な意味をもってくると思う。

ところで前期難波宮は遺構に火災の痕跡の認められるところから、天武朝朱鳥元年正月焼亡以前のものであることは確実とされるが、それが孝徳朝の難波長柄豊碕宮にまで遡りうるかどうかについてはなお異論がないわけではない。しかし前期難波宮の遺構が藤原宮・平城宮・後期難波宮・長岡宮・平安宮と展開して行く内裏・朝堂院の祖型とみなすべきであるという点では諸説一致しているといってよかろう。ただ藤原宮と比較するとき、大極殿に相当するとみなされる建物(ＳＢ一八〇一)が後方の内裏正殿かと考えられる建物(ＳＢ一六〇三)と軒廊(ＳＢ一七〇一)で結ばれていること、大極殿相当建物の前方、東西に一六間×二間の南北棟の長殿が対置されていること、大極殿門(ＳＢ三三〇一)の西に複廊で囲まれた八角形の建物(ＳＢ四二〇一)が存在することなど、かなり大きな違いもあるが、内裏・朝堂院の基本形は異ならないとしてよかろう。なお朝堂の数も現在は東西八堂しか確認されていないが、これも藤原宮のように一二堂があるいは存在したかも知れない(48)。

ところで私は宮の構造に関して最近若干の考察を試みたが(49)、その結果に基づいて文献上から難波宮を改めて少し検討してみよう。『日本書紀』推古十六年(六〇八)八月壬子条の隋使裴世清と、同じく同十八年十月丁酉条の新羅・任那の使者が、それぞれ難波から入京して小墾田宮で使の旨を奏上した記事、また同十二年九月条の朝礼改正の記事などによって、小墾田宮の構造は、南門(宮門)を入ると朝庭があり、そこには大臣・大夫らの座位する朝堂(庁)があり、さらに大門(閤門)を入ると天皇の坐す大殿があるというものであったといちおう推定できる。これら推古紀の記事をそのまま推古朝の小墾田宮の実態とみることにはなお慎重でなければならないが、つづいて同じく『日本書紀』大化三年(六四七)是歳条には、孝徳天皇が難波の小郡宮にあって朝参の礼法を定めたことが記されている。すなわちその制は、有位者はかならず寅時(午前四時前後)に南門の外に左右に羅列し、日の出とともに門が開くと朝庭に入って再拝し、のち庁について政務を執る。そして午時(正午前後)の鍾を合図に退庁するというもので、鍾は中庭にたて、赤い巾を前に垂れた吏が撃つとある。小郡宮は難波小郡を壊って造営した宮で、別に大郡宮も当時存した。大郡・小郡は前述のように早く欽明紀からみえ、それぞれのちの東成郡・西成郡にあった迎賓の施設のごときものといちおう考えられているが、この大化三年紀の記事によって、それらを臨時に改造した小郡宮にも朝参のための朝庭・朝堂(庁)の存したことが知られる。

さらに白雉元年(六五〇)二月甲申条には、穴戸国から献上された白雉を瑞祥として輿に乗せ、天皇に観せる次第が詳しく記されている。すなわち、難波のどの宮か明らかでないが、朝庭には元日の儀式のように隊仗が並ぶなかで、左右大臣以下の官人が紫門の外に四列に列立する。やがて粟田臣飯虫ら四人にかつがれた雉の輿を先頭に、左右大臣や官人、百済・高句麗・新羅の人たちがそれに従って紫門を入り、中庭に至る。そこで輿のかつぎ手が三国公麻呂ら四人と交代して殿前まで進み、そこから殿上に昇るときには、左右大臣が輿の前頭をかき、伊勢王らが後頭をもって、天皇の御座の前に置く。描写が具体的であり、紫門を入ってからかつぎ手がつぎつぎと交代するのも意味のあることで、三国公麻呂らは天皇の近侍者であろう。したがってこの記事は難波のある宮の当時の実態を伝えている可能性が大きい。そしてこの記事から知られる難波のある宮の構造は、朝庭から紫門を入ると中庭があり、その奥に天皇の御座のある殿舎が存するというもので、中庭はさきに鍾台を置いたところとしてもみえ、いわゆる朝庭とは異なり、つぎに述べる中朝の庭の意ではなかろうか。(50)

以上二つの孝徳紀の記事から推定した当時の難波の宮の構造は、さきの推古紀による小墾田宮とほとんど同じものと考えられ、白雉三年九月に完成した難波長柄豊碕宮も「其宮殿之状、不レ可ニ殫論一」とあるが、基本的には同じような構造をもつものであったろう。そして以上のような文献から推定した難波宮の構造を発掘調査の結果明らかにされた前期難波宮の遺構と対比すると、御座のある殿舎が大極殿に推定される建物(SB一八〇一)、あるいはそれと軒廊で結ばれている内裏正殿に推定する建物(SB一六〇三)で、その前が中庭、さらにその南に開く門(SB三三〇一)

が紫門で、大極殿門に当たろう。そしてその外、すなわち南が朝庭で、東西に朝堂が並び、その一郭を朝堂院ともいい、南中央に南門(SB四五〇一)が開くということになろう。このようにみると、前期難波宮は少なくとも推古朝に遡る宮の構造を継承したように思われるが、それは基本的な点についてであって、細部に入ると問題は多い。SB一六〇三とSB一八〇一の分離、朝堂の数、推定大極殿前の東西長殿、八角形の建造物などがそれであるが、これらのことも考慮しながら、再び京と同じように中国の宮城・皇城との関係を論じてみよう。

六　前期難波宮と中国の王宮

唐の長安城は、さきにも述べたように、宮城と皇城が截然と区画されており、皇城の部分には宗廟・社稷のほか、六省・九寺・一台・四監・十八衛と、東宮に属する一府・三坊・三寺・十率府の官衙が整然と配置され、その南面三門のうち中央の門をやはり朱雀門と称している。これに対して宮城は南面中央の門を承天門といい、その北の太極門を入ると太極殿がある。太極殿の北にはさらに南に三門を開く一郭があり、中央を朱明門というが、その奥の両儀門を入ると、両儀殿を中心に万春殿・千秋殿がある。こうした宮城の殿堂の配置に対して、『大唐六典』はつぎのように記している。元旦・冬至のような儀式・宴会・宥赦、あるいは新政の施行、外国使節の応対などのとき、天子は承天門に御して政を聴く。したがってこれが昔の外朝に当たる。つぎに天子は朔・望の日には太極殿において、坐して朝政を視る。したがってこれが昔の中朝に当たる。さらに常の日は両儀殿にあって朝政を聴き政事を視る。したがってこれが昔の内朝に当たると(51)。つまり承天門が外朝、太極殿が中朝、両儀殿が内朝に相当するというのであるが、ここにいう昔の外朝・中朝・内朝とは、いわゆる天子五門三朝の制の三朝をいう。『礼記』玉藻篇の注には「天子諸侯、皆三朝」とあるが、中国では古く周代に王朝を内朝と外朝にわかち、外朝の政事は朝士が、内朝の政事は天子が掌っ

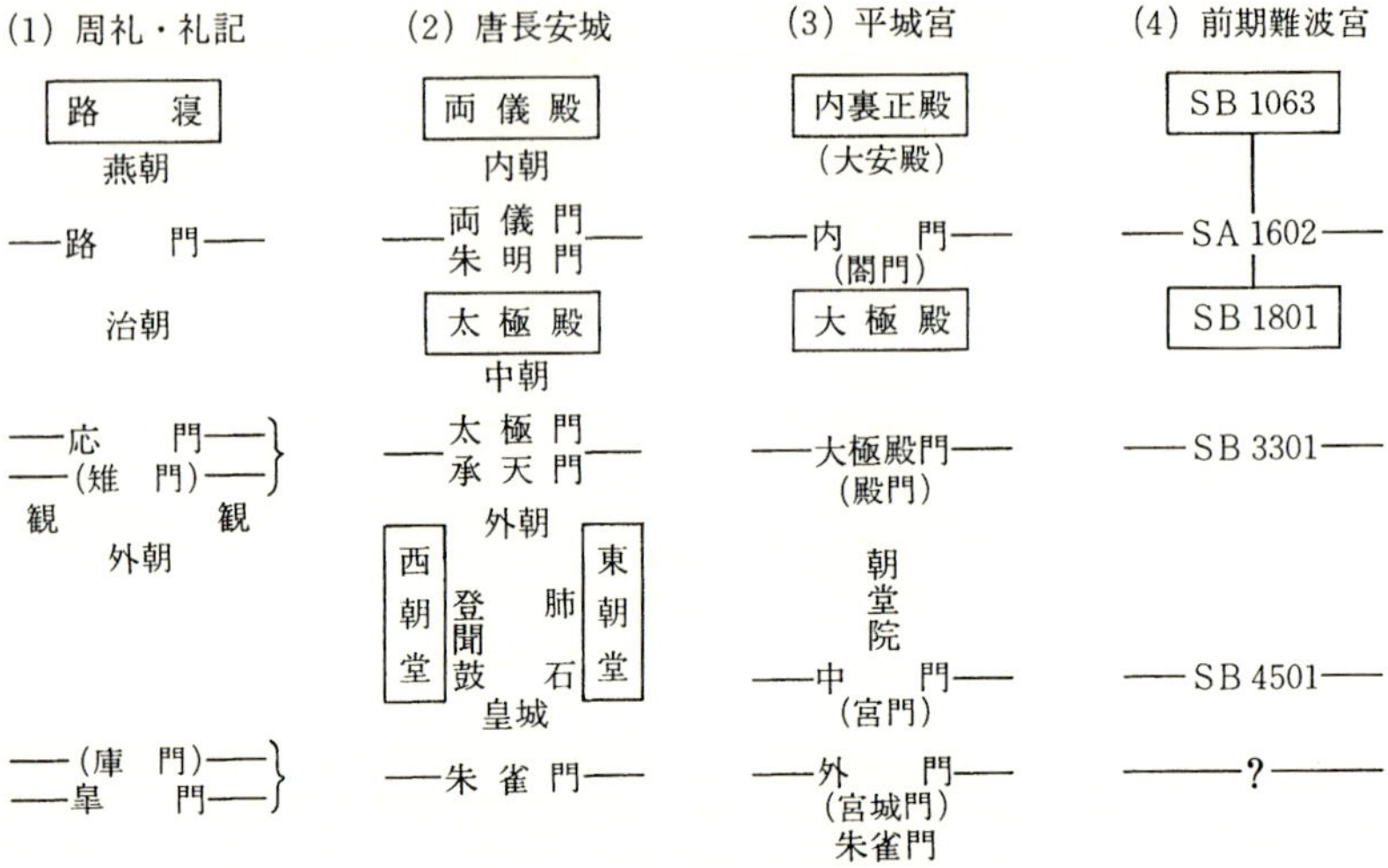

第二図　宮の構造比較対照図

たという。また『礼記』の疏によると、内朝はさらに治朝と燕朝に分かれ、五門の最奥の路門の内、路寝(正殿)の庭が燕朝で、燕居安息の場、これに対して、路門の外が治朝で、天子が毎日臨御して政事を視るところ、また外朝は庫門の外、皐門の内という。すなわち外から外朝・治朝・燕朝の順で、これはさきの長安城の外朝・中朝・内朝に対応する。なお天子五門とは『周礼』天官閽人条の注によれば、鄭司農の語として、外から皐門・雉門・庫門・応門・路門(畢門)をいうとしている。雉門を第三門とする説もあり、『礼記図』にみえる天子五門三朝の図はそれによっているが、その図を唐の長安城と対比してみたのが上の第二図(1)(2)である。清の戴震の『考工記図』のように、天子の五門を諸侯の庫門・雉門・路門と同じように皐門・応門・路門の三門に整理しているものもあり、その対比には多少問題もあるが、長安城の宮城・皇城が三朝の制を継承したものであることは確かである。

　ただここで説明を要するのは外朝の朝堂である。長安城太極宮の承天門外の東西に朝堂のあったことは、『大唐六典』が大明宮含元殿の東西に翔鸞・棲鳳両閣のあったことを記したのち、「閣下即朝堂、肺石登聞鼓如二承天之制一」と述べていることや、[52]『大唐開元礼』にも承天門外の東西朝堂がしばしばみえること、また『資治通鑑』の胡三省の注が、やはり「閣本太極宮図、東西朝堂在㆓承天門左右㆒、承天門外朝也、東朝堂之前有㆓肺石㆒、西朝堂之前有㆓登聞鼓㆒」と記していることなどからも知られる。[53] これらの史料にみえる肺石・登聞鼓はともに冤抑・直諫を聴くための施設で、肺石のことは『周礼』秋官大司寇条にみえ、赤い石をいい、朝庭におき、遠近の惸独老幼が上告しようとするときは、その石上に坐らせたというもの。また登聞鼓は朝庭に鼓を懸けておき、臣民が訴諫しようとするときは、それを打って天子に報らせたというもので、堯の敢諫鼓に遡ると伝える。この肺石・登聞鼓は『日本書紀』大化元年(六四五)八月庚子条と同二年二月戊申条に記されている鍾匱の制に通じる。鍾匱の制とは、朝庭に匱を置き鍾を懸け、憂訴(憂諫)しようとするものは牒(表)、すなわち訴状を匱に入れ、それを毎朝処理するが、その政府の処置を不当と思う場合には、訴人に鍾をつかせるというものである。『日本書紀』の詔文は大化当時そのままのものではなかろうが、原史料に基づいて書かれたものとすると、難波宮当時こうした制度があったと考えねばならない。よく似た制度は年代は降るが、唐の則天武后の垂拱二年(六八六)三月に銅匱の制として実施されたことが指摘されている。[54] しかし鍾匱の制は肺石・登聞鼓の制を継受したものとみて誤りあるまい。ただ『資治通鑑』唐紀高祖武徳二年(六一九)四月戊申条には、「又令㆘西朝堂納㆓冤抑㆒、東朝堂納㆗直諫㆖」とあり、また同じく太宗貞観二年(六二八)八月甲戌条には、太宗が朝堂に幸して親しく冤屈をみたことが記されており、初唐においては肺石・登聞鼓をそれぞれの前に置く朝堂が、しばしば冤抑・直諫の場として用いられていたことを知る。これに対して日本の場合は、こうした朝堂の用例は大化の鍾匱の制以後みられぬことで、のち天平神護二年(七六六)五月に大納言吉備真備の奏言によって抑屈・冤枉を訴える者のために二柱を立てたときも、その位置は平城宮中壬生門(のちの応天門)の西、つまり朝堂院外であって、朝堂がもっぱら朝政の場として用いられていたことはさきに別に詳しく考察したところである。[55]

しかし中国においても最初から朝堂がそうした目的のためにのみ使われたのではない。『周礼』考工記にみえる「内有二九室一、九嬪居レ之、外有二九室一、九卿朝焉」という文章に対して、鄭玄は「九室、如二今朝堂諸曹一治レ事処」と注しており、戴震も「内九室、九嬪省二内治一所レ居、外九室、蓋在二朝門之外一、九卿省二其政事一処也」と述べている。やはり朝堂は本来事を治め、政事を省みる朝政の場であったのだろう。それが唐の長安城になると、朝堂は存しても東西朝堂とあるだけで、多くの殿堂があった様子はない。承天門を外朝としながらも、日本の朝堂院のように、朝堂を含む一郭が南に門を開いて院を構成することもなく、すでに本来の機能はかなり退化し、肺石・登聞鼓を中心にむしろ冤抑・直諫の場という意識が強くなっていたのでなかろうか。そして政事の場としては、皇城内の諸官衙が朝堂に代わる役割を果たすようになっていたとみられる。しかし唐の長安城の宮城・皇城が、『周礼』や『礼記』にみえる中国の伝統的な宮室構造の理念を、変形しながらも基本的に継承していることはさきに述べたごとくである。なお文献史料の十分な検討を残しているが、いちおう現在は以上のように考えておきたい。

　ところで、そうした唐の長安城の宮城・皇城を平城宮の内裏・朝堂院(第二次)と対比したものが、同じく第二図の(2)(3)である。これによれば内裏正殿(平安宮の紫宸殿)が彼の両儀殿に相当し、その前庭が内朝(燕朝)に相当する。つぎに大極殿は彼の太極殿を名称とともに継受したもので、中朝(治朝)に当たる。そしてこの対比でも明らかなように、平城宮の大極殿はのちの平安宮・長岡宮のような内裏と朝堂院が完全に分離した場合の朝堂院の正殿ではなく、本来的な意味での天皇が朝政を聴く宮城の中心的建物なのである(第一図参照)。そしてその前に開く大極殿門——長岡宮・平安宮ではなくなり、竜尾壇に変わる——が彼の承天門に相当し、それが外朝である。平城宮の場合、その外朝が朝堂院で、東西に六堂ずつ、計一二堂が並立し、南にいわゆる中門(宮門、平安宮の会昌門)を開いている。平城宮の大極殿門は大極殿南門とも大極殿閤門とも称されたが、『続日本紀』の記事に単に閤門とみえるものも、発掘結果によると平城宮内裏南門は極めて簡単なものであるから、おそらく大極殿門をさすのであろう。いま大極殿門が日本でも外朝の機能を果たしていたことを示す史料を『続日本紀』から抽出し、煩いをいとわず列挙しておこう。

(a) 天皇御二大極殿南門一、観二大射一、五位已上射了、乃命二渤海使已珎蒙等一射焉、（天平十二年正月甲辰条）

(b) 天皇御二大極殿閤門一、隼人等奏二風俗歌舞一（天平元年六月癸未条）

(c) 天皇御二大極殿閤門一、賜二宴於五位已上一、授二従五位下広川王従五位上……一、宴訖賜レ禄有レ差、（延暦二年正月癸巳条）

(d) 御二閤門一、宴二於五位已上一、賜レ禄有レ差、（天平宝字二年十一月癸巳条）

(e) 高野天皇及帝御二閤門一、五位已上及高麗使依レ儀陳列、詔授二高麗国大使高南申正三位、副使高興福正四位下、判官李能本・解臂鷹・安貴宝並従五位下一、録事已下各有レ差、……賜二宴於五位已上及蕃客一、賜レ禄有レ差、（天平宝字四年正月己巳条）

(f) 帝御二閤門一、授二高麗大使王新福正三位、副使李能本正四位上、判官楊懐珍正五位上、品官着緋達能信従五位下一、余各有レ差、賜二国王及使傔人已上禄一亦有レ差、宴二五位已上及蕃客一、奏二唐楽於庭一、賜二客主五位已上禄一各有レ差、（天平宝字七年正月庚戌条）

(g) 帝御二閤門一、饗二五位已上及蕃客、文武百官主典已上於朝堂一、作二唐・吐羅・林邑・東国・隼人等楽一、奏二内教坊踏歌一、客主主典已上次レ之、賜下供二奉踏歌一百官人及高麗蕃客綿上有レ差、高麗大使王新福言、……（天平宝字七年正月庚申条）

(h) 以二従三位石上朝臣宅嗣一為二中納言一、……是日宴二五位已上於閤門前幄一、賜二五位已上及内外命婦禄一各有レ差、（宝亀二年十一月乙巳条）

(i) 饗二大隅・薩摩隼人等於朝堂一、其儀如レ常、天皇御二閤門一而臨観、詔進レ階賜レ物各有レ差、（延暦二年正月乙巳条）

長安城の承天門が外朝として、陳設燕会・赦過有罪・除旧布新の場であるとともに、万国の朝貢や四夷の賓客に応対するため、天子はそこに出御したというが、右の史料のうちの(e)(f)(g)の渤海使への授位・賜宴、(b)(i)の大隅・薩摩隼人の饗宴などは、右に対応するものであろう。(56) さらに別稿でもやや詳しく考察したように、(57) 平安宮の場合から推せば、平城宮でも朝堂院の周囲には、東に中務省・太政官・民部省・式部省、西に治部省・刑部省・弾正台・兵部省などの曹司が並んでいたらしいが、これは彼の皇城内の諸官衙に相当しよう。

平城宮の内裏・朝堂院がそれ以前の藤原宮、さらに前期難波宮のそれを継承したものであることはすでに述べた。それならば、検出された前期難波宮の内裏・朝堂院の構造もまた唐の長安城の宮城・皇城、さらにいえば中国の伝統的な三朝をもつ王宮の系譜を引くものであろうことは容易に想定できる。しかもさきに試みた京城の比較においては、平城京に先行する藤原京・難波京が隋・唐の長安城よりも、むしろそれ以前の南北朝の都城に近いことを明らかにした。したがって宮の場合も、前期難波宮が中国の王宮の系譜を引くものであることは明白としても、なお唐の長安城の宮城・皇城との相違について、そうした観点に着目して考察を進めなければならない。

その場合、前期難波宮と平城宮との顕著な相違としても注目されているのが、いわゆる大極殿と推定する建物(SB一八〇一)の前の東西に対置された長殿の性格である。これを初期の朝堂とみる説もあるが、(58) それには大極殿門(SB三三〇一)以北の部分と以南の朝堂院部分の間に造営時期の前後があったとしなければならない。しかし両者は共通の造営尺と地割によって設計されていることが指摘されており、(59) 私も以上述べてきたような視点からその説はとらない。それではこの長殿は何かということになる。隋・唐の長安城太極宮でも太極殿の前にそのような建物はないらしい。ところが『水経注』(巻十三)㶟水条には、「魏天興二年遷㆓都於此㆒、太和十六年破㆓太華安昌諸殿㆒、造㆓太極殿東西堂及朝堂㆒」とあって、北魏は洛陽に遷都する以前の都であった平城(山西省大同市)において、太和十六年(四九二)に太華・安昌の諸殿を壊ち、太極殿と東西堂、および朝堂を造ったという。すでに述べたように、太極の称呼は少なくとも魏の洛陽城南宮に遡るが、それを継承した北魏洛陽城の太極殿にも東西堂があったかどうかはわからない。

しかし後趙の石虎が咸康二年(三三六)ごろに造営した鄴都北城について、同じく『水経注』(巻十)濁漳水条には「石氏、於二文昌故殿処一、造二東西太武二殿一」とあり、『晋書』(巻一〇六)載記六にも「幽二邃于東宮一、既而赦之、引二見太武東堂一」とある。やや不明確なところはあるが、[60]やはり後趙の鄴都北城においては、魏の文昌殿の址に太武殿を建て、それに東堂・西堂があったと考えるべきであろう。なお太武殿には前殿のあったことが、たとえば『晋書』(巻一〇七)載記七に「於レ是貫レ甲曜レ兵、入レ自二鳳陽門一、升二于太武前殿一、擗踊尽レ哀」とみえることによって知られる。その後東魏の孝静帝は興和元年(五三九)に同じ鄴都において、北城の南に接して南城を営んだが、その鄴都南城は北斉にも継承された。そしてその鄴都南城の南宮にやはり太極殿があったが、[61]それに東堂・西堂および前殿のあったことが記録にみえている。[62]すなわち『北斉書』(巻二・四)神武帝本紀と文宣帝本紀には武定五年(五四七)六月壬午と同八年正月辛酉に、それぞれ東魏帝が東堂で哀を挙げたとみえるが、これは太極殿東堂のことであろう。また同じく『北斉書』(巻四)文宣帝本紀によると、北斉の文宣帝は武定八年五月戊午に南郊において帝位に即いたのち南宮に還り、太極殿の前殿に御して詔を発している。

また『歴代宅京記』(巻十三)が建康(江蘇省南京市)について記すところを検すると、まず『晋書』(巻七)成帝本紀には、咸和四年(三二九)正月蘇碩が台城を攻め、太極東堂を焚いたとあり、『梁書』(巻四十五)王僧弁伝には、僧弁が台城に拠った夜、軍人の失火から太極殿および東西堂などが焼けたことがみえ、同じく『陳書』(巻二)高祖本紀には、永定二年(五五八)十二月太極殿東堂において群臣を宴したとある。さらに『資治通鑑』晋紀には、興寧三年(三六五)二月に哀帝が西堂に崩じたことを記すが、これに対し胡三省は、「西堂太極殿西堂也、建康太極殿有二東西堂一、東堂以見二群臣一、西堂為二即安之地一」と注し、建康の太極殿にも東西堂があり、東堂は群臣に見えるところ、西堂は即安の地としている。

このように中国では後趙・北魏・東魏、また東晋・梁・陳と、隋・唐以前の都城において、その王宮の太極殿、あるいは太武殿のようなそれに相当する建物の前には、左右に東堂・西堂が対置されていたらしいのである。

私は前期難波宮の東西長殿をこのような隋・唐の長安城以前の宮城にしばしばみえる太極殿東西堂の系譜をひくものと考えてみてはと考えている。このことは宮においても京と同様に日本の宮都が隋・唐以前の古い中国の都城の伝統的構造を継承していることを示す。さらに前期難波宮においては、大極殿に比定する建物（ＳＢ一八〇一）が背後の内裏正殿かと推定する建物（ＳＢ一六〇三）と軒廊（ＳＣ一七〇一）で結ばれている。こうした構造は二つの建物が本来密接な関係にあったことを示すもので、さきに述べた鄴都北城の太武殿や、同じ南城の太極殿における前殿を考慮に入れるならば、東西長殿をもつ大極殿相当建物（ＳＢ一八〇一）がその前殿の系譜をひくものにあたり[63]、軒廊で結ばれた背後の建物こそが本来の大極殿、つまり内朝の路寝に相当すると解すべきでなかろうか。こう考えると、東西長殿は朝堂院の朝堂ではなく、むしろ平城宮の内裏（第二次）正殿の前に東西に二つずつ対置される建物、つまり平安宮の紫宸殿の前に東西に並ぶ宜陽殿・春興殿と校書殿・安福殿につながるものとみた方がよいのではなかろうか。この前期難波宮の東西長殿ははじめ桁行一六間で、北五間と南一一間に区切られていたというのも、そう考えると意味があるかも知れない。また藤原宮において、大極殿の東西に回廊に接続して存在する七間×五間の南北棟の建物は、大極殿前の東西長殿が大極殿院から姿を消し、内裏に移る過渡的形態を示したものかも知れない。一つの試案として提示しておく。

なお前期難波宮の遺構において、藤原宮以後の他の宮との相違点としていまひとつ注目されるのは、大極殿門（ＳＢ三三〇一）の東西に複廊に囲まれて存在する八角形の建物（ＳＢ四二〇一）である。東のものはまだ発掘されていないから、西と同様に八角形の建物があったとは断定できないが、その性格については種々の説が提起されているようである[64]。位置からすれば、さきの肺石・登聞鼓との関係も考慮しなければならないし、また唐の長安城においては貞観四年（六三〇）に太極殿の東隅と西隅にそれぞれ鼓楼と鐘楼を置いているから[65]、そうしたものを想定するのも一案であろう。それと同時に『春秋公羊伝』（定公二年）にみえる「雉門及両観災」の注には「雉門両観、皆天子之制、門為二其主一、観為二其飾一、故微也」とある。雉門はさきにも説明を加えたように、天子の応門ともみられ、『礼記図』も雉門の両側に観を記している。応門は大極殿門に相当するから、前期難波宮の八角形の建物をそうした観点からみる必要もあろう。もし雉門の両観の系譜を引くものとすれば、さきの東西長殿とともに、そこにも中国の伝統的都城の構成理念を垣間みることができるのである。

七　難波宮の歴史的意義

さて私は難波宮の系譜をたどって迂遠な考察を進めてきたが、その結果、いちおうつぎのような諸点が明らかになったと思う。まず難波京は遅くとも天武朝初年には設けられていたと考えられるが、それは藤原京の構造に近似したものであったと推定される。そしてその藤原京を隋・唐の長安城と比較するとき、平城京と隋・唐長安城との相違にも増して、いくつかの重要な点で相違が認められ、藤原京が長安城を祖型としたとは考えられず、むしろ隋・唐以前の中国の都城、それは『周礼』や『礼記』にその理念の示された中国の伝統的王城の形式に則ったものであるが、そうした中国の都城の古典的な構造を多くの点で継承したものであると考えられる。したがって難波京がもし藤原京と親近な関係にあったとすれば、同じことは難波京についてもいえることになる。つぎに宮の問題であるが、いわゆる前期難波宮は推定した難波京と密接な関係にあると認められる。そしてその宮はのちの藤原宮・平城宮などに系譜的につながって行き、また隋・唐長安城の宮城・皇城とも原理的には結びつくが、この場合も前期難波宮には長安城や藤原宮・平城宮ではみられない中国の隋・唐以前の王宮との類似点が指摘できるのである。

前期難波宮が果たして孝徳朝白雉年間に完成した難波長柄豊碕宮そのものにまで遡りうるか否かは、今後の発掘調査の成果を慎重に見守ることとして、このようにその系譜を追究した場合には、中国の隋・唐以前の都城・王宮の影響がそこに強く認められるのである。こうした私の一つの推定は、従来の日本の都城の源流をすぐ隋・唐の長安城や洛陽城に求める通説に強く再考を促すことになるが、同時にその歴史的意義に考えを及ぼすとき、また多くの重要な問題を提起すると思う。すでに詳説する余裕はないので、問題の提起のみに終わるが、あえて付記しておこう。その一つ、孝徳朝の難波宮造営の技術的最高責任者が荒田井直比羅夫であったことはよく知られるところである。それは『日本書紀』大化三年(六四七)是歳条に、工人大山位倭漢直荒田井比羅夫が難波に引く溝瀆を掘り誤ったため役民を酷使したと訴えられたとあること、同じく白雉元年(六五〇)十月条に、将作大匠荒田井直比羅夫が宮の堺の標を立てたとあることによって知られる。この荒田井直比羅夫は倭漢氏の同族であるが、のちの平城京の造平城京司大匠坂上忌寸忍熊や、またそれよりさきの百済大宮・百済大寺造営の大匠書直県もやはり倭漢氏である。書直県は別に百済船を造ることにも関係しており[66]、また同じ倭漢氏の沙門智由は測量に必要な指南車を造っている。このように都城・宮室の造営に倭漢氏が主導的役割を果たしていたことは、すでに考察してきたような構造をもつ中国的都城の設計・造営の知識・技術を彼らが習得していたことを示すが、それがどのような過程をへて彼らのものとなったかが問題である。とくに前期難波宮の場合、その構造に隋・唐以前の要素が濃厚に認められることは、問題の重要性をいっそう高めることになったと思う。この問題は倭漢氏の系譜そのものに関わるかも知れないが、同じ倭漢氏一族は飛鳥寺の創建に関与し、また法隆寺金堂四天王像を作り、中宮寺天寿国繡帳を画いているという事実などもあるので[67]、そうした遺物そのものの研究から彼らの知識・技術の源流・伝来経路を探ることも必要であろうし、何よりもその関連性の有無を確かめるためにも、朝鮮三国の都城の考察は欠かすことができないであろう。

つぎに前期難波宮が孝徳朝の難波長柄豊碕宮であるか否かの断定はしばらく措くとしても、その構造が隋・唐の長安城と直接関わりなく、むしろそれ以前の南北朝の都城の影響を強く受けているという事実は、やはり歴史的にも重視すべき問題であろう。推古朝以後の新しい制度・文物の受容は隋・唐のそれの継受という線で考えるのが一般である。たとえば、日本の律令制度も基本的にはすべて唐の律令を継承したものと考える。しかしそうしたなかでも、班田収授法においてすべての女子・奴婢に、田積の差異はあるにしても、ともかく口分田を給したのは唐の均田法にはみられぬことで、北魏・北斉の制度に近いともいわれている。[68]また正倉院文書として残る大宝二年（七〇二）の美濃国および筑前・豊前・豊後の西海道諸国戸籍の記載様式は、唐の籍帳にはみられず、とくに後者の各戸の戸口の記載の後に記された戸口集計の書き方は、かえって西魏の大統十三年（五四七）の計帳様文書に類似している。[69]これらは律令制が確立してからも、なお唐以前の制度の残存している一例であるが、律令制が確立されて行く過程における南北朝的要素についてはなお他にもいくつかの指摘がある。こうしたことを考えると、前期難波宮や難波京・藤原京のもつ非隋・唐的要素の問題もそうした中で改めてより深く考えてみる必要があろう。それはまた逆にいえば初唐文化の流入時期の追究の問題ともなるが、この問題の解決も単に文献に基づく制度面からの考察だけでなく、たとえば鐙瓦瓦当文様の素弁蓮花文・単弁蓮花文から複弁蓮花文への転化、あるいは東魏尺（高麗尺）に代わる唐尺の採用、それに関わっている代制から町段歩制への転換などを材料として、即物的・多面的に考察を進めて行くべきであろう。

最後に難波宮や難波京を論ずる場合、難波においてのみとくに先行して中国的な都城・宮室を採用することが可能であったか否かという問題である。これはまだ明確になっていない近江京大津宮や倭京浄御原宮の構造を考える場合に、それらが難波より時期的に後代に属するにかかわらず、難波は特別であるとして、必ずしも難波にとらわれないでよいかどうかという問題なのである。浄御原宮の構造については別に論じたいと思っているが、朝庭における拝礼に関して、日本古来の跪礼・匍匐礼を難波朝庭において敢然と立礼に改めようとしたにも拘わらず、その後も容易に改正できなかったという事実などから推せば、[70]あながちそうした可能性を否定することもできないように思う。

（1）　諸橋轍次『大漢和辞典』巻三、「國」の解字の項参照。
（2）　駒井和愛「中国の都城」（『日本古代と大陸文化』、昭和二十三年六月所収）。

(3) 那波利貞「支那首都計画史上より考察したる唐の長安城」(桑原博士還暦記念会編『桑原博士還暦記念東洋史論叢』、昭和五年十二月所収)。鄴都南城の理解は後述の私説とやや異なる。

(4) 駒井和愛「中国の都城」(前掲)。

(5) 森鹿三「北魏洛陽城の規模について」(『東洋学研究』歴史地理篇、昭和四十五年十一月所収)。

(6) 原田淑人・駒井和愛『東京城』(『東方考古学叢刊』甲種五、昭和十四年三月)、鳥山喜一・藤田亮策『間島省古蹟調査報告』、康徳九年(一九四二)九月、三上次男「渤海国の都城と律令制」(『日本の考古学』七歴史時代(下)、昭和四十二年八月所収)など。

(7) 岡崎敬「隋・大興＝唐・長安城と隋唐・東都洛陽城——近年の調査成果を中心として——」(『仏教芸術』五一、昭和三十八年五月)。

(8) 平安京の坊名は長安城・洛陽城の坊名からとったものがほとんどであるが、必ずしも左京洛陽・右京長安とはなっていない。坊名は『掌中歴』による。

	長安城	洛陽城	未詳
左京	永昌坊・崇仁坊	教業坊・宣風坊・淳風坊・安寧坊・陶化坊・銅駝坊	桃花坊
右京	永寧坊・宣義坊・光徳坊	豊財坊・毓財坊・銅駝坊	延嘉坊・開建坊・桃花坊

(9) 『拾芥抄』(京程)には「東京号ニ洛陽城一、西京号ニ長安城一」とあり、『帝王編年記』(巻十二、桓武天皇条)にも「東京愛宕郡、又謂ニ左京一、唐名洛陽、西京葛野郡、又謂ニ右京一、唐名長安」とある。

(10) 『日本紀略』弘仁九年四月庚辰条。

(11) 『続日本紀』神護景雲三年正月丁丑条。なお名称とは別に平城宮が東へ逆L字形に張り出している形は、唐の洛陽城が宮城・皇城の東に東城と含嘉倉城を同じような形でもっていることを想起させる。

(12) 岸俊男「遺存地割・地名による平城京の復原調査」(奈良国立文化財研究所『平城京朱雀大路発掘調査報告』、昭和四十九年三月所収、本書第八章)。

(13) 『三代実録』貞観三年七月二十八日庚子条、延暦七年十一月十四日付「六条令解」・延喜十二年七月十七日付「七条令解」・延長七年六月二十九日付「七条令解」(『平安遺文』一—二、三一八、三三七ページ)など。

(14) 九条坊門小路は唐橋小路ともいう。

(15) 同じことは『三代実録』貞観四年三月八日丙子条に、「太政官処分、令下左右京職朱雀路毎二坊門一置二兵士二人一分レ番掌護上、左右兵衛府夜行兵衛等毎夜巡二検兵士直番一」とある。

(16) この記事から各坊門がかなり大きな門であったことが推されるが、『小右記』治安三年六月十一日条には「上達部及諸大夫令レ曳二法成寺堂礎一、或取二宮中諸司石、神泉苑門幷乾臨閣石一、或取二坊門羅城門左右京職寺々石一云々、可レ嘆可レ悲、不レ足レ言」とあって、法成寺建立のため坊門の礎石を転用したことが知られる。

(17) 管見に入った修理左右坊城使の史料を列挙しておく。

天長四・六・二十三	件坊城依二撿破損使散位従五位下伴宿禰嗣枝等勘定一、無レ損之処具付二京職一、修理功畢之処、職更撿領、…	『類聚三代格』巻十二、斉衡二年九月十九日太政官符所引太政官符清原夏野宣
天長八・十二・九	応三左右坊城使幷侍従厨防鴨河葛野河両所五位以下別当四年遷替兼責二解由一事	『類聚三代格』巻五、太政官符
承和六・三・十五	修理坊城使員左右各二員、今省定置二各一員一	『続日本後紀』
仁寿二・三・二十	奉レ勅、停二修理左右坊城使一隷二木工寮一、宜二官物一事已上受領一	『類聚三代格』巻十二、斉衡二年九月十九日太政官符所引、太政官符
斉衡二・九・十九	応レ修二理坊城非理之損一事	『類聚三代格』巻十二、太政官符
貞観十五・十・十	勅、左右坊城使仁寿二年既従二停廃一、隷二木工寮一、今彼寮作事繁多、難レ耐二兼済一、宜二復レ旧置一之、	『三代実録』
貞観十五・十・十六	任二左右宮(ママ)城使判官主典等一、	『三代実録』
寛平二・十・十六	応下停二修理左右坊城使一置中修理職上事	狩野本『類聚三代格』巻四、太政官符

(18) 同じく『延喜式』(左右京職)にも「凡大路建二門屋一者、三位已上及参議聴レ之、雖二身薨卒一、子孫居住之間亦聴、自余除レ非二門屋一、不レ在二制限一、其城坊垣不レ聴レ開」とある。なお『続日本紀』天平三年九月戊申条、および『三代実録』貞観十二年十二月二十五日壬寅条参照。

(19) 『平安遺文』四―一三〇三ページ。

(20) 福山敏男「唐長安城の東南部――呂大防長安図碑の復原――」(『古代学』二―四、昭和二十八年十一月)など。

(21) 岸俊男「遺存地割・地名による平城京の復原調査」(前掲)。『日本後紀』弘仁元年九月己酉条に、東国に向おうとした平城太上天皇が兵に遮られてそこから平城宮に引き返したとある大和国添上郡越田村の地である。なお『大和名所図会』に「堀川院百首」を引いて掲げる永井池もこの池のことであろう。

(22) 曲江池についてはたとえば「人生七十古来稀」の句を含む杜甫の曲江を詠じた詩二首がある。

(23)

	幸	御
皇后宮	天平二・正・十六、天平九・十二・二十七、	
松林宮	天平十・正・十七(松林)	天平元・三・三(松林苑)、天平二・三・三(松林宮)、天平七・五・五(北松林)
大蔵省	宝亀三・六・三十、宝亀七・九・二十、	天平十・七・七、
東　院	神護景雲元・二・十四、	天平勝宝六・正・七、神護景雲元・正・十八・神護景雲三・正・八(東内)、神護景雲三・正・十七、
大　学	神護景雲元・二・七、	

(24)『続日本紀』天平十七年五月乙亥条。

(25)『唐両京城坊攷』巻二、『長安志』巻七。

(26)『洛陽伽藍記』巻一によると、国子学は閶闔門の南、御道の東ぞいで司徒府と宗正寺の間にあった。

(27) 詳細は岸俊男「日本の宮都と中国の都城」(上田正昭編『日本古代文化の探究 都城』、昭和五十一年五月所収、本書第十三章)。

(28) 奈良県教育委員会『藤原宮——国道一六五号線バイパスに伴う宮域調査——』(『奈良県史跡名勝天然記念物調査報告』二五、昭和四十四年三月)。

(29) 奈良国立文化財研究所『飛鳥藤原宮発掘調査出土木簡概報(二)』(昭和五十年十二月)。

(30)『歴代宅京記』巻十二所引の「鄴中記」に、「宮東西四百六十歩、南北連㆓後園㆒、至㆓北城㆒、合九百歩」とある。

(31)『日本書紀』天武十四年十一月戊申条には、冬至に白錦後苑に幸したことがみえ、顕宗元・二・三年には三月上巳に後苑に幸して、曲水の宴を催したと記されている。

(32) 今泉隆雄「所謂『平城京市指図』について」(『史林』五九—二、昭和五十一年三月)。
(33) 奈良国立文化財研究所『奈良国立文化財研究所年報』一九七六(昭和五十一年十一月)。
(34) この実測図は明治七年実測に着手され、翌年には原図が完成したらしい。
(35) 岸俊男「難波—大和古道略考」(小葉田淳教授退官記念事業会編『小葉田淳教授退官記念国史論集』、昭和四十五年十一月所収、本書第五章)。
(36)『日本書紀』仁徳十四年条には「是歳作二大道一置二於京中一、自二南門一直指之、至二丹比邑一」とある。
(37) 沢村仁「難波京について」(難波宮址顕彰会・大阪市立大学難波宮址研究会『難波宮址の研究——研究予察報告 第六——』、昭和四十五年所収)、藤岡謙二郎「古代の難波京域を中心とした若干の歴史地理的考察」(織田武雄先生退官記念事業会編『織田武雄先生退官記念人文地理学論叢』、昭和四十六年六月所収)。
(38) 中尾芳治「難波宮と難波京」(上田正昭編『都城』(前掲))には長山雅一氏説・木原克司氏説が図示されている。
(39) 中山修一「長岡京」(『歴史公論』一〇、昭和五十一年十月)。
(40) 摂津職については、利光三津夫「摂津職の研究」(『律令及び令制の研究』、昭和三十四年十二月所収)、坂元義種「摂津職について」(『待兼山論叢』二、昭和四十三年十二月)などがある。
(41) 正倉院文書天平二十年四月二十五日「写書所解」(『大日本古文書』三—七八ページ)に「摂津国西城郡美努郷戸主春日部荒熊」、『大安寺伽藍縁起并流記資財帳』に「合処処庄拾陸処……摂津国一処　在西城郡長溝郷庄内地二町　東田　西海即船津南百姓家　北路之限」、とあり、さらに『行基年譜』(『続々群書類従』三史伝部)に引く「天平十三年記」にも「白鷺嶋堀川長百丈、広六十丈、深九尺已上在二西城郡津守里一」など五か所にすべて「西城郡」とみえる。これらはすべて西生(成)郡に関する初期の史料なので、井上光貞氏も指摘するごとく、はじめ西城郡といい、天平末年ごろから西成、ついであるいは西生と書くようになったのであろう(井上光貞「行基年譜、特に天平十三年記の研究」、竹内理三博士還暦記念会編『律令国家と貴族社会』、昭和四十四年六月所収)。さらに私はこれは西城郡のみでなく、史料はないが、東城郡にも共通し、その「城」とは『日本書紀』天武五年是年条などにみえる「新城」の「城」と同じく都城の意でないかと考えるが、その考察は別稿にゆずりたい。
(42) 岸俊男「記紀・万葉集のミヤコ」(『日本歴史』三三二、昭和五十一年一月、本書第十章)。
(43) 坂元義種「摂津職について」(前掲)。

(44) 利光三津夫「摂津職の研究」(前掲)。
(45) 難波京存続期間中の史料に現われる郷名は、東生郡―酒人郷、西生郡―長溝郷・美努郷、百済郡―東郷・南部郷である。池辺弥『和名類聚抄郷名考証』(昭和四十一年十一月)参照。
(46) 『日本書紀』欽明二十二年是歳条(難波大郡)、敏達十二年是歳条(小郡)、推古十六年九月乙亥条(難波大郡)、舒明二年是歳条(難波大郡)など。
(47) 概測すれば、藤原宮の場合は、大極殿門―朱雀門間が約四五四メートルで、朝堂院南北長が約三一五メートルであるから、朝堂院南門と朱雀門間の距離は一三八メートルとなる。これに対し前期難波宮の場合、SB一八〇一が宮の中心にあるとすれば、その中心から朝堂院南門までの距離は六一・三八m＋二八一・六九m＝三四三・〇七mとなり、宮域が藤原宮と同じと仮定すれば、朝堂院南門と朱雀門間の間隔は一一〇メートルとなる。
(48) 中尾芳治「難波宮と難波京」(前掲)は難波宮の現在の問題点を要説している。
(49) 岸俊男「朝堂の初歩的考察」(橿原考古学研究所編『橿原考古学研究所論集 創立三十五周年記念』、昭和五十年十二月所収、本書第十一章)、同「都城と律令国家」(『岩波講座日本歴史』古代二、昭和五十年十月所収、本書第十二章)、同「日本の宮都と中国の都城」(前掲)。
(50) 中庭の用例について、『延喜式』大舎人寮追儺条にみえる中庭は内裏のそれをさすが、式部下考問条の中庭は朝堂院のそれをいう。平安宮では内裏と朝堂院が分離しているので用法はやや異なる。
(51)(52) 『大唐六典』巻七、工部員外郎条。
(53) 『資治通鑑』唐紀、太宗貞観二年十月条。
(54) 関晃「鍾匱の制と男女の法」(『歴史』三四、昭和四十二年三月)参照。『旧唐書』巻六則天武后垂拱二年三月条には、「初置二匭於朝堂一、有下進二書言一事者上、聴レ投レ之、由レ是人間善悪事多所二知悉一」とある。
(55) 岸俊男「朝堂の初歩的考察」(前掲)。
(56) なお『続日本紀』天平十二年正月丁巳条にも、中宮閤門に御して渤海使己珎蒙らが本国の楽を奏し、これに対して帛綿を賜わったことがみえる。
(57) 岸俊男「朝堂の初歩的考察」、同「都城と律令国家」(いずれも前掲)。

(58) 直木孝次郎「大極殿の起源についての一考察——前期難波宮をめぐって——」(『人文研究』二五—一、『飛鳥奈良時代の研究』、昭和五十年九月所収)。
(59) 中尾芳治「前期難波宮をめぐる諸問題」(『考古学雑誌』五八—一、昭和四十七年七月)。
(60) 村田治郎「鄴都略考」(『建築学研究』八九、昭和十三年九月)。『晋書』巻一〇六に太武殿基が東西七五歩、南北六五歩とあるのは、太武殿が東西棟の建物であったことを示すというから、「東西大武二殿」は太武殿と東西二殿の意であろう。
(61) 『歴代宅京記』巻十二所引の「鄴中記」に、「閶闔門之内有二太極殿一」とある。
(62) 村田治郎「鄴都略考」(前掲)参照。なお『歴代宅京記』も太極東堂・太極西堂が太極殿の東西にあったとするが、典拠は示していない。
(63) 日本における前殿の用例にはつぎのようなものがある。

浄御原宮

前殿(持統三・正・朔、万国を朝す)

平城宮

西宮前殿(天平神護元・正・朔、朝賀)(神護景雲二・十一・二十二、新嘗豊楽)(神護景雲三・正・三、法王道鏡に賀拝)

前殿(宝亀七・正・朔、五位以上に賜宴)(宝亀七・四・十五、遣唐使に節刀を賜う)(宝亀八・正・朔、五位以上に賜宴)(宝亀八・正・十六、次侍従以上に賜宴)

長岡宮

前殿(延暦七・正・十五、皇太子元服)

平安宮

前殿(延暦十六・正・朔、侍臣以上に賜宴)(延暦十六・十・八、啄木鳥)(延暦十八・正・朔、侍臣に賜宴)(延暦二十三・正・朔、次侍従以上に賜宴)(延暦二十四・十・二十八、読経)(大同元・正・朔、次侍従以上に賜宴)(大同元・二・二十三、設斎)(大同二・四・朔、宴飲)、(大同四・正・朔、五位以上に賜宴)(弘仁二・九・九、曲宴)(弘仁三・正・朔、侍臣に賜宴)(弘仁五・正・朔、侍臣に賜宴)(弘仁六・正・朔、侍臣に賜宴)(弘仁七・正・二、侍臣に賜宴)(弘仁八・正・朔、次侍従以上に賜宴)(弘仁九・正・朔、侍臣に賜宴)(弘仁九・四・二十七、仁王経を講ず)(弘仁十・正・朔、侍臣に

賜宴)(天長二・正・三、侍臣に賜宴)

これらの用例からみて、前殿は宮の正殿をさすものとみれば、平城宮では内裏正殿、したがって平安宮ではのちの紫宸殿をさすとみられる。故に宮において内裏正殿と大極殿が未分化のときには、大極殿を前殿とみることができよう。

(64) 難波宮址顕彰会『難波宮跡研究調査年報』一九七二(昭和四十八年八月)。

(65) 『長安志』巻六、『唐両京城坊攷』巻一によると、『永楽大典』に載せる「閣本太極宮図」は鐘楼を東、鼓楼を西とする。

(66) 書直県が舒明天皇の死に対して百済から遣わされた弔問使のもとに赴き、その消息を聞いているところからすれば、百済の言語を解することもできたのであろうか(『日本書紀』皇極元年二月戊子条)。

(67) 『元興寺伽藍縁起并流記資財帳』に収める塔露盤銘には山東漢大費直麻高垢鬼・意等加斯、『上宮聖徳法王帝説』に載せる天寿国繡帳銘には東漢末賢、法隆寺金堂広目天像光背銘には山口大口費(白雉元年紀に千仏像を刻むとみえる)の名がそれぞれみえる。

(68) 滝川政次郎『律令時代の農民生活』(昭和二十七年十一月)。なお虎尾俊哉『班田収授法の研究』(昭和三十六年三月)参照。

(69) 山本達郎「敦煌発見計帳様文書残簡――大英博物館所蔵スタイン将来漢文文書六一三号――」(『東洋学報』三七―二・三、昭和二十九年九月・十二月)、曾我部静雄「西涼及び両魏の戸籍と我が古代戸籍との関係」(『法制史研究』七、同『律令を中心とした日中関係史の研究』、昭和四十三年一月所収)、仁井田陞「敦煌発見の中国の計帳と日本の計帳」(『中国法制史研究』二、土地法・取引法、昭和三十五年三月所収)、など。

(70) 岸俊男「朝堂の初歩的考察」(前掲)。

第十五章　難波の都城・宮室

はじめに

山根徳太郎氏といえば、誰しも「難波宮」を想起するに違いない。しかし私の場合は、私が学生であった昭和十八年(一九四三)二月の京都大学読史会大会で、氏が発表された「北京のお正月」という演題が不思議と記憶に残っている。氏は昭和十六年四月から一年間、文部省在外研究員として中国に留学され、長く北京に滞在されたので、これはそのおみやげ話であったわけであるが、同時にこの北京滞在が契機となって、氏はそのころから中国の都城に大きな関心をもちはじめられたらしく、帰国していくつかの論考を書かれたが、(1)大阪市立大学文学部の機関誌『人文研究』第一巻第二号(昭和二十四年十二月刊)に発表された「元『大都』の平面配置」もその一つである。(2)したがってその後ほどなく開始された難波宮の発掘調査においても、氏は絶えず難波宮と中国の都城との関係に深い注意をはらっておられたようである。また『難波宮址の研究――研究予察報告 第四――』(昭和三十六年八月)に収載された「聖武天皇難波宮の研究」においても、その第二章を「難波宮と大明宮」とし、その中で難波宮は隋・唐の長安城に範をとって経始されたもので、とくに長安城大明宮付近の地理的景観は難波宮周辺の状況とよく似ていると、氏の実見に基づく意見を述べておられる。

こうした氏の中国都城に対する深い関心に鑑み、難波の都城・宮室の問題について、そうした観点から、私なりに少しく考察を加え、追悼の一篇として氏に捧げたいと思う。

一　難波京の想定

飛鳥浄御原宮に即位した天武天皇は、即位後もしきりに新都の造営を計画していたが、天武十二年(六八三)十二月に至って「凡都城宮室非二一処一、必造二両参一、故先欲レ都二難波一、是以百寮者、各往之請二家地一」という詔を発し、中国的な複都思想によって難波を副都とすることを宣言した。そして官人に難波に家地を求めるように命じているが、遷都と宅地班給が不可分な関係にあるのちの都城の諸例から推して、(3)それは少なくともこの時点に難波京の存在を推定しうる有力な論拠となろう。しかし『日本書紀』によると、それ以前の天武八年十一月にはじめて竜田山と大坂山に関を置き、難波に羅城を築いたことがみえる。竜田山と大坂山はそれぞれ竜田道と大坂道によって大和と河内・難波を結ぶ要衝であるが、そこに関を置いたことと難波に羅城を築いたことがいかに結びつくのかは、二つの事実を述べる文章を接続している「仍」という字の用法に照らしても、必ずしも明らかでない。ただ天武十二年十二月に伊勢王らが諸国を巡行して国界を定めたことがみえるので、二関の設置も大和・河内の国界を明確にする意図をもつものであったとすれば、羅城は都城の外郭であるから、その築造は、同じように難波京の京域を設定するのが目的であったかも知れない。ともあれこの記事は、難波京の存在を天武十二年以前、天武八年の時点にまでさかのぼらせて考えうる一つの史料といえよう。

いま一つは、さらにさかのぼった天武六年十月に、内大錦下丹比公麻呂を摂津職大夫に任じたという記事が、同じく『日本書紀』にみえることである。同時に内小錦上河辺臣百枝が民部卿に任ぜられているが、このような任官記事は遣使の場合を除いて、天武紀ではきわめて特異であり、摂津職大夫や民部卿という官名の表記法も追記の可能性が大きく、摂津職大夫の冠位が民部卿より上位であることも、のちの官位令の官位相当と異なるから、(4)その取扱いには慎重な配慮が必要である。また後述のように、摂津職の存否は必ずしも難波京と直接的には結びつかないのではないかと考えられる。したがって天武五年紀から京・京師の称呼が畿内と相並んで頻出することも、そのころに行政区画としての京・畿内が成立したことは想定しえても、これまた難波京の存在を直接立証することにはならない。

それはともかくとして、はじめに掲げた二つの史料は天武八―十二年のころに難波京の成立していたことを想定させるものといえよう。それではその難波京とはどういう構造をもったものであったろうか。

私は昭和四十一年(一九六六)末から始められた藤原宮の緊急発掘調査において、宮の北限を画する掘立柱の柱列が検出された段階で、藤原宮および藤原京の推定復原を試みた。それはすでにしばしば説明したように、藤原京は大和の古道である中ッ道・下ッ道と、上ッ道に接続する山田道、および横大路をそれぞれ東西・南北の京極とする東西四里・南北六里(一里＝三〇〇歩＝約五三〇メートル)の範囲内に十二条八坊の条坊制に基づいて設定されたもので、藤原宮はその中央やや北寄りに方二里の地域を占めて位置するというものであった。ちょうどその藤原京の復原を試みていたころ、難波京についても藤原京との関連性の有無を検討してみた。その基本資料としたものは内務省地理局が明治十九年(一八八六)一月に作成した五〇〇〇分の一大阪実測図であるが、(5)それによると四天王寺の東方、すでに検出された難波宮中軸線の南への延長線(この中軸線を南へ延長すると、既述のように摂津・河内の国境と一致し、大津道・丹比道と直交する)にそうところに、推定復原を試みた藤原京の一坊とちょうど同じ一辺約二六五メートルの方格地割が南北に並んで存在することが知られた。この事実を基礎にさらに検討を進めたところ、つぎのようないくつかの事実が明らかになってきた。

(1)まず難波宮中軸線にほぼ一致するように南北に通ずる道路が存在する。北半はやや方位が北で東に偏しているが、南半は方位も中軸線に一致する。しかもその道路に直交する東西の道路・畦畔の間隔を図上で測定すると、さきの一坊の一辺の長さ二六五メートル、あるいはその1/2に適合するものがかなり多く認められる。

(2)つぎに難波宮中軸線から東と西にそれぞれ藤原京と同じ四坊＝二里＝約一〇六〇メートルをとってみると、東は北流する猫間川の線に近く、西は東横堀川がすぐ西を流れることになる。それはまた上町台地の東縁と西縁にほぼ一致する。さらにその西京極と仮定した線は、北は天神橋を渡って天神橋筋となって北上し、南もやや方位は偏しつつも、四天王寺北西付近まで一本道となって通じている。

(3)同じく大阪実測図を検すると、四天王寺の寺域の南限に当たるところに、西は茶臼山古墳から東は御勝山古墳の南にかけて、東西の直線道路が遺存している。また四天王寺の南には「往大道」の小字名が認められるが、これは「横大道」の意かも知れない。

(4)(3)の道路の南には、さきに述べた一坊の方格地割の一つがさらに存し、その東には「南門」の小字名があり、それから南には条坊制の地割は認められないようで、かえって条里制的な「十六」の小字名がある。またいわゆる奈良街道はその付近で難波宮中軸線の道路と交わる。

以上のような五〇〇〇分の一大阪実測図からえられた若干の知見と、その時までの発掘調査の成果による難波宮の位置から、私はいちおう難波京をつぎのように想定してみた。まず難波宮は、藤原宮と同じように内裏・朝堂院を宮の中央に置き、その宮域も藤原宮と同じく方二里を基準とする。つぎに難波京は、その難波宮を上町台地の中央北寄りに置き、東西幅はやはり藤原京と同じく四里＝八坊で、東京極の外を猫間川が流れ、西京極の外が東横堀川となる。したがって一坊の大きさも藤原京と同じく方1/2里＝約二六五メートル四方となる。ただ南北の長さについては、宮の北、平野川までの間に藤原宮のような二条を設定するか、また南は(3)の「往大道」を南限とみるか、(4)のようにさらに一条南を南限とするか、なお不確定な要素が多い。しかしいずれにしても藤原京の一二条よりは条数は多くなる。しかしこうした推定復原による難波京は藤原京にきわめて近似したものとなることは事実である。

このように私が難波京の復原を試みているとき、沢村仁・藤岡謙二郎両氏もそれぞれ難波京の復原案を公表された。(6)

両氏とも一坊の大きさを藤原京と同じとみる点、またその条坊線も私案と一致するが、沢村氏は孝徳朝の難波京についていちおう十六条・十六坊とされた。しかし東西は藤原京同様八坊であった可能性もあり、右京に相当する船場・島の内は聖武朝難波京で外京として付加されたかも知れないとしながらも、なお安曇寺などの存在から孝徳朝難波京にもこの部分を除外しない方がよいのではなかろうかと述べておられる。[7] これに対して藤岡氏は、孝徳朝の難波京を藤原京と同じ十二条八坊とみたために、南限を四天王寺寺域の北の線に止め、それが聖武朝難波京でこんどは平城京と同じ規模に拡大されたと推定された。その後も若干の異説が提示されているようであるが、[8] 初期の難波京が藤原京に似た規模と構造をもつものであるとする点では諸説ほぼ一致しているといえよう。

しかし、難波京の京域を確定するにはなお十分な検討が必要であろう。そうした素材として『続日本紀』のつぎの二つの記事に着目してみよう。一つは延暦三年(七八四)五月癸未条で、そこには長岡京遷都の予兆として蝦蟇二万匹の行列のことが記され、「摂津職言、今月七日卯時、蝦蟇二万許、長可㆓四分㆒、其色黒斑、従㆓難波市南道㆒、南行池列可㆓三町㆒、随㆑道南行、入㆓四天王寺内㆒、至㆓於午時㆒、皆悉散去」とある。難波市の南の道を三町ほど行くと池があり、さらに南行すると、四天王寺の境内に入るという文意であろうが、それによると、難波京の市、おそらく西市であろうが、それは四天王寺の北、三町あまりのところに位置したことになる。この池を四天王寺の東北にある毘沙門池とみれば、難波京の西市は、難波宮の北限を北京極にとった条坊の数え方に従えば、右京十条二坊あたりに位置したことになる。藤原京の東西市の位置は明らかでないが、平城京は東市が左京八条三坊、西市が右京八条二坊、平安京は東西市とも七条二坊で、かなり南京極に近い。これに対して難波京の場合は、二坊であることは一致するが、南京極を前述のように四天王寺の南に推定した場合でも、平城京・平安京に比してかなり北寄りとなり、やや問題が残る。しかし市の位置は地形にも制約されるであろうし、また長岡京ではその東市を「古市」の地名に基づいて左京五条一坊付近に推定しており、これは難波京に近い。長岡京遷都には難波京からの遷都という意味がかなり濃厚なので、[9] このような両京の市の配置の近似性は推測できなくもない。

つぎは同じく天平勝宝五年(七五三)九月壬寅条に、摂津国御津村に南風が吹き荒れ、廬舎一一〇余区が損壊し、五六〇余人が水没に遭ったので、海辺の居民を京中の空地に遷したとある記事である。この御津村は難波御津(三津)、すなわち難波津のあった一帯をさし、現在の南区御津寺町付近とみる説が有力である。(10) とすれば、その付近は当時京中でなかったことになり、さきの沢村案による難波京説では御堂筋の少し西が西京極に相当するので、微妙な問題を提起することになる。

二 中国都城との関係

初期の難波京についてはなお論じなければならない問題があるが、それはしばらくおいて、その構造・規模が藤原京によく似ているとすれば、原型に関する問題がそこで提起されてくる。すでに別稿で詳しく考察したので、(11) 省説に従い、要点のみを述べることとしよう。

従来平城京の原型については、唐の長安京の直模とするのがいつしか通説となっていた。しかし藤原京の復原が可能となった結果、両京が大和の古道を基軸に密接に結びつくことが明らかとなり、その結果、平城京の原型としてはまず藤原京を考えねばならなくなり、したがって中国の都城との比較もまず藤原京と行なうことが必要となってきた。そこで藤原京と唐の長安城(隋の大興城)を比較すると、

(1) 藤原京は東西四里・南北六里の縦長の矩形であるのに対し、唐の長安城は東西約一八里・南北約一五里の横長の矩形である。そして縦長の藤原京は「九六城」とよばれた北魏の洛陽城内城や、東西六里・南北八里余の東魏の鄴都南城に近い。

(2)藤原京条坊制の基本単位となった一坊は、方1/2里の方形であるのに対し、長安城は朱雀門街にそう東西の坊だけが方形に近いのを除き、他の坊はすべて外形と相似の横長の矩形である。この点でも藤原京は方一里の坊(里)をもつ北魏洛陽城に近い。

(3)最近の発掘調査の結果明らかになったように、藤原京の各坊には十字の小路が通じているが、長安城では宮城・皇城以南の各坊だけは東西の小路のみで、南北に道を開いていない。これに対し、北魏洛陽城の各坊はやはり四面に各一門を開き、十字街を通じていて、そのような特別区のあった史料はない。

(4)藤原京においては、宮の北に二条分の余地があって、そこは園池であった可能性が大きいが、長安城の場合は、宮城は北限に直接していて、苑池は城外となっている。これに対して北魏洛陽城や東魏鄴都南城ではやはり宮城は北限に直接せず、その間に園池があったらしい。

(5)藤原京の市の位置・構造は未詳であるが、平城京の東西市については、知恩院所蔵のいわゆる「平城京市指図」の再検討によって、市は四町(坪)、すなわち藤原京の一坊の地域を占めることが明らかとなり、それが平安京にも継承されたことが知られた。[12]これに対して長安城の東西市はやはり方二里の方形であるが、一般の坊とは違って四周に二門ずつを開き、小路を井字形に通じており、藤原京とは構造が異なるらしい。しかし同じ中国でも隋の洛陽城の大同市などは方一里の四面に一門ずつを開き、十字街を通じている。

以上の諸点から推しても、藤原京の原型を唐の長安城(隋の大興城)に求めることは、平城京の場合にもまして困難であり、むしろ唐の長安城以前の中国の都城、すなわち北魏の洛陽城や東魏の鄴都南城に似た点が多い。ところで、藤原京が隋・唐の長安城でなく、それ以前の中国の都城にその原型を求めうるという事実は、かなり重要な意味をもっている。というのは、中国の都城の形式には大別すると二つの型があって、その一つは唐の長安城のように、宮城を京城の中央北限に接してもつ型であり、他の一つは宮城が北限に接せず、京城の中央付近にあるもので、北魏洛陽城（内城）や東魏鄴都南城はこの型に属する。そして後者の型が『周礼』考工記に、「匠人国を営む、方九里、旁三門、国中九経九緯、経涂九軌、左祖右社、面朝後市、市朝一夫」とある中国都城の伝統的理想型なのであり、前者はそれから後次的に展開したものなのである。後者すなわち『周礼』考工記型から隋・唐長安城型が生まれてくる過程の説明には、那波利貞説・駒井和愛説・森鹿三説などがあるが、[13] それはともかくとして、藤原京が『周礼』考工記の都城造営の原則を踏まえていて、単なる隋・唐長安城の模倣でないことが、すなわち重要なのである。そしていま初期の難波京がその藤原京に近いとすれば、同じことは難波京についてもいえよう。そうなると、ここで難波京と藤原京の先後関係が問題となるが、難波京の造営時期についてははじめに論じたように、いちおう天武八年（六七九）にさかのぼりうる。これに対して藤原京は一般には持統四年（六九〇）が造営開始の時期と考えられているが、私は『日本書紀』天武十三年三月辛卯条に「天皇京師を巡行して、宮室の地を定む」とある記事を、その造都計画決定の時点と推定している。したがってその時間差はきわめてわずかであるばかりでなく、同じ『日本書紀』には天武五年是年条に、「新城」に遷都しようとしたことがみえ、十一年にも三野王や宮内官大夫が「新城」に遣わされて地形を視察しており、天武天皇自身も行幸している。この「新城」を通説のように大和郡山市新木の地名とみず、「新しい都城」の意に解すれば、「新益京」ともよばれた藤原京の前身とみられぬこともない。とすれば、難波京と藤原京の先後関係は混沌としてくるので、しばらくその問題を保留して、考察をさきに進めよう。

三　難波宮と中国の宮室

つぎには難波の都城に対して、難波の宮室、すなわち難波宮について検討しよう。昭和二十九年（一九五四）以来今日まで二十数年に亘る山根徳太郎氏を中心とする関係者の営々たる努力によって、現在までに多くの輝かしい成果があがっている。いま検出された遺構について要約すると、[14]内裏・朝堂院の遺構には、中軸線は一致するが、南北に少しずれる、大別して二つの時期のものがある。すなわち、一つは内裏南半と大極殿院、および十二堂院の一部が明らかになっているが、奈良時代の屋瓦を出土し、天平尺で設計造営され、殿舎の配置や規模は平城宮（第二次）内裏・朝堂院と近似している。これを後期難波宮と仮称し、聖武天皇が神亀三年（七二六）十月に藤原朝臣宇合を知造難波宮事に任じて造営に着手し、天平六年（七三四）ごろまでかかって完成したいわゆる聖武朝難波宮に当てている。これに対していま一つの遺構は、柱跡の重複状況や出土層位からみて、前記の後期難波宮より古いもので、やはり内裏の一部と、大極殿院および十二堂院（南門を含めて）に相当する部分の大部分が検出されている。この遺構はすべて掘立柱で屋瓦を使用しておらず、柱間寸法も天平尺よりやや短い尺度（一尺＝二九・二センチ）によると完数のえられるものが多い。殿舎の配置や構造も他の諸宮と異なる点が多いが、この遺構が後期難波宮よりさかのぼるところから、前期難波宮とよび、しかも全面に火災に遭った徴証の認められることから、『日本書紀』朱鳥元年（六八六）正月乙卯条に「酉時、難波の大蔵省失火し、宮室悉く焚く」とある記事と対応させて、天武朝焼亡以前の遺構と考えられている。この前期難波宮が孝徳朝の白雉三年（六五二）九月に完成し、「その宮殿の状、殫くに論ずべからず」といわれた難波長柄豊碕宮にまでさかのぼりうるか否かについては、なお異論がないではない。しかしそれを藤原宮→平城宮→後期難波宮→（恭仁宮）→長岡宮→平安宮と展開していく内裏・朝堂院の祖型とみなすべきであるという点では見解が一致しているといえよう。その点では京の場合と違って藤原宮との先後関係は明らかと思うが、つぎには藤原宮の構造との異同を平城宮を参照しながら検討し、やはり中国の都城の宮城・皇城との比較を試みてみよう。この問題についても別稿ですでにやや詳しく論じたので、つとめて要説にとどめたい。[15]

まず平城宮の内裏・朝堂院（第二次）の構造をみると、内裏区郭（内郭・外郭）は大極殿院と分離し、大極殿院はむしろ朝堂院（十二堂院・朝集堂院）と一体化しているようにみえる。事実、のちの長岡宮や平安宮ではこの傾向が進展して内裏と朝堂院は完全に分離し、大極殿は朝堂院の正殿となる。しかし平城宮では内裏区郭と大極殿院をとり囲む築地が大極殿院の南門、つまり大極殿門から東西にのびて北折している。この形態は大極殿院は本来内裏区郭とともに一院を構成し、これこそが宮室(宮城)であり、朝堂院はその前に付属していたことを示すものと解される。そしてこれを唐の長安城の構造と比較し、さらに『大唐六典』の記すところなどと照応すると、内裏正殿が彼の両儀殿に相当し内朝、大極殿がやはり彼の太極殿に相当し中朝、そして大極殿門が彼の宮城正門たる承天門に相当し外朝、ということになろう。そして長安城においても承天門外の東西にやはり朝堂があったらしいが、その実態は明らかでなく、平城宮などのように多くの殿堂が並置されていたような記録はなく、ただそれぞれの前に寃抑直諫のための肺石・登聞鼓が置かれていたことは知られる。したがって朝政の場としての機能をなお果たしていた日本の諸宮の朝堂とはやや異なるらしく、日本の朝堂院はその周辺に配置されていた曹司とともに、彼の皇城の役割をになっていたとも考えられる。ともあれ唐の長安城においては宮城と皇城がすでに城壁で截然と区別され、朝堂は本来の機能を失って退化しつつあったのに対し、平城宮ではそうした傾向を示しつつも、やや趣きを異にしていたといえよう。

藤原宮の場合は、まだ内裏地区の発掘調査がほとんど行なわれていないので、大極殿院との関係など不分明な点を残しており、また相違する部分もあるが、基本的には平城宮の構造をさかのぼらせて考えてもよかろう。そこで藤原宮と前期難波宮を比較した場合、たとえば規模の点で、朝堂院東西幅や大極殿院東西幅が両者ほとんど等しいこと、また殿堂の構造の点で、前期難波宮の朝堂院西第一堂の梁行が三間であるのに対し、第二—四堂が梁行二間と短いことは、藤原宮の東第一堂が梁行の間数は四間と他の朝堂と同じながら、柱間寸法で他より長く、やはり両宮に同じ傾向がみられることなど近似する点が多く、前期難波宮のＳＢ三三〇一(七間×二間)は大極殿門に、ＳＢ一八〇一(九間×五間)は大極殿に、そしてＳＢ一六〇三(九間×五間)は内裏正殿に対応展開したと解すべきであろう。このような近似点も多いが、またかなり大きな相違点もある。たとえば(1)内裏正殿と推定したＳＢ一六〇三と大極殿と推定したSB一八〇一が軒廊（SC一七〇二）で結ばれていること、(2)大極殿と推定したSB一八〇一の前方東西に一六間×二間の南北棟の長殿が対置されていること、(3)大極殿門と推定したSB三三〇一の西に複廊で囲まれた八角形の建物（SB四二〇一、東は未確認）が存すること、などがそれである。また前期難波宮朝堂院の朝堂は現在では八堂と推定されているが、これは調査未了のためで、あるいは藤原宮と同様に十二堂が存したかも知れないから、相違点とするにはなお時期尚早であろう。

ところでこうした相違点をもちながらも、構造の基本形は前期難波宮から藤原宮をへて平城宮へと展開していったのであり、その平城宮の構造に、前述のようにやはり中国の宮城の影響を認めうるとすれば、逆にさかのぼって前期難波宮の構造も京の場合と同様に、そうした観点から考察してみる必要があろう。

その場合に注目されるのが、前期難波宮と藤原宮との相違点としてさきに指摘した(1)(2)の事実である。中国の都城において太極殿の称呼は『水経注』穀水条によって少なくとも魏の明帝のとき、すなわち三世紀前半にさかのぼる。その太極とは万物の根元を意味し、宇宙の本体であるために、それは天を支配する神で、占星思想によると紫微宮の中心に常居する星と考えられていた。このような太極を地上に実現しようとしたのが帝王の正殿としての太極殿であるから、それこそが都城・宮室の中心であった。ところが同じ『水経注』㶟水条には、北魏が洛陽に遷都する以前の都であった平城において、太和十六年（四九二）に太華・安昌の諸殿を壊ち、太極殿と東西堂、および朝堂を造ったとみえる。さらに濁漳水条には、それより以前後趙の石虎が咸康二年（三三六）ごろに造営した鄴都北城においても、魏の文昌殿の址に建てられた太武殿、すなわち太極殿相当建物には東西堂があったらしいことがみえ、また他の史料によって太武殿には前殿の存したことが知られる。こうした事例は他にもあって、東魏の孝静帝が興和元年（五三九）に造営した鄴都南城にも太極殿と、それに付属して東堂・西堂、および前殿があり、また東晋から南朝の梁・陳などの都となった建康においても、それぞれの時期に太極殿および東西堂のあったことが記録に散見され、『資治通鑑』にみえるその一史料に対して宋の胡三省は、東堂は群臣に見えるところ、西堂は即安の地と注している。

このように中国においては、後趙・北魏・東魏、あるいは東晋・梁・陳など南北朝以前の都城において、太極殿と、それに付属して東堂・西堂、あるいは前殿の存したことが知られるのであるが、これに対して唐の長安城太極宮の太極殿前にはそのような建物が存したようにはみられない。こう考えると、前期難波宮の構造は隋・唐よりもそれ以前の古い中国の都城の構造を継承しているともいえるのであって、この点はさきに京について考察した結果とも軌を一にすることになる。

四　文献史料の難波宮

ところで私は前期難波宮の構造をもっぱら検出された遺構に基づいて検討してきたのであるが、これを文献史料と照合した場合はどのようになるであろうか。この問題についてもすでに若干の考察を試みたが[16]、まず『日本書紀』の推古紀十二年(六〇四)九月・十六年八月壬子・十八年十月丁酉の各条、および舒明即位前紀の記事を重ねあわせて推古天皇の小墾田宮の構造を推定すると、南門(宮門)を入ると朝庭があり、そこには庁(朝堂)があって、さらに大門(閤門)を入ると、庭があり、そこに天皇の坐す大殿があるということになる。『日本書紀』の記事による推定復原であるから、この構造を小墾田宮そのものとみるには慎重でなければならないが、少しく検討を加えたところでは、基本的にはこうした内裏・朝堂の原初的構造をすでに有していたとみてもよいように思う。つぎは課題の孝徳朝であるが、同じく『日本書紀』大化三年(六四七)是歳条には、天皇が難波小郡を壊って造営した小郡宮[17]にあって、朝参の礼法を定めたことがみえる。それは、有位者は必ず寅時に南門外の左右に羅列し、日の出とともに門が開くと朝庭に入って再拝し、のち庁に入って政務を執り、午後に至って中庭にたてられた鍾を合図に退庁するというものであるが、その宮はやはり南門と朝庭・庁(朝堂)、あるいは中庭を有したもので、さきの小墾田宮の構造と一致する。

さらに白雉元年(六五〇)二月甲申条には、穴戸国から献上された瑞祥の白雉を輿に乗せ、天皇が親しくこれを観て「白雉」と改元する次第が詳しく記されている。この宮が難波のどの宮か的確に指摘できないが、長柄豊碕宮はまだ完成していない。その次第はつぎのごとくである。朝庭には元日の儀式のごとく隊仗が並ぶなかで、左右大臣以下の官人が紫門の外に四列に列立する。やがて粟田臣飯虫ら四人にかつがれた雉の輿を先頭にして、列立していた左右大臣や官人、百済・高句麗・新羅の人たちがそれに続き、紫門を入って中庭に至る。そこで輿のかつぎ手が三国公麻呂・猪名公高見・三輪君甕穂・紀臣乎麻呂岐太の四人と代わって殿前に進む。さらに殿上に昇るときは、左右大臣(巨勢臣徳陀古と大伴連長徳)が輿の前頭をかき、伊勢王・三国公麻呂・倉臣小屎が後頭をもって、白雉の輿を天皇の御座の前に置く。記述が具体的で、記事の信頼度は高いと思うが、それから推される難波のある宮の構造は、朝庭から紫門を入ると中庭があり、その奥に天皇の御座のある殿舎があるというものである。ここにも中庭がみえるが、それが朝庭と別のものであることはこの記事によって明らかと思う。それはさきに述べた中朝の庭の意ではなかろうか。したがってここにみえる紫門は、その名称からも知られるように帝王の宮の門の意であるから、おそらく朝庭と、中庭にある大殿の一郭とを画する門で、さきの小墾田宮の大門(閤門)に比定してよかろうから、この場合も基本的には小墾田宮の構造と同じということになる。

以上が文献史料から復原を試みた推古—孝徳朝の宮室の構造であるが、これを検出された前期難波宮の遺構と対比してみると、まずSB四五〇一が南門(宮門)で、それを入ると朝庭があり、そこには東西に庁(朝堂)が配置され、この一郭が朝堂院である。ついでSB三三〇一が大門(閤門・紫門)に相当し、その中が中庭で、そこに天皇の御座のある大殿(殿)があったが、それがSB一八〇一、あるいはそれと軒廊で結ばれているSB一六〇三であったのだろう。このように考えてくると、前期難波宮の構造は天武朝難波宮から難波長柄豊碕宮にさかのぼるばかりでなく、それ以前の推古—孝徳朝の宮室とも一致するように思われるが、それはただ内裏の前に朝堂を置くという基本的な点においてだけであって、その規模や細部の構造になると、簡単には同一視しえず、そこに難波宮の従来の宮室とは異なる新しい構造を考えても誤りはないと思われる。

ちなみに直木孝次郎氏は前期難波宮の遺構について、SB三三〇一以北の一郭は孝徳朝の長柄豊碕宮にさかのぼるが、十二堂院の部分は天武朝末年に付加されたものとする説をさきに提起し[18]、その考えに従ってSB三三〇一を紫門＝南門とみ、その中を朝庭として、東西長殿を庁(朝堂)に比定された。しかしこの説に対しては、造営時期を異にするとする内裏と朝堂院が共通の造営尺と地割によって設計されていることなどの理由で否定的意見が強い[19]。私も如上の考察で明らかなように、白雉元年二月の記事は紫門の外に朝庭があり、それは大殿の中庭とは別と読みとるべきであること、また中国都城の王宮に関して、『水経注』灅水条が平城において太極殿と東西堂、および朝堂を造ったと記していることから、もし前期難波宮がこの構造を継承したものとすれば、東西長殿は朝堂とは別のものと考えざるをえないこと、などの理由から、やはり前期難波宮の遺構はすべて一体的にとらえるべきものと考えている。

五　難波宮の宮域

以上でひとまず難波の都城と宮室についての検討を終えたのであるが、その結果、都城難波京については、初期のものは藤原京に相似た構造をもち、その成立は少なくとも天武初年にさかのぼりうるが、藤原京との先後関係については速断できないこと、また宮室難波宮については、大別して前期と後期の二遺構が検出されたが、前期難波宮は天武末年焼亡以前のものであり、それが孝徳朝長柄豊碕宮にさかのぼりうるか否かはともかく、藤原宮に先行し、しかも藤原宮以後の諸宮の祖型とみなしうる構造をもっていること、そして京も宮もそれを中国の都城・宮室と比較したとき、隋・唐の長安城よりも、むしろそれ以前の伝統的な中国王城の形態を継承していると認められること、さらに『日本書紀』などの文献史料によると、前期難波宮の構造は推古朝の小墾田宮にもあてはまるが、それは内裏・大極殿を含む皇宮が朝庭・朝堂を前に備えた形態をとっていたというだけで、細部には重要な相違点があり、そこにそれ以前の宮室と異なる難波宮の特異性を認むべきであること、などを明らかにしたつもりである。

そこで考察を深化させるために、以下三つの新しい問題を提起しようと思う。第一は、すでに説明したように、前期難波宮と後期難波宮は中軸線は一致しながら、南北にややずれているという事実に関してである。さらに具体的にいうならば、前期難波宮の大極殿門(ＳＢ三三〇一)と後期難波宮の大極殿後殿がほぼ相重なっていて、後期難波宮の大極殿は前期難波宮の大極殿相当建物(ＳＢ一八〇一)より心々間で約九〇メートル南に移動しているのである。この理由を考えるには、宮域、および宮域内における内裏・大極殿院・朝堂院の配置状況を考える必要があろう。すでに早く指摘したように、藤原宮においては、方形の宮域のちょうど中心に大極殿門を置き、以北が内裏・大極殿院(本来の宮室で、唐長安城の宮城)、以南が朝堂院(唐長安城の皇城)というように、宮域を南北に二分するかたちで整然と設計されている。これに対して前期難波宮では、さきに想定した条坊制の方格によって宮域を推定すると、大極殿門に相当するＳＢ三三〇一は中心よりやや南にあり、むしろ大極殿に相当するＳＢ一八〇一が南北二等分線に近い位置を占めていて、藤原宮より全体的にやや南に寄っている。しかし前期難波宮の朝堂院の南北長は二八一・六九メートルで、藤原宮の朝堂院の南北長約三一五メートルより三三メートルほど短いため、藤原宮とほぼ同じ宮域を想定しても、朝堂院と朱雀門(宮域南限)の間に藤原宮と同じように朝集堂を置く余地はあろう。すなわち藤原宮宮域の南北長は九〇七・七メートルであるが[20]、かりに前期難波宮の大極殿相当建物ＳＢ一八〇一が宮の中心に位置するとした場合、朝堂院南門ＳＢ四五〇一と宮南限の朱雀門との間にはなお約一一〇メートルの余地ができるはずだからである。

これに対して後期難波宮の場合には、前述のように大極殿が前期より約九〇メートル南に寄っている。また後期難波宮の規模は平城宮の内裏・朝堂院（第二次）に近似しているので、試みに平城宮朝堂院（十二堂院）と同じ南北長約二八〇メートル（前期難波宮朝堂院の南北長にほぼ等しい）をとるとすれば、南限との間隔は約二〇メートルとなり、そのままでは朝集堂を置く余地はない。朝集堂を置き、あるいは平城宮のようにさらに南門を設けて院を構成するためには、どうしても宮域を拡張し、南限を南に拡げる必要がある。平城宮の宮域を画する南北築地の心々間距離は一〇二〇メートルと報ぜられているので、それと同程度まで拡大すれば、約五六メートル広くなるので、これなればなんとか収まるであろう。後期難波宮の朝堂院はその西第一堂が確認されているだけで、詳細は明らかでない。しかしその西第一堂の位置をみると、平城宮のそれよりもやや北に寄って位置しているようであり、朝堂院の南北長はあるいはやや短かったかも知れない。

さてこのように検討してみると、難波宮では前期と後期で宮域が異なり、後期は広い。もし最初から後期のような広い宮域であれば、朱雀門から前期の朝堂院南門（ＳＢ四五〇一）までの距離が一六〇メートルあまりとなり、これでは空きすぎと考えるからである。しかし前期の内裏・朝堂院の位置を南に動かさず、ほとんど同位置で改築すれば、宮域を拡大する必要は生じなかったはずである。それを南にかなり移動して後期難波宮が建てられたのはなぜか。考えられる一つのことは、後期の大極殿院・朝堂院部分は前期の檜皮葺掘立柱建築とは異なって瓦葺礎石建築であるため、前期の掘立柱建築址を避ける必要があって、建物のほとんどなかった前期の朝庭部分に大極殿院を移したのであろうという建築技法上の理由。この場合、前期難波宮の宮域は藤原宮とほぼ同じで、後期に平城宮なみに拡大したこととなり、宮域はともに京の条坊制に従ったものとして、宮室と都城の同時造営も考えうる。ただ藤原宮が大極殿門を宮の中心に置くというような整然たる設計に基づいているのに対して、前期難波宮にそれがみられないのは、やはり前期難波宮が藤原宮に先行するからであろう。しかしこの考えでは、宮と京の一体性が強いから、もし前期難波宮を長柄豊碕宮にまでさかのぼらせるとすると、都城もそれに従って天武朝よりさかのぼる可能性が強くなって、さきに難波京の成立を天武初年とした考察とは異なってくる。したがって京の成立年代を動かさないとすれば、前期難波宮の遺構を天武朝にとどめておくか、あるいは京より宮がさきにできたと考えるかであろう。

つぎに考えられることは、そのような建築技法上の制限を無視した場合である。それは要約していえば、前期難波宮は条坊制に先行して造営され、その後平城宮と同じ宮域が条坊制とともに設定された結果、朝堂院と宮南限との空白を埋めるために、内裏・朝堂院を南に寄せたという考えである。この場合は前期難波宮が藤原宮に先行する状態も無理なく理解できるが、宮域が藤原宮より広くなっているのだから、逆に条坊制の都城の設定は藤原京より少し遅く考えねばならなくなって、天武初年とみる考察とは矛盾する。まだ他の場合をいろいろ想定することができるかも知れないが、いまそのいずれを是とするかは決めがたい。朝堂院の規模や宮域が発掘調査によって確定するのを待ち、ここでは問題を提起して宮域に対する注意を喚起し、今後の成果に期待することとしたい。

六　難波京の統治

つぎに第二の問題は難波京統治の実態に関してである。私はすでにこれまでの考察で遺存する地割をもとに難波京なるものを復原してきたのであるが、そもそも難波に京＝都城の存在したことを示す文献史料は、といえば意外に少ない。まず『日本書紀』天武十二年(六八三)十二月庚午条に、難波に都せんとして官人に家地を請わせたこと、つぎは『続日本紀』天平六年(七三四)九月辛未条に、難波京の宅地を班給したとみえること、同じく天平十六年閏正月乙丑条に、百官を朝堂に喚んで恭仁・難波二京のいずれを都に定めようかと問うたこと、ついで同年二月庚申条に、難波宮を皇都と定め、京戸の百姓の任意往来を命じたこと、さらに前掲の天平勝宝五年九月壬寅条に海浜の居民を京中の空地に遷したとみえることぐらいで、『続日本紀』その他の史料にも難波宮としかみえない。

ことに『万葉集』では歌そのものの用字には「京・都」(巻三—三一二)、「都」(巻六—九二八)、「京師」(巻六—九二九)がみえるが、題詞には「式部卿藤原宇合卿被レ使レ改二造難波堵一之時作歌」(巻三—三一二)の一例を除き、他は「大行天皇幸二于難波宮一時歌」(巻一—七一)のほか七例すべてに「難波宮」とあって、「難波京」とはない。これは恭仁の場合に、題詞・左注すべてに「久邇京」「久邇京師」「久邇新京」などとあって、歌中にも「クニノ宮」はみえないこととときわめて対照的である。[21] たとえば神亀二年(七二五)十月の難波宮行幸に供奉した笠朝臣金村は、

おし照る　難波の国は　葦垣の　古りにし郷と　人皆の　念ひやすみて　つれもなく　ありし間に　績麻なす　長柄の宮に　真木柱　太高敷きて　食す国を　治めたまへば　沖つ鳥　味経の原に　もののふの　八十伴の雄は　廬りして　都なしたり　旅にはあれども　(巻六—九二八)

荒野らに　里はあれども　大王の　敷きます時は　京師となりぬ　(巻六—九二九)

と詠じ、知造難波宮事に任ぜられた藤原朝臣宇合自身も、

昔こそ　難波ゐなかと　言はれけめ　今は京引き　都びにけり　(巻三—三一二)

と歌っていて、いわゆる聖武朝難波宮完成以前の難波京は一時かなり荒れていたことは考えられる。しかし文献に難波京の記載が稀であるばかりでなく、難波京が存続したと推定する期間を通じて、それ以後も難波京内に居住し、本貫をそこに有したとみられる者の表記、つまり「―京―条―坊」を冠した人名が史料上難波京に関して皆無なのはなぜであろうか。もっとも「左(右)京―条―坊」とあれば、誰も平城京と信じて、年次のいかんをとわず、難波京とも恭仁京とも疑おうとしなかったのは事実であるが、それにしても難波京の統治は具体的にどうなっていたのであろうか。

一般には難波京は摂津職の管するところで、摂津職は陪都としての難波京のために置かれたと考えられている。[22] なるほど職員令・官位令によって左右京職と比較すると、四等官は大夫一人・亮一人・大進一人・少進二人・大属一

人・少属二人で、名称・人員（ただし左右京職を合すれば二倍）も等しく、[23] 大夫が正五位上相当官であるほか、官位相当も一致し、またその職掌を比較すると、大宰府や大国（諸国）にみられる鼓吹・烽候・城牧・公私馬牛のことがなく、反対に大宰府・大国にない市廛・度量（軽重）・道橋の職掌がみえることが共通していること、また『令集解』公式令京官条所収の「穴記」によると、[24] 摂津職を在京諸司と同じく京官とみていることなど、摂津職は難波京に対して京職と同じ役割を果たしているかにみえ、そのほか戸口簿帳・字養百姓・糺察所部・貢挙・孝義・田宅・良賤・訴訟・倉廩・租調・雑徭・兵士・器仗・過所・闌遺雑物・僧尼名籍の職掌も共通している。しかしこれらは大宰府・大国とも共通することで、摂津職が「帯二津国一」と津国を兼帯している以上、当然ともいえるものであり、むしろ摂津職・大宰府・大国にあって、左京職にだけない祠社・勧課農桑・郵駅・伝馬・寺を注視すべきかも知れないが、これも逆に同じ理由で決め手にはならない。津国を管する摂津職に大宰府や諸国にみえる鼓吹・烽候・城牧・公私馬牛のことがないのは、左右京や津国にそれらに関わる施設がなかったからと解されるが、そうすると、結局摂津職にのみ存する津済・上下交使・検校舟具が摂津職に特有の職務ということになり、つまり摂津職は字義通り「津を摂ぶる職」なのであり、養老衛禁律に「凡私度レ関者、徒一年謂三関者、摂津長門減二一等一、余関又減二二等一」とあるように、主として関津の管理のために設置されたとすべきであろう。しかし摂津職が難波京の統治を司らなかったとは断ぜられないのであって、京職とともに他に異なる職掌として市廛・度量・道橋のことを有しているのは、[25] 少なくとも官市と都城の管理を意味するとみられ、京に関する職掌も有していたことは事実であろう。[26] そのことは『続日本紀』神護景雲三年（七六九）十月甲子条に、由義宮を西京とすると同時に、河内国を河内職と改めたとみえることを勘案すれば明らかであり、摂津職の設置は難波京の設定とやはり無関係ではなさそうである。

しかし同じ『続日本紀』を検すると、天平十六年閏正月の難波遷都に際して、行幸に先立って京職に命じて難波の諸寺・百姓に舎宅を作らせたかにみえる記事があり、[27] また前述のように、難波宮を皇都と定めたとき、京戸の任意往来を勧めているなどは、京職との関係を想起させるものであって、天平十六年の場合のように、陪都でなく主都となった場合の難波京の統治はまた別としてなお検討する必要があろう。恭仁京の場合には、賀世山の西道を中心に左京・右京を定めており、以後平城還都までの左右京はやはり恭仁京も考うべきであろうからである。

それはともかくとして、職員令によると、摂津職には京職のように坊令の定員がなく、ひいては戸令置坊長条からすれば、坊長だけが置かれていたとも考えがたい。したがってこの点からすれば、摂津職が難波京を統治した場合には、平城京などのような条坊制による行政区画が存したとは考えられない。前述のように、難波京に関して「—京—条—坊」という表記をもった確実な史料がみえないのはそのためであろうか。それでは摂津職の場合、京はどうして統治されたのであろうか。いわゆる聖武朝難波宮の造営に着手される直前の神亀二年十月の難波宮行幸に際しては「宮に近き三郡司」が授位賜禄にあずかっており、それが完成した天平六年三月の時点の行幸では、「難波宮に供奉せる東西二郡」はその年の田租と調を、他の一〇郡は調だけを免ぜられている。この「東西二郡」は東成(生)・西成(生)の二郡で、さきの「三郡」はそれに百済郡を加えたものであろう。これらの場合に京がみえないことは、難波京が存在しなかったというよりも、行政単位としての京がなかったとみた方がよいのでなかろうか。そう考えるのに参考となるのは、近江国に造営された保良宮について、『続日本紀』天平宝字五年(七六一)十月己卯条に「宜しく都に近き両郡を割き、永く畿県とし、庸を停め調を輸すべし。その数は京に准ぜよ」とあるのがそれで、これは保良宮に近い近江国の滋賀・栗太二郡を京に准ずる扱いとしたもので、保良宮は北京といわれたが、由義宮の西京と同じく京の実態はなかったとみるべきであろう。(28) その点は京域の存在を推定しうる難波京の場合と異なるが、その統治は、主都の期間はさておき、少なくとも陪都の場合は難波宮を中心とする東成・西成二郡に京域内も統轄されたのでなかろうか。

同じことは、難波京が存続したとみられる期間の史料にみえる両郡の郷里名の現地比定を行なうことによってもい

えそうである。難波京存続期間の史料にみえる両郡の郷里名で管見に入ったものは第一表のごとくである。(29)

『和名類聚抄』によると、この表以外には東成郡に古市・郡家・味原（高山寺本は味厚）・余戸（高山寺本はなし）、西成郡に長源（bの長溝郷と同じか）・伏見・槻本・郡家（高山寺本はなし）・宅美・讃楊・雄惟・駅家（高山寺本はなし）・余戸（高山寺本はなし）の諸郷があるが、廃都後設定の可能性を考えて慎重に対処するとすれば、a—eの郷がさきに想定した京域内に存することが明らかになれば、(30)京内は摂津職のもとで、津国の郡郷単位の行政組織に組み込まれていたことが明らかになる。私はその蓋然性が強いと思うが、各郷の現地比定については諸説があり、的確な結

第一表 (1) 東成郡

a	酒人郷（摂津職東生郡）	神護景雲三・九・十一	香山薬師寺鎮三綱牒（御輿殿村）〔東限御輿殿西道、西限谷、南限路、北限堀江〕	『大日本古文書』五—七〇一・七〇三

(2) 西成郡

b	長溝郷（摂津国西城郡）	天平十九・二・十一	大安寺伽藍縁起并流記資財帳〔東田、西海即船津、南百姓家、北路之限〕	『大日本古文書』二—六五七
c	安良里（津国西郡）	天平勝宝九・四・七	西南角領解	『大日本古文書』四—二二八
d	美努郷（摂津国西城郡）	天平二十・四・二十五	写書所解	『大日本古文書』三—七八
d′	美努郷（摂津国西生郡）	天平勝宝四・正・十四	安宿王家牒	『大日本古文書』三—五五九
d″	美怒郷（摂津職西生郡）	天平宝字四・十一・七	東大寺三綱牒〔東小郡前西谷、西谷并漆部伊波地、南小道、北堀江川〕	『大日本古文書』四—四四八
e	津守里（摂津国西城郡）	天平十三	『行基年譜』天平十三年辛巳記〔白鷺嶋堀川・比売嶋堀川・度布施屋〕	『続々群書類従』三史伝部

論を出すにはなおしばらく検討を要するので、ここでは結論を急がず、難波京統治の実態についての問題を提起するにとどめておきたい。

つぎに右に関連していま一つ試論を述べておきたい。それは右に掲げた郷名史料のうち、b・d・eにはいずれも「西城郡」とあることである。ことにeを含む『行基年譜』の「天平十三年記」には五か所すべてが「西城郡」となっている。b・d・eはいずれも異質の史料であり、東成・西成両郡の郡名がみえる早い時期の史料であることを考慮すると、単に「西成郡」の誤記とみるよりは、やはり「西城郡」から「西成郡」、そして「西生郡」への転化を考えるのも一案であろう。[31] あるいはcの「西郡」を「成」または「生」の誤脱とみなければ、『続日本紀』天平六年三月丁丑条の「東西二郡」とあわせて、西郡→西城郡→西成郡→西生郡の変化とできるかも知れない。これは東成郡についても同様であろう。そして天平年間における「城」と「成」の通用は「土」偏の省略とみると、その「城」は都城の「城」に通ずるのでなかろうか。天武紀・持統紀などにみえる「新城」についてはさきにふれたが、[32] それが新しい都城を意味するならば、ここでも難波京に都城の意識があったことを証することになろうし、その史料の現われる年代が後期難波宮の完成から天平十六年の難波遷都の少しのちまでであることも示唆的である。そしてもしそれが都城、すなわち難波京を東西に二分するものとすれば、ここにも京域の問題が付随してくる。また東成・西成二郡は一般に欽明紀・敏達紀・推古紀・舒明紀などからみえる難波の大郡・小郡にさかのぼると解されている。[33] この大郡・小郡が大郡宮・小郡宮とともに難波京とどう結びつくか、さらに同じような大郡・小郡は天武紀・持統紀の「筑紫大郡」「筑紫小郡」にもみえ、これが『日本書紀』持統三年(六八九)九月己丑条の筑紫の「新城」に結びつくとすれば、問題は大宰府にも波及するが、ここではあまりにも主題を離れるので、その考察は別の機会にゆずりたい。

七　近江京と浄御原宮

以上難波の宮室と都城に関して、私なりに新しい三つの問題を提起してみた。いずれもまだ完全に明快な結論に到達したとはいえず、かえって混迷を深めた憾みがあるかも知れないが、難波宮・難波京の解明には一つの手がかりになろうと考えたからである。ところで難波の宮・京を藤原のそれと比較した場合に、避けて通ることのできないのは近江京大津宮と倭京浄御原宮である。何となれば検出された難波の宮・京の年代的位置づけいかんによっては、ともに難波・藤原の中間に当たり、その構造が注目されるからである。まず近江京大津宮であるが、諸説はあっても大津宮の位置は未確認であり、また「近江京」についてもいくつかの復原案は提示されているが、さきの湖西線予定地の発掘調査では条坊制遺構の確実な痕跡はついに検出されなかった。私説の一部はさきに口頭で発表する機会があった(34)が、重要な点として藤原京・藤原宮の規模が明らかになった現段階で指摘できることは、それと同じ規模の宮・京を湖西の現地に想定することは地形的に困難で、京域の半分ほどは湖中に出てしまい、少なくとも藤原京の1/2以下であることを要することと、従来の復原案は多く一町約一〇九メートル四方の条里制方格を基本単位として条坊を考えていたが、藤原京・難波京などの例から推して、条坊制方格はそれとは異なる約二六五メートル、またはその1/2四方の地割を考慮する必要があることとである。こう考えてくると、条坊制都城をもった近江京の存在には否定的にならざるをえないが、大津宮の存続期間はきわめて短く、現地の遺存地割や道路には条里制と方位・間隔を異にするものも認められるので、なお慎重な検討の必要なことはいうまでもない。近江京が存在しないとすれば、そのことは難波京の成立を天智朝以後、すなわち天武初年とみる説に有利となるが、その考えは必ずしも絶対的でない。同じことは宮の構造についてもいえることで、大津宮の構造は不明であるが、たとえそれが前期難波宮的でなくてもさしつかえないと考えられる。同じことは浄御原宮についても該当しよう。

ところで浄御原宮であるが、その位置や遺構は現在もなお未確認であるから、文献史料による復原以外にいまのところ有効な方法はない。幸い『日本書紀』の天武紀・持統紀には浄御原宮の構造を示す史料がかなりみえる。いまそれを整理してみると、第二表のようになろう(35)。（( )内の数字は所出の回数を示す。）

この表から推知される浄御原宮の構造について、前期難波宮・藤原宮と対比しながら、若干の私見を提示しておこう。

(1) まず浄御原宮も内裏・朝堂院を具備したもので、天武紀の「宮中」が持統紀の「内裏」に相当する。朝堂院には「朝庭」の東西に「庁」(＝「朝堂」)が並置されていたらしい。

(2) 「白錦後苑」(＝「御苑」か)は藤原宮の背後に推定した園池を思わせるが、天皇の宮外への出行に慣用される「幸」の字が用いられていることは注意を要する(36)。

(3) 「大極殿」は追記の疑いの濃い『日本書紀』皇極四年六月戊申条を除き、その初見であるが、「大安殿」との異同には本居宣長以来両説がある。詳しい説明は省くが、平城宮・藤原宮ではそれぞれ別の建物で、大安殿を内裏正殿とみるのがやはり正しいであろう(37)。同じことは浄御原宮にさかのぼらせて考えてもさしつかえないのでなかろうか(38)。

「―安殿」は浄御原宮以後も平城宮に大安殿・中安殿・内安殿・内南安殿、藤原宮に大安殿・東安殿とみえるが、その字義について本居宣長は「ヤスミドノ」と訓み、それは「やすみししわが大きみ」の用法と同じく、安らけく天下を治める意と解し、「されば天皇のまします殿をば皆やすみどのと申せる也」(『玉勝間』巻一)と述べている。しかし私は「安殿」は「ヤスミトノ」であるが、本義はより本源的な安息の意であろうと思う。たとえば、宣命の一つに「天皇朝を暫の間も罷出て、休息安もふ事なく、食国の政の平善あるべき状、天下公民の息安まるべき事を旦夕夜日といはず思議り奏ひ仕奉れば」とある「息安」と同義で(39)、寝殿や、いわゆる路寝に通ずると考えられ、大安殿こそ路寝

第二表

天武元	宮室											
二												
三												
四	宮(東岳)							庭(西門)	朝庭		西門	
五								庭(西門)	朝庭		西門	
六											南門	
七	新宮 宮中									西庁(新宮)	南門	
八	宮		大殿						朝庭		西門	
九	宮中		大殿庭	向小殿							南門(2)	
十	新宮			向小殿	内安殿 外安殿	大極殿(2)	井(新宮)		朝庭(2)			
十一	宮中	禁省							朝庭(2)			造法令殿
十二	宮中					大極殿		庭中	朝庭			
十三	宮中							東庭				
十四	宮中(2) 旧宮				安殿(旧宮) 大安殿				朝庭		南門	白錦後苑
朱鳥元	宮中(5)	正宮			大安殿(2)	大極殿	皇后宮 後宮 御窟殿(宮中) 御窟院	南庭(2)(殯庭)	朝庭			
持統元								殯宮(6)				
二								殯宮(5)				
三			前殿									
四		内裏(4)								朝堂(2)	宮門	
五										西庁		御苑
六	宮(5)											
七	宮(3)	内裏(2)										
八	宮	内裏										

第三表

宮	年月日	場所
難波宮	大化　三・正・十五	射於朝庭
大津宮	天智　九・正・　七	大射宮門内
浄御原宮	天武　四・正・十七	射于西門庭
	〃　五・正・十六	射于西門庭
	〃　六・正・十七	射于南門
	〃　七・正・十七	射于南門
	〃　八・正・十八	射于西門
	〃　九・正・十七	射南門
	〃　十・正・十七	射于朝庭
	〃　十三・正・二十三	御于東庭、射
	〃　十四・五・　五	射於南門
藤原宮	持統　十一・一・十八	射於南門
平城宮	霊亀　一・正・十七	賜大射于南闈
	神亀　一・五・　五	御重閣中門観猟騎
	天平十二・正・十七	御大極殿南門観大射
	宝亀　八・五・　七	御重閣門観射騎
長岡宮	延暦十一・正・十七	幸南院観射

（「路」は大の意）の日本的表現であろう。こうみると「―安殿」とある殿舎はすべて宮中、すなわち内裏内の殿舎とみるべく、大極殿とはいちおう区別すべきであろう。その意味で第二表については(A)大殿＝内安殿＝前殿、(B)向小殿＝外安殿、(C)大極殿の三種の建物に整理できるかも知れない。そしてかりに前期難波宮と対比するとすれば、SB一六〇三＝(A)(B)安殿、SB一八〇一＝(C)大極殿という関係になろうが、軒廊で結ばれている二つの建物にはなお密接な関係が残されており、(C)大極殿になお安殿の性格が遺存しているとみるべきかも知れない。

(4) こうみてくると、浄御原宮と前期難波宮は相似の構造ということになるが、問題は門である。第二表の諸門は多く大射の記事にみえるので、前後の諸宮を含めて、大射の場所の明らかな史料を蒐集してみよう。

すでに指摘されているように(40)、第三表に明らかなごとく、平城宮では正月十七日の大射は大極殿南門に出御して行なわれ、これに対して五月五日の猟騎(射騎)は馬を用いるため、重閣中門(朝堂院南門)で催された。平安宮での初期の例は正月十七日は朝堂院(延暦十六・十八・二十二)・馬埒殿(延暦二十・二十一・二十二・二十三、弘仁五)・御所南端門外(延暦二十四)・豊楽院(弘仁二・六・七・八・九・十一・十三、天長七)・南庭(弘仁四)・射宮(天長元・五)・建礼門南庭(天長二)・武徳殿(天長八)・建礼門(天長十)などと変化するに対し、五月五日(のち四月のときもある)は馬埒殿・武徳殿(弘仁九以後)と一定している。これからすると、さかのぼって浄御原宮の大射でしばしばみえる「南門」はどうしても朝堂院南門とは考えがたく、大極殿南門とみざるをえない。ただ一例だけ五月五日にも南門で催されているが、推古紀にみえる五月五日の薬猟から宮内での猟騎に転じた時期を天武朝に認めてよいかどうかは疑問もあり、必ずしもこの一史料に拘束される必要はないのでなかろうか。しかしこのように浄御原宮の「南門」を大極殿門とみることについては、これまで小墾田宮や小郡宮でみてきた南門の用法、つまり朝堂院南門とみる説と矛盾するし、また他の「西門」「西門庭」、あるいは「東庭」も南門＝大極殿門以北と考えざるをえなくなるから、これは他に「朝庭」「宮門内」で大射が行なわれ、また平安宮でも朝堂院・豊楽院が利用されていることとそぐわない。しかし「南門」「西門」、あるいは「東庭」(西門庭に対するか)を朝堂院のそれとみることは、前述の論証過程からすれば無理のようであり、事実前期難波宮でも朝堂院の東西門はあるべき場所に検出されておらず、藤原宮では未発掘である。さきの考証に従って浄御原宮の「南門」を前期難波宮のＳＢ三三〇一、「西門」・「西門庭」はＳＢ一八〇一を囲む西の複廊上の五間×二間の建物とその西外の広場、「東庭」はそれと対称位置の広場といちおう対比できるかも知れないが、やはりなお疑問が残る。したがって前期難波宮の遺構と文献史料上よりする浄御原宮の対比については簡単に決すべきものでなく、両者の構造にやや相違があったとみるべきかも知れない。

(5) 事実前期難波宮や藤原宮の内裏・朝堂院と同じ規模の浄御原宮をあの飛鳥寺周辺の真神原の地に設定すること

は、その地形・広袤や現在までに検出されてきている遺構の状況からはちょっと無理なようである。したがって浄御原宮は前期難波宮や藤原宮と構造の原理はよく似ており、相互に関連性があるとしても、規模はもう少し小さいものを考えざるをえない。

むすび

以上のように考えてくると、『日本書紀』にみえる浄御原宮の構造は前期難波宮に近似してはいるが、前期難波宮↓浄御原宮↓藤原宮の系列で直線的に展開したとも断ぜられない。しかも規模・構造において前期難波宮が藤原宮に近似しているとすると、浄御原宮を超えてそれを孝徳朝の長柄豊碕宮に比定することは歴史的発展の法則からいって疑問ではないかということになってくる。しかし私はこの論理もまた絶対ではないと考えている。なぜか。すでに旧稿で示唆したことであるが[41]、その一例をあげて答えよう。大化改新の実態や難波遷都、あるいは立評の問題はしばらく措くとして、孝徳朝には『魏志』倭人伝にもみえる日本古来の跪礼・匍匐礼を中国的な新しい立礼に変えようとしている。その意識は、推古朝の小墾田宮にみられたような原初的な宮室の構造を継承しながらも、中国の伝統的理念に基づく新しい宮室、あるいは都城の造営を難波において最初に始めたことにも通じると思うが、その立礼がたびたびの政府の勧告にもかかわらず容易に励行されなかったように、古い飛鳥の地では依然として小墾田宮のような構造の宮室が徐々に変貌しながらも、斉明朝の後岡本宮にも、そしてまた浄御原宮にも受け継がれ、ようやく天武朝に計画設計された藤原宮に至って、難波宮に比肩するような宮室・都城が完成したと解されなくもないからである。

以上迂遠な考察に終始し、断案を下せぬままに問題の提起にのみ終わった点も少なくないが、難波京については、その構造が藤原京に近似することから、藤原京と同様に、その系譜を唐の長安城よりむしろそれ以前の中国の伝統的都城に求むべきこと、また同じことはいわゆる前期難波宮についてもいえるが、それが小墾田宮から浄御原宮に至る宮室の構造と異なるからといって、必ずしもそれを孝徳朝の長柄豊碕宮に比定することが不可能ではないこと、前期難波宮が藤原宮に先行することは疑いないが、難波京の成立時期については、宮域との関連性を考えながらなお慎重に検討すべきことなどを説いたつもりである。以上の考察からも明らかなように、難波の都城・宮室は日本のみならず、東アジアの古代史とも深くかかわりあい、きわめて重要な課題をなお多く蔵している。その解明が期待される所以であるが、それは一に今後の調査・研究と、それを十分ならしめる遺構の保全にかかっているといえるであろう。なお述べ残した点が多いが、ひとまず擱筆する。

(1) 難波宮址顕彰会『難波宮跡研究調査年報』一九七三(山根徳太郎先生追悼号、昭和四十九年八月)収載の「山根徳太郎先生著作目録抄」参照。
(2) この論文については中尾芳治「元大都の平面配置について」(前掲『難波宮跡研究調査年報』一九七三)に詳しい紹介がある。
(3) 藤原京――『日本書紀』持統五年十二月乙巳条。難波京――『続日本紀』天平六年九月辛未条。恭仁京――同天平十三年九月己未条。保良京――同天平宝字五年正月丁未条。長岡京――同延暦三年六月壬戌条。
(4) 養老官位令では、中務卿を除く七省卿が正四位下階、これに対して摂津大夫は正五位上階相当となっていて、三階の差異がある。
(5) この五〇〇〇分の一大阪実測図は、明治七年実測に着手され、翌八年には原図が完成したとある。
(6) 沢村仁「難波京について」(難波宮址顕彰会・大阪市立大学難波宮址研究会『難波宮址の研究――研究予察報告 第六――』、昭和四十五年)、藤岡謙二郎「古代の難波京域を中心とした若干の歴史地理学的考察」(織田武雄先生退官記念事業会編『織田武雄先生退官記念人文地理学論叢』、昭和四十六年六月所収)。
(7) 沢村仁氏はその後発表された復原案では、南は四天王寺より約五〇〇メートル南まで、西は西横堀川まで、北は東横堀川にかかる大手橋の通り、東は上町台地東麓の旧平野川(猫間川)までとし、東が四坊、西が八坊とされている。しかし同時に「朱雀路から東限までを西へ折りかえすと、ちょうど東横堀川東岸にあたる。この東西幅は約二キロメートルとなり、のちに示す藤原京の全幅と実距離でも条坊の割りつけの形でもほぼ一致する。旧平野川、東横堀川は、あるいはこのある時期の京域にたいする外濠の役割だったかとも見られる」と記し、東西八坊の京域の可能性を認めている(沢村仁「都城の変遷――古代の都市計画とその内容」『埋れた宮殿と寺』(『古代史発掘』九)、昭和四十九年四月所収)。

(8) 中尾芳治「難波宮と難波京」(上田正昭編『日本古代文化の探究 都城』、昭和五十一年五月所収)には、長山雅一氏説の前期難波京、木原克司氏説の後期難波京が図示されている。

(9) 岸俊男「平城京へ・平城京から」(井川定慶博士喜寿記念会編『日本文化と浄土教論攷』、昭和四十九年十一月所収、本書第九章)。

(10) 千田稔「古代港津の歴史地理学的考察――瀬戸内における港津址比定を中心として――」(『史林』五三―一、昭和四十五年一月)、同『埋れた港』(昭和四十九年五月)参照。

(11) 岸俊男「日本の宮都と中国の都城」(上田正昭編『日本古代文化の探究 都城』(前掲)、本書第十三章)、同「難波宮の系譜」(『京都大学文学部研究紀要』一七、昭和五十二年三月、本書第十四章)など。

(12) 今泉隆雄「所謂『平城京市指図』について」(『史林』五九―二、昭和五十一年三月)。

(13) 那波利貞「支那首都計画史上より考察したる唐の長安城」(桑原博士還暦記念会編『桑原博士還暦記念東洋史論叢』、昭和六年一月所収)、駒井和愛「中国の都城」(同『日本古代と大陸文化』、昭和二十三年六月所収)、森鹿三「北魏洛陽城の規模について」(『東洋学研究』歴史地理編、昭和四十五年十一月所収)。

(14) 難波宮の発掘成果を要約したものとしては、中尾芳治「難波宮と難波京」(前掲)がもっとも新しく詳しい。

(15) 詳細は岸俊男「難波宮の系譜」(前掲)を参照されたい。

(16) 岸俊男「朝堂の初歩的考察」(橿原考古学研究所編『橿原考古学研究所論集 創立三十五周年記念』、昭和五十年十二月所収、本書第十一章)。

(17) 前期難波宮の遺構をこの小郡宮とする説もある(押部佳周「難波小郡宮について」『続日本紀研究』一七三、昭和四十九年六月)。

(18) 直木孝次郎「大極殿の起源についての一考察――前期難波宮をめぐって――」(『人文研究』二五―一、『飛鳥奈良時代の研究』、昭和五十年九月所収)。

(19) 中尾芳治「前期難波宮をめぐる諸問題」(『考古学雑誌』五八―一、昭和四十七年七月)、長山雅一「前期難波宮朝堂院の二つの門をめぐって」(難波宮址顕彰会『難波宮跡研究調査年報』一九七二、昭和四十八年八月)。
(20) 奈良国立文化財研究所『奈良国立文化財研究所年報』一九七六(昭和五十一年十一月)によって算定。
(21) 岸俊男「記紀・万葉集のミヤコ」(『日本歴史』三三二、昭和五十一年一月、本書第十章)。
(22) 摂津職については利光三津夫「摂津職の研究」(『律令および令制の研究』、昭和三十四年十二月所収)、坂元義種「摂津職について」(『待兼山論叢』二、昭和四十三年十二月所収)など参照。
(23) そのほか使部三〇人・直丁二人も等しい。史生は摂津職に三人とあるが、京職は職員令には記載がなく、『続日本紀』和銅元年八月庚辰条に六員を増して一〇人としたとあるから、やや異なる。
(24) 『穴記』は延暦十二年三月の摂津職停廃以後の成立とみなすべきであろうが、その解釈はなお参考としてよいであろう。なお『古記』は芳野監・和泉監の類をも外官としている。
(25) 諸国の道橋は民部省の所管事項であった(職員令民部省条)。
(26) 『令集解』公式令天子神璽条所収の「或云」、および同公式令京官条所収の「穴云」には「政所在レ京之故也」「為三政所在二京内一故也」とあって、摂津職の政庁が京内にあったことを知る。利光三津夫「摂津職の研究」(前掲)参照。
(27) 『続日本紀』天平十六年閏正月癸酉条に「更仰二京職一令三諸寺百姓皆作二舎宅一」とあり、その翌々日聖武天皇は難波宮に行幸している。その直前に恭仁・難波・平城のいずれを京とすべきかを官人・市人に問うている。この記事はいずれの京とも明記されておらず、恭仁京のこととも解されなくはないが、前後の事情から推して難波説も捨てきれない。
(28) 『続日本紀』神護景雲三年十月甲子条によると、由義宮を西京となすとともに、前述のごとく、河内国を河内職とし、大県・若江二郡は租・調、安宿・志紀二郡は租の半分と調を免じている。大県・若江二郡が畿県に当たる。またかりに竜華寺に肆廛を建てたり、会賀市司を任じているのは官市を設置したことを意味する。
(29) 池辺弥『和名類聚抄郷名考証』(昭和四十一年十一月)参照。
(30) 『行基年譜』「天平十三年記」には、ほかに西城郡所在の施設として長柄・中河・堀江の三橋と長江池溝をあげている。
(31) 井上光貞「行基年譜、特に天平十三年記の研究」(竹内理三博士還暦記念会編『律令国家と貴族社会』、昭和四十四年六月所収)でもその考えが示されている。但し、天平八年摂津国正税帳には西成郡とみえる。

(32)　岸俊男「都城と律令国家」(『岩波講座日本歴史』古代二、昭和五十年十月所収、本書第十二章)二六三ページ。
(33)　難波・筑紫の大郡・小郡については、田中卓「郡司制の成立」中(『社会問題研究』三―一、昭和二十八年一月)参照。
(34)　昭和五十一年五月に大津市教育委員会の主催で行なわれた公開シンポジウム「大津京をさぐる」。この記録は大津市教育委員会『日本文化の源流〝近江〟2――大津京をさぐる――』(昭和五十一年十一月)として公刊された。
(35)　秋山日出雄「飛鳥の宮」(上田正昭編『日本古代文化の探究　都城』(前掲))にも同様な表が掲げられているが、私なりに改めて作成した。
(36)　『日本書紀』顕宗元年・二年・三年条には、三月上巳に後苑に幸して曲水宴を行なうことがみえる。
(37)　関野貞『平城京及大内裏考』(『東京帝国大学紀要』工科三、明治四十年六月)、福山敏男『大極殿の研究』(昭和三十年四月)、奈良国立文化財研究所『平城宮発掘調査報告』Ⅱ・Ⅲ(昭和三十七年五月、三十八年三月)など。藤原宮の場合にも、同じ『続日本紀』の同じ巻で大極殿と大安殿(たとえば大宝二年正月己巳条と同年三月己卯条)がみえるから、両者は別の建物とすべきであろう。
(38)　直木孝次郎氏は内裏後殿＝内安殿に対するものとして内裏前殿＝大安殿＝外安殿＝大極殿と考え、それぞれを前期難波宮のSB一六〇三とSB一八〇一に比定されている(「大極殿の起源についての一考察」(前掲))。
(39)　『続日本紀』宝亀二年二月己酉条。
(40)　直木孝次郎「大極殿の門」(末永先生古稀記念会編『末永先生古稀記念古代学論叢』昭和四十二年十月所収、のち『飛鳥奈良時代の研究』(前掲)所収)。
(41)　『日本書紀』天武十一年九月壬辰条。岸俊男「朝堂の初歩的考察」(前掲)五一六ページ参照。

(追記)　私は昭和四十八年十二月に催された山根先生追悼の難波宮址を守る会大会において「難波宮の系譜」と題し、中国の都城・宮室と難波宮・難波京の関係について講演した。しかしその内容はすでにその後いくつかの論考を通じて発表し、また以来すでにかなりの年月が経過したため、そのままで現時点で公にするには意義が乏しいと考えたので、本稿ではその要旨を含みつつも、その後の新しい考察の結果を加え、さらに最近の私の関心に従って若干の新しい問題を大胆に提起することとした。寛恕を乞うとともに、意のあるところを諒とされたい。

第十六章　難波の大蔵

一　難波大蔵焼亡記事の検討

『日本書紀』朱鳥元年(六八六)正月乙卯条には、「酉時、難波大蔵省失火、宮室悉焚、或曰、阿斗連薬家失火之、引及二宮室一、唯兵庫職不レ焚焉」とあり、天武朝の末年に難波宮が全焼したことを伝えている。ところで一方、難波宮について続けられてきた発掘調査の結果は、いわゆる前期難波宮の遺構の全面に火災に遭った痕跡のあることから、前期難波宮こそがそのとき全焼した「宮室」、すなわち天武朝の陪都難波宮に当たり、あるいはその前期難波宮はさらに孝徳朝の難波長柄豊碕宮にまで遡るかも知れないと考えられている。その意味で、この記事は難波宮の問題を考える上での基本史料として重要なものであるが、『日本書紀』収載記事であるという点についての史料批判をも含めて、従来あまり論じられたことがないようなので、この機会にいささか検討を加えてみたいと思う。

まずここに「大蔵省」とあるのは『日本書紀』編者の飾筆で、持統六年(六九二)四月丙辰条に、「賜下有位親王以下至二進広肆一、難波大蔵鍬上、各有レ差」とある「難波大蔵」と同じもので、浄御原令下における中央官司としての「オホクラノツカサ」(大蔵・大蔵官)に属する難波に置かれていた貢納物収納のための倉庫であったのだろう。大蔵の官名は『日本書紀』朱鳥元年(六八六)九月乙丑条に、天武天皇の殯宮での誄に際して太政官・法官・理官・兵政官・刑官・民官などと並んでみえるが[1]、それ以前、たとえば清寧即位前紀に星川皇子が「遂取二大蔵官一、鏁二閉外門一、式備二乎難一」とみえるなど、その年次は信用できないとしても、上掲の浄御原令下の他の官司よりはかなり早くから成立していたと考えられている。(2) また難波の大蔵は天武末年に焼失したにもかかわらず、持統六年にはすでに復興されていたようであるが、『続日本紀』神護景雲三年(七六九)十月乙卯条によると、由義宮に行幸した称徳天皇は竜華寺に対して「難波宮綿二万屯、塩卅石」を施入しており、宝亀二年(七七一)三月二十七日付の「姓名闕請暇解」(『大日本古文書』一七—五九三ページ)には「難波三宅塩」を取りに遣わされたことがみえる。こうした綿や塩を貯納した蔵が難波には存在したのであり、それは難波大蔵の系譜を引くものと考えられる。(3)

ところでこうした大蔵からの火災によって宮室が焼失したという事例には、同じく『日本書紀』天智十年(六七一)十一月丁巳条に、「災二近江宮一、従二大蔵省第三倉一出」とみえる近江大津宮の場合がある。この記事については、すぐ前の天智八年十二月条にも「災二大蔵一」とあって、これも天智紀に多い記事の同事重出の疑いがあるが、さきの十年十一月丁巳条の大津宮火災記事の直後にみえる十二月癸酉条の天智天皇の殯については、これを「新宮」で行なったと記していることから、ともかく文献上では近江大津宮も「大蔵省第三倉」からの出火によって罹災したとしてよいのではなかろうか。ただ近江大津宮に関しては、最近大津市錦織地区から当時のものと推定される掘立柱の建物遺構がかなり検出されているが、それらには火災の痕跡は認められていない。(4) これらの遺構が大津宮のいかなる部分に相当するかは今後の調査にまたねばならず、また文献上にみえる大津宮罹災についても、その規模や的確な時期などについてはなお問題のあることを考慮すべきであろう。(5)

しかし約一〇年をへだてるとはいえ、ほぼ時を同じくする近江大津宮と難波宮がともに「大蔵省」からの出火によって焼亡・罹災したと『日本書紀』が伝えていることは注目すべきではなかろうか。そればかりでない。『日本書紀』は難波宮焼亡のすぐあと、同じ朱鳥元年七月戊申条にも「雷光二南方一、而一大鳴、則天二災於民部省蔵レ庸舎屋一、或曰、忍壁皇子宮失火、延焼二民部省一」と記していて、主都飛鳥浄御原宮においても「民部省」の「庸」を蔵める舎屋が焼失したことを伝えている。ここに「民部省」とあるのはさきの「大蔵省」と同じく書紀編者の飾筆で、本来ならば

「民官」とあるべきものであろうし、歳役の代納物としての庸の成立を大宝令とする立場からすれば、この時点に「庸」がみえるのは不可解で[6]、これも書紀編者が現行大宝令を頭に置いて潤色した可能性がある。したがってこの記事自体についてもどれほどの史実性があるか疑いがないわけではないが、「或曰」として忍壁皇子の宮からの失火がやはり「民部省」に延焼したと伝えていることは、民官に属する倉庫に何らかの火災があったことを示しているのではなかろうか。ちなみに『万葉集』巻三の最初に収められている「天皇御㆓遊雷岳㆒之時、柿本朝臣人麻呂作歌一首」という題詞をもつ「皇は神にし座せば天雲の雷の上に盧らせるかも」(巻三―二三五)という歌の左注には、「或本云、献㆓忍壁皇子㆒也」として、さらに「王は神にし座せば雲隠る伊加土山に宮敷きいます」の一首がそえられている。この左注によると、忍壁皇子の宮は雷丘(伊加土山)の近くにあったと推測され、ひいて浄御原宮の「民部省」もその付近に存在したことになる。ここにいう雷丘は飛鳥の神名火山(神岳)とは別で、『日本霊異記』の巻頭の小子部栖軽が雷を求めて磐余宮から軽の諸越衢までの間の阿倍山田前道を往復した説話からすれば、現在比定されているいわゆる「雷丘」をそれとみてよかろう。となると、忍壁皇子の宮や、浄御原宮の「民部省」(民官)の倉屋はその付近ということになるが、もちろん今までの段階ではそうした遺構は検出されるに至っていない。

しかしそうした問題とは別に、この「民部省」舎屋の火災が実は天武天皇の晩年、その病臥中に起こっていることは注目される。すなわち、火災があったとされる五日後には、「天下之事、不㆑問㆓大小㆒、悉啓㆓于皇后及皇太子㆒」という勅が発せられ、ほどなく九月九日に天武天皇は崩じている。しかも前述のように、その直前、同じ年の正月には難波宮が罹災しているのである。このようにみてくると、近江大津宮の焼亡もまさに天智天皇の晩年である。天智はその年九月(『日本書紀』の引く或本は八月)から病気になり、翌月には病はかばかしくないため大海人皇子への譲位をはかるが、大海人は固辞して吉野に去る。そして翌々十一月二十三日、太政大臣大友皇子は大津宮の内裏西殿の繡仏の前にあって、左大臣蘇我臣赤兄、右大臣中臣連金、御史大夫蘇我臣果安・巨勢臣人・紀臣大人らと同心して天智にしたがう旨を誓いあうのであるが、大津宮が「大蔵省」第三倉からの出火で焼失するのは実はその翌日であり、十二月三日には天智天皇は崩じている。もしその時日に大きな誤りがないとすれば、奇怪な出来事といわざるをえない。

ところでこうした大蔵省の倉庫の異変をその後の文献史料から拾ってみると、次のようなものがある。まず『続日本紀』養老五年(七二一)二月壬辰条には、「大蔵省倉自鳴有レ声」と大蔵省の倉に鳴動のあったことを記している。これに対してさらに翌日には「日暈如二白虹貫一、暈南北有レ珥」と、太陽の暈に異変が認められたとして、元正天皇は左右大弁や八省の長官たちを殿前に召し、「朕徳菲薄、導レ民不レ明、夙興以求、夜寐以思、身居二紫宮一、心在二黔首一、無レ委二卿等一、何化二天下一、国家之事、有レ益二万機一、必可二奏聞一、如有レ不レ納、重為二極諫一、汝無二面従退有二後言一」という詔を述べて、しきりに官人たちの協力を求めている。そしてその翌日にも重ねて詔を発し、世諺に申歳には常に事故があるというが、果たして去年庚申の年には災難が相つぎ、水害・旱害によって不作となり、また朝廷においては藤原不比等が急逝した。そして今年もまたその余波で「風雲気色」がつねと異なるさまを示している。古くから「王者政令不レ便レ事、天地譴責以示二咎徴一」とか、「有二不善一、則致二之異一」とかいわれる。だからもし政令の事に便ならざるものがあれば、隠すところなくすべてを直言するように、と官人たちに命じている。このように元正はしきりに事態の容易ならざるを憂えているのであるが、間もなく元明太上天皇が病臥し、十二月には異例に厳しい薄葬の遺詔を残して崩御する。そして三関の固守や授刀寮・五衛府による厳戒態勢などが示すように、当時宮廷をめぐって不穏な動きのあったことは、間もなく多治比真人三宅麻呂と穂積朝臣老の配流事件となって発覚する。[7] こうした政情の展開をみるとき、大蔵省倉庫の鳴動が特別な意味をもっていたことは十分に推測できる。

つぎは同じく『続日本紀』の天平宝字八年(七六四)八月戊辰条に、「節部省北行東第二双倉災」とあるもので、節部省は天平宝字二年八月の官号改易による大蔵省の別称、その倉庫群は南北二列に並ぶまでに数を増していたことが知られる。この大蔵省双倉の火災がいかなる意味をもったかは、約一か月後に恵美押勝の乱が勃発していることからも明瞭であろう。火災のあった六日後に消火に尽力した雑色以上が糸・綿を賜わっていることからみると、大火には至らなかったらしいが、のち宝亀六年(七七五)十月壬戌条の吉備朝臣真備の薨伝に、「又大蔵省双倉被レ焼、大臣私更営構、于レ今存焉」とあるのは、このとき焼失した双倉を真備が再建したのであろう。とすると、吉備真備は反藤原仲麻呂派に属するから、この怪火はあるいは仲麻呂派が騒動を起こして不穏な情勢をさらに激化させるべく仕組んだものであったのかも知れない。

つぎに同じく『続日本紀』延暦元年(七八二)七月甲申条には、「雷雨、大蔵東長蔵災、内廐寮馬二疋震死」とある。ここに「大蔵東長蔵」とあるのは、のち平安宮について『続日本後紀』承和四年(八三七)十二月庚戌条に、「是夜、盗穿二大蔵省東長殿壁一、竊二取絁布等一、不レ知二幾匹端一」とみえ、また『日本紀略』天徳元年(九五七)十一月三十日壬子条に、「今夜、竊盗穿二大蔵省長殿一、盗二取鍬鉄等一」とある大蔵省長殿と相似のものであろうし、さらに『類聚国史』巻一七三災異部七火条に弘仁十四年(八二三)十月辛丑「亥尅、失二火大蔵十四間長殿一」とある大蔵十四間長殿とも同じようなものであろう。ところでこれは雷火による炎上らしいが、時はまさに前年十二月に光仁天皇が崩御してなお一年の服喪期間中にある。崩御の直後には兵庫南院の鳴動があり、その前後から地震が頻発し、この年二月には「空中有レ声、如レ雷」三月には「有レ虹、繞レ日」と不吉な兆候がつづいている。そうした中で閏正月には氷上真人川継の謀反が発覚し、ついで三月には三方王・山上朝臣船主・弓削女王ら三人が天皇を厭魅したという事件が起こり、三人はそれぞれ日向と隠岐に配流されている。こうした状況の中にあって大蔵省長蔵への落雷があったというが、同じ月の二十五日に桓武天皇は詔を発し、「況復去歳無レ稔、懸磬之室稍多、今年有レ疾、夭歿之徒不レ少」と述べて大赦を行ない、また鰥寡惸独・貧窮老疾に賑恤を加えている。そしてさらに二十九日には右大臣藤原朝臣田麻呂以下、参議以上の政府高官は「頃者災異荐臻、妖徴並見」として奏上し、亀筮によって占わせたところ、神祇官も陰陽寮もそれは伊勢大神や諸社の神祇の祟りであるとしているといい、服喪を釈くことを求めて許されている。ここでも大蔵省長蔵の災異が異変として重視されていたことが示されている。

さらにもう一例。それは前掲の『類聚国史』巻一七三災異部七火条にみえる大蔵十四間長殿の火災である。すなわち弘仁十四年十月辛丑(二十一日)[8]に大蔵十四間長殿から出火、弾正尹葛原親王・右衛門督紀朝臣百継・左大弁直世王・右大弁伴宿禰国道らが駆けつけ消火に当たる一方、左右衛府の者たちは京内の民衆を呼び集めたが、火勢はつのるばかりで手がつけられぬ有様。ようやく三〇人ばかりの勇士が北長殿に登り、水にぬらした幕で火を撲ち消して消し止めたという。その間大臣以下は内裏に侍し、諸門を閉じて出入を禁じ、警戒に当たった。ところが一か月後の十一月壬申(二十二日)にも、亥刻に大蔵を巡検していた舎人らが大蔵省の火災を発見、左右大弁らが駆けつけたところ、炭火を東十四間長殿の東面の長押に挿し入れている者を見付け、火を撲ち消しながら物を運び出した。これは優婆塞三人と蔵部一人が放火して騒動の間に大衆に紛れて物を盗もうと計画したもので、去る十月二十日夜の火災も彼らの仕業であったことが捕えられた優婆塞の自白によって明らかとなり、推問の結果、優婆塞は禁固、蔵部は着鈦の刑に処せられ、とくに消火に尽力した五位以上の勇士には物を賜わった。かくて二度の火災はいずれも大蔵省の倉庫から物を盗む目的の放火であったことが明らかとなったが、実は最初の放火の半月ほど前にも内裏延政門の北掖に火災があり、不穏な空気が宮廷内にただよっていたのも事実であろう。時は淳和天皇が嵯峨天皇の譲りを受けて即位した直後であるが、平城上皇はなお平城宮にあり、加えて水旱・疫疾しきりに至り、不作・飢饉のため米価は騰貴し、社会情勢は必ずしも安定していなかった。二度目の放火事件ののち、淳和天皇は「頃者、陰陽錯繆、旱疫更侵、年穀不レ登、黎甿残耗」と述べ、「公卿宜下各陳レ所レ思以匡中不逮上」と詔していることは、さきの養老五年二月の大蔵省倉庫鳴動のときのことを想起させる。

以後大蔵省に関する火災のことは正史にはみえないようであるが、ここで併せ考うべきことは地方国郡の正倉における神火の問題である。この神火についてはすでに多くの研究があり、その性格についてもすでにほぼ明確になっている。(9) 神火の史料上の初見は天平宝字七年九月庚子朔の勅に、「疫死多レ数、水旱不レ時、神火屢至、徒損二官物一、此者、国郡司等不レ恭二於国神一之咎也」とあるもので、以後神護景雲三年に武蔵国入間郡(宝亀四年二月十四日太政官符、宝亀三年十二月十九日太政官符は宝亀二年とする)と下総国猨嶋郡(『続日本紀』神護景雲三年八月己酉条)、ついで宝亀四年には下野国と上野国緑野郡(『続日本紀』宝亀四年二月辛亥条・同六月壬子条)、さらに翌年には陸奥国行方郡(『続日本紀』宝亀五年七月丁巳条)とつづき、以後平安期に入っても、弘仁七年上総国夷灊郡(『類聚国史』巻八十四)、同八年常陸国新治郡(『類聚国史』巻一七三)、承和二年(八三五)甲斐国(『続日本後紀』承和二年三月己未条)とみえ、とくに弘仁年間には頻発したようである。これらは東国に集中しているが、八世紀から九世紀にかけて地方で神火とよばれる正倉の焼失がしばしば起こった時期はまたさきに述べた中央で大蔵に火災の起きたときでもある。この神火について当初は神の祟りとして文字通り神火と解してきた政府も、次第にそれが「故焼」「放火」であるという認識に立ち至り(『続日本紀』宝亀四年八月庚午条)、『続日本紀』延暦五年八月甲子条に収める勅では、「正倉被レ焼、未二必由一レ神、何者譜第之徒、害二傍人一而相焼、監主之司、避二虚納一以放火、自レ今以後、不レ問二神灾人火一、宜レ令三当時国郡司塡二備之一、仍勿下解二見任一絶中譜第上矣」とあって、「神火」でなく「人火」であるとの考えが明瞭に示されてくる。

ところでこれら神火の主謀者は郡司、および税長・院守や「富饒百姓」らであり、はじめは「譜第之徒」と称される地方土豪層が郡司職の争奪をめぐって正倉に放火し、相手を傷つけることから始まったが、八世紀末から九世紀に入ると、「監主之司」が虚納を隠蔽するために放火するに至ったのであるが、それはやがて俘囚の叛乱と結びつき、また国分寺の放火へと発展して行く。このように神火は郡司職を争う放火に始まり、やがて郡司・土豪層、さらには農民をも加えての未納・虚納を通しての国司への対抗、大きくは律令国家への抵抗として現われてきたと解されている。(10) ところがこうした神火はしばしば「水旱不レ時、神火屢至」といわれて(『続日本紀』天平宝字七年九月庚子条、『類聚三代格』巻十九、宝亀十年十月十六日太政官符)、霖雨・旱天などの自然現象と一体的にとらえられ、また疫疾とも関係づけられ(宝亀三年十二月十九日太政官符)、ともに神の祟りであると解されているが、同時にそれは「国郡司等不レ恭ニ於国神一之咎也」といわれるとともに、「寔縁ニ国郡司等不レ修ニ職務一」とされ、そこから「却レ拙用レ良」、すなわち「簡ニ良材一速可ニ登用一」という要求が生まれてくるのであって、神火はたとえ神火と解されていても、異常の場合にはそれは容易に政治的な動きと結びつくものであった。そして神火は多く落雷による出火とされるが、それらが雷雨に乗じての人為的な放火であった可能性は十分に想定できる。まして単に「失火」といわれる場合はなおさらのことであって、さきに掲げた大蔵省にかかわるいくつかの火災の事例についてもそのことは適合するであろう。

そしてまた私たちは遷都に対する人々の反対がしばしば放火となって現われることを、早くは近江遷都について『日本書紀』が「是時、天下百姓、不レ願レ遷レ都、諷諌者多、童謡亦衆、日々夜々、失火処多」と記し、また紫香楽宮に関して『続日本紀』が周辺の山に怪火が連続したため、ついに平城還都に踏み切らざるをえなかった事情を詳しく述べていることからよく知っている。ところではじめに大蔵省火災の一例として近江大津宮の事例を掲げ、それが天智天皇の崩御、壬申の乱勃発の寸前であることを指摘した。近江遷都に反対の多かったことは、いま引用した『日本書紀』に明らかであり、また壬申の乱に勝利した大海人皇子が直ちに倭京にもどって嶋宮・岡本宮に入り、ついで飛鳥浄御原宮を造営したことからもそのことは推測できる。したがってこうした経過からすれば、近江大津宮の火災も単なる事故と見逃すわけにはいかないであろう。同様に朱鳥元年七月における雷火による浄御原宮民官倉屋の焼失も、さきの神火の類例から推せば、極めて疑点の多い事件であり、やがて天武天皇の崩御と、それに続いて起こった大津皇子の変などを考えると、やはり神火の一例として重視すべきことのように思われる。

さてこのように考えてくると、難波宮の焼亡も、処こそ倭京と難波と異なるとはいえ、同じ朱鳥元年中の出来事である。天武天皇はその十二年十二月に「凡都城宮室非ニ一処一、必造ニ両参一、故先欲レ都ニ難波一」という詔を発して官人に家地を班給し、難波京の造営を推進して中国の複都制をはじめて日本に導入した。とすれば、その晩年にこれに反対する何者かが大蔵省に放火して人心の動揺を策し、宮室の焼失を招いたとしても不思議はなく、ひいて『日本書紀』における朱鳥元年正月乙卯条の記事もありうべきこととして肯定できるのではないだろうか。

二　難波大蔵の位置

つぎは難波の大蔵の位置に関する問題である。『日本書紀』の記すごとくであるならば、難波宮は大蔵からの出火によって全焼したというのであるから、大蔵は宮室に近く位置したとみるべきであろうし、またとくに「兵庫職不」焚」と述べているのは、兵庫も近くにあったと考えられる。この点は大津宮の場合も同様で、大蔵の第三倉から出火して宮室が焼けたのであるから、大蔵の倉庫群はあのような湖西の複雑な地形においても宮室に近接して存在したとすべきであろう。『古語拾遺』によると、いわゆる三蔵は斎倉の傍に内蔵が建てられ、のちさらに大蔵が建てられたというが、『新撰姓氏録』山城国諸蕃秦忌寸の項には雄略朝に秦氏を役して八丈の大蔵を宮側に構え、絹などの貢物を納めたと記している。大蔵が早くから宮室に接近して建てられたことは推測に難くないが、さらに宮室といかなる位置関係にあったかはそれ以上は明らかでない。

ところで飛鳥浄御原宮については、その大蔵に関する史料はなく、ただ民官の倉屋の位置が雷丘に近いとみられる忍壁皇子宮との関係から臆測されるに過ぎず、後岡本宮に属するとみられる兵庫が小墾田に存したことからすれば、(11)いわゆる倭京におけるそれらの施設の位置は、宮室との関係において難波宮や大津宮とはやや異なる配置をとっていたのかも知れない。つぎの藤原宮についてはすでに大宝令に倉庫令の規定があり、大蔵に関する条項も存したとみられるが、『令集解』『令義解』ともに倉庫令が散逸しているため、逸文に依らねばならず、確実なことはわからない。た

第一表

年月日	場所	出典
天武 十一・七・三	朝庭	書紀
天平 六・七・七	南苑	続紀
〃 十・七・七	大蔵省・西池宮	〃
延暦 十二・七・七	馬埒殿	紀略
〃 十五・七・七	馬埒殿	後紀
〃 二十一・七・七	朝堂院	紀略
大同 三・七・七	神泉苑	後紀
弘仁 一・七・七	神泉苑	紀略
〃 三・七・七	神泉苑	後紀
〃 四・七・七	神泉苑	紀略
〃 五・七・七	神泉苑	後紀
〃 六・七・七	神泉苑	紀略
〃 七・七・七	神泉苑	〃
〃 十一・七・七	神泉苑	〃
天長 三・七・十六	豊楽殿	〃
〃 六・七・十六	神泉苑	〃
〃 六・七・十七	内裏	〃
〃 七・七・十六	神泉苑	〃
〃 八・七・十六	建礼門	〃
〃 八・七・二十五	紫宸殿	〃
〃 八・八・二十二	神泉苑	〃
〃 九・七・二十六	建礼門	〃
〃 十・七・十六	神泉苑	続後紀
〃 十・七・十七	紫宸殿	〃
承和 一・七・十七	紫宸殿	〃
〃 二・七・八	神泉苑	〃
〃 二・八・一	紫宸殿	〃
〃 三・七・八	神泉苑	〃
〃 三・七・九	紫宸殿	〃

だ『政事要略』(巻五十四交替雑事)などによって復原された養老令条文の「凡倉、皆於㆓高燥処㆒置之、側開㆓池渠㆒、去㆑倉五十丈内、不㆑得㆑置㆓館舎㆒」については、その後半が『令集解』宮衛令兵庫大蔵条に引く「古記」にみえることから、大宝令にもほぼ同文の条項が存したとみられる。[12] またこの条文と関係深い宮衛令の「凡兵庫大蔵院内、皆不㆑得㆓将㆑火入㆒、其守当人須㆑造㆑食者、於㆑外造、余庫蔵准㆑此」や「凡庫蔵門、及院外四面、恒持㆑仗防固、非㆑司不㆑得㆓輙入㆒、夜即分㆑時撿行」なども、傍線を施した部分は大宝令に存したことが確認できるので、ほぼ同じ条文がすでに大宝令からあったと考えられる。したがって大蔵院なる一域が宮室の殿舎から五〇丈以上を離して設けられ、日夜衛門・衛士によって警戒されていたことが想定される。[13] しかしその位置などについては現在のところ知るべき手懸りがない。

つぎは平城宮における大蔵省であるが、場所としての大蔵省を示す史料として『続日本紀』に以下の三例がある。

(a) 天平十年七月癸酉条　天皇御㆓大蔵省㆒覧㆓相撲㆒、晩頭転御㆓西池宮㆒、因指㆓殿前梅樹㆒、勅㆓右衛士督下道朝臣真備及諸才子㆒曰、人皆有㆑志、所㆑好不㆑同、朕去春欲㆑翫㆓此樹㆒、而未㆑及㆓賞翫㆒、花葉遽落、意甚惜焉、宜㆘各賦㆓春意㆒詠㆗此梅樹㆖、文人卅人奉㆑詔賦㆑之、因賜㆓五位已上絁廿疋、六位已下各六疋㆒、

〃	四・七・八	紫宸殿	〃
〃	八・七・二十	紫宸殿	〃
天安	二・七・二十一	新成殿	文徳実録
貞観	三・七・二十六	前殿	三代実録
〃	四・七・十二	前殿	〃
〃	四・七・十三	同殿（前殿）	〃
〃	五・七・五	南殿	〃
〃	六・七・十四	前殿	〃
〃	六・七・十九	前殿	〃
〃	七・七・二十一	建礼門	〃
〃	七・七・二十三	南殿	〃
〃	九・七・二十五	紫宸殿	〃
〃	十二・七・二十八	紫宸殿	〃
〃	十三・七・二十八	綾綺殿前	〃
〃	十六・七・二十八	紫宸殿	〃
元慶	一・七・二十七	綾綺殿	〃
〃	三・七・二十七	仁寿殿東庭	〃
〃	四・七・二十八	仁寿殿	〃
〃	四・七・二十九	仁寿殿	〃
〃	六・七・二十九	紫宸殿	〃
〃	六・七・三十	紫宸殿	〃
〃	六・七′・三	紫宸殿	〃
〃	七・七・二十八	紫宸殿	〃
〃	八・七・二十九	紫宸殿	〃
〃	八・七・三十	紫宸殿	〃
仁和	一・七・二十五	紫宸殿	〃
〃	一・七・二十六	紫宸殿	〃
〃	二・七・二十五	紫宸殿	〃
〃	二・七・二十六	紫宸殿	〃
〃	二・七・二十七	紫宸殿	〃
〃	三・七・二十五	紫宸殿	〃
〃	三・七・二十六	紫宸殿	〃
〃	三・七・二十七	紫宸殿	〃

(b) 宝亀三年六月己卯条　幸㆓大蔵省㆒、賜㆑物有㆑差、

(c) 宝亀七年九月甲戌条　幸㆓大蔵省㆒、賜㆓陪従五位已上禄㆒、並皆尽㆑重而出、

このうち注目されるのは(a)で、七月七日の七夕の節日に相撲の場として大蔵省が選ばれ、日暮れてからは西池宮に場所を移して文人に詩を賦せしめたという事実である。まず参考までにその前後に宮廷において行なわれた相撲の場所を六国史の年代を限って整理してみると、第一表のようになる。

これらを通観すると、平城宮に関しては史料が少なく、さきに掲げた(a)以外は他に『続日本紀』天平六年（七三四）七月丙寅条に「天皇観㆓相撲戯㆒、是夕徙㆓御南苑㆒、命㆓文人㆒賦㆓七夕之詩㆒、賜㆑禄有㆑差」とみえるだけであるが、平安宮についてはその場所がはじめは馬埒殿・朝堂院・豊楽殿や神泉苑で行なわれていたが、のちには内裏の紫宸殿にほとんど固定され、まれに建礼門や綾綺殿・仁寿殿で行なわれることがあったらしい。[14] 相撲は天長三年（八二六）六月に平城天皇の国忌に当たるとして、従来の七月七日が同月十六日に改められるまでは、[15] 七夕の節会の行事として行なわれ、相撲が終わってから、その夕には文人たちに七夕の詩を作らせることが恒例となっていた。神泉苑がその場所として多く用いられたのはそのためであり、平城宮についても天

平六年の場合に、相撲ののち南苑に移御したのは同様に七夕の詩宴をもつためであり、さらに当面問題とする天平十年の場合に、大蔵省から西池宮に転じたのも同じ事情によるとみられる。そう考えると、大蔵省がまず相撲の場として選ばれた理由は、馬埒殿や朝堂院の例から推すと、やはり相撲を行なうに必要な一定の広さをもつ野外の広場があったからではなかろうか。大蔵省の構造はいくつかの倉庫が南北二列に並んでいたらしいが、倉庫令の規定からも窺われるように、それらは宮室の殿舎からは隔離され、また相互に配置も疎らであったため、相撲を行なうに適当な空間があったのではないかと推測される。さきに述べた弘仁十四年(八二三)十月二十一日の大蔵省放火事件の際に、消火に駆けつけた者への褒賞に関して、「于レ時擢下集二大庭一五位已上尤勇士人上賜レ物」(十一月二十二日)と記されていることは、平安宮ではあるが、大蔵のある一域に「大庭」のあったことを示しており、『政事要略』巻二十九の荷前班幣に引く貞観六年(八六四)十二月十四日大蔵省例などにも「正倉院大庭」がみえる。

つぎに検討すべきは、大蔵省において相撲を覧たのち、聖武天皇が晩頭西池宮に移ったという一事である。ここにみえる西池宮の西池とは、『万葉集』巻八に収める「池の辺の松の末葉に降る雪は五百重降りしけ明日さへも見む」(巻八―一六五〇)の題詞に「御二在西池辺一肆宴歌一首」の西池、および『続日本紀』神亀五年(七二八)三月己亥条に「天皇御二鳥池塘一、宴二五位已上一、賜レ禄有レ差、又召二文人一令レ賦二曲水之詩一、各賚二絁十疋布十端一、内親王以下百官使部已上賜レ禄亦有レ差」とある鳥池(鳥は酉で、十二支の方位では西をさす)と同じものと考えられるが、平城宮域の西北部に現在も遺存している佐紀池がその一部とみられ、さきごろの発掘調査ではその汀線の一部が検出されている。[16] そこでこの西池と大蔵省との関係であるが、記事の内容から推せば、両所は近接していたとみるのが妥当であろう。天皇が相撲を覧たのちにことさらに遠く離れた場所に赴くことは時間的余裕からも考えられないことであるからである。とすると、大蔵省は西池の近くにあったと推定できるが、その場合に参考となるのが「松林倉廩」と「松原倉」である。

まず「松林倉廩」とは、『続日本紀』天平十七年五月乙亥条に「天皇親臨二松林倉廩一、賜二陪従人等穀一有レ差」とみえるもので、平城京に還都して平城宮中宮院に入った聖武天皇は、その直後に松林倉廩に赴いて、行幸に供奉した人たちに親しくそこに貯蔵されていた穀を与えたのであった。『令義解』職員令主税寮条が「倉廩」を注釈して「謂、穀蔵曰レ倉、米蔵曰レ廩」というように、それは米穀を貯蔵する倉庫であり、この場合も穀を出蔵していることからそのことは確認できるが、この平城宮の松林倉廩は都が恭仁・難波・紫香楽と転々とする間も存続していたのであり、その故にこそ還都早々にこうしたことが可能なのであった。つぎに「松原倉」とは、同じく『続日本紀』天平神護二年(七六六)二月丙午条に「勅、夫蓄貯者為レ国之本、宜レ令下募二運近江国近郡稲穀五万斛一、貯中納於松原倉上、白丁運二五百斛一叙二一階一、毎レ加二三百五十斛一進二一階一、有位毎二三百斛一加二叙一階一、並勿レ過二正六位上一」、同じく同年六月丙申条に「勅、去二月廿日、令下募二運近江国近郡稲穀五万斛一、貯中納於松原倉上、其酬叙法者、下レ勅既畢、而経二旬月一、未レ見二一人運送一、誠是階級有レ卑、人情不レ勧、宜下運二満一万斛一者超授中外従五位下上」とあるもので、(17)これは前年から厳しくなった米価騰貴に対して京下における稲穀の備蓄をはかるため、近江国諸郡からの稲穀移送を促進する方法として、量に応じて叙位することをはかったものであり、同時にそれは恵美押勝の乱後において、藤原仲麻呂の勢力が強く及んでいた近江国に対する政治的意図を含んでいたともみられている。したがってこの松原倉はやはり平城宮になければならず、また松林倉廩と同じく稲穀収納のためのものであった。「松原」の称呼は他の史料にもみえるが、(18)その名称から推して松林倉廩と松原倉は同じところにあった倉庫をさしたものと考えられる。

とすると、その位置であるが、それには松林倉廩に関して「松林」が手懸りとなる。やはり『続日本紀』から関連史料を抽出しよう。

(d) 天平元年三月癸巳条　天皇御二松林苑一、宴二群臣一、引二諸司并朝集使主典以上于御在所一、賜レ物有レ差、

(e) 天平元年五月甲午条　天皇御二松林一、宴二王臣五位已上一、賜レ禄有レ差、亦奉レ騎人等、不レ問二位品一給二銭一千文一、

(f) 天平二年三月丁亥条　天皇御二松林宮一、宴二五位以上一、引二文章生等一令レ賦二曲水一、賜二絁布一有レ差、

(g) 天平七年五月庚申条　天皇御二北松林一覧二騎射一、入唐廻使及唐人奏二唐国新羅楽一挊レ槍、五位已上賜レ禄有レ差、

(h) 天平十年正月丙戌条　皇帝幸二松林一、賜二宴於文武官一、主典已上賚レ禄有レ差、

この五つの史料にみえる松林・北松林・松林苑・松林宮においては、それぞれ正月十七日の大射、三月三日の曲水宴、五月五日の騎射などの節日における重要な年中行事が行なわれ、同時に饗宴の場となっているので、表現はやや異なるが、いずれも同一場所をさすとみて誤りあるまい。そしてなかに「北松林」という称呼があることは、それが平城宮からみてその北に存在することを示唆している。つまり松林・松林苑・松林宮は平城宮の北、松の林の中に位置したとみるべきであろう(19)。それはなだらかな奈良山の南斜面に相当し、現在もなお松林の面影を残している地域であるが、最近奈良県立橿原考古学研究所の河上邦彦氏によって、その地域に松林苑・松林宮の築地遺構と認められるものが検出され、一部の発掘調査も実施された。それは土塁痕跡や地割などから推測すると、東西約〇・五キロ、南北約一・一キロに及ぶ長方形の広大な規模をもつもので、さらに内部にも内郭土塁の一部とみられるものが遺存している。出土した軒平瓦瓦当文様は平城宮六六六四—F型式のものが最も多く、これは松林苑や松林宮が文献史料上に現われる年代とも矛盾しない(20)。

このようにして松林・松林苑・松林宮とよばれるものが平城宮の北に存在したことが確実となると、松林倉廩や松原倉も名称の類似することから、やはりその付近に存在したのであろうと考えられてくる。しかもそうした倉庫群が松林宮や松林苑内に建てられていたとは考え難い。そこで注目されるのは、苑の南面外郭築地と平城宮北限築地との間に南北幅二五〇メートルの中間地帯の存在することである。この部分が何に使われていたか明らかでないが、最近の発掘調査では松林苑外郭の南面築地は西端で少し西にのび、さらに南折して、あたかもその実体不明の中間地帯を取り囲むようになっていることが知られてきた。とすれば、宮室の建造物からは隔離されていることを要する倉庫と

して、(21)松林倉廩や松原倉はその中間地帯に位置を占めていたのでないかと推測されるのである。そして松林倉廩や松原倉は前述のように稲穀を収納する点、民部省に属したのであろうが、同じ倉庫群であるという意味で、大蔵省の大蔵も同じところにあったのでないかと考えられてくる。それはさきに述べたように、大蔵省が西池宮に極めて近かったという理由からだけではない。そのいま一つの理由については平安宮の大蔵について説明する必要がある。

平安宮の大蔵省については、当代の文献史料からは、次のようなことが知られる。すなわち「大蔵省正蔵院(正倉院)」とよばれる倉庫群の区郭があり、(22)そこには長殿(十四間長殿)などの倉屋がやはり南北二列に並んであったとみられ、(23)中には絹・綿・糸・調布・商布・鉄・鍬・銭などが収蔵され、(24)また別に薬種を納める納薬倉(野倉ともいう)(25)や西亭(26)とよぶ建物もあり、前述のごとく院中には大庭が設けられていたほか、倉の前には棟が植えられていたらしい。(27)ところでこうした大蔵省およびその正蔵院の位置については、第一図に掲げた陽明文庫本『宮城図』(元応元年(一三一九)書写)の示すごとく、(28)諸図は一致して上東門と上西門を結ぶ線以北の宮内北部に比定している。すなわち偉鑒門を中心にしてその東と西の方二町の地区が「大蔵省」とされ、さらにその西方には「大蔵庁」が記入されている。また裏松固禅の『大内裏図考証』の考定図は東西両区をそれぞれ十字街によって四分し、その東区の南半に長殿と率分蔵を置き、他の六区には大蔵が所在したとし、「大蔵庁」がすなわち大蔵省の庁であったとしている。『三代実録』仁和三年(八八七)八月八日己酉条に、羽蟻が大蔵省正蔵院から群がって飛び立ち、船岳(現在の京都市北区船岡山)までちょうど空に虹をわたしたようになったと記されているのは、大蔵省正蔵院を上のごとき位置に推定するときよく理解される。

ところで『宮城図』によると、大蔵庁の北には兵庫寮があり、兵庫もここに存在したと考えられるほか、(29)すぐ南に接しては内蔵寮や図書寮があり、(補二)それぞれに倉庫が付属したとみられるので、各種の倉庫群は宮城の北辺に集中して配置され、内裏・朝堂院や一般の曹司からは隔離する方針をとったものと認められる。ただ平城宮の松林倉廩および

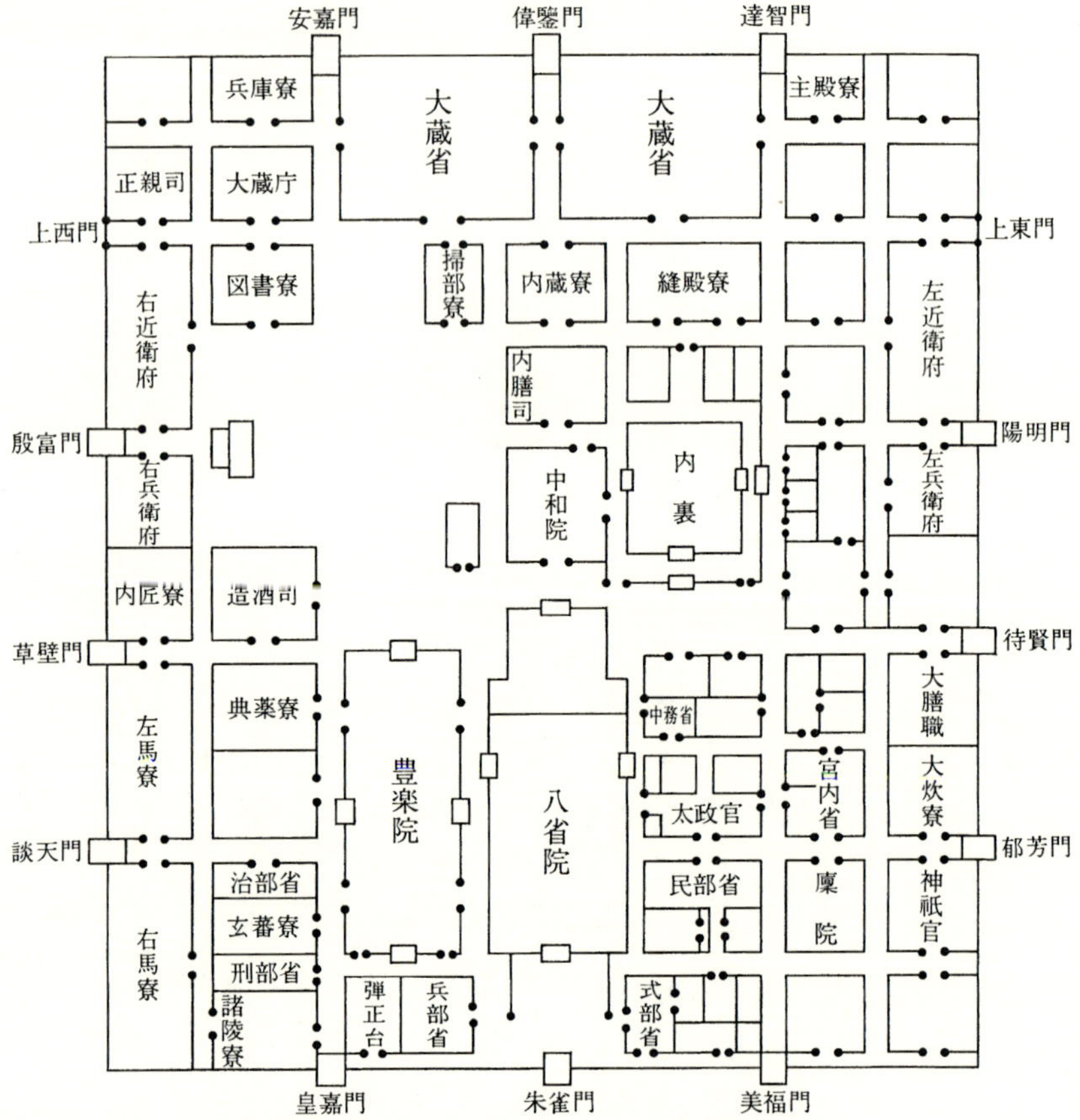

第一図　陽明文庫本『宮城図』(元応元年(1319)書写)

松原倉を継承したとみられる民部省廩院と穀倉院は平安宮ではこの位置にない。さきの『宮城図』では民部省廩院は朝堂院の東に位置する民部省の東隣りにあり、『三代実録』貞観十二年十二月二十五日壬寅条にみえる制によれば、「運二廩院雑物一車馬、聴レ出三入自二美福門腋門一」とあって、早くからこの位置に移っていたことが知られる。(30) また穀倉院は朱雀門外、朱雀大路の西、二条大路の南に方二町を占めて存在するが、『日本後紀』大同三年(八〇八)九月乙未条に、権入後五年をへた畿内寺院の封戸を止め、輸物を穀倉院に納めるように命じたのが史料上の初見であり、弘仁十三年三月には太政官が論奏して、旧例に准じて近江国諸郡の貯穀十万斛を穀倉院に輸送し、その代穀を越前国から近江国に移して塡納することを建議して勅許されている(『類聚三代格』)。ここにいう旧例とはさきに述べた天平神護二年二月に近江国近郡の稲穀の松原倉への移送を促進するため輸穀に応じて叙位しようとしたことを示し、穀倉院が松原倉の機能を継承したものであることが知られる。(31) このように民部省廩院や穀倉院が大蔵省・兵庫寮などの倉庫群から離れた理由は、それらに貯えられていた米穀が京中窮民への賑給などにたびたび放出されたことからも、そうした場合の利便を考慮してのものであったのでなかろうか。

やや迂遠な説明となったが、平城宮の大蔵省の位置を推定するためには、私は平安宮における大蔵省正蔵院がその北辺に存在したこと、とくにそれが上東門と上西門を結ぶ線以北にあることに注目したい。何となれば、その地域は平城宮と異なって、平安宮が半条(二町)分だけ北に宮域が拡張された部分に当たり、さきに平城宮において松林苑南限と平城宮北限との中間地帯と指摘したものにほぼ相当するからである。つまり平安宮の諸施設・殿舎の配置が平城宮のそれを大枠において継承したとする限り、平安宮大蔵省正蔵院の位置から逆推して、平城宮においても大蔵省の大蔵はそれに相当する部分、つまり宮外で松林苑との中間地帯に存在したのでないかと考えるのである。そう解すれば、大蔵省で相撲を覧たのち、晩頭西池宮に移御したという事実も無理なく解され、同じ地域にあったとみられる松林倉廩や松原倉の称呼とも矛盾しない。しかもさきに掲げた天皇の大蔵・大蔵省への出向を示す(a)(b)(c)の三史料において、(a)が「御」、(b)(c)が「幸」と出御・行幸を混用しているのは、それらの用語の原則的用法から推して、その地域が平城宮外でありながら、大蔵省が宮付属施設であるという複雑な事情が潜んでいるからではなかろうか。ちなみに(d)(e)(f)(g)(h)の松林苑・松林・松林宮・北松林に対しても、「御」と「幸」が混用されている。(32)(33)

以上によって、少なくとも平城宮・平安宮においては大蔵省が宮室の北辺に位置することが明らかになった。こうした配置がさらにいつまで遡るものかはいまだ明らかでない。したがって大津宮や当面問題とする難波宮の大蔵が同じように宮室の北辺に位置したか否かは確かでない。それにはこうした宮室の北辺に倉庫群を置く配置計画がいつに始まり、何によるかを明らかにしなければならないであろう。たとえば寺院の資財帳によると、大安寺には板倉二口・甲倉一三口をもつ倉垣院、また西大寺には板倉八口・甲倉六口をもつ正倉院があり、薬師寺にも倉垣院とよばれるものがあったが、(34)その的確な位置は未だ明らかでない。ただ東大寺の正蔵院については現存する正倉院宝庫によって伽藍の西北辺にあったこと、(35)また額安寺については「額田寺伽藍並条里図」によって伽藍の東部北辺に倉の集中していたことが知られ、一般的に主要建造物に対して倉庫がいかなる位置を占めるべきかを示唆している。またこうした問題を考えるには、中国の都城・宮室において同様な機能を果たした倉庫群がどういう関係位置を占めていたかを参考する必要があるが、現在はそれに応える十分な準備ができていないので、課題として残さざるをえない。(36)(補二)

難波宮の大蔵については、『日本書紀』大化二年(六四六)正月是月条にみえる子代離宮について、或本が「壊二難波狭屋部邑子代屯倉一而起二行宮一」と注記していることや、難波の大郡・小郡との関連についても注意を払わねばなるまい。ことに前者については、難波の狭屋部邑(『倭名類聚抄』にみえる摂津国西成郡讃楊郷か)の子代屯倉を管理していたと推定される佐夜部首が、『新撰姓氏録』摂津国神別条によると、物部連と同じ伊香我色雄命を祖先としているので、『日本書紀』安閑元年十月甲子条に、安閑天皇の妃、物部木蓮子の女宅媛に賜わった難波屯倉との関連性が指摘されている。(37)そういえば、朱鳥元年(六八六)正月における難波宮の焼亡について、『日本書紀』は一説として阿斗連薬の家の失火によるという異伝を記しているが、その阿斗(阿刀)連(宿禰)も物部氏の同族として同じ『新撰姓氏録』の摂津国神別条などにみえる。これらのこともなお問題とすべきかも知れないが、乏しい史料からは臆説に堕する虞れがあるので、この辺でひとまず擱筆したい。

以上『日本書紀』朱鳥元年正月乙卯条にみえる難波宮焼亡の記事に関連して、その出火場所とされる「大蔵省」およびその付近にあったと推定される「兵庫職」の位置を検討して、平城宮や平安宮の倉庫群の問題に及んだ。当面の問題として難波宮に関しては現在のところ的確な位置を示すことはできなかったが、関説するところが今後この種の遺跡・遺構の調査にいささかでも役立つところがあるならば、望外の幸いである。

(1) 藤原宮出土木簡に「大椋」と記されたものがある。奈良県教育委員会『藤原宮——国道一六五号線バイパスに伴う宮域調査——』(『奈良県史跡名勝天然記念物調査報告』二五、昭和四十四年三月)所収、木簡No.九四。なお「兵庫職」はのちの兵庫寮に相当するとみられるが、こうした大宝令以前における「職」の用例は最近の藤原宮出土木簡に多く、すでに「薗職」「膳職」「塞職」などが知られている。

(2) 井上光貞「太政官成立過程における唐制と固有法との交渉」(仁井田陞博士追悼論文集『前近代アジアの法と社会』一、昭和四十二年十月所収)、直木孝次郎「大蔵省と宮内省の成立」(柴田實先生古稀記念会編『柴田實先生古稀記念日本文化史論叢』、昭和五十一年一月所収)など。

(3) ただし天平十七年四月二十一日付(『大日本古文書』二—四二〇ページ)、および同年十月二十一日付(『大日本古文書』二—四二一・四七六ページ)の大粮を申請した大蔵省移によると、ともにそのとき難波には大蔵省の仕丁は置かれていなかったらしい。

(4) 林博通『さざなみの都大津京』(昭和五十三年十一月)一一六ページ以下。

(5) 『懐風藻』序には「但時経二乱離一、悉従二煨燼一」とあり、大津宮は壬申の乱によって焼失したように解されている。

(6) 青木和夫「雇役制の成立」(『史学雑誌』六七—三・四、昭和三十三年三月・四月)。ただし大宝令以前にも「庸」が存したのではないかと思われる史料として、『続日本紀』文武元年八月庚辰条に「仍免二今年田租雑徭并庸之半一」、『日本書紀』天

武十四年十一月甲辰条に「是日、筑紫大宰請〓儲用物絁一百疋・糸一百斤・布三百端・庸布四百常・鉄一万斤・箭竹二千連〓、送〓下於筑紫〓」などがある。岸俊男「造籍と大化改新詔」(『日本古代籍帳の研究』、昭和四十八年五月所収)参照。
(7) 岸俊男「元明太上天皇の崩御」(『日本古代政治史研究』、昭和四十一年五月所収)。
(8) 新訂増補国史大系本は『類聚国史』も『日本紀略』も十月辛丑を二十一日とするが、『類聚国史』の弘仁十四年十一月壬申の記事は「去十月廿日夜失火」として、二十日と伝えている。
(9) 神火については塩沢君夫「八世紀における土豪と農民」(『古代専制国家の構造』、昭和三十三年十一月所収)、佐伯有清『新撰姓氏録の研究』研究篇(昭和三十八年四月)二七六—二九七ページ、大内田貞郎「正倉神火をめぐる一考察」(『続日本紀研究』七—五、昭和三十五年五月)、新野直吉『日本古代地方制度の研究』(昭和四十九年十一月)四一二—四四〇ページなど参照。
(10) 佐伯有清『新撰姓氏録の研究』研究篇(前掲)二七六—二九七ページ。
(11) 『日本書紀』天武元年六月己丑条によると、小墾田兵庫は留守官のいた飛鳥寺の西の槻の下の本営とは離れてあった。
(12) 『続日本紀』延暦十年二月癸卯条(『類聚三代格』巻十二所収、延暦十年二月十二日太政官符)によると、「諸国倉庫、不〓可〓相接〓、一倉失火、合院焼尽、於〓是勅、自〓今以後、新造〓倉庫〓、各相去十丈已上、随〓処寛狭〓、量〓宜置〓之」とあり、神火に対する対策として諸国の倉庫は十丈以上を隔てることとされ、さらに『類聚三代格』巻十二所収の延暦十四年閏七月十五日付太政官符によって、「百姓之居去〓郡僻遠、跋〓渉山川〓有〓労〓納貢〓、加以倉舎比近、甍宇相接、一倉失〓火、百倉共焼」という理由で、諸国正倉を各郡の一処に置くことを改め、各郷に分置することとなった。
(13) 宮衛令庫蔵門条の「恒持〓仗防固」に対して「古記」は「謂、衛門与〓衛士〓也」と注釈している。
(14) 『内裏式』は弘仁十二年藤原冬嗣・良峯安世らが撰し、天長十年清原夏野らが補修したものであるが、相撲式は七月七日神泉苑、翌八日紫宸殿としており、表とも合致する。
(15) 『日本紀略』天長三年六月己亥条。
(16) 奈良国立文化財研究所『昭和五十一年度平城宮跡発掘調査部発掘調査概報』(昭和五十二年五月)参照。
(17) 松原弘宣「松原倉をめぐって」(『続日本紀研究』一九八、昭和五十三年八月)。
(18) 平城宮出土木簡(SK八二〇出土)の中に「松原草除充夫十七人　領中衛一人　天平十八年十月十七日」と記すものがあり

（奈良国立文化財研究所『平城宮木簡』一、昭和四十四年十一月、七七号）、また『正倉院文書』の「後一切経料雑物納帳」（『大日本古文書』一四—四二二ページ以下）は、天平宝字四年六月に光明皇太后が崩じたのち、その一周忌斎会のための一切経書写の経費を書き出したものであるが、その経費支出者として内裏・坤宮官・大膳職・木工所・嶋政所・寺司・東塔所などと並んで、「南松原」がみえ、そこには「御斎会残物」としての折櫃・明櫃・前薦・瓫・堝・叩戸・大盤・由加・片埦・塩坏・羹坏・箕・辛竈・箒・炭・薪・甕・瓼・缶・水上などが納められていた。

(19) 岸俊男「〝嶋〟雑考」（橿原考古学研究所編『橿原考古学研究所論集』五、昭和五十四年九月所収）参照。なお田中塊堂『古写経綜鑒』（昭和十七年九月）によると、奈良朝書写の大毘婆娑論・順正理論に「松宮内印」という印を捺すものがあるという。松宮は松林宮を意味するのであろうか。

(20) 河上邦彦「松林苑の確認と調査」（『奈良県観光』二七七、昭和五十四年十二月）。

(21) 倉庫令の規定によると、倉庫は高燥にして、かつ近くに池渠のあることが条件となっている。問題とする地域は西池や松林苑（中に池をもつ）に近く、また高燥であるから、その条件にも適している。

(22) 『三代実録』貞観八年七月十三日乙卯条、同仁和三年二月乙巳朔条、同仁和三年八月八日己酉条。『貞観儀式』巻九、二月二十二日賜春夏季禄儀。『延喜式』民部省・掃部寮など。

(23) 『類聚国史』巻一七三、災異部七火所収、弘仁十四年十月辛丑条。

(24) 『三代実録』貞観二年三月二十五日乙亥条、同貞観二年九月九日丙辰条、同貞観八年九月九日辛亥条、同元慶四年三月二十七日庚辰条、同元慶四年十二月五日甲申条、同元慶七年五月十四日己卯条、同仁和二年二月十五日乙丑条などによる。

(25) 『三代実録』貞観八年七月十三日乙卯条、『日本紀略』康保元年十月十三日乙卯条（新訂増補国史大系本は他書の攙入とする）など。

(26) 『貞観儀式』巻九、二月二十二日賜春夏季禄儀。

(27) 『三代実録』元慶二年七月甲午朔条。

(28) 奈良国立文化財研究所『平城宮発掘調査報告』Ⅲ（昭和三十七年三月）図版二〇による。

(29) 兵庫鳴動のことはときどき記録にみえるが、火災の記事は少なく、『日本紀略』康保二年十月二十七日癸亥条に「兵庫倉有レ火」とある程度で、他に台風による倒壊として、同じく『日本紀略』安和二年七月二十三日戊辰条に「風猶不レ止、厨家南門・内竪所庁・兵庫寮南門……悉以顚倒」、同寛仁四年七月二十二日辛未条に「夜大風吹、壊二内裏所々一……兵庫倉一宇、其外不レ可二勝計一」などがみえる。

(30) 民部省廩院については、『日本後紀』延暦十八年三月乙巳朔条に「震二民部省廩一」、『三代実録』元慶八年六月二十三日壬子条に「夜、偸児入二民部廩院倉一、盗二取米一斛五斗一、為三行夜者所二捕得一、偸児引レ刀、自刺不レ死、遣下二検非違使一送中入於獄上」などあり、また別に大炊寮に廩倉のあったことは『日本紀略』大同四年五月壬申条、同天延三年五月二十九日庚子条などにみえる。

(31) 穀倉院については、山本信吉「穀倉院の機能と職員」(『日本歴史』三〇〇、昭和四十八年五月)が詳しい。

(32) 岸俊男「難波宮の系譜」(『京都大学文学部研究紀要』一七、昭和五十二年三月、本書第十四章)参照。

(33) 『令集解』宮衛令開閉門条の「即諸衛按二検所部及諸門一」に対して、「古記」が左右衛士府が中門と御垣廻、および大蔵・内蔵・民部外司・喪儀寮・馬寮に衛士を分配して防守し、時をもって検行すると述べていることは、『西大寺資財流記帳』によって、喪儀寮が宮外の右京一条三坊の東北角にあったことが知られるので、大蔵・内蔵、および民部外司(松林倉廩・松原倉をさすか)の位置を私案のごとく推定するのに示唆的である。

(34) 『大安寺伽藍縁起并流記資財帳』(天平十九年二月)、『西大寺資財流記帳』(宝亀十一年十二月)、薬師寺本『薬師寺縁起』(永保二年十月僉議状)。

(35) 『東大寺要録』巻四諸院章に正蔵院がみえる。なお福山敏男『奈良朝の東大寺』(昭和二十二年四月)六七ページ参照。

(36) たとえば唐の長安城に関して、呂大防の「長安城図」(石刻)においては、太極宮内の西、掖庭宮の北に「太倉」が描かれているが、この位置には疑義が出ている。平岡武夫『長安と洛陽』地図篇(昭和三十一年二月)解説参照。

(37) 直木孝次郎「難波の屯倉」(大阪歴史学会編『古代国家の形成と展開』、昭和五十一年一月所収)。

(補一) 平城宮の図書寮の位置については『続日本紀』天平宝字八年十月壬申条が参考となる。すなわち、淳仁天皇が廃されて淡路に移送されるときの記事で、淳仁は中宮院から歩いて図書寮西北の地に至り、そこで山村王から孝謙上皇の廃帝とする旨の詔をきき、母とともに小子門に至り、そこから騎馬で淡路に送られたという。小子門(小子部門)については、平城宮東面南門推定地発掘調査のとき、その門が東一坊大路に南面して開くことが明らかとなるとともに、そこから「小子門」と記した木簡が出土したこと(奈良国立文化財研究所『平城宮発掘調査出土木簡概報』(五)、昭和四十三年二月)を留意すべきであるが、これらの史料にみえる中宮院・図書寮・小子門の位置関係をいかに考えるかはいまのところ断案がない。

(補二)　脱稿後、礪波護「隋唐時代の太倉と含嘉倉」(『東方学報』五二、昭和五十五年三月)が公刊された。その中で礪波氏は洛陽の含嘉倉と長安の太倉の位置について論じ、長安城の太倉はやはり呂大防の『長安城図』に示す太極宮の西部、掖庭宮の北が正しいとし、洛陽城の含嘉倉が逆に東城の北に置かれているのは、洛陽城の西部が河水の氾濫を恐れて当初の計画を変更してカットされたため、含嘉倉の位置も対称的な東に変更されたのであろうと述べている。とすれば、太倉と含嘉倉の位置は平城宮・平安宮の倉庫群を考える上でも示唆的である。

第十七章　日本における「京」の成立

一　日唐令における「京」の用字

次頁に掲げた表は養老令の現存する全条文について、その中にみえる「京」の用字の頻度数を各篇目ごとに分かって表示したものであるが、それによると、「京」(至京・向京・送京や左右京を含む)二八、「在京」三〇、「京国」七、「京官」六、「京内」五、「京職」四など、総数八五か所に及んでいる[1](第一表)。しかし、そのうち『令集解』所収の「古記」の引用によって、大宝令における存在の確認されるものとなると、一七か所ほどでかなり少なくなるが、「京」の用字を含む同じ条文における前後の語句の復原状況や、養老令と大宝令との一般的な相似関係から推すと、特別な場合を除いては、養老令にみえる「京」の用字のほとんどが大宝令にも存在したとみて大きな誤りはないものと考えられる。この事実は養老令、あるいは大宝令全体、つまり律令制そのものにおいて「京」の占める比重が予想よりも大きいことを示しているといえよう。いまこうした観点から、改めて文献史料によって「京」「京師」の問題を考えてみよう。

ところでまず大宝令に存在することの確実な「京」の用字を含む養老令の条文を若干参考までに掲げておこう。以下傍線部分、および〈　〉内の字句は大宝令に存在したことを示している。

(1) 凡田租、准㆓国土収獲早晩㆒、九月中旬起輸、十一月卅日以前納畢、其舂㆑米運㆑京者、正月起運、八月卅日以前納畢、(田令)

(2) 凡供レ京藁藍雑用之属、毎レ年民部預於二畿内一斟量科下、(賦役令)

(3) 凡京内大橋、及宮城門（当宮門）前橋者、並木工寮修営、自余役二京内人夫一(営繕令)

(4) 凡車駕巡幸、京師留守官、給二鈴契一、多少臨時量給、(公式令)

第一表　養老令にみえる「京」

	京	在京	京内	京師	京国	京職	京官	京庫	京路	京城門	計
職員令	6	1				2					9
神祇令											0
僧尼令	1	1	2								4
戸　令	2				1						3
田　令	1				1						2
賦役令	3	1									4
学　令											0
選叙令											0
継嗣令											0
考課令		1				1	1				3
禄　令		1									1
宮衛令									1	1	2
軍防令	4	1			2			1			8
儀制令	1										1
衣服令											0
営繕令		2	3								5
公式令	5	4		1			3				13
倉庫令	2	3			1						6
厩牧令		2				1					3
医疾令											0
仮寧令		1					1				2
喪葬令							1				1
関市令		1									1
捕亡令											0
獄　令	3	10		1	1						15
雑　令		1			1						2
計	28	30	5	2	7	4	6	1	1	1	85

(5) 凡在京諸司、為二京官一、自余皆為二外官一(公式令)

(6) 凡駅使至レ京、奏二機密事一者、不レ得レ令二共レ人語一、其蕃人帰化者、置レ館供給、亦不レ得二任来往一(公式令)

(7) 凡京官以二公事一出レ使、皆由二太政官一発遣、所二経歴一処符移、弁官皆令二便送一、還日、以二返抄一送二太政官一、若使人更不レ向レ京者、其返抄付二所在司一、附二便使一送、即事速者、差二専使一送、(公式令)

(8) 凡闌遺之物、五日内申二所司一、其贓畜（雑畜）、事未二分決一（配）、在京者付二京職一、断定之日、若合二没官一出売、在外者、准二前条一(厩牧令)

これら大宝令にみえる「京」「京師」は、具体的な場としては、都城としての藤原京を意味するが、大宝令の完成・施行は藤原京存続期間の後半に属するから、その前半期、つまり大宝以前に施行されていた飛鳥浄御原令が「京」に関してどのように規定していたかは、条文が遺存していないので、直接的には明らかでない。そこでその問題はひとまずおき、養老令・大宝令の母法であった本令、つまり唐令と、そうした「京」の字を含む日本令の条文がどのような関係にあったかを検討してみよう。

まず最初に「京」の用字を含む養老令条文のうち、仁井田陞氏によって復原された『唐令拾遺』所収の唐令に対応条文がみられ、かつそのなかに「京」の字を含む部分に該当する語句を含むものを抽出し、相互に対比してみよう。各条文の全文を掲げる紙幅がないので、問題部分の前後に限って抄出することとする。

日本令

(9)　凡内外文武官初位以上、毎レ年当司長官、考二其属官一、応レ考者、皆具録二一年功過行能一、並集対読、議二其優劣一、定二九等第一、八月卅日以前校定、京官畿内、十月一日考文申二送太政官一、外国、十一月一日附二朝集使一申（考文附朝集使太政官申送）送、……（考課令）

(10)　凡開二閇門一者、第一開門皷撃訖、即開二諸門一、第二開門皷撃訖、即開二大門一、退朝皷撃訖、即閇二大門一、昼漏尽、閇門皷撃訖、即閇二諸門一、理門不レ在二閇限一、京城

唐令

(9)′　諸内外文武官九品已上、毎レ年当司長官、考二其属官一、応レ考者、皆具録二一年功過行能一、対衆読、議二其優劣一、定二九等考第一、京官九月三十日已前校定、外官去レ京一千五百里内、八月三十日已前校定、三千里内、七月三十日已前校定、五千里内、五月三十日已前校定、七千里内、三月三十日已前校定、万里内、正月三十日已前校定、本州定訖、京官十月一日送レ簿、外官朝集使送レ簿、限二十月二十五日已前一到レ京、……（開七・開二五、考課令）

(10)′　諸承天門撃二暁皷一、聴レ撃レ鐘後一刻皷声絶、黄城門開、第一鼕鼕声絶、宮城門、及左右延明乾化門開、第二鼕鼕声絶、宮殿門開、夜第一鼕鼕声絶、宮殿門閉、

門者、暁皷声動則開、夜皷声絶則閇、……（宮衛令）

(11) 凡国司使人、送レ解至レ京、十条以上、限二一日一申了、廿条以上、二日了、四十条以上、三日了、一百条以上、四日了、（公式令）

(12) 凡在京諸司、有レ事須レ乗二駅馬一者、皆本司申二太政官一、奏給、（公式令）

(13) 凡京官三位以上、遭二祖父母父母及妻喪一、四位遭二父母喪一、五位以上身喪、並奏聞、遣レ使弔、殯斂之事、並従二別式一、（喪葬令）

(14) 凡官私権衡度量、毎レ年二月、詣二大蔵省一平挍、不レ在レ京者、詣二所在国司一平挍、然後聴レ用、（関市令）

(15) 凡犯レ罪、皆於二事発処官司一推断、在京諸司人、京及諸国人、在京諸司事発者、犯二徒以上一、送二刑部省一、杖罪以下、当司決、其衛府糺二捉罪人一、非レ貫二属京一者、皆送二刑部省一、（獄令）

(16) 凡犯レ罪、笞罪郡決之、杖罪以上、郡断定送レ国、

第二鼕鼕声絶、宮城門閉、及左右延明門皇城門閉、其京城門開閉、与二皇城門一同、……（開七、宮衛令）

(11)′ 諸州使人、送レ解至レ京、二十条已上、二日付了、四十条已上、三日了、一百条已上、四日了、二百条已上、五日了、（開二五、公式令）

(12)′ 諸在京諸司、有レ事須レ乗レ駅、皆合レ遣レ駅、（開二五、公式令）

(13)′ 諸京官職事三品已上、散官二品已上、遭二祖父母父母喪一、京官四品、及都督刺史、並内外職事、若散官、以レ理去レ官、五品已上、在京薨卒、及五品之官身死二王事一者、将レ葬皆祭以二少牢一、……（開七・開二五、喪葬令）

(14)′ 諸官私斛斗秤度、毎レ年八月、詣二金部太府寺一平校、不レ在レ京者、詣二所在州県一平校、並印署然後聴レ用、（開七・開二五、関市令）

(15)′ 諸有二犯罪一者、皆従二所レ発州県一、推而断之、在京諸司、則徒以上、送二大理一、杖以下当司断之、若金吾糺獲、皆送二大理一、（開七、獄官令）

(16)′ 諸犯レ罪者、杖罪以下県決之、徒以上県断定送レ州、

……按覆理尽申奏、即按覆事有レ不レ尽、在外者、遣レ使就覆、在京者、更就レ省覆、（獄令）

(17) 凡決二大辟罪一、在京者、行決之司三覆奏、決前一日一覆奏、決日再覆奏、在外者、符下日三覆奏、初日一覆奏、後日再覆奏、若犯二悪逆以上一、唯一覆奏、家人奴婢殺レ主、不レ須二覆奏一、其京国決レ囚日、雅楽寮停二音楽一（獄令）

(18) 凡決二大辟罪一、五位以上、在京者、刑部少輔以上監レ決、在外者、次官以上監レ決、余並少輔及次官以下監レ決、……在レ京決二死囚一、皆令二弾正衛士府監一レ決、若囚有二冤枉灼然一者、停レ決奏聞、（獄令）

(19) 凡告密人、皆経二当処長官一告、長官有レ事、経二次官一告、若長官次官倶有レ密者、任経二比界一論告、……若直称二是謀叛以上一、不レ吐二事状一者、給レ駅差レ使部領送レ京、若勘問、不レ遵二事状一、因失二事機一者、与二知而不レ告同、其犯二死罪一囚、及配流人、告レ密者、並不レ在二送限一、応二須検挍、及奏聞一者、准二前例一、（獄令）

……案覆理尽申奏、若按覆事有レ不レ尽、在外者遣レ使就覆、在京者追就二刑部一、覆以定之、（開七・開二五、獄官令）

(17)′ 諸決二大辟罪一、在京者、行決之司五覆奏、在外者、刑部三覆奏、（在京者、決前一日二覆奏、決日三覆奏、在外者、初日一覆奏、後日再覆奏、……）若犯二悪逆以上一、及部曲奴婢殺レ主者、唯一覆奏、其京城及駕在所、決レ囚日、尚食進二蔬食一、内教坊及太常寺、並停二音楽一、（開七・開二五、獄官令）

(18)′ 諸決二大辟罪一、官爵五品以上、在京者大理正監レ決、在外者上佐監レ決、余並判官監レ決、……在レ京決二死囚一、皆令二御史金吾監一レ決、若囚有二冤枉灼然一者、停レ決奏聞、（開七・開二五、獄官令）

(19)′ 諸告レ密人、皆経二当処長官一告、長官有レ事、経二佐官一告、長官佐官倶有レ密者、経二比界一論告、……且称レ告二謀叛已上一、不レ肯レ言二事意一者、給レ駅部領送レ京、其犯二死罪一囚、及縁辺諸州鎮防人等、若犯レ流人告レ密、並不レ在二送限一、（開七、獄官令）

(20) 凡五位以上、犯レ罪合レ禁、在京者、皆先奏、若犯ニ死罪一及在外者、先禁後奏、並聴ニ別所坐一、婦女有レ位者亦同、……　（獄令）

(20)′ 諸職事官五品以上、散官二品以上、犯レ罪合レ禁、在京者皆先奏、若犯ニ死罪一及在外者、先禁後奏、……　（開二五、獄官令）

以上はこの対照表を掲げるはじめにも述べたように、「京」の用字を含む養老令（≒大宝令）の条文で対応する条文が唐令にあり、しかもその中にほとんど同じ字句が認められるものであるが、右によれば対応条文の存在するものの約三分の一に及んでいるから、唐令をそのまま継受した場合のかなり多いことが知られる。ただその場合に対照した復原唐令は、注記したように開元七年令（開七、七一九＝養老三）か開元二十五年令（開二五、七三七＝天平九）で、ともに養老令（≒大宝令）の編纂以後に成るものである。したがって比較対照の順序は逆であるが、養老令（≒大宝令）、あるいはそれ以前の日本令は、唐の高宗の永徽二年（六五一＝白雉二）に完成した永徽令の影響を最も強く受けているとみるのが通説である。唐においては永徽令以前にも、高祖の武徳七年（六二四＝推古三十二）に武徳令、太宗の貞観十一年（六三七＝舒明九）に貞観令が編纂され、また永徽令から開元七年令までの間にも高宗の麟徳二年（六六五＝天智四）、同じく儀鳳二年（六七七＝天武六）にも律令格式が奏上され、則天武后の垂拱元年（六八五＝天武十四）には律令の删定が行なわれているが、遣唐使の派遣年次などを勘案して、永徽令との関係が最も深いとみられている。(2) こうした観点からすれば、「京」の用字を含む条文も永徽令を踏襲した公算が大きいということになるが、この点はのちに説くところとも関わるので、注意しておきたい。

二　「京国」表記の意義

つぎに「京」を含む条文で唐令に対応条文が認められるが、「京」の用字に関してちょうど該当する語句がないという場合についても検討する必要がある。たとえばさきに掲げた⑴田令田租条は、唐令では、

⑴′諸租、準二州土収穫早晩一、斟二量路程険易遠近一、次第分配、本州収穫訖発遣、十一月起輸、正月三十日内納畢、若江南諸州、従二水路一運送、冬月水浅上埭艱難者、四月以後運送、五月三十日内納完、其輸二本州一者、十二月三十日内納畢、……（田令）

となっていて、「舂米運京」に該当する字句がなく、また⑷公式令車駕巡幸条は、

⑷′車駕巡幸、皇太子監国、有二兵馬一受二処分一者、為二木契一、畿内左右各三、畿外左右各五、若王公以下、在京留守、及諸州有二兵馬一受二処分一、并行軍所、及領二兵五百人以上、馬五百匹以上一征討、亦各給二木契一（左右各□）其在内在外及行用諸式、並准二魚符一（公式令）

となっていて、「京師留守官」は「在京留守」に関係するが、そのままではない。他の条文についていちいち対照することは省略するが、そのなかで注目を要するのは「京国」の語句を有する条文と唐令との関係である。

以下「京国」の語句を含む養老令条文のうち、唐令と比較できるものを抽出して検討しよう。

(21)凡造二計帳一、毎レ年六月卅日以前、京国官司、責二所部手実一、具注二家口年紀一……（戸令）

(21)′諸毎レ歳一造二計帳一、○里正責二所部手実一、具注二家口年紀一（武・開七、戸令）

(22)凡応レ班レ田者、毎二班年一、正月卅日内、申二太政官一、起二十月一日一、京国官司、預校勘造レ簿、至二十一月一日一、摠二集応レ受之人一、対共給授、二月卅日内使レ訖、其収レ田戸内、有レ合二進受一者（田令）

(22)′諸応二収授一之田、毎レ年起二十月一日一、里正預校勘造レ簿、暦十一月、県令総二集応レ退応レ受之人一、対共給授、十二月内畢、（武・開七・開二五、田令）

(23)凡受二地租一、皆令二乾浄一、以レ次収レ牓、同時者先レ遠、京国官司、共二輸人一、執レ籌対受、在京倉者、共二主税一按撿、国

郡則長官監撿、（倉庫令逸文）

(23)′諸受レ租、皆於輸場、対倉官租綱、吏人執レ籌、数レ函、（開七、倉庫令）

(24)凡僧尼、京国官司、毎二六年一造二籍三通一、各顕二出家年月、夏臈及徳業一、依レ式印之、一通留二職国一、以外申二送太政官一、一通送二中務一、一通送二治部一、所レ須調度、並令下寺准二人数一出上物、（雑令）

(24)′諸道士女道士、僧尼之簿籍、亦三年一造、其籍一本送二祠部一、一本送二鴻臚一、一本留二於州県一、（開七、雑令）

右の四例によると、(23)と(24)の「京国官司」は対応する唐令の条文にそれに当たるものを見出すことができないが、(21)と(22)の「京国官司」は唐令の「里正」、および「里正」「県令」を、また(24)の「職国」は同じく唐令の「州県」を改めたものであることが知られる。こうした相違はどうして生じたか。実はその点にこそ日本における「京」の歴史的意義、およびその成立を考える重要な鍵が潜んでいるのではないかと私は考えるのであるが、それには彼我の「京」にかかわる行政組織の相違について説明する必要がある。

三　京・国の行政組織

まず日本の場合であるが、改めて説明するまでもなく、諸国は国―郡（大宝令以前は評）―里（霊亀元年以後は郷）の行政組織によって統治され、それぞれに国司（守・介・掾・目）・郡司（大領・少領・主政・主帳）・里長が任ぜられていた。これに対して京師はまったくそれとは別の行政組織で、京は左京・右京に分かれ、各京はいわゆる条坊制によって多くの坊に細分されていた。そして各坊には坊長一人を置き、さらに各条の四坊ごとに坊令一人が任ぜられ、その坊令（大宝令では藤原京の条数に従って一二人）は京職（大夫・亮・進・属）の一員として職員令にも規定されていた。

このように諸国が国―郡―里であるのに対して、京師は京―条・四坊―坊というように行政組織化され、「京」と

「国」はまったく別の体系に属するたがいに相対する行政単位であり、「京国」という語はまさに、その故にそうした京師と諸国の行政単位を総括するために必要であったのである。そしてそうした「京」と「国」の相対する関係は、令の条文においても明確に規定されている。すなわち職員令では、左京職(右京職)についで摂津職・大宰府を置いたのち、国は大国・上国・中国・下国に分かって順次掲げ、さらに大郡・上郡・中郡・下郡・小郡の順に郡司の員数と職掌が規定されている。また戸令においても、まず第一条に、

(25)凡戸以二五十戸一為レ里、毎レ里置二長一人一、掌下検二校戸口一、課二殖農桑一、禁二察非違一、催中駈賦役上、若山谷阻険地遠人稀之処、随レ便量置、

と、五十戸一里の編戸と里長の規定があり、ついで第三条に、

(26)凡京毎レ坊置二長一人一、四坊置二令一人一、掌下検二校戸口一、督二察姧非一、催中駈賦傜上、

と、坊長・坊令に関する規定がみえ、さらにそれにつづく第四条には、

(27)凡坊令取下正八位以下明廉強直、堪二時務一者上充、里長坊長、並取二白丁清正強幹者一充、若当里当坊無レ人、聴下於二比里比坊一簡用上、若八位以下情願者聴、

と、坊令・坊長・里長の任用規定が掲げられている。「国」と「京」が相対応するものであることは、こうした令条文の配列にも明らかであるが、さらに(25)にみえる里長の職掌と(26)の坊令・坊長の職掌を対比すると、京内には原則として田地が存在しないため、坊令・坊長が「課殖農桑」を欠く以外は両者まったく同じであり、ここにも諸国の里長と京師の坊令・坊長が対応するものであることが明確に示されている。(3)

このようなことは事新しく指摘するまでもないようであるが、実は同じことを唐令について検討するとき、それが重要な意味をもつことが明らかになるのである。すなわち、『通典』巻三に引く「大唐令」には、次のようにみえる。

(25)′(26)′諸戸以二百戸一為レ里、五里為レ郷、四家為レ鄰、五家為レ保、毎レ里置二正一人一、若山谷阻険、地遠人稀之処、聴二随レ便量

置一、掌下按二比戸口一、課二植農桑一、検二察非違一、催中駆賦役上、在二邑居一者為レ坊、別置二正一人一、掌三坊門管鑰、督二察奸非一、並免二其課役一、在二田野一者為レ村、別置二村正一人一、其村満二百家一増二置一人一、掌同二坊正一、其村居如(不)レ満二十家一者、隷二入大村一、不レ須三別置二村正一、

この「大唐令」に対して、『唐令拾遺』は全文を開元二十五年令として掲げつつも、それはおそらく唐令の原文のままではなく、また数条を適宜合わせて文をなしたとも考えられるとし、『倭名類聚抄』処居部に引く「唐令」には、

(26)″両京城及州県郭下、坊別置二正一人一、掌三坊門管鑰、督二察奸非一也、

とあり、『大唐六典』戸部郎中員外郎条にも、

(25)″(26)″百戸為レ里、五里為レ郷、両京及州県之郭内分為レ坊、郊外為レ村、里及村坊、皆有レ正、以司二督察一(里正兼二課植農桑、催駆賦役一)四家為レ鄰、五家為レ保、保有レ長、以相禁約、

とあるので、少なくとも開元令には『通典』引用の唐令よりは、『倭名類聚抄』引用の唐令の体裁に近い規定があったものと解している。(4)

しかしそれはともかくとして、上記の唐令の条文によると、城内の統治に関しては、州―県―郷―里の行政組織とは別に坊が存し、里には里正が、坊には坊正が置かれ、里正が按比戸口・課植農桑・検察非違・催駆賦役を職掌とするのに対し、坊正は坊門管鑰・督察奸非のみを職掌とする。城外に対しても同様で、坊に対応するものとして村が州―県―郷―里の行政組織とは別に置かれ、坊正と同じように村正が任ぜられている。そしてこのような体系が少なくとも唐初の武徳七年令(六二四)にまで遡るらしいことは、『旧唐書』食貨志が「武徳七年始定二律令一、……百戸為レ里、五里為レ郷、四家為レ鄰、五家為レ保、在二邑居一者為レ坊、在二田野一者為レ村」と述べていることから知られる。(5)そして里正と、坊正あるいは村正との関係は、さきに掲げた『通典』巻三引用の「大唐令」が、つづけて、

(27)′諸里正、県司選二勲官六品以下白丁、清平強幹者一充、其次為二坊正一、若当里無レ人、聴二於比鄰里簡用一、其村正取二

白丁一充、無レ人処、里正等、並通取二十八以上中男残疾等一充、

と述べているように、その任用においても里正が優位にあり、坊正・村正がこれに次いだとみられ、坊・村はあくまで城内・城外の付属的行政単位に過ぎない。

以上のような唐令の規定を具体的に長安城についてみると、唐代の長安城の統治は万年県と長安県によって担当され、さらにその上に唐初は隋の京兆郡に代わって雍州が、開化元年(七一三)からは京兆府が置かれていた。そして朱雀門街から東が万年県に属し、万年県廨は宣陽坊の東南隅に、また西は長安県に属して、長安県廨は長寿坊西南隅に、それぞれ位置し、京兆府廨は別に西市に東接する光徳坊東南隅にあった。ここで注意すべきことは、京兆府が管轄するのは万年・長安二県だけでなく、『新唐書』地理志によれば二〇県に及んでいる点である。また万年・長安両県も単に長安城内を管轄するだけでなく、その統治が城外近傍の村邑にまで及ぶものであったことは、貞元十四年(七九八)の「御史中丞馬公墓誌銘」に「京兆府万年県洪固郷延信里司馬村」とあり、また大中三年(八四九)の「翟夫人某氏墓誌銘」にも「(京兆府)万年県滻川郷陳村」とあって、司馬村・陳村はともに城外の集落と考えられるので、明らかであるという(6)。

このように唐の長安城に対しては、城の内外を問わず州(府)—県—郷—里の行政組織が貫徹していて、それとは別の付属の行政単位として城内を限って坊が置かれ、坊正が任ぜられていたのである。

四　条と坊

以上の検討結果を敷衍して改めて日唐の相違を明らかにすると、唐の場合は、長安城の統治に関しても他の地域と同じく州(府・郡)—県—郷—里の行政組織が適用されていて、里正は「按比戸口・課植農桑・検察非違・催駆賦役」

を職掌とする。この里正の職掌は日本の場合の里長の職掌「撿挍〈按撿〉戸口・課殖農桑・禁察非違・催駆賦役」に該当するから、彼の里正は我の里長に相当する。したがって唐の長安城の場合を日本に適合させるとすれば、たとえば平城京に対しても国―郡―里の行政組織による統治が行なわれていたということになる。ところが日本の場合、京師は国（国司）―郡（郡司）―里（里長）と異なる京（京職）―条（坊令）―坊（坊長）の行政組織によって統治されており、その坊令・坊長の職掌が「撿挍〈按撿〉戸口・督察姧非・催駆賦徭」となっていて、まさに里長、および唐の里正のそれに対応し、唐の坊正が「坊門管鑰・督察姧非」のみを職掌とするのとは著しく異なっている。日本の坊令・坊長が「坊門管鑰」を職掌として欠くことは、日本の都城における坊の構造、つまり坊門の有無を論ずる上で看過できないが、(7)「督察姧非」のほかに「撿挍戸口」「催駆賦徭」を含むことは、それが国―郡―里制の里長に相当することを示し、唐の坊正が州（府）―県―郷―里制の付属単位に過ぎないのとは違い、京―条―坊制、すなわち「京」が国―郡―里制の「国」に対応するものであることを明示しているのである。つまり、その関係を整理すれば、

唐 {州（府・郡）―県―郷―里（里正）―{坊（坊正）／村（村正）}

日本 {京（・京職）―条（坊令）―坊（坊長）／国―郡―里（里長）}

ということになって、日本の場合は「京」と「国」の統治組織が唐とは異なって明らかに別立てとなっている。こうしたことから、唐令にみえる(21)′(22)′の「里正」を日本令に移す場合に、簡単に「里長」と置換することができず、それに代わるものとして「京国」の語を創出し、また「県令」を省いたと考えられ、(24)′の「州県」を「職国」と改めたのも同様の理由によるのであろう。

なおここで、右表のように坊令を京―条―坊の「条」に属するものとして表記した点について、若干付説しておき

たい。坊令が四坊ごとに一人置かれること、そしてその四坊が左京・右京の各条の四坊を意味することは、さきにも述べたようにそれぞれ戸令・職員令の規定から知られる。ところで日本の場合、「条」は東西に通ずる大路によって区画される東西に長い街区の総称として一条・二条などとよばれ、また「坊」は同じく南北に通ずる大路によって区画される南北に長い街区の総称として一坊・二坊などとよばれる。と同時にまた一方では、かかる条・坊の縦横の大路によって造り出される、いわゆる条坊制の方格街区の基本単位の方形をも「坊」とよんでいる。そしてその基本単位としての一つの「坊」を示す場合に、たとえば「左京四条四坊」というように京―条―坊の称呼法を用いている。したがって、そうした称呼法とは別に、藤原京について林坊・小治町、平城京について松井坊というような和風の固有名詞の坊名が伝えられているが、それは基本単位としての一つの坊に付けられたものと一般には解されているのではないかと思う。確かにそうした称呼法の源流である中国の場合、唐の長安城や洛陽城、あるいは北魏の洛陽城などにおいては、各坊(里)ごとに固有名詞が付されている。しかし日本の場合、平安京においては唐の長安・洛陽両城の坊名をそのまま坊名として継承したものが多いにもかかわらず、その坊名は左右京の各条の四坊(一条・二条は左右京を通じての各六坊を桃花坊・銅駝坊とよぶ)に対して付されており、豊財坊といえば右京一条の一―四坊、永寧坊といえば右京二条の一―四坊をさす。また平安京では各条の条間小路を何条坊門小路というように、坊門も条間小路が朱雀大路に通ずるところにだけ置かれていて、それが各条の四坊の正門であるかのような観を呈していたらしい。したがってこうした平安京の坊名のあり方や坊門の位置からすると、さきに掲げた藤原京・平城京の和風固有名詞の坊名も、必ずしも一つの坊に対して付けられたものと決めてしまうことはできないのではなかろうか。

このようにして、もし各条の四坊を一つの単位として把握することが、平安京から遡って平城京から藤原京にまでも及ぶとすると、たとえば「左京四条四坊」といった場合の「四条」と「四坊」は条坊制における条と坊の順序を示すものとして並列的関係にあるのではなく、条は坊の一段上の行政単位として位置づけられたものであることを示しているということにはならないであろうか。すなわち「左京四条」といえば、それはまず左京の第四条の一―四坊をさし、それは坊令によって統括される。そして「四坊」とはその坊令によって統括される四坊のうちの第四坊をさし、そこには坊令に従属する坊長が任ぜられていたと解するのである。さきに表記したように、京―条―坊という称呼法が国―郡―里という行政組織に対応するものであり、各坊に一人ずつ置かれた坊長の上に、さらに各条の四坊ごとにまた坊令が一人ずつ任命されていたというのであるから、むしろそのように解するのが正しいのではなかろうか。一説としてこの機会に提起しておきたい。

このように京―条―坊という表記において、条と坊を並列的でなく、上下の関係で理解するとすると、それは国―郡―里という行政組織との対比において、条は郡、坊令は郡司にいちおう対応することとなる。これはあくまで体系の上でのことで、坊令が郡司と対等の関係にあるというのではなかろうが、郡司がたとえば『続日本紀』大宝元年(七〇一)正月丁酉条において「山代国相楽郡令」とみえ、また「令」と「領」が通用されて、「郡領」や「大領」「少領」という用語が郡司に関して現われ、さらに神亀三年(七二六)九月に坊令が郡司に準じて把笏を聴されていることなどを勘案すると[(8)]、そのような対比が潜在的に意図されていたとも考えられる。坊令は長岡京以後において「条令」と称呼を変えるが[(9)]、何条の坊令であるかを示すにはただ「坊令」だけでは不都合であり、「条令」という称呼の方が各条の四坊を統括する者としてはより適切であったからであるが、家地の売買に関する立券文としての条令解の書式が、同じ目的で作成された郡司解と等しいこともその証左の一つとできよう[(10)]。

五　唐令の継受と「国」の成立

さて以上の考察によって、㈠日本の大宝令・養老令には「京」に関する語句が多く、しかもそのなかには唐令をそのまま転写したものがかなりあること、㈡しかし唐令と相違する重要な点は、日本令では「京」は「国」に対応する行政単位で、京内には京―条―坊の行政組織が存在するのに対して、京外は国―郡―里という別の行政組織によって統治されていること、がそれぞれ明らかになった。とすると、この二つの事実は日本における「京」、すなわち都城の成立についていかなる意味をもつのであろうか。

まず第一は㈠によって、日本令が唐のいかなる令を継受したかによって、「京」の存在も大宝令から遡ってその令が日本にもたらされた時点にまで及ぶ可能性があるということであろう。この点については、すでに述べたように日本の大宝律令、および養老律令は唐の高宗の永徽二年(六五一＝白雉二)に完成した永徽律令をもとにしているとする説が有力である。また大宝律令以前の浄御原令、あるいは近江令は確実な逸文さえも現存しないので、大宝令との比較による条文推定は不可能に近いが、永徽律令制定直後の白雉四年(六五三)五月には第二次遣唐使(吉士長丹・高田根麻呂)が派遣され、つづいて翌白雉五年二月に第三次(高向玄理)、斉明五年(六五九)七月に第四次(坂合部石布)と相つぎ、さらに白村江の敗戦以後、大宝律令の完成以前の間にも天智四年(六六五)に第五次(守大石)、同八年に第六次(河内鯨)がそれぞれ発遣されているから、天武十年(六八一)二月に編纂に着手され、持統三年(六八九)六月に施行された浄御原令はもとより、天智七年に制定されたと伝える近江令が存在したとすれば、これもまた永徽令を基本としていた公算が大である。したがってその永徽令に「京」の用字を含む条文があったならば、日本における「京」の成立そのものについても、それら浄御原令や近江令の完成・施行時にまで遡って考えることが可能であり、その可能性は大きいとみねばなるまい。

つぎは㈡によって、「京」が「国」に対応するものである以上、「京」の成立もまた「国」の成立時にまで遡るとみられることである。それでは国―郡―里制の「国」はいつ成立したかであるが、この問題についてはまだ定説をえていない。「郡」が大宝令以前に「評」と書かれていたことはすでに周知の事実であるが、そうした国―評―里制の施行を示す史料を現在までの出土木簡から掲出すると、次のようなものがある。[11]

a　「∨辛卯年（持統五）十月尾治国知多評」「∨入家里神部身□□　」　（藤原宮　史料一六六）
b　「∨甲午年（持統八）九月十二日□□国［　　　］∨」「∨阿具□（比カ）里五□□（百木カ）部□□□□（養カ）米□□（六斗カ）∨」　（藤原宮　史料一六二）
c　「丙申年（持統十）七月旦波国加佐評□×」　（藤原宮　史料一五五）
d　「丁酉年（文武元）若狭国小丹生評岡田里三家人三成」「御調塩二斗　」　（藤原宮　史料一四七）
e　「丁酉年若佐国小丹［　］里
　　　　　秦人［　］□斗　」　（藤原宮　史料一八二）
f　「∨戊戌年（文武二）三野国厚見評∨」「∨□□里秦人□（荒カ）人五斗∨」　（藤原宮　概報五）
g　「戊戌年□□□□（若狭国小カ）丹□（生カ）評□□里人
　　　　□□□□（秦人船カ）調塩二斗　」　（藤原宮　概報五）
h　「∨戊戌年六月波伯吉国川村評久豆賀里□×」　（藤原宮　概報五）
i　「∨己亥年（文武三）十月上挟国阿波評松里×」　（藤原宮　県報告一一五）
j　「己亥年若佐国小丹×」　「三家里三家首田末□（呂カ）×」　（藤原宮　県報告一一七）
k　「己亥年九月三野国各□（美カ）×」　「汙奴麻里五百木部加西□×」　（藤原宮　史料一六〇）
l　「∨己亥年十月吉備□（中カ）×」　「∨評軽部里□×」　（藤原宮　史料一八三）
m　「己亥□□（年若狭カ）国小丹［×」　「御調塩二□×」　（藤原宮　概報五）
n　「∨庚子年（文武四）四月　若佐国小丹生評
　　　　　木ツ里秦人申二斗∨」　（藤原宮　史料一四六）
o　「庚子年三月十五日川内国□（安カ）×」　（藤原宮　概報五）

右のように現在までの出土木簡によると、国―評―里制の施行を示す確実な史料は辛卯年、すなわち持統五年（六九一）が最も早い。持統五年といえばすでに浄御原令の施行後であり、六年一造の最初の戸籍である庚寅年籍（持統四

＝六九〇）の存在からも、浄御原令の段階に国―評―里制が成立していたことは確実であろう。
それでは浄御原令以前はどうかであるが、実は出土木簡のつぎの二点は、浄御原令施行以前における国―評―里制の実施を示すとみられる。

p「∨壬午年（天武十一）十月□毛野∨」「∨□□□∨」　（藤原宮　史料五四五）

q　癸未年（天武十二）七月　三野大野評阿漏里
　　　　　　　　　　□（阿カ）漏人　　□□□　」　（藤原宮　史料五四四）

右の壬午年は天武十一年（六八二）、癸未年は翌十二年（六八三）とみるのが妥当であろう。したがってこのp・qの二点はさきに掲げたaより古いのであるが、a―oと厳密に区別したのはpもqも「□毛野」「三野」と律令制の国名を記しながら、ともに「国」の字を確認できないからである。pは裏面が判読できていないので、あるいは裏面の最初に「国」の字が記されているかもしれないが、「国」の字を記すとすれば、表面に書き入れてしまうのが一般であろうから、「国」の字のない公算が大である。またこのpは裏面の判読不能の字数からすると、国―評―里の記載を完備していないともみられるが、qは評・里の記載がある。にもかかわらず「三野」とあるのみで、「国」の字がない。この二例をいずれも単なる「国」の脱字と看過してしまうには、ともに「国」名を記した現在における最も早い天武朝の史料であるだけに躊躇を感じる。(12) 木簡の記載、とくにこのような貢進物付札の記載を通観すると、調などの税目や「戸主」の表記などは、制度的にはすでに整っているにもかかわらず、木簡の字面にはなかなか現われてこない。(13) 国名の表記についても同様なことをいちおう想定しておかねばならないが、この二例はあるいは国―評―里の行政組織がすでに制度的には整ってはいたが、なお実施からあまり年月が経過せず定着していなかったために、こうした「国」の字を脱した記載が多く用いられたのではないかとも考えられる。

それでは、国―評―里制の成立はこの木簡の示す天武十一年からいつまで遡るかであるが、たとえば早川庄八氏は、

『日本書紀』天武四年二月癸未条に「勅二大倭・河内・摂津・山背・播磨・淡路・丹波・但馬・近江・若狭・伊勢・美濃・尾張等国一曰、選二所部百姓之能歌男女、及侏儒伎人等一而貢上」とある国名の配列順に着目し、それらが改新詔の畿内国およびその四至記載に対応するとして、四畿内成立の下限を天武四年とし、その時以前すでに四畿内周辺において律令制の「国」の設定が完了していたと説く。(14) 畿内の成立が「京及畿内」「京畿」、あるいは「京師及四畿内」という連称からうかがわれるように、「京」「京師」の成立と関連することについてはのちに改めて論ずることとして、さらに早川氏の所説に耳を傾けよう。

このように律令制の「国」は畿内周辺ではすでに天武朝以前に設定されていた可能性があるが、西海道の筑前・筑後・豊前・豊後・肥前・肥後・日向七国の成立は、持統朝まで遅れるという。その論拠は、『続日本紀』神亀四年(七二七)七月丁酉条に筑紫諸国の庚午籍七七〇巻に太政官印を印したことがみえるが、これは西海道における右の律令制七国成立以前に庚午年籍が作られたからではないかということ、また『日本書紀』によると、持統四年十月になお「筑紫国上陽咩郡」とみえ、持統十年四月の「肥後国」が西海道における律令制の「国」の初見であること、などである。そしてこれらの「国」の分置に携わったのは孝徳朝の「東国等国司」の系譜を引く惣領、または大宰とよばれている者で、それは西海道の例があるように、必ずしも全国一斉に設置されたのではないが、天智朝の初期には筑紫惣領管内を除いてほぼその作業は完了しており、それぞれの「国」にはのちの国司の前身に当たる国宰が派遣されたと考えている。この推論は、さきに天武朝末年の木簡に「国」の字を脱した国名のみえることと矛盾するものではない。

なお早川氏は以上の推論では、国―評の下部単位としての里はまだ同時には成立していなかったと考えたが、その後飛鳥から「大花下」などの冠位を記した木簡とともに出土した「白髪部五十戸皷十口」という一点の貢進物付札は、少なくとも天智三年二月以前に「五十戸」を単位とする編戸の存在したことを実証した。(15) 一方これまでに出土した貢

進物付札を整理すると、国―評―里を記したものよりも、国名がなくてただ評―里だけのものが遥かに多く、なかには、

「己亥（文武三）年十二月二方評波多里」「大豆五斗中」（藤原宮　概報五）

のように、年月・評・里を記しながら国名を欠くものもある。これらの点から推考すると、国―評―里制の成立に先んじて評―里制が存在した可能性が大きい(16)。したがってもし天智朝初期に国―評制が成立していたとすると、それは同時に五十戸一里制を伴っていたと解する方がよいのではなかろうか。

六　藤原京以前の「京」

以上日本における「京」の成立を論ずる前提として、それと関係深い唐令の継受の問題と、律令制にみえるような国―評―里制の「国」の成立について考察した。その結果、前者については永徽令が日本令の基本になっており、またその受容は斉明朝前後と考えられるので、近江令に「京」の現われる可能性のあること、また後者については国―評―里制の成立が天智朝初期ごろといちおう推定されるので、「国」に対する「京」もその時点にまで遡る可能性があること、がそれぞれ明らかとなり、二つの帰結はほぼ時期的に一致することとなった。次にはそうした結果を別の文献史料と発掘調査の成果によって検証してみよう。

まず大宝令施行以前、持統三年（六八九）六月の浄御原令の施行以後についてであるが、持統八年十二月の遷都以後の藤原京の存在についてはいちおう疑問の余地がないと考えられる。ただ『続日本紀』の記載によると、文武元年（六九七）九月丙申条に、「京人大神大網造百足家生二嘉稲一」とあり、また同三年正月壬午条に「京職言、林坊新羅子牟久売一産二二男二女一」とあって、左京・右京の別がないのに対して、大宝二年（七〇二）正月乙酉条に「正五位下美

努王為二左京大夫一」とみえるのをはじめとして、以後の藤原京に関する記事にはすべて左右京の区別があり、このことからすれば大宝令に至ってはじめて左京・右京が分かれたようにみえる(17)。しかし私が推定復原した藤原京はすでに左京・右京の存在を前提とし、四坊に坊令一人を置くという戸令の規定に基づいて八坊としている(18)。したがってこの復原による限り、左京・右京の別がないのはただ京内を統治する京職についてだけのことで、都城の構造そのものは、はじめから朱雀大路を中心に四坊ずつ左右対称であったと考えねばなるまい。またそう考えた場合、最初は条坊街区を―条―坊と数詞でよぶよりも、それが一坊をさすか四坊をさすかはともかく、まず林坊・小治町のような固有名詞でよぶことから始まったとみる方が妥当のように思われる。ただ、この時期の藤原京については、『続日本紀』慶雲元年(七〇四)十一月壬寅条に「始定二藤原宮地一、宅入二宮中一百姓一千五百五烟賜レ布有レ差」とある記事の、「宮」は戸数から推してどうしても「京」の意と解されるから、「始めて」という文字を字義どおりに解してこだわるかぎり、その解釈には依然として苦しむのである。

つぎに藤原遷都以前、浄御原令施行以後は藤原京の建設期間に当たる。その間『日本書紀』によると、持統四年十月の「高市皇子観二藤原宮地一」、同年十二月の「天皇幸二藤原一観二宮地一」、五年十月の「遣二使者一鎮二祭新益京一」、同年十二月の「宅地」班給、六年正月の「天皇観二新益京路一」、同年五月の「遣二浄広肆難波王等一鎮二祭藤原宮地一」「遣二使者一奉二幣于四所伊勢・大倭・住吉・紀伊大神一告以二新宮一」、同年六月の「天皇観二藤原宮地一」、ついで七年二月の「詔二造京司衣縫王等一収二所掘尸一」、同年八月の「幸二藤原宮地一」、さらに八年正月の「幸二藤原宮一即日遷レ宮」という過程をへて、同年十二月の「遷二居藤原宮一」となる。藤原京の造営そのものがいつに始まるかについてはつぎに論ずるが、「造京司」の存在、宅地(4町―1/4町)の班給、そしてそれがいかなる意味をもつかは別として、「新益京」という言葉、それらはいかなる形であるにしろその時点における「京」の存在を明示している。ところで浄御原令の施行直後である持統三年七月丙寅条の「詔二左右京職及諸国司一築二習レ射所一」の「左右京職」における左右の別は、前述のところから推して『日本書紀』編者の加筆であるとしても、「京職」の存在そのものまでを否定する必要はなかろう。というのは、その少し前、天武十四年(六八五)三月辛酉条にも「京職大夫直大参許勢朝臣辛檀努卒」とみえ、しかも『続日本紀』養老元年(七一七)正月己未条の巨勢朝臣麻呂の薨伝にも、「飛鳥朝京職直大参志丹之子也」とあるからである。しからば、これらの京職とはいかなる「京」を統治の対象とするものなのだろうか。この問題を考察するには、浄御原令施行以前に遡ってさらに「京」の史料を検討する必要がある。

まず『日本書紀』を検すると、天武紀・持統紀では天武五年九月乙亥条の「王卿遣二京及畿内一、校二人別兵一」、同六年五月是月条の「旱之、於二京及畿内一雩之」をはじめとして、浄御原令施行、あるいは藤原遷都に至るまでの間に、他にも「京」「京師」という語がかなりみえ、またそれはしばしば「畿内」と並称されており、記事内容から考えても明らかに京域をもった行政区画としての「京」の存在を推知させる。[19] また一方では天武朝において、しきりに宮都の適地の探索が行なわれ、新しい都城の設定が急がれている。その史料を『日本書紀』から掲記すれば、

天武　五・　是年　将レ都二新城一、而限内田園者、不レ問二公私一、皆不レ耕悉荒、然遂不レ都矣、
天武　八・十一・是月　初置二関於竜田山・大坂山一、仍難波築二羅城一、
天武十一・　三・甲午　命二小紫三野王及宮内官大夫等一、遣二于新城一、令レ見二其地形一、仍将レ都矣、
天武十一・　三・己酉　幸二于新城一、
天武十二・十二・庚午　又詔曰、凡都城宮室非二一処一、必造二両参一、故先欲レ都二難波一、是以百寮者、各往之請二家地一、
天武十三・　二・庚辰　遣二浄広肆広瀬王・小錦中大伴連安麻呂、及判官・録事・陰陽師・工匠等於畿内一、令レ視二占応レ都之地一、是日、遣二三野王・小錦下釆女臣筑羅等於信濃一、令レ看二地形一、将レ都二是地一歟、

天武十三・　三・辛卯　　天皇巡二行於京師一、而定二宮室之地一

天武十三・閏四・壬辰　　三野王等進二信濃国之図一

などであるが、すでに藤原京の復原に際して説いたように、私は天武十三年三月辛卯の記事をもって、この時藤原京の造営計画が決定されたとみ、宮の造営工事は、間もなく天武天皇が病臥・崩御し、またつづいて皇太子草壁皇子が薨去するなどのことがあって着手が遅れたが、持統天皇の即位をまって開始されたと推定した(20)。このような私案に対して、最近における藤原宮の発掘調査では次のような事実が明らかになっている。すなわち、藤原宮の大極殿院中央北半部分と北面中門（猪使門）において、藤原宮造営以前から存在した南北に流れる幅六―七メートルの大溝（ＳＤ一九〇一Ａ）が検出されたが、大極殿の北ではその溝の中から約六〇点の木簡が出土した。そのうち年紀の明記されているものは、「壬午年十月」（天武十一＝六八二）、「癸未年七月」（天武十二＝六八三）、「甲申年七月三日」（天武十三＝六八四）の三点であるが、別に「進大肆」と天武十四年正月に制定された冠位を記すものがあり、天武十一年から十四年のころに集中している(21)。この大溝は藤原宮造営とともに埋立てられているので、この年紀の知られる木簡の示す事実は、天武十三年三月の京師巡行によって宮室の位置が決定し、藤原京の造営が一部開始されたのではないかとする私案にとっては有力な支証となっている。

　このように藤原京そのものが天武朝末年に成立したと解することによって、さきに掲げたような『日本書紀』にみえる「京」関係記事は、天武朝末年以後のものについては藤原京に関するものとしていちおう解釈できるとしても、それ以前の記事については依然として問題が残る。すなわち難波を陪都として官人に宅地を班給し、いわゆる複都制を施行したことは、一方では大倭における都城、すなわち「京」の存在を前提とするものであり、またしきりに遷都の候補地となった「新城」が地名でないとすると、それもまた「新しき都城」以前における「京」の存在を示唆していることになる。さらに天武五・六年紀にみえる「京及畿内」、天武九・十年紀にみる「京内廿四寺」「京内諸寺」な

どの、「京」をすべて単なる漠然とした「ミヤコ」の意味に解し去ることはいかがなものであろうか。また『万葉集』巻十九に収める「壬申年之乱平定以後歌」二首、

皇者　神尓之座者　赤駒之　腹婆布田為乎　京師跡奈之都　（巻十九―四二六〇）

大王者　神尓之座者　水鳥乃　須太久水奴麻乎　皇都常成通　（巻十九―四二六一）

にみえる「京師」「皇都」も、これを単に宮室としての飛鳥浄御原宮と解することは、浄御原宮のあったと推定される当時の飛鳥中心部がなお「赤駒のはらばふ田為」や「水鳥のすだく水沼」であったとみなければならないから無理と考えられ、やはり壬申の乱後において新しく飛鳥に「京」の建設されたことを讃えたものとみるのがよいのではなかろうか。(22) ところがこれらの史料はすべて持統三年六月の浄御原令の施行以前であるばかりでなく、さらに天武十年二月の編纂開始以前でもある。となると、「京」の存在は浄御原令以前、つまり近江令に関わる問題となってくる。

そこで再び『日本書紀』を検すると、近江令が制定されたと伝えられている天智七年(六六八)の前年、天智六年八月条には「皇太子幸二倭京一」とみえるほか、とくに巻二十八の壬申紀には「自二近江京一至二于倭京一、処々置レ候」とか「時荒田尾直赤麻呂啓二将軍一曰、古京是本営処也、宜二固守一、将軍従之、則遣二赤麻呂・忌部首子人一令レ戍二古京一、於レ是赤麻呂等詣二古京一而解二取道路橋板一、作レ楯竪二於京辺衢一以守之」とか、あるいは「是日東道将軍紀臣阿閉麻呂等、聞下倭京将軍大伴連吹負為二近江一所上敗、則分レ軍以遣二置始連菟一、率二千余騎一而急馳二倭京一」というように、「倭京」、さらには「近江京」に対して「古京」の語がしばしば用いられている。しかしこれらの史料から行政単位としての「京」の存在を明確に指摘するのは困難であり、また近年における発掘調査の結果も、近江大津宮に対応するような都城としての「近江京」の実在には否定的である。(23) ただ「倭京」については、前掲の「壬申年之乱平定以後歌」が「赤駒のはらばふ田為」や「水鳥のすだく水沼」を「京師」「皇都」としたと詠っているように、「京」としての建設工事の施行が示唆されており、また藤原京、およびその周辺における次のような発掘調査の成果にも注目する必要が

ある。

その一つは、前述の藤原宮大極殿院北半中央と北面中門で検出された南北の大溝（ＳＤ一九〇一Ａ）は藤原宮造営以前からのものであるが、それは藤原京の条坊制地割に則った道路にそって南北に走っている。換言すれば、それは中ツ道と下ツ道のほぼ中央に位置していることになる。つぎに藤原京条坊制地割に基づく道路が側溝を伴ってすでに京内十数か所で検出されているが、そのうちには宮内五か所のものも含まれており、藤原宮の諸施設はそれを埋めて、その上に構築されている。たとえば大極殿の北では、右の南北大溝の西にそって朱雀大路の北の延長と、四条条間小路の延長がそれぞれ確認されており[24]、本来ならばすでに宮域と予定されたところに、こうした道路を側溝まで設けてことさらに造営することはないから、あるいはそれは藤原京設定以前の「京」、つまり前述の「倭京」にまで遡るものかもしれない。なおこうした藤原京条坊制地割に基づく道路は、薬師寺と紀寺の南面を東西に走る八条大路より南ではまだ検出されていないが、最近藤原京の推定京域外、耳成山の北方で藤原京条坊制地割に適合する東西と南北の道路が交差した状態で検出された。南北道路は藤原京西一坊大路の延長に当たり、東西道路は横大路からかりに北へ数えて五条目の条間小路に相当するという[25]。こうした道路が藤原京、あるいはそれ以前のいわゆる倭京にかかわるものかどうかは今後の調査にまたねばならないが、ただこの東西道路の幅は約六メートルと京内小路の幅員とほぼ等しいが、南北道路の幅は約七メートルで、京内大路の半分以下であることは注意を要する。

最後にいま一つは薬師寺伽藍と条坊制地割の関係である。すなわち薬師寺の西南隅に当たる右京三坊大路と八条大路の交点付近の発掘調査の知見によると、薬師寺の造営は、それら条坊大路が側溝を設けて設定される以前にすでに始まっていたという[26]。薬師寺の創建については『日本書紀』天武九年十一月癸未条に「皇后体不予、則為二皇后一誓願之、初興二薬師寺一、仍度二一百僧一、由レ是得二安平一」とあるが、この時はまだ造営に着手されなかったともいわれ、的確な時点を定めにくいが、持統二年正月には天武天皇を弔う無遮大会が薬師寺で行なわれているから、それまでの間のことであろう。しかもその薬師寺伽藍はほぼ条坊制地割に則って位置しているので、道路設定以前に何らかのかたちでかなり早くから条坊制地割が計画されていた可能性もなくはない。

七　日本における「京」の成立

さて以上のような検討の結果、ともかく浄御原令の編纂・施行以前にすでに「京」の存在した可能性は濃厚であり、しかもそれを建設計画中、あるいは造営当初の藤原京にすべて解消し去ることは困難であって、そこには少なくとも天武朝における「倭京」の存在が想定されてくる。この事実は本稿のはじめに令における「京」について検討した結果とも照合する。すなわち、「京」の知識は唐令――それは永徽令である公算が大きいが――とともに日本にもたらされたことが考えられる一方、日本においては唐の場合と異なって「京」が「国」と対置されたため、「京」の成立はまた国―評―里制の「国」の設置に関わる。こうしたことから前者については浄御原令から遡って近江令に、後者については天武朝、あるいはそれ以前が想定されてきたが、その結果はまさに別に種々の史料から検討した帰結としての「倭京」の存在の想定に適合する。しかしここで問題なのはその「倭京」の規模・構造であり、それはまた次の藤原京との関係からも、そのつながりを説明できるものでなければならない。それは現在の段階ではきわめて難しい問題であるが、その解明をまってはじめて日本における「京」の成立は明確となろう。

また「京」の成立については、大化改新の詔の第二条に「初修二京師一」とあり、さらに凡条に大宝令を引いたとみられる坊長・坊令の規定が掲げられていることを問題にしなければならない。しかし本稿のように令における「京」、さらに「国」に対応する「京」を問題とする立場からは、そうした時点で「京」の成立を論ずることは困難であろう。確かに難波京とよぶべき条坊制地割があり、前期難波宮との関係も検討を要するが(27)、ここでは右のような立場からその問題にはふれないこととした。

本稿はやや視角を変えて、日本における「京」の成立の問題を律令とのかかわりにおいて考察してみた。もとより試論の域を出ないが、その結果、両者がきわめて深い関係にあること、つまり「京」の成立が律令の編纂・施行と密接していることが知られてきた。つまりそれは日本における都城の成立が律令制の形成と表裏一体をなすことを示している。これはきわめて当然のことではあるが、都城というもののもつ歴史的意味を改めて認識させるものであろう。

(1) そのうち「京」「在京」「京内」で六三か所を数える。

(2) 井上光貞「日本律令の成立とその注釈書」(『律令』(『日本思想大系』三)、昭和五十一年十二月所収)参照。

(3) 賦役令舎人史生条では、里長が免徭役であるのに対し、坊長は免雑徭で、坊令はみえないが、釈説は「取二京畿人一故、不レ労レ庸、若取二外国人一応レ免レ庸也、坊令同二里長一免二徭役一、今行事課役倶免」、穴説は「価長坊長等、是本於二京人一無レ役、故只称二雑徭一、若任二有レ役人一者、免二徭役一耳、坊令是約二初位処一故不二別著一也、師云、同二里長一也」、跡説は「坊令無レ文、故為二半輪一」と説き、義解も釈説とほぼ同文である。要するに坊令・坊長と里長は対応関係にある。

(4) 仁井田陞『唐令拾遺』(昭和八年三月)二一五ページ。

(5) 『唐令拾遺』(前掲)二一四ページ。

(6) 佐藤武敏『長安』(昭和四十六年十一月)二〇九ページ、中村治兵衛「唐代の郷」(鈴木俊教授還暦記念会編『鈴木俊教授還暦記念東洋史論叢』、昭和三十九年十月所収)。

(7) 坊門については『令集解』宮衛令分街条に引く「古記」にも、「古記云、夜鼓声絶、謂坊門皆鼓可レ有、未レ行耳」とあって、平城京における存否は疑わしいが、平安京では各条の条間小路が朱雀大路に通ずる地点にのみあったらしい。岸俊男「難波宮の系譜」(『京都大学文学部紀要』一七、昭和五十二年三月、本書第十四章)。

(8) 『続日本紀』神亀三年九月丁丑条。野村忠夫『律令官人制の研究』増訂版(昭和四十五年十二月)四七四ページ。また『正倉院文書』の天平五年右京計帳にみえる坊令と、大宝二年美濃国戸籍にみえる少領・主帳、主政・主帳、主帳の署名対比も必要であろう。坊令の署名については岸俊男「右京計帳手実について」(『日本古代籍帳の研究』、昭和四十八年五月)参照。

(9) 初見は延暦七年十一月十四日付「六条令解」(『平安遺文』一―二ページ)にみえる長岡京左京の六条令である。以下『平安遺文』では、平安京左京の七条令が(延喜十二年七月十七日、一―三一八ページ)・(延長七年六月二十九日、一―三三七ページ)・(天暦三年四月九日、一―三七二ページ)・(天元二年十月二日、二―四五三ページ)・(正暦四年六月二十日、二―四九六ページ)の各文書にみえる。

(10) たとえば、前掲の延暦七年十一月十四日付六条令解と、同じく延暦七年十二月二十三日付「添上郡司解」(ともに『平安遺文』一―二ページ)を対照すると明らかである。

(11) 以下の木簡釈文に略記された「史料」は奈良国立文化財研究所『藤原宮木簡』一・二(『奈良国立文化財研究所史料』Ⅻ・ⅩⅧ、昭和五十三年一月・五十六年三月)、「概報」は奈良国立文化財研究所『藤原宮出土木簡』㈠―㈤(昭和五十年十二月―昭和五十六年五月)、「県報告」は奈良県教育委員会『藤原宮――国道一六五号線バイパスに伴う宮域調査――』(『奈良県史跡名勝天然記念物調査報告』二五、昭和四十四年三月)をさす。

(12) 東野治之「正倉院武器中の下野国箭刻銘について――評制下における貢進物の一史料――」(『続日本紀研究』二〇八、昭和五十五年四月)は、正倉院に所蔵されている箭の刻銘に「下毛野奈須評全二」とあることを指摘し、これは下毛野の奈須評から貢進された箭で、朝集使貢進物(のちの諸国貢進物)の前身にあたるものとみているが、そこでも「国」字を記さないことが注目されている。この箭そのものの年代は明らかでないが、表記法は継承される可能性がある。

(13) (12)の朝集使貢献物に関してとともに、岸俊男「『白髪部五十戸』の貢進物付札」(井上光貞博士還暦記念会編『古代史論叢』上巻、昭和五十三年九月、のち『日本古代文物の研究』、昭和六十三年一月所収)を参照されたい。

(14) 早川庄八「律令制の形成」(『岩波講座日本歴史』古代二、昭和五十年十月)。

(15)(16) 岸俊男「『白髪部五十戸』の貢進物付札」(前掲)。

(17) 「山代忌寸真作墓誌」には「又妻京人同国郡郷移蚊屋忌寸秋庭」とみえ、この「京」は藤原京をさすとみられるが、大宝以前か以後かは確定的でない。岸俊男「山代忌寸真作と蚊屋忌寸秋庭」(前掲『日本古代籍帳の研究』所収)。

(18) 岸俊男「飛鳥から平城へ」(坪井清足・岸俊男編著『古代の日本』5近畿、昭和四十五年一月所収、本書第三章)。

(19) 岸俊男「飛鳥と方格地割」(『史林』五三―四、昭和四十五年七月、本書第六章)。

(20) 岸俊男「飛鳥から平城へ」(前掲)など。

(21) 奈良国立文化財研究所『藤原宮木簡』二、解説(昭和五十六年三月)。
(22) 岸俊男「万葉歌の歴史的背景」(『宮都と木簡――よみがえる古代史――』、昭和五十二年十月所収)。
(23) 岸俊男「近江大津宮発掘の意義」(『遺跡・遺物と古代史学』、昭和五十五年十二月所収)。
(24) 奈良国立文化財研究所『藤原宮木簡』二、解説(前掲)。
(25) 秋山日出雄「日本古代都城制の源流」(『歴史研究』一九、昭和五十六年六月)。
(26) 奈良国立文化財研究所『藤原宮木簡』二、解説(前掲)。
(27) 前期難波宮が孝徳朝の難波長柄豊碕宮に相当するかがまず問題であり、またその前期難波宮の内裏・朝堂院の遺構が難波京の想定条坊制地割による宮域内においていかなる位置を占めるかも検討を要する。なお「京」、すなわち都城の成立時期についてはは宮城門がウジ名をもってよばれていることを手がかりに考察を進めることも必要であろう。

第十八章　倭京から平城京へ

——生活空間としての「京」——

一　倭　京

「倭京」という言葉はあるいは耳慣れないかも知れない。しかし『日本書紀』には孝徳紀からみえ、とくに天武即位前紀の壬申の乱関係記事には頻出する。たとえば「自二近江京一至三于倭京二処々置レ候」とか、「詣二于倭京一而御二嶋宮一」というような具合であるが、そのほか「東道将軍」の紀臣阿閉麻呂に対してヤマトで活躍した大伴連吹負は「倭京将軍」と呼ばれており、またそれは時に近江京に対して「古京」ともいい替えられている。

このころの倭京、すなわち「ヤマトのミヤコ」は、七世紀に入ってから歴代天皇の宮室が集中的に営まれた飛鳥を中心とする一帯をまだ漠然と指すものであったかも知れないが、天武朝に入ると、「京」の意識は明確化し、行政単位としての〝京〟が成立、従って京域が策定され、やがて条坊制都城の建設へと進んで行ったのではないかと思う。その詳細な考察は別稿(「日本における『京』の成立」『東アジア世界における日本古代史講座』六、昭和五十七年九月所収、本書第十七章)にゆずるが、要点のみ記しておこう。

まず『日本書紀』を検すると、天武五年(六七六)九月乙亥条に王卿を「京及畿内」に遣わして、人々の持っている兵器を調べさせたことがみえるのを初めとして、それ以後の天武紀・持統紀には「京及畿内」、あるいは「京」「京畿」という用語が頻出し、その記事内容、また畿内と並称される点などから推して、そこには行政単位として京域をもった「京」の存在が想定される。この事実をさらに傍証するのは天武十四年三月辛酉条の「京職大夫」直大参許勢朝臣辛檀努卒去の記事で、これは『続日本紀』養老元年(七一七)正月己未条の巨勢朝臣麻呂の薨伝に「飛鳥朝京職、直大参志丹之子也」とあるのと対照するとき、史実と考えられるので、その時点における「京職」、およびひいて京職が統治の対象とする「京」の存在は疑いえないであろう。

ところで日本の律令制度にあっては、京職の統治する「京」に対して、国司の支配する「国」がある。そして「京」は左右の京職の下に、各条の四坊ごとに坊令が置かれ、また各坊には坊長が任ぜられて、京―条―坊の行政組織が結成されている。これに対して「国」は国―郡(評)―里(郷)の行政組織によって統治され、それぞれ国司・郡司・里長が置かれている。このようにして律令制における全国統治は「京」と「国」が相俟ってはじめて完結する。しかしこうした統治方式は日本の律令制に特有のものであって、中国の唐の場合は、全土が府(州・郡)―県―郷―里という行政組織によって画一的に統一され、たとえば長安城は京兆府(雍州・京兆郡)に属する長安県・万年県によって統治されているが、二県の支配は城外にも及び、城内を限って設けられた坊はその補助単位に過ぎない。また洛陽城も河南府(洛州・河南郡)に属する河南・洛陽二県によって統治されているが、その関係は長安城の場合と同様である。このように日本の律令制が「京」をことさらに「国」に対置させたことは注目すべきであるが、またそのことは裏を返せば「京」の成立は律令制の「国」と時を同じくする可能性があることを示唆しており、さらに日本における律令の編纂とも深くかかわっていると考えられる。こうした観点からすると、藤原宮出土木簡では、すでに天武十一、二年ころの貢進物付札に「毛野」「三野」といった律令制の「国」名がみえ、また日本令が唐の高宗の永徽二年(六五一・白雉二)に編纂された永徽令の影響を最も強く受けているとされるので、「京」の成立を天武朝に想定することはあながち荒唐無稽のこととも思われない。

事実天武紀には、天武五年是年条の「将レ都二新城一、而限内田園者、不レ問二公私一、皆不レ耕悉荒、然遂不レ都矣」を初めとして、一連の宮都探索の記事がみえる。それらは「都」の字を動詞として多く用いる点に共通性があるが、天武十三年三月辛卯条の「天皇巡二行於京師一、而定二宮室之地一」をもっていちおう終わる。私はこの天武十三年三月の時点で藤原宮の位置が決定され、また藤原京の基本計画も出来上がったと考えているが、その時点に至るまでの記事にもすでに「京」の存在を推測させるものがある。たとえばたびたび遷都の候補地としてみえる「新城」が通説のごとく地名でなく、「新しき都城」の意であるとすれば、すでにそれに対する「古い都城」の存在が想定されるし、また天武十二年十二月庚午条の難波を陪都とする詔は「凡都城宮室、非二一処一、必造二両参一、故先欲レ都二難波一」と、明らかに主都としてのヤマトにおける都城・宮室の存在を前提としている。さらに『万葉集』巻十九に収める「壬申年之乱平定以後歌二首」は、

皇は神にしませば赤駒のはらばふ田為を京師となしつ　（四二六〇）

大王は神にしませば水鳥のすだく水沼を皇都となしつ　（四二六一）

と、壬申の乱後に「赤駒のはらばふ田為」や「水鳥のすだく水沼」が「京師」「皇都」となり変わったことを歌っており、その背後に新しい広大な「京」の建設を匂わせている。

このような藤原京設定以前の「京」を、私ははじめに述べた『日本書紀』の用語を借りて、かりに「倭京」と呼んでいるが、その実態については今のところ明らかでない。飛鳥がその中心であったことは十分に考えられるが、「飛鳥京」という表現は当時の文献史料にはない。それのみか、実は私たちが何の疑念もなく用いている「藤原京」という用語も、果たして当時存在したか否か甚だ疑わしいのである。というのは、『日本書紀』の関係記事はほとんど「藤原宮」であり、「京」についてはすべて「新益京」と表現している。さらに『続日本紀』慶雲元年(七〇四)十一月壬寅条の「始定二藤原宮地一、宅入二宮中一百姓一千五百五烟賜レ布有レ差」という記事も、戸数から推して当然「京」のことを言っていると考えられるにかかわらず、「藤原宮」とあって、「藤原京」とは記していない。この記事自体なお問

題を含んでいるが、それはいま問わないとしても、藤原京が「新益京」であることは、これまたそれ以前に「京」の存在したことを示唆しているといえよう。

二　皇子宮

こうした倭京の規模・構造がいかなるものであったか、また藤原京との関係については、さきにも述べたように、現在のところ明らかでない。もちろんその「京」が藤原京以後のような条坊制都城であったとは限らないが、そうした問題について本稿で論じようとは思わない。ただその実態をうかがう上で、一、二のことを問題とし、次の平城京との比較を試みながら、古代における生活空間としての「京」の成立を考えてみたいと思う。

まず第一の問題。「皇子宮」という表記が藤原宮出土木簡にみえる（奈良県教育委員会『藤原宮跡出土木簡概報』、昭和四十三年三月）。一般に「宮」は天皇の住居をさすが、皇妃や皇子・皇女らの住居も「宮」とよび、王臣の「家」「宅」「第」と区別された。そして『万葉集』を繙くと、その歌によって皇子たちの宮の所在地を知ることのできるものがかなりある。いま天武天皇の皇子たちの宮について、その飛鳥周辺における所在を探ってみよう。この問題も別稿（「皇子たちの宮――飛鳥と宮都1」『明日香風』創刊号、昭和五十六年十月、のち『古代宮都の探求』、昭和五十九年五月に収録）にやや詳しく述べたので、ここには結論だけを記すこととする。

大津皇子の宮　『日本書紀』持統称制前紀の大津皇子謀反の記事に「賜㆓死皇子大津於訳語田舎㆒」とみえる「訳語田舎」がその宮であることは、『懐風藻』の「臨終」の詩に「金烏臨㆓西舎㆒　鼓声催㆓短命㆒　泉路無㆓賓主㆒　此夕離㆑家向」と詠われていることから推定され、またそれが香久山北麓の磐余池に近いことは『万葉集』巻三に収める皇子の辞世の歌（四一六）と伝えるものによって知られる。

高市皇子・但馬皇女の宮　同じく巻二の「高市皇子尊城上殯宮之時、柿本朝臣人麻呂作歌」(一九九)に「吾大王の万代と念ほしめして作らしし香来山の宮」とあることから、香久山の周辺にあったことが推知でき、さらに「埴安の御門の原」という表現や、その反歌(二〇一)にみえる「埴安の池の堤」から、埴安池に近かったと考えられる。埴安池は「藤原宮御井歌」(巻一―五二)や「鴨君足人香具山歌」(巻三―二五七)から藤原宮と至近距離にあったとみられるので、皇子の香久山宮はおそらく香久山の西北麓にあったのであろう。

なお巻二に収める但馬皇女の作歌の題詞には「但馬皇女在二高市皇子宮一時、思二穂積皇子一御作歌」(一一四)、「但馬皇女在二高市皇子宮一時、竊接二穂積皇子一、事既形而御作歌」(一一六)とあって、皇女が高市皇子の宮に住んだ時期があったらしい。その時の高市皇子の宮がさきの香久山宮であったという確証はないが、可能性は大きいと思う。

穂積皇子の宮　但馬皇女は右の作歌の題詞が示すように、高市皇子の許にありながら穂積皇子に密かに通じた。そのことが露顕した時の作歌が後者であるが、その歌に「人言を繁み言痛み己が世にいまだ渡らぬ朝川渡る」とあるのを、実景と解するならば、穂積皇子の宮と高市皇子の宮の間には川があり、それほど離れていなかったと推測できる。

忍壁皇子の宮　巻三の巻頭歌の左注に、「右或本云、献二忍壁皇子一也」として「王は神にしませば雲隠る伊加土山に宮敷きいます」(二三五)という歌が掲げられている。これによって忍壁皇子の宮は伊加土山(雷山)にあったことが知られ、その雷山は『日本霊異記』巻頭の説話に従って、現在比定する飛鳥川ぞいの雷丘とみてよかろう。なお『日本書紀』朱鳥元年(六八六)七月戊申条によると、それは浄御原宮の民部省の近くにあったことになる。

新田部皇子の宮　やはり巻三に柿本人麻呂が新田部皇子に献じた長歌(二六一)があるが、その反歌「矢釣山木立も見えず落りまがふ雪に驪ける朝楽しも」(二六二)によって、皇子の宮が矢釣山の麓にあったことが知られる。ところで新田部皇子の生母は藤原鎌足の娘、五百重娘で、藤原夫人とよばれたが、天武天皇との間の問答歌(巻二―一〇三・

一〇四)によると、五百重娘は藤原氏の大原第に住んでいたらしい。矢釣と大原は明日香村八釣と小原が遺称地で、しかも隣接するから、新田部皇子が生母と同じ大原か、それに近い矢釣に宮を構えていたのは確実であろう。

草壁皇子の宮　皇太子であった草壁皇子が嶋宮に住んでいたことは、その死に臨んで舎人たちが慟しみ傷んで作った挽歌が巻二に数多く収められていることにより周く知られている。嶋宮が明日香村島之庄付近にあったことは確実であるが、この宮は他の皇子たちの宮とやや異なる性格をもっている。というのは、嶋宮は「嶋の大臣」とよんだ蘇我馬子の家に遡るが、以後はともに「嶋皇祖母命」といわれた舒明天皇の母糠手姫皇女や皇極天皇の母吉備姫王が住み、あるいは皇太弟であったときの大海人皇子もここを利用していて、天皇家のいわば田荘的存在であった。草壁皇子の場合も彼が皇太子であったが故と考えられ、「東の多芸の御門」(一八四)とか「東の大き御門」(一八六)という表現も東宮の意ではなかろうか。

舎人皇子の宮　巻九に収められている「柿本朝臣人麻呂之歌集」中の舎人皇子への献歌「ふさ手折り多武の山霧しげみかも細川の瀬に波の騒ける」(一七〇四)や、皇子自身の作「ぬばたまの夜霧は立ちぬ衣手を高屋の上に棚引くまでに」(一七〇六)が、多武峯や細川、あるいは高屋の地名を読み込んでいて、宮の所在を知る参考となるが、別に「泊瀬河夕渡り来て我妹子が家の金門にし近づきにけり」(一七七五)もあって、いま少し確かでない。

弓削皇子の宮　同じく巻九の弓削皇子への献歌「御食向ふ南淵山の巌には落りしはだれか消え残りたる」(一七〇九)によれば、宮は南淵山の麓ということになる。

以上もっぱら『万葉集』の歌を素材として天武天皇の皇子たちの宮の所在地を推定したが、ここではその考証が目的なのではない。注意すべきことは、推定所在地が、北は香久山の北麓から南は南淵・細川・嶋付近まで、かなり広く分布散在していることである。的確な年代の定かでない宮もあるが、概していえば天武朝から持続・文武朝、つまり倭京から藤原京の時代にかけて所在したことは確かである。とすれば、事実は倭京なるものの実態をそれとなく示していようでもあり、同時に条坊制都城として形成された「京」、つまり藤原京とは無縁のものであったことを示唆しているのでなかろうか。私はさきに『万葉集』を通観すると、平城遷都後に平城京の大宮人が藤原京を故郷として回想した歌は意外に少なく、これに対して「故郷の飛鳥」を詠んだ歌が多いことを指摘し、その理由として、推古朝以後倭京に宮都が営まれることすでに一世紀に近く、飛鳥を中心に定住した人たちは、新しい都城としての藤原京ができても、なかなかそこに移ろうとしなかったであろうと述べたが(「変遷する都と万葉人」『遺跡・遺物と古代史学』、昭和五十五年十二月所収)、同じことはこの場合にも指摘できるのでなかろうか。

ではこうした関係は次の平城京ではどうなったであろうか。右に掲げた天武天皇の皇子たちのうち、大津・草壁・高市・弓削は平城遷都以前に亡くなったが、他は遷都とともに平城京に移ったはずである。しかし残念ながらその宮の所在を知りうるものは殆どない。ただ長皇子の宮については、『万葉集』巻一に「長皇子与二志貴皇子一於二佐紀宮一倶宴歌」(八四)とある佐紀宮が、あるいはその宮であるかも知れない。また天智天皇の皇子、志貴皇子については巻二の挽歌「霊亀元年歳次乙卯秋九月志貴親王薨時作歌」(二三〇―二三四)や、のちに「春日宮御宇天皇」という天皇号を贈られたことから知られるように、高円山麓の春日宮に住んでいたことが明らかである。そのほか長屋王の佐保宅は、神亀願経ではとくに作宝宮とあるが、『懐風藻』に収める詩の情景や「卜レ居傍二城闕一」(塩屋連古麻呂の詩)という表現からは、必ずしも平城京内とは断定できない。またその妃吉備内親王の北宮についても、関係木簡の出土から左京三条二坊六坪の遺跡が問題となるが、もし「北宮」という称呼が平城遷都以後のものであれば、平城京北郊の可能性もなくはない。

このようにみてくると、数少ない史料からではあるが、長皇子と志貴皇子は霊亀初年、長屋王と吉備内親王は天平初年にそれぞれ薨じているから、平城遷都の当初にあっては、なお皇子たちの宮が「京」外に位置する倭京・藤原京の状況が持続していたのでなかろうか。これに対して鑑真は右京五条二坊の新田部皇子の旧宅をえて唐招提寺を建立したという（『続日本紀』天平宝字七年五月戊申条）。明らかに新田部皇子の宮は平城京内にあったが、皇子の死は天平七年（七三五）で、さきの場合と年代差はほとんどない。「京」内への宅地班給が親王を含むものであるかどうかは検討を要するが、平城遷都とともに皇族たちについても「京」内への居住が始められたと解され、そこに都城としての「京」の成立の一端をうかがうことができるのではないだろうか。

三　漏刻と鐘鼓

さきに大津皇子の訳語田宮について引用した『懐風藻』の臨終の詩には「鼓声催二短命一」の一句がみえる。この詩が後人の仮託でないとすれば、当時倭京にはすでに時を報ずる鼓楼があったことになる。『日本書紀』を繙くと、天武紀には「如二鼓音一聞二于東方一」（九年二月癸亥条）とか、「是夕有二鳴声一如レ鼓、聞二于東方一……則如二鼓音一者、神造二是嶋一響也」（十三年十月壬辰条）というように、異様に大きな音を鼓の音にたとえた表現がみえる。これらが時を報ずる太鼓の音からの連想によるとすれば、当時すでにかなり大きく遠くまで響く鼓楼があったことになるが、最近飛鳥の水落遺跡から漏刻の遺構らしきものが出土し、斉明紀六年（六六〇）五月条に「又皇太子初造二漏刻一、使二民知一レ時」とある中大兄皇子造るところの漏刻と推定され、これが近江大津宮に移されて、同じく天智紀十年（六七一）四月辛卯条の「置二漏刻於新台一、始打二候時一、動二鐘鼓一、始用二漏刻一」という記事を生んだとも解されている。果たしてそう考えて違いないか否かは、複雑な給排水の仕組みの解明や、周辺の調査結果を待って断定すべきことであるが、本稿ではその問題とは別に、「京」と時を報ずる鐘鼓の関係について少し考えてみたいと思う。

『日本書紀』舒明八年（六三六）七月己丑条には、このごろ群卿百寮が朝参を怠るので、以後は卯時（午前五時）から政務を執り、巳時（午前九時）以後に退庁するようにしようという大派王の勧告に対して、大臣の蘇我蝦夷は従わなかったということが記されている。この記事をそのまま信ずれば、舒明朝倭京田中宮でのことになるが、ついで大化三年(六四七)是年条にも難波小郡宮で改定された礼法として、有位者は必ず寅時(午前三時)に宮の南門外の左右に羅列し、日の出とともに朝庭に入って、朝堂で執務し、午時(午前十一時)に至って廃務することとした旨が記されている。当時の官人の政務はこのように早朝からの午前中に限られたが、二つの場合ともその時を知らせるには鐘を用いたらしく、小郡宮では鐘台が中庭に置かれていて、赤い巾を前に垂れた吏が鐘を撃ったという。当時それぞれの時が何によって計られ、また鐘の響く範囲がどの程度であったかなどは明らかでないが、倭京に住む官人にとっても、その生活が時と、それを報ずる鐘によって次第に律せられるようになってきていたことは推測に難くない。

そして前述のように斉明朝に漏刻が発明されると、漏刻によって計られた時刻は鼓と鐘を用いてより精確に、またより広く報じられることになった。『延喜式』などによれば、往時は一日を十二支に従って二時間単位の「時」に分かち、さらにその「時」を三〇分ごとに四つの「刻」に等分し、「時」を告げるのに鼓、「刻」を知らせるのに鐘を用いたという。すでに前掲の天智紀の記事に漏刻を用いて「動㆓鐘鼓㆒」という表現がみえ、また職員令の陰陽寮守辰丁の規定には「掌㆘伺㆓漏剋之節㆒、以㆑時撃㆗鐘鼓㆖」とある。しかし「刻」の確実な史料上の初見は、『令集解』宮衛令開閉門条所収の「古記」が、諸門と大門を開く時刻をそれぞれ「寅一点」「卯四点」と記しているものである。従って天平十年(七三八)ごろということになるが、それ以前は出土木簡をみても「刻」までを記したものはまだない。

管見によると、藤原宮出土木簡で「時」を表記するものは「巳時食酒飯也」(奈良国立文化財研究所『飛鳥藤原宮発掘調査出土木簡概報』㈥、昭和五十六年五月)ほか一点であるが、朝参・退庁はもとより、万般に時が重視されるようになったのであろう。そして律令制が整い、藤原京が形成されるに伴って時を報ずるには鼓が鐘に代ってもっぱら用いられるようになったらしい。『万葉集』巻十一の、

時守の打ち鳴す鼓数み見れば時にはなりぬ逢はなくも怪し　(二六四一)

の一首は必ずしも藤原京のころと断定はできないが、さきにもふれた大宝令の宮衛令開閉門条は、時を報ずる鼓の音が「京」の生活に次第に大きな役割を果たし始めたことをうかがわせる。

凡開二閇門一者、第一開門鼓撃訖、即開二諸門一、第二開門鼓撃訖、即開二大門一、退朝鼓撃訖、即閇二大門一、昼漏尽、閇門鼓撃訖、即閇二諸門一、理門不レ在二閇限一、京城門者、暁鼓声動則開、夜鼓声絶則閇、其出二入鎰一者、第一開門鼓以前三刻出、閇門鼓以後三刻進、……（傍線は大宝令）

右にみえる「大門」について「古記」は「大門、謂大極殿及朝堂当門也」と注釈しているから、大極殿門と朝堂院南門がこれに相当し、「諸門」とはそれ以外の門、「京城門」は羅城門をさす。しかし存続期間の短かった藤原京においてこの規定をどの程度まで実施しえたかは明らかでなく、またより詳しい史料も乏しいので、同じ問題を以下は平城京について検討しよう。

すでに述べたように、諸門を開く第一開門鼓は寅一点、つまり午前三時に撃たれる。「古記」に「二行下レ槌、毎行十二槌」とあるのは、十二打を二回繰り返すという意味であろうか。これによって宮城門、すなわち朱雀門などが開かれるので、官人たちが平城宮に参集する。すでにこのころはそれぞれの家で朝服に着替えてくることに改められており（持統紀四年七月壬午条参照）、乗馬を乗りすてて朝堂院南門外の左右にある朝集堂などで開門を待ったのであろう。ついで卯四点、つまり午前六時三十分に第二開門鼓がやはり二回撃たれると、大門、すなわち朝堂院南門が開かれるので、官人たちはその南門を入って朝庭に進み、再拝ののち朝堂(庁)に昇って政務を執り始める。つぎに退朝鼓を撃つ時刻については「古記」も注釈を加えないが、公式令京官上下条に、

凡京官、皆開門前上、閇門後下、外官、日出上、午後下、務繁者、量レ事而還、

とある外官の場合から推しても、やはり午時、つまり午前十一時ころであったろう。かくてまず大門が閉じられるが、それ以外の諸門は日の入りに閉門鼓が撃たれるまで開かれている。なお『延喜式』、つまり平安京段階になると、右

のそれぞれの鼓を撃つ時刻が季節の変化に応じて少しずつ変わるように詳細に規定されている。それによると、たとえば春分ごろは第一開門鼓が午前五時四十分ころ、第二開門鼓が同六時四十五分ころ、退朝鼓は十時二十五分ころ、そして閉門鼓は午後六時二十分ころとなっている。

ところでこうした門の開閉を報ずる鼓は平城京ではどこに置かれていたのだろうか。まず漏刻であるが、それが陰陽寮にあったことは確実であり、また時刻を撃つ鼓や鐘は同じところに楼閣状の建物を設けて置かれていたらしい。ともに平安宮の場合からの逆推であるが、たとえば『文徳実録』天安二年(八五八)正月戊戌条には「陰陽寮漏剋鼓、不レ撃自鳴」、『中右記』大治二年(一一二七)二月十四日条には「陰陽寮楼鐘皆焼損、但渾天図漏刻等具者令二取出一也、……抑陰陽寮鐘楼ハ古人伝来云、昔桓武天皇遷都被二作渡一也、其後未レ逢二火災一、……」とあり、また『枕草子』にも「官の司の朝所にわたらせ給へり。……時司などは、ただかたはらにて、鼓の音も例のには似ずぞ聞ゆるを、ゆかしがりて、わかき人々廿人ばかり、そなたにいきて、階よりたかき屋にのぼりたるを、……」(一六一)とあるなどが参考となる。平安宮では古図によると、陰陽寮は朝堂院の東、太政官より北、中務省と同じ一郭内に描かれているが、平城宮でもほぼ同じ関係位置から陰陽寮に関わる木簡が出土しているので、その付近に漏刻と鼓楼も置かれていたのであろう。

しかし、倭京や藤原京の場合ならばともかく、平城京のように「京」が広大となると、陰陽寮の鼓や鐘だけでは京内に時刻を徹底させることは困難であったろう。それではどうしたかであるが、管見による限りその間の事情を説明する史料はほとんどない。ただわずかにやはり『令集解』宮衛令の分街条に引く「古記」が「坊門皆鼓可レ有、未レ行耳」と述べ、同じく開閉門条に引く「或云」が暁鼓について「師云、尚依二古記一、可レ言二第一坊門開門鼓一也」と記しているのを参考にすると、平城京では京内坊門のうちあるものに鼓が置かれていたのではなかろうかと推測できる。なお坊門は本来それぞれの坊の四周に開かれるべきものであるが、私は平安京の場合から推考して、平城京でも左京・右京いずれも各条の条間小路(平安京では坊門小路という)が朱雀大路に通ずる処にだけ設けられていたのではないかと考えている(「難波宮の系譜」『京都大学文学部研究紀要』一七、昭和五十二年三月、本書第十四章)。日本の都城では坊令の支配する各条の四坊が一つの行政単位となっており、坊門の鎰も坊令が管理していたらしいからである。従ってこの推測が正しければ、平城京では朱雀大路両側に並ぶ坊門のうち、たとえば朱雀門に最も近い坊門などに鼓が置かれていたということになる。

このように時刻を正しく京内に伝えた方法についてはなお詳らかでなく、修行の時刻を知らせる寺院のいわゆる六時の鐘などもこれを助けたのではないかと考えられているが、時刻が規定されるのは単に京内に住む官人の出勤・退朝だけではない。関市令によると、

凡市恒以㆓午時㆒集、日入前、撃㆓鼓三度㆒散、毎度各九下、

とある。すなわち市は朝堂での政務が終わったころの午時(午前十一時)から日没時までの間を限って開かれた。とくに京内に置かれた東市・西市が官市として都城の重要な構成要素であり、京内住民の生活と不可分な関係にあることは改めて指摘するまでもなかろう(NHK大学講座『日本の古代宮都』、昭和五十六年四月)。従って、ここにみえる鼓は時報の鼓とはまた異なるものであるらしいが、時刻を撃つ鐘鼓の普及に応じて、市の集散も正しく行なわれるようになり、京内住民の生活に及ぼした影響は大きかったに違いない。

もう一つ重要な問題がある。すなわち、宮衛令分街条には、

凡京路、分㆑街立㆑鋪、(四)衛府持㆑時行夜、夜鼓声絶禁㆑行、暁鼓声動聴㆑行、若公使及有㆓婚嫁喪病㆒、須㆔相告赴、求㆓訪医薬㆒者、勘問明知㆑有㆑実、放過、非㆓此色人㆒犯㆑夜者、衛府当日決放、応㆑贖及余犯者、送㆓所司㆒(括弧および傍線は大宝令)

とあり、夜鼓、つまり閉門鼓が鳴り終わってから、暁鼓、すなわち第一開門鼓が撃たれるまでの間は、右に掲げる特

別の場合を除き、一般には夜間の京内通行は禁止されており、兵衛府と衛士府が交替で巡回警備に当たっていたという事実である。しかもこの禁を犯した者は笞二十の罪に処されたというから、この場合はとくに時刻を報ずる鐘鼓の役割が大きかったと思う。

さて私は漏刻と、それによって知りえた時刻を報ずる鐘鼓の「京」内生活に対して有する意義について説いてきた。倭京から藤原京、そして平城京へとそうした施設が整備されるに従い、「京」内住民の生活はそれに規制され、かくして「京」なるものがようやく機能的な活動を開始するようになってきたのではないかと思う。しかし考えねばならないことは、宮衛令開閉門条に暁鼓と夜鼓によって開閉するとある京城門も、実際は羅城門だけで、平城京にしろ平安京にしろ、日本の都城は中国のように四周に羅城を繞らさないから、「京」内外の通行はかなり自由であったと推測される。宮内だけでなく「京」内に時刻を伝える鐘鼓の存在を示す史料がほとんどなく、中国の都城に常にみられるような鼓楼・鐘楼が発達しなかったのも、その辺に理由があるようであり、それはまた本格的な「京」の形成を日本の場合いつに認めるかという問題にも関係するように思う。

以上、皇子宮と時報の鐘鼓を素材に生活空間としての「京」の成立の問題を考えてみた。なお少しくふれた市についても同様な観点から考察を加えたかったが、すでに紙数も尽きたので擱筆する。

第十九章　平城京と「東大寺山堺四至図」

一　「東大寺山堺四至図」の形状

正倉院には天平勝宝八歳(七五六)六月九日の日付を有するいわゆる「東大寺山堺四至図」が所蔵されている。この絵図は幅〇・七五メートルの麻布を三段に接ぎ合わせた縦二・二二メートル、横二・九九メートルの画幅全面に、約一四センチ間隔の朱線を縦横に引いて方格を作り、そこに東大寺の伽藍堂塔や、その周辺に拡がる広大な寺領の景観を示す山丘や水流・道路などを墨線で描き、要所には彩色を施したものである。そして画幅の東南隅には北を上にして、

奉　勅

依此図定山堺但三笠山不入此堺

東大寺図

天平勝宝八歳六月九日定堺為寺領地

大僧都良弁　　左少弁従五位下小野朝臣田守

治部大輔正五位下市原王

造寺司長官正五位上佐伯宿祢今毛人

大倭国介従五位下播美朝臣奥人

という墨書があり、字面には「東大寺印」が捺されている。なおこれとは別筆で最下段の麻布の左端に「天平勝宝六

年十月」の墨書がある。[1]その位置および「十月」という記載からすると、この麻布は調あるいは庸として貢進されたものかと考えられるが、そこに国印や「国郡里戸主姓名」はみえない。

なお天平勝宝八歳六月九日といえば、それは前月の五月二日に崩御した聖武太上天皇の五七日忌を過ぎた時で、天皇遺愛の「国家珍宝等」の品々が献物帳をそえて東大寺に献納される一二日前に当たる。それと同じように、やはり天皇の冥福を祈るため、絵図に描かれた広大な寺領がその堺を明示して東大寺のため設定されたらしい。なお随心院文書として伝えられている天平勝宝八歳六月十二日付の勅書写によると、同年五月二十五日の勅によって葛木寺の東に接する平城京左京五条六坊の園地が東大寺に施入されており、[2]また猪熊信男氏所蔵文書の延喜二年(九〇二)十二月二十八日付太政官符写によると、同時に左京四・五条二坊の田村所も東大寺に勅施入されたらしい。[3]さらに大治五年(一一三〇)三月十三日付の「東大寺諸国庄々文書并絵図等目録」に「一通文図、載春日・清澄・飛騨・猪名・水成瀬天平勝宝八歳十二月十三日」[4]とあるように、春日・清澄・飛騨・猪名・水成瀬の諸荘園もほぼ時を同じくして東大寺に勅施入されたとみられる。

ところでこの絵図を史料として利用した研究は少なくないが、絵図そのものを直接の対象とした詳しい考察は意外に少ない。私もまだ原本についての調査を終えていないが、本稿ではこの絵図と平城京との関係について考え及ぶ一、二の問題に限って述べてみたい。

二　方格線の意味

前述のようにこの絵図には縦横、つまり東西・南北に朱線を引いて方格が設定されている。東西線が二一本、南北線が一五本であるが、そのうち東西線についてみると、絵図の西端を南北に通る平城外京東京極大路(東七坊大路)に面して開く東大寺の「佐保路門」・「中門」・「西大門」のところをそれぞれ朱線が東西に通っており、さらに各門のちょうど中間にもう一本朱線が引かれている。「佐保路門」は碾磑門（転害門・手掻門・手貝門）ともいわれ、平城京の一条南大路に対して開く門であり、「西大門」は後に詳述するように二条大路に対して開く門である。また「中門」は俗に焼門といってその中間の二条条間大路に対して開く門である。しかも各門の中間にもう一本東西に朱線が引かれているということは、これら東西線は平城京の条坊制の一町（一八〇丈）間隔を保って引かれていることになる。この関係は東大寺南面築垣や「山階寺東松林」南西隅の現地との比較でもほぼ確かめられる。従って方格の東西線は基本的には平城京条坊制地割に則って引かれていることが知られる。これに対して南北線は同じ基準で方格を描くと、東に大きく拡がっている広大な寺領を所定の画幅に収めることが困難になるので、東西線よりも縮小率を大きくしている。それも西半の東大寺伽藍周辺では東西線間隔の約五分の七の縮小率であるに対して、東半の山間部を含めると全体では二倍近い縮小率となっている。しかし繰り返し述べるように、それは絵図を構成する便宜上の問題で、方格線が基本的には平城京の条坊制地割を基準にしていることは明らかであろう。

さてこのように絵図に引かれた方格線が平城京条坊制地割を基準としているとすると、東西線が二一本あることは、条坊制の二〇町、つまり五条分に相当することになる。私はこの点にとくに着目したいのであるが、絵図によると、寺領の北限は佐保川、南限は能登川となっている。ところで私は東西線は正しく平城京条坊制地割の一町ごとに引かれていて、そのことは東大寺の東京極大路に面して開く三つの門の位置などから知られると述べたが、絵図の南端を流れる能登川の流路はほぼ五条大路の延長線に適合するものの、北端の佐保川流路は実際とは異なってかなり描くのに無理をして南に寄せ、絵図内に収めようとしている。ということは、この絵図が南北の幅として設定した五条分が特別の意味をもつのでないかと考えられてくるのである。結論を先に言えば、この五条分は平城京外京の南北の長さに相当し、つまり絵図の方格線、とくにその東西線は平城京外京の条坊制地割をそのまま東に延長したものと考えられないかと思うのである。

平城京の外京は関野貞氏の復原以来、一条は除き、二条から五条までの五・六・七坊というのが定説となっている。しかし当初一条が除外された根拠はただそれが条坊制区画内に含まれたことを示す史料がないからというのであって、関野氏は「而して条坊制の一条に当れる所は固より条坊の区画内に数へしなるべしと雖も記録文書の徴すべき者なきを以て果して然るや否や明かならず」と述べている。(5) このように関野氏は慎重を期して外京を二条から五条までにとどめたのであるが、復原図もそれに従って一条を外京から除外したため、その後はもっぱら外京は二条から五条までというのが通説となった。しかしいま一つその通説を支える有力な史料となっているのが永仁二年(一二九四)三月の「大仏灯油料田記録」にみえる、

二段河上字俵田　在添上郡京東一条二佐保里卅五坪

という記載である。(6) つまりこの史料にみえる「京東一条二佐保里卅五坪」は条里制による表記とみられ、京東条里の復原によると、その位置は現在の奈良市法蓮町の聖武天皇陵域に相当し、(7) それは条坊制ならば一条に含まれるので、条里制が施行されている以上、条坊制は外京一条には存在しなかったとみるのである。

しかし、京東条里の史料はもっぱら五―八条、つまり条坊制の外京五条以南の地域に限られるのに対して、京東条里の一条に関するものは前記史料が唯一のものであること。また東南院文書の天暦四年(九五〇)十一月「東大寺封戸庄園幷寺用雑物目録」には、平城左京について「二条七坊三町七段十二歩」「四条五坊垣穴田一町二段百廿歩」とあるのに並んで、「二条二里一町五段八十二歩」「三条二腹見里一町五段」というような表記がみえるが、(8) もしこれが京東条里によるものならば、その位置は外京の範囲に含まれること。また京東条里は平城京の北京極の延長線を起線とすると考えられており、京東条里が平城京条坊制に遅れて施行されたことも確実であるから、この点からも外京が一条から始まる可能性が強いこと。以上のような理由からさきの史料を絶対的なものとみず、のちには外京一条に条里制が施行されたとしても、当初はやはり二―五条と同じく条坊制に属したとみることができるのではなかろうかと思う。

さらにこれはさきに私たちが平城京の復原を遺存地割に基づいて行なったとき、すでに指摘したことであるが、(9)一つは問題の外京一条に相当する部分は大部分が丘陵地であるが、残された若干の平坦地には条里制よりもむしろ条坊制に適合する道路や畦畔が認められるということであり、いま一つは東京極大路(東七坊大路)北端の状況である。すなわち、絵図においても東京極大路は佐保路門を過ぎてもさらに北に延長して描かれており、北端は絵図が破損しているこどもあって、どこまで延びているか原本についてなお検討する必要があるが、ともかく東京極大路が佐保路門以北に及んでいることは、京内の条坊制地割が一条南大路より北、つまり外京一条の部分にも存在したことを示すものと考えられることである。また現状でも東京極大路が佐保路門からさらに北、平城京北京極の延長線まで延びていた痕跡を認めることができる。すなわち東京極大路はそのまま奈良坂越えの京街道(旧国道二四号線)となるが、その道路は現在の奈良阪町三叉路までは直線道路で、そこから北は急にややカーブする。しかもその三叉路の地点がまさに平城京北京極の東への延長線上に位置するのである。この事実はその三叉路地点が平城京外京の東北角に当たることを示しているといえよう。

以上述べたようないろいろな点から判断して、平城京の外京はやはり一条部分を含んでいたと考えるのが適当と思うのであるが、絵図の東西の方格線が二一本で、ちょうど平城京条坊制の二〇町、つまり五条分に亘っていることは、外京が一条から始まることを示唆するものであるとともに、絵図そのものも南北に関する限り外京を意識して構成されたとみられ、さらにいえば、設定された東大寺領が北は佐保川、南は能登川を限界とするとはいえ、広大な地域を寺領として占定するに際して、外京の南北の範囲というものが一つの基準となったことも否めない事実ではなかろうか。

三　東大寺の「西大門」

「東大寺山界四至図」には東大寺の寺域を限る南・西・北の三方の築垣が太い線状に描かれているが、そのうち南と西の築垣にはそれぞれ三か所ずつ築垣の途切れた所があって、これが門の位置を示すらしいことは、すでに述べたように西面築垣の三か所の途切れに北から「佐保路門」・「中門」・「西大門」という墨書のあることによって知られる。しかし南面する東大寺大仏殿の正面に当たる南面築垣の途切れにはそうした記入がない。この絵図には同じ建造物で名称を記載するものでも、大仏殿・羂索堂・千手堂・新薬師寺堂・香山堂のように立面を描くものと、東塔・西塔・戒壇院・瓦屋のごとく単に平面的にその位置を示すものと、いま問題とする西大門・中門・佐保路門や経房のようにその位置に文字だけを記すものの区別がある。(10) また講堂院のように絵図作成時すでにほぼ完成していたと考えられるにかかわらず、全く記載のないものもあり、反対に平面を記すものでも、西塔は完成していたが、東塔や戒壇院はなお建設中であったとみられている。(11) このような絵図の状況であるから、築垣に開く門についても、門の立面が描かれていないからとか、あるいは門名の記入がないからとかいう理由で、門が完成していたか否かを判断するのは慎むべきであろう。また西面築垣に開く門にだけ門名の記入がある点についても、この絵図は新しく設定された寺領地の境界を明示するために作成されたものであるため、とくにその西限に当たる西面築垣の門にだけ門名を記入し、直接関係のない南面築垣の門名は省略したのであろうという説(12)のあることも考慮すべきである。

築垣に開く諸門の創建年代を示す史料は少なく、わずかに天平宝字六年(七六二)の「造東大寺司告朔解」に木工所の作業として、「西之南門」すなわち西大門について、「構作并葺西之南門腋垣上　功一百八十七人」(二月中)、「作敷西南門閾下白石　功十五人」(三月中)とあり、「南之西門」すなわち南面西門について、「葺并壁塗南之西門一宇　功三百卌六人」(二月中)、「塗南西門白土　功八十二人」(三月中)、「塗南之西門白土赤土　功七十五人」(四月中)とある程度のようで、[13]これらの史料によれば、天平宝字六年当時西大門はともかく完成していたが、南面西門はなお建造中であったらしい。しかしここで指摘したいことは、絵図の「西大門」という墨書の右肩に同筆で「東大寺」の記載があることである。大仏殿は重層の建物として描かれ、中門の位置には「大仏殿」と記されているから、本来ならばその所に「東大寺」の記載があって然るべきであろう。にもかかわらず西大門のところに「東大寺」と記されていることは、絵図作成時におけるこの門の重要性を示唆している。また西大門は築垣に開く諸門のうち最大の規模をもっていたと考えられており、現在遺跡にはすでに当初の位置を動いた円座のある礎石二個がわずかに遺っているに過ぎないが、その礎石の大きさからも門の雄大であったことが窺われる。

　ところで絵図が西大門の位置に「東大寺」と記すのはなぜであろうか。結論を先にいえば、それは単にこの西大門が最も大きかったからというだけでなく、当時東大寺への出入にはもっぱらこの門が正門として用いられていたからではなかろうかと考えるのである。現在の東大寺の正門は南面築垣の中門、すなわち南大門であるが、創建時は西大門がもっぱら正門として用いられたとみるのである。その理由は次のごとくである。まず絵図に明らかなように、東大寺伽藍の南は「山階寺東松林廿七町」となっていて、現在のような南大門からまっすぐ南に通ずる道路はまだなかった。この道路は正倉院文書の天平宝字四年三月九日付「造南寺所解」にいう「東大寺南朱雀路」[14]で、その時に道路をつけるに際して毀たれた墓の鬼霊を供養するため仏頂経の書写を行なおうとしているから、南面中門から「山階寺東松林」を抜けて南に道路が通じるのは絵図作成時より数年後ということになるのである。また絵図をみると、南面中門を入った正面には樹木の生えた小丘が描かれている。この小丘について『東大寺造立供養記』には次のように記されている。[15]

　建久九年八月、中門之南崗所㆓引捨㆒也、有㆓此崗㆒故、南大門之内、中門之前、有㆓不平之難㆒、而無㆓坦然之好㆒、参詣之入二大門一時、纔見二中門之棟一、無二眺望由一、因レ玆和尚勧二一寺一令三引捨二了、如三披レ霧見二青天一、似三散レ雲望二遠山一也、堂前之眺望超二於古跡一、意巧之珍重顕二於当寺一也、

これによると小丘が除去されたのは鎌倉時代になってからである。いま東大寺本坊のところが参道より一段と高くなっているのはこの小丘の名残であろう。なるほど東大寺南面築垣と山階寺東松林の北限の間を通って西から寺内に入る道路のあったらしいことは、絵図に「十堺寺道」という記載のあることからも推定できるが、上述のような南面中門付近の状況や、南面西門の建設時期などから推して、絵図の作成された天平勝宝八歳(七五六)以前、つまり東大寺創建時には東大寺への出入は主として西大門から行なわれたのではないかと考えるのである。

そのように考えるにはまだ別の根拠もある。すなわち、西大門には重要文化財に指定されている「金光明四天王護国之寺」の勅額が掲げられ、またこの門を大和国国分寺とみなし、ここで国分寺としての仏事が勤修され、「国分門」ともよばれていたことがあるのである。たとえば『七大寺巡礼私記』には、

一、西面大恒(垣カ)有三二門一、南端第一門有レ額、文十字二行、金光明四天王護国之寺、其額左右縁相二鐃(繞カ)半出彫付八天之像一、尤不可思議也、又以二此門一為二大和国々分寺一、仍所当之仏事於二此門一勤修之、故号二国分御門一、而将門自二此門一出去之後、自二天慶一以来閉レ戸于レ今令レ不レ開、

とある。(16) いわゆる勅額について『東大寺要録』巻二に収める「縁起文」には、天平勝宝二年二月二十一日に聖武太上天皇・孝謙天皇・光明皇太后が東大寺に行幸して封戸・奴婢を施入し、その時この額が定められたとある。事実とすれば、大仏開眼に先立ってすでに西大門が建立されていたように考えられるが、行幸のことは『続日本紀』にもみえず、この額を聖武太上天皇の宸筆とする所伝とともに疑わしい。しかし勅額が奈良時代のものであることは疑いないようであり、(17) この額が早くから西大門に掲げられていたのは事実であろう。また東大寺の諸国総国分寺としての仏事がこの門で勤修されたのは承平四年(九三四)十月の西塔焼失後の処置で、西大門が閉じられたのもこの時からで、平

将門がこの門から出たので乱以後この門を不開門としたという所伝は、俗説かも知れないが、[18] 一方では西大門がいつまでも東大寺の正門のごとく利用されることを防ぐため、意識的にこの門を閉じ、南大門を正門として人々に利用させることを図ったのではなかろうか。現在においても西大門址の前はT字路になっていて境内に入るためにはその北寄りにある小路を迂回して、改めて西大門から東へそのまま進んでいたと思われる西塔前の道路にとりつくことになっており、西大門を通って東へそのまま直進する道路は門のところで途絶する。しかし何よりも西大門が国分寺の正門と意識されていたことはこの門の重要性を示している。

四　長安城の東西道路

以上創建当初は東大寺の正門は西大門で、もっぱらここから出入したであろうことを贅言を費やして説明した。ではなぜそうであったのか。これは改めて述べるまでもなく、西大門前の道路、すなわちこれが平城京の二条大路であるが、それを西進すれば、そのまま平城宮の正面、朱雀門前に達することができるからである。逆にいえば平城宮の朱雀門を出てそのまま東へ進めば東大寺西大門に達し、門を入ると国分寺の中心である七重西塔の前を通って盧舎那仏の坐す大仏殿院の中門前に至ることができたのである。[19]

しかしここで改めて指摘したいのは二条大路の平城京内において占める意義である。平城京における二条大路は朱雀大路につぐ道幅をもつ大路であり、発掘調査の結果、側溝間心々距離一二六尺、路面幅一二〇尺と推定されており、朱雀大路の約二分の一の道幅を有している。[20] この関係は平安京にも継承され、『延喜式』(左右京職)によると、朱雀大路は二八丈であるのに対して二条大路(宮城南大路)は一七丈で、他の大路は一二―八丈となっている。こうした関係は藤原京ですでに認められるらしいが、淵源はやはり中国都城にある。すなわち唐の長安城で二条大路に相当する皇城前面を東西に通ずる第五街の道幅は実測値で一二〇メートルで、他の東西に通ずるいずれの横街よりも断然幅広く、中央を南北に通ずる朱雀門大街の一五〇―一五五メートルに近い数値を示している。[21] その理由は、この道路が長安城にあっては東の春明門と西の金光門をつなぐ長安城のメインストリートであるからである。すなわち平城京では交通体系が朱雀大路―下ツ道を中心とする南北関係が主となっているが、長安城では春明門を出て東すると東都洛陽、あるいは北都太原に通じ、また金光門を出るとその道はいわゆるシルク・ロード(絹の道)となって西域に通じているから、交通体系はむしろ東西関係が主であるといえる。[22] 従って春明門―金光門をつないで皇城南面を東西に通じる第五街の道路が道幅も広く、東市・西市もこの道路に面して設けられているのである。

平城京二条大路はこのような中国都城の東西道路を模倣したものであるが、その東大寺との関係については次の事実に留意する必要があると考える。私はいま長安城皇城前の大路を通って春明門を出ると、その道は東都洛陽に通ずると述べたが、さらにいえば日本への道でもあった。だから逆にいえば、東から来て長安城に入る日本の遣唐使や留学生・留学僧はすべてこの春明門から入京したのである。この点は早く石田幹之助氏が「長安の春」に指摘するところであるが、[23] 日本から入唐した人たちが長安城に入る経路を示した史料には次のようなものがある。

(1) まず『続日本紀』宝亀十年(七七九)四月辛卯条にみえる領唐客使の奏言に、

往時遣唐使粟田朝臣真人等、発レ従二楚州一到二長楽駅一、五品舎人宣レ勅労問、此時未レ見二拝謝之礼一、

とある。

(2) つぎに『日本後紀』延暦二十四年(八〇五)六月乙巳条にみえる第十六次遣唐使藤原葛野麻呂の奏言に、

十一月三日、臣等発二赴上都一、此州去レ京七千五百廿里、星発星宿、晨昏兼行、十二月廿一日、到二上都長楽駅一宿、廿三日、内使趙忠将二飛竜家細馬廿三匹一迎来、兼持二酒脯一宣レ慰、駕即入二京城一、於二外宅一安置供給、特有二監使一、高品劉昂、勾二当使院一、第二船判官菅原朝臣清公等廿七人、去九月一日、従二明州一入レ京、十一月十五日、到二長

安城一、

とある。

(3)また円仁の『入唐求法巡礼行記』(24)には五台山から長安に向かった一行について、

南行卅五里、到二高陵県渭橋一、渭水闊一里許、橋闊亦爾、鎮臨二渭水一、在二北岸上一、渭水本従二土蕃一出来、東流遠入二黄河一、過レ橋南行五里、到二三家店仏殿一宿、廿日早南行廿五里、到二万年県灞橋店一断中、灞水本従二終南山一来入二渭河一、斎後従二灞橋一南行十五里、到二滻水橋一、滻水従二終南山一来入二於渭河一、灞滻両水向レ北流去、水色清、唯未レ問二得涇水一、西行十里到二長安城東章敬寺前一歇、寺在二城東通化門外一、従二通化門外一南行三里許、到二春明門外鎮国寺西禅院一宿、廿二日午前、山陵使廻来従二通化門一入、斎後出二鎮国寺一、入二春明門一到二大興善寺西禅院一宿、

と長安城に入る道程が詳記されており、また帰途につく一行についても、

十五日出レ府、到二万年県一、(中略)晩際出レ城、県司与差レ人、逓二送照応県一去、去レ城八九十里、李侍御・栖座主同相送、到二春明門外一、喫レ茶、(中略)自余相送人不レ能二具録一、並於二春明門外一、拝別云、留斯(期カ)分矣、楊卿使及李侍御、不レ肯二帰去一、相送到二長楽坡頭一、去レ城五里、一店裏一夜同宿語話、

と記されている。

まず(1)(2)の長楽駅、および(3)の長楽坡であるが、遣唐使の一行は長楽駅に着くとひとまず長途の旅装を解き、そこで唐朝から派遣された内使によって郊労を受け、そこから迎えの細馬に乗って長安城に入ったのであり、また円仁一行は長楽坡頭で見送りの人たちと最後の別れをしている。このように長楽駅・長楽坡は長安城との関係において重要な場所であるが、その位置について、宋の宋敏求の『長安志』巻七には、長安城の東面三門のうち北にある通化門に注釈を加えて「門東七里、長楽坡上有二長楽駅一、下臨二滻水一」(25)とあり、また『太平御覧』巻六十二には「滻水西岸有レ阪、旧名滻阪、隋文帝悪二阪之名一、改名二長楽坡一」とある。地図によると、いま西安市内から半坡博物館に向かう直

線道路を長楽路とよんでおり、その道路が滻河を渡る手前の左方、つまり北側に長楽坡という地名をみることができる。足立喜六氏の『長安史蹟の研究』では滻橋を渡って急峻な坂道を登って行くと十里舗で、この坂が唐代の長楽坡であると述べている。(26) 足立氏のいうこの道路は前述の長楽路の北を華清池から灞橋を渡ってまっすぐ西に西安駅に通ずる華清路のことであるから、この場合の長楽坡はいまの長楽坡集落よりかなり北に当たる。しかし(3)によると、円仁の一行は灞橋を渡ってから「南行十五里」で滻水橋に至り、そこから「西行十里」で長安城通化門外の章敬寺に到達したとある。精密な地図が手許にないので確実なことはわからないが、いま灞・滻両河の中間地点にある発電廠のところで華清路を左折南下すると半坡博物館のところで長楽路に接続し、前述のように長楽路はそこからまっすぐ西に向かって進み、ほぼ唐の長安城通化門付近を通過する。円仁一行は帰路も長楽坡で一泊して別れを惜しんでいるから、往反同じコースをとったとすると、唐代の長楽駅・長楽坡はいまの長楽坡集落付近とみるのがよいのではなかろうか。

しかしここで問題としたいのはその長楽駅・長楽坡の位置よりも、そこからの長安城への入京路である。すなわち、(1)(2)の史料はその点を明らかにしていないが、(3)は通化門外の章敬寺で休息したのち、「南行三里」の春明門外の鎮国寺西禅院に宿泊し、翌々日鎮国寺を出て春明門から長安城に入り、左街靖善坊にある大興善寺に至っている。また帰途につく場合は西市に近い光徳坊の京兆府廨を出て東市の西の宣陽坊にある万年県廨に至り、長安城を出る場合は春明門を通って前述のように長楽坡に至っている。通化門は長楽駅の真西にあるようであり、そのまま通化門から出入すればよいにかかわらず、(27) わざわざ春明門を利用していることは「長安の春」の指摘する通りであろう。

このように日本の遣唐使はじめ入唐して長安に至った人たちがすべて春明門から出入したとすれば、春明門―金光門をつなぐ道路は日本人にとって極めて印象深いものであったに違いない。とすれば、その道路を模倣した平城京の二条大路もまた格別のものとして当時の人々に意識されたのではなかろうか。

五　東大寺の伽藍配置

このように唐の長安城の春明門―金光門をつなぐ大街と、春明門そのものが意識されたとすると、それを模倣した平城京二条大路と、いわば春明門に相当する東大寺西大門もまた別な意味をもつものと当代人には意識されていたに違いないと思う。すでに述べたように、交通体系は長安城が東西中心であるのに対して、平城京は南北中心であるが、長安城と平城京を象徴的に結べば、長安城の春明門を起点とした東への道の終着点は平城京の二条大路の東端、西大門を入った東大寺大仏殿であったといえるのでなかろうか。『続日本紀』は天平勝宝四年(七五二)四月九日に挙行された盧舎那大仏像開眼の盛儀について「仏法東帰、斎会之儀、未㆔嘗有㆓如㆑此之盛㆒也」と記しており、何よりもそれは「東大寺」であったのである。

ところで盧舎那仏金銅像造顕の詔は天平十五年(七四三)十月に発せられ、直ちに紫香楽の地に寺地を開いて造立が開始され、翌年十一月には骨柱が建てられるまでになったが、十七年五月の平城還都とともに、その事業は大倭国添上郡山金里に移されることになった。しかしその時どうして現在の東大寺大仏殿の地がその候補地として選ばれたかについてはまだ的確な説明がなされていないように思う。なるほど東大寺の成立に関しては、金鍾寺が大倭国の国分寺(金光明寺)となり、やがて盧舎那仏像の造立とともに東大寺とよばれるに至ったことが定説として説かれているが、山房に過ぎなかった金鍾寺がどうして国分寺に選ばれたのか、またその金鍾寺の中心的堂宇はどこにあったのか、さらにそれが東大寺大仏殿とどのように結びつくのかについては必ずしも的確な説明がなかった。しかし以上のように考えてくると、その平城京二条大路、および唐の長安城との関係においてそれらの問題はある程度説明がつくのではないかと考えるのである。

第一表

	東京極大路（現在道路中心）〜西塔中心	西塔中心〜大仏殿中心	大仏殿中心〜東塔中心
条坊制計画尺	90 丈	67.5 丈	67.5 丈
1 尺＝29.8 cm としての換算	268.2 m	201.1 m	201.1 m
概測値	267 m	206 m	204 m

そしてさらに重要なことは、東大寺伽藍の主要建物がやはり平城京条坊制に従って設定されているらしいことである。東大寺の伽藍配置が何を基準に設定されたかについて、早く福山敏男氏は「この寺院地は平城京の左京の七坊大路の東に接して置かれているから、その西面の門のうち南の門と北の門とはそれぞれ二条大路と一条南大路とに向って、同じく中の門は二条の中央の小路に向って開かれたのは当然のことであった。大仏殿は西限より東に数えて第四の町の中央に置かれたために、南大門も同じ位置に定まり、南面の東西の大門はそれぞれ外角より凡そ二町のところに定まったものであろう。即ち東大寺の寺院地は京外にありながら条里の線に制約されることなく、京内の条坊の線に準じてその形が与えられたものである」と述べ(28)、平城京条坊制に則ったものとした。これに対して山本栄吾氏は「西面する外郭門の位置以外は、寺院地の四至、堂塔の配置計画などに条坊制と直接の関係は一切ない」とし(29)、また堀池春峰氏は京東条里と東大寺伽藍主要堂塔との関係を計測値に基づいて詳しく検討し、「寺地あるいは堂塔の一部は明らかに条里制を斟酌してその位置を決定せられたと観るべきであろう」と推定している(30)。このような問題を検討するに際して、現在の段階では大仏殿の中心は正しく求められるとしても、東西両塔の中心は遺構の調査が十分に行なわれていないので確実におさえ難く、また東京極大路(東七坊大路)の中心も道路幅や東大寺西面築垣との関係に未確定な要素が残っていて確然としない。しかし試みに奈良国立文化財研究所作成の一〇〇〇分の一地図上で、東京極大路と西塔、西塔と大仏殿、大仏殿と東塔の各中心間距離の概測値を求めてみると、第一表のようになる。

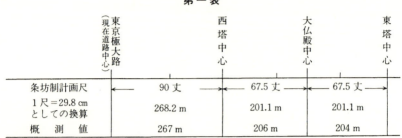

その結果によると、いくつかの不確定な要素を含むあくまで概測であるが、大仏殿の中心が東七坊大路(東京極大路)から数えて第四の町の中央に、また西塔がいわば東八坊の中央に位置するという福山説は支持さるべきものと考えられてくる。前述のように「東大寺山堺四至図」の方格南北線は、線図作成上の便宜に従って条坊制地割に則っていないが、平城還都後における盧舎那仏金銅像の造立に当たっては、平城京の条坊制地割が考慮された可能性が強い。平城京条坊制地割と京内寺院伽藍中軸線との関係をみるとき、薬師寺・大安寺・元興寺の場合はそれが町と町の間、つまり坊内小路と一致しているのに対して、興福寺・唐招提寺・西大寺の場合は東大寺大仏殿と同じく町の中心線に一致している。その点で西塔が坊の中央線上、つまり前者の場合と同じように位置することは注目される。七重塔を建立して中に金字金光明最勝王経を安置することが国分寺たるの要件であるが、総国分寺としての金光明寺七重塔の建立は、まず西塔から盧舎那仏像の造顕と時期的にほぼ平行して進められ、開眼会直前の天平勝宝四年閏三月に完成、翌五年正月に荘厳を終わったと考えられている。[31] 従ってそれは、東大寺にとっては大仏殿と並ぶ創建当初からの重要建物であったわけである。

かくして東大寺の盧舎那大仏像と七重塔は、唐長安城の春明門—金光門を結ぶ大街を模した二条大路を東進した地点に、平城京条坊制に則って設定され、東京極大路に面した西大門を入るとすぐ西塔の前に、ついで大仏殿前に達することができたのであり、開眼会当日の行幸もおそらくこのコースをとったのであろう。

(1) 「東大寺山堺四至図」の写真としては東京大学史料編纂所編『東大寺開田図』(『大日本古文書(東大寺文書)』四図録)が現在のところ最も詳しいが、本稿執筆にあたっては奈良女子大学文学部所蔵の原寸大模本を参考とした。
(2) 『大日本古文書』四—一一八ページ。
(3) 『平安遺文』九—三四七一ページ。岸俊男「藤原仲麻呂の田村第」(『日本古代政治史研究』、昭和四十一年五月所収)参照。
(4) 『平安遺文』五—一八五八ページ。各庄園の成立の詳細については別稿の予定。

(5) 関野貞『平城京及大内裏考』(『東京帝国大学紀要』工科三、明治四十六年六月)五九ページ。

(6) 京都大学文学部所蔵の影写本によると、「俵田」は「殘田」となっている。なお『東大寺要録』巻六所収の長徳四年(九九八)「諸国諸庄田地注文定」には、「陵田治開田三町四段　在平城京左一条二坊佐保里」とある。また「大仏灯油料田記録」ではこの記事につづいて、「北畠字小五三昧　河上御庄内」「河上字イイモリ　在大和国東大寺河上飯守前」などとみえる。「北畠」「イイモリ」は現在も地名が遺存している。

(7) 大井重二郎『平城京と条坊制度の研究』(昭和四十一年九月)二三六ページ。

(8) 『大日本古文書』東南院文書二—三三六ページ。

(9) 岸俊男「遺存地割・地名による平城京の復原調査」(奈良国立文化財研究所『平城京朱雀大路発掘調査報告』、昭和四十九年三月所収、本書第八章)。

(10) 他に経房の北に「□寺」の記載がある。

(11) 堂塔の創建年代については福山敏男『奈良朝の東大寺』(昭和二十二年四月)による。

(12) 安藤更生「正倉院蔵天平勝宝八歳東大寺図の史料的価値とその性質(一)」(『建築新潮』九—一二、昭和三年十二月)。

(13) 福山敏男『奈良朝の東大寺』(前掲)一五ページ。

(14) 『大日本古文書』四—四一一ページ。

(15) 『大日本仏教全書』東大寺叢書一所収。

(16) 藤田経世編『校刊美術史料』寺院篇 上(昭和四十七年三月)所収。なお同書所収の『七大寺日記』にも国分御門とそこに掲げられた額のことがみえる。

(17) 『奈良六大寺大観』九 東大寺一(昭和四十五年四月)所収の「西大門勅額」解説参照。

(18) 福山敏男『奈良朝の東大寺』(前掲)二七ページ。

(19) 『東大寺要録』巻二 供養章第三に記された開眼供養会次第に「請㆓衆僧沙弥等㆒、自㆓南門左右㆒頒以参入」「継自㆓南門柱東㆒亦烈㆓種々楽㆒参入」とある南門は、大仏殿院南門、すなわち中門をさすのであろう。

(20) 奈良国立文化財研究所『平城宮発掘調査報告』Ⅵ(昭和五十年一月)一二八ページ。

(21) 佐藤武敏『長安』(昭和四十六年十一月)一三二ページ。

(22)　この点は唐洛陽城や北魏洛陽城でも同様であったのではなかろうか。
(23)　石田幹之助「長安の春」(『増訂　長安の春』東洋文庫九一、昭和五十七年九月)。
(24)　『続々群書類従』一二、および『大日本仏教全書』一一三　遊方伝叢書による。
(25)　平岡武夫『唐代の長安と洛陽』資料篇(昭和三十一年五月)序説参照。
(26)　足立喜六『長安史蹟の研究』(東洋文庫論叢二〇、昭和八年十二月)一〇ページ。
(27)　(3)の史料に示すごとく、山陵使は通化門から入っており、大明宮の丹鳳門から南に通ずる道路は通化門から西進する道路とT字形に交差し、以南には及んでいない。
(28)　福山敏男『奈良朝の東大寺』(前掲)一四ページ。
(29)　山本栄吾「東大寺寺院地四至及び主要堂塔配置計画考」(『南都仏教』五、昭和三十三年十月)。
(30)　堀池春峰「東大寺の占地と大和国法華寺についての一試論」(『南都仏教史の研究』上　東大寺篇、昭和五十五年九月所収)。
(31)　福山敏男『奈良朝の東大寺』(前掲)二五ページ。

第二十章　大宰府と都城制

一　倭京の存在

すでに二〇年近くを経過したが、私はかつて奈良県教育委員会が行なった藤原宮の緊急調査に参画し、藤原宮の宮域を明らかにするとともに、その京域についても想定復原案を発表した。[1]それは喜田貞吉氏が早く提示された案に近いものであったが、藤原京は四周を大和の古道である中ツ道・下ツ道・横大路・山田道に囲まれた東西四里・南北六里の範囲内に十二条八坊の条坊制街区を設けた中国式都城とするもので、同時に平城京との密接な構造上の連関についても新しい指摘を試みた。この復原私案は、その後発掘調査が進展するに従って、ほぼ推定どおりの位置から条坊制街区の道路が検出され、出土遺構によって実証されつつあるが、なお熟考すれば問題がないわけではない。たとえば、意外にも宮域内からも条坊制に基づく大路・小路が検出され、藤原宮の建物はそれを埋めて建てられていることであり、また想定京域外からも同じように条坊制に合致するらしい道路が一部で発掘されたことなどである。しかしこうした発掘調査の結果に関する問題とは別に、文献史料についてもなお検討を要する点がある。すなわち、文献史料による限り、藤原京に左京・右京の別が設けられるのは大宝令施行以後である。[2]ところが私の復原案は左京・右京各四坊ずつ、計八坊で、何となくすでに左右京の別があるがごとき前提に立っている。つぎは『続日本紀』慶雲元年(七〇四)十一月壬寅条の「始定二藤原宮地一、宅入二宮中一百姓一千五百五烟賜レ布有レ差」という記事との関係である。この記事にみえる「藤原宮」や「宮中」は、わずか一キロ四方ほどの宮域に一五〇〇戸余りもの人家が存在したとは考えられないから、どうしても「宮」は「京」の意と解さねばならない。とすると、持統八年(六九四)十二月の遷居からすでに一〇年を経過したこの時点において、はじめて藤原京の京域を設定したとはいかなることなのか、復原案との関係においても検討を要する問題なのである。(3)

ところで、こうした疑点の解明にもあるいは関係があるのでないがと考えられるのは、復原案発表後に考察を深めているいわゆる「倭京」の問題である。私は復原案の想定に当たって、天武崩御の直後に築造された天武天皇の檜隈大内陵が藤原宮中軸線の南への延長上に位置することを主たる理由として、藤原京の基本計画はすでにそれ以前に定まっていたとし、『日本書紀』天武十三年(六八四)三月辛卯条に「天皇巡二行於京師一、而定二宮室之地一」とある記事こそがそれを示すと考えた。この記事にもみえる「京師」が実は藤原京以前に存在したと考える「倭京」なのであるが、その存在は次の諸点を論拠に推測することができる。詳細は別稿にゆずって要点のみを列挙すれば、(4)

(1)『日本書紀』を検すると、藤原宮および藤原京造営に関する記事は持統四年十月以後頻出するが、それらに「藤原宮」とはみえても、「藤原京」という表現はなく、代わりに「遣二使者一、鎮二祭新益京一」「天皇観二新益京路一」のごとく「新益京」とあり、『続日本紀』にも前述の事例のごとく「藤原京」とは記されていない。このこと自体注目すべき問題であるが、「新益京」という言葉そのものが、「新しく益した京」としての藤原京より以前に、すでに京の存在したことを示唆している。

(2)『日本書紀』天武十四年三月辛酉条に「京職大夫直大参許勢朝臣辛檀努卒」とあるが、この「京職」は『続日本紀』養老元年(七一七)正月己未条の巨勢朝臣麻呂の薨伝に「飛鳥朝京職直大参志丹之子也」とあることから、必ずしも『書紀』編者の追筆といいえず、京職が天武朝末に実在した可能性が強い。

(3)同じく『日本書紀』を検すると、天武五年九月乙亥条の「王卿遣二京及畿内一、校二人別兵一」をはじめとして、以後天武紀から持統紀にかけて「京及畿内」、あるいは「京」「京師」という用語が急に頻出し、しかもそれらのうちには明らかに行政区画としての京の存在をうかがわせるものが多い。

⑷ちょうどそれに呼応するがごとく、即位後間もない天武天皇は天武五年ころからしきりに新しい宮都の探索を試みる。その最終の帰着がさきに述べた天武十三年三月における京師を巡行しての宮室の地の設定であるが、それまでの過程において『日本書紀』の記事に現われる「新城」が注目される。すなわち天武五年是年条に「将レ都二新城一、而限内田園者、不レ問二公私一、皆不レ耕悉荒、然遂不レ都矣」、同じく十一年三月甲午条と己酉条に「命二小紫三野王及宮内官大夫等一、遣二于新城一、令レ見二其地形一、仍将レ都矣」「幸二于新城一」とみえるのがそれで、この「新城」を地名とみる説もある。しかし『続日本紀』神護景雲三年(七六九)十月乙未条に収める宣命に、平城宮にあった元正天皇を「新城乃大宮爾天下治給之中都天皇」と呼んでいることなどから、やはり「新城」は「新しき都城」を意味するものと解される。とすれば、少なくともそのころ京の建設が企図されていたと推定できる。

⑸『万葉集』巻十九に「壬申年之乱平定以後歌」としてみえるつぎの二首の「京師」「皇都」は、単に浄御原宮の造営をさすのでなく、飛鳥を中心とするより広い地域における都城の設定を歌ったものとみるべきである。

皇は神にしませば赤駒のはらばふ田為を京師となしつ　(四二六〇)

大王は神にしませば水鳥のすだく水沼を皇都となしつ　(四二六一)

⑹戸令造計帳条や田令班田条などにみえる「京国官司」という用語は唐令の当該条における「里正」あるいは「県令」を改めたものであるが、それは唐にあっては全国が府(州・郡)—県—郷—里の組織によって画一的に支配されていたのに対して、日本の律令制における地方統治組織が京(京職)—四坊(坊令)—坊(坊長)と、国(国司)—郡(評、郡司)—里(郷、里長)の二本建てとなっていたためで、「京国」という用語は京と国を総括する語として用いられたもので、日本令に特有である。従って律令制の地方統治組織において、このように京は国に対応するものとして存在するのであるから、律令制の国がいつ成立したかを知ることによって、逆に京の成立時期も推定できる。ところが藤原宮

出土木簡のなかには壬午年(天武十一)に毛野、あるいは癸未年(天武十二)に三野がすでに成立していたことを示すごときものがある。とすれば、遅くともそのころに京も存在したとしなければならない。

二　京と国の成立時期

以上のようないくつかの論拠をもとに、いわゆる藤原京以前に存在したと推定される京を私は「倭京」とよんでいる。「倭京」の語は『日本書紀』にしばしばみえ、たとえば白雉四年(六五三)是歳条には難波にあった中大兄皇子が「欲㆔冀遷㆓于倭京㆒」とあり、またとくに巻一十八の壬申の乱関係記事に多く、「自㆓近江京㆒、至㆓倭京㆒」とか東道将軍紀臣阿閉麻呂に対して「倭京将軍大伴吹負」とかみえる。このような倭京の規模・構造、あるいは実態についてはまだ全く不明であるが、倭京の存在をさらにより端的に示すのは天武十二年(六八三)十二月庚午条のつぎの詔であろう。

又詔曰、凡都城宮室、非㆓一処㆒、必造㆓両参㆒、故先欲㆑都㆓難波㆒、是以百寮者、各往之請㆓家地㆒

これは(4)に述べた天武天皇の宮都探索の行動の一環をなすものであり[5]、記事としてもさきの「新城」の場合などと同じく「都」という字を動詞として用いている点に共通性がある。この詔は複都制の採用とそのために難波京を陪都とすることを命じたものと解されているが、もしこの詔にいうことが事実ならば、家地(宅地)の班給が行なわれている以上、難波京の存在は確実であり、さらに裏を返していえば、「都城・宮室は一処にあらず」というその一処とはまさに倭京そのものに他ならず、倭京の存在を前提としなくてはこの詔は意味をもたないのである。

ところでこの詔によって難波京は陪都と定められたが、難波京そのものの造営は『日本書紀』の記事の年次をそのまま信用する限り、それ以前から進んでいたと考えざるをえない。というのは、天武八年十一月是月条に、「初置㆓関於竜田山・大坂山㆒、仍難波築㆓羅城㆒」とみえるからである。難波京そのものについては改めて説くこととして、この記事についてさらに注意すべき点は、竜田山と大坂山の位置が河内から大和に入る二本の古道の要衝に当たるため、そこに関を置いたのは大和と河内の国境の設定と深く関わると考えられることである。つまりこの記事は単に羅城の築造や関の設置を示すだけでなく、同時に難波京の京域と、さらに律令制の国としての大和・河内の国境の設定を意味するとみられるのであって、そう考えると、少なくともこの時以前に律令制の国としての大和と河内が成立していたことになる。このような律令制の国の成立時期を示唆する史料は『日本書紀』には他にもある。たとえば天武五年正月甲子条に「詔曰、凡任二国司一者、除二畿内及陸奥・長門国一、以外皆任二大山位以下人一」とあるのがそれで、ここにいう国司は正しくは国宰である。なお、大山位(のちの六位)以上を任ずる要衝の国に筑紫が含まれず、西方では長門国を指定していることはつぎに述べるごとく注目されるが、この史料が国宰の任用に関するものである以上、当時律令制の国の設置が全国的に進んでいたことをうかがわせる。また同じく天武十二年十二月丙寅条には「遣二諸王五位伊勢王・大錦下羽田公八国・小錦下多臣品治・小錦下中臣連大嶋、并判官・録史・工匠者等一、巡二行天下一、而限二分諸国之境界一、然是年、不レ堪二限分一」とあるが、この記事も律令制の国の設置に伴い、さきの大和・河内の場合のような具体的な境界の設定作業が、難航しながらもそのころ全国的規模で漸次進捗していたことを示している。

さらに早川庄八氏は天武四年二月癸未条の「勅二大倭・河内・摂津・山背・播磨・淡路・丹波・但馬・近江・若狭・伊勢・美濃・尾張等国一曰、選二所部百姓之能歌男女、及侏儒伎人一而貢上」という記事の国名の配列順を根拠に、この時、つまり天武四年以前において四畿内、およびその周辺においては律令制の国の設定がすでに終了していたと説いている。[6] すなわち、大倭・河内・摂津・山背は畿内の四国で、その配列順は大宝令のそれと一致するが、これに対して播磨以下はのちの七道を基準とするのでなく、大化改新詔の畿内国を区切る基礎となった四つの幹線道路に基づくものであるというのが着眼点で、改新詔では、東は名墾の横河、南は紀伊の兄山、西は赤石の櫛淵、北は近江の狭狭波の合坂山を限界として、それ以内を畿内国とするが、この記事にみえる播磨・淡路は赤石を通じて、近江・若狭は合坂山を通じて、そして伊勢・美濃・尾張は名墾を通じて、それぞれ至る国々であり、その故にこの記事は、『書紀』の編者が律令制の国の配列順の知識によって造作したものでなく、改新詔の畿内国の制を基準として配列されているのであるから、却って信憑性があるというのである。そしてこの史料によってこの時、四畿内の制、およびその周辺の律令制の国がすでに設定を終わっていたことが知られるばかりでなく、さらにより重要なことは改新詔にいう畿内国の存在が確かめられるとするのである。

畿内国の問題はのちに改めてふれることとして、以上のような検討の結果から推して、天武朝の初めごろには律令制の国の設定が全国的にかなり進んでいたようであるから、この点からすれば倭京がすでにそのころ何らかのかたちで成立していたとしても不思議でないのである。なおさきに指摘したように、国宰の任用規定において筑紫を除外しているのは、当時筑紫大宰（惣領）管内においてはまだ律令制の国が成立していなかったからではないかと考えられる。早川氏も『続日本紀』神亀四年（七二七）七月丁酉条に「筑紫諸国、庚午籍七百七十巻、以官印々之」とある事実は天智九年（六七〇）の庚午年籍作成時にまだ西海道においては律令制の国が成立していなかったことを示し、さらに『日本書紀』持統四年（六九〇）九月丁酉条および同年十月乙丑条に「筑紫国上陽咩郡」とみえるのは、当時かりに筑紫・豊・肥・日向の四国は分立していたとしても、筑・豊・肥を前後に分つ律令制の国は成立していなかったからであると考え、西海道のごとく遅い地域では律令制の国の成立が持統朝に及んだと推測している。(7) この点も本稿の主題の考察にかなり重要な意味をもつと思われるので付言しておこう。

三　大化改新詔の「京師」

さて第一節の(6)において述べたごとく、律令制の地方統治組織を中国の唐のそれと比較した場合に、京と国が対置されていること、つまりとくに京を諸国と異なる特別の行政区画として設定し重視していることが日本の特色であることが知られた。この点は古代日本にあって治天下の宮名が大王や天皇の象徴として捉えられている意識と相通ずるものがあるかも知れないが、そうした京の成立を論ずる場合に避けて通ることのできないのは大化改新詔の第二条にみえる「京師」である。以下この「京師」について少しく考察を加えてみよう。

改新詔第二条の主文(首部)は、

其二曰、初修二[a]京師一、置二[b]畿内国司・[c]郡司・[d]関塞・[e]斥候・[f]防人・[g]駅馬・[h]伝馬一、及造二[i]鈴契一、定二[j]山河一、

となっていて、つづいて副文(凡条)として、

a′凡京毎レ坊置二長一人一、四坊置二令一人一、掌下按二検戸口一、督中察姧非上、其坊令、取下坊内明廉強直、堪二時務一者上充、里坊長、並取二里坊百姓清正強幹者一充、若当里坊無レ人、聴二於比里坊簡用一、

b′凡畿内、東自二名墾横河一以来、南自二紀伊兄山一以来、西自二赤石櫛淵一以来、北自二近江狭々波合坂山一以来、為二畿内国一、

c′凡郡以二四十里一為二大郡一、三十里以下四里以上為二中郡一、三里為二小郡一、其郡司、並取下国造性識清廉、堪二時務一者上、為二大領・少領一、強幹聡敏、工二書算一者、為二主政・主帳一、

g′h′凡給二駅馬・伝馬一、皆依二鈴伝符剋数一、

i′凡諸国及関、給二鈴契一、並長官執、無次官執、

の各項がこの順番で掲げられ、a′は主文のaに、同じようにb′はb、c′はc、g′h′はgh、i′はiに対応するものである。

さてこのような構成をもつ第二条の冒頭に「京師」のことが掲げられているが、その意義について従来の改新詔研究ではどのように考えられているであろうか。たとえば、井上光貞氏は第二条については、原詔には首部に列挙する

ような項目はあったが、畿内国の四至、あるいは評に関する若干の記載以外は細かい内容規定は定められておらず、そこで凡条として大宝令か浄御原令の文を全部か一部、簡略化して転載したとみている。そしてこれは「都城の制が、浄御原令の時代たる藤原京において忽然としてあらわれる点からみて、大宝令とほぼ内容を同じくする京の里坊の規定が浄御原令においては整っていたことは確かであるとおもわれる」という理解に基づく(8)。これに対して改新詔を原則として認める関晃氏は「京師については、それほど問題はない」とし、「ここで中国風の京師の制を採用するということは、改新政府がはじめから隋唐の制にならって、整然たる中央集権的政治体制をうち建てようと考えていたとすれば、その盛んな意気込みの一つの表われとして理解することができる」と述べ、ただ改新詔が宣布されたころ「その難波の地に京師の制が布かれた形跡はほとんどないといってよい。条坊をそなえた京師の制が確かめられるのは、藤原京になってからであるから、真に制度が整ったのはかなり後のことである。しかし、そのような方針がすでにこのときに示されたとみることには、それほどの差し支えはないであろう」とし、さらに日本の京師の特殊性を指摘した上で、京職はすでに浄御原宮のときから存在したが、改新詔の主文の「修㆓京師㆒」という句の中に、京職設置の意味までが含まれていたかどうかは判らないと付け加えている。またさらに凡条については「このときの京師の構想が唐の長安などの制を模範として立てられたものだったとすれば、坊令・坊長などの規定をつくることは、当時の人にとって決して不可能ではない」としている(9)。両氏の改新詔に対する評価は異なるが、こと京師の問題に関しては、都城の制が藤原京に始まるとみる点で共通しており、京の成立は浄御原宮の天武朝、もしくは浄御原令施行の持統朝からで、孝徳朝にまで遡るとはみていない。

ところで第二条において、冒頭の「修㆓京師㆒」についでその設置を述べている畿内国と郡司についてここで簡単に述べておこう。畿内国についてはさきにも少しふれたが、「畿内国」の称は主文の「畿内国司郡司」を「畿内と国司と郡司」、あるいは「畿内の国司と郡司」と読むのでなく、「畿内国の司と郡司」と読もうとするところから生まれたもので、関晃氏の提唱にはじまる。[10] 他が郡司・関塞・斥候・防人・駅馬・伝馬と二字であるのに、ひとり畿内国司と四字であるのは落ち着かないが、副文b′にはその四至を記して明らかに「為㆓畿内国㆒」とあり、また副文に国司を対象とする凡条を全く含まないことや、さきの早川氏の天武紀四年二月癸未条についての指摘などからも、畿内国という称呼はともかく、そうした範囲が一定の区画としてある時期に存在したことは事実として認めてよいのではなかろうか。そしてほぼその範囲内から律令制の国の大倭・河内・摂津・山背が成立し、改めて四畿内となったらしい。そもそも中国における畿内制度は『周礼』にみえ、北魏の道武帝が首都平城(現在の山西省大同)を中心に四至を限って方千里の地域を甸服としたのが改新詔の畿内国の制に近く、それは西魏・北周にも継承された。これに対して東魏・北斉では首都鄴の付近の数郡を畿内としたが、これは律令制の畿内と同じ方式である。ただ隋の煬帝は京師長安と東都洛陽において畿内の制を施いたらしいが、唐は開元十七年(七二九)に至るまで畿内の制を採用しなかったという。[11] また郡司についても律令制の国が成立する以前にすでに評が成立していたらしいことは近時藤原宮などから出土する貢進物付札の表記からも十分に想定されるし、[12]『常陸国風土記』の建評記事を中心に孝徳朝における評の全面的成立も説かれている。[13] とすれば、この第二条の主文が畿内国と評の設置について述べ、また副文にもそれぞれに関連する凡条を掲げながら、律令制の国についてふれていないのは、少なくとも改新詔のこの部分に関する限り、律令制の国成立以前、すなわち遅くとも天武朝初年以前の事実に基づいて書かれているというように考えられる。

それではそうした第二条の主文の冒頭に「修㆓京師㆒」とあり、またa′に掲げたごとき大宝令(養老令)の戸令置坊長条および置坊令条の条文とほとんど同じ凡条が副えられていることは、いかに解すればよいのであろうか。まず注意すべきは、京師については「修」とあって、畿内国以下の「置」とは区別されていることである。「修」の『日本書紀』における用例としては、たとえば「登㆓高安嶺㆒、議欲㆑修㆑城」(天智八年八月紀)、「修㆓高安城㆒」(天智八年是冬紀)、あるいは「修㆓治穴門館㆒」(欽明二十二年是歳紀)、「於㆓石川宅㆒修㆓治仏殿㆒」(敏達十三年是歳紀)、「修㆓理其舶㆒」(推古二十六年是年紀)、「修二治宮殿一、築二造園陵一」(大化元年九月紀)、「修二治処々大道一」(白雉四年六月紀)などで、「つくる」と訓んでいる場合が多いが、その原義は「治」「理」と同じく「をさめる」「ととのへる」であるから、ここでも「京師」を新しく制度的に設定する、あるいは条坊制の都城を建設するというよりも、宮室の所在地としての「みやこ」そのものを整備するという意味が強いのではないかと思う。従って凡条が坊長・坊令の任用を説く条坊制都城に関するものであっても、それはあくまでのちの令条文の転載で、その令はとくに四坊に坊令を置くとある以上、最初に述べたように京に左京・右京の別ができた大宝令とみるのがよいのではなかろうか。この解釈が正しいとすれば、地方統治組織としての京職に統治される行政区画としての京が成立するのは、やはり律令制の国の成立とほぼ同じころであったとみることが可能になる。

四　摂津職と難波京

ところで京師を中心に畿内国が設定され、また各地に評が建置されるという状況において、その「京師」が都城制の京でなく、単なる宮室の所在地としての「みやこ」を指すとなると、それが倭か難波かというような議論をすることはあまり意味をもたなくなり、またひいて改新詔の「京師」が倭京や難波京の成立時期を解明する上であまり有効でなくなるから、本稿の主題として掲げた大宰府と都城制の問題を論ずるには別の方途を考えねばならない。そこで想起されるのは摂津職である。すなわち、律令制の地方統治組織は京職と諸国の二本建てではあるが、それ以外に特別の組織として大宰府と並んで摂津職があり、また前述のように、律令制の国がすでに成立したと推定される天武初年の津国に難波京が設定されたのは事実であり、その時期の京に適合するかとみられる条坊制地割も藤原京と相似のものが遺存している。そこで摂津職と難波京、ひいて都城制についての関係が問題となり、さらにそれは主題にも関連してくると考えられるからである。

さて摂津職の成立時期であるが、その史料上の初見は『日本書紀』の天武六年(六七七)十月癸卯条で、内小錦上河辺臣百枝を民部卿に、内大錦下丹比公麻呂を摂津職大夫に任じたとみえる。「民部卿」という官名の表記には明らかに『日本書紀』編者の修飾が加わっているから、「摂津職大夫」も直ちにそのままには受け取り難い。しかし摂津大夫でなく「摂津職大夫」であり、また同じく天武十四年三月辛酉条には「京職大夫」がみえ、その「京職」は実在の可能性のあることとすでに説いたごとくである。従ってこの「摂津職」もあながちに否定できない。さらにこのような任官記事は、これより少し前の天武四年三月庚申条に、諸王四位栗隈王を兵政官長に、小錦上大伴連御行を大輔に任じたとみえるぐらいで、天武紀・持統紀にはほとんどない。この四年三月の記事は、栗隈王についての「諸王四位」や「兵政官」という表記、あるいは彼が壬申の乱当時筑紫大宰として近江方の動員令を拒絶したという経歴、また同じく大伴御行についても「大将軍」として「壬申年之乱平定以後之歌」を作っていることなどからすれば、かなり信憑度は高いとみてよかろう。とすると、同種の記事である六年十月条も、官名の表記法はともかくとして、史実であった可能性が強く、従って摂津職の成立も少なくともその時点まで遡ることになる。しかも摂津職大夫とある丹比公麻呂の大錦下という冠位はのちの従四位下に相当するから、律令制の摂津大夫が正五位上、大国の守が従五位上(『延喜式』で摂津国は上国、従って守は従五位下)であるのと比較すると高く、この時点の摂津職が律令制の国の一つとしての津国の国宰とは異なる何ものかをもっていたことがうかがわれる。

それではその摂津職はどのような特色をもっていただろうか。この問題についてはすでに利光三津夫氏や坂元義種氏らの論考があるが、(14) それらを参考としながら、改めて私なりに考えてみたい。そこでまず私も史料的には時代がやや降るが、職員令に記された各官司の所管事項から検討してみよう。ただその場合にも厳密には養老令のそれで、いちいち大宝令の場合を復原できないが、所論に関する部分に限り、一部を除いて両令間に異同はないとする前提に

第一表

京職	摂津職	大宰府	諸国
	祠社	祠社	祠社
戸口名籍	戸口簿帳	戸口簿帳	戸口簿帳
字養百姓	字養百姓	字養百姓	字養百姓
	勧課農桑	勧課農桑	勧課農桑
糺察所部	糺察所部	糺察所部	糺察所部
貢挙	貢挙	貢挙	貢挙
孝義	孝義	孝義	孝義
田宅	田宅	田宅	田宅
雑徭	雑徭	徭役	徭役
良賤	良賤	良賤	良賤
訴訟	訴訟	訴訟	訴訟
市廛	市廛		
度量	度量軽重		
倉廩	倉廩	倉廩	倉廩
租調	租調	租調	租調
兵士	兵士	兵士	兵士
（器仗）	器仗	器仗	器仗
		鼓吹	鼓吹
道橋	道橋		
	津済		
過所	過所	過所	過所
	上下公使		
	郵駅	郵駅	郵駅
	伝馬	伝馬	伝馬
		烽候	烽候
		城牧	城牧
		公私馬牛	公私馬牛
闌遺雑物	闌遺雑物	闌遺雑物	闌遺雑物
	検校舟具		
	寺	寺	寺
僧尼名籍	僧尼名籍	僧尼名籍	僧尼名籍
		蕃客	
		帰化	
		饗讌	

立って論を進める[15]。

さてさきに日本の律令制地方統治組織は京職と諸国、つまり京・国の二本建てとなっていると述べたが、職員令では京職（左京職（右京職）、東市司（西市司））と諸国（大国・上国・中国・下国）の間に摂津職と大宰府を配している。もちろん摂津職は「帯二津国一」、大宰府は「帯二筑前国一」とあって、京と国の二本建てであることに変わりはないが、摂津職も大宰府もともに諸国とは異なる機能を別にもつものとして特別に設置されたものであり、これまた日本的特色として注目を要する。その特異な機能とは何か。それを明らかにするため職員令に長官の職掌として掲げられている事項を表記し、それによって京職・摂津職・大宰府・諸国の所管事項を比較できるようにしたのが第一表である。

この表によると、摂津職が京職・諸国、および大宰府と異なる独特の所管事項として有するものは、津済・上下公使・検校舟具であることが知られ、まさに「津を摂べる職」[16]であって、摂津職設置の目的は難波津の統治にあることが知られる。そしてその津は関市令欲度関条や行人出入条の『令義解』注釈、および『衛禁律』の私度関条や不応度関条にみえるように[17]、長門とともに関の機能を果たしていたのである。上下公使も『続日本紀』延暦八年（七八九）十一月壬午条の「停二止摂津職勘二過公私之使一」と照合して明らかなように、まさにそのような関としての機能に関わるのである。

しかし摂津職の設置が関津としての難波津をのみ対象としたものでないことは、摂津職を停めて国司とした延暦十二年三月九日の太政官符が「奉レ勅、難波大宮既停、宜下改二職名一為上レ国」と述べていることからも明らかであり[18]、それは難波宮の所在、さらに難波京そのものとも無関係でなかった。しかもこの摂津職の廃止は、さらに長岡京への遷都と複都制の廃止にも関わるのである[19]。そしてそのことは第一表によって職員令の摂津職の所管事項を京職のそれと比較することによっても知られる。すなわち、摂津職の所管事項のうち京職と共通して存し、しかも諸国および大宰府にないものとしては、市廛・度量軽重（ただし京職は度量）と道橋があり、反対に摂津職と京職に共通してなく、諸国・大宰府にあるものとして、鼓吹・烽候・城牧・公私馬牛がある。ちなみに摂津職にあって京職にないものとしては、前記の摂津職に特有な津済・上下公使・検校舟具以外に、祠社・勧課農桑・郵駅・伝馬・寺、および大宝令では器仗があるが、これらは諸国・大宰府にもみられるもので、その所以は摂津職が津国を兼帯するからであると考えられる。そして右の事実を京という観点から検討するとき、市廛・度量は京職にあっては東市・西市にかかわるもので、そうした官市は京の重要な構成要素である。また道橋は『延喜式』（左右京職）に掲げられた諸規定、たとえば、

凡京路皆令二当家毎月掃除一、其弾正巡検之日、官人一人史生一人、将二坊令坊長兵士等一祇承、四月八日、七月十五日、巡二察東西寺一准レ此、

凡朱雀大路放飼馬牛、繋二充職中雑事一、随二其主来一即加二決罰一放免、

凡道路辺樹当司当家栽レ之、

凡毎年出㆓挙造㆑橋料銭二百貫㆒、取㆓其息利㆒随㆑事充用、官人遷替依㆑数付領、などから推して、これまた京職の重要な所管事項であることが知られる。軍事にかかわる鼓吹・烽候・城牧・公私馬牛が諸国にありながら、津国を帯する摂津職に欠ける的確な理由はわからないが、摂津職・京職に共通してないことは、摂津職が京職に近い性格をもっていたことを窺わせる。

以上のような点から推して摂津職設置の目的は関津としての難波津だけが対象としてあるのでなく、陪都としての難波京をも含むものであったと考えうるのではなかろうか。[20]すでに述べたように職員令の職掌はせいぜい大宝令までしか遡れないが、摂津職大夫の初見が天武六年十月、難波の羅城築造が同八年十一月、そして陪都としての難波京設定が同じく十二年十二月であることは、摂津職と都城制を有する難波京の設置をほぼ天武朝初期に推定しうることを示しているのではないかと思う。

五　難波郡・難波館と筑紫郡・筑紫館

さて以上のような考察の結果をひとまず整理すると、大化改新詔に畿内国と評の設置はみえるが、律令制において京と対置された国についてはいまだ記載がなく、従って冒頭にみえる「京師」も都城制の京の存在を意味するものとは考えられない。しかしその後天武朝初年に至るころまでの間に律令制の国の設置が漸次はじまり、これと並んで倭京が設定され、また難波津を管する摂津職も設置されたが、それは都城制をもつ難波京をも対象とするに至った、ということになる。

そこでいよいよ次は大宰府と都城制の問題に移る。摂津職と並んで京職・諸国以外に特別に設置されている大宰府はやはり日本に特有のものであるが、いまその所管事項を前掲の表によって京職・摂津職・諸国と比較検討すると、大宰府には京職と摂津職に共通してみられる京に特有な市廛・度量・道橋がなく、大宰府にのみ特有の蕃客・帰化・饗讌を除けば、他は諸国の所管事項と全く同じである。この事実は筑前国を兼帯する大宰府設置の目的を示すとともに、大宰府は本来「京」ではなく、従ってそうした意味での都城制は有しなかったことを端的に物語っているのでなかろうか。また摂津職と大宰府は、律令制の地方統治組織においてともに京職と諸国以外に並置された特別の官庁であり、津国と筑前国という律令制の国を兼帯する点でも共通するが、摂津職が京職、あるいは中宮職・大膳職と同じく「職」を称するのに対し、大宰府は「府」であって、これは衛門府・衛士府・兵衛府・鎮守府・国府、あるいはいわゆる任那日本府などと共通する。「職」も「府」も和訓では「つかさ」と読んだのであろうが、こうしたさまざまな「つかさ」の用字は大宝令に至ってそれぞれの官司について固定した。このとき摂津職が京職と同じく「職」で、大宰府が「府」の字を用いることになったのは、摂津職の性格が京職に近く、これに対して大宰府は西国支配統治の拠点として、むしろ軍事的な性格が強いとみられていたからであろう。(21) さらに大宰府の代名詞であるかのごとくしばしば用いられる「遠の朝廷」という表現も、必ずしも大宰府に特有なものではない。すなわち『万葉集』に「大王の遠の朝廷そ　み雪降る越と名に負へる　天離る鄙にしあれば」(巻十七—四〇一一)とか、「大君の遠の朝廷と　任き給ふ官のまにま　み雪降る越に下り来」(巻十八—四一一三)とある「遠の朝廷」はいずれも越中国の国府をさすのであり、また「天皇の遠の朝廷と　韓国に渡るわが背は」(巻十五—三六八八)とあるのは遣新羅使について歌ったものである。これに対して摂津職の管する難波は「天地の遠きが如　日月の長きが如　押し照る難波の宮は」(巻六—九三三)とか、「やすみししわご大君の　あり通ふ難波の宮は」(巻六—一〇六二)とあって、難波宮の所在する「みやこ」、すなわち京である。従って大宰府はまさにそうした宮をもたない支配統治の拠点としての「遠の朝廷」なのである。このように考えると、中国式の条坊制都城がもし京に特有のものであるならば、大宰府には本来難波京・藤原京・平城京のような都城制は存在しなかったとみるのが正しいであろう。

以上、大宰府と摂津職、あるいは難波京との相違点を強調し、そうした観点から大宰府は本来京としての都城制を有しなかったものとする推論を試みたが、ここでちょっと付け加えておかねばならぬのは、難波大郡・小郡と筑紫大郡・小郡の関係である。『日本書紀』によると、難波大郡・小郡のことは欽明二十二年(五六一)是歳条からみえ、ときには難波郡と総称され、そこで新羅・百済・高句麗からの使節がもたらした貢物の検収や饗応が行なわれ、また孝徳朝には天皇の仮宮ともなっている[22]。大郡・小郡という用語は大化改新詔の凡条や職員令では里数を基準とする郡の等級の称呼の一つとしても現われるが、難波大郡・小郡、および難波郡の場合は、館舎を主体とする施設をさすと解される。その所在地はもとより、大郡と小郡の相互関係も詳らかでないが、大小の区別はまず規模の相違によるとみるのが妥当であろう。ともに難波長柄豊碕宮完成後も存続したらしいが、壬申の乱に大和を制圧した倭京将軍大伴吹負が難波小郡に入って以西の諸国に官鑰・駅鈴・伝印の提出を命じたという記事を最後に、しばらく史料上から姿を消している[23]。そして職員令によると、玄蕃寮の頭の職掌のなかに「蕃客辞見、讌饗送迎、在京夷狄」とともに「監ニ当館舎一」が掲げられているが、この館舎について『令義解』は「謂、鴻臚館也」といい、「古記」「古私記」は「館舎、謂在ニ京及津国一館舎者惣検校也」と注釈している。従ってこのことからのちに鴻臚館とよばれる館舎が「古記」の当時には京と津国、すなわち平城京と難波京にあったことが知られる。なお「穴記」がさきの「古私記」を引いたのち、「此摂津職在京諸司故云レ爾、但於レ今不レ合、為レ成ニ畿内一故」といっているのは、摂津職が在京諸司と同じものと見做されていたことを示し、さきに述べたごとく、摂津職が京職・中宮職・大膳職と同じく「職」を称したことの意味もよく理解される。

ところで『日本書紀』を検すると、難波郡とは別に、難波館がみえる。すなわち、

百済遣レ使貢レ調、別表請ニ任那上哆唎・下哆唎・娑陀・牟婁四県一、……廼以ニ物部大連麁鹿火一、宛宣ニ勅使一、物部大連、方欲下発ニ向難波館一、宣上勅ニ於百済客一(継体六年十二月条)

復遣㆓吉備海部直羽嶋㆒、召㆓日羅於百済㆒、……日羅等行㆓到吉備児島屯倉㆒、朝庭遣㆓大伴糠手子連㆒、而慰労焉、復遣㆓大夫等於難波館㆒、使㆑訪㆓日羅㆒、（敏達十二年是歳条）

高麗使人乙相賀取文等、到㆓難波館㆒、（斉明六年五月戊申条）

饗㆓禄新羅朴憶徳於難波館㆒、（持統六年十一月辛丑条）

の四例であるが、別に難波高麗館、難波百済客館堂、あるいは（難波）三韓館などがある。(24) 難波館はそれらを総括する用語で、少なくとも一応難波郡と別であることは舒明二年（六三〇）是歳条に「改修㆓理難波大郡及三韓館㆒」とあることによって明らかであるが、この難波館を継承したものが「古記」にいう津国の館舎であったことは確実で、さらにそれが鴻臚館となったのであろう。そして初期における難波郡と難波館の関係は明らかでないが、やがて難波郡の機能も難波館に統合されたと考えられ、その時期は、難波郡（大郡・小郡）と記す史料が『日本書紀』では一応壬申の乱を最後に消えることを併せて考慮すると、摂津職成立の際と推測できる。

これに対して筑紫大郡・小郡は、

饗㆓高麗邯子・新羅薩儒等於筑紫大郡㆒、賜㆑禄各有㆑差、（天武二年十一月壬申条）

於㆓筑紫小郡㆒、設㆓新羅弔使金道那等㆒、賜㆑物各有㆑差、（持統三年六月乙巳条）

とあるが、さきの難波館と同じく筑紫館という表現もみえる。すなわち、

饗㆓霜林等於筑紫館㆒、賜㆑物各有㆑差、（持統二年二月己亥条）

饗㆓耽羅佐平加羅等於筑紫館㆒、賜㆑物各有㆑差、（持統二年九月戊寅条）

至㆓筑紫館㆒遥望㆓本郷㆒、悽愴作歌四首、（『万葉集』巻十五—三六五二〜三六五五題詞）

のごとくであるが、前述のごとく西海道においては律令制の国の設置が遅れ、持統四年（六九〇）十月ごろ以後の可能性があるとすれば、この場合も大宰府における「饗讌」の場は筑紫郡から筑紫館に統合されたと考えられる。そして、

その時期はやはり筑紫大郡・小郡と記す史料の年次から推して、持統初年ころとみられ、その意味で持統三年九月己丑条に、「遣二直広参石上朝臣麻呂・直広肆石川朝臣蟲名等於筑紫一、給二送位記一、且監二新城一」とあるのは注目される。また『日本書紀』の天武紀・持統紀を検すると、天武紀を通じて頻出した筑紫大宰が持統四年十月戊午条を最後にみえなくなるのに対して、持統三年閏八月丁丑条には筑紫大宰帥が、そして同じく六年閏五月己酉条・八年四月戊午条・同年九月癸卯条にはそれぞれ筑紫大宰率が現われる。時はまさに飛鳥浄御原令が完成・施行される交であり、持統初年は大宰府にとって一つの画期であったと考えられる。

六　大宰府と泗沘城

さて大城山南麓にある大宰府政庁跡の発掘調査の結果によると、掘立柱建物群を伴う第Ⅰ期の遺構の年代については、その整地層に含まれている須恵器が須恵器編年では七世紀後半に当たり、また南門・中門の第Ⅱ期基壇に鎮壇具として埋められていた須恵器の年代が八世紀初めと考えられるので、第Ⅰ期建物の建立は七世紀後半、八世紀初め以前と推定されている。(25) また政庁の北面築地基壇下から出土した木簡や、蔵司台地の西側谷から出土した木簡もその記載内容や様式から明らかに大宝以前と認められる。(26)

そうした第Ⅰ期掘立柱建物は現在までのところ中門、回廊東北隅、北門、および正殿前面で検出されているが、第Ⅱ期以降の建物が礎石・瓦葺であるのとは違い、また建物の配置も第Ⅱ期以降とは異なるらしく、かつその範囲はかなりの拡がりをもっている。しかし、遺構が第Ⅱ期・第Ⅲ期と重層するため調査が困難で、詳細はまだ明らかでなく、その創建がいつで、またさきの『日本書紀』からする考察といかに関わるかも未詳である。

ところで改めて述べるまでもないことであるが、『日本書紀』によると、白村江の敗戦後に当たる天智三年（六六四)是歳条には対馬・壱岐と筑紫に防人と烽火を置き、筑紫に水を貯えるために大堤を築いて「水城」と名づけたとみえ、また翌四年八月条には、答㶱春初を遣わして長門城を、憶礼福留と四比福夫を遣わして筑紫に大野城と椽(基肄)城を築いたとあり、さらに同じく九年二月条にも長門城一つ、筑紫城二つを築いたとみえる。ただ四年八月条と九年二月条は天智紀に多い記事の重複の事例に該当するようであり、三年条の水城築造の記事を含めて、年紀はそのまま信ずるわけには行かないかも知れないが、天智朝に大宰府を中心として、その背後に大野城、前面に基肄城、そしていわゆる水城・小水城などの羅城が築かれたことは事実であろう。しかも注意すべきことは、それらの築造工事が亡命百済人によって指導されていることである。すなわち憶礼福留は天智二年九月丁巳条に百済から日本に亡命したことがみえ、十年正月条には長門城を築造した答㶱春初らと並んで、大山下の冠位を授けられ、兵法に詳しい旨が記されており、『新撰姓氏録』左京諸蕃下の石野連の出自に「百済国人近速王孫憶頼福留」とある。また四比福夫は他にみえないが、同族の四比忠勇は神亀元年(七二四)五月に椎野連の氏姓を賜わっており、同じく百済から亡命したものと考えられる。

このように大野城や基肄城の築城が亡命百済人によって指導されていることから、大宰府そのものも百済の都城、とくに泗沘(扶余)によく似た点の多いことがつとに指摘されているが、(27) それは築城指導者の一人に四比福夫なる者のいることからも十分に推測できると思う。というのは、四比福夫の「四比」とは、すなわち「泗沘」をさし、彼は扶余の出身であったと考えられるからである。百済の首都は漢城から熊津、さらに泗沘へと移るが、その泗沘は聖王十六年(五三八)から百済が滅亡する義慈王二十年(六六〇)までの都で、現在の忠清南道扶余の地に当たる。扶余は北に標高一〇六メートルの扶蘇山城が北から流れ来った錦江に臨んで位置し、その錦江は扶余の西から南へ大きく湾流する。そのために扶余は北・西・南の三方が錦江で限られ、防衛線となっている。扶蘇山城には東に迎月台、西に送月台と名づける峯があり、高い方の送月台の北端の錦江に面するところが落花巌とよぶ絶壁となっている。そしてこれらを繞って土塁が築かれ、南と北の一部は二重になっている。また扶蘇山城を中心に、その東にある青山城から石木里をへて山丘の尾根伝いに南下する羅城が築かれ、錦江岸の塩倉里に達する。さらに扶蘇山城の西から城末里・軍守里をへて南下する羅城も築かれていたらしい。そのほか羅城の外にも青馬山城や石城山城などがある。扶蘇山城内には焼け米などを出土する倉庫や建物の跡も検出されているが、王宮や官衙は扶蘇山城の南麓、扶余博物館付近から扶余女高までの間、あるいは西の旧衙里付近にあったのではないかと考えられている。[28][29]

こうした泗沘の構造はその前の首都熊津のそれを継承したものである。熊津は扶余の北、錦江上流の忠清南道公州の地に当たり、やはり錦江に臨む標高一一〇メートルほどの公山城を北に、東西を山に囲まれた狭長な盆地状の地域である。公山城にはいまも石塁がめぐっているが、これは百済の石塁を改築を加えながら継承したものとも考えられているが、百済の土塁は一部分東に今も残っている。そして東門と北門の部分がやはり二重構造になっていたらしい。また公山城を中心に周囲の山丘をめぐって土塁の羅城が築かれていたといわれ、東は玉竜里・大秋洞をへて南山に至り、そこから西折して月落山に達し、さらに北上して鳳凰山の西側、校村峰および宋山里古墳群の東側を通って公山城に接続するが、西の羅城は熊津末期にさらに西方に拡張されたという。[30]王宮の位置はやはり公山城外の南麓、南門(鎮南楼)付近と推定されている。[31]

こうした百済の首都泗沘(扶余)や熊津(公州)の構造は大宰府と極めて近似している。すなわち、大野城は扶蘇山城や公山城より高く、標高四一〇メートルを測るが、その大城山に発する土塁は処々に百間石垣や大石垣のごとき石塁を交えながら、頂上の四王寺盆地を囲繞し、南と北の一郭はやはり二重構造になっている。そして土塁の内部に尾花・鏡ヶ池・猫坂・八ッ波・主城原などの礎石群があり、その多くが倉庫とみられること周知のごとくである。また羅城は泗沘や熊津のように連続して囲繞するものではないが、大野城から断続的に西にのびる水城と、小水城と称する上大利築堤・大土居築堤・天神山築堤、および南方基肄城の東麓にある基山築堤が羅城の機能を果していたものと認められる。そして大宰府政庁の位置は大野城の南麓で、泗沘や熊津でもほぼ同じ関係位置に王宮や官衙があったと推定されていること前述のごとくである。

七　郭と条坊制

さて以上のように大宰府の構造は百済の首都、とくに泗沘に極めてよく似ているが、それは大野城・基肄城の築造者として『日本書紀』にその名のみえる亡命百済人、とくに泗沘出身の四比福夫によって指導・設定されたからであると考えられる。そうした点からすれば大宰府も都城形式をとったといえるかも知れないが、そこで問題となるのは大宰府における条坊制街区の存否である。

すでに早く鏡山猛氏は『大宰府都城の研究』を著わし、平安中期の文書によると大宰府の左郭・右郭に一条一坊という呼び方で土地の所在を示す条坊制地割が施かれていること、その方格地割は一町単位で周辺の条里制地割とも諧調すること、範囲は政庁を中心として左郭・右郭とも二二条一二坊に及ぶことなどを明らかにし、その淵源は「天智朝、或はひろく白鳳期にあり、奈良期までは下らない」とされた(32)。しかし最近における大宰府郭内における発掘調査の結果では、鏡山氏の想定された条坊制地割に適合する古い時期の道路はほとんど検出されず、また四町とされた政庁域の様相も推定復原とはかなり異なることが明らかになった。とくに政庁の南面、御笠川に至る間からは広場や、官衙と考えられる多くの掘立柱建物の遺構が検出され(33)、小字「不丁」(府庁)という地名のとおりであることが知られてきた。そこで大宰府の条坊制地割についての鏡山説は再検討を要する段階に立ち至っているが、本稿においてこれまで考究してきたような結果からみると、この問題はいかように考えられるかについて最後に少しく私見を述べてみよう。

管見によれば、大宰府に「郭」とよばれるものの存在したことは、『類聚三代格』巻十二に収める承和二年（八三五）十二月三日付の太政官符に続命院一処の所在を「在二大宰府南郭一」とするのが初見かと思うが、ついで『三代実録』貞観十一年（八六九）十二月二十八日辛亥条には坂上大宿禰滝守を大宰府に遣わしたときの勅に「博多是隣国輻輳之津、警固武衛之要、而墎与二鴻臚一相去二駅、若兵出二不意一、倉卒難レ備」とある。[34] ただし一条一坊という史料はやはり長徳二年（九九六）閏七月二十五日付の「観世音寺牒案」ほか二通の文書が初見であろう。[35] 従って少なくとも平安初期の大宰府に左郭・右郭、あるいは南郭と呼ばれるものが存在したことは事実であり、左郭・右郭の別は政庁中軸線の南への延長線を境界として、東が左郭、西が右郭であったが、現在も御笠川以南、当時の次田温泉、[36] つまりいまの二日市温泉街に至るまでは、ほぼまっすぐに南北の道路や地割線が通じており、「湯大道」の小字名も遺っている。なおこの大宰府政庁中軸線は北に延長すると、大野城の最高点、大城山[37]の頂上をほぼ通るので、あるいはそうした基準によって大宰府政庁の位置は決められたのであるかも知れない。

ところでこうした中軸線の設定は藤原京・難波京以後の都城に共通するところで、朱雀大路がそれに当たるが、問題はそれらの都城にあるような条坊制地割が大宰府にも存在したかである。まず第一に指摘しておかねばならぬことは、鏡山氏の大宰府条坊制は条里制と同じ一町方格であることで、鏡山氏はその点について大津京との共通性を指摘しておられる。[38] しかし近時における都城制研究の発展の結果、平城京・長岡京・平安京だけでなく、藤原京も難波京も一・二五町単位の方格地割となっていて、都城の条坊制地割は一町方格の条里制とは異なることが知られてきた。また大津京に関しても、今日までの発掘調査の結果では、想定された条里制地割に基づくような京街区の存在は認められていない。さらに条坊制の称呼は一条一坊一町というように、一坊は四―一六の町に分割されるのが一般であるが、大宰府はただ一条一坊のみで、一坊が一町に当たる。この点基本的に大宰府郭の条坊制は都城制と異なるのである。

またそのような条里制地割と共通する条坊制の道路遺構は、発掘調査によっても推定位置からほとんど検出されていないといったが、[39]私たちは先年想定されている大宰府郭の内外かなり広い範囲にわたって、明治初年の地籍をもとに遺存地割の復原作業を太宰府町と筑紫野町の二五〇〇分の一地図上に行なったが、その結果、西や南の周辺地域には条里制遺構が遺存していても、肝心の郭の中心部にはその条里制地割に適合するような地割がほとんど現存しないことが判明した。

つぎに重要な点は、大宰府は泗沘、あるいは熊津といった百済の都城の影響を強く受けているといったが、それらの百済の都城には中国の都城にみられる条坊制の方格街区が設定された形跡が現在までのところみられないということである。[40]しかし同じ朝鮮の場合でも高句麗や新羅の場合は異なる。高句麗の都城は初期の都である鴨緑江岸の平野にある国内城(輯安県通溝)とその北西約三キロの山間にある山城子山城(尉那巌城)、あるいは長寿王がその十五年(四二七)に遷都した平壌城に比定される大同江に近い清岩里土城(あるいは安鶴宮土城)[41]とその東北の大城山城のように、はじめは平野の都城と、それからかなり離れた所にある逃げ城としての山城が一対をなしていたが、[42]平原王がその二十八年(五八六)に遷都した長安城(ピョンヤン)の場合は、大同江にそう一郭に楕円形の羅城をめぐらし、その中に王宮・官衙を置き、さらに中国都城制に倣った方格の街区が設定されている。[43]ただしその条坊制は決して左右対称ではなく、また羅城をめぐらすといっても百済の都城とはやや状況が異なる。

つぎに新羅の首都慶州の構造は、王宮のある半月城(月城)は南川を隔てて南山に面するが、[44]その背後の西川と北川に囲まれたかなり広範囲に方格の地割の遺存することが早く藤島亥治郎氏[45]や斎藤忠氏[46]によって指摘されており、条坊制の施かれていたことは確実である。しかし、これらの地域を囲繞する羅城は存在せず、周辺に南山城・明活山城・西兄山城・(仙桃山城)、あるいは富山城・関門城などの山城が配置されている。このように条坊制街区は存在しても、その構造は百済の都城とはかなり異なるのである。

従って高句麗や新羅の都城が中国式の条坊制を採用していても、都城の構造そのものは百済とは異なるので、泗沘や熊津にも同じように条坊制が施かれていたとはいえず、確かなことは今後の調査によらねばならない。しかしたとえ条坊制が施かれていたとしても、それは日本の都城のごとき左右対称の整然たるものではなかったであろう。とすれば、その百済の都城を模倣した大宰府の場合もおよそ見当がつくといえる。

以上甚だ迂遠な考察を試みてきたが、その結果、大宰府設置の当初から都城としての条坊制の存在した可能性は極めて少なく、条里制に基づく郭の設定は少なくとも奈良時代以後であろうと考えられる。しかしその実態や、郭の範囲などの問題については、すでに紙数も尽きたので今後の課題として、ひとまずこの稿を終わることとしたい。

(1) 奈良県教育委員会『藤原宮——国道一六五号線バイパスに伴う宮域調査——』(『奈良県史跡名勝天然記念物調査報告』二五、昭和四十四年三月)。
(2) 岸俊男「山代忌寸真作と蚊屋忌寸秋庭」(『日本古代籍帳の研究』、昭和四十八年五月所収)。
(3) この記事に関しては岸俊男「飛鳥と宮都(7)人口の試算」(『明日香風』七、昭和五十八年五月、のち『古代宮都の探求』、昭和五十九年五月所収)参照のこと。
(4) 岸俊男「日本における『京』の成立」(『東アジア世界における日本古代史講座』六、昭和五十七年九月所収、本書第十七章)、同「飛鳥と宮都(2)謎の倭京」(『明日香風』二、昭和五十七年二月、のち前掲『古代宮都の探求』所収)。
(5) 『日本書紀』天武五年是年条の「将レ都二新城一」「然遂不レ都」、同十一年三月甲午条の「仍将レ都矣」、同十三年二月庚辰条の「令レ視二応レ都之地一」「将レ都二是地一歟」。
(6) 早川庄八「律令制の形成」(『岩波講座日本歴史』古代二、昭和五十年十月所収)。
(7) 早川庄八「律令制の形成」(前掲)。ただし国印を捺していない戸籍には大宝二年の美濃国戸籍もある。
(8) 井上光貞『日本古代国家の研究』(昭和四十年十一月)四一八ページ。
(9) 関晃「改新の詔の研究」(『東北大学文学部研究年報』一五、昭和四十年三月)。
(10) 関晃「畿内制の成立」(『山梨大学学芸学部紀要』五、昭和二十九年十二月)。

(11) 曾我部静雄「日中の畿内制度」(『史林』四七―三、のち『律令を中心とした日中関係史の研究』、昭和四十三年一月所収)。
(12) 岸俊男「『白髪部五十戸』の貢進物付札」(井上光貞博士還暦記念会編『古代史論叢』上、昭和五十三年九月所収、のち『日本古代文物の研究』、昭和六十三年一月所収)。
(13) 鎌田元一「評の成立と国造」(『日本史研究』一七六、昭和五十二年四月)。
(14) 利光三津夫「摂津職の研究」(『律令及び令制の研究』、昭和三十四年十二月所収)、坂元義種「摂津職について」(『待兼山論叢』二、昭和四十三年十二月)。
(15) 「古記」によって大宝令の条文が確認できるのは、京職に勧課農桑のないこと、摂津職の祠と検校舟具のみで、「釈云」が「案二前令一、有二兵士一无二器仗一、在二此令一、兵士器仗倶在、即知、非二兵士之器仗一、故兵士随身外、更有二官器仗一耳、与二諸国一同、但時行事未レ備耳」と述べていることから、大宝令では京職に器仗がなかったことが知られる。
(16) 「摂」は「摂政」の場合のごとく「かはる(代)」の意もあるが、この場合は「すべる」の意と考えるべきでなかろうか。諸橋轍次『大漢和辞典』巻五「摂」の項には「すべる」の用例として『宋史』胡宏伝の「宰二制万事一、統二摂億兆一」を引いている。
(17) 『令義解』関市令欲度関条の「若船筏経レ関過者、亦請二過所一」に対しては「謂、長門及摂津、其余不レ請二過所一者、不レ在二此限一」、また行人出入条の「凡行人出二入関津一者」に対しては「謂、行人者、公私皆是也、津者、摂津、其要路津済、置レ船運度、自依二雑令一、不レ関二此条一」とある。また衛禁律の私度関条には「凡私度レ関者、徒一年、謂、三関者、摂津長門減二一等一、余関又減二一等一」、同じく不応度関条には「凡不レ応レ度レ関而給二過所一、取而度者亦同、若冒レ名請二過所一而度者、各徒一年、摂津長門減二一等一、余関又減二一等一」とある。
(18) 『類聚三代格』巻五、延暦十二年三月九日付太政官符。
(19) 岸俊男「平城京へ・平城京から」(井川定慶博士喜寿記念会編『井川博士喜寿記念論文集』、昭和四十九年十一月所収、本書第九章)。
(20) 『令集解』公式令天子神璽条に引く「或云」には「不用内印、一事已上如諸司、何者、政所在京之故也」とある。
(21) 岸俊男「国府と郡家」(『歴史と人物』昭和五十七年四月号、のち前掲『古代宮都の探求』所収)。
(22) 難波と筑紫の大郡・小郡については、坂本太郎「大化改新詔の信憑性の問題について」(『歴史地理』八三―一、昭和二十

七年二月)、田中卓「郡司制の成立」上・中・下(『社会問題研究』二—四、三—一・二、昭和二十七年十月、二十八年一月・五月)、直木孝次郎「難波小郡宮と長柄豊碕宮」(難波宮址を守る会編『難波宮と日本古代国家』、昭和五十二年五月所収)、鎌田元一「評制施行の歴史的前提」(『史林』六三—四、昭和五十五年七月)などがある。

(23) つぎは天平宝字四年十一月七日付の「東大寺三綱牒」に、摂津国西生郡美怒郷にある庄地の四至記載として「東小郡前西谷」とある(『大日本古文書』四—四四八)。

(24) 『日本書紀』推古十六年四月条、同皇極二年三月癸亥条、同舒明二年是歳条。

(25) 藤井功・亀井明徳『西都大宰府』(昭和五十二年三月)六二・九三ページ。

(26) 「久須評」とある評制下のものや、月日を文章の冒頭に記したものがある(九州歴史資料館『大宰府史跡出土木簡概報』(一)、昭和五十一年三月所収)。

(27) 鏡山猛『大宰府都城の研究』(昭和四十三年六月)一八〇ページ、藤井功・亀井明徳『西都大宰府』(前掲)一二四ページ、成周鐸「大野城小攷」(鏡山猛先生古稀記念論文集刊行会編『鏡山猛先生古稀記念古文化論攷』、昭和五十五年十月所収)。

(28) 朝鮮三国の都城については、井上秀雄「朝鮮の都城」(上田正昭編『日本古代文化の探究 都城』、昭和五十一年五月所収)、李進熙「朝鮮と日本の山城」(上田正昭編『日本古代文化の探究 城』、昭和五十二年六月所収)、藤島亥治郎「朝鮮三国時代の都市と城」(『東アジア世界における日本古代史講座』四、昭和五十五年九月所収)、成周鐸「百済熊津城와泗沘城研究」(『百済研究』一二・一三、一九八一年十二月、一九八二年十二月)などがあるが、筆者は昭和五十年三—五月に文部省在外研究員として韓国に滞在し、慶州・扶余・公州などの都城を踏査する機会をもった。なお成周鐸氏論文の引用に際しては東潮・岡内三真・鎌田元一氏の助力をえた。

(29) 金永培「百済王宮跡」(大川清編『百済の考古学』、昭和四十七年八月所収)、藤島亥治郎「朝鮮三国時代の都市と城」(前掲)、成周鐸「百済熊津城와泗沘城研究」(前掲)。

(30) 軽部慈恩『百済遺跡の研究』(昭和四十六年十月)三九ページ。

(31) 金永培「百済王宮跡」(前掲)。

(32) 鏡山猛『大宰府都城の研究』(前掲)九一—一一四ページ。

(33) 九州歴史資料館『大宰府史跡 昭和五十七年度発掘調査概報』(昭和五十八年三月)。

(34)『類聚三代格』巻十八にも貞観十一年十二月二十八日付太政官符として収載されている。
(35)『平安遺文』二―五〇三ページ。
(36)『万葉集』巻六―九六一「帥大伴卿宿₂次田温泉₁、聞₂鶴喧₁作歌一首」。
(37)『万葉集』巻八―一四七四「大伴坂上郎女思₂筑紫大城山₁歌一首」、同巻十―二一九七には「謂₂大城山₁者、在₂筑前国御笠郡之大野山頂₁号曰₂大城₁者也」とある。
(38)鏡山猛『大宰府都城の研究』(前掲)一七七ページ。
(39)太宰府町教育委員会『大宰府条坊跡――観世音寺土地区画整理に伴う発掘調査(1)』(昭和五十七年三月)参照。
(40)前掲成周鐸「百済熊津城과泗沘城」では、扶余には東西・南北の幹線道路が認められ、これと上・下・前・後・中の五部制との関係は考えられるが、それらは自然村落単位の坊部制で、条坊制の遺跡が発見されないことと、錦城山がその実施を妨げているので、条坊制は存在しなかったとみている。
(41)最近発表された千田剛道「清岩里廃寺と安鶴宮」(奈良国立文化財研究所創立三〇周年記念論文集『文化財論叢』、昭和五十八年三月所収)によると、清岩里土城は寺院址(清岩里廃寺)であり、また安鶴宮土城は高句麗末期のもので、七世紀後半を大幅に遡ることはない。従ってともに初期平壌城の王宮とは認め難いという。然らば平壌城の王宮は何処に求むべきかについて、二つの土城の下層遺構が可能性として考えられるが、そのうち安鶴宮下層遺構に求むべきであるとしている。
(42)安鶴宮を王宮とすれば、大城山城との関係位置は熊津・泗沘、ひいて大宰府の山城と王宮(政庁)のあり方に近い。
(43)藤島亥治郎「朝鮮三国時代の都市と城」(前掲)。『東国輿地勝覧』には「井田在₂外城内₁、箕子区画、井田遺跡宛然」と記す。
(44)半月城に対して北方の城東洞に王宮の遺跡がある(斉藤忠「慶州城東洞の遺跡――推定新羅王京別宮跡」『新羅文化論攷』、昭和四十八年八月所収)。
(45)藤島亥治郎「朝鮮建築史論㈠―㈤」(『建築雑誌』五三〇・五三一・五三三・五三五・五三六、昭和五年二・三・五・七・八月)。
(46)斎藤忠「新羅の王京跡」(『夢殿』一五、昭和十一年五月、のち『新羅文化論攷』(前掲)所収)。

第二十一章　長岡遷都と鎮京使

——遷都における留守官の意義に及ぶ——

一　鎮京使の任命

『続日本紀』によると、長岡遷都のことは延暦三年(七八四)五月十三日(癸未)の難波京における蝦蟇二万匹の行列に関する摂津職の言上に始まり、同月十六日(丙戌)の中納言藤原小黒麻呂・藤原種継らの山背国乙訓郡長岡村の地の視察、六月十日(己酉)の藤原種継・佐伯今毛人・紀船守ら造長岡宮使の任命と続くが、以後新京の造営は急速度で進み、早くも十月五日(壬申)には桓武天皇の長岡宮移幸の準備として、御装束司と前後次第司が任ぜられ、遷都は目前に迫った。そのような時点で、『続日本紀』延暦三年十月癸巳(二十六日)条には、「又任二左右鎮京使一、各五位二人、六位二人、以レ将レ幸二長岡宮一也」という記事がみえる。長岡遷都に備えて左右京に対する鎮京使として五位・六位それぞれ二人ずつの官人を任じたというのであるが、この左右京とは新しい長岡京のそれではなく、平城京を指すと考えられる。つまり、長岡遷都に当たって平城京内の治安を維持するために、鎮京使を任命したのである。ついで、長岡遷都、すなわち桓武天皇の長岡宮移幸はやや間が空いたが、翌十一月十一日(戊申)に実現した。遅延の理由は鎮京使任命の翌々二十八日(乙未)に皇后藤原乙牟漏の母、尚侍阿倍古美奈が薨じたからで、事実、皇后は中宮高野新笠とともに桓武天皇の長岡宮移幸当日には同行せず、平城宮に留まった。そして改めて長岡宮から出雲守石川豊人と摂津大夫和気清麻呂が前後次第司として派遣され、旬日を経て同月二十四日(辛酉)に二人は長岡宮に移ったのである。

遷都に際して鎮京使が任命されたことは、他に記録にはみえない。ただ『東大寺要録』巻二供養章第三には天平勝宝四年(七五二)四月九日(乙酉)の東大寺大盧舎那仏開眼供養会に先立つ三日前、四月六日に鎮裏京使として左京に従四位下百済王孝忠と従五位上中臣清麻呂、右京に正五位下大伴稲公と従五位下建部豊足が任ぜられたことがみえ、それぞれ兵士二〇〇人が配属されたとある。開眼供養会には聖武太上天皇・光明皇太后・孝謙天皇が揃って東大寺に行幸し、「仏法東帰、斎会之儀、未三嘗有二如レ此之盛一也」[1]といわれるほどの盛儀が挙行されたのであるから、京内に対しても不測の事態に対して警戒措置がとられたのであろう。鎮裏京使――正しくは鎮京裏使ではないかと思うが――とはそうした目的をもって任命されたもので、長岡遷都に際して任命された鎮京使も相似たものであったろうが、この場合はもっと緊迫した京内の情勢に対する措置であったと考えられる。

というのは、鎮京使任命の四日後、同月三十日(丁酉)に出された勅は、「如聞、比来京中盗賊稍多、掠二物街路一、放二火人家一、良由二職司不レ能二粛清一、令三彼凶徒生二玆賊害一、自今以後、宜下作二鄰保一検二察非違一一如中令条上、其遊食博戯之徒、不レ論二蔭贖一決二杖一百一、放火劫略之類、不二必拘一レ法、懲以二殺罰一、勤加二捉搦一、遏二絶奸宄一」[2]と、京内に盗賊が横行し、略奪放火がほしいままに行なわれていたことを述べているからである。[3]そしてこのようにこの時点で、平城京内の治安が著しく乱れたことは決して長岡遷都と無関係ではなかろう。遷都に対してはそれまでも庶民の反対が特に強かった。たとえば、天智朝の近江遷都に対して『日本書紀』は「是時、天下百姓、不レ願レ遷レ都、諷レ諫者多、童謡亦衆、日々夜々、失火処多」[4]と記しているし、聖武朝に恭仁から難波に遷ろうとした時、五位以上は二四対二三、六位以下は一五七対一三〇で、官人も恭仁京を動くことを望まぬ者が多く、市人に至ってはほとんどみな恭仁に留まるという意見であった。[5]また紫香楽宮の場合は頻々として周辺の山で怪火が続いたし、[6]いよいよ平城還都となると、還幸の車駕を恭仁京の泉橋に拝した庶民は共に万歳を称したというし、[7]平城宮の掃除には「諸寺衆僧、率二浄人童子等一、争来会集、百姓亦尽出、里無二居人一」[8]という状況であり、恭仁京にいた市人は天皇より先に「暁夜争行、相接無レ絶」[9]と記されている。いかに人々が平城京への復帰を望んでいたかが窺われるが、それは恭仁遷都そのものに無理があったことを示している。のち橘奈良麻呂の変に捕えられて勘問を受けた佐伯全成は、平城還都直後の天平十七年(七四五)九月に聖武天皇が難波宮で危篤に陥ったとき、奈良麻呂が「方今天下憂苦、居宅無レ定、乗路哭叫、怨歎実多」といって自分を謀反に誘ったと告白しているが、[10]「居宅無レ定」とはまさに天平十二年以後の五年間に恭仁・紫香楽・難波と宮室が転々と遷ったことを指しているのである。度重なる遷都・遷宮は人々にとって「怨歎」以外の何ものでもなかった。

したがって長岡遷都の場合も、天平十七年の平城還都からでも三九年、和銅三年(七一〇)の平城遷都からはすでに七四年が経過していて、人々はすでに平城京に定着安住している。それを突如、桓武新政の行政改革の一環として、複都制廃止、平城・難波両都合一、すなわち長岡京遷都という方針が打ち出されたのであるから、平城京住民の困惑・不満は測り知れないものがあったと考えられ、京内は一種のパニック状態に陥ったのではなかろうか。平城還都直後の紫香楽宮について、「是時甲賀宮空而無レ人、盗賊充斥、火亦未レ滅、仍遣二諸司及衛門衛士等一令レ収二官物一」と伝えられているのは、[11]さきの延暦三年十月三十日の勅と比較して、当時の平城京の状況を推測させるに十分である。鎮京使任命の理由は以上でおのずから理解できよう。

二　遷都と留守司

さて長岡遷都についてはなぜか『続日本紀』に留守官を任命した記事がない。「なぜか」というのは、さきの開眼会における鎮裏京使任命の場合も、開眼会前日の四月八日に留守官として、東宮には大納言巨勢奈弖麻呂と中納言多治比広足が、西宮には同じく中納言紀麻呂が任ぜられており、また長岡遷都以前の遷都に当たっても必ず旧宮に留守官が任ぜられているからである。すなわち、近江京大津宮への遷都に際し、倭京後飛鳥岡本宮には留守司として高坂王と坂上熊毛がいたことは『日本書紀』巻二十八の壬申の乱関係記事によって知られるし、平城京への遷都に当たっても、『続日本紀』は和銅三年(七一〇)三月辛酉条に、「始遷二都于平城一、以二左大臣正二位石上朝臣麻呂一為二留守一」と藤原宮に留守官として石上麻呂を残したことを明記している。また恭仁京遷都の場合も、平城宮留守官としてはじめは大養徳守大野東人と兵部卿藤原豊成が任ぜられたらしいし(12)、平城宮についてはその後も天平十七年(七四五)五月の平城還都に至るまで、人は交替したが、ずっと留守官が置かれていたようで、天平十四年八月の紫香楽宮行幸のときは摂津大夫大伴牛養と民部卿藤原仲麻呂(13)、同じく十五年四月の紫香楽宮行幸のときは宮内(兵部か)少輔多治比木人(14)、また十六年二月の難波宮行幸中は治部大輔紀清人と左京亮巨勢嶋村が(15)、それぞれ平城宮の留守官であったことを『続日本紀』は記している。

したがって長岡遷都に関して留守官任命の記事がないのは、実際に任命されなかったのか、あるいは任命されていても『続日本紀』に記事として載せられなかったのかということになるが、この問題に関して参考とすべきものの一つは、延暦四年(七八五)九月桓武天皇の平城宮行幸中に暗殺された藤原種継の薨伝に「至二於行二幸平城一、太子及右大臣藤原朝臣是公・中納言種継等、並為二留守一」とみえることである。これは薨伝中の文章であるから、必ずしも正式の留守官の任命を意味すると解する必要はないかも知れないが、実はこの記事を最後として『日本後紀』以後の正史には留守官のことがみえないのである。この点も事実として任命がなかったのか、『日本後紀』以下の編纂方針に基づくものなのか、なお詳細な検討を要するが、『類聚符宣抄』巻四帝皇に引く弘仁五年(八一四)二月十五日付の右大臣藤原園人の宣には「行幸経レ宿、留守侍従、中務省差二定参議已上一、執二省奏一奏レ之、永為二恒例一」とあり、また『令義解』巻六儀制令車駕巡行条にみえる「留守者」の注釈には「謂、執掌之長官留守者也、仮如監国之太子、若執契之公卿之類」と記されており、さらに『延喜式』(中務省)には「凡行幸経レ宿者、差二定留守侍従一付二公卿一奏レ之」とあって、留守官の制度そのものはなくなっていないが、「留守侍従」や「留守徒」という表現から推して、その実態や官人に変化が生じていることは否めないようである。

三　その意義

ただここで検討しておかなければならないのは滝川政次郎氏の留守官についての所説である。(16) 滝川氏は長岡遷都の場合には、留守官は任ぜられなかったとし、その理由を平城京から長岡京への遷都を複都制の廃止とみる点に求めている。つまり、孝徳朝の難波京以後、天智朝の大津京、聖武朝の恭仁京、淳仁朝の保良京、称徳朝の由義京などを、倭京・平城京に対してすべて複都制の首都・陪都との関係において理解しようとするもので、天皇が首都を出て一時陪都に行幸する時には必ず留守官を置いたが、長岡遷都はそうした複都制に終止符を打つものであって、平城京・長岡京の間にはもはや首都・陪都の関係はないから、平城宮には遷都に際しても留守官を置かなかったというのである。

この滝川氏の説は、長岡遷都を複都制の廃止とみる点では私も賛成であるが、孝徳朝に遡るそれ以前のすべての遷都を複都制から説明し、留守官任命をその線上で解釈しようとするのはやや武断に過ぎるのではないかと思う。確かに孝徳朝の難波遷都中に中大兄皇子らが倭京の飛鳥河辺行宮に還ったり、孝徳崩後に重祚した斉明天皇が再び飛鳥板蓋宮で即位していること、また天智朝の近江遷都に際しても依然として倭京に留守官が置かれており、凱旋した大海人皇子がまず後岡本宮に入っていること、さらに聖武朝の恭仁遷都中も前述のようにつねに平城宮に留守官が置かれていたという事実などは、古代のいわゆる遷都について通説のような単純な理解では解き難い問題のあることを示している。しかし留守官に関する限り、たとえば滝川氏はふれていないが、平城遷都に際しても藤原宮に左大臣石上麻呂を留守として留めたという事実、あるいは天平十七年(七四五)五月の平城還都に当たって、紫香楽宮に参議紀麻路を「甲賀宮留守」として任じた事実[17]などはいかに説明すべきであろうか。

私は遷都における留守官任命の意義について以下のように考えている。そもそも留守官は公式令に「凡車駕巡幸、京師留守官、給二鈴契一、多少臨時量給」とあるように、天皇が行幸の間、皇権の発動に欠かせない鈴契(駅鈴と関契)、もしくは鈴印(駅鈴と内外印)を宮内において管理する最高責任者であって、極めて重要な職である。したがって当初は知太政官事や左右大臣などの要職にあるものがこれに任じ、軍事面を考慮してか、ときに兵部卿なども併任されたのである[18]。ところが留守官の任務がこういうものであるとなると、遷都のように再びもとの宮に還ることのない行幸に留守官を置くというのは本来不合理なのであって、そのような場合には最初から鈴契・鈴印を携行すればよいと考えられる。

しかし、事実はそうでなかったらしい。平城還都直後の天平十七年八月に聖武天皇が難波宮に行幸してそこで重病になったとき、当時平城宮留守官としては中納言巨勢奈弖麻呂と藤原豊成が任ぜられていたが、その許に使が遣わされて、急ぎ平城宮の鈴印が難波宮に取り寄せられ、さらに平城・恭仁の留守官に対してそれぞれの宮を固守することが命ぜられている[19]。この場合は遷都でないから、鈴印が平城宮に留め置かれ、留守官がそれを管理していたのは当然であるが、恭仁宮にも当時なお留守官がいたことは注目される。すなわち、留守官は鈴契・鈴印の存否に関係なく廃止された宮にもなお暫時置かれていたらしいのである。いま一つの事例は天平十六年初めの難波宮行幸の場合である。この時はのちに難波宮をもって皇都とすると宣言し、京戸の往来を自由に許したのであるから、いわば遷都に相当するが、閏正月乙亥(十一日)に聖武天皇は難波宮に行幸したのち、翌月朔日(乙未)に茨田王を恭仁宮に遣わして駅鈴と内外印を難波宮に運ぶことを命じ、翌二日(丙申)に中納言巨勢奈弖麻呂がそれを持って難波宮に至っている[20]。これによって行幸に鈴印を携行しなかったことは明らかであり、また同時に改めて恭仁宮留守と平城宮留守を任じているから、やはり留守官は鈴印の存否に関係ないのである。

ではなぜ遷都に際して、還幸することのない旧宮に鈴契・鈴印を置き、またそれがなくても、ときにはより以前の旧宮にまで留守官を任じたのであろうか。一つにはしばらくは残務処理もあったろうし、また廃絶した宮といえども建物の存する限りは維持管理が必要であったからでもあろうが、いま一つは遷都による旧京住民の衝撃、そしてそれによって惹起される混乱を緩和するためであったのではなかろうか。すなわちはじめはあたかも通常の行幸のごとく、留守官を任じ、鈴印を置いて再びその宮に還ることを装い、その後、時の経過をみて徐々に鈴印を移し、世相の完全な鎮静化を見極めてからようやく留守官を廃したのではないかと思うのである。つまり遷都における留守官任命は一種の治安対策であったのである。

ここで参考となるのは東京奠都である。明治元年(一八六八)七月江戸は東京と改められ、明治天皇はその九月と翌二年三月の二度その東京に行幸――東幸という――し、ついに今日に至るまで京都への還幸はないままになっている。しかも東京遷都の詔勅はついに発せられなかった。そこで東京遷都といわず、ことさらに東京奠都の語が用いられており、あるいは東京・京都両京併置を説く論もある。[21] しかし、要は約一一〇〇年にわたって永続してきた平安京に対する堂上公卿の執着と京都住民の人心動揺を恐れたから、東幸のままで遷都の詔を発しなかったのであるといわれる。また二年三月の東幸に伴って太政官が東京に移ると、やはり京都には留守官が置かれたが、その廃止は四年八月を待たねばならなかったし、さらに京都に対しては地子免除や金五万両下賜をもって人心の鎮撫に当たっている。そしてそれが留守官の第一の任務であったと述べられているのは、[22] 時代を超えて八世紀の留守官にも当てはまるといえよう。遷都における留守官の任命とは人心の動揺を防ぐための重要な布石であったのであり、その点では鎮京使と同じ目的をもつものであった。

(1)『続日本紀』天平勝宝四年四月乙酉条。
(2)『続日本紀』延暦三年十月丁酉条。
(3)『日本書紀』『続日本紀』の記載において「遷都」という語が用いられているのは、孝徳朝の難波、天智朝の近江、元明朝の平城、聖武朝の恭仁、桓武朝の長岡と平安の場合だけで、たとえば持統朝の藤原、聖武朝の紫香楽・難波、淳仁朝の保良、称徳朝の由義に対しては、そのような表現は用いられていない。
(4)『日本書紀』天智六年三月己卯条。
(5)『続日本紀』天平十六年閏正月乙丑朔・戊辰条。
(6)『続日本紀』天平十六年四月丙午条、同十七年四月戊子朔・庚寅・戊戌・庚子条、同年五月丙寅・戊辰条。
(7)『続日本紀』天平十七年五月癸亥条。
(8)『続日本紀』天平十七年五月甲子条。
(9)『続日本紀』天平十七年五月丁卯条。
(10)『続日本紀』天平宝字元年七月庚戌条。
(11)『続日本紀』天平十七年五月戊辰条。
(12)『続日本紀』天平十三年閏三月乙丑条。
(13)『続日本紀』天平十四年八月己亥条。
(14)『続日本紀』天平十五年四月壬申条。
(15)『続日本紀』天平十六年二月丙申条。
(16)滝川政次郎「複都制と太子監国の制」(『京制並に都城制の研究』、昭和四十二年六月所収)。
(17)『続日本紀』天平十七年五月壬戌条。
(18)留守官に任ぜられた知太政官事としては鈴鹿王、左右大臣は石上麻呂と橘諸兄、兵部卿としては藤原豊成(兼中衛大将)と大伴牛養が知られるが、政界の実力者として民部卿藤原仲麻呂も恭仁宮留守となっている。
(19)『続日本紀』天平十七年九月癸酉条。
(20)『続日本紀』天平十六年二月丙申条。

（21）　岡部精一「東京奠都の真相」（『歴史地理』二六―四、二七―一・二・四・五・六、二八―一、大正四年十月―五年七月）。
（22）　森谷秀亮「東京奠都に関する一考察」（『史学雑誌』三七―五、大正十五年五月）。

第二十二章　平安京と洛陽・長安

一　平安京は洛陽か長安か

日本の宮室・都城の源流が中国にあることはいうまでもないが、その原型が唐代の長安城か洛陽城か、あるいはそのいずれでもなく、たとえば北魏の洛陽城や東魏の鄴城、さらには南朝の建康城というような隋・唐以前の都城であるのか、といった問題が最近はしきりに論ぜられるようになった[1]。それは私が藤原京の想定復原案を発表し、またそれと平城京との構造上の緊密な関係を明らかにした上で、平城京を長安城の直接的な模倣とみる従来の通説に再考を求め、その原型としての藤原京と中国都城との関係を問題にしたことが契機になっている[2]。本稿ではそうした構造上の問題はしばらく措き、はっきりと日本の都城を中国の都城、とくに唐代の長安城と洛陽城に比定した平安京について、その経過を少し詳しく考察してみたい。

『拾芥抄』京都坊名の項には、

東京 号二洛陽城一　西京 号二長安城一

とあるが、『帝王編年記』巻十二桓武天皇の条にも、

(延暦)同十二年癸酉正月十五日、始造二平安城一、東京愛宕郡、又謂二左京一、唐名洛陽、西京葛野郡、又謂二右京一、唐名長安、南北一千七百五十三丈、除二大路小路一、東西一千五百八十丈、除二大路小路一、通二計東西両京一、

とあって、左京(東京)を洛陽城、右京(西京)を長安城とよんだことが知られる。しかし天元五年(九八二)十月に記さ

れた慶滋保胤の『池亭記』に、

予二十余年以来、歴二見東西二京一、西京人家漸稀、殆幾二幽墟一矣、人者有レ去無レ来、屋者有レ壊無レ造、其無レ処二移徙一、無レ憚二賤貧一者是居、或楽二幽隠亡命一、当三入レ山帰二田者不レ去、若下自蓄二財貨一有上心二奔営一者、雖二一日一不レ得レ住レ之、……夫如レ此者、天之亡二西京一、非二人之罪一明也、

とあるごとく、すでに十世紀中ごろに右京は荒廃しはじめ、これに対して左京は人家稠密、すこぶる盛況を来すようになるが、そのことは右につづいて、

東京四条以北、乾艮二方、人人無二貴賤一、多所二群聚一也、高家比レ門連レ堂、小屋隔レ壁接レ簷、東隣有二火災一、西隣不レ免二余炎一、南宅有二盗賊一、北宅難レ避二流矢一、

と述べられていることから明らかである。[3] このようにして右京＝長安城が衰退し、左京＝洛陽城が発展していったために、しだいに長安の名が忘れられ、洛陽だけが人々に意識され、やがて洛陽が平安京の代名詞のごとくになり、「京洛」とか「洛中」「洛外」、あるいは「上洛」「入洛」といった言葉がもっぱら用いられるようになったのである。[4] いまそうした経過をうかがうために、『本朝文粋』に収められている漢詩文から、平安京を長安、または洛陽とよんでいる事例を抽出し、[5] ほぼ作者の年代順に整理して表示してみよう(第一表)。

いうまでもなく『本朝文粋』一四巻は藤原明衡が宋の姚鉉の『唐文粋』一〇〇巻にならって撰したもので、その成立は康平年間(一〇五八—六四)前後とみられているが、そこには嵯峨朝から後一条朝に至るまでの約二〇〇年間における平安朝漢詩文の英粋四〇〇余篇が収録されている。[6] 当面の問題を考察する好史料と考えるからである。[7]

第一表には平安京を長安、または洛陽とよんだ事例として二五例を掲げたが、それによって知られる点を列挙すると、つぎのごとくである。㈠『本朝文粋』では、そうした表現は紀長谷雄や三善清行のごとく、ほぼ十世紀初めころの漢詩文からみえる。[8] ㈡洛陽に比定する場合が圧倒的に多く、二一例を数え、しかも⒁以下はすべて洛陽である。㈢

長安に比定するのは⑵⑸⑺⑽⒀の五例で、⒀以後はみえない。㈣したがって、最初は平安京を長安とも洛陽ともよぶ時期があったことになるが、⑽が「長安洛陽貴賤上下」といっていることは、平安京を左京＝洛陽、右京＝長安に比定していたことを示すものとして注目される。以下各事項についてもう少し詳しく検討を加えよう。

まず㈡㈢について。平安京を長安に比定する例は初期に多く、時代的にも⒀の源順の「見二天台山之高岩一、四十五尺波白、望二長安城之遠樹一、百千万茎薺青」がほぼ最後と考えられる。この詩序の作られた確実な年代は明らかでないが、作者の生没年から推定すると、十世紀後半、ほぼさきの慶滋保胤の『池亭記』と同じころと考えられる。したがって以後平安京を長安に比定する表現が現われないのは、右京＝長安の衰退に起因するかも知れない。

これに対して㈠に関わる問題として、では『本朝文粋』を離れて平安京を長安、または洛陽に比定する事例がいつに遡ってみられるかであるが、[9]管見によると、『日本後紀』から『三代実録』に至る正史にはそうした事例はなく、[10]したがって『類聚国史』にもみえない。[11]また延喜七年(九〇七)までの官符類を含む『類聚三代格』にもそうした表現はなく、[12]『政事要略』では巻九十五に載せる三善清行の「弓削是雄式占有二徴験一事」(善家異記)に「(内竪伴宿禰)世継辞レ家、在レ旅度二歴二年一、顧二念妻子一、促レ駕入レ洛、俄聞二此占一、中心歎慨」とあるのが初見で、これは文中の記載から寛平四年(八九二)以後に書かれたものであり、また年紀の明らかなものでは巻二十六所載の延喜十五年十一月二十一日付の同じく三善清行の「奉二左金吾藤納言一書」に「加以近日京洛之中、家々有二死喪之穢一」とあるのが最も早い。[13]したがってこうした状況はさきの『本朝文粋』の場合とほぼ一致し、三善清行の文章に多いことが注目される。また平安初期の三大勅撰詩集を検すると、『凌雲集』『文華秀麗集』には的確な類例がなく、「皇城」「帝城」とか、「帝京」という表現が用いられている。[14]ただ天長四年(八二七)に成立した『経国集』には、嵯峨天皇の「和二菅清公春雨之作一」という五言詩に「崇朝雲気晴、密雨泛二春空一、京洛囂塵斂、章台夕影朦」という「京洛」の一例がみえる。「京洛」の語は漢語としてもあるから、そこに平安京をとくに洛陽に比定しようとする意識があったかどうかは疑問である。なお詳細

第一表 『本朝文粋』にみえる洛陽・長安

作者	記事	文題	巻
紀長谷雄(紀納言)(八四五—九一二)	(1)既而露井之地、洛陽之城、無ニ処不レ花、還迷ニ綏山之路一、在レ眼尽映、誰弁ニ武陵之源一、	仲春釈奠聴レ講ニ礼記一同賦ニ桃始華一	巻十
	(2)父母常言与ニ貴人一、公子王孫競相挑、月前花下通ニ慇懃一、父母被レ欺ニ媒介言一、許ニ嫁長安一少年一、	貧女吟	巻一
三善清行(善相公)(八四七—九一八)	(3)百官庶僚、嬪御媵妾、及権貴子弟、京洛浮食之輩、衣服飲食之奢、賓主饗宴之費、日以侈靡、無レ知ニ紀極一、	意見十二箇条 一、請レ禁ニ奢侈一事(延喜十四・四・二十八=九一四)	巻二
	(4)又六衛府舎人、皆須下毎月結番、暁夕警備、当番陪ニ侍兵欄一、佗番休中寧京洛上、東西帯刀町、此其住所也、	同 一、請レ禁ニ諸国僧徒濫悪及宿衛舎人凶暴一事	巻二
	(5)清景外徹、照ニ天地於氷壺一、浮彩傍散、変ニ都城於玉府一、長安十二衢、皆踏ニ万頃之霜一、高宴千万処、各得ニ一家之月一、	八月十五夜同賦ニ映レ池秋月明一并序可レ注也	巻八
菅原淳茂(菅淳茂)(—九二五—)	(6)洛陽城内、有ニ一離宮一、竹樹泉石、如ニ仙洞一爾、蓋世之所謂亭子院焉、	八月十五夜侍ニ亭子院一同賦ニ月影満ニ秋池一応ニ太上法皇製一	巻八
橘在列(—九四四—)	(7)家貧親知少、身賤故人疎、唯有ニ長安月一、夜夜訪ニ閑居一、	秋夜感懐敬献ニ左親衛藤員外将軍一	巻一
	(8)于レ時嵩岳之西脚、洛水之東頭、嘯ニ野煙之春光一、各吟ニ一句一、酌ニ山霞之晩色一、皆酔ニ数盃一、	春日野遊和漢任レ意	巻十一
大江朝綱(後江相公)(八八六—九五七)	(9)爰洛水春遊、昔日閣レ筆、商飈秋宴、今時巻レ筵、	停ニ九日宴一十月行詔(天暦四・九・二十六=九五〇)	巻二
三善道統(善道統)(—九六三—)	(10)於レ是幽明共動、遐邇普驚、長安洛陽、貴賤上下、共致ニ帰依一、令レ遂ニ供養一、	為ニ空也上人一供ニ養金字大般若経一願文(応和三・八・二十二=九六三)	巻十三

藤原篤茂(藤篤茂)(―九六六―)	(11)白氏文集云、花多数ニ洛陽一、旧詩云、花満ニ洛陽城一、爰左武衛将軍、有ニ一樹紅桜一也、色異ニ常花一、艶勝ニ佗樹一、誠是城中之第一者耶、	仲春於ニ左武衛将軍亭一同賦ニ雨来花自湿一	巻十
源順(九一一―九八三)	(12)洛城以東、有ニ一勝地一、都督大王之深宮也、大王才華清英、徳宇凝邃、	後三月陪ニ都督大王華亭一同賦ニ今年又有レ春各分三ニ一字一応レ教(応和元・閏三＝九六一)	巻八
	(13)見ニ天台山之高岩一、四十五尺波白、望ニ長安城之遠樹一、百千万茎薺青、生ニ於霽一蓋謂レ此乎、	早春於ニ奨学院一同賦ニ春生ニ霽色中一各分ニ一字一	巻八
	(14)寺挿ニ台嶽之西脚一、山踞ニ洛城之東頭一、自レ城至レ山、七八許里、巌路遠矣、樹陰稀焉、	九月尽日於ニ仏性院一惜レ秋	巻八
藤原惟成(藤惟成)(九五一―九八九)	(15)雖下洛陽城貴公子、到ニ此地一者万数上、未レ有下決ニ童蒙於幼智之水一、抜中神聴於群英之林上、	秋日於ニ河原院一同賦ニ山晴秋望多一(八・十三)	巻八
紀斉名(九五七―九九九)	(16)僉議曰、花時欲レ過、盍レ命ニ春遊一、与ニ彼賞ニ城中之半落一、不レ若レ看ニ郊外之盛開一、言約已成、相共出レ洛、於レ是或信レ馬以閑行、或下レ車以眺望、	暮春遊覧同賦ニ逐レ処花皆好一(三・十二)	巻十
慶滋保胤(慶保胤)(？―一〇〇二)	(17)比年有レ水、流溢隄絶、防河之官、昨日称ニ其功一、今日任ニ其破一、洛陽城人、殆可レ為レ魚歟、	池亭記(天元五・十＝九八二)	巻十二
大江以言(江以言)(九五五―一〇一〇)	(18)当ニ于斯時一、偶逃ニ西海之濁波一、纔帰ニ東洛之旧土一、池魚更游ニ江湖之中一、籠鳥再翥ニ雲霄之上一、	為ニ宮道義行一申ニ安房能登淡路等守一状(長徳二・一・二十一＝九九六)	巻六
	(19)雍州上腴、洛城南面、有ニ一勝境一、蓋乃左相府(道長)之別業矣、	七言暮秋陪ニ左相府宇治別業一即事(寛弘一＝一〇〇四)	巻九
高階積善(高積善)(―一〇一一―)	(20)方今値ニ祖構一者不レ幾、僧侶纔五六人、適遇ニ洛陽之中一、議以ニ復旧之計一、	七言暮秋勧学会於ニ法興院一聴レ講ニ法華経一同賦ニ世尊大恩一	巻十

大江匡衡（江匡衡）（九五二―一〇一二）	(21)臣洛城之東開二墅業一、墅業之北構二道場一、	為三入道前太政大臣一辞二職並封戸准三宮一第四表（永祚二・五・五＝九九〇）	巻四
	(22)昔成王之叔父周公旦、卜二洛陽一而濫觴、今聖主之親舅左丞相（道長）、亦宅二洛陽一而宴飲、	三月三日陪二左相府曲水宴一同賦三因レ流泛レ酒（寛弘四・三・三＝一〇〇七）	巻八
	(23)洛陽城中、有二一佳境一、本是丞相之甲第、重開二東閣之栄名一、或為二母儀之仙居一、屢廻二天輿之臨幸一、	夏日陪二左相府書閣一同賦三水樹多二佳趣一応レ教（五・六）	巻八
	(24)洛城有二一形勝一、世謂二之東三条一、本是大相国（兼家）之甲第、伝為二左丞相之花亭一、	暮春侍二宴左丞相東三条第一同賦三渡レ水落花舞一応レ製	巻十
	(25)方今於二洛陽城河原院一、設二六日之大会一、移二五時之旧儀一、身子説レ経、頭面礼レ仏、	為二仁康上人一修二五時講一願文（正暦二・三・二十八＝九九一）	巻十三

に史料を蒐集して検討しなければならないが、以上の考察による限りは、平安京を洛陽、または長安に当てようとする意識は九世紀前半にはまだ成熟しておらず、やはり早くて九世紀末、一般には十世紀初めになってからとみるのがよいのではなかろうか。

つぎに(四)についてであるが、平安京を長安とも洛陽ともよんでいる時期に、はたして長安は右京をさし、洛陽は左京を意味したかという問題、つまり最初からそうした明確な区別が存したかという疑問である。いま事例のすべてについてその点を明らかにすることは困難であるが、まず(13)の場合、これは奨学院において作られた詩序であり、その奨学院は左京三条一坊、大学寮に接して位置する。[15] したがって「見二天台山之高岩一」が比叡山をさすとすれば、「望二長安城之遠樹一」は奨学院から遠く眺める右京の光景をいったものとも考えられ、長安は右京を意味することになる。つぎに(7)の「長安月」は左親衛藤員外将軍をいうが、残念ながらその宅が右京にあったか否か明らかでない。また(2)の「長安一少年」は右京とみることも可能であるが、(5)の「長安十二衢」はこれを右京のみに限定するのはやや無理であろう。また反対に洛陽が左京をさすことの明確なものもない。確かに(6)の「洛陽城内、有二一離宮一」の亭子院は

第二表 『三代実録』にみえる東西京・東京・西京

貞観 9・10・10	東京6条宅
〃 10・12・22	東京宮
〃 11・2・11	東京染殿第
〃 11・12・1	火 災
〃 12・2・19	東京里第
〃 13・8・11	雷 雨
〃 13・8′・11	霖雨水損
〃 16・4′・12	失 火
〃 16・6・14	雷 雨
〃 18・8・26	失 火
元慶 3・2・13	〃
〃 5・1・27	火 災
〃 5・1	東京1条児童
光孝即位前紀	東京6条第
仁和 1・2・18	東京1条衛士町失火
〃 2・4・20	東京3条前近江大目台助範宅
〃 3・4・7	東京4条

西 京	
貞観 1・2・5	失 火
〃 1・4・18	西京3条第
〃 8・3・23	西京第
〃 13・8′・11	霖雨水損
〃 18・1・3	西京3条降霧
元慶 3・8・30	西京1条火災
〃 5・6・8	右弁官史生若倭部常世宅
仁和 1・12・27	西京2条失火

東 西 京	
貞観 7・3・27	大 捜
〃 7・5・24	〃
〃 9・2・17	賑 給
〃 9・4・22	常平所
〃 9・8・3	乞索児
〃 16・9・7	風水損
元慶 1・1・27	常平司
〃 1・3・28	賑 給
〃 2・1・27	常平司
〃 3・3・23	弃児孤孩
〃 3・3・28	賑 給
〃 3・6・19	〃
〃 8・3・22	〃
仁和 3・8・20	大風雨

東 京	
貞観 1・2・30	東京1条第
〃 1・4・1	雷 雨
〃 6・2・25	東京染殿第
〃 6・3・11	火 災
〃 6・9・27	〃
〃 6・10・11	東京第
〃 7・3・21	〃
〃 7・4・17	〃
〃 8・3′・1	東京染殿第

左京七条二坊にあり[16]、また(8)の「嵩岳之西脚、洛水之東頭」、および(9)の「洛水春遊」の洛水は鴨川をいうが、それは必ずしも左京＝洛陽を意味せず、広く平安京全体を洛陽とみている場合も考えられるからである。その点は(12)の都督大王の邸宅についての「洛城以東、有二一勝地一」、(14)の仏性院についての「寺挿二台嶽之西脚一、山踞二洛城之東頭一」の場合の洛城についても同様である[17]。

このように平安京を長安・洛陽に比定するについて、当初から左京＝洛陽、右京＝長安という区別が存在したか否かは疑わしいが、(10)に長安・洛陽と並記されていることは、そのどちらかを平安京に当てるというのでなく、やはり左京＝洛陽、右京＝長安の意識のあったことを推測させる。そして左京を

貞観 9・1・24	左京人
〃 9・11・20	〃
〃 11・12・7	〃
〃 12・2・19	〃
〃 12・3・30	〃
〃 13・8・16	〃
〃 13・8′・29	〃
〃 13・10・23	〃
〃 14・8・13	〃
〃 14・9・10	貫隷左京
〃 15・4・21	貫隷左京1条1坊
〃 15・5・29	左京人
〃 15・7・28	〃
〃 15・8・28	〃
〃 15・9・27	〃
〃 15・11・11	〃
〃 15・12・2	〃
	貫左京5条3坊
	貫左京4条4坊
	貫左京4条3坊
〃 16・2・23	左京人
〃 17・2・2	〃
〃 17・12・27	〃
元慶 1・1・23	〃
〃 1・3・10	〃
〃 1・4・8	〃
〃 1・12・25	〃
	隷左京3条
	隷左京6条
〃 1・12・27	左京人
〃 3・2・25	〃
〃 3・5・15	絶戸左京12烟
〃 3・9・4	貫附左京
〃 3・10・22	左京人
〃 3・10′・4	居貫左京3条
〃 4・1・26	左京人
〃 4・2・8	〃
〃 4・6・21	〃
〃 5・12・19	被貫左京5条3坊
〃 6・11・1	貫左京4条
〃 7・12・25	左京人
〃 8・3・26	〃
〃 8・6・2	隷左京1条

左右京	
天安 2・9・14	左右京五畿七道
〃 2・11・7	左右京五畿内
貞観 5・8・23	左右京五畿七道諸国
〃 8・2・16	穀価増定
〃 11・7・5	左右京・五畿内
〃 17・8・22	左右京絶戸田
元慶 1・1・3	左右京五畿内
〃 2・6・26	〃
〃 3・4・2	左右京五畿七道諸国
〃 8・8・16	左右京五畿内七道諸国
仁和 1・3′・1	左右京五畿七道諸国

左京	
貞観 2・2・25	左京人
〃 2・9・26	〃
〃 2・10・3	〃
〃 3・2・29	〃
〃 3・8・19	〃
〃 3・9・24	〃
〃 3・9・26	〃
〃 4・5・22	〃
〃 4・7・28	〃
〃 5・1・20	〃
〃 5・2・17	〃
〃 5・8・8	〃
〃 5・8・17	貫附左京
〃 5・11・20	左京人
〃 6・2・2	〃
〃 6・8・8	〃
〃 6・8・10	貫附左京
〃 6・8・17	左京人
〃 6・8・25	〃
〃 7・5・20	〃
〃 7・6・16	〃
〃 7・6・23	〃
〃 7・11・20	〃
〃 8・3′・17	〃
〃 8・5・10	〃
〃 8・8・3	〃
〃 8・9・22	〃
〃 8・10・8	〃

第三表 『三代実録』にみえる

貞観	8・3′・17	貫右京1条1坊
〃	8・11・4	貫附右京3条
〃	9・3・9	右京人
〃	9・4・4	〃
〃	9・7・12	〃
〃	11・12・8	〃
〃	14・5・15	〃
〃	14・8・1	〃
〃	14・8・13	貫隷右京
〃	15・5・29	右京人
〃	15・9・27	〃
〃	15・12・2	貫右京6条1坊
		貫右京3条2坊
		貫右京2条3坊
〃	16・11・9	右京人
〃	17・11・15	没官地在右京2条4坊
〃	17・12・27	右京人
〃	18・6・27	〃
〃	18・9・9	〃
元慶	1・12・26	〃
〃	1・12・25	〃
		隷右京3条
		貫隷右京5条
〃	1・12・27	右京人
〃	3・1・3	〃
〃	3・5・15	絶戸右京4烟
〃	3・12・15	右京人
〃	4・10・19	〃
〃	5・10・16	〃
〃	5・11・9	〃
〃	6・11・1	貫附右京2条
〃	7・12・25	右京人
仁和	1・11・17	貫附右京3条坊
〃	1・12・23	右京人
〃	2・5・12	〃
〃	2・7・15	〃
〃	2・10・13	貫右京1条
〃	3・5・11	右京人
〃	3・7・17	隷右京4条3坊
〃	3・8・7	右京人

元慶	8・8・28	造左京北辺溝橋等料
仁和	1・2・15	左京人
〃	1・12・11	〃
〃	1・12・23	〃
〃	2・5・28	〃
〃	2・7・22	〃
〃	3・6・8	〃
〃	3・7・17	〃

右　　京

貞観	1・8・10	右京人
〃	1・8・16	〃
〃	1・12・22	〃
〃	2・3・29	右京1条3坊地
〃	2・5・18	右京人
〃	2・9・2	〃
		還附右京9条
		被貫右京
〃	4・2・23	右京人
〃	4・3・1	〃
〃	4・5・10	〃
〃	4・7・28	〃
〃	4・8・17	〃
〃	5・8・17	〃
〃	5・8・21	〃
〃	5・9・5	〃
〃	5・9・8	〃
〃	5・9・15	〃
〃	5・10・11	〃
〃	5・12・11	〃
〃	6・1・17	〃
〃	6・2・5	〃
〃	6・5・11	〃
〃	6・7・27	〃
〃	6・8・8	〃
〃	6・8・10	右京絶貫
		復本貫右京5条1坊
〃	6・8・17	右京人
〃	7・5・13	〃
〃	7・10・26	〃
〃	7・11・20	〃
〃	8・1・26	〃
〃	8・3′・2	貫右京1条1坊

洛陽に、右京を長安に当てたのは、中国において洛陽と長安が東と西の位置関係にあり、唐代において首都長安を西京、陪都洛陽を東都とよんだことによると考えられるが、しからば日本において左京を東京、右京を西京と称したのはいつからであろうか。

文献史料を検すると、『続日本紀』延暦三年(七八四)九月癸酉条に、

京中大雨、壊二百姓廬舎一、詔遣二使東西京一賑二給之一、

とあるのが初見で、これは長岡京の場合であるが、それ以前の平城京については現存史料による限りみえない。つぎに平安京についての初出史料は『類聚国史』巻一七三にみえる弘仁十四年(八二三)十月辛丑条の大蔵十四間長殿の火災記事に、「左右衛馳二東西京一、呼告集レ衆」とあり、つづいて『続日本後紀』にはつぎの四例がみえる。

○東西両京人民病苦、賑二給之一、(承和三(八三六)年五月壬戌条)

○是日喚二左右京亮・左右衛門検非違使佐并四人於殿前一、宣レ勅、遣レ勘二録東西両京飢病百姓一、特加二賑恤一、以二陰霖経レ日、穀価踊貴一也、(承和四(八三七)年十月辛卯朔条)

○西京衛士町災、焼二百姓廬舎卅余烟一、(承和十四(八四七)年八月癸丑条)

○雷電非レ常、震二于東西二京一、凡十一処、木工寮倉・東市司楼・治部卿賀陽親王家屋・伊都内親王家屋・中務卿源朝臣定家屋・右馬頭藤原朝臣春津家屋・近江守藤原朝臣岳守家屋・弘文院屋、自余三処、小民宅者、不レ足二具記一、(嘉祥元(八四八)年七月丙戌条)

さらにつぎの『文徳実録』には、仁寿三年(八五三)八月己未朔条に、「西京失火、延焼二百八十余家一」とある。しかしこれらの場合、他の記事にはもっぱら左京・右京が用いられており、東京・西京という呼称が普遍的であったとは考え難い。

ところが『三代実録』になると、急に東京・西京、および東西京が頻出する。第二表はそれを表示したものである

が、いっぽう左京・右京、および左右京という表現も多い。そこで比較対照のため煩いをいとわず作成したのが第三表である。

いま両表を比較対照すると、左京・右京は「左京人」「右京人」とその本貫を示す場合と、同じく左右京への編貫に関わるものがほとんどであり、また左右京という用例は「五畿内」「五畿七道」と並称される場合が多い。このように『三代実録』では、東京・西京・東西京と左京・右京・左右京の用例が意識的に区別されているようであるが、『文徳実録』との顕著な相違を念のため左に例示しておこう。

○出二穀倉院穀二千斛・民部廩院米五百斛・大膳職塩廿五斛一、賑二給左右両京苦レ霖之窮民一（『文徳実録』天安二年五月己丑条）

承二去年之災旱一、京邑飢倹、詔以二米三百廿石・籾二千石・塩卅五斛・新銭一百貫一、賑二恤東西京乏絶之人一（『三代実録』貞観九年二月十七日丁亥条）

○近来処々井泉涸尽、左京三四条間、枯渇尤甚、今朝始雨降、（『文徳実録』天安元年正月癸丑条）

日有レ蝕之、雷雨、震二東京民居二家一（『三代実録』貞観元年四月丙戌朔条）

このように東京・西京という表現が突如貞観元年（八五九）ころから頻出するのは、『三代実録』の編者の編集方針によって統一されたと推測されるが、『三代実録』の撰進は延喜元年八月であり、貞観—延喜のころ、すなわち九世紀中ごろから十世紀初めにかけて東京・西京の称呼が一般化してきたことは事実のようである。こうしたことからそれまで漠然と平安京を長安や洛陽に比定することがあったとしても、しだいにそのころから東京を唐の東都洛陽に、また西京を同じく西京長安に固定的に比定することが行なわれるようになったのではなかろうか。

二　坊名と洛陽・長安

ところで、右に関連して検討を要するのは、平安京に特有な二字の漢字を用いた中国風の坊名である。十二世紀の初め三善為康によって編纂された『掌中歴』(京地歴)には坊門の名称として、

三条	四	五	六	七	八	九	
教業	永昌	宣風	淳風	安衆	崇仁	陶化	左京坊門
三	四	五	六	七	八	九	
豊財	永寧	宣義	光徳	毓財	延嘉	開建	右京坊門

と記されている。また『拾芥抄』にも京都坊名として、

一条 桃花坊　二条 銅駝坊　三条 東教業坊 西毓(豊)財坊　四条 東永昌坊 西永寧坊　五条 東宣風坊 西宣義坊　六条 西淳風坊 東光徳坊　七条 東安寧(衆)坊 西毓財坊
八条 東崇仁坊 西延嘉坊　九条 東陶化坊 西開建坊

とある。『掌中歴』は坊門の名称としているが、『拾芥抄』に明らかなように、いずれも坊名であり、しかも左右京それぞれに各条の四坊(ただし一条と二条は左右京共通)を総括してよぶ称呼である。一般に条坊制では「―条―坊」という方式で各坊をよぶのが日本の都城制の通例であるが、坊に固有名詞を付したこともあったらしい。文献史料に遺る坊名としては、藤原京の林坊・小治町、平城京の松井坊が知られるが、(18) これらが各坊ごとの坊名か、あるいは平安京と同じように各条の四坊ごとの坊名であるのかは明らかでない。しかし、こうした坊に固有名詞を付してよぶことは中国の通例であり、その場合は四方に門を開く方形の区画としての里(坊)ごとに付けるのが原則で、長安や洛陽も各坊ごとに固有名詞がつけられていた。ただ日本の都城制の場合、各坊が中国のように周囲に牆垣を築き、四方に坊門を開いていたかは疑問で、律令制では各坊に坊長一人を置いた上で、四坊ごとに坊令一人を任ずる規定になっていたことからも、各条の四坊を一単位とみる意識はかなり早くからあったのではないかと考えられ、すでに長岡京のと

きから坊令は条令と称呼を変える。[19]したがって坊門も各坊の四周に開かれたのではなく、各条の条間路が朱雀大路に通ずるところにのみ設置された可能性が強く、そのことは各条の条間路をそれぞれ「―条坊門小路」とよぶことからもうかがわれる。[20]また『続日本後紀』天長十年(八三三)四月乙丑条の「投化新羅人金礼真等男女十人貫二附左京五条一」や、同じく同年八月庚子条の「河内国人戸主外従五位下御船宿祢氏主等、改二本居一貫二附右京六条一、摂津国人戸主外従五位下菅原宿禰梶吉等、貫二附右京二条一」を初見として、以後「―条―坊」でなく「―条」としか記さない事例が増加するが、その趨勢は前掲の第二表・第三表からもうかがわれるのであって、平安京の左右京各条の四坊ごとに中国風の坊名を付する基礎は早くから整っていたといえる。

ところで、従来の和風の坊名と異なって、こうした中国風の二字の坊名が現われるのはいつからかであるが、[21]『日本後紀』以下の四正史と、『本朝文粋』『本朝続文粋』などを検索して管見に入ったものにつぎの事例がある。

a　大風雨、……朱雀大路豊財坊門倒覆、拘関兵士并妻子四人圧死、……(『三代実録』貞観十六年八月二十四日庚辰条)

b　有レ院無レ隣、自隔二囂塵一……彼寛平之相府、為二天禄之禅扉一……強呉滅兮有二荆棘一、姑蘇台之露瀼瀼、暴秦衰兮無二虎狼一、咸陽宮之烟片片、何唯涼風坊中、一河原院而已哉、(『本朝文粋』巻一、源順、奉レ同二源澄才子河原院一賦)

c　永寧坊中、有二一仙宮一、風煙幽奇、水石清麗、東則延喜之長公主、巻二錦帳一垂二珠簾一、西亦応和之大納言、建二月台一排二花閣一、……(『本朝文粋』巻十、源順、三月三日於二西宮池亭一同賦二花開已帀レ樹詩序)

d　崇仁坊北、有二一風亭一、姓源字文、是其主也、……(『本朝文粋』巻十、源順、初冬過二源才子文亭一同賦二紅葉一詩序)

e　東京宣風坊有二一家一、家之坤維有二一廊一、廊之南極有二一局一、……(寛平五)癸丑歳七月一日記之、(『本朝文粋』巻十二、菅原道真、書斎記)

f　夫神泉苑東、教業坊裏、有二一名区一、昔是中書大王賞二時節一、今亦戸部亜相楽二仁智一之地、……(『本朝続文粋』巻九、藤原季仲、春陪二戸部尚書亜相水閣一同賦三松影浮二池水一詩序)

g 涼風坊裏、有二一名区一、泉石之幽奇、甲二天下一之勝境矣、蓋乃源亜相賞二風月一、翫二花鳥一之地也、（『本朝続文粋』巻九、藤原明衡、春日陪二涼風坊水閣一同賦三蔭レ花調二雅琴一詩序）

右のうちaは貞観十六年（八七四）で最も早く、つぎがeの寛平五年（八九三）、bcdはいずれも源順（延喜十一—永観元＝九一一—九八三）の作で、cは応和（九六一）以後、bは天禄（九七〇）以後、九六〇—八〇年代のものである。さらにgの藤原明衡は治暦二年（一〇六六）の卒去、fの藤原季仲は長治二年（一一〇五）配流、元永二年（一一一九）薨去であるから、ともに時代は降る。他にも時代を降る史料は検出しうると思うが、aを遡るものは現存史料にはないとみられる。

第四表　平安京の中国風坊名

右　京		左　京
桃花坊	1条	桃花坊
△銅駝坊	2条	△銅駝坊
△豊財坊	3条	△教業坊
○永寧坊	4条	○永昌坊
○宣義坊	5条	△宣風坊
○光徳坊	6条	△涼風坊 淳風坊
△毓財坊	7条	△安衆坊
延嘉坊	8条	○崇仁坊
開建坊	9条	△陶化坊

ところで注目されるのは、これらの中国風坊名が多く長安・洛陽の坊名をそのまま模倣していることである。なおbとgの涼風坊は河原院の所在した左京六条をいうが、『掌中歴』『拾芥抄』とも淳風坊としている。藤原明衡の誤認とも思えないが、しばらく問題として残し、併記しておく。そこで平安京の中国風坊名と長安・洛陽の坊名との関係を整理して表示してみたものが第四表である。○印は唐代の長安城、△印は同じく洛陽城の坊名としてみえるものである。(22)

涼風坊はともかくとして、桃花坊・延嘉坊・開建坊の三つは、長安・洛陽の坊名に見出し難いが、そのうち桃花坊は銅駝坊とともに『掌中歴』にはみえない。そして『本朝文粋』巻十所載の橘正通の「春日陪二第七親王風亭一同賦二繞レ簷梅正開一応レ教詩序」には、

陽明里内、有二一花亭一、先朝第七親王之府也、芳梅逼レ窓而立、新薬繞レ簷而開、……

とある。これは村上天皇の第七皇子具平親王の邸宅を詠んだもので、陽明里とは陽明門に面する左京一条をさすので

あろう。一条・二条は桃花坊・銅駝坊の坊名を左京・右京共通にし、かつ両条とも坊門小路の称呼を有しない。坊門名を掲げる『掌中歴』がこの二つの坊名を記さないのは当然といえるが、あるいはこの二坊の中国風の坊名称呼には何か他と異なるものがあったのかも知れない。

ところで右の第四表で注意されることは、中国風の坊名のうち洛陽が八、長安が五と洛陽の多いことと、決して左京は洛陽、右京は長安と一定していないことである。左右京共通の銅駝坊を除くと、確かに左京は洛陽五・長安二で洛陽が多く、これに対して右京は長安三・洛陽二と長安が多いが、長安・洛陽混在の事実は否定できない。このことはこれら坊名が左京＝洛陽、右京＝長安と固定してしまわない以前に選ばれた可能性の大きいことを示しているのではなかろうか。そしてその史料上の初見が貞観十六年と九世紀後半であって、その命名がそれ以前に遡ることは、さきに検討したように、平安京の左京・右京を東京・西京とよぶことが一般的に普及したのが九世紀後半から十世紀初めにかけてであり、また左京＝洛陽、右京＝長安と固定してくるのもほぼ同じ時期であるという推定と決して矛盾しないと思われる。しかも長安・洛陽混在するなかで、左京＝洛陽、右京＝長安の傾向が認められるというのも、中国風坊名の命名がそうした微妙な時期にあったことを示唆しているのではなかろうか。

つぎにはこれら平安京の長安・洛陽の坊名が、数多い長安・洛陽の坊名のなかからそれぞれどうして選ばれたのかという問題である。いまそれらの各坊の位置を長安城・洛陽城についてみるに、第一図・第二図のごとくいずれも散在しており、都城の構造上からは特別の意味をもつ重要な坊とも考えられない。つぎに考え及ぶことは、たとえば清の徐松の『唐両京城坊攷』によると、それぞれの坊内にどのような施設・邸宅・寺院があったかがかなり知られるので(23)、何かその辺に手がかりがないかということであるが、想定されることは遣唐使や留学生・留学僧との結びつきである。しかしそうした人たちの長安や洛陽滞在中の行動を詳しく記した史料はほとんど残っていないので、考えようがない。

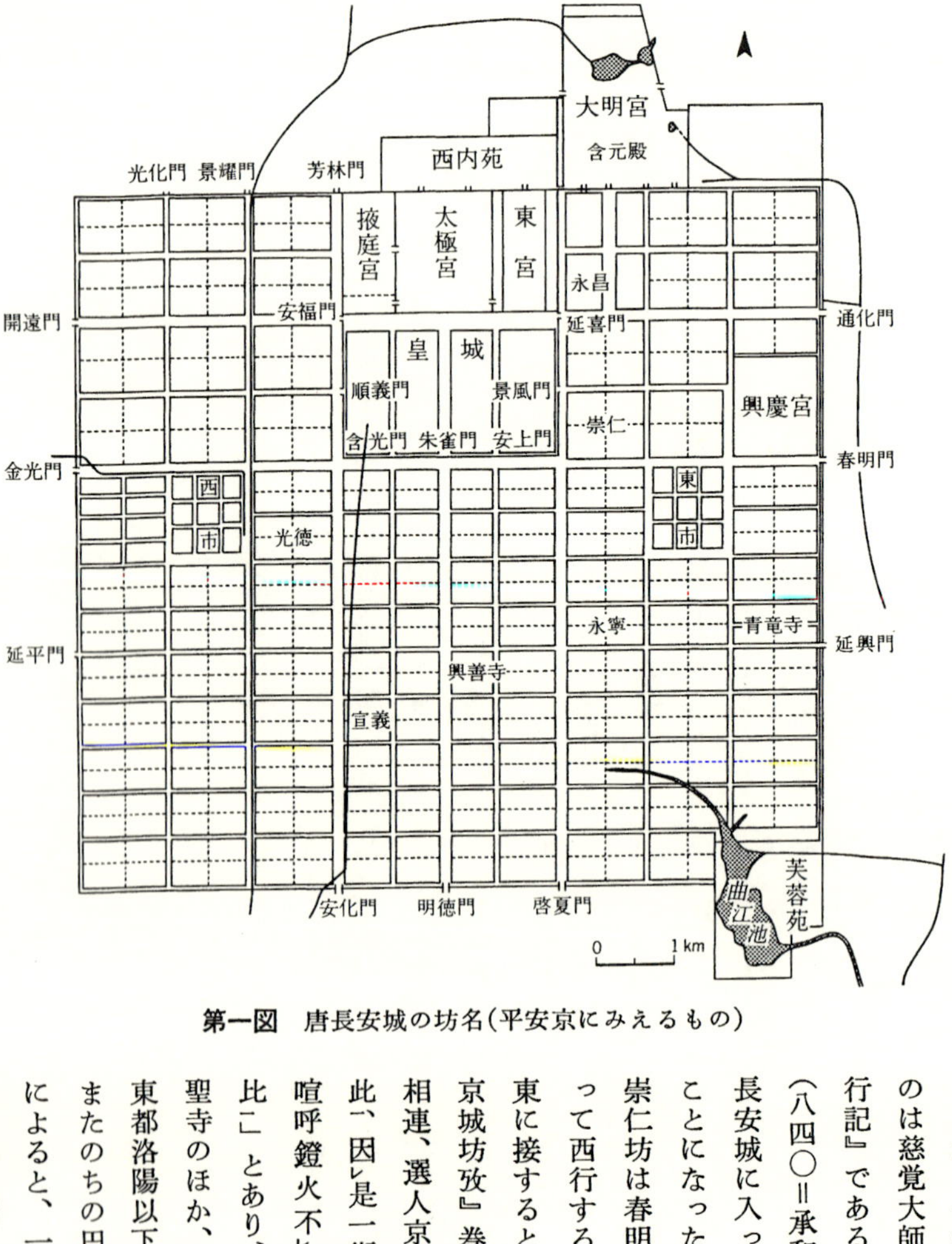

第一図　唐長安城の坊名(平安京にみえるもの)

しかしそのなかで一つ参考となるのは慈覚大師円仁の『入唐求法巡礼行記』である。すなわち、開成五年(八四〇=承和七)八月、春明門から長安城に入った円仁一行が寄住することになった資聖寺は崇仁坊にある。崇仁坊は春明門を入り朱雀門に向かって西行すると、その右側、皇城の東に接するところであるが、『唐両京城坊攷』巻三には、「又与二東市一相連、選人京城無二第宅一者、多停二憩此一、因レ是一街輻輳遂傾二両市一、昼夜喧呼鐙火不レ絶、京中諸坊莫二之与比一」とあり、坊の東南隅にある資聖寺のほか、高官の邸宅、あるいは東都洛陽以下各州の進奏院がある。(24)またのちの円珍の場合も、『行歴抄』によると、一行に先んじて長安城に入った円載は、まず崇仁坊の王家店

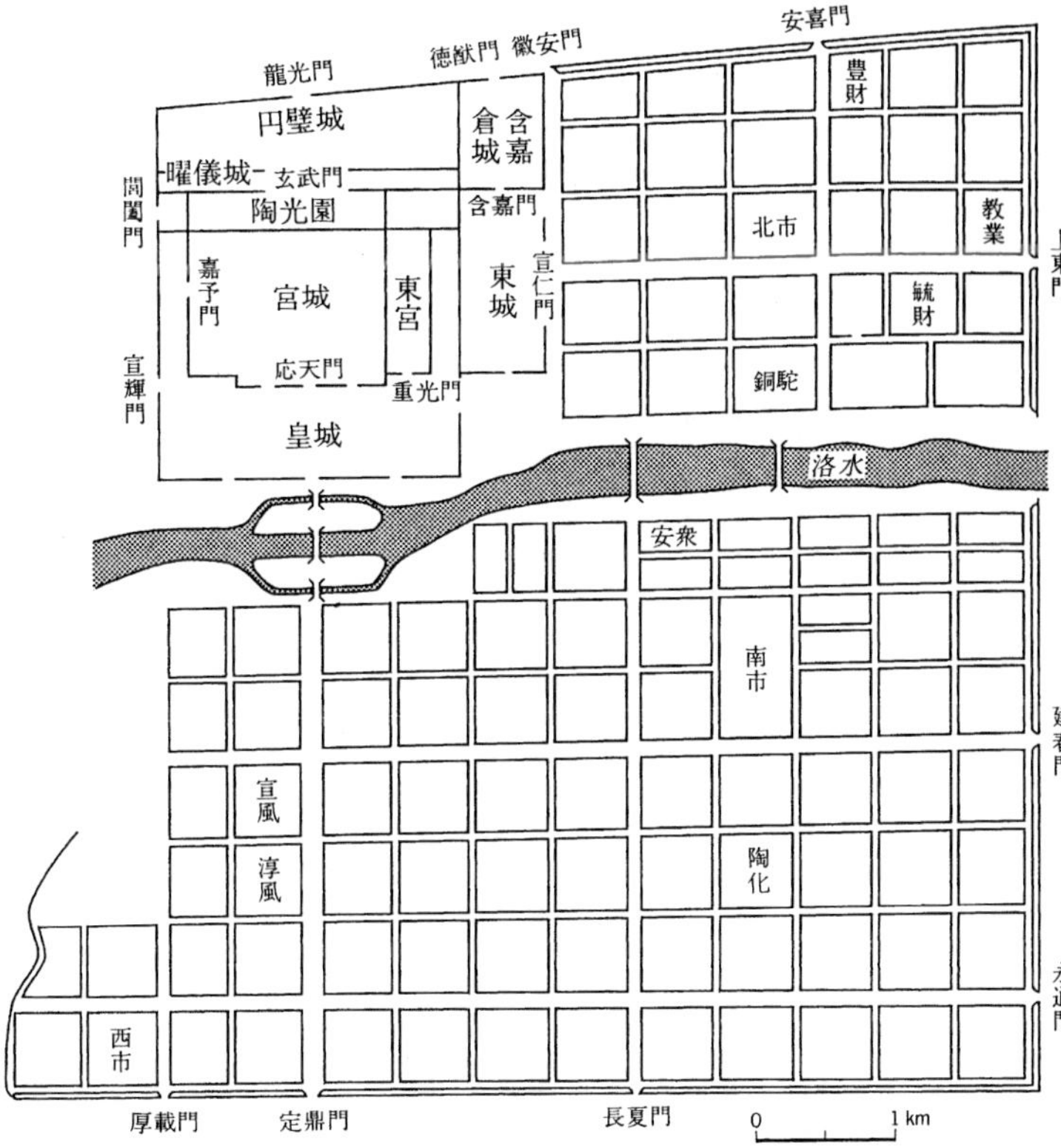

第二図　唐洛陽城の坊名（平安京にみえるもの）

に停泊している。(25) つぎに円仁が長安に滞在していた会昌二年（八四二＝承和九）十月になると、武宗の仏教弾圧が始まる。そこで円仁は三年八月帰国のことを相談するため左神策軍押衙李元佐を訪問する。この李元佐という人物はもと新羅人で、「信㆓敬仏法㆒、極有㆓道心㆒」とあり、以後いろいろと円仁を援助することとなり、円仁は「因㆑求㆓帰国事㆒投、相識来近㆓一年㆒、情分最親、客中之資、有㆑所㆑闕者、尽能相済、縁㆔功徳使无㆓道心㆒、故諮㆓帰国事㆒、不㆑蒙㆓縦許㆒、在府之間、亦致㆓飯食氈褥等㆒、慇懃相助」と記している。(26) そして結局、祠部の牒のない外国僧は本国に追放されることとなり、会昌五年四月円仁は還俗の姿で長安を去るが、その時李元佐は城外の長楽坡頭まで送って来て、一夜同宿して別れを惜しむとともに、多くの贈物を与えている。ところがこの李元佐の宅が永昌坊にあったのである。すなわち『入唐求法巡礼行記』には「宅在二永昌坊一、入二北門一西、廻二第一曲一、傍二墻南壁上一、当二護国寺後墻西北角一」とある。また永昌坊については李元佐を訪問するより前、開成五年十二月二十二日から永昌坊の王恵という者に金剛界大曼荼羅四幅を描かせており、それは翌年二月八日に完成している。さらにまた光徳坊には京兆府廨があったが、ここも円仁との関係が深かった所と考えられ、帰国に際しても「早朝、入二京兆府一、請二公験一」とある。

このように崇仁坊・永昌坊・光徳坊については円仁との関係が認められるが、永寧坊・宣義坊については何ら円仁との特別の関係が伝わらないし、また洛陽では崔太傅の宅に立ち寄って楊卿の書を渡した程度で、滞在日数も少なく、坊名との結びつきは考えられない。したがって平安京の長安城から選んだ坊名五つのうち、三つまで円仁と関係の深かったことが認められるからといって、その坊名の選択に円仁が関与したとまではいえないであろう。しかしさらに注意すべきことは、円仁が帰朝して朝廷に進めた『入唐新求聖教目録』のなかに、やや特異なものとして「両京新記三巻」のあることである。[27]『両京新記』は唐の韋述が著わしたもので、開元十年(七二二)に完成した。隋・唐代の長安・洛陽の宮城・皇城と諸坊を記したもので全五巻、はじめ三巻が長安、後の二巻が洛陽と考えられている。[28]円仁将来のものが三巻とあるのは、あるいは長安の部だけかも知れないが、実は『両京新記』は藤原佐世の撰んだ『日本国見在書目録』(土地家)にもみえる。[29]ただしその場合も「両京新記四韋述撰」とあって、四巻であるので、いかなる理由か明らかでない。なおこの書の成立は寛平三年(八九一)以後とする説が有力であるが、[30]円仁の帰国は承和十四年(八四七)九月で、もちろんそれより早い。そしてすでに詳しく考察したように、平安京における中国風の坊名の初見は貞観十六年八月であり、左京＝洛陽、右京＝長安と定まる九世紀中ごろから十世紀初め以前に用いられ始めたとすると、円仁の『両京新記』将来はあながち看過できないようにも考えられる。そうした臆測は措くとして、平安京の中国風坊名はやはり遣唐使や入唐した留学生・留学僧の体験や印象、あるいは将来された『両京新記』などに基づきながら、当時の漢学者によって長安・洛陽の多くの坊名から選ばれたのであろう。

三　殿閣・諸門の改名

以上はすべて平安京、つまり京城に関する問題であるが、宮城としての平安宮においてはもっと早くから長安・洛陽の意識的な明確な模倣が始まっている。それは殿閣・諸門の名称改正においてである。すなわち『日本紀略』弘仁九年(八一八)四月庚辰条には、

是日、有レ制、改二殿閣及諸門之号一皆題二額之一

とあるが、これは具体的にはつぎのような変化を意味する。すなわちそれまで平安宮の殿閣・諸門といえば、文献史料に散見するものでは、大極殿・豊楽院(豊楽殿)・清涼殿・神泉苑・鴻臚館などのほかは、内裏では前殿・後殿・後庭、朝堂院では東一殿・西楼・朝集院、そのほか馬埒殿、羅城門、あるいは東宮寝殿、中院西楼というように普通名詞的な称呼が一般で、宮城十二門も若犬養門のごとくウジ名をそのまま用いる藤原宮以来の称呼のままであった。ところが右の改正令が出た直後の弘仁九年五月戊子(五日)条の記事には「御二武徳殿一観二騎射一」とあって、それまでの馬埒殿が武徳殿と改称されている。このように、ほとんどの殿閣・諸門に二字の漢字を用いた嘉名が付けられ、それにしたがってそれぞれの建物にその名称を記した額が掲げられるようになったのである。いまその名称を『日本紀略』に現われる順序によって左に掲記しよう。(31)

武徳殿(弘仁九・五・五)、紫宸殿(弘仁十二・十一・二十七)、待賢門(弘仁十四・四・二十)、八省(弘仁十四・四・二十七)、延政門(弘仁十四・十・七)、仁寿殿(天長元・十・二十六)、建礼門(天長二・正・十七)、宜陽殿(天長四・正・二)、玄暉門(天長七・七・二十一)、栖鳳楼(天長七・八・二十九)、承明門(天長七・十・八)、

長安城・洛陽城の関係

	長安城太極宮	長安城大明宮	洛陽城洛陽宮
紫宸殿		紫宸殿	紫宸殿
仁寿殿			仁寿殿
承香殿	承香殿	承香殿	
常寧殿			
貞観殿			貞観殿
春興殿			
安福殿	（安福門）		安福殿
日華門	日華門	日華門	日華門
月華門	月華門	月華門	月華門
宣陽殿			
校書殿			
敷政門			敷政門
綾綺殿		綾綺殿	
清涼殿			
温明殿			
後涼殿			
麗景殿			（麗景門）（麗景堂）
弘徽殿			（宏徽殿）
宣耀殿			（宣耀門）
登花殿			
昭陽舎			
淑景舎	淑景殿		
飛香舎			飛香殿（飛香院）
凝華舎			凝華殿
襲芳舎			襲芳院
桂芳坊			

建春門（天長七・十・十）、神嘉殿（天長七・十一・十一）

ところがこれらの新しい名称のうちには唐代長安城の太極宮・大明宮、および同じく洛陽城の洛陽宮の宮殿や諸門の名称をそのまま模倣したものが多い。いま文献史料や古図から知られる平安宮の殿閣・諸門について、長安・洛陽を模したと推定されるものを内裏を中心に表示したものが第五表である。朝堂院や豊楽院のすべての殿堂・諸門にも中国風の嘉名が付けられているが、それらに長安・洛陽と共通するものは稀である。これは一二堂を有する朝堂院や、豊楽院に直接相当するものが彼にはないからであろう。

ところが第五表に明らかなように、内裏の殿堂・諸門の名称には唐代長安城の太極宮（西内）・大明宮（東内）、および洛陽城の洛陽宮（宮城）を模倣したと思われるものがかなり多い。しかもそれが長安城、または洛陽城のどちらかに偏るということがないのである。たとえば中心的な建物では、大安殿（オホヤスミドノ）を嘉字に代えたと思われる常寧殿をのぞいて、紫宸殿は大明宮または洛陽宮、仁寿殿は洛陽宮、承香殿は太極宮または大明宮、貞観殿は洛陽宮という具合なのである。しかも坊名の場合と同様に洛陽宮を模したもののむしろ多いことが注目される。この点は『日本国見在書目録』のなかにとくに「洛陽宮殿簿一」のあることも参考となる。(32) そしてこうした改称の事情については、つぎの『続日本後紀』承和九年（八四二）十月丁丑条の文章博士従三位菅原朝臣清公の薨伝記事の一節が明白に物語っている。

第五表　平安宮の殿舎・諸門の名称と

華芳坊			
蘭林坊			
建礼門			
承明門	(承明門)		
玄輝門(暉)			
朔平門			
春華門			
修明門			
長楽門	長楽門		長楽門
永安門	永安門		
延政門		延政門	
武徳門	武徳門		
宣陽門			
陰明門			
嘉陽門			
遊義門			
安喜門		安喜門	(安喜門)
徽安門			(徽安門)
建春門	建春門		建春門
宜秋門	宜秋門		
応天門			応天門
栖鳳楼		栖鳳閣	
翔鸞楼		翔鸞閣	
会昌門		(会昌殿)	会昌門
武徳殿	武徳殿		
朱雀門	朱雀門		
竜尾道		竜尾道	
大極殿	太極殿		

(弘仁)九年有二詔書一、天下儀式、男女衣服、皆依二唐法一、五位已上位記、改従二漢様一、諸宮殿院堂門閣、皆著二新額一、又肄二百官舞踏一、如レ此朝儀、並得二関説一、十年正月加二正五位下一、兼二文章博士一、侍二読文選一、兼参二集議之事一、

右のうち天下の儀式と男女の衣服を唐法に改めたというのは、『日本紀略』弘仁九年三月丙午条に、

詔曰、云々、其朝会之礼及常所レ服者、又卑逢レ貴而跪等、不レ論二男女一、改依二唐法一、但五位已上礼服、諸朝服之色、衛仗之服、皆縁二旧例一不レ可二改張一、

とあるのをさし、さらに『政事要略』巻六十七には、

一禁二制女人装束一事

少将滋野宿禰貞道宣、奉レ勅、既改二先風一可レ随二唐例一者、具在二勅書一、而至二于今一未レ有二改悛一、従者麻服之外、悉禁断、若教喩重レ度者、禁レ身申送者、

弘仁九年四月八日　近衛春野広卿大私伊勢継等奉

とある。五位以上の位記の改正については史料にみえないようであるが、「諸宮殿院堂門閣、皆著二新額一」こそがさきの『日本紀略』弘仁九年四月庚辰条の「是日、有レ制、改二殿閣及諸門之号一、皆題二額之一」をいっていることは明らかで、その改正に菅原清公の意見が加わっていることは疑いない[33]。

ところで菅原清公は第十六次遣唐使藤原朝臣葛野麻呂一行の判官に任ぜられ、延暦二十三年(八〇四)七月六日肥前国松浦郡田浦を出発したが、暴風に遭い、清公の乗った第二船は明州に漂着、そのうち二七人が九月一日明州を立って、十一

月十五日長安城に到着、外宅で大使葛野麻呂の来るのを待った。葛野麻呂の乗船は福州に漂着、そのうち二三人が入京を許されて十二月二十三日に長安城に到着したので、葛野麻呂・清公は揃って同月二十五日に大明宮麟徳殿において徳宗に拝謁した。ついで正月元日には含元殿の朝賀に列したが、その二十三日に徳宗が急逝したため、二月十日過ぎには早くも長安を出て三月二十九日に越州に到り、七月には日本に帰国している。帰国後は大学助・尾張介・左京亮・大学頭・主殿頭・右少弁・左少弁・式部少輔・兼阿波守を歴任し、かくして弘仁九年の殿閣・諸門の改称を迎えたのである。(34)

清公の長安・洛陽滞在は右の旅程から推してそれほど長期間ではなかったから、入唐の体験をあまりに過大視することはできないが、彼の在世期と重なりあう嵯峨天皇の治世は、『凌雲集』の序にみえる「文章者経国之大業、不朽之盛事」の語のごとく、唐風の儀礼が重んぜられ、漢文学が隆盛を極めた。そうしたなかで注意すべきことは、弘仁八年四月に勅して三〇歳以下の一〇名を選んで大学寮で漢語を習わせていることである。(35) 漢語を習わせることは天平期にもみえるが、(36) この場合に注目する所以は、その前後に呉音を排して漢音を用いることが奨励されているからである。たとえば『日本後紀』延暦二十三年正月癸未条にみえる勅には「其広渉二経論一、習レ義殊高者、勿レ限二漢音一」とあり、また大同元年(八〇六)正月辛卯条の勅にも、「仍須下各依二本業疏一、読中法華金光明二部経、漢音及訓上」「若有二習レ義殊高一、勿レ限二漢音一」とあるが、これは逆に当時仏教界で漢音を重んずる風のあったことを示している。さらに『日本紀略』延暦十一年閏十一月辛丑条には「勅、明経之徒、不レ事レ習レ音、発声誦読、既致二訛謬一、宜レ熟二習漢音一」とあり、『続日本後紀』承和十年六月戊辰条の朝野朝臣鹿取の薨伝にも「少遊二大学一、頗渉二史漢一、兼知二漢音一、始試二音生一」とあり、さらに承和十二年二月丁酉条の善道朝臣真貞の卒伝にも「以二三伝三礼一為レ業、兼能二談論一、但旧来不レ学二漢音一、不レ弁二字之四声一、至二於教授一、惣用二世俗踳駮之音一」とあって、経籍の音読でも漢音が奨励されていたことは明らかで、『令抄』に引く延暦十七年格によれば、「一、諸読書出身等皆令レ読二漢音一、勿レ用二呉音一」と明示さ

れている。(37)

このように呉音を排して漢音、つまり同じ中国語でもそれまでの日本に早く伝わった地方音を排して、長安・洛陽のいわば標準語が重んぜられるようになったことは、これまた長安・洛陽志向の一形態とみることができ、平安宮の殿閣・諸門の名称を中国風の嘉名に変え、とくに長安・洛陽諸宮の名称を多く模倣したことと軌を一にするのであって、宮都を直接唐代の長安・洛陽に比定することは、平安初期のそうした風潮のなかにおいてこそ初めて可能であったのではなかろうか。

四　古代宮都と長安・洛陽

以上平安京と唐代の長安・洛陽との関係について時代を遡りながら迂遠な考察をつづけてきたが、これまで述べてきたことを整理し、改めて帰結するところを探ってみたい。

(1)『本朝文粋』によると、平安京を長安、または洛陽に比定することは、十世紀初めころの漢詩文からみえ、最初は洛陽とも、長安ともみえるが、十世紀後半以後はもっぱら洛陽に当てられている。その画期は右京の衰退、左京の殷賑を伝えた『池亭記』(天元五＝九八二)の記述と一致する。

(2)『本朝文粋』に限らず、平安初期の文献史料を管見する限り、平安京を洛陽、または長安に当てようとする意識は九世紀前半にはまだ成熟しておらず、やはり早くて九世紀末、一般には十世紀初めになってからと考えられる。

(3)平安京を長安にも洛陽にも当てる事例が併存する場合、最初から左京＝洛陽、右京＝長安と固定していたかは疑わしく、むしろ両用の可能性が強い。

(4)しかし応和三年(九六三)の願文に「長安洛陽貴賤上下」とあるように、少なくとも十世紀後半に左京＝洛陽、右京＝長安という理解のあったことは事実であり、それは中国唐代における東都洛陽・西京長安の位置関係に基づき、左京＝洛陽、右京＝長安としたものである。

(5) 日本の都城において、左京を東京、右京を西京とよんだ事例は長岡京からみえるが、とくに『三代実録』においで貞観初年から頻出する。これは『三代実録』編者の編集方針にも基づくが、貞観年間から『三代実録』が撰進された延喜元年(九〇一)ころにかけて、つまり九世紀後半から十世紀初めには、平安京において東京・西京というよび方が一般化していたと考えられる。

(6) 平安京の左右京各条の四坊ごとに、中国風に二字の漢字を用いた嘉名が付けられるのは、史料上では貞観十六年が初見であるが、その坊名のほとんどが唐代の長安城・洛陽城の坊名から採られている。しかもその場合、数の上で左京には洛陽の、右京には長安の坊名が多いが、決して左京＝洛陽、右京＝長安と一定はしていない。

(7) 数多い長安・洛陽の坊名のなかから、どうして平安京のそれらの坊名が選ばれたかは明らかでない。ただ円仁の『入唐求法巡礼行記』によると、長安における円仁の行動と関係深い坊名が三つ含まれており、その将来目録(『進官録』)のなかには『両京新記』三巻がみえる。ちなみに円仁の帰国は承和十四年(八四七)である。

(8) 平安宮においては、弘仁九年(八一八)に殿閣・諸門の呼称が中国風の嘉名に改められたが、そのうちには唐代の長安城太極宮・大明宮、および洛陽城宮城から採ったものが多く、その場合も長安・洛陽混合で、どちらかといえば洛陽優位である。

(9) この殿閣・諸門の名称改正には、第十六次遣唐使の判官として長安に至り、帰国してそのころ文章博士となった菅原清公が参画している。

以上のような要項に基づいて推論を試みるならば、一応つぎのような結論になろう。平安京を唐代の長安や洛陽に比定することは、まず九世紀初め、平安遷都後すでに二四年を経た弘仁九年に平安宮の殿閣・諸門の名称を揃って中国風の二字の嘉名に改めたことに始まるが、その改正には入唐の経歴をもつ当代の優れた漢学者菅原清公らが参画している。こうしたことが同時に平安京の中国風坊名にまですぐ及んだのか、あるいはこれは臆測であるが、しばらく期間を置いてのち、円仁将来の『両京新記』などが刺戟になって坊名改正が行なわれたのかは明らかでない。しかし遅くも九世紀中ごろ過ぎには、中国風坊名が普及し、ひいては平安京そのものを洛陽、または長安に比定することが始まるとともに、いっぽう十世紀初めには左京を東京、右京を西京とよぶことも定着してきた。こうした傾向はやがて東都洛陽・西京長安の知識によって、左京＝洛陽、右京＝長安という固定化を生んだが、やがて十世紀後半になると、その右京＝長安が衰退し、以後平安京はもっぱら左京＝洛陽をもって代表されるに至った。

そこで平安京においてさえも、長安・洛陽との比定が具体的にはようやく九世紀初めから始まったとすれば、それ以前の平城京においてそれをとくに唐代の長安・洛陽に比定しようとする意識が存在したことを過大に期待することは慎しむべきではなかろうか。たとえば『懐風藻』にあっても、平城京を意味する用語としてはただ「帝里」「帝京」あるいは「城市」であり[38]、比べられるものは漢代の禁苑、上林苑であったり、晋代石崇の別荘、金谷宅であって[39]、唐の長安も洛陽も現われない。さらに『東大寺献物帳』(国家珍宝帳)に掲げる献納屏風一〇〇畳のうちに、

大唐勤政楼前観楽図屏風六扇　装束及幞並同前国図屏風

大唐古様宮殿画屏風六扇　高五尺四寸五分、広一尺七寸五分、緋地錦縁、漆木帖、前後金銅釘、碧綾背、緋皮接扇、揩布袋、

大唐古様宮殿画屏風六扇　高五尺、広一尺九寸、装束与前同、

古様宮殿画屏風六扇　高五尺、広一尺八寸、紫地錦縁、漆木帖、金銅釘、碧綾背、緋皮接扇、揩布袋、

古人宮殿屏風六扇　高五尺一寸、広一尺八寸、紫綾縁、白木帖、金銅釘、碧絁背、紫皮接扇、揩布袋、

がある[40]。いずれも現存しないので確実なことはわからないが、最初の「勤政楼」は開元八年(七二〇)に唐長安城の興慶宮(南内)に建てられた勤政務本楼をさすとみてよい[41]。これに対して以下の四点にはそうした具体的な説明がなく、

ただ「大唐古様宮殿」であり、「古様宮殿」「古人宮殿」で、「古様」は「古様山水画屏風六扇」「古様本草画屏風一具」ともあるから画風をさすとみられる。このような相違が何を意味するか性急な判断は避けるべきかも知れないが、あるいは当代奈良朝人の長安・洛陽に対する関心の浅深を示すものとも解される。

平安京と洛陽・長安との関係から併せ考えて、このようなことからも、平城京、あるいはそれ以前の藤原京などに、とくに唐代の長安城や洛陽城のあまりにも意識的な模倣を考えることは再考を要するのではなかろうか、というのが本稿において到達した帰結である。

(1) たとえば最近では中国でもこの問題に関心がよせられ、王仲殊氏が「関于日本古代都城制度的源流」(『考古』一九八三—四)を発表された。なおこの論文は菅谷文則・中村潤子両氏によって『考古学雑誌』六九—一(昭和五十八年十月)に訳出された。
(2) 岸俊男「日本の宮都と中国の都城」(上田正昭編『日本古代文化の探究 都城』、昭和五十一年五月所収、本書第十三章)など。
(3) 『本朝文粋』巻一二。
(4) 村井康彦『古京年代記』(昭和四十八年十一月)三五七ページ。
(5) 小島憲之校注『懐風藻・文華秀麗集・本朝文粋』(『日本古典文学大系』六九、昭和三十九年六月)解説参照。
(6) 注(5)に同じ。
(7) ほかに巻十所収の後江相公(大江朝綱)の「初冬翫二紅葉一応二太上法皇製一」に「王舎城中、有二一仙洞一」と、平安京を王舎城に比定する場合もある。
(8) 同じ『本朝文粋』でも、巻五所収の前中書王(兼明親王、九一四—九八七)の「請レ被下以二施無畏寺一為中定額寺上状」には「帝城西北、聊卜二閑地一、有レ意下建二立道場一安中置尊像上」とある。
(9) 注(8)に同じ。
(10) 六国史索引編集部編『日本後紀・続日本後紀・日本文徳天皇実録索引』(六国史索引三、昭和四十年五月)、同『日本三代実録索引』(六国史索引四、昭和三十八年三月)による。

(11)　上村悦子編『類聚国史索引』(昭和五十七年三月)による。
(12)　日本史研究会史料部会編『類聚三代格索引』(昭和三十四年六月)による。
(13)　木本好信・大島幸雄『政事要略総索引』(国書索引叢刊2、昭和五十七年十月)による。
(14)　たとえば『凌雲集』では、菅原清公(七七〇―八四二)の「秋夜途中聞レ笙」に「皇城陌上槐風束」とあり、小野岑守(七七八―八三〇)の「秋日皇太弟池亭応レ製」に「古地猶居ニ帝城裏一」とある。また『文華秀麗集』では嵯峨天皇(七八六―八四二)の「左兵衛佐藤是雄見レ授レ爵、之ニ備州一謁レ親、因以賜レ詩」には「為レ謁ニ慈親一辞ニ帝京一」とある。
(15)　『本朝文粋』巻五、高五常「為ニ在納言一建ニ立奨学院一状」に「作ニ宅一区一、在ニ左京三条一」「坊接ニ大学寮一」とある。
(16)　『拾芥抄』諸名所部に「亭子院、七条坊門南、西洞院西ニ町一」とある。
(17)　なお(18)の「東洛之旧土」の東洛は「西海之濁波」に対するもので、東京＝左京＝洛陽を意味しない。
(18)　林坊は『続日本紀』文武三年正月壬午条、小治町は平城宮朱雀門付近下ッ道側溝出土の過所木簡(『平城宮木簡』二、一九二六号)、松井坊は『日本後紀』延暦二十四年二月庚戌条。
(19)　岸俊男「日本における『京』の成立」(『東アジア世界における日本古代史講座』六、昭和五十七年九月所収、本書第十七章)。
(20)　岸俊男「難波宮の系譜」(『京都大学文学部研究紀要』一七、昭和五十二年三月、本書第十四章)。
(21)　『類聚三代格』『政事要略』を索引によって検しても見当らないし、『朝野群載』にはeを載せるのみである。
(22)　平岡武夫・今井清編『長安と洛陽』索引篇(昭和三十一年五月)による。
(23)　平岡武夫・今井清編『長安と洛陽』資料篇(昭和三十一年六月)所収。『唐両京城坊攷』によって、平安京の坊名となった各坊所在の施設・邸宅・寺院を参考までに掲げておく。

長安城

永昌坊――給事郎李伏奴宅、茶肆、

崇仁坊――礼会院、宝刹寺、資聖寺、元真観、尚書左僕射許国公蘇瓌宅、右散騎常侍舒国公褚无量宅、余干県尉王立傭居、吐蕃内大相論莽熱宅、太華公主宅、義陽公主宅、岐陽公主宅、右散騎常侍軽車都尉柳渾宅、検校尚書左僕射同中書門下平章事韓滉宅、東都・河南・商・汝・汴・淄青・淮南・兗州・太原・幽州・塩州・豊州・滄州・天徳・荊南・宣歙・江西・福建・広桂・安南・邕州・黔南進奏院、造楽器趙家、裴六娘宅、師婆阿来宅、永寧坊——京兆府籍坊、司天監、永寧園、礼部尚書裴行倹宅、贈太尉祁国公王仁皎宅、吏部郎中楊仲宣宅、右豹衛大将軍贈益州大都督汝陽公独孤公宅、中書令裴炎宅、開府儀同三司博陵郡王李輔国宅、贈太子少師彭王傅上柱国会稽郡公徐浩宅、尚書右僕射致仕高郢宅、河東節度使同中書門下平章事王鍔宅、河東節度使兼侍中李載義宅、前京兆尹楊憑宅、前司空兼門下侍郎同中書門下平章事王涯宅、太傅致仕白敏中宅、太子太保涼国公李聴宅、衛尉卿李有裕宅、太子太傅分司東都李固言宅、資州刺史羊士諤宅、御史中丞充武昌軍節度副使竇鞏宅、金吾大将軍張直方宅、義成軍節度使兼中書令王鐸宅、校書郎殷保晦宅、

宣義坊——燕国公張説宅、叛臣安禄山池亭、司徒致仕李逢吉宅、前司空兼右相楊国忠宅、王郎中宅、

光徳坊——京兆府廨、勝光寺、慈悲寺、尚書左僕射劉仁軌宅、鄱陽公主邑司、太子賓客裴垍宅、朝議郎行尚書祠部員外郎裴稹宅、吏部尚書崔郾宅、兵部尚書劉崇望宅、司空兼門下侍郎同平章事贈太尉孔緯宅、潘将軍宅、張氏宅、

洛陽城

安衆坊——工部尚書尹思貞宅、尚書右僕射燕国公于志寧宅、竇庭芝宅、

陶化坊——侍中譙郡公桓彦範宅、礼部尚書蘇頲宅、太僕卿華容県男王希雋宅、河南府参軍張軫宅、工部尚書東都留守盧従愿宅、王光輔宅、太子賓客高重宅、空宅、

淳風坊——三品贈汴州刺史楊宏武宅、駙馬都尉王守一宅、

宣風坊——安国寺、検校文昌左丞、東都留守李嶠宅、中書令蘇味道宅、

銅駝坊——

豊財坊——中書令汾陰公薛元超宅、

毓財坊——大雲寺、秘書監常山県公馬懐素宅、郎中李敬彝宅、郭大娘宅、某氏宅、

教業坊——天女尼寺、金吾将軍裴休貞宅、

(24) 注(23)参照。

(25) 小野勝年『入唐求法行歴の研究——智証大師円珍篇——』上(昭和五十七年五月)二〇三ページ。

(26) 円仁『入唐求法巡礼行記』巻四(『大日本仏教全書』一一三、遊方伝叢書)、小野勝年『入唐求法巡礼行記の研究』第四巻(昭和四十四年三月)。

(27) 『大日本仏教全書』二、仏教書籍目録所収。相並んで前後に「国忌表歎文一巻」「嗣安集一巻」「百司挙要一巻」「如五百字千字文一巻」「皇帝拝南郊儀注一巻」などがみえる。

(28) 福山敏男「校注両京新記巻第三」（『美術研究』一七〇、昭和二十八年十月）に収める「両京新記解説」参照。

(29) 藤原佐世「日本国見在書目録」（『続群書類従』巻八八四、第参拾輯下の雑部に所収）。

(30) 小長谷恵吉『日本国見在書目録解説稿』（昭和三十一年十二月）参照。

(31) 引きつづいて『続日本後紀』にみえるこの種の殿閣・諸門を年次順に参考までに掲げておく。
春華門（天長十・七・十七）、延政門（天長十・七・十七）、永安門（承和元・正・二十三）、常寧殿（承和元・六・十五）、校書殿（承和二・正・二十）、敷政門（承和三・九・一）、日華門（承和三・九・一）、春興殿（承和四・十二・二）、会昌門（承和七・五・九）。

(32) 『続群書類従』巻八八四、第参拾輯下の雑部に所収。

(33) 村井康彦『日本の宮都』（昭和五十三年九月）一六二ページ。

(34) 『日本後紀』延暦廿三年九月己丑条、同廿四年六月乙巳条、『続日本後紀』承和九年十月丁丑条。

(35) 『日本紀略』弘仁八年四月丙午条。

(36) 『続日本紀』天平二年三月辛亥条。

(37) 岸俊男「古代日本人の中国観――万葉歌を素材として――」（平安博物館研究部編『角田文衞博士古稀記念古代学叢論』、昭和五十八年四月所収、のち『日本古代文物の研究』、昭和六十三年一月所収）。

(38) 「帝里」は百済和麻呂・藤原房前・藤原宇合の詩、「帝京」は藤原宇合の詩、「城市」は藤原万里の詩にそれぞれみえ、塩屋古麻呂の詩には平城宮をただ「城闕」といっている。

(39) 『懐風藻』に、たとえば百済和麻呂の詩（初春於㆓左僕射長王宅㆒讌）に「帝里浮㆓春色㆒、上林開㆓景華㆒」とあり、藤原宇合の詩（暮春曲㆓宴南池㆒）に「則有㆘沈㆑鏡小池、勢無㆑劣㆓於金谷㆒、染㆑翰良友、数不㆖㆑過㆓於竹林㆒」とある。

(40) なお「子女画屛風六扇」とあるものも「可謂古様宮殿騎猟」との附箋が付けられている。

(41) 松下隆章「献物帳画屛風について」（正倉院事務所編『正倉院の絵画』、昭和四十三年六月所収）。

第二十三章　条里制に関する若干の提説

――郷里制・条里制・条坊制――

一　福井県の条里制地割

条里制研究会の発足に当たり、何か話をするように、とのご依頼を受けましたが、このところ多忙のため、改めてまとまったお話を準備する余裕がありませんでした。そこでこれからお話することは、昨年私が京都大学を停年退官するに際して、「郷里制・条里制・条坊制」と題して行なった記念講義と重複するところが多いのですが、お聴きいただく方も異なるので、お許しを願い、これまで私の行なってきた条里制に関する研究の一つのまとめとして、現在考えているところを、大胆に仮説として提起し、ご批判を仰ぐこととしました。

会場に掲げました三枚つづきの地図(第一図)は福井県の丹生郡・今立郡、足羽郡、および坂井郡の条里制地割復原図であります。ところでこれらの広大な地域に古く奈良時代に遡って条里制の方格地割が存在した可能性は、正倉院に所蔵されている開田図や文書からうかがわれ、また実際に鯖武盆地などには明確に方格地割が存在したのでありますが――ここで「存在した」と過去形を用いたことについては後にお話いたします――、その実態については必ずしも明らかでありませんでした。しかし条里制研究にとってこの地域は奈良盆地や大阪平野・湖東平野に劣らぬ重要性を有するのであります。

ところが、たまたま私は近年『福井県史』の編纂に関与し、古代史部会を担当することになりましたので、この機

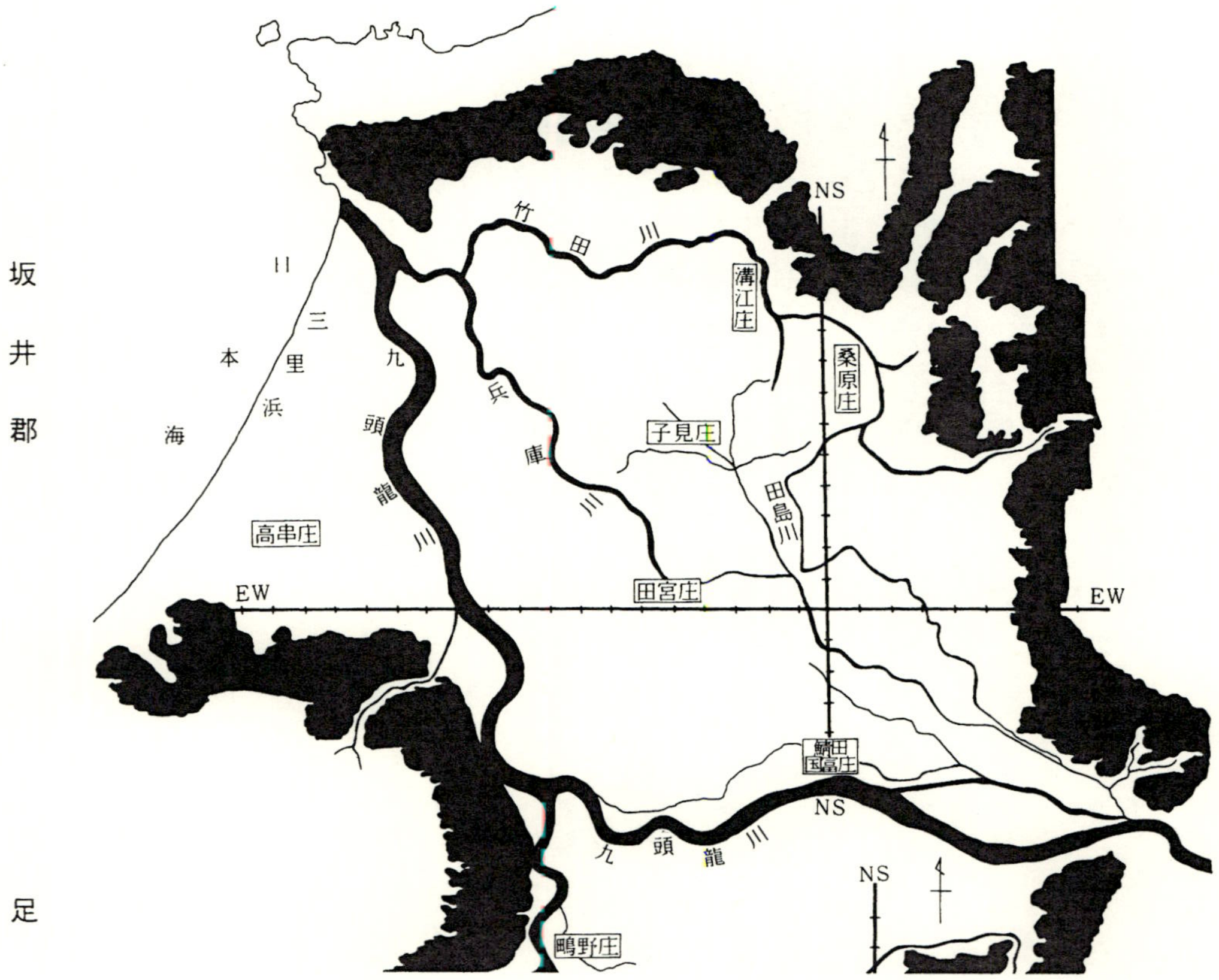

坂井郡
足
海
本
浜
三
里
川
九
頭
龍
川
竹
田
川
兵
庫
川
溝江庄
桑原庄
子見庄
田島川
高串庄
田宮庄
鯖田国富庄
九
頭
龍
川
鴫野庄
NS
EW
NS
EW
NS

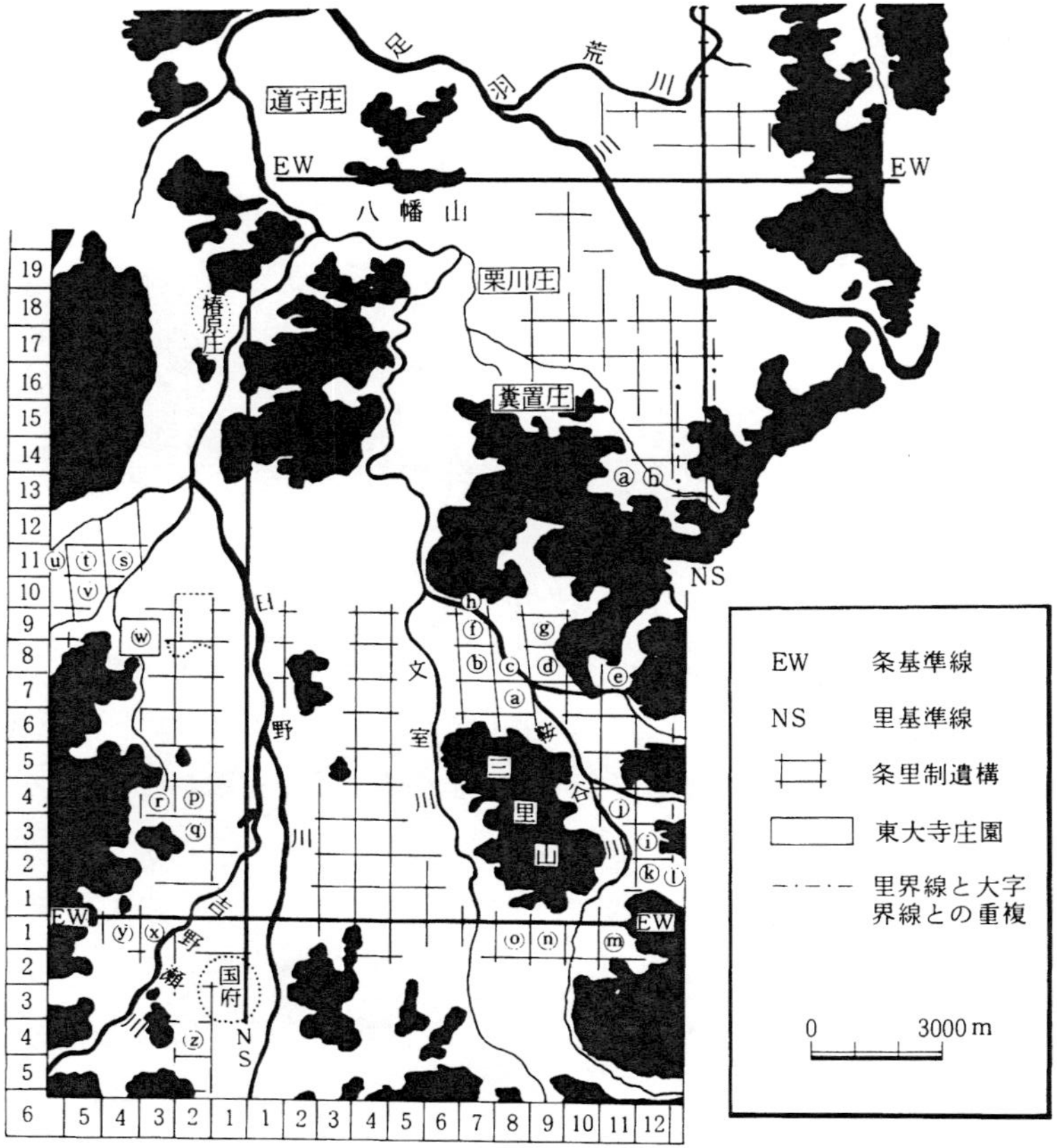

第一図 越前三郡の条里制

会にその事業の一環として福井県全域の条里制地割の復原図を作成することを思い立ちました。幸い関係者の理解と協力をうることができましたので、数年前から部会の方々とともに作業に着手し、現在まだ完成はしておりませんが、その大半の計画を終了しました。復原作業は二五〇〇分の一の国土基本図に、明治初期の地籍図の地割を復原して記入することですが、人員・予算の関係からとりあえず小字界と小字名の転記にとどめることとしました。しかし福井県は早くから圃場整備事業が広域に進行していて、現在では地籍図に認められるような条里制方格地割はほとんどなくなってしまっていますので、新しい大縮尺の地図も大半はそれに従って変わっており、復原は容易でありませんでした。このような状態で、福井県の条里制地割は現地へ行っても、もうほとんど遺っていませんから、これからは私たちの作成した復原図が唯一の資料ということになると思います。こうした状況は福井県に限らず、全国到る処に認められると思います。従って条里制保存の問題は、単に地籍図の保存だけでなく、条里制地割のなお遺存していた段階の大縮尺の地図を確保し、それに詳細に地籍図の地割を復原記録することにあると思います。

二　越前三郡の条里制と東大寺領庄園

さて丹生(今立を含む)・足羽・坂井三郡の条里制復原からえられた若干の知見について述べることにします。復原の詳細についてはまだ十分な検討を終わっていませんが、その概要は『福井県史研究』の創刊号に掲載されていますので、それをお読みいただくとして、ここでは省略します。ただ一、二の点を指摘しておきますと、第一図に丹生郡に⒜とある地域には小字名として「一ノ坪」「弐ノ坪」「四ノ坪」「五ノ坪」「六坪」や「三十六」という数詞の坪名が残っていますが、それによって復原しても周辺の丹生郡全体の条里制とは一致しません。つまり、方格地割は連続するが、条里称呼法は一致しないということです。また⒝の地点にも「一ノ町」から「六ノ町」まで数詞坪名が遺っていますが、これは三十一—三十六坪を示すとみたとき、はじめて丹生郡の条里制と一致します。その適否は別として、遺存の数詞坪名は必ずしも当初のものとは限らず、かえって逆に新しく付けられたものである場合のあることも考慮しておかなければなりません。また今立郡で三里山の北、鞍谷川と文室川の間の地域には明瞭に条里制方格地割が認められますが、その方位は他の地域と異なってやや西に傾いています。しかし遺存の坪名などは周辺の丹生郡条里制に諧調しています。こういう例は他にも見られます。氾濫などによる条里制の再施行、あるいは地域による施行の時期差を考慮しなければならないと思います。

さて丹生・足羽・坂井三郡の条里制復原の結果から次のような事実が指摘できます。

(1) 条里制方格地割の遺存度、これはまたその発達度を示すとみてよいと思いますが、それは丹生郡が最も卓越していて、のちに分立した今立郡域を含めて、ほぼ全域に条里制地割が認められます。次に足羽郡では東半部には条里制地割がみられますが、西半部にはなく、たとえば道守庄の庄域には開田図のような方格地割はほとんど認められません。また坂井郡になると、やはり東の山脚部、丸岡町周辺にわずかに方格地割が復原できるだけで、他の地域には存在しません。越前国の国府は丹生郡にありましたが、つまり条里制地割はその丹生郡から北に行くに従って、足羽郡、坂井郡と次第に遺存度が低下して行くのです。これは越前では条里制方格地割が北に行くに従って発達しなかったことを示すと考えられます。

(2) 次に越前国の条里制は他の国と違って、各郡に直交する東西・南北の基準線を設け、これによって一郡を東北・東南・西北・西南の四条里区に区分しています。ところでこの基準線の位置ですが、復原結果によりますと、三郡ともその交点が郡域の中央にくるというのでなく、とくに南北基準線は西か東に著しく偏っています。すなわち、丹生郡では西に、足羽郡と坂井郡では東に偏っています。足羽郡と坂井郡の南北基準線は極めて近接していますが、どうも一直線になることはないようです。東西基準線はともかくとして、なぜこのように南北の基準線が各郡の中央になく、一方に偏っているかでありますが、まず丹生郡の場合は、基準線交点の西南に近接して越前国府が存在したようです。また丹生郡は平安初期弘仁十四年(八二三)に管郷一八・駅家三のうちから九郷一駅を割いて、東に今立郡が分置されています。これらの点から考えますと、丹生郡でははじめ西部に中心があり、次第に東部に開発が及んで行ったと推測されます。

次に足羽郡の場合は、さきに申しましたように、東半部に条里制地割が遺存していて、その地域を中心として南北基準線が設定されたと考えられます。この点は坂井郡も同様であります。このように考えますと、各郡の基準線の交点の位置が、基準線設定時期におけるその地域の条里制地割施行範囲の中心を示しているということになります。この点はさきに私が推定復原しました坂井郡内の各郷の分布状況からも傍証できそうです(岸俊男「東大寺領越前庄園の復原と口分田耕営の実態」『日本古代籍帳の研究』、昭和四十八年五月所収)。

(3) さらに越前国には奈良時代中ごろから東大寺の庄園が数多く設定されました。丹生郡に椿原庄、足羽郡に糞置・道守・栗川・鳴野の各庄、坂井郡には桑原・溝江・田宮・子見・高串・鯖田国富の各庄です。ところでこれら東大寺領庄園については、丹生郡に少なく、北に移るに従って多いこと、つまり条里制地割の遺存度と反対の傾向を示していることが指摘できます。

次に各庄園はその郡内における条里制地割とどういう関係にあるかをみてみますと、丹生郡ではほとんど全域に条里制地割が発達していますが、椿原荘は郡の最北端に位置しており、条里制地割との関係は明らかでありません。足羽郡では、糞置庄は条里制地割の発達した東半部に属しますが、面積も小さく、その最南端のいわば丘陵の谷間に位置しています。また栗川庄は河川の氾濫原にあり、道守庄も面積は広大ですが、日野川と足羽川の合流点にあり、ほとんどが未開地で、決して良好な立地条件のところではありません。このように足羽郡の庄園はいずれも条里制地割の卓越した地域から離れた辺縁に存在するといえます。このような傾向は坂井郡に関しても同様で、桑原・溝江・子見・田宮・鯖田国富の各庄はいずれも丸岡町を中心とする条里制地域の辺縁部に位置していますし、高串庄ははるか西方、九頭竜川左岸の沼沢地にあります。

こうした庄園の分布と条里制地割との相反関係は意外と受け取られるかも知れませんが、当時の東大寺領庄園の設定はむしろ未開地、つまり墾田を対象として行なわれたのであり、そのことは開田図が明示しています。従って越前における東大寺領庄園の占定は八世紀中ごろ天平勝宝の初めごろから開始されたのですから、こうした庄園の立地状況から当時越前の各郡ではどの程度開発が進んでいたかを知ることができると思います。つまり東大寺はすでに開発された条里制地割の発達している地域の辺縁部を選んでしか庄園を設定することができなかったのであります。また越前にあってはその後も条里制地割に基づく開発はあまり進まなかったといえるのではないかと思います。

三　条里称呼法と「里」

ところでこのように考えてきますと、たとえば正倉院に所蔵されている糞置庄や道守庄などの開田図には条里制に基づく方格線が描かれており、また関連文書にも寺領の所在が明らかに条里称呼法に基づいて記載されているのは、どう解すればよいのかということが問題になってきます。しかし、開田図に方格線が引かれているからといって、現地はまだほとんど未開の野地ばかりですから、そういうところに条里制に基づく方格地割だけを先に施くことの不可能なことは、少し考えれば明白な事実です。従って絵図や文書の記載と、当時の現地の状況とははっきり区別して考えねばなりません。

ですから、足羽郡の条里制復原においても、糞置庄の開田図をもとに復原した条里制と、道守庄の絵図の記載が東西基準線において一条ほど食い違うことがしばしば問題となっていますが、当時の状況からすればかなり離れた両庄の間でこれぐらいの誤差が生ずるのはあるいは当然かも知れません。絵図は絵図、遺存地割は遺存地割と別々にはっきり割り切って考える必要があると思います。

ここで単なる方格地割とは別に、六町ごとに条・里に分つ条里制地割、あるいはそれを何条何里何坪と呼ぶ条里称呼法がいつ始まったかが問題となってきます。この問題についてはさきに「班田図と条里制」(『日本古代籍帳の研究』、昭和四十八年五月所収)で述べたことがありますので、これも繰り返しになりますが、史料的には天平七年(七三五)の「弘福寺領讃岐国山田郡田図」には一町ごとの方格は描かれています。しかし条里坪の記載はまだありません。同じ讃岐国の鵜足郡にある法隆寺領に関する天平勝宝九歳(七五七)の断簡文書も方格地割ごとの記載と思われるにかかわらず、条里坪の記入はありません。そして明らかに条里称呼法が用いられている史料は天平十五年の山背国久世郡「弘福寺田数帳」が最初で、たとえば「路里十七口利田二段七十二歩」とありますが、条の呼称はここでもまだ用いられていません。

ところで条里制の「里」は本来六町四方の区域をいうのですが、それ以前に国郡(評)里制の「里」、および郷里制の「里」がありますので、それとの関係はどうかということが問題になります。国郡里制の「里」は五〇戸をもって一里を構成するもので、明らかに戸数が基準となっています。郷里制の「里」もその性格については問題がありますが、条里制の「里」のごとくつねに一定の限られた地域を指すものではありません。このように原理の異なる二つの「里」が同時に併存することは不合理でありますから、私は天平十二年ころの郷里制の「里」の廃止と、そのころから条里称呼法の「里」が現われてくるのとは決して無関係ではないと考えているのであります。つまり、戸数を基本とした里制・郷里制の「里」から、一定地域をさす条里制の「里」への変換が行なわれたと考えるのです。

そしてちょうどその時期は班田制でも一つの転換期なのであります。というのは班田図の基本とされるものに四証図とよばれるものがありますが、それは天平十四・勝宝七・宝亀四・延暦五の各年の班田図をいいますが、天平十四年の班田図を最初としています。またそのころから校田が班田に先立って実施されることとなり、そのため天平十四年までは造籍二年後に班田が行なわれていたのに、次の天平勝宝元年の班田からは造籍三年後に班田が行なわれることになりました。このように天平中期には班田収授制において田図・田籍の整備が進むのであります。

そこで考えねばならぬのは田図の実態であります。この点についてもさきに指摘しましたように、「京北班田図」や「山城国葛野郡班田図」、あるいは一幀の年次を異にする「越中国射水郡鳴戸村開田図」から推測して、班田図は各郡条里制の各条ごとに巻を成していたと考えるのであります。紀伊や筑前で何条何里といわずに、何図何里と呼んでいるのはそのためです。そこで条里制の何条何里といったとき、条と里は横と縦の可変関係にあるように考え易いですが、事実はそれぞれ異なる単位なのです。つまり、里は条に先行する六町四方の地域名で、本来固有名をもっています。これに対して条はその里を横に列ねる横の系列で、はじめは固有名だけでしたが、次第に各条ごとに一方から一里、二里と数詞をつけて呼ぶようになったのです。こうしたシステムがすなわち条里称呼法なのであります。これは日本独特のもので、管見による限り中国・朝鮮にはありません。従って私は条里称呼法は班田図の整備と密接な関係をもって成立したものと考えています。ですから田図というものは、いわば模式図であって、その地域の土地の現状に全く無関係ではありませんが、必ずしも正確に現地の状況を記したものではありません。またたとえば開田図などに方格線が描かれ、何条何里何坪という条里称呼法が用いられていても、それは現地に条里制地割が施工されていることを示すものとは限りません。いわゆる条里制はこのように考えると理解し易いのではないかと思います。

四　条坊称呼法

それではこうした条里称呼法という日本独特のシステムは何から思い付いたかと申しますと、私は条坊制であると思います。京城内では条坊制が施行され、平城京・平安京などではその基本をなす各坊を左右京それぞれ何条何坊と呼んでいますが、藤原京では林坊・小治町というように固有名がついていたようです。中国でも唐代の長安・洛陽では各坊に固有名が付いています。しかし日本はそれを簡略化するために、どうやら平城京から何条何坊という称呼法を採用したらしいのです。大宝令では京内には基本単位として坊を設けて坊長を置き、さらに四坊ごと、つまり各条ごとに坊令を任じています。坊令はのちに条令と呼び改められます。この方が実状に即しているのですが、大宝令当時は条という発想がまだなかったから、坊令としているのです。

条里称呼法はこの京内の条坊称呼法に倣ったものと考えられるのですが、別に「日本における『京』の成立」(『東アジア世界における日本古代史講座』六、昭和五十七年九月所収、本書第十七章)において論じたように、律令制の全国統治は、京と国の二本建てになっていて、中央の京は坊が基本単位で、京職—坊令—坊長という組織になっており、地方の諸国は里が基本単位で、国(国司)—郡(郡司)—里(里長)という組織になっています。これはまた条坊制と条里制、都市と農村をはっきり区別したものと考えられるのでありまして、こう考えると、京内に口分田を置かないという原則も容易に理解できると思います。

五　代制地割

次には条坊制と条里制の方格地割はどうして始まったかについて考えてみたいと思います。第二図と第三図をご覧になって下さい。私が藤原京の復原を考えましたときに、上ツ道・中ツ道・下ツ道の三道は等間隔で、中ツ道と下ツ道の間は図上計測二一一八メートル、これを高麗尺に直すと、六〇〇〇尺となり、さらに高麗尺六尺＝一歩という当時の測地法によると、それは一〇〇〇歩という完数になることを明らかにしました。そしてこの一〇〇〇歩を一〇等

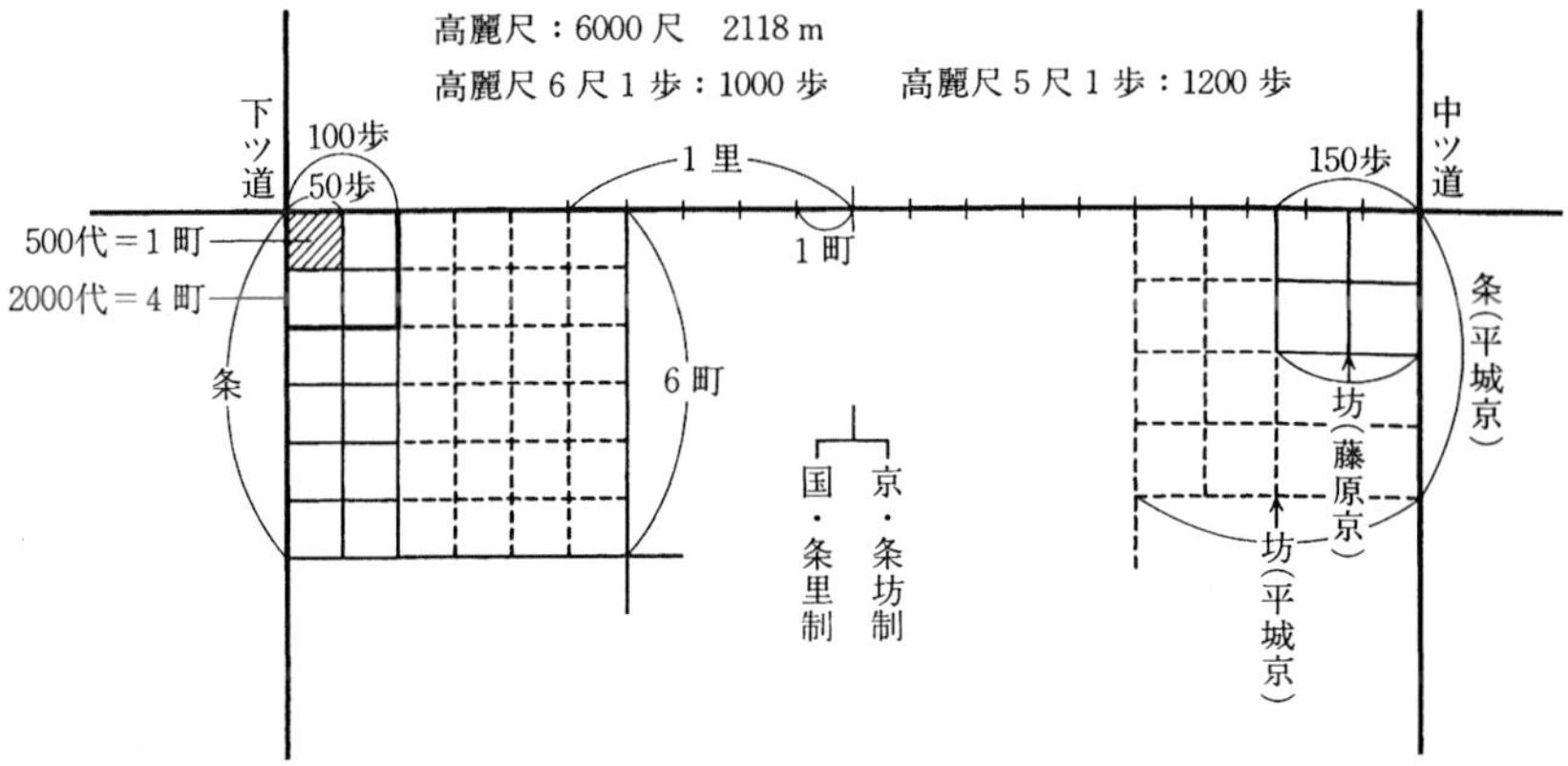

第二図　条里制と条坊制の地割

分した一〇〇歩を一辺とした方格地割が二千代に当たるのです。代とは町段歩制以前の田積の単位ですが、この二千代を二等分したのが一〇〇〇代＝千代であり、さらにそれを二等分した五百代がのちの一町、すなわち条里制の一坪となります。また一〇〇〇代＝千代の地を縦に一〇等分した百代は町段歩制の二段となりますが、これは班田収授法における男一人の口分田の班給額で、班田制の基本単位となるのです。また『日本書紀』や、『続日本紀』の早いころの田積記事には四町を単位とするものが多いのも、当時こうした代制地割がその基底にあったことを示していると思います。

なお代制地割がいつからどうして始まったかは難しい問題ですが、一町＝五〇〇代ですから、それから一代を方格の地積として示すことはどうしてもできません。これは代は正しくは「束代」とよび、つまり五百束代といえば、本来は五〇〇束の稲が収穫できる面積の田地という意味ですから、一代の田地といってもはじめは必ずしも方格の地である必要はなかったのでありますし、また田品の上下に従って収穫量が異なりますから、面積も一定ではなかったのです。最近は各地から細かく方形に区画された水田遺跡がかなり時代を遡って検出されていますが、あるいはこうしたことと関係があるのではないかとも私は憶測しています。

次に代制地割そのものはいつから始まったかという問題ですが、これ

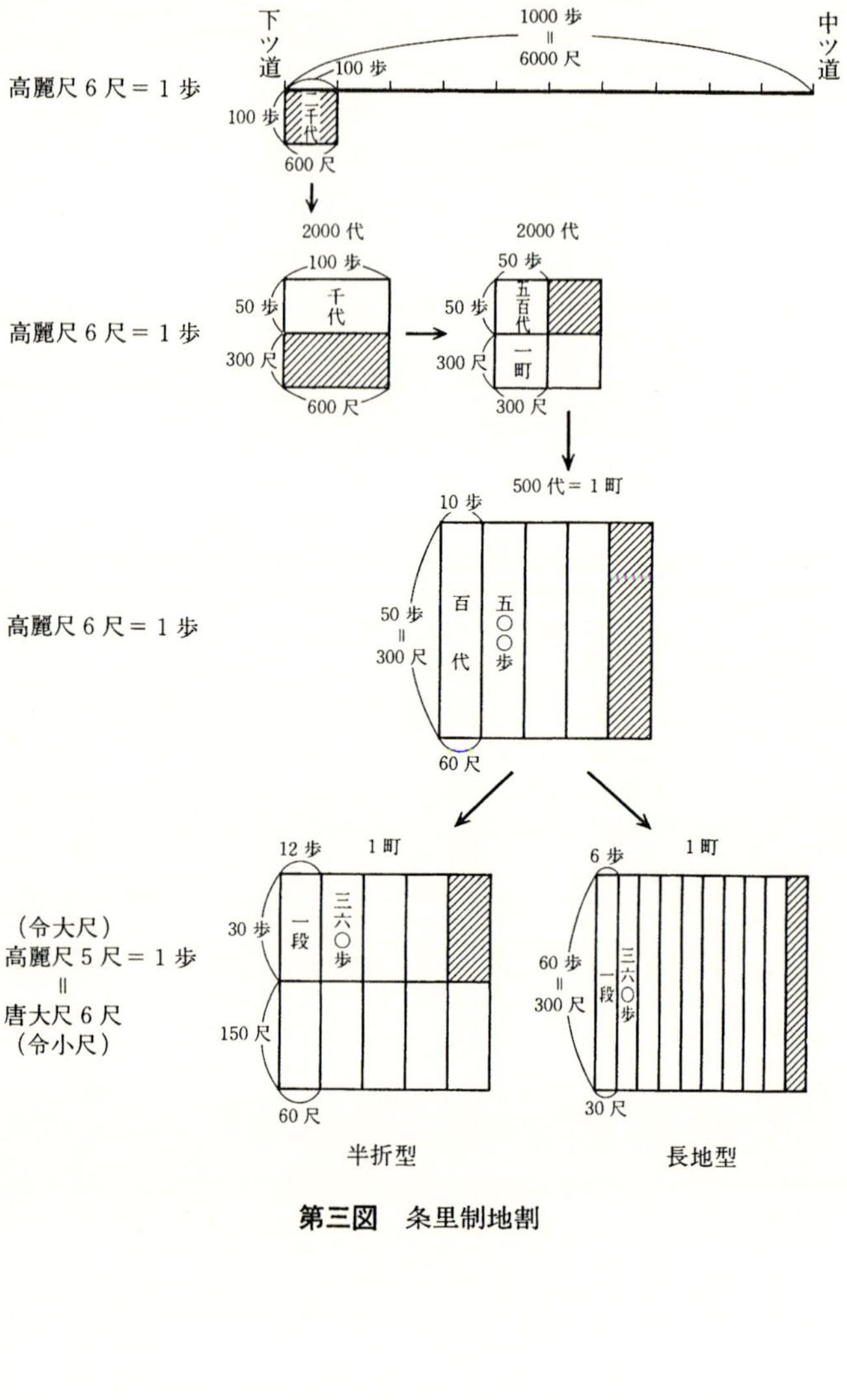

第三図　条里制地割

は前にも指摘したことですが（「方格地割の展開」『日本書紀研究』八、昭和五十年一月所収、本書第七章）、たとえば大宝二年（七〇二）の美濃国戸籍をみますと、人名に「千代」とか「五百代」というのが散見します。しかしそうした名前の人たちは年齢が十代以下と比較的若いので、そのような代制に基づく人名が流行したのは、美濃では逆算して持統朝ごろではないかと推測され、これは代制の起源を考える一つの手掛りになるのではないかと思います。

六　条里制と条坊制

ところで大宝令の雑令によりますと、度地法は三〇〇歩をもって一里と定められています。ただし、この場合の一歩は高麗尺＝令大尺の五尺＝一歩ですから、さきの中ツ道・下ツ道間隔六〇〇〇尺は一二〇〇歩＝四里ということになります。そして一里＝三〇〇歩は六〇歩×五となり、一里は五町ということになります。「弘福寺領讃岐国山田郡田図」が五町単位になっているのはあるいはこのことと関係するかも知れません。ところが条里制は六町＝一里でありますから、どうして条里制が五町＝一里としないで、六町ごとに区切ったかが疑問となってきます。

しかしこの問題は第二図に示しましたように、代制地割が四町単位、つまり二町×二町で普遍的に存在したことを考えると、(二町×二町)×二・五、すなわち五町では中途半端ですから、(二町×二町)×三という計算で、六町＝一里としたのではないかと思います。それならば四町で区切ってもよさそうですが、たとえば和銅六年(七一三)には従来の高麗尺＝令大尺の五尺＝一歩から唐大尺＝令小尺の六尺＝一歩に改められたように、そのころ六が基本数字として好まれるような風潮があったからではないかとも憶測されます。

最後に、では条坊制の方格地割はどうして生まれたかという問題です。すでに申しましたように、条坊制は条里制に対応するものでありますから、その基本単位となる坊も里とは大きさを異にします。ところで条坊制地割は平城京と藤原京は連動していますし、難波京と藤原京はその先後は問題ですが、いちおう坊の基本面積は同じと考えられますから、この問題は藤原京から解いて行けばよいと思います。藤原京は中ツ道・下ツ道を東・西両京極とし、その間に左右京四坊ずつ、計八坊を設定したわけですから、その場合中・下両道間隔を、(1)高麗尺六〇〇〇尺、(2)高麗尺六尺＝一歩として一〇〇〇歩、(3)高麗尺五尺＝一歩として一二〇〇歩のいずれを基本に考えて等分して行ったかが問題

になると思います。そうすると、それぞれ一坊は一辺が、

(1) 六〇〇〇尺÷八＝七五〇尺

(2) 一〇〇〇歩÷八＝一二五歩

(3) 一二〇〇歩÷八＝一五〇歩

となります。さらに一坊は小路によって四区に分たれますから、完数ということを考えますと(3)の場合が七五歩で最も適当ということとなります。ところが(3)の高麗尺五尺＝一歩制は大宝令の規定で、町段歩制に見合うものですから、完数ということを強く主張する限り、これは藤原京条坊制の設定、あるいは町段歩制の成立の時期についても問題を提起することになります。

以上、条里制に関してはなはだ大胆な仮説をいくつか提起しましたが、要するに日本の律令制は京と京外、つまり諸国を意識的に区別し、それに従って条坊制と条里制が設定され、またそれは班田制の実施とも密接な関係にあったことを指摘しようとしたものであります。

あとがき

序章にも書いたように私が宮都研究と取組むようになったのは、昭和四十年の藤原宮緊急調査に参加してからである。爾来すでに二十余年が経過した。その過程でそれまでの研究成果を一著にまとめてはというお勧めが岩波書店の松嶋秀三氏からあった。すでに一〇年ほど前のことである。私はまだ未熟な研究段階でもあり躊躇する心もあったが、一方ではかねて期するところがあったので喜んでお引受けすることにした。ただし私は既刊の二著のような単なる論文集でなく、発表した論文を集成しつつも、一つのテーマで書き下した著書をせめて一冊は遺したいという願望があったので、お引受けするからには今度はそういうものにしたいと考えていた。

しかしいざ着手してみると、発掘調査はつぎつぎと新しい成果をあげており、また関連の論文も次第にその数を増して行く。そうした状況の中で既発表の論文に手を加えることはそのことの空しさを改めて痛感させるばかりで、結局は新たに筆を起こした方が早いということになる。しかしいずれの論文もその時点では私の最善を尽して書いたものである。それでは旧稿執筆時の新鮮さとその論文の発表意義が忘れられてしまう。しかも私はどちらかといえばそうしたまとめの作業よりも、研究を新しく進展させることに意欲的であった。かくて障壁に突当たったまま遅延に遅延を重ねることになったが、私のそうした我儘にもかかわらず、その間も絶えず熱心な勧誘はつづき、結局私は当初の計画を変更し、やはりこうした形の論文集にまとめ上げることでご寛恕をえることになった。しかし論文の配列に当たっては原則として執筆順とし、ある程度私の宮都研究の展開過程をうかがっていただけるようにした。また相互に重複する部分の多いものもあるが、これも手を加えず原形のままとした。かえってその方が読者に便利であると考えたからである。

次に各論文の発表書誌名を年次順に掲げておこう（〔　〕内は本書の章を示す）。

緊急調査と藤原京の復原（旧題「藤原宮の沿革」「藤原宮沿革史」「京域の想定と藤原京条坊制」）　奈良県教育委員会『藤原宮』、昭和四十四年三月　〔第一章〕

古道の歴史　坪井清足・岸俊男編著『古代の日本』5近畿、昭和四十五年一月、角川書店　〔第二章〕

飛鳥から平城へ　右同　〔第三章〕

大和の古道　橿原考古学研究所編『日本古文化論攷』、昭和四十五年五月、吉川弘文館　〔第四章〕

飛鳥と方格地割　『史林』五三―四、昭和四十五年七月　〔第六章〕

見瀬丸山古墳と下ッ道　橿原考古学研究所『青陵』一六、昭和四十五年十月　〔第四章付論〕

難波―大和古道略考　小葉田淳教授退官記念事業会編『小葉田淳教授退官記念国史論集』、昭和四十五年十一月　〔第五章〕

遺存地割・地名による平城京の復原調査　奈良国立文化財研究所『平城京朱雀大路発掘調査報告』、昭和四十九年三月　〔第八章〕

平城京へ・平城京から　井川定慶博士喜寿記念会編『日本文化と浄土教論攷』、昭和四十九年十一月　〔第九章〕

方格地割の展開　横田健一編『日本書紀研究』八、昭和五十年一月、塙書房　〔第七章〕

都城と律令国家　『岩波講座日本歴史』古代二、昭和五十年十月、岩波書店　〔第十二章〕

朝堂の初歩的考察　橿原考古学研究所編『橿原考古学研究所論集　創立三十五周年記念』、昭和五十年十二月、吉川弘文館　〔第十一章〕

記紀・万葉集のミヤコ　『日本歴史』三三二、昭和五十一年一月　〔第十章〕

日本の宮都と中国の都城　上田正昭編『日本古代文化の探究　都城』、昭和五十一年五月、社会思想社〔第十三章〕

難波宮の系譜　『京都大学文学部研究紀要』一七、昭和五十二年三月、塙書房〔第十四章〕

難波の都城・宮室　難波宮址を守る会編『難波宮と日本古代国家』、昭和五十二年五月〔第十五章〕

難波の大蔵　大阪市文化財協会『難波宮址の研究』七　論考編、昭和五十六年三月〔第十六章〕

宮都研究と私　『吉川弘文館の新刊』一三、昭和五十六年九月〔序章〕

倭京から平城京へ——生活空間としての「京」——　『国文学』二七—五、昭和五十七年四月〔第十八章〕

日本における「京」の成立　『東アジア世界における日本古代史講座』六、昭和五十七年九月、学生社〔第十七章〕

平城京と「東大寺山堺四至図」　永島福太郎先生退職記念会編『永島福太郎先生退職記念　日本歴史の構造と展開』、昭和五十八年一月〔第十九章〕

大宰府と都城制　九州歴史資料館編『九州歴史資料館開館十周年記念　大宰府古文化論叢』上、昭和五十八年十二月、吉川弘文館〔第二十章〕

平安京と洛陽・長安　岸俊男教授退官記念会編『日本政治社会史研究』中、昭和五十九年十月、塙書房〔第二十二章〕

長岡遷都と鎮京使——遷都における留守官の意義に及ぶ——　中山修一先生古稀記念事業会編『長岡京古文化論叢』、昭和六十一年六月〔第二十一章〕

条里制に関する若干の提説——郷里制・条里制・条坊制——　『条里制研究』一、昭和六十年十二月〔第二十三章〕

岸　俊　男

昭和六十一年十一月

（付　記）

本書は、日本古代の宮都について画期的な研究を進め、学界を指導された岸俊男先生の遺著である。先生の生前のご意思により、史料の確認、校正、索引の作成等を行なった。これについては、櫛木謙周、田島公、館野和己、寺内浩、虎尾達哉、西山良平、橋本義則、本郷真紹、俣野好治、吉川真司らのほか、京都大学の古代史専攻大学院生が協力した。

昭和六十三年十月八日

鎌田元一
栄原永遠男
和田　萃

本書の刊行は、多くの方々の御尽力がなければ実現しなかったであろう。朝尾直弘教授をはじめとする京都大学国史学研究室ゆかりの方々の御協力に、本書を手にすることなく他界した父にかわって、深く感謝します。わけても、和田萃氏、栄原永遠男氏、鎌田元一氏には、すべての原稿に丹念に目を通し、体裁の統一に御配慮いただきました。心から御礼申し上げます。また、岩波書店の松嶋秀三氏、片岡修氏には、忍耐づよい御助力をいただきました。記して感謝する次第です。

昭和六十三年十月十日

岸　文和

■岩波オンデマンドブックス■

日本古代宮都の研究

1988年11月25日　第1刷発行
2015年5月12日　オンデマンド版発行

著　者　岸《きし》 俊男《としお》

発行者　岡本　厚

発行所　株式会社 岩波書店
〒101-8002 東京都千代田区一ツ橋 2-5-5
電話案内 03-5210-4000
http://www.iwanami.co.jp/

印刷／製本・法令印刷

ISBN 978-4-00-730189-6　　Printed in Japan

索　　引

(1) 本索引は，(A)都城，(B)一般語句(①地名・寺社名・遺跡名，②人名・氏名・神名，③一般)，(C)史料，に分けて作成した．

(2) 項目の配列は原則として五十音順としたが，適宜一括し，配列に工夫を加えた．

(3) (C)は主要な引用史料のみとし，各史料を出典書目ごとにまとめ五十音順に配列した．

(4) 本索引は，必ずしも収録項目が現れるすべてのページを網羅的に示してはいない．有用と思われる箇所のみを示した．

(A) 都　　城

あ 行

か 行

さ 行

た 行

な 行

は 行

ま 行

や 行

ら・わ行

(B) 一 般 語 句

(1) 地名・寺社名・遺跡名

あ 行

か 行

さ 行

た 行

な 行

は 行

ま 行

や 行

ら・わ行

(2) 人名・氏名・神名

(3) 一　般

(C) 史　料

あ 行

か 行

さ 行

た 行

な 行

は 行

ま 行

や 行

ら・わ行